盛唐演義

起自唐隆之變，歷先天之易

經開元之治，訖於天寶之亂

陳雲淼——著

目錄

序 009
第一回 筮靈著臨淄得奇瑞 逐白鹿阿瞞遇異人 010
第二回 劉幽求謀誅諸韋 臨淄王密結英豪 019
第三回 廢少帝相王踐位 立譙王鄭愔構逆 027
第四回 排奸黨張說挫邪謀 詰鎮國宋璟申讜議 036
第五回 圖異計太平亂政 應玄象睿宗禪位 045
第六回 誅逆黨王琚進計 靖妖氛神武定策 053
第七回 夢二龍明皇思賢佐 奏十事姚崇展鴻猷 062
第八回 斬特勤二郭立功 討兩蕃薛訥喪律 071
第九回 王晙夜打大來谷 薛訥大勝武街驛 078
第十回 張嵩威震拔汗那 史獻勒石鐵門關 086
第十一回 伏草莽默啜授首 止風雪王晙破虜 095
第十二回 次崤谷宋璟進諫 使絕域杜暹埋金 103

目錄

第十三回　罷豐碑宋璟移風　築高墳明皇納諫……111
第十四回　葉天師清禁作術　西涼府元夜觀燈……120
第十五回　王晙平定蘭池胡　張說招安党項羌……128
第十六回　集碩儒張說佐時　建都畿明皇紀功……137
第十七回　汙青史宰輔遭貶　通左道椒宮被廢……146
第十八回　幸西嶽明皇製碑　封東岱張說上表……153
第十九回　聖主崇文開集賢　都人一日覩三絕……161
第二十回　僧一行窺天測地　李三郎登封降禪……169
第二十一回　告神明儒臣作頌　祭孔聖明皇賦詩……176
第二十二回　謁明皇劉晏獻書　救李邕孔璋上表……183
第二十三回　王君臭奇襲大非川　賈師順嬰守常樂縣……191
第二十四回　張守珪智敗悉諾邏　美髯公巧使反間計……200
第二十五回　信安王智取石堡城　王忠嗣大戰郁標川……208
第二十六回　李禕分兵河北道　王晙顯聖白狼山……216
第二十七回　王丘薦賢避相位　韓休劾奸觸龍鱗……225

目錄

第二十八回　張守珪耀兵紫蒙川　可突于梟首天津橋……234
第二十九回　嚴安之畫地為界　元德秀作歌哀民……243
第三十回　軒轅師作術戲阿瞞　張九齡占相辨胡雛……252
第三十一回　李林甫一鵰挾兩兔　武惠妃虛言陷元良……261
第三十二回　三庶人顯魂報應　武惠妃還年無術……268
第三十三回　蓋嘉運威揚怛邏斯　章仇公計取安戎城……276
第三十四回　羅天師上苑作術　廣寒宮秋夜聽曲……285
第三十五回　王之渙旗亭畫壁　李三郎桃林得寶……294
第三十六回　賀秘監金龜換酒　唐明皇御手調羹……302
第三十七回　沉香亭謫仙賦詩　廣運潭秦姬唱歌……312
第三十八回　黃鶴樓太白擱筆　江寧縣昌齡會友……320
第三十九回　王忠嗣平定突厥　安祿山侵掠兩蕃……329
第四十回　交節將韋堅見誅　友非賢李邕罹禍……337
第四十一回　高仙芝奇襲小勃律　王忠嗣拒取石堡城……346
第四十二回　王鉷誣殺楊慎矜　哥舒義救王忠嗣……354

目錄

第四十三回　王江寧進漢宮詞　蕭夫子作伐櫻賦……362

第四十四回　哥舒翰西屠石堡　王忠嗣殞身漢東……371

第四十五回　楊妃認祿山為兒　吉溫拜蕃將為兄……380

第四十六回　楊國忠議伐西南戎　高仙芝大戰怛邏斯……389

第四十七回　造逆謀王鉷伏誅　施陰計楊李爭權……396

第四十八回　瘦道人尋仙槐壇　李相國魂遊水府……405

第四十九回　老瞞拙計放豬龍　太子精誠夢丹書……413

第五十回　虹霓屏國忠疑夢　鸚鵡塚玉環誦經……422

第五十一回　運奸謀安祿山構逆　舉義旗顏杲卿起兵……430

第五十二回　郭子儀打破井陘　高仙芝堅守潼關……438

第五十三回　顏杲卿智賺三將　邊令誠譖殺高封……446

第五十四回　史思明攻拔常山　顏真卿收復魏郡……454

第五十五回　李郭收復常山郡　魯炅堅守南陽城……462

第五十六回　哥舒翰兵陷靈寶　楊國忠議幸蜀郡……469

第五十七回　陳將軍仗鉞誅戚族　建寧王執鞚諫儲皇……478

目錄

第五十八回　募甲士儲皇發憤　害王妃賊黨行兇……486
第五十九回　裴冕擁儲皇踐位　神武授諸王節鉞……494
第六十回　靈武郡李泌獻策　雍丘縣張巡卻敵……502
第六十一回　李樂工吹笛遇虎精　王供奉聽棋謁神女……510
第六十二回　王摩詰傷心凝碧池　房相國兵敗陳濤斜……519
第六十三回　張巡大戰寧陵縣　永王分兵淮南道……527
第六十四回　安慶緒東京弒逆　李光弼太原設奇……534
第六十五回　郭子儀克復河東　安守忠入寇武功……542
第六十六回　安守忠兵打河東　郭子儀大戰清渠……550
第六十七回　南霽雲噬指乞師　程千里襲賊受執……558
第六十八回　收二京廣平建功　捍孤城張許死節……566
第六十九回　辭少帝李泌歸山　復宗廟二帝迴鑾……574
第七十回　劍閣關上皇題壁　望賢宮少帝迎鑾……583
第七十一回　遺錦襪老嫗獲錢　遊蓬山方士招魂……592
第七十二回　圖逆胡烏承恩受戮　誅忠士史思明復叛……600

目錄

第七十三回　九節度大戰鄴城　史思明攻陷魏州……608
第七十四回　史思明誘殺安慶緒　李光弼怒斬張用濟……617
第七十五回　李光弼大戰河陽　白孝德力擒蕃將……626
第七十六回　衛伯玉大破虜騎　李輔國逼徙聖皇……634
第七十七回　田神功平定三吳　李光弼大戰邙山……643
第七十八回　柳泉驛思明見誅　逍遙樓朝英受縛……652
第七十九回　張皇后謀誅宦豎　李輔國援立儲皇……661
第八十回　郭子儀絳州平亂　李光弼彭城威揚……670
第八十一回　史朝義縊死醫無閭　十功臣圖形淩煙閣……679
跋……688

序

詞曰：
乾坤浩蕩風雷動，震地驚天上。
人間悲歡冠今古，霓裳舞詩歌，笑談付滄桑。
盛唐佳話伴水流，改朝換代休。
世紀興衰唱山河，榮辱記歷史，憂心報平安。

話說天下世代，或盛或衰。若逢盛世，恰如人逢喜事精神爽，得盡才華，可享天年；而若生不逢時，遭遇衰世，則氣數盡失，好似大地風雷起塵埃。我中華五千年文明，歷代皆有盛世期，傳說如強隋、盛唐皆然，雖不及秦皇漢武當年勇，卻勝過改朝換代世界亂。

盛唐時期，發興自開元之治，衰落於安史之亂，歷中、睿、玄、肅、代宗五朝，跨度一個甲子，百年之內，有盛有衰，其間唐詩歌舞昇平成就卓然，又有三教融通思想文化發興，故有太平盛世之說而文藝有成，尤以唐詩流佈古今。

歷代記錄，或文或史，文史分離。今有江南學子陳雲淼者，獨出心裁，兼取文史，將帝王將相、文人雅士，社會萬化，盡歸一書，取名《盛唐演義》，其中七分紀實、三分虛構，借帝王本紀記錄歷史，憑詩人軼事推廣詩歌，兼補正史野史。粗閱一過，文采獨到，樂為之序，以引關注。

第一回　筮靈蓍臨淄得奇瑞　逐白鹿阿瞞遇異人

原夫天地混芒，象類雞卵，元氣繞之，如日之暈。萬八千歲過後，盤古氏開天闢地。氣之陽清者，上浮為天；氣之陰濁者，下沉為地。爾後日月交替，陰陽遞嬗，虞土、夏木、殷金、周火，五德終始，生生不息。黃帝之時，有黃龍地螾見，黃帝以土氣勝，遂以土德王。夏將興，草木暢茂，有青龍止於郊，禹以木氣勝，遂以木德王。殷將興，有神牽白狼銜鉤而入商朝，銀自山溢。湯以金氣勝，遂以金德王。周將興，有赤鳥銜珪，降周之岐社。文王以火氣勝，遂以火德王。自周衰，秦文公出獵，獲黑龍。後七國紛爭，併入於秦，始皇以水氣勝，遂以水德王。俄有望氣者云：「東南有天子氣。」及秦以無道，二世而亡。鹿奔野草，群雄逐之。項王紫電雙瞳，力能扛鼎，率江東子弟八千人，喑啞叱吒，橫行於天下。破釜沉舟，誅滅暴秦。漢高祖為赤精子，斬白蛇而起義，一統天下。至孝文、孝景五六十載，天下和洽。漢武帝時，有黃龍見。帝以土氣勝，遂以土德王。其後漢室中微，國統三絕。及王莽篡漢，中外憤怨。此土德銷盡，金德當代也。後來光武生時，有赤光照室中。帝以火氣勝，始明火德。此後歷朝鼎革，多為受禪。五行乘旺則克，受克則生矣。桓帝之世，有黃星見於楚、宋之分。靈帝之時，黃龍見譙。時人云：「鬼在山，禾女運，王天下。」其後曹魏篡漢，乃以土德承漢之火；江東孫權，以木德王；西蜀劉備，以火德王。三國鼎足，虎鬥龍爭，其後青蓋入洛陽，天下歸晉。有白燕巢殿，晉主以金氣勝，遂以金德王。晉末，中原板蕩。後劉宋替晉，金生水德；蕭氏替宋，水生木德；及陳氏替梁，木生火德。至於北地諸國，非真主正統，皆五行之沴氣。唯隋朝乃赤帝降精，感應而生，故以火德王。至隋平陳，兩火相併，又有赤雀降祥。隋朝一治一亂，二世乃亡。傳至李唐，高祖以土氣勝，遂以土德王。太宗以聖德英武，雄才睿略，掃除昏虐，大濟生人。又有房玄齡、杜如晦輔相聖德，魏徵、王珪規諫闕失，長孫無忌、蕭瑀補益政事，李靖、李勣訓整戎旅，君明臣忠，事無不理，夷狄畏服，寰宇大安。其後武曌僭位，殺唐室子孫殆盡。倖唐祚未終，宰臣張柬之、崔玄暐與羽林將軍敬暉、桓彥範、司刑少卿袁恕己等，以禁兵誅討二張，興復社稷。

帝畏皇后韋氏，言無不從。張柬之、敬暉等以立功，掌知國政，謀去諸武。佞臣德靖王武三思患之，結昭容上官婉兒以為援，因得倖於韋皇后，潛入宮中謀議。柬之等無辜放逐。光祿卿、駙馬都尉王同皎，與武當丞周憬密謀，招集義士張仲之、祖延慶等，期以則天靈駕發引，劫殺三思。機事不密，反為所誣。同皎斬於都亭驛前，籍沒其家，臨刑神色不變。仲之、延慶皆死。周憬逃於比干廟中自刎。臨死，謂左右曰：「比干，古之忠臣也；儻神道聰明，應知我以忠自殺也。」天下莫不冤之。

有鬼夜以血塗三思門，三思不以為懼。雍州人韋月將、高軫上書，言三思潛通宮掖，將有逆謀，反為三思所構。月將竟杖責，軫流於嶺南而死。韋后深信釋氏，聖僧萬回嘗謂之曰：「三郎斫汝頭。」又望見韋后之女安樂公主車騎，連唾曰：「血腥血腥，不可近也。」韋后因太子李重俊第三，非其所生，惡之。三思令子武崇訓與安樂公主淩忽太子，勸公主請帝廢皇太子，自立為皇太女。宰臣魏元忠力諫方止。公主聞之，怒曰：「元忠，山東木強田舍漢，豈足與論國事！阿武子尚自為天子，況兒是公主，作皇太女，有何不可！」太子以武三思亂國，不勝忿恨。

三思專權擅勢，大作威福，嘗謂人曰：「不知何等名作好人，唯有向我好者，是好人耳。」既與韋皇后、上官昭容私通，而兵部尚書宗楚客、將作大匠宗晉卿、太府卿紀處訥、鴻臚卿甘元柬等為之羽翼，御史中丞周利貞、侍御史冉祖雍、太僕丞李悛、光祿丞宋之遜、監察御史姚紹之等並作爪牙。周利貞等殘害忠良，時人皆呼為「三思五狗」。冉祖雍又與中書舍人崔湜、鄭愔貪圖賄賂，百姓為之語曰：「崔冉鄭，亂時政。」又以三思秉政，陰有篡國之心，比之於司馬仲達。先是，三思改封。識者言：「德靖，『鼎賊』也。至是，果有窺鼎之志。

神龍三年秋七月辛丑，太子與右羽林大將軍、遼陽郡王李多祚等，假帝詔發千騎三百餘人，誅武三思、武崇訓於其第，遂引兵趨肅章門，斬關而入。韋后聞之，慌與安樂公主、上官昭容翊帝登玄武門樓。千騎兵驟至。帝臨軒諭之，於是千騎倒戈擊太子，殺李多祚，餘眾潰散。左金吾大將軍、成王李千里攻延明門，不克而死。太子見事急，引百餘騎突圍而出，奔至鄠縣，為部下所害。制令梟首於朝堂，又獻於太廟，並以祭三思、崇訓靈柩。時東宮僚吏，莫敢近者。惟永和丞寧嘉勖，解衣裹太子首號哭。楚客聞之大怒，收付制獄，黜為平興丞，因殺之。士庶聞之，盡皆流涕。

時有相王李旦，本名旭輪，後改名旦，高宗第八子，帝同母弟也。性謙恭，有文學，善訓詁，工草隸。龍朔二年六月己未，生於長安蓬萊宮含涼殿。十一月，封殷王。乾封元年，徙封豫王。總章二年，徙封冀王。上元三年，徙封相王。永淳二年，徙封豫王。旦初生時，則天於含涼殿內造玉佛像。及長，旦入殿裡觀翫，忽聞佛像語曰：「爾後當為天子。」又有蝸牛成天子字，在寢齋之壁。旦懼，以泥塗去。數日又復如舊，如是者三。嗣聖初，則天臨朝，廢帝為廬陵王，立旦為帝。旦雖即位，不得參預政事。垂拱二年，則天下詔，還政於旦。旦固辭。則天仍臨朝稱制，百僚上表，請改國號曰周。旦乃上表，自請讓位於母。則天大悅，及革唐為周，降旦為皇嗣，賜姓武，退居東宮，其具儀一比皇太子。聖歷初，帝自房陵還。旦數稱疾不朝，請讓位於兄。則天遂立帝為太子，復封旦為相王。神龍初，帝復位，進號安國相王，拜太尉、同鳳閣鸞臺三品；帝以旦為皇太弟，堅辭不受。

又有太平公主，乃高宗少女，帝同母妹。為人體貌豐碩，方額廣頤，先降太常卿薛紹，後降武周定王武攸暨。公主素多權略，則天甚愛之，常謂「類我」。每預謀議，宮禁嚴峻，事不令洩。公主亦畏懼自檢，但崇飾邸第而已。高宗朝，以沛、英、豫三王及太平公主，武后所生，食封逾於常制。垂拱中，公主實封至一千二百戶；聖歷初，加至三千戶。神龍元年，以預誅張易之有功，進號鎮國太平公主，增邑至五千戶。至次年正月內，與長寧、安樂諸公主，皆置公主府，設官屬。太平公主儀比親王。長寧、安樂二公主，不置長史而已，餘並同親王。上官昭容用事禁中，與韋后、安樂公主，皆以智謀不及，甚憚之。

三思既死，帝為素服舉哀，廢朝五日，追贈太尉，封梁王，諡曰宣。贈武崇訓開府儀同三司、魯王，諡曰忠。宗楚客、紀處訥附韋后、安樂公主，密使冉祖雍誣奏：「安國相王及鎮國太平公主與太子同謀，請收付獄。」帝聞之大怒，令一人按其事。乃南蘭陵人，姓蕭，名至忠，秘書少監蕭德言曾孫也。美風望，性剛梗，有當世干具。初為畿尉，以清謹稱。嘗與友人期於街中，俄而彤雲四合，紛紛雪下，人或止之。至忠曰：「焉有與人期，畏雪不去。」遂命駕徑往，立於雪中，深尺餘，期者方至。現為御史中丞。至忠泣而奏曰：「陛下富有四海，貴為天子，豈不能保一弟一妹，受人羅織？宗社存亡，實在於此。臣雖愚昧，竊為陛下不取。《漢書》云：『一尺布，尚可縫；一斗粟，尚可舂；兄弟二人不相容。』願陛下詳之。且往者則天欲立相王為太子，相王累日不食，請迎陛下，固讓之誠，天下傳說。足明祖雍所奏，咸是構虛。」帝乃止。以楚客、處訥並同中書門下三品，加至忠中書侍郎同平章事，賜爵酇國公。

是時宗楚客、紀處訥讒諂蔽明，宰相李嶠、楊再思、韋巨源等唯諾而已。惟蕭至忠在朝有鯁直節，多所匡正。帝嘗曰：「諸宰相中，至忠最憐我！」

再說宗楚客諂事韋后，率百官上表，尊帝為應天神龍皇帝，后為順天翊聖皇后。大赦天下，改元景龍。韋后干預國政，優寵親屬，擢從兄韋溫為太子少保、同中書門下三品，內外封拜，遍列清要。韋溫等既居榮要，燻灼朝野，時人比之武氏。韋后最喜左道妖邪之術，乃引巫嫗趙五娘出入禁中，封為隴西夫人，與妹郕國夫人、崇國夫人，安樂、長寧諸公主，上官昭容及母沛國夫人鄭氏、尚宮柴氏、賀婁氏，皆樹親黨，多納貨賄。但送錢三十萬，即於側門別降墨敕、斜封授官，號為「斜封官」。由此，屠販之徒，躡高位者數百人，何其猥濫！韋后與安樂公主深信釋氏，天下盛興佛寺，以致百姓勞弊，倉廩空虛。

韋后又與宗楚客姪亂。國子祭酒葉靜能、散騎常侍馬秦客、光祿少卿楊均，出入宮中，與后有姦。御史崔琬，對仗彈奏楚客等驕恣跋扈，請收劾之。楚客更瞋目變色，自言忠鯁，為琬所誣。帝竟不窮問，遽命琬與楚客約為兄弟，以和解之。因此人皆稱帝為「和事天子」。

安樂公主即帝幼女，帝愛寵最深，恣其所欲。嘗自草制敕，掩其文而請帝書焉，帝笑而從之，竟不省視。安樂公主恃寵驕奢，權傾天下，自王侯宰相以下，除拜多出其門。嘗作毛裙，合百鳥毛，花卉鳥獸，皆如粟粒。正視為一色，旁視為一色，日中為一色，月中為一色。裙既織成，直錢一億，凡造兩腰，一獻韋后。百官之家多效之。江嶺奇禽異獸毛羽，採之殆盡。公主又與長寧公主競起第宅，以侈麗相高。擬於宮掖，而精巧過之。又請昆明池，帝以百姓蒲魚所資，弗許。公主不悅，乃更奪百姓田園，別鑿定昆池，言定天子昆明池也，廣袤數十里，直抵南山。累石為山，以象華嶽，引水為澗，以象天津。損庫錢百萬億。公主駙馬武延秀，即武崇訓從弟，恃恩放縱，有不臣之心。楚客暗使公主府倉曹符鳳謂之曰：「今天下蒼生，猶以武氏為念，大周必可再興。按讖書云：『黑衣神孫披天裳』，駙馬即神皇之孫也。」延秀大喜，自此常穿黑衣不題。

卻說相王第三子李隆基，性仁孝，英武果斷，倜儻有大志。生得姿質風流，儀容偉麗。善音律，工八分書，紗能打毬，兼解陰陽、象緯、卜相、推步之術。垂拱元年秋八月戊寅，生於洛陽。則天嘗御高樓抱隆基眺望，誤墜於地。左右失聲奔下扶擁，隆基怡然無虧損之狀，則天甚奇之。三年，封楚王。天授三年十月，出閣，開府置官屬，年始七歲。風神秀異，英姿雋邁。朔望車騎至朝堂，金吾將軍武懿宗忌其嚴整，訶排儀仗，因欲折之。隆基叱之曰：「我國家朝堂，汝安得恣蜂蠆而狼顧耶！」則天聞之，特加寵異。天授二年，仍卻入閣。長壽二年，改封臨淄郡王。聖歷二年，又復出閣。長安中，位右衛郎將、尚輦奉御。神龍元年，遷衛尉少卿。景龍二年，兼潞州別駕。

潞州城東五里，有一山，名伏牛山，有黃龍見於南岡；城南六十里，有一山，名羊頭山，有童謠云：「羊頭山北作朝堂。」至次年九月內，臨淄王自潞州回京。召術士韓擬禮，使揲著成象，一著孑然獨立，擬禮告曰：「此天人之瑞也。」臨淄王與兄壽春郡王李成器、衡陽郡王李成義，弟巴陵郡王李隆範、彭城郡王李隆業五人，列第於長安隆慶坊，分院同居，號為「五王宅」。時人語訛，以「隆」為「龍」。五王宅北有隆慶池，有數十頃大小，池水泛溢，望氣者言池中鬱鬱有龍氣。帝聞知此事，領一班文武官僚，都到五王宅，就在隆慶池中泛舟作樂。命引巨象上船踐踏，君臣賦詩以紀其事。

忽一日，臨淄王帶王毛仲、李宜德等親從將校十數人，架鷹逐犬，出城採獵。至城南鄠、杜之間，趕起一白鹿，縱馬上山逐之。臨淄王拈弓搭箭，覷著白鹿較近，一箭射去，正中鹿背。那白鹿帶箭而走，閃入深林去。臨淄王隨後趕去，卻不見了白鹿。祇見前面有一株雲松，亭亭如車蓋。臨淄王此時人困馬乏，遂滾鞍下馬，坐於松下少歇。

翫著山景，不覺的天色將晚。忽見一個白衣秀士，生得眉目分明，鬢髮如墨，騎驢而來，與臨淄王施禮。臨淄王荅禮。秀士問道：「王孫是那方來的？為何在山中憩息？」臨淄王道：「我於城南韋杜打獵，趕一白鹿到此。見有一簇松陰，權為一歇。」秀士道：「東邊不遠，就是我家。王孫不棄，到我舍下喫些茶飯。」臨淄王聽了，並不推辭，便笑道：「既蒙厚愛，何敢拂此盛情。」

秀士便引臨淄王，迤邐行二里餘。轉過崇山峻嶺，穿過茂林修竹。看前面時，雲林深處，有一座草舍人家，柴扉晝掩。門外一道青溪，兩邊都是野花山草。看不盡那蜻蛉悠颺草際飛，蝴蝶翩翻花上戲。夕陽度嶺，飛鳥相逐；山花輕颺，半落幽戶。秀士指著說道：「那個便是蝸舍。」

臨淄王十分歡喜，隨著秀士，行過花溪，推開荊扉。早驚動一個裙布荊釵的婦人出來迎接，對臨淄王進禮。秀士道：「此是山妻。」臨淄王回禮。秀士請臨淄王入裡坐下，叫山妻看茶，一壁廂辦飯。婦人將些黃粱粟米，煑起飯來。秀士自去宰驢殺羊，把酒肉安排些來喫。不移時，餚饌完備。桌上壺斟美釀，盤列珍饈。葷有獐豝鹿驢雉兔般般肉，素有蔬餚鮮筍木耳並蘑菇。說不盡那盃盤之盛，品物之豐。臨淄王看了，心中暗喜，自思道：「不想這秀士如此好客，必異人也！」秀士將美酒滿斟一盃，奉與臨淄王。臨淄王稱謝了，便問其姓名。原來秀士乃懷州河內人也，姓王，名琚。琚本是遊俠兒，與周璟、張仲之為友。時駙馬王同皎圖誅武三思，廢韋氏。與周璟、張仲之等密議，求客刺武三思。璟乃薦琚於同皎。同皎與琚言及刺武三思事，琚義而許諾。事洩，琚乃更名改姓，亡匿揚州。傭書於富商之家，主人愛其才學，以女嫁之，送以金帛。及三思死，琚將前事實訴丈人，攜妻回京，祭告同皎等。因避朝廷緝捕，故隱居於此。

喫了晚飯，收了盤碗，漸漸天昏，不覺東方月上。王琚引著臨淄王出茅屋，到竹林邊走走。但見泉流松石，喬木生涼；花拂戶牖，微風送香。竹裡流螢數點，飛來又去；澗中啼鳥紛紛，有時一囀。

二人觀翫良久，步入幽篁，就於茅亭裡坐下，共論前古興廢之事。臨淄王見琚言語投機，恨相知晚，呼為王十一，以己志告之。問曰：「久聞先生大名，今幸一會。如今天子昏昧，奸臣弄權。韋后驕恣日甚，將來必為篡逆之事。先生高見，望乞賜教。」琚曰：「道家之言『當斷不斷，反受其亂』。亂而殺之，又何疑也？」正談論間，忽聞戶外人喊馬嘶，二人急出視之，乃王毛仲、李宜德也。臨淄王大喜。毛仲、宜德下馬入見，請臨淄王回城。臨淄王別了王琚，與毛仲、宜德同歸城裡，於路訴說王琚殺驢款待之事，共相嗟訝。自此之後，臨淄王帶領數騎，去韋杜地面遊獵解悶，必過琚家。

第二回　劉幽求謀誅諸韋　臨淄王密結英豪

卻說帝在宮中，夜夢白烏疾飛，蝙蝠數十逐而墮地，失驚而覺。次日，召聖僧萬回，告說夢中之事。萬回曰：「大家即是上天時。」忽報許州司戶燕欽融上書，言：「皇后婬亂，干預國政；與宗楚客等圖危社稷，有欺君之罪。」帝怒，召燕欽融廷見，面詰之。欽融頓首抗言，神色不橈。韋后大怒，勸帝撲殺之。帝默然不應。楚客私令飛騎投欽融於殿庭石上，折頸而死，楚客大呼稱快。帝雖不窮問，意頗怏怏不悅。由是韋后及其黨始憂懼。安樂公主求為皇太女不得，恨之。於是二人合謀，以毒餅進帝。帝食之，遂崩於神龍殿。可憐帝中毒，死於妻女之手，壽五十五歲。時景龍四年夏六月二日也。

帝既死，韋后秘不發喪，召宰相蕭至忠、宗楚客、韋安石、紀處訥、韋巨源、韋溫、韋嗣立、李嶠、唐休璟、趙彥昭、蘇瓌等十餘人入內商議，令上官昭容草詔，立幼子、溫王李重茂為皇太子，韋后臨朝稱制，相王以太尉參謀輔政。擢刑部尚書裴談、工部尚書張錫同中書門下三品，留守東都；加吏部尚書張嘉福、中書侍郎岑羲、吏部侍郎崔湜同平章事，遣紀處訥持節巡撫關內道，張嘉福巡撫河北道，岑羲巡撫河南道。使金吾大將軍趙承恩、監門大將軍兼內侍薛思簡領兵五百，到均州防衛譙王李重福。譙王，帝第二子。因與韋后不睦，被韋后所譖，由是失愛，出遷外藩。

卻說宗楚客謂韋溫曰：「今須請皇太后臨朝，宜停相王輔政。且太后於相王居嫂叔不通問之地，難為儀注，是詔理全不可。」遂請刊削之，韋溫等皆然其言。獨一人正色拒之，謂楚客等曰：「遺制是先帝意，安可更改！」眾視之，乃尚書右僕射、同中書門下三品蘇瓌也。瓌字昌容，雍州武功人也，乃西魏度支尚書蘇綽之後。性寬厚，清廉儉約，以孝友稱。幼聰敏，讀劉峻《山棲誌》，一覽便誦，無所遺失。及長，涉獵史籍，文辭甚美。則天時，為揚州長史。揚州地當衝要，多富商大賈，珠翠珍怪之產，前長史皆納贓鉅萬，唯瓌秋毫不私。神龍初，入為尚書右丞，遷戶部尚書，又拜侍中，累除尚書右僕射、同中書門下三品。宗楚客、韋溫等大怒，遂削相王輔政語，然後發喪於太極殿，宣詔行之。蘇瓌稱疾不朝。

后所立溫王，即少帝也：時年十六，改元唐隆。加相王為太尉，封壽春王李成器為宋王，嗣雍王李守禮為邠王，以收人望。尊韋后為太后，臨朝聽政。命韋溫總知內外兵馬，守護禁宮；從弟韋濯、從侄韋捷典屯營軍；武延秀與韋溫外甥高嵩、族弟韋璿、從子韋播，共典羽林軍及飛騎、萬騎。

卻說臨淄王見諸韋、武謀為亂，欲危李氏，謂父兄曰：「諸呂之難復起，社稷之危，實若綴旒。不早圖之，必貽後悔。」於是結納賢豪，潛圖義舉。一日，有一個冀州武強人，姓劉，名幽求，來投臨淄王。他曾為朝邑尉。時桓彥範、敬暉等誅二張，竟不殺武三思。幽求謂桓、敬曰：「三思尚存，公輩終無葬地。若不早圖，恐噬臍無及。」桓、敬弗從，後果為三思誣構，死於嶺外。今見韋后如此，不久必將法則天革唐故事，僭號稱尊，故特來見臨淄王。

臨淄王家奴王毛仲接著，見他儀表不俗，乃以賓禮待之，問幽求從何而來。幽求曰：「吾乃前同州朝邑縣尉劉幽求是也。有機密事，見臨淄王方可說。」毛仲忙報臨淄王。臨淄王親自謁見，請問其故。幽求言韋后必為篡逆，可速除之。臨淄王見幽求言語投機，便問以朝廷大事。

臨淄王曰：「吾亦有此志久矣。奈諸韋、武掌南北二軍、臺閣要司之權，欲成大事，誠為難矣。」劉幽求曰：「押萬騎果毅葛福順、李仙鳧素愛人，士卒多為用者。大王欲誅韋氏，可暗使心腹結之，若得相助，事可圖矣。」臨淄王喜曰：「此計大玅！」即喚王毛仲，分付如此如此。毛仲受計去了。

毛仲本高句麗之苗裔也。父王求婁，遊擊將軍職事。因犯事沒官為奴，而生毛仲。毛仲性黠慧，遂為臨淄王奴隸。臨淄王出藩，毛仲以護衛領親信，從往潞州。臨淄王在潞州，又有李宜德者，為人蒼頭，臨淄王愛其趫捷，厚遺其主買之。自此，毛仲、宜德常持弓挾矢，伏勤臨淄王左右。正值韋播、韋璿拜官，欲樹威嚴，暴虐軍吏，鞭撻士卒，萬騎軍將都恨入骨髓，不為所用。毛仲報知臨淄王。臨淄王令將金帛散給萬騎將士，以買其心。幽求又引尚衣奉御王崇曄、雍州利仁府折衝麻嗣宗、前商州司馬崔諤之、處士劉承祖、苑總監鍾紹京來見臨淄王，具言報國安民之事。

卻說宗楚客貪婪荒淫，謂其弟宗晉卿曰：「始吾在卑位，尤愛在宰相；及居之，又思天子，南面一日，足矣！」乃與太常卿李瑰、將作少匠李守質、兵部侍郎崔日用商議，欲圖諸韋，約下武延秀，克日舉事。那崔日用乃滑州靈昌人也。美容質，善談笑，識機變。則天時，為芮城尉。時宗楚客為陝州刺史。駕幸長安，路次陝州。日用供頓甚豐，自稱奉楚客之命，安排美饌香醪，款待朝廷貴官。楚客聞之，誇獎不已。薦為新豐尉，再遷監察御史。日用既與楚客結為弟兄，又阿附武三思、武延秀，諂事韋后、安樂公主，故驟遷兵部侍郎。既知此事，恐禍及己，即往見寶昌寺和尚普潤，備將此事告之。

普潤曰：「崔侍郎若助楚客，禍不遠矣！」崔日用求問避禍之計。普潤曰：「臨淄王將圖義舉，崔侍郎可速與貧僧見之，可轉禍為福，在今矣！」日用大喜，拜謝。普潤遂引日用至隆慶坊，見臨淄王。日用告曰：「韋后聚宗楚客、韋溫、武延秀等密議，於安樂公主內宅之中，暗藏兵器，約於此月二十三日，以羽林萬騎、左右屯營為亂，先害相王，並及太平公主，然後廢少帝，革唐命。」

正商議間，忽報王毛仲引果毅葛福順、李仙鳧來見。臨淄王喚入，各問慰訖。福順、仙鳧對臨淄王備陳前事。臨淄王以目送劉幽求。幽求會意，對眾曰：「韋后、安樂公主鴆殺先帝，將危社稷，幽求欲與公等，隨臨淄王舉事，共誅逆黨，立相王為帝，如何？」福順、仙鳧曰：「吾輩世荷國恩，豈無忠心？願助大王一臂之力，共誅國賊。」臨淄王大喜，便與幽求商議。幽求曰：「此事不可洩漏。可如此如此。」毛仲曰：「王舉大事，應報相王。」臨淄王弗聽，曰：「我拯社稷之危，赴君父之急。若事成，福歸於宗社；不成，身死於忠孝。安可先請，憂怖大人乎！今請而見從，則王預危事；不從，則吾計失矣。」日用曰：「此乃孝感動天，事必克捷。望速發，出其不意，若少遲延，或恐生變。」臨淄王然之，打發日用回訖，即遣幽求並崇曄、嗣宗及福順、仙鳧等密行其計去了，然後令毛仲報知太平公主。

時近黃昏，幽求安排已畢，使東明觀道士馮處澂，往藩邸報知臨淄王。臨淄王知處澂能六壬，即令處澂卜其休咎。處澂射覆成卦，乃「合因」。再卜之，卦成，乃「斬關」；又占一卦，乃「鑄印」。處澂啟謝曰：「昔此卦三靈為最善，黃帝勝炎帝而筮得之。所謂『合因斬關，鑄印乘軒，始當果斷，終得嗣天。』」臨淄王大喜。遂更換衣服，同處澂偷出藩邸，徑至禁苑北，與幽求等相見。時太平公主因聞臨淄王舉事，大喜，令次子衛尉少卿薛崇簡，與公主府典籤王師虔相從。臨淄王舉目遍視，獨不見王毛仲。臨淄王問：「毛仲何在？」宜德曰：「吾亦尋不見。」原來毛仲懼禍逮己，自出城外去躲避了。

於是臨淄王引眾入苑北門，來到鍾紹京廨宇前叩門。那鍾紹京字可大，虔州贛縣人也，乃魏太傅鍾繇之後。初為司農錄事，以善書直中書。則天時，明堂門額、九鼎之銘，及諸宮殿門榜，皆紹京所題。時紹京聞臨淄王叩門之聲，臨事而悔，欲閉門不出。紹京妻許氏厲聲謂紹京曰：「忘身殉國，應有神助。況同謀素定，縱不行，豈免禍乎？宜備臣禮，從王之命！」紹京聞言，急開門出迎。臨淄王攜紹京手，同入堂中，分賓坐定，敘寒溫畢。與幽求、紹京商議誅韋氏之策。

當夜，臨淄王與幽求引眾出苑南門，紹京率戶奴及丁匠二百餘人，執斧鋸以從。直至玄武門外，與羽林將士相見。

臨淄王曰：「與公等除大逆，安社稷，各取富貴，在於俄頃，何以取信？」眾皆應曰：「願從大王之命。」臨淄王大喜，便令葛福順、李仙鳧領萬騎軍馬攻打玄武門。福順得令，拔劍直入羽林營內，斬韋璿、韋播及高嵩於寢帳，梟其首級以徇。厲聲大喝，諭眾將士曰：「韋后鴆殺先帝，謀危社稷。今夕汝等當共誅諸韋，立相王以安天下。敢有懷兩端助逆黨者，罪及三族！」羽林軍士相率來應，無有拒者。福順遂持韋璿等首級，回見臨淄王。臨淄王舉火來看，祇見匣中三個血淋淋的人頭，果是韋璿等，眾皆歡叫大集。

二更時分，軒轅星落於紫微垣中。普潤素曉天文，啟臨淄王曰：「大王今日應天順人，誅鋤兇逆，玄象如此，亦何憂也！」幽求亦曰：「今大王已誅璿等，人皆歸心。可速進兵攻太極殿，勢必瓦解。智者貴於乘時，時不可失也。」臨淄王大喜，遂令葛福順領左萬騎攻玄德門，李仙鳧領右萬騎攻白獸門。號令諸將曰：「如斬關得入，並會於淩煙閣前，即大喊，寡人勒兵於玄武門，候喊聲當入。」福順、仙鳧領命而去。

是夜三更，臨淄王勒兵玄武門外，果聞喊聲大震，遂率總監及羽林兵等齊入。太極殿內諸衛飛騎萬騎宿衛梓宮者，聞喊聲，皆被甲應之。臨淄王引眾入太極殿，上官昭容引宮娥綵女十數人來迎，以相王輔政詔示臨淄王，告求免死。臨淄王不許，即命斬之。韋后聞喊殺連天，知是宮中有變，慌忙奔飛騎營而走，正撞見果毅陳玄禮，一劍斬之，將首級來獻臨淄王。又有中官楊思勖獻上首級三顆，乃馬秦客、楊均、葉靜能也。思勖本姓蘇氏，河內太守蘇密之後。高祖彝、曾祖尋、祖業、父歷，世襲羅州大首領。思勖以顯慶中被刑，入宮禁。中官楊氏認為養子，故冒姓楊。安樂公主方在內宅，照鏡畫眉，聞亂，奔至延明門，為葛福順所斬。武延秀奔至肅章門，亦被李仙鳧所殺。可笑韋后、安樂公主機關硃盡，都化作南柯一夢。

是夜，臨淄王命劉幽求作制敕百餘道；假少帝詔以崔日用權知雍州長史事，將兵韋、杜。幽求謂臨淄王曰：「眾約今夕共立相王，何不早定！」臨淄王以目視之而止。

比曉，內外皆定，臨淄王乃馳見相王，叩首謝罪曰：「阿瞞誅逆賊韋后、安樂公主，恐有漏洩，遂不先啟，輒私自勒兵，罪當萬死。」相王且悲且喜，遽前抱臨淄王泣曰：「宗社禍難，由汝安之，汝若不行，吾必及禍。今大功既集，深契吾心，焉用謝也。」遂迎相王入輔少帝。盡閉宮門，分遣萬騎收捕韋、武親黨。京城諸門亦遣兵守把，不許閒人出入。

葛福順捕獲韋溫並韋濯、韋捷及李珣、李守質、衛尉卿王哲，斬於東市之北。殿中監張涉死於亂軍之中。宗楚客兄弟衣縗服，騎青驢，逃至通化門。把門軍士熟視楚客，沉吟半晌，乃曰：「公，宗尚書也。」去布帽，執而斬之，並斬其弟宗晉卿。韋巨源聞亂，家人勸其逃匿，巨源曰：「吾國之大臣，豈可聞難不赴？」出至都街，為亂兵所殺。

崔日用復令軍士分頭來殺韋氏宗族，不分大小，盡皆誅絕。雖繈褓中嬰孩，亦捏殺之。多有杜氏者誤被殺死。先是，武后時有讖云：「代武者劉。」武后因劉無強姓，疑應在流人，遂遣使分往諸道，盡殺之。自此劉幽求助臨淄王平內難，韋、武二族皆殄滅矣。

是日，相王請少帝昇安福門樓。少帝即傳旨，大赦天下。封臨淄王為平王，兼殿中監，領閒廄、群牧等使，押左右廂萬騎；宋王為左衛大將軍，衡陽王為右衛大將軍，巴陵王為左羽林大將軍，彭城王為右羽林大將軍：皆典禁軍。擢鍾紹京為中書侍郎、參知機務，賜爵潁川公；劉幽求為中書舍人、參知機務，賜爵中山男；封薛崇簡為太僕卿，進爵立節郡王；其餘葛福順、李仙梟、麻嗣宗、李宜德等，功大者為將軍，次者為中郎將。黜蕭至忠為許州刺史，韋嗣立為宋州刺史，趙彥昭為絳州刺史：特置位。紀處訥在華州，張嘉福在懷州，亦被收斬之。先是，景龍中有童謠曰：「黃牸犢子挽紖斷，兩足踏＋地鞋𩍐斷。」至此平王果誅逆韋。挽紖斷者，阿韋謀亂也；鞋𩍐斷者，事不成也。阿韋，是黃犢之後也。

御史大夫竇從一本名竇懷貞，諂事韋后，改名從一，以避后父韋玄貞之諱。聞韋后、安樂公主被誅，斬其妻韋后乳母王氏之首以獻。王氏，本蠻婢也。從一娶以為妻，自稱「皇后阿奢」。平王以從一奸佞，黜為濠州司馬。司農卿趙履溫馳詣樓下，舞蹈稱萬歲。履溫為安樂公主侵數百家之地，起第舍園亭築臺穿池無休已。又曾斜掀紫衫於項，為公主挽金犢車。其險諛皆此類也。聲未絕，平王令斬之。百姓怨其勞役，人割一臠，骨肉立盡。

時梓宮在殯，舉城縞素。平王引新立功者皆衣紫衣緋，持滿鐵騎而出，傾城聚觀歡慰。又梟馬秦客、楊均、葉靜能等首，韋后、安樂公主首級亦懸於竿上。其餘犯逆者韋溫、宗楚客等，盡暴屍於城外。先是，安樂公主於洛州道光坊造安樂寺。有童謠曰：「可憐安樂寺，了了樹頭懸。」至此方驗。

第三回　廢少帝相王踐位　立譙王鄭愔構逆

卻說諫議大夫薛稷，乃侍中魏徵外孫，中書令薛元超從子也。工書善畫，頗有才藻。薛稷以子薛伯陽尚相王女仙源縣主，因此繫相王姻親。謂太平公主曰：「先帝曾立相王皇太弟，以為副君。為王懇辭，未行冊命。所以東宮虛位，於今歷年。今天子幼沖，當迎請相王為君。」太平公主然其言。二人遂請少帝降詔，讓位於相王。相王再三謙辭。

劉幽求謂平王曰：「相王疇昔已居宸極，群望所屬。今人心未安，家國事重，相王豈得尚未小節，不早即位以鎮天下乎！」平王曰：「王性恬淡，不以代事嬰懷。雖有天下，猶讓於人，況親兄之子，安肯代之乎！」幽求曰：「眾心不可違，王雖欲高居獨善，其如社稷何！」平王顧謂蘇瑰曰：「誰可草禪國之詔？試為思之。」瑰曰：「吾不知其他，吾兒蘇頲甚敏捷，可備指使。然嗜酒，幸免沾醉，足以了其事。」

原來蘇瑰長子蘇頲，字廷碩，自幼聰明，雖不得瑰意，常與僕夫雜處，而好學不倦。每欲讀書，又患無燈燭，常於馬廄竈中，旋吹火光照書而誦。其苦學如此，後瑰試以文章，始異其材。弱冠，應制舉，對策高第，授烏程尉。則天時，為左臺監察御史。兩臺有送別詩四十餘首，頲誦之一遍，倒覆之，不錯一字。及瑰為宰相，頲為中書舍人。父子同掌樞密，時以為榮。當夜在太極宮後，宿酒未醒。平王令人召之。蘇頲至，伏俯拜舞，嘔吐狼藉，平王教左右扶起，臥於面前，自舉衾覆之。不多時，蘇頲醒來，平王即令蘇頲草詔，蘇頲援筆立成，文不加點，詞藻典贍。平王撫蘇瓌背曰：「知子莫若父，有如此耶？」

是日機事填委，文誥萬計，皆出蘇頲之手，並無分毫差錯。中書主書韓禮、談子陽轉書詔草，屢謂蘇頲曰：「望公稍遲，禮等書不及，恐手腕將廢。」適李嶠至，見蘇頲下筆成章，深以為美，歎曰：「蘇舍人思如湧泉，吾不及也。」

於是平王乃與劉幽求等入見相王，極言社稷不可一日無主。相王又固辭。蕭至忠、崔湜、韋嗣立、趙彥昭等皆伏固請。相王固讓者三。至忠等皆曰：「大王處儲闈有讓元子之德，居藩邸有辭太弟之高。為天下君，其誰與讓？」相王不得已，乃許之。

次日，少帝坐太極殿東隅西向，相王立於梓宮旁，太平公主曰：「皇帝欲以此位讓叔父，可乎？」劉幽求跪曰：「國家多難，皇帝仁孝，追蹤堯舜，誠合至公；相王代之任重，慈愛尤厚矣。」乃以少帝詔傳位相王。時少帝猶在御座，太平公主進曰：「天下之心已歸相王，此非兒座！」遂提下之，解其璽綬，北面長跪，稱臣聽命。群臣尊相王上坐，各依序齒排班於殿下，朝上禮拜，都稱「萬歲」。帝即下詔，降少帝仍為溫王。

是日，帝御承天門樓，大赦天下。加平王同中書門下三品，封衡陽王為申王，巴陵王為岐王，彭城王為薛王。太平公主加實封五千戶，通前一萬戶。其四子薛崇胤、薛崇簡、武崇敏、武崇行，皆封郡王，九卿三品。以鍾紹京為中書令，封越國公，實封五百戶，賜物二千段、賞奴二十人、婢十人、金銀器皿三十事、馬十匹；授劉幽求二子官，祖、父俱追贈刺史；葛福順等重加封賞。

秘書監、汴王李邕娶韋后妹崇國夫人，黜為沁州刺史；左散騎常侍、駙馬都尉楊慎交尚韋后女長寧公主，黜為巴州刺史。

時朝廷稱鍾紹京有三絕：建立功勳，一也；忠鯁謇諤，二也；筆翰殊絕，三也。紹京頗自矜，既當朝用事，恣情賞罰，甚為時人所嫉。許氏憂之，屢勸鍾紹京禮讓。紹京從之，乃抗疏讓官。

薛稷密奏帝曰：「紹京素無才望，出自胥吏，雖有功勳，未聞令德。一朝超居元宰，師長百僚，臣恐清濁同貫，失於聖朝具瞻之美。」帝然其言，乃授鍾紹京戶部尚書，罷知政事。擢劉幽求為尚書右丞、知政事，封徐國公，實封五百戶，與紹京各賜物一千段、金銀雜器三十事，加以奴婢十六人、宅一區、地十頃、細馬四匹。次日，以薛稷為黃門侍郎、參知機務。

數日後，王毛仲來歸。平王優容之，竟無嗔責之意，表奏毛仲有功，超授將軍。崔日用亦以有功，擢黃門侍郎、參知機務，封齊國公，實封二百戶。

旬日內，蕭至忠、韋嗣立、趙彥昭，與李嶠、唐休璟、崔湜、岑羲等，並罷知政事。右武衛大將軍、同中書門下三品張仁亶，亦以老致仕。擢蘇瓌為尚書左僕射，與侍中韋安石依舊知政事，又徵二人為相，依貞觀故事，改景龍弊政。那二人？

一人乃陝州硤石人也，姓姚，名崇，字元之，嶲州都督姚懿之子也。崇少倜儻，尚輕俠，與李迥秀、杜景佺為友，專以飛鷹走狗為娛。年二十三，猶不知書。許州術士張憬藏善相，雲遊天下，來到廣成澤，與三人相遇。憬藏曰：「汝三人並得宰相，然姚最貴，出入數度為相。」言訖，飄然而去。崇歸告其母，母勸令讀書。遂割放鷹鷂，折節勤學。則天時，為夏官郎中。時契丹寇陷河北數州，兵機填委，崇剖析若流，皆有條貫。則天甚奇之，擢為夏官侍郎、同平章事。此時酷吏周興、來俊臣已亡，則天謂左右曰：「往者朝臣多被周興、來俊臣推勘，遞相牽引，咸自承伏。國家有法，朕豈能違。中間疑有枉濫，更使近臣就獄推問，皆得手狀，承引不虛。朕不以為疑，即可其奏。自周興、來俊臣死，更不聞有反逆者。然則以前就戮者，豈不有冤濫耶！」崇對曰：「自垂拱以後，被告身死破家者，皆是枉酷自誣而死。告事者特以為功，天下號為羅織，甚於漢之黨錮。陛下令近臣就獄問者，近臣亦不自保，何敢輒有動搖？賴上天降靈，聖情發寤，誅鋤兇豎，朝廷乂安。今日以後，臣以微軀及一門百口，保見在內外官更無反逆者。」則天大喜，曰：「以前宰相，皆順成其事，陷朕為淫刑之主。聞卿所說，甚合朕心。」即日遣中官送銀千兩以賜。後為春官尚書、同鳳閣鸞臺三品。為張易之所譖，改為司僕卿、仍知政事，出為靈武道大總管，自朔方軍還都，適會張柬之、桓彥範等將誅張易之兄弟，崇預其謀。則天移居上陽宮，中宗率百僚就問起居。王公以下皆欣躍稱慶，崇獨嗚咽流涕。柬之、彥範等謂曰：「今日豈是啼泣時！恐公禍從此始。」崇曰：「事則天歲久，乍此辭違，情發於衷，非忍所得。昨預公誅兇逆者，是臣子之常道，豈敢言功；今辭違舊主悲泣者，亦臣子之終節，緣此獲罪，實所甘心。」由此出為郡守。及五王被害，而崇獨獲全。

一人乃邢州南和人也，姓宋，名璟，字孟玉，衛州司戶宋元撫之子也。璟少耿介，有孝行。

未第之時，嘗於日中覽鏡，鏡影忽成「相」字，因此自負。舉進士，累轉監察御史。突厥寇趙、定二州，河朔兇懼，璟持服在沙河縣，邢州刺史黃文軌投艱於璟。賊至城下，璟為曉陳禍福，其徒有素聞璟威名者，乃相率而去之。累遷御史中丞。時麟臺監張易之、司僕卿張昌宗兄弟，席寵脅權。璟嘗與易之兄弟侍宴朝堂，昌宗欲悅其意，虛位揖璟曰：「公第一人，何乃下座？」璟曰：「才劣品卑，張卿以為第一人，何也？」天官侍郎鄭善果謂璟曰：「中丞奈何呼『五郎』為卿？」璟曰：「以官言之，正當為卿；若以親故，當為五郎。足下非易之家奴，何郎之有？」善果大慚。昌宗謂己有天子之分，私引術士李弘泰觀占吉凶。璟危冠入奏，請窮究其狀。則天不悅。璟叩頭流血，誓以死爭。內史楊再思令敕璟出，璟曰：「天顏咫尺，親奉德音。不勞宰臣，擅宣王命。」則天意稍解，乃收二張就御史臺鞫問，二張股慄氣索，不敢仰視。自朝至於日昃，則天遣使特赦二張，璟不得已而罷。則天令二張詣璟謝罪，璟拒而不見。中宗時，梁王武三思恃寵執權。璟為黃門侍郎，遇三思於朝，三思方欲言事，璟正色謂之曰：「當今復子明辟，王宜以侯就第，何得尚干朝政？王獨不見產、祿之事乎？」三思慚懼而退。後以本官兼檢校貝州刺史。屬年穀不登，國租罷入。三思食邑，璟悉蠲之。因此為三思所擠，久在外州。

帝與群臣議立太子，以宋王嫡長，而平王有功，意久不定。宋王聞知，即上表辭儲副。其略曰：「儲副者，天下之公器，時平則先嫡長，國難則歸有功。若乖其宜，海內失望，非社稷之計。臣今敢以死請。」帝嘉宋王之意，欲許之。平王又以宋王地居嫡長，抗表固讓。帝不能決，聚文武於朝堂商議。劉幽求出班奏曰：「臣聞除天下之禍者，享天下之福；拯天下之危者，受天下之安。

伏以平王除社稷之危，救君親之難，論功則莫大，語德則最賢。又聞宋王以下，咸懷推讓。宜膺主鬯，以副群心。」帝乃決，遂立平王為太子。大赦天下，改元景雲元年。封宋王為太子太師，領雍州牧、揚州大都督，增邑二千戶，賜以甲第一區、良田三十頃、繒綵五千段、細馬二千匹、奴婢十房、金銀器皿二百事。

以一品之禮葬韋后，三品之禮葬安樂公主。追貶韋后為庶人，安樂公主為悖逆庶人。一面遣使齎詔，除譙王為集州刺史。一面令平韋庶人父韋玄貞及兄韋洵等墳墓。廢武氏崇恩廟及昊陵、順陵，追削武三思、武崇訓父子爵謚，斫棺暴屍，平其墳墓。越州長史宋之問、饒州刺史冉祖雍諂附韋、武，流於嶺南。又下詔追復五王、王同皎官爵；追贈韋月將為宣州刺史；追贈燕欽融為諫議大夫，以禮改葬之，特授一子官。其忠節志義之士，並蒙旌顯。特授安金藏為右武衛中郎將。

安金藏，六胡州大首領、定遠將軍安菩之子也。則天時曾為太常醫匠，帝為皇嗣。或告皇嗣謀反，則天命來俊臣按之。左右為楚毒所迫，皆欲自誣。金藏大聲曰：「公既不信金藏之言，請剖心以明皇嗣不反！」即引佩刀自割其胸，五臟並出，鮮血迸流。須臾，氣絕而僕。俊臣飛報則天。則天大驚，急令人將金藏舁入宮中，遣醫人卻內五臟，以桑白皮為線，用細針縫合，把金創藥敷了創口。經宿，金藏方蘇。則天親臨視，歎曰：「吾有子不能自明，不如爾之忠也！」即令來俊臣停推。帝因此得免。金藏母喪，哀毀過禮。後遷葬洛城南闕口之北，金藏廬於墓側，自造石墳、石塔，晝夜不息。舊源上無水，忽寒泉湧出。又有李樹嚴冬開花，犬鹿相親。巡察使以狀奏，中宗詔表其門閭。

卻說譙王得了詔書，正欲起程。忽報沅州刺史鄭愔令洛州人張靈均來見。譙王命入見。靈均說譙王曰：「大王地居嫡長，自合繼為天子。相王雖有討平韋氏功，安可越次而居大位！昔漢誅諸呂，猶迎代王，今東都百官士庶，皆願王來。王若潛行直詣洛陽，取左右屯營兵，襲殺留守，即擁兵西據陝州，東下河北，此天下可圖也。」譙王大喜。聽信鄭愔、張靈均之言，自稱天子，改元中元克復。尊帝為皇季叔，立溫王為皇太弟，封鄭愔為左丞相、知內外文事，張靈均為右丞相、兼天柱大將軍、知武事。又令心腹人王道先往洛陽，會合鄭愔招募賊徒。自私出均州，與張靈均詐乘驛騎，隨後便到，共謀殺留守，舉兵作亂。

裴談、張錫探知這個消息，與百官各自四散逃避去了。洛州長史崔日知，具表星夜奏聞朝廷。帝大驚，遂問群臣曰：「譙王自幼兇頑，得罪先帝，今者到於東都，必與朕爭王位也。如之奈何？」

忽階下一人應聲出曰：「臣願往洛州一行，就助日知守禦城池。」帝視其人，乃鄂州江夏人也，姓李，名邕，字太和。乃蘭臺郎李善之子。性豪俊，風采清華，少有美名。善注《文選》，邕多所補益。年十七歲時，攜三百縑就納國色，偶遇人啟護，傾囊濟之。年二十餘，往見內史李嶠，言「觀天下書未遍，今願一覩秘書！」嶠曰：「秘書萬卷，觀之非一二年不可歷覽。」邕固請，乃許之。邕直秘書內省，未幾，以覽書遍，辭去。嶠大驚，因問奧篇隱帙，邕應荅如響。嶠曰：「此子必為名家！」其後才名益著。嶠與監察御史張庭珪，因共薦邕詞高行直，堪為諫官，則天聞而召見，與語器之，授左拾遺。時張易之、昌宗兄弟，席寵脅權，天下側目。宋璟面折廷爭，劾其反狀。則天不悅。璟叩頭流血，誓以死爭。邕歷階而進曰：「臣觀宋璟所爭，事關社稷，望陛下可其所奏。」則天色稍解，始允宋璟所請。既出，或謂邕曰：「吾子名位尚卑，若不稱旨，禍將不測，何為造次如是？」邕曰：「不顛不狂，其名不彰。若不如此，後代何以稱也？」中宗即位，武三思弄權，以邕與張柬之善，出為邢州南和縣令，又黜富州司戶。及帝即位，擢為殿中侍御史，留在長安。

帝大喜，即命李邕前往。邕領命，趲程赴洛陽。正到天津橋，忽聽背後喊聲大起，邕勒馬回看，祇見譙王領眾來到。邕拍馬過橋。先往左掖門，命皇城使閉門堅守；隨至右屯營，傳令曰：「譙王無故入都，必是作亂。汝等宜立功以取富貴。」到了黃昏時分，譙王果領賊黨數百，各執器械來犯。營內鼓譟，矢石雨下。譙王不得進，引兵來攻左掖門。皇城使閉門不出。譙王大怒，教賊黨堆積柴草，就城門下放起火來。火未及燃，忽然喊聲大震，屯營兵一齊鼓譟殺出。賊黨自亂，正不知屯營兵多少，各自潰散。譙王見勢急，慌上馬投上東門便走，奔入山谷內，不知所往。張靈均奔逃無路，被官軍生擒活捉了。鄭愔貌醜多鬚，梳髻，穿婦人服，藏於車內，欲連夜偷出城去；為守門軍士所獲。

次日，崔日知帶領官兵搜山。譙王尋思無計，遂投洛川而死。先是，景龍中謠曰：「可憐聖善寺，身著綠毛衣。牽來河裡飲，踏殺鯉魚兒。」至此方驗。

崔日知見譙王已死，寫表申奏朝廷。帝大喜，遂令崔日知代裴談之職，與李邕等鞫獄。鄭愔股慄，不能回答。張靈均面不改色，指鄭愔曰：「吾與此人舉事，宜其敗也！」與鄭愔並斬於市。先是，鄭愔附來俊臣得進；俊臣誅，附張易之；易之誅，又附韋氏；韋氏敗，又附譙王，竟坐滅族。

尚書左丞崔湜坐與譙王交通，其罪當誅，劉幽求惜湜之才，苦告方免。湜字澄瀾，乃定州安喜人，中書侍郎、參知機務崔仁師之孫，禮部侍郎崔挹之子也。博釋典，美姿容，文藻清麗。弱冠舉進士，不十年，官至左補闕，與李嶠、員半千等俱為珠英學士。自殿中侍御史遷攷功員外郎，掌貢舉。初附武三思，讒譖五王，遷中書舍人；三思誅，即附宗楚客，遷兵部侍郎；又附上官昭容，遷吏部侍郎；後附韋后、安樂公主，遷中書侍郎、同中書門下三品。至是，出為華州刺史。

卻說薛稷與崔日用不睦，爭於帝前。稷曰：「日用傾側，諂附三思，幾危社稷，非忠臣；背棄楚客，賣友事主，非義士也。」日用曰：「臣往雖有過，今立大功，當韋氏悖逆，擅權之時，大事去矣。臣與太子同謀靖難，陛下棄瑕錄用，備位左右，如稷外託國親，內附逆黨，易之、楚客，恩同骨肉。傾側者正屬薛稷，不屬於臣。」帝不悅，乃授崔日用雍州長史，薛稷左散騎常侍：俱罷知政事。

第四回　排奸黨張説挫邪謀　詰鎮國宋璟申讜議

卻說帝以姚崇為中書令、兼兵部尚書，宋璟為吏部尚書、同中書門下三品。姚崇薦二人為侍郎，一人乃蘇州吳縣人也，姓陸，名象先，字崇賢。漢太中大夫陸賈之後。一人乃滑州靈昌人也，姓盧，名懷慎，字而謹。漢北中郎將盧植之後。崇與二人，選補平允，委用廉吏，權門請託，無所復行。

宋璟亦薦二人為侍郎，一人乃趙州房子人也，姓李，名乂，字尚真。晉治書侍御史李勁之後。一人乃相州臨漳人也，姓盧，名從願，字子龔。元魏度支尚書盧昶之後。璟與二人精心典選，大稱平允。其所舉用，皆清貞之士。時人以李乂清直，請謁不行，號曰「李下無蹊徑」。

時蘇瓌七十餘，以老病乞骸骨。優詔不許，授太子少傅。韋安石亦罷知政事，以藩邸舊臣，拜太子少保，改封郇國公。

帝又徵并州陽曲人，姓郭，名元振，為太僕卿、同中書門下三品。元振身長七尺，美鬚髯。而風神偉壯，倜儻任俠，不拘小節。初為射洪令，則天聞其名，召見與語，元振上《古劍歌》，則天甚奇之，令寫數十本，遍賜學士李嶠、閻朝隱等。時吐蕃大相論欽陵屢敗薛仁貴、李敬玄、王孝傑、婁師德等，威名甚振。元振出使吐蕃而還，獻計曰：「吐蕃百姓倦徭戍久矣，皆願早和。其大將論欽陵欲分鎮四境，統兵專制，故不欲歸款。若國家每歲發和親使，而欽陵常不從命，則彼蕃之人怨欽陵日深，望國恩日甚，設欲廣舉醜徒，固亦難矣。斯亦離間之漸，必可使其上下俱懷猜阻。」則天用其謀，贊普果誅欽陵。遂拜涼州都督、隴右諸軍州大使。鎮涼州五年，夷夏畏慕。中宗朝，改安西大都護、四鎮經略使。時突騎施可汗烏質勒為西蕃諸胡所歸，恃眾驕傲。元振引副使解琬帶數十騎到衙帳，烏質勒在帳前迎接。不期天降大雪，元振立於帳前，宣國威命，高聲與語。自朝至暮，雪深尺餘，元振竟不移足，烏質勒頻拜伏。語畢，各自歸帳。烏質勒年老，久立雪中，不勝寒苦，是夜發疾而死。其子娑葛集諸將議曰：「漢使詭殺吾父，此讎不共戴天！」欲勒兵攻元振。解琬知其謀，勸元振連夜逃遁。元振曰：「吾以誠信待人，何所疑懼，且深在寇庭，遁將安適？」遂不聽解琬之言，安臥帳中。到天明，元振素服來弔，路逢娑葛，蕃人圍之數帀。娑葛不敢相逼，但言：「護衛漢使。」元振入至帳下，哭之甚慟。娑葛感其義，乃復與元振通好。遂拜金山道行軍大總管。在安西十餘年，四鎮寧靜。

又有洛州偃師人，姓畢，名構，字其忠，司衛少卿畢憬之子。年六歲，便能屬文。神龍初，為中書舍人。張柬之、敬暉等興復唐室，上表請降削武氏諸王。構當殿，抗聲宣表，分章析句，聞者皆曉。由此為武三思所惡，出為潤州刺史。歷衛、同、陝三州刺史，轉益州長史。及帝踐祚，徵拜御史大夫。與姚崇、宋璟一同上表，奏請停斜封官。帝即降詔，停斜封官數千員。時議者以為貞觀、永徽之風，一朝復振。

萬騎諸將恃功驕傲，多暴橫，長安百姓苦之，帝又降詔，將軍葛福順等並出為外職，又停以戶奴為萬騎；更置飛騎，隸羽林。

宦官閭興貴嘗以私事詣長安縣請託，縣令李朝隱命左右拽出之。帝聞而嘉歎，召入內殿，勞之曰：「卿為京縣令，能如此，朕復何憂！」即日御承天門樓，召集百官及諸州朝集使，宣示朝隱所為。乃下詔褒美其行，加太中大夫，賜中上攷，兼絹百匹。

侍御史楊孚，糾正不避權貴，權貴毀之於帝，帝曰：「鷹搏狡兔，須急救之，不爾必反為所噬。御史繩奸慝亦然。苟非人主保衛之，則亦為奸慝所噬矣！」

卻說帝下詔追諡李重俊為節愍太子，追復成王、李多祚官爵。諡兄中宗曰孝和皇帝，葬於定陵。議者以韋庶人得罪，不宜祔葬，於是追諡故英王妃趙氏為和思皇后，求其瘞所，莫有知者，乃以禕衣招魂，覆以夷衾，祔葬定陵。至次年正月內，改封溫王為襄王，充集州刺史，使中郎將領兵五百，到集州防衛襄王。

追諡宋王母皇后劉氏為肅明皇后，陵曰惠陵；太子母德妃竇氏為昭成皇后，陵曰靖陵：皆招魂葬於東都城南。又立廟京師，號為儀坤廟。

卻說帝因太平公主沉斷有謀，屢立大勳，益尊重，凡事皆與公主商議。二十餘年，天下獨有太平一公主，父為帝，母為后，夫為親王，子為郡王，貴盛無比。當是時，公主入奏事，坐語移日，所言皆聽。薦人或驟歷清要，權移主上。凡軍國大政，有所奏請。帝輒問曰：「與太平議未？」又必問曰：「與三郎議未？」然後可之。軍國政事，事必參決，如不朝謁，則宰臣就第議其可否。公主由此滋驕，治宅甲諸第。田園遍於京畿膏腴，而市買造作器物，吳、蜀、嶺南供送，相屬於道。外州供金玉狗馬翫好滋味，不可勝數。侍兒曳羅綺者數百，蒼頭監嫗以千數；第宅華侈，制擬宮禁。

胡僧慧範，以左道惑眾。公主與之私通，奏為聖善寺院主，授三品官，封爵為公，出入禁掖。公主懼太子英武，欲廢卻太子，更立宋王以久其權，恨無其便。

卻說晉州刺史蕭至忠，政有能名，暗使人來見公主，求為京職。公主尋思可與同謀，即允其請。入內奏帝，徵蕭至忠為刑部尚書。至忠過華州，來見華州長史蔣欽緒。欽緒是至忠妹夫，款留至忠在州數日。至忠辭去，欽緒出郊與至忠餞行。至忠告以前事，欽緒曰：「以足下之才，不憂不見用，無為託附太平，非分妄求。」至忠不應。欽緒怏怏而回，歎曰：「九代卿族，一舉而滅，可哀也哉！」至忠到京師，託附太平公主。

一日，打太平公主宅中出來，朱雀街上，正遇宋璟。蕭至忠有清流雅望，宋璟曰：「非所望於蕭傅！」至忠聞言，乃笑曰：「善乎宋生之言！」急上馬而去。

卻說太平公主暗使人流言於外，云：「東宮庶子也，不當立，當立者乃宋王。」於是長安市井白徒，風裡言，風裡語，多交頭接耳，街談巷議。帝聞知此事，即降詔諭中外，以止浮言。忽一日，公主從光範門乘步輦入朝，正遇姚崇、宋璟引眾官前來。公主欣然下輦向前迎問曰：「東宮乃主器非長，廢太子，立宋王，何如？」諸相皆驚愕失色，莫敢發言。獨宋璟盛氣詰曰：「東宮有大功於天下，大孝於君親。真宗廟社稷之主，公主何得妄議廢立！」公主不悅。

春二月，帝設朝，謂侍臣曰：「有術士上言，五日內有急兵入宮，卿等為朕備之。」左右失色，莫敢對。忽有一人出班奏曰：「此有讒人設計，擬搖動東宮耳。陛下若使太子監國，則君臣分定，自然窺覦路絕，災難不生。」眾視之，乃幽州方城人也，姓張，名說，字道濟。晉司空張華之裔。生時，其母夢有一玉燕自東南飛來，投入懷中，已而孕說。及長，鷹揚虎視，英偉磊落。武后策賢良方正，應制者萬人。說年方弱冠，對策天下第一。召見前殿，拜太子校書。累遷鳳閣舍人，時張易之、昌宗構陷宰相魏元忠，稱其謀反，引張說令證其事。說至御前，揚言元忠實不反，此是易之誣構耳。元忠由是免誅，說坐忤旨配流欽州。在嶺外歲餘。神龍初，召拜兵部員外郎，累遷兵部侍郎。及帝即位，遷中書侍郎、同平章事，兼東宮侍讀。姚崇、宋璟、劉幽求、郭元振進曰：「張說所言，社稷之計！」帝大悅，即日詔太子監國。

卻說宋璟見太平公主弄權，乃與姚崇議曰：「竊見太平擅威專政，將不利於社稷，宋王為閑廄使，岐王、薛王皆掌禁兵，若不為備，一旦變生，禍害無窮矣。」崇然其言，於是二人入殿密奏：「宋王陛下之元子，邠王高宗之長孫，太平公主交構其間，將使東宮不安。請出宋王、邠王皆為刺史，罷岐、薛二王左、右羽林，使為左、右率以事太子。太平公主請不乏朝謁，往就東都安置，以絕謀者之心。」帝聽罷，猶豫良久，乃曰：「朕更無兄弟，唯有太平一妹，朝夕欲得相見。卿勿言，餘並依卿所奏。」遂詔諸王毋得典禁兵，見任者皆改他官。

於是以司徒、太子太師、揚州大都督、宋王為同州刺史，光祿卿、兼檢校左金吾大將軍、邠王為豳州刺史，殿中監、兼檢校右衛大將軍、申王為光祿卿、右金吾大將軍，太常卿、兼左羽林大將軍、岐王為左衛率，秘書監、兼右羽林大將軍、薛王為右衛率。

宋璟、姚崇固爭，帝不得已，即下詔，遷公主於蒲州安置。公主大怒，命人召太子。太子大驚，慌與張說商議。張說與太子附耳低言，說了計策。於是太子上疏，言姚崇、宋璟離間骨肉，請加罪黜，悉停宋王以下外授。帝從之，黜姚崇為申州刺史，宋璟為楚州刺史。

姚、宋既罷，宋王、邠王皆寢刺史之命。公主又奏出畢構為益州長史。改劉幽求為戶部尚書，罷知政事；尚書鍾紹京，出為蜀州刺史；雍州長史崔日用，出為揚州長史。至此，唐隆三功臣，鍾紹京、崔日用、劉幽求並罷相。戶部員外郎李邕，亦為崔湜所嫉，黜為崖州舍城縣丞。而竇懷貞自益州長史徵拜殿中監，岑羲自陝州刺史徵拜刑部尚書。

侍御史崔莅、太子中允薛昭上疏曰：「先朝所授斜封官，恩命已佈，而姚崇、宋璟等，沮先帝之明，歸怨陛下，道路謗讟，天下稱冤。奈何與萬人為讎敵，恐有非常之變。」公主亦言之於帝。帝以為然，遂復斜封官舊職。時人為之語曰：「姚、宋為相，邪不如正。太平用事，正不如邪。」

御史柳澤，上疏諫曰：「斜封授官，皆是僕妾汲引，迷謬先帝，豈出孝和皇帝之意？陛下初即位時，納姚崇、宋璟之計，所以咸令黜退。海內莫不稱明。今又令敘之，使善惡不定，反覆相攻，是陛下政令不一也。議者皆稱太平公主令胡僧慧範曲引此輩，誑誤陛下。臣恐積小為大，為禍不細！」表上，帝不省。擢韋安石為侍中，李日知為御史大夫、同中書門下三品。

太子奏以將軍葛福順、李仙鳧押左右廂萬騎，王毛仲知東宮駝馬鷹狗等坊。龍武官將葛福順等十餘人各有封賞，號為「唐元功臣」。

公主奏以崔湜為中書侍郎，蕭至忠為秘書監。密謂宋王曰：「待崔湜、蕭至忠到，當輔政，廢太子，以爾代之。」宋王乃以此言告知太子。於是太子、宋王同入見帝，密奏其事。帝即下詔，停湜等官。突厥默啜可汗遣使求和親，詔以宋王之女金山公主許之。

宋王表解司徒，帝許之，俄除太子賓客，餘如故。又拜韋安石為中書令，李日知為侍中，以代姚崇、宋璟之職。

那韋安石乃雍州萬年人，北周大司空韋孝寬之後。性持重，寡言笑，為政清嚴。則天時，官拜侍中。時張易之兄弟恃寵用權，嘗因內殿賜宴，引蜀商數人，於前博戲。安石跪奏曰：「蜀商賤類，不合至此。」因顧左右逐出之。舉座失色。則天以安石詞直，竟從之。神龍初，累拜中書令。至是，復授中書令。

李日知乃鄭州滎陽人，漢司隸校尉李膺之後。為政寬平。則天時，為京畿官，不曾行杖罰，其事克濟。遷大理丞。神龍初，為黃門侍郎。安樂公主作定昆池成，中宗親往，大宴公卿。酒酣，令各賦詩。多官無非用些阿諛美言諂佞，以邀美官。惟李日知作規誡之辭以諷。及帝即位，嘗謂之曰：「朕當時亦不敢言，非卿忠正，何能如此？」至是，拜為侍中。

自韋、李代姚、宋秉政，政刑弛紊，賄貨公行，復如景龍之世矣。

帝欲傳位於太子，召韋安石、李日知、郭元振、張說等，謂曰：「朕素懷澹泊，不以宸極為貴。昔居皇嗣，已讓中宗。及居太弟，又固辭不就。思脫屣於天下，為日久矣。今欲傳位於太子，卿等以為何如？」群臣皆驚愕失色，莫敢發言，但唯唯而已。太子遣右散騎常侍兼右庶子李景伯辭讓監國，帝弗許。殿中侍御史和逢堯素附公主，諫曰：「陛下春秋未高，聖恩浹洽。昔韋氏亂政，百僚憂懼，今萬姓顒顒，欣荷睿德，豈可遽爾為讓乎！」帝乃止，降詔曰：「凡政事皆取太子處分。其軍馬刑殺，及五品以上除授政事，皆先與太子商量，然後奏聞。」

太子請讓位於宋王，帝弗許；又請帝召回太平公主，帝從其言，遣使齎詔，召回公主。公主奏帝，復昊陵、順陵。慧範恃公主勢，逼奪生人婦，州縣不敢理，其夫詣臺訴冤。御史大夫薛謙光聞之大怒，將奏之，眾皆勸謙光寢其事，謙光不從，曰：「憲臺理冤滯，何所迴避，朝彈暮黜，亦可矣！」於是遂上表奏帝。眾皆曰：「仁者必有勇，其薛公之謂歟！」公主告於帝，言薛謙光離間骨肉。帝黜薛謙光為岐州刺史，擢竇懷貞為御史大夫、同平章事。

是時東宮盛選僚佐，拜崔湜太子詹事。湜初拜相，年方三十六歲，嘗於黃昏時分，上馬出端門，下天津橋，觀看景致，於馬上吟詩曰：「春遊上林苑，花滿洛陽城。」張說望見，歎曰：「此文可效，此位可得，其年不可及也。」弟崔液、崔滌，並有才名。滌與太子相善。先時太子在藩邸，與滌同居隆慶坊，因此有舊。景龍中，太子以臨淄王出牧潞州。祇有滌相隨至華州，其餘賓友俱送至國門而回。至此入居東宮，常與崔湜兄弟往來。

崔湜荷太子恩意甚多，卻以人臣私侍太平公主，君子薄之，門客陳振鷺獻《海鷗賦》以諷，湜口雖稱善，而心實不悅。

時東宮有藩邸之舊四人：一是汝州襄城人，姓張，名暐，安州長史張文感之子；一是秦州上邽人，姓姜，名皎，左鷹揚衛將軍姜柔遠之子；一是同州下邽人，姓王，名守一，太僕卿王仁皎之子，即太子妃王氏之兄；一是雍州三原人，姓李，名令問，左武衛將軍李大志之子。又有黃門高力士，給侍東宮。力士本姓馮氏，高州都督、廣韶等十八州總管馮盎之後。祖馮智垈，父馮君衡，世襲潘州刺史。力士以聖歷中，沒入宮刑。因為內侍高延福之義子，故冒姓高。此數人皆太子所信任。

忽一日，有一個白衣秀士，於吏部選補諸暨主簿，上東宮來謝恩。在東宮徐行高視，傍若無人。宦官見他如此無禮，低聲謂曰：「殿下在簾內！」那白衣秀士大聲曰：「何謂殿下？在外祇聞有太平公主耳！」宦官入報太子，太子召入。原來那白衣秀士不是別人，乃王琚也。太子請王琚同榻而坐，謂曰：「寡人不見容於姑母，幸先生一言相救。」琚曰：「頃者韋庶人智識淺短，親行弒逆，人心動搖，思立李氏，故殿下誅之易也。今社稷已安，太平天后之女，兇狡無比，朝之大臣，多為其用。主上以元妹之愛，能忍其過。賤臣淺識，竊為殿下深憂。」太子泣曰：「四哥同氣，唯有太平，言之恐有違犯，不言為患日深，為臣為子，計無所出。」琚曰：「天子之孝，異於匹夫，當以安宗廟定社稷為事。昔漢有蓋主，漢昭帝長姊，供養昭帝，後與上官桀、燕王謀害霍光，未及天子，漢主恐危劉氏，猶以大義去之。為天下者，豈顧小節！殿下功定天地，位尊儲貳。太平雖姑，臣也，乃敢大臣樹黨，有移奪安危之計。今劉幽求、張說、郭元振一二大臣，心輔殿下。殿下誠召而計之，憂可紓也！」太子又問曰：「先生有何小藝，可隱跡與寡人遊處？」琚曰：「吾博通玄象陰陽百家之言，飛丹煉藥，談諧嘲詠，堪與優人比肩。」太子大喜。

次日奏帝，授王琚詹事府司直、內供奉，兼崇文館學士。自此，令王琚日在左右，與諸王，及張暐、姜皎、崔滌、王守一、李令問等一同侍奉。才逾月，擢為太子中舍人，兼諫議大夫、內供奉。

第五回　圖異計太平亂政　應玄象睿宗禪位

卻說太平公主與竇懷貞商議，欲廢太子立宋王。懷貞曰：「必須與韋開府商議。」公主從之，即遣女婿唐晙，請韋安石至宅，安石辭不往。公主乃入朝奏帝曰：「我聞朝中文武，多與太子往來，不可不防之。」帝大驚，乃召韋安石入內，問曰：「聞朝廷傾心東宮，卿何不察也？」安石對曰：「陛下何得亡國之言，此必太平之計。太子有大功於社稷，仁明孝友，天下所稱，願陛下無信讒言，以致惑也。」帝矍然曰：「朕知之矣，卿勿言也。」此時，公主正在屏風後潛聽。聞安石此言，心甚恨之。乃構飛語，欲令鞫之。幸得郭元振護住，因此獲免。

次日，公主即奏遷韋安石為尚書左僕射、同中書門下三品，兼太子賓客，外示優崇，實奪其權也。以竇懷貞為侍中、兼御史大夫。懷貞每日退朝之後，輒徑往太平公主府第。

是年京畿夏逢霖雨，秋又亢旱，田種所收，十不存一。帝遣使往天臺山，召一黃冠入京。乃懷州溫縣人也，覆姓司馬，名承禎，字子微。道號「白雲子」。晉宣帝弟太常司馬馗之後。博學，工篆隸，美文章。薄於為吏，遂為道士。初師潘師正於嵩山，受服餌之術。後遍遊名山，止於天臺山玉霄峰。則天、中宗朝，累徵不起。及帝踐位，雅尚黃老，屢次遣使徵之，承禎方應詔赴京。帝迎入宮中，見承禎神儀明秀，朗目疏眉，形貌似陶弘景，謂人曰：「司馬仙師，弘景後身也。」問以陰陽術數之事。仙師曰：「道經之旨：『為道日損，損之又損，以至於無為。』且心目所知見者，每損之尚未能已，豈復攻乎異端，而增其智慮哉！」帝又問曰：「理身無為，則清高矣！理國無為，如之何？」仙師曰：「國猶身也。《老子》曰：『遊心於澹，合氣於漠，順物自然，乃無私焉，而天下理。』《易》曰：『聖人者，與天地合其德。』是知不言而信，無為而成。無為之旨，理國之道也。」祇這兩句言語，令帝若披雲霧而覩青天。帝歎曰：「廣成之言，即斯是也！」欲授以美官，仙師固辭不肯受。遂留仙師於內殿，甚敬禮之。

旬月後，司馬仙師告歸。帝留之不住，賜以寶琴花帔，命百官相送。有尚書右丞盧藏用博學，美文章，工篆隸，好琴棋。當時稱為多能之士。未仕時，隱於終南山，辟穀練氣，甚有高情遠致。後登朝，居要職，附太平，縱情奢逸。當時與公卿百餘人作詩贈與仙師，送出城外。

藏用指終南山，謂仙師曰：「此中大有佳處，何必在遠。」仙師徐荅曰：「以僕所觀，乃仕宦之捷徑耳。」藏用默然甚愧。

卻說御史中丞攝鴻臚卿和逢堯奉使突厥，默啜可汗遣其頡利發謂逢堯曰：「敕書送金鏤鞍，檢乃銀鞍金塗，豈是天子意，為是使人換卻。如此虛假，公主必應非實。請還信物，罷和親之事。」縱馬而去。逢堯大呼曰：「我，大國使，不受我辭，可去。」乃令左右牽回馬來，謂曰：「漢法重女婿，令送鞍者，祇取平安長久之義，何必以金銀為昇降耶？若爾，乃是可汗貪金而輕銀，豈是重人而貴信？」

默啜聞之曰：「承前漢使，不敢如此，不可輕也。」以禮迎接。和逢堯說默啜曰：「處密、堅昆聞可汗結婚於唐，皆當歸附。可汗何不襲唐冠帶，使諸胡知之，豈不美哉！」默啜以為然。次日，默啜裹頭，服紫，與百官向南跪，再拜謝恩，行君臣禮畢，遣其子楊我支特勤隨逢堯入朝。卻說帝以水旱頻仍，憂之，以為宰相或未稱職，見此咎徵。公主欲薦崔湜為宰相，密告其事。湜曰：「請舉陸象先，與湜同拜。」公主不許，湜乃請辭，曰：「主若不薦象先，則湜亦不敢當也。」公主不得已，祇得入見帝，具言陸、崔二人，堪為宰相。帝本不欲以崔湜為相，公主涕泣而請。帝乃從其請，即日御承天門樓，召集百官，責韋安石、李日知等輔佐非才之過。於是下詔，拜韋安石為尚書左僕射、東都留守，李日知為刑部尚書，郭元振為吏部尚書，竇懷貞為御史大夫，張說為尚書左丞：俱罷知政事。

以陸象先為中書侍郎、同平章事，崔湜為中書侍郎、同中書門下三品，劉幽求為侍中，魏知古為散騎常侍、同中書門下三品。那魏知古乃深州陸澤人。本是小吏，以方直稱，因姚崇薦引，位列清要。則天時，曾以衛尉少卿為相王府司馬。中宗踐祚，拜吏部侍郎。後為晉州刺史。帝即位，擢舊左右，授黃門侍郎，由此入相。

旬日後，人報突厥楊我支特勤隨和逢堯來朝。帝御承天門樓，設宴待之。宴罷，授楊我支特勤為右驍衛員外大將軍。和逢堯以奉使稱旨，擢拜戶部侍郎。

次年春正月，改元為太極元年。帝御安福門樓，設宴相待楊我支特勤。席罷，楊我支特勤辭去。太平公主奏帝，以戶部尚書岑義、御史大夫竇懷貞並同中書門下三品。義乃中書令岑文本之孫，文昌右相岑長倩之侄也。中宗時，為中書舍人，敬暉等欲上表請削諸武為王，眾皆辭託不敢作表，獨義即便操筆，辭甚切直。後為吏部侍郎。同列崔湜、鄭愔等皆以贓貨聞，唯義守正。遷右散騎常侍、同中書門下三品。韋后臨朝，擢為中書侍郎、同平章事。至此公主薦之，又復入相。

金仙、玉真二公主出家，竇懷貞議大興土木，於京中造金仙、玉真兩觀，以祈福祐。懷貞調發丁匠，躬自監役。又移牒近縣，徵百姓所隱逆人資財，以充觀用。人報麟遊令楊瑒拒而不從。懷貞大怒，差人召楊瑒責之曰：「豈有縣令卑微，敢拒大夫之命耶？」瑒全無懼色，回叱懷貞曰：「兄所論為人冤抑，不知計位高卑！」懷貞無言可對。竇懷貞族弟、詹事司直竇維鍌謂懷貞曰：「兄位極臺衮，當思獻可替否，以輔明主。奈何校量瓦木，廁跡工匠之間，欲令海內何所瞻仰也？」懷貞不從，監役如故。

時有太府少卿韋湊，字彥宗，上疏諫曰：「今正農月，翻欲興功，土木作起，高價雇人，三輔農人，趨目前之利，捨農受雇，棄本逐末。臣恐一夫不耕，天下有受其饑者。又春日陽和佈氣，萬物生育，土木之間，昆蟲無數。此時興造，傷殺甚多，臣亦恐非仁聖本旨。」帝即令崔湜與岑羲，共韋湊詳議。崔湜、岑羲謂韋湊曰：「公敢言此，大是難事！」湊曰：「叨食厚祿，死且不辭，況在明時，必知不死！」崔湜遂以他事，黜韋湊為陝州刺史。

夏五月，帝祀北郊已畢，大赦天下，改元延和元年。先是，節愍太子以兵誅武三思父子，冉祖雍誣奏帝與太平公主咸預其謀，岑羲與蕭至忠保護得免。羲既監修國史，自書其事。帝深加嗟賞，下詔褒美，賜物三百段、良馬一匹。羲尋遷侍中。

是歲，京師水旱傷稼。竇懷貞監督匠作，營作不止。左補闕辛替否上表切諫曰：「自夏以來，霪雨不解，穀荒於壟，麥爛於場。入秋以來，亢旱為災，苗而不實，霜損蟲暴，草菜枯黃，下人諮嗟，未知振貸。而陛下愛二女，為造兩觀，燒瓦運木，載土填沙。道路流言，皆云計用錢百萬餘貫。伏惟陛下聖人也，無所不知；陛下明君也，無所不見。既知且見，知倉有幾年之儲，庫有幾年之帛？知百姓之間，可存活乎？三邊之上，可轉輸乎？當今發一卒以捍邊陲，遣一兵以衛社稷，多無衣食，皆帶饑寒，賞賜之間，迥無所出。軍旅驟敗，莫不由斯。而乃以百萬貫錢，造無用之觀，以賈六合之怨乎！以違萬人之心乎！」帝雖不納，然嘉其正直，擢為殿中侍御史。

時李乂新除黃門侍郎，進爵中山公，亦上表切諫，帝覽表，正在猶豫，魏知古亦上疏諫曰：「自陛下翦除兇逆，君臨寶位，蒼生顒顒，以為朝有新政。今風教頹替，日甚一日，府庫空虛，人力凋弊，造作不息，官員日增。諸司試及員外、檢校等官，僅至二千餘人，太府之布帛以殫，太倉之米粟難給。臣先奏請停金仙、玉真等觀造作，竟仍未止。今歲前水後旱，五穀不熟，若至來春，必甚饑饉。陛下為人父母，欲何方以振恤？又突厥為患，其來自久，本無禮儀，焉有誠信。今雖遣使，來請結婚，豺狼之心，首鼠何定。弱則卑順，強則驕逆。屬草衰月滿，弓勁馬肥，乘中國饑虛，在和親際會，倘或窺犯亭障，國家何以防之？」

帝即下詔，停金仙、玉真兩觀造作。人報將作大匠尹思貞惡懷貞怙權，屢量事節減之。懷貞怒，責問思貞。思貞叱曰：「公職居宰輔，不能翊贊聖明，謀猷大化，而盛興土木，害及黎元，豈不愧也！今又受小人之譖，輕辱朝臣，吾不能苟免，請從此辭。」乃拂衣而去，杜門不出數日。帝聽說，即差近侍齎旨，令思貞視事。

卻說契丹、奚二虜，居鮮卑之故地，各有勝兵數萬，風俗同於突厥。武德中，遣使貢獻。貞觀時，契丹酋長窟哥、奚酋長可度者各率部落內屬。朝廷置松漠、饒樂二都督府，以窟哥、可度者為都督，皆封官爵，賜姓李氏。則天時，契丹松漠州都督李盡忠與妻兄孫萬榮舉兵反叛，殺營州都督趙文翽。營府陷沒，盡忠自稱可汗。夏官尚書王孝傑引兵討之，與之戰於黃獐谷，唐軍敗績，孝傑在陣陷沒。盡忠乘勝大寇幽州，殺掠人吏。奚王李大酺引突厥默啜可汗掩襲其後。盡忠死，萬榮以輕騎數千奔至潞河東，左右斬之。其餘眾遂降突厥。由是契丹與奚為表裡，號曰「兩蕃」。而營府為契丹所陷，寄治幽州東漁陽城。

幽州大都督薛訥，字慎言，絳州萬泉人也。右領軍衛將軍薛仁貴之子也。則天時，為藍田令，時有富商倪氏於御史臺理其私債，御史中丞來俊臣受了倪氏賄賂，斷出義倉米數千石以給之。訥曰：「義倉本備水旱，以為儲蓄，安敢絕眾人之命，以資一家之產？」竟不與。其後突厥以復唐室為名，入寇河北。訥因家世得攝左武威衛將軍、安東經略使。臨行，則天於同明殿召見與語，訥因奏曰：「醜虜憑陵，以廬陵為辭。今雖有制昇儲，外議猶恐未定。若此命不易，則狂賊自然款伏。」則天深然之。尋拜幽州都督、兼安東都護。鎮守幽州二十餘年，邊人安之，未嘗舉兵出塞，虜亦不敢犯境。

薛訥沉重少言，與燕州刺史李璡不和。璡上書朝廷，言：「訥在邊數十年，卻不能為國家收復營州。」朝廷改授薛訥并州長史，命左羽林將軍孫佺代之。佺受職訖，星夜至幽州，聚集諸將，商議出師。軍將李處鬱諫曰：「不可出師。六月南方火，北方水，火入水必滅。」佺不聽，遂令蕃將李楷洛為前部，自與副將周以悌領軍隨後，馬步兵二萬八千，望兩蕃進發。

軍至冷陘山，正遇奚王李大酺引數萬騎前來。大酺親自接戰，楷洛軍不利。孫佺大懼，不敢進兵，使人報大酺云：「我奉敕來此招諭耳，楷洛等不受節度，而與汝戰，請斬以謝。」大酺曰：「若然，有何國信？」佺盡將軍中繒帛萬餘匹，並紫袍、金帶、魚袋與之。大酺曰：「將軍可南還，勿相驚擾。」佺引兵退，大酺乘勢擊之，佺軍大敗，死者不計其數。李楷洛奮力衝突，得脫重圍。孫佺與周以悌為奚兵所擒，送至突厥，皆遇害，遂絕和親。

帝追思魏知古之諫，乃擢魏知古為戶部尚書、依舊知政事。竇懷貞亦以監役有功，除尚書右僕射、平章軍國重事。時人為之語曰：「竇僕射，前為韋氏國奢，後作公主邑丞。」

秋七月，彗見於西方，自軒轅入太微，至大角，數日乃滅。有相者謂竇懷貞曰：「公有刑厄。」懷貞大懼，表請解官，為安國寺奴。帝許之。太平公主暗使術士入內奏曰：「臣據玄象，帝座及前星有災，皇太子合作天子，不合更居東宮矣。」帝憂之，即請公主商議，欲順天傳位。公主大驚，固稱不可。帝乃謂公主曰：「昔中宗之朝，悖逆驕縱，擅權侈靡，天變屢臻。我當時極諫，請擇賢子立之，以應災異。中宗不悅，我憂惶數日不食。豈在彼能諫，於己不行耶！」公主再三勸諫，帝弗從，曰：「傳德避災，吾意決矣。」眾官紛紛上表諫諍，帝俱不聽。

太子聞帝欲傳位於己，大驚，急入見帝，拜伏於地曰：「臣以微功，不次為嗣，懼不克堪，日夜兢惶。今陛下遽以大位傳之，未知何故？」帝曰：「往以韋氏弒逆，社稷殆危，汝以弱年，夷兇靖亂。安我宗廟，汝之力也。今帝座有眚，思欲遜避，唯聖德大動，始轉禍為福。易位於汝，吾知晚矣。」太子固辭。帝曰：「不有此讓，何以禳災？汝若行孝，何必待柩前然後即位耶？」太子流涕而出。帝乃召諫議大夫、兼知制誥賈曾，令草禪國之詔。

太子作表謙辭，請讓位於宋王。帝弗許。太平公主亦勸帝雖傳位，猶宜自總大政。帝乃召太子入內，謂曰：「汝以天下事，欲朕兼理之耶？昔舜之禪禹，猶躬行巡狩，況朕授汝，豈忘家國。其軍國大務，及授三品以上，並重刑獄，當兼省之。」

是歲秋八月庚子，群臣請太子登殿受禪，即皇帝位。進冠冕璽綬訖，面南而坐，受文武官員拜賀。改延和元年為先天元年，大赦天下。尊父為太上皇，授宋王為司空，立妃王氏為皇后。加后父王仁皎為特進，后兄王守一尚清陽公主，除尚乘奉御、駙馬都尉。封長子李嗣直為郯王，次子李嗣謙為郢王，三子李嗣昇為陝王。封崔湜為中書令，魏知古為侍中，竇懷貞為尚書左僕射、同中書門下三品，仍兼御史大夫，進爵魏國公，劉幽求為尚書右僕射、同中書門下三品；大小官僚，一一昇賞。

至此，上皇居太極殿視事，五日一朝，自稱曰朕，命曰誥；帝居武德殿視事，每日受朝，自稱曰予，命曰制、敕。三品以上除授及重刑大政，決於上皇；餘皆帝自決之。薛稷於上皇有翊贊功，除太子少保，封晉國公，實封三百戶。上皇常召薛稷參決庶政，恩遇甚厚。

第六回　誅逆黨王琚進計　靖妖氛神武定策

卻說崔湜每與弟崔液、崔滌及從兄崔涖私宴之際，自比王謝之家。謂人曰：「吾之門地及出身歷官，未嘗不為第一。丈夫當先據要路以制人，豈能默默受制於人！」岑羲兄岑獻、弟岑翔、岑休及從族兄弟子侄，登清要者數十人。羲姻親岐州雍縣令劉少徵坐黷貨，賜死。羲歎曰：「物極則返，可以懼矣！」蕭至忠雖清儉刻己，然簡約自高，未嘗接待賓客，所得俸祿，亦無所振施，因此財帛甚豐。時劉幽求自恃功高，志求左僕射，兼領中書令。既而竇懷貞為左僕射，崔湜為中書令，幽求僅得右僕射，甚不平，形於言色。

於是劉幽求與右羽林將軍張暐商議，欲以兵誅崔湜等。二人商議停當，張暐入內密奏帝曰：「宰相中崔湜、岑羲等，皆因太平公主進用，見作方計，其謀不輕。陛下若不早圖，必成大患。一旦事起，太上皇何以得安？古人云：『當斷不斷，反受其亂。』唯請速誅此輩。幽求已共臣作定謀計訖，願以身正此事，赴死如歸。臣既職典禁兵，若奉陛下命，當即除翦。」帝深以為然，曰：「且宜秘之，不可輕言。」不想有人將此言報知公主。帝聞之，大懼，急奏上皇，具言其事。遂收劉幽求等下獄，命崔湜、岑羲按治之。崔湜回奏：「幽求等以疏間親，其罪當死！」張說、郭元振上言：「幽求有大功於社稷，雖有罪，當從原宥。」上皇從其言，遂下誥，流劉幽求於封州，張暐於峰州。

崔湜乃寫密書一封，差心腹人連夜往廣州，送與嶺南五府經略使周利貞，教就路上截住幽求殺之。

有桂州都督王晙，乃滄州景城人，長安尉王行果之子，元魏尚書令王睿之後也。少孤，勤學不倦，涉獵經史。祖王有方異之，謂宗人父老曰：「此兒必興吾宗。」及長，容貌雄壯，博學多識，時人謂之熊虎之相。慕義激勵，有古人風。則天時，為殿中侍御史。時魏元忠為二張所構，左授高要尉。晙密狀以申明之。時宋璟為鳳閣舍人，謂晙曰：「魏公幸且全矣！今子敢觸龍鱗而理之，恐坐見狼狽也。」晙曰：「魏公忠而獲罪，晙為義所激，顛沛無恨。」璟歎曰：「璟不能申魏公之枉，深負朝廷矣。」遂相與為莫逆之友。而晙由是，出為渭南令。中宗朝，累遷桂州都督。在州勤力強濟，政績尤美。探知周利貞欲害劉幽求，親自引兵於半路接著，護送幽求到桂州，留於館驛。

利貞聞幽求淹留桂州，屢移牒索之。王晙弗應。利貞計無所施，使人飛報崔湜。崔湜聞知，急遣使切逼王晙遣劉幽求。王晙大罵崔湜背恩忘義，曰：「劉幽求有社稷大功，窮投於荒裔，無當死之罪，奈何坐觀夷滅耶！」使者默然而退。幽求懼王晙為崔湜所譖，固請遽詣廣州。王晙弗許。幽求謂王晙曰：「明公拒執政而保幽求，恐勢不能全，徒仰累耳。」晙曰：「足下所犯非辜明也。晙如獲罪，放於滄海，亦無所恨。」終不遣之。劉幽求因此得免。

卻說李日知以年老，頻上表乞骸骨，詔許之。屬突厥寇邊，詔郭元振為刑部尚書、朔方道行軍大總管，築定遠城，以拒賊路。太平公主奏蕭至忠為吏部尚書，新興王李晉為殿中監閒廄使、兼雍州長史，又用賈膺福為右散騎常侍，李猷為中書舍人。

是歲冬十月，駕幸新豐。帝因暇日，校獵於渭川。時魏知古從駕，獻詩諫曰：「嘗聞夏太康，五弟訓禽荒。我后來冬狩，三驅盛禮張。順時鷹隼擊，講事武功揚。奔走未及去，翾飛豈暇翔。非熊從渭水，瑞翟想陳倉。此欲誠難縱，茲遊不可常。子雲陳《羽獵》，僖伯諫漁棠。得失鑒齊楚，仁恩念禹湯。邕熙諒在宥，亭毒匪多傷。《辛甲》今為史，《虞箴》遂孔彰。」帝嘉歎之，賜魏知古物五十段。手詔報曰：「夫詩者，志之所以，寫其心懷，實可諷諭君主。是故揚雄陳《羽獵》，馬卿賦《上林》，爰自《風》、《雅》，率由茲道。予頃向溫泉，觀省風俗，時因暇景，掩渭而畋，方開一面之羅，式展三驅之禮，躬親校獵，聊以從禽。豈意卿有箴規，輔予不逮，自非款誠夙著，其孰能繼於此耶？今賜卿物五十段，用申勸獎。」知古尋進爵梁國公。

郤說契丹、奚國與突厥連和，共為邊患。太平公主遂請上皇降誥，命帝巡邊，西自河、隴，東及幽、朔，選拔良將，操練人馬。以幽州都督宋璟為左軍，并州長史薛訥為中軍，朔方軍大總管郭元振為右軍。突厥知有準備，遂不敢入寇。至次年春正月內，帝巡邊改期，所招軍俱散訖，約於八月會集。令郎將崔忻齎詔策往渤海靺鞨，封振國王大祚榮為左驍衛員外大將軍、渤海郡王，以其地為忽汗州，命大祚榮領忽汗州都督。

郤說中書令蕭至忠奏请追作先天元年大酺，上皇御安福門樓，與帝臨觀，以夜繼晝，凡月餘日，燃燈不息。

左拾遺嚴挺之上疏，陳四不可。其略曰：「夫酺者，因人所利，合醵為歡，無相奪倫，不至生弊。今乃暴衣冠於上路，羅妓樂於中宵。雜鄭、衛之音，縱倡優之樂。不深惟戒慎，輕違動息，倘令有司跛倚，下人饑倦，州縣坊曲，競為課稅。吁嗟道路，貿易家產，損萬人之力，營百戲之資。適欲同其歡，而乃遺其患。況自去夏霪霖，經今亢旱，農乏收成，市有騰貴。損其實，崇其虛，馳不急之務，擾方春之業。非所以光聖德美風化也。」二帝納其言而止。

卻說帝用張說之謀，於寢殿中設一大帳，與宋王等同處其中，號為「五王帳」。又作大被長枕，與諸王同起臥。上皇聞之，讚歎不已。崔湜惡說不附己，出為東都留守。朝中文武愈益附太平。張說料太平早晚必為變矣，乃遣使者齎其佩刀，進獻於帝，請先事討之。

旬日後，荊州長史崔日用入朝。帝將張說獻刀之事，告知日用。日用曰：「太平謀逆有期，陛下往在東宮，猶為臣子，若欲討之，須用謀力。今既祗膺寶位，但須下一制敕，誰敢不從？萬一奸宄得志，則禍亂不小矣！」帝曰：「誠如卿言，直恐驚動太上皇。卿宜更思之。」日用曰：「臣聞天子之孝，在乎安國家、定社稷，與庶人之孝全別。今若逆黨竊發，則社稷為墟，豈得成天子之孝乎！伏請先定北軍，後收逆黨，即不驚動太上皇矣！」帝從其計。封崔日用為吏部侍郎，留在京師。

卻說太平公主勸上皇早定廢立之計，上皇從之，召崔湜、岑羲、蕭至忠、竇懷貞、陸象先、魏知古六人，入內計議。公主曰：「往者廢嫡立庶，已為不順；如今天子失德，若之何不去！」崔湜、岑羲等皆以為然。獨陸象先以為不可，曰：「皇帝得立，何也？」公主曰：「皇帝有一時之功，因此得立。」象先曰：「既以功立，當以罪廢。今不聞天子過失，安可廢之？」上皇聞象先之言，猶豫未決。公主又復苦勸。上皇乃遣使齎誥星夜宣郭元振回。旬日內，郭元振入朝，上皇將太平公主、竇懷貞密謀之事，告知元振。上皇曰：「倘一旦有變，如之奈何？」元振曰：「臣請領朔方軍入城，奉誥討之。」上皇大喜曰：「卿正直齊於宋璟，政理逾於姚崇，其英謀宏亮過之矣！」即復拜郭元振兵部尚書、同中書門下三品，仍舊朔方軍大總管。

次日，太平公主又引諸相入朝，請上皇降誥，廢帝立宋王。竇懷貞等皆希公主意，阿諛順旨，惟有郭元振廷爭，不肯受誥。

是時朝廷大臣，附太平公主者大半。宰相蕭至忠、崔湜、陸象先、岑羲、魏知古、竇懷貞、郭元振七人，五出其門。崔湜、岑羲、蕭至忠、竇懷貞與薛稷、新興王李晉等數人，日夜與公主議事。左羽林大將軍常元楷、知右羽林將軍事李慈掌禁兵，常私謁公主。唯陸象先孤立，未嘗造謁。在中書，清淨寡欲，不以細務介意。言論高遠，雅為崔湜所伏。湜每謂人曰：「陸公加於人一等矣。」

卻說太平公主在私宅，聚崔湜、蕭至忠、岑羲、竇懷貞、常元楷、李慈、薛稷、新興王、賈膺福、李猷、唐晙等共議。湜曰：「先發制人，後則為人所制。來日可令常元楷、李慈率羽林軍自北門突入武德殿，岑羲、竇懷貞、蕭至忠以南衙禁兵應之，廢二帝立公主，何如？」懷貞等皆應曰：「崔令公此計甚妙！」遂選定秋七月四日乙丑，舉兵作亂。商議已定，眾皆散去。

不想魏知古探知此事，大驚，急奏上皇，具言太平謀亂一事。上皇聽畢，即使魏知古報知帝。

當夜，帝在武德殿內秉燭觀表，三更以後，方欲就寢。人報魏知古有機密事啟報，喚入問之。拜舞畢，細說崔湜、岑羲欲反，交通太平等情。帝聽罷大驚，急聚岐王、薛王、郭元振、崔日用、前中書侍郎王琚、太僕少卿李令問、尚乘奉御王守一、殿中少監姜皎、內侍高力士、果毅李守德、將軍王毛仲等商議。王琚曰：「事迫矣，不可不速發。」帝然其說，因宣崔湜入宮。

崔湜得詔便行。崔滌謂曰：「主上若有所問，不得有所隱也。」崔湜徑到宮中，來見帝。帝問曰：「人言竇懷貞、蕭至忠、岑羲等在公主宅中商議機密，果有此事否？」崔湜應曰：「無此事也。懷貞等皆有國之良臣也。陛下休聽小人之言，致生疑慮。」言訖，匆匆而去。帝即以密詔付王毛仲，使取閒廄馬及家人三百餘人。

次早，帝率岐王、薛王、郭元振、崔日用、王琚、李令問、王守一、姜皎、高力士、李守德等十數人，出武德殿，至虔化門。常元楷、李慈見駕到，慌忙拜伏於地而迎。帝喝武士推出斬之，將首級梟示玄武門外。須臾，王毛仲引閒廄馬三百匹來會。萬騎將士三百餘人皆上馬，帝親自引兵往大內。宮城大亂，上皇聞喊殺連天，知是宮中有變，步出太極殿，來到肅章門，祇見一彪軍驟至，視之，乃郭元振也。上皇大驚，問元振曰：「今日作亂是誰？卿來此何也！」元振拜伏於地曰：「主上以竇懷貞、岑羲作亂，率兵誅之，恐陛下驚動，遣臣來宿衛。」上皇才心安。元振請上皇昇承天門樓，躬自侍衛。

帝自勒兵至中書內省，武士擒賈膺福、李猷於內客省，斬之；次收蕭至忠、岑羲於朝堂。帝愍然，謂至忠曰：「卿本良相，奈何作賊臣！」叱左右推出斬之。

又命崔日用檢校雍州長史，領軍出宮去捉太平公主。早有人報知公主。公主急乘車出宅，急急如喪家之狗，忙忙如漏網之魚，望終南山寺投奔。

卻說上皇在承天門樓，群臣皆集。上皇令數百南衙甲士兩邊護衛，以備不虞。忽報北軍至，上皇聞之大驚，欲自承天門樓上跳下樓去，元振慌忙抱住，力勸方止。上皇知事已急，乃謂左右曰：「助朕者留，不助朕者去！」百官悉投名刺。不移時，帝與岐王、薛王統鐵騎至承天門。上皇喝曰：「爾等皆欲從皇帝造反耶！」帝與眾人慌忙下馬，各棄兵器，拜伏請罪。帝拜伏於地曰：「臣該萬死！竇懷貞、岑羲潛結兇黨，謀廢陛下及臣，臣率岐王、薛王等發兵誅逆，使陛下受驚，臣之罪也！」上皇曰：「今日之禍，皆竇懷貞之罪，汝與岐薛率眾誅之，正合朕意！」

於是上皇下誥，罪狀竇懷貞等，大赦天下，惟逆人親黨不赦。竇懷貞懼罪，投水而死。戮其屍首，改姓毒氏。亦將薛稷等皆下獄，賜死。崔湜除名，配流嶺外。新興王李晉、鴻臚卿唐昕、太常少卿唐晙、太史令傅孝忠並一千人犯，皆斬於市曹，滅其三族；其家產財物，盡抄入庫。新興王臨刑歎曰：「本謀此事，出自崔湜，今我就死而湜得生，何冤濫也！」

獨陸象先以保護功免難，帝謂之曰：「古人云：『歲寒，知松柏之後凋也。』信哉！」遂赦之。將百官投上皇名刺付與象先，命其部屬按問。象先盡焚名刺，更不再問。帝聞之大怒，召象先入內問之。象先頓首奏曰：「赴君難，忠也；死王事，義也。伏惟陛下以孝理天下，以德化天下。奈何誅忠義之臣也？」帝聞言，方才省悟。

此年夏四月，天陰，至秋七月三日，凡一百餘日，誅竇懷貞等一十七家，方晴。

次日，上皇下誥曰：「自今軍國政刑一事以上，並取皇帝處分。朕將高居無為，以遂素心。」帝伏地而泣，再拜受誥。上皇從百官所請，退居百福殿。

是日，帝御承天門樓，大赦天下。加邠王實封三百戶，宋王、申王各一千戶，岐王、薛王各七百戶。以郭元振兼御史大夫、天下行軍大元帥，封代國公，實封四百戶；劉幽求為尚書左僕射、知軍國重事，封徐國公，實封七百戶；張說為中書令，封燕國公，實封二百戶；王琚為中書侍郎，封趙國公，實封七百戶；姜皎為殿中監，封楚國公，實封七百戶；王毛仲為左武衛大將軍、兼閒廄、監牧等使，封霍國公，實封五百戶；李令問為殿中少監、知尚食事，封宋國公，實封五百戶；王守一為太常卿，封晉國公，實封五百戶；張暐為大理卿，封鄧國公，實封三百戶。賜陸象先爵為兗國公，實封二百戶，加魏知古、崔日用實封二百戶。高力士亦加右監門將軍，知內侍省事，賜爵渤海公；其餘李守德等，各自論功封賞。

太平公主藏在終南山寺中，三日方出，被擒見帝，帝令太平公主自殺，子孫小大皆伏誅，籍沒其家。武攸暨已死，平其墳墓。惟薛崇簡前後屢諫公主，數被鞭撻，賜姓李氏，復其官爵。新興王坐反伏誅，改姓厲氏。可笑太平公主機關祘盡，到頭來都化作了霧中花、水中月。

帝在宮中大設筵會，賜郭元振、王琚等一班功臣，金銀器皿各一牀、雜綵各一千匹、絹帛各一千匹，列於殿庭，歡宴至晚，載之而歸。

先是，中宗崩，李嶠表請出相王諸子，勿令在京。至此帝乃於宮內獲其密表，以示侍臣。時李嶠以特進致仕，或請誅之。張說諫曰：「李嶠雖不辯逆順，然亦為當時之謀，吠非其主，不可追討其罪。」帝乃下詔除李嶠子率更令李暢為虔州刺史，令嶠隨子往虔州到任。

惟有崔湜無德，張說惡之，乃暗使刑部尚書趙彥昭奏曰：「宮人元氏款稱，曾與崔湜密謀進鴆。」帝聞奏，勃然大怒，遣御史追崔湜，賜死不題。

時崔湜與盧藏用俱流嶺南，崔湜對盧藏用曰：「家弟承恩，或冀寬宥。」於是二人緩緩而行。來到荊州，館驛安下。

三更時分，崔湜夜作一夢，夢見於講堂下照鏡，醒來甚是喜悅。次早，崔湜謂盧藏用曰：「湜夜來夢見於講堂下聽法照鏡，乃吉兆也。」藏用曰：「何以知之！」湜曰：「鏡者，明象。吾當為人主所明也。豈非吉兆耶？」正說話間，適善占夢人張猷至，湜以其夢告之。張猷對曰：「講堂者，受法之所也；鏡者，金旁竟也。此夢凶甚，崔公豈竟於今日乎？」崔湜不信。

是日黃昏時分，忽御史齎詔持白練至，令崔湜自盡，湜自縊於館驛中而亡。時年四十三歲。

第七回　夢二龍明皇思賢佐　奏十事姚崇展鴻猷

是時有司籍太平公主家，財貨山積，珍奇寶物侔於御府，廄牧羊馬田園質庫，數年徵斂不盡。公主嘗於樂遊原置池亭，以為遊宴之地。至此乃分賜宋申岐薛諸王，京城士女每歲祓禊其地。慧範家產亦數十萬貫。又毀天樞，取其銅鐵充軍國雜用；廢昊陵、順陵，並稱太原王及妃墓。又窮治岑羲、蕭至忠枝黨，連累者極多。陸象先密為申理，所全甚多，然未嘗言及，當時無知之者。百官素為公主所用者，或黜或誅，終歲不盡。

再說帝以姚崇、宋璟先為拒太平公主罷相，深德之，乃除姚崇同州刺史，宋璟魏州刺史。姚崇牧揚州三年，為政簡肅。受代之日，官吏軍民泣擁馬首，遮道不使去，所乘之馬鞭鐙，皆截留之，以表瞻戀。宋璟愛民恤物，朝野歸美。時人皆謂璟為「有腳陽春」，言所至之處，如陽春煦物也。

畢構在益州，為政清嚴有威惠，多所舉正，風俗一變。帝聞而善之，乃下詔褒美之曰：「卿孤潔獨行，有古人之風。自臨蜀川，弊訛頓易。覽卿前後執奏，何異破柱求奸？諸使之中，在卿為最。」兼賜以錦袍一襲，綵絹五十匹，尋授蒲州刺史，以陸象先代之。

早有細作報入突厥，近臣奏知默啜可汗。此可汗乃骨咄祿可汗之弟也。先是，突厥自恃強盛，抄掠中國。貞觀中，李靖與李勣合謀，以三千輕騎深入突厥，奇襲陰山，威震北狄。頡利可汗被擒，突厥遂滅，部落多歸中國。則天時，骨咄祿反叛，號頡跌利施可汗。以默啜為殺，咄悉匐為葉護。後骨咄祿死時，其子尚幼，默啜遂簒其位，自立為可汗。數年之間，西破堅昆、突騎施，東走奚、契丹，北併九姓鐵勒，威服塞外諸國。其地東西萬餘里，控弦之士四十萬，自頡利可汗之後最為強盛。

默啜可汗聞唐國內亂，急召文武百官商議。一人從班部中大笑而出曰：「不乘此時進兵，更待何時？」眾視其人，庬眉皓髮，儀表瑰異，飄飄然有神仙風致。乃骨咄祿、默啜兩朝元老，姓阿史德，名暾泥熟。少穎悟絕倫，讀書過目輒誦。及長，謹重嚴毅，氣度雄遠。因充侍子，遂得遍觀中國兵威禮樂。因此博學多才，尤好孫、吳兵書。後在單于檢校降戶部落，坐事為長史所拘繫，會骨咄祿入寇雲中，暾泥熟因便投骨咄祿。骨咄祿素聞暾泥熟明習漢法，召見，語及大事，骨咄祿大喜，謂眾曰：「此人天賜我家，而後國家庶政當悉委之。」立為達干，專統兵馬。暾泥熟為骨咄祿畫策，骨咄祿無不從其計。從征數年，大小四十七役，多立奇勳。及骨咄祿病卒，默啜即位，漠北諸蕃以骨咄祿新死，皆蠢蠢而動。默啜又重用暾泥熟，納其縱橫捭闔之策，西征拔悉密，東討契丹、奚國，南擾中國，其勢益盛。

默啜大喜，遂問計於暾泥熟。暾泥熟曰：「二庭四鎮，統任西夏。現今西突厥十姓左廂胡祿居部落酋長都擔自稱可汗，據碎葉城。西突厥興昔亡可汗、北庭大都護、持節招慰十姓、兼四鎮經略大使阿史那獻征西，北庭空虛。今可先取庭州，然後攻四鎮。一面密遣人往并州，佈散流言，道靺鞨、奚、霫本欲降唐，祇因唐國不置營州，無所依投，又為突厥所侵擾，故且附之；若唐國復置營州，則相率歸化矣。吾料唐兵必出，可汗自引大軍取朔方，彼首尾不能救應，必然大敗。」默啜曰：「此計甚合吾意。」便問：「誰可為將去取庭州？」祇見班部中閃出兄弟二人奏曰：「某等願往。」默啜視之，乃骨咄祿之子，默啜之侄，暾泥熟之婿也，姓阿史那，名默矩。默矩以仁厚知名，善騎射，有謀略，本蕃號為「小殺」。官拜左賢王。其弟闕特勤，沉毅有膽略，得士卒心，當時號驍將。官拜右賢王。與兄默矩，各督突厥兵馬二萬餘人。常從默啜征討，十餘年間，擊六州胡、寇靈州、破堅昆、平突騎施，累立奇功。由此威風震動，漠北諸蕃無不膽寒。

默啜曰：「默矩兄弟要守西陲，不可去。」言未畢，忽一人應聲而出曰：「兒願領兵前去取庭州。」眾視之，乃默啜長子阿史那匐俱也。默啜自篡兄位之後，立匐俱為移涅可汗，位在左、右賢王之上，督西突厥處木昆等十姓兵馬四萬餘人。雖掌兵權，未嘗臨陣。當時自請出征，默啜大喜，即命移涅可汗為元帥，少子同俄特勤、妹婿火拔頡利發石阿失畢為副，統兵四萬，進攻北庭。暾泥熟諫曰：「不可。拓西可汗素不曾經戰，今付以大任，非其所宜。更兼北庭宿將郭虔瓘，足智多謀，深通韜略，不可輕敵。」默啜叱曰：「汝焉敢小覷吾兒！量郭虔瓘一老卒，何足道哉！汝料吾兒不能取北庭，我偏要命吾兒取之！」暾泥熟等皆不敢言。移涅辭了默啜，統領同俄特勤、石阿失畢，及數萬人馬，離了突厥，望北庭進發。

卻說王琚在帷幄之側，常參聞大政，時人目為「內相」，無有比者。帝每延王琚入閤中，迄夜方出。歸休之日，中貴人至第召之。王皇后亦使尚宮就王琚宅，問候琚母，以時果珍味送之，助其甘旨。

忽一日，帝在殿中，隱几而寐。忽見兩條龍各銜一物，飄飄蕩蕩的，乘紅霧而來，掛於樹上。掛畢，蜿蜒而去。帝近前視之，衹見那樹上掛著兩張黃紙書就的符字。帝急去取下看時，符上各有兩個隸字，乃是「姚崇」、「宋璟」。猛然驚覺，原來做了一夢。少頃，王琚入見。帝將夢二龍銜符事，細說一遍。王琚曰：「兩木，相也。二人名為天遣，龍致於樹。此乃姚崇、宋璟，當為輔相之兆也。」帝暗暗稱奇。

是歲冬十一月，駕幸新豐，閱武於驪山之下。戈矛成林，玄甲耀日，戎卒二十萬，旌旗連亙五十餘里，大陣於長川。坐作進退，以金鼓之聲節之。帝親擐戎服，持銀槍，立於陣前，威風凜凜。長安士庶，奔走縱觀，填塞道路。既三令，帝援桴擊鼓，而軍容不整。郭元振慮有大變，遽奏禮止。帝大怒，引坐纛下，將斬以徇。

劉幽求、張說跪於馬前，犯鱗諫曰：「元振翊贊上皇，有大功於國。雖犯軍令，不可加刑，伏願寬宥，以從人望。」乃赦死，配流新州。給事中、知禮儀事唐紹草軍儀有失，右金吾將軍李邈遽請宣敕，遂斬之。諸軍見二大臣得罪，多震慴失序。惟并州長史兼檢校左衛大將軍薛訥、朔方軍大總管解琬之軍不動。帝遣輕騎召之，而不得入其陣。帝深歎美，曰：「嗟乎，此真將軍矣！」稱善者久之。禮畢，甚加慰勞。

卻說張說素與姚崇不睦，恐其入相，密使趙彥昭劾崇，帝弗納。帝將校獵於渭川，召姚崇赴行在所。張說又喚姜皎，附耳低言如此如此。帝方與王琚圍棋消遣，忽姜皎入見曰：「陛下久卜河西節度，重難其人。臣有所得，何以見賞？」帝聞言大喜，曰：「誰耶？如愜，有萬金之賜。」

皎曰：「同州刺史姚元之，文武全材，即其人也。」帝大怒曰：「此張說之意也！卿罔上，當誅。」皎惶恐，拜伏請罪。帝怒少息。皎滿面羞慚而退。

次日，帝獵於渭川。人報姚崇至，帝乃下馬立待之。崇慌忙滾鞍下馬施禮。張說、劉幽求等見帝如此待姚崇，皆大驚異。帝請姚崇上馬，並轡而行，問曰：「卿頗知獵乎？」崇荅曰：「臣少孤，居廣成澤，目不知書，唯以呼鷹逐兔為樂。年二十，方遇張憬藏，謂臣曰：『君當備位宰相，無自棄也。』爾來折節讀書，今雖官位過忝，至於馳射，老而猶能。」帝大喜，與姚崇馳獵。姚崇呼鷹嗾犬，搭弩張弓，遲速在手，動必稱旨。帝以軍國之事問姚崇，姚崇對荅如流。帝聽之，亹亹不厭。帝曰：「朕久不見卿，思有顧問，卿可參宰相行！」姚崇在後慢行。帝按轡不動，顧謂姚崇曰：「卿行何後？」姚崇自知與張說有隙，荅曰：「臣官疏賤，不合參宰相行。」帝曰：「卿可兵部尚書、同中書門下三品。」姚崇也不謝恩，帝甚怪之。

至頓，帝命百官坐。姚崇跪奏曰：「臣適奉作弼之詔而不謝者，欲以十事上獻；有不可行，臣不敢奉詔。」帝曰：「卿悉數之，朕當量力而行，然後定可否。」崇曰：「自垂拱以來，朝廷以刑法理天下；臣請聖政先仁義，可乎？」帝曰：「朕深心有望於公也。」崇又曰：「聖朝自喪師青海，未有牽復之悔；臣請三數十年不求邊功，可乎？」帝曰：「可。」崇又曰：「自太后臨朝以來，喉舌之任，或出於閹人之口，臣請中官不預公事，可乎？」帝曰：「懷之久矣。」崇又曰：「自武氏諸親，猥侵清切權要之地，繼以韋庶人、悖逆庶人、太平用事，班序荒雜；臣請國親不任臺省官，凡有斜封、待闕、員外等官，悉請停罷，可乎？」帝曰：「朕素志也。」崇又曰：「比來近密佞倖之徒，冒犯憲綱者，皆以寵免。臣請行法，可乎？」帝曰：「朕切齒久矣。」崇又曰：「比因豪家戚里，貢獻求媚，延及公卿、方鎮，亦為之；臣請除租、庸、賦稅之外，悉杜塞之，可乎？」帝曰：「願行之。」崇又曰：「太后造福先寺，中宗造聖善寺，上皇造金仙、玉真觀，皆費鉅百萬，耗蠹生靈；凡寺觀宮殿，臣請止絕建造，可乎？」帝曰：「朕每覩之，心即不安，而況敢為者哉！」崇又曰：「先朝褻狎大臣，或虧君臣之敬。臣請陛下接之以禮，可乎？」帝曰：「事誠當然。有何不可？」崇又曰：「自燕欽融、韋月將獻直得罪，由是諫臣沮色。臣請凡在臣子，皆得觸龍鱗，犯忌諱，可乎？」帝曰：「朕非唯能容之，亦能行之。」崇又曰：「呂氏、產、祿幾危西京，馬、鄧、閻、梁亦亂東漢，萬古寒心，國朝為甚。臣請陛下書之史冊，永為殷鑒，作萬代法，可乎？」帝乃潸然良久，曰：「此事真可為刻肌刻骨者也！」崇再拜，曰：「此誠陛下致仁政之初，是臣千年一遇之日，臣敢當弼諧之地。天下幸甚，天下幸甚！」又再拜，蹈舞稱萬歲者三。

在朝大小百官聞崇十事者，無不流涕。帝令姚崇就席，姚崇坐於張說之下。張說即起身，遜姚崇上坐。帝問其故，張說曰：「姚崇是先朝舊臣，理合首坐。」姚崇曰：「張說是中書令，今臣是客宰相，不合首坐。」帝曰：「張說可首坐。」張說方坐。

帝始親萬機，勵精為治，軍國庶務，多訪於姚崇。姚崇每應荅如響，同僚但唯諾而已。姚崇奏曰：「彼王琚譎詭縱橫之士，可與履危，不可得志。天下已定，宜益求純樸經術之士。」帝乃疏之。旬日之後，令王琚兼御史大夫，持節巡太原以北諸軍。

是歲冬十二月庚寅朔，帝御太極殿，自稱神武皇帝，大赦天下，改元開元元年。改尚書左、右僕射為左、右丞相，中書省為紫微省，門下省為黃門省，以張說為紫微令，魏知古為黃門監，劉幽求為尚書左丞相、兼黃門監，姚崇為兵部尚書、同紫微黃門三品。昇雍州為京兆府，洛州為河南府。文武百官，各有封賜。帝念郭元振舊日之功，起為饒州司馬。元振自恃功高，鬱鬱不得志，行至饒州，憂憤病卒。

帝賜姚崇爵為梁國公，崇固辭實封，乃停其舊封，特賜新封一百戶。宋璟入為國子祭酒、兼東都留守，賜爵廣平公。

卻說姚崇頗輕魏知古，奏以魏知古攝吏部尚書，令與盧懷慎同往洛陽分掌選事，薦宋璟於門下省過官。懷慎少清謹，有奇度，父友監察御史韓思彥見而異之，歎曰：「此兒器度不可量！」曾為御史中丞，累遷黃門侍郎，賜爵漁陽伯，今往東都掌選，奉身之具，才一布囊。

且說張說見帝重用姚崇，心中甚憂，往見岐王，潛申款舊。早有人報知姚崇。次日，帝召姚崇至便殿，訪以政事，姚崇舉左足不甚輕利。帝見姚崇腿腳不便，遂問曰：「卿有足疾乎？」姚崇荅曰：「臣損足。」帝曰：「無甚痛乎？」姚崇曰：「臣心有憂，痛不在足。」帝問其故，姚崇曰：「岐王，陛下愛弟；張說，陛下輔臣。今聞說密乘車出入王家，恐為所誤，故憂之。」旬日之後，黜張說為相州刺史，以劉幽求為太子少保；俱罷知政事。

授姚崇為紫微令、兼兵部尚書，盧懷慎為黃門侍郎、同中書門下三品，以代劉幽求、張說之職。

舊制，雅俗之樂，皆隸太常。帝因太常是禮樂之司，不應典倡優雜伎；乃更置教坊於蓬萊殿之側，以教俗樂，與殿中監姜皎、衛尉少卿崔滌，為優伶之戲。命左領軍衛中郎將范安及兼教坊使。帝於聽政之暇，教太常樂工子弟三百人為絲竹之戲，音響齊發，其有闕誤，帝必知而正之。因置院近於禁苑之梨園，號為「梨園弟子」。太常又有別教院，教供奉新曲，廩食常千人，居宮中宜春院。酸棗尉袁楚客以為天子方壯，宜節之以雅，從禽好鄭衛，將蕩上心。乃引由余、太康之義，上疏以諷。帝納之，遷袁楚客為下邽主簿，而好樂如初。

關輔自去秋不雨，至於春正月，帝憂之，詔求直言。禮部侍郎張庭珪，字溫玉，上疏諫曰：「臣聞古有多難興王、殷憂啟聖者，皆以事危則志銳，情迫則思深，故能自下登高，轉禍為福者也。伏見景龍之末，中宗遇禍，先天之際，兇黨構謀，社稷有危於綴旒，國朝殆均於絕紐。陛下神武超代，精誠動天，再掃氛沴，六合清朗。日月所燭，無不濡澤，明明上帝，宜錫介祉。然頃歲以來，陰陽愆候，九穀失稔，關輔尤劇。臣竊思之，皇天之意，將恐陛下春秋鼎盛，神聖在躬，或簡下濟之道，獨滿雄圖之志，輕虞舜而不法，思漢武以自高。是故昭見咎徵，載加善誘，將欲大君日慎一日，雖休勿休，永保太和，以固邦本也。斯則皇天之於陛下，眷顧深矣，陛下焉可不奉若休旨而寅畏哉！

臣愚，誠願陛下約心削志，澂思勵精，攷羲、農之書，敦素樸之道。登庸端士，放黜佞人，摒退後宮，減徹外廄，場無蹴鞠之翫，野絕從禽之賞。休石田之遠境，罷金甲之懸軍，惠恤煢嫠，蠲薄徭賦。去奇技淫巧，捐和璧隋珠，不見可欲，使心不亂。或謂天之炯戒不足畏者，則將上帝憑怒，風雨迷錯，荒饉日甚，無以濟下矣。或謂人之窮乏不足恤者，則將齊甿沮志，億兆攜離，愁苦勢極，無以奉上矣。斯蓋安危所繫，禍福之源，奈何朝廷，曾不是察！況今陛下受命伊始，敷政惟新，卿士百僚，華夷萬族，莫不清耳以聽，刮目而視，冀有聞見，顒顒如也。何可怠棄典則，坐辜其望哉！」

帝嘉之，遷張庭珪為黃門侍郎。即日遣使分行天下，遍禱山川。岐、華、同、豳、隴諸州饑，遣兵部員外郎李懷讓、主爵員外郎慕容珣振恤之。

自神龍以來，公主、外戚皆爭造佛寺，奏請度人為僧；富戶強丁多經營避役，遠近充滿。姚崇奏曰：「佛不在外，求之於心。佛圖澂最賢，無益於後趙；羅什多藝，不救於姚秦。何充、苻堅，皆遭敗滅；齊襄、梁武，未免災殃。但發心慈悲，行事利益，使蒼生安樂，即是佛身。何用妄度奸人，令壞正法！」帝即下詔，命有司沙汰僧尼，令拜父母，其法頗峻。天下僧尼以猥濫還俗者，約有萬餘。先是，洛陽白馬寺鐵像頭無故自落於殿門外。至此方驗。

第八回　斬特勤二郭立功　討兩蕃薛訥喪律

卻說默啜使人到并州佈散流言，說：「靺鞨、奚、霫久欲歸朝，正因國家不置營州，無所依投，又為突厥所侵擾，故且附之；若國家復置營州，則相率來降矣！」薛訥聽得此信，欣然上表，請討兩蕃，復置營州。帝觀表，大喜，便令興師。左監門將軍杜賓客諫曰：「目今盛暑炎天，將士負戈甲，齎資糧，深入賊境，恐難為制勝。」姚崇曰：「賓客之言，深為有理。此乃暾泥熟之計也，不可出師。」獨薛訥以為：「夏月草茂，羔犢生息之際，不費糧儲，亦可漸進。一舉振國威靈，機不可失也。」百官皆以為不可。

帝方欲威服四夷，遂不聽姚崇之言，降詔加薛訥同紫微黃門三品，統領大軍六萬，出檀州道征奚、契丹。百僚莫敢異議。

再說移涅可汗這支兵馬，望北庭進發。北庭守將乃齊州歷城人，姓郭，名湛，字虔瓘，右監門將軍郭慶之子也，時年已七十一。從軍凡三十餘年，破西突厥，伐拔汗那，累立奇功。官授雲麾將軍、右驍衛將軍，領北庭都護、兼瀚海軍經略使。當日，在庭州城中，訓練人馬，聞報突厥移涅可汗大兵到來。虔瓘大驚，引軍萬餘，出庭州城外，於金滿佈陣；會合天山、伊吾二軍，為掎角之勢。移涅領著同俄特勤、石阿失畢，統領大軍已到，兩邊混殺一場。虔瓘因兵少，抵當不住，退入城中，堅守不出。移涅大驅士馬，把北庭圍得鐵桶相似。自秋涉冬，唐兵堅守數月，食盡窮困，而援兵不至。

忽一日，郭虔瓘在城上探之，窺見賊兵已多懈怠，乃謂諸將曰：「吾當以奇兵勝之。」看看天色漸晚，虔瓘喚副將郭知運分付：「汝可引數十人，乘夜出城，伏於樹木叢雜去處。衹等同俄來時，衹聽鼓響，一齊殺出。」知運字逢時，瓜州常樂人也。曹魏散騎常侍郭芝之後；生得身長八尺，膂力過人，猿臂虎口，虯鬢鶚瞵。現為宣威將軍、右驍衛中郎將，領伊州刺史、兼伊吾軍使。領了計策，帶領數十個勇捷步兵，當夜月黑時分，悄悄出城，四面埋伏已定。

是夜，月色明朗，同俄單騎獨來，直到城下搦戰。郭虔瓘在城上看得分曉，一齊擂鼓，四下伏兵盡起。同俄急撥馬回時，長鉤套索，一齊並舉，先把同俄坐下馬絆倒。同俄翻身落馬。壯士一擁而上，將同俄用索綁縛住。收軍回城，虔瓘賞勞三軍將士。

移涅可汗因郭虔瓘擒了同俄，徑到城下乞降。請盡出軍中衣資器杖，以贖同俄。人報曰：「同俄已被郭都護殺了。」移涅聞同俄已死，便引三軍大哭而去。

帝因郭虔瓘、郭知運斬獲同俄有功，封虔瓘為冠軍、右驍衛大將軍，進爵太原郡公，知運為雲麾、右武衛將軍，賜爵介休縣公。忽又報石阿失畢不敢回國，將妻來降。帝封石阿失畢為左衛員外大將軍、燕山郡王；其妻為金山公主，賜宅一區，奴婢十人，駿馬十匹，雜綵千匹。

卻說移涅敗回見默啜，說同俄已死。默啜聞之大怒，切齒曰：「郭虔瓘殺吾愛子，此讎不共戴天！吾今悉起大軍，洗蕩北庭，方雪吾恨！」遂聚帳下將佐，商議進兵之事。暾泥熟曰：「某有一計，使唐國、吐蕃互相吞併，可汗乘間圖之，豈非勝祘？」默啜曰：「計將安出？」暾泥熟曰：

「祇須如此如此。」默啜大喜，遂依計而行。一面遣使致書吐蕃，令進兵以襲隴右；一面遣使上表求婚，自稱天可汗不題。

是時朔方軍大總管解琬年老乞骸骨，以金紫光祿大夫致仕。朝廷命朔方軍副大總管王晙持節充朔方道行軍大總管，兼安北大都護。復於諸道置按察使，以益州長史陸象先、潤州刺史李淺等為之，巡行州縣，察舉不法。帝以旱故，親省囚徒，想起司刑少卿徐有功處法平允，以其子大理司直徐惀為恭陵令。外戚光祿卿竇希瑊等請以己之官爵讓徐惀，以報舊恩。徐惀因此累遷申王府司馬。

崔湜妻父太常少卿盧崇道徙嶺表，逃歸東都。時奉禮郎陸南金居母喪在家，盧崇道知事急，詐稱弔客造南金，細說其事，南金哀憐之，留匿在家。有人報知朝廷。詔侍御史王旭按其事，王旭因是捕斬崇道，窮治崇道之獄，連引南金。陸南金弟陸趙璧聽得此事，來見王旭，自言藏盧崇道，請代兄死。南金曰：「弟實自誣，身請當罪。」兄弟爭死。王旭問其故。趙璧曰：「兄是長嫡，又能幹家事。亡母未葬，小妹未嫁，自惟幼劣，生無所益，身自請死。」王旭表言其狀。詔並宥之。

卻說帝共百官，秉心祈禱，一連十日，天無點雨。高力士奏道：「昔日高宗大帝以旱，投龍璧而得甘雨。陛下何不效之？」帝猛然想起一件寶貝，叫做玉龍子，乃非常之寶，雖然不過數寸，而溫潤瑩潔，精巧無比。昔日太宗於晉陽宮得之，文德皇后常置之衣箱中。及高宗載誕之三日，后以珠絡衣褓並玉龍子賜之。其後常藏之內府。則天嘗召諸皇孫，坐於殿上，觀其嬉戲，命取西蕃所貢玉環釧盃盤，列於前後，縱令爭取，以觀其志。眾皆競取珍翫。獨帝端坐，略不為動。則天大奇之，撫其背曰：「此兒氣概，終當是吾家太平天子！」即以玉龍子賜之。

當日帝引姚崇、盧懷慎等一班文武官僚，都到龍池邊。帝焚起好香，取過玉龍子來，望空祈禱祝告了，祇見那玉龍子蜿蜒如奮鱗鬣。帝暗暗稱奇，將玉龍子投入池中。須臾，那池中有一股白氣，骨都都的冒將上來。祇聽得潑剌一聲響喨，水波裡一條銀鱗玉爪的白龍，攛將出來，直上青霄裡而去。霎時，狂風大作，黑氣漫空，一聲霹靂響處，驟雨傾盆。其日甘霖大澍，遍滿畿內。宮中因春雨淋漓，地潤微裂，到黑夜裡，有光彩沖天。宿衛者記其處所，曉乃奏之。帝令鑿其地，得寶玉一片，如拍板樣，上有四個篆字，乃是「天下太平」。百僚稱賀，收之御府。

御說薛王舅王仙童倚恃王親，欺奪百姓，憲司推尋，按罪以聞。薛王奏請求免。帝命中書、門下按覆。姚崇、盧懷慎奏曰：「仙童罪狀明白，人人共知，御史推尋，實知枉濫。御史若不堪信，他人何必可依？仙童不可縱赦，望準前狀。」由是獄決。自是貴戚斂手。

申王請以申王府錄事閻楚珪為參軍，帝既許之。姚崇、盧懷慎固爭不可，曰：「先嘗得旨，云王公、駙馬有所奏請，非降墨敕，不可商量。臣等竊以量材授官，當歸有司；若緣親故之恩，得以官爵為惠，踵習近事，實紊紀綱。其楚珪官，請停。」其事遂寢。自此請謁不行。

劉幽求以職位閒散，怏怏不平，怨謗無已，黜為睦州刺史。太子詹事鍾紹京坐與幽求相善，黜為果州刺史。王琚方巡邊而回，未及到長安，朝廷已降詔，黜為澤州刺史。吏部尚書崔日用坐與張說相善，黜為常州刺史。京兆尹張暐亦遷太子詹事，以宋璟為御史大夫兼京兆尹。

趙彥昭昔受中宗遺詔，宗楚客、韋溫等改削槁草，與韋安石、韋嗣立、李嶠等不能匡正，為御史郭震所劾。帝即下詔，黜青州刺史韋安石為沔州別駕，太子賓客韋嗣立為岳州別駕，趙彥昭為袁州別駕。特進李嶠亦黜為滁州別駕。韋安石素與姜皎有隙，姜皎弟御史中丞姜晦又奏曰：「安石嘗檢校定陵造作，盜隱官物入己。」敕符下州徵贓。安石聞之，歎曰：「此祇應須我死耳！」憤恚成疾，臥病十數日而卒。

再說西突厥胡祿居部落酋長都擔，結連大食造反。右驍衛大將軍、西突厥興昔亡可汗、昆陵都護、北庭大都護、瀚海軍使、持節招慰十姓兼四鎮經略大使阿史那獻催攢軍馬，望碎葉進發。獻乃西突厥興昔亡可汗兼左衛大將軍、昆陵都護阿史那彌射之後也。貞觀時，彌射為西突厥咄陸可汗。其族兄阿史那步真欲篡其位，便引本部兵造反。彌射兵敗，率部下軍士來降。朝廷封彌射為右監門大將軍。步真自立為咄陸葉護，眾人不服，棄步真而去。步真祇得攜其妻子入朝。朝廷封步真為左屯衛大將軍。高宗時，沙鉢羅可汗阿史那賀魯反。朝廷令右屯衛將軍蘇定方等討之，大破賀魯於金牙山，盡收西域之地。彌射、步真亦有功。朝廷以彌射為西突厥興昔亡可汗，押左廂五咄六部落；步真為西突厥繼往絕可汗，押右廂五弩失畢部落。後彌射生元慶，元慶生獻，世襲興昔亡可汗；步真生斛瑟羅，斛瑟羅生懷道，世襲繼往絕可汗。

卻說邊陲百姓喜聞史獻兵到，並壺漿塞道，繈負而來。都擔知史獻引兵來，急發書報大食東道使古太白，使為後應；一面領兵出城迎敵。早望見塵頭蔽日，一彪大軍來到。為首大將，生得紫髯綠眼，姿貌壯偉，乃史獻也。都擔大怒，便與史獻交鋒，不一合，被獻一刀斬之。賊兵大亂，四散奔走。獻引軍趕至碎葉川西，收得胡祿居、鼠尼施，及右廂部落五萬餘帳，奏聞朝廷。帝因史獻有碎葉之功，乃賜書嘉美之。

卻說默啜遣使上表求婚，自稱：「乾和永清大駙馬、天上得果報天男、突厥聖天骨咄祿大可汗。」帝怒其不遜。於是大集文武，商議起兵伐突厥。以左驍衛將軍論弓仁、右金吾大將軍勿部珣為先鋒，檢校原州都督李欽憲為左軍，檢校左威衛將軍、兼靈州都督呂休璟為右軍，衛尉卿、兼檢校左金吾大將軍李延昌為合後，姚崇持節充朔方道行軍大總管，與右領軍大將軍、兼檢校單于大都護鎮守使張知運總中軍，共起大兵十萬，北伐突厥。命張知運持節赴軍，處置兵馬。正值吐蕃大相論乞力徐、吐谷渾小王坌達延遣使請修舊好，求與解琬會於河源，議定唐蕃邊界，然後誓盟。帝遂下詔，封解琬為散騎常侍，命齎國書赴河源，與吐蕃議定地界。

再說姚崇二子光祿少卿姚彝、衛尉少卿姚異，留司東都，恃父有德於魏知古，多通賓客，廣納賄賂。知古回京，面奏天子。帝即召姚崇入內問曰：「卿子才乎？皆何官也，又安在？」姚崇已知帝意，奏曰：「臣有三子，兩人皆分司東都矣。其為人多欲而寡慎，是必以事干魏知古。然臣未及問之耳！」帝聞奏，喜曰：「卿安從知之？」姚崇荅曰：「知古微時，是臣之所慰薦，以至榮達。臣之子愚，謂知古見德，必容其非，故必干之。」帝因此明姚崇無私，而薄魏知古負義，欲黜之，姚崇諫曰：「臣子無狀，撓陛下法，陛下特原之，臣為幸大矣。而猶為臣逐知古，天下之人必以陛下為私臣矣，非所以俾元化也！」帝弗許；良久乃許之。除魏知古工部尚書，罷知政事。

卻說杜賓客為前部，薛訥在中軍，定州刺史崔宣道押後。徑出檀州，望兩蕃進發。時值六月天氣，十分炎熱，人馬疲乏，汗如潑水。薛訥大驅士馬，自灤水谷而進。早望見契丹戰將可突于領軍來到，訥躍馬而出。可突于出迎，戰不三合，撥馬便走。訥從後追趕，可突于回馬又戰，不數合又走。訥大驅人馬，迤邐趕入灤水谷中。

前面可突于已不見了。杜賓客在馬上謂薛訥曰：「倘有兵截斷谷口，如之奈何？」訥猛然省悟，忙撥回馬，大叫：「退兵！」忽聽得山上喊聲大震，鼓角齊鳴，黑旗遍豎，皆是契丹兵；祇見橫木亂石滾下，壘斷谷口。薛訥大驚曰：「我中計矣！」急令兵開路而進。山上數處精兵殺下，勢不可當，唐兵大敗，十傷八九，死者無數。薛訥大怒，勒兵殺上山來。山上矢石如雨，薛訥不能上山，乃拍馬舞槍，引數十騎死命衝出重圍。

後面契丹趕來，薛訥不敢復戰，盡棄衣甲、頭盔，匹馬引敗兵望幽州而走。自此虜中嗤之，皆呼薛訥為「薛婆」。

薛訥回幽州，乃上表，申奏朝廷，歸罪於崔宣道、蕃將李思敬等八人。帝覽表，悔不聽姚崇、杜賓客之言。於是免訥官爵，斬宣道、思敬等，獨免賓客之罪。

第九回　王晙夜打大來谷　薛訥大勝武街驛

卻說姚崇、盧懷慎屢以奢靡為誡，帝納其言，悉出宮中珠玉錦繡於殿庭，若山積，皆焚之，示不復御用。后妃以下，皆不許著珠翠錦繡之服。

時民間有訛言，說帝欲採擇以充後宮。帝聞之，令有司將車牛於崇明門外，自選妃嬪以下無用者，載還其家。又以后妃四星，一為皇后，既有皇后，復立四妃，非典法也。因省嬪婦、女御之數，於皇后之下，立惠、麗、華三妃，置淑、德、賢、順、婉、芳六儀，與美人四人，才人七人，共四等二十人，以備內官。其時皇子封王者，並賜實封二千戶；皇女為公主者，實封五百戶。公主邑入不足以具車服，左右或言太薄。帝謂侍臣曰：「左藏庫物，是百官諸邊將士物，非我所有，豈能漫用？戰士出死力，賞不過束帛；女子何功，而享多戶耶？使知儉嗇，不亦善乎！」

姚崇、盧懷慎又請依故事，出諸王為刺史。帝即下詔，出開府儀同三司、宋王李成器為岐州刺史，司徒、申王李成義為豳州刺史，太子少師、岐王李範為華州刺史，太子少保、薛王李業為同州刺史，司空、邠王李守禮為虢州刺史：選良吏為諸王府長史兼州佐，諸王到官但領大綱，自餘州務，皆委上佐主之。

諸王每季二人入朝，周而復始。帝又因上皇避暑之故，移仗大明宮聽政。宋王等上表，請以興慶坊宅合帝舊邸為宮；帝乃降詔以興慶坊為興慶宮。其時興慶池水勢逾大，彌漫數里，帝命有司作《龍池樂》，以歌其祥。舞者十有二人，皆冠飾以芙蓉。

帝體貌大臣，賓禮故老，尤注意於姚崇，每引見便殿，皆為之興，去則臨軒以送。先是，新興王就誅，僚吏皆四散，惟有雍州司功李捴步從，不失在官之禮，仍哭其屍。姚崇聞之曰：「欒、向之儔也。」一日，帝設朝。姚崇出班，請授李捴尚書郎。帝顧視殿宇而不應。姚崇驚懼，又奏之。帝低頭不荅。姚崇再三言之，帝突然而起，撇下百僚而去。姚崇未知其意，心下不安。

是日朝罷，高力士奏曰：「陛下初承鴻業，宰相請事，宜面決可否。向者姚崇所言，皆軍國大政，而陛下卒顧殿宇而不視，豈姚崇有罪乎？」帝曰：「朕任姚崇以庶政，事之大者當白奏，朕與之共決；如郎吏秩卑，姚崇獨不能決，而一一煩朕耶？」

且說姚崇在紫微省，心甚不安。忽力士至，將帝方才的話，向姚崇說了。姚崇方心安。朝廷聞者，皆謂天子有人君之體，而得任人之道。

郤說解琬上疏，言：「吐蕃必陰懷叛計，請預屯兵十萬於秦、成、蘭、渭等州備之。」帝從之，詔李延昌充隴右道防禦大使，左武衛將軍白道恭等為之副，領朔方軍兵及驍勇健兒十萬，群牧馬四萬匹，屯於秦、成、蘭、渭等州。

是歲秋八月，忽有邊報說：「吐蕃大相論乞力徐，會合吐谷渾小王坌達延，共起蕃兵十餘萬，寇臨洮軍，犯蘭、渭二州，掠隴右群牧羊馬數萬。鄯州都督楊矩悔懼，乃飲藥而死。」矩曾為驍衛大將軍，因護送公主入蕃有功，拜為鄯州都督。金城公主，乃邠王李守禮之女，墀德祖贊之妻也。先是，吐蕃屬國泥婆羅門等多叛，墀德祖贊父墀都松贊親自南征，死於軍中。國中大亂，諸子爭立，久之，國人乃立墀德祖贊為贊普。墀德祖贊年七歲，政事一決於祖母赤瑪類，赤瑪類乃遣使入朝，奉表求婚。時公主尚幼，養於宮中。中宗以為金城公主，差楊矩為和蕃使，持節護送金城公主入蕃。又賜以繒綵數萬匹，雜伎工匠相從。金城公主至吐蕃，蕃人尊為可敦，為築宮城以居之。後數年，監察御史李知古上言：「姚州諸蠻，先屬吐蕃，請發兵擊之。」朝廷命知古徵劍南兵募，往經略之。諸蠻遂引吐蕃攻知古，殺之，斷其屍以祭天。又安西都護張玄表，鎮守龜茲，與吐蕃比境，互相攻掠。吐蕃內雖怨怒，外敦和好。河西九曲，與蕃境接近，水草豐美，楊矩極貪賄賂，吐蕃暗以金帛送之，求為金城公主湯沐之所。楊矩奏聞朝廷，朝廷與之。吐蕃遂得九曲，屯兵牧馬。

帝聽罷大怒，曰：「吐蕃侵界，為禍不小！」即出昇殿，大會文武商議。姚崇出班奏曰：「臣願保舉一人，可破蕃兵。」帝問何人。姚崇曰：「要破蕃兵，非薛訥不可。」帝大喜，便召薛訥至殿下，禮拜畢。帝曰：「今吐蕃大相乞力徐大起蕃兵十萬，犯境侵掠。朕特命卿總督軍馬，以破吐蕃，將功補罪，如何？」薛訥泣奏曰：「臣蒙陛下殊遇，雖肝腦塗地，不能補報。願領河、隴之兵，與乞力徐決一死戰。臣託陛下洪福，早得取勝，以報朝廷。」帝大喜，即命薛訥以白衣攝左羽林將軍，為隴右防禦大使，右武衛將軍郭知運為副，凡太僕少卿兼隴右群牧使王晙、單于副大都護臧懷亮、右衛率府率王海賓、右威衛將軍杜賓客等，皆受薛訥節制，以禦吐蕃，敢有臨時進退，致失權宜，便以軍法從事。薛訥拜辭帝，徑投隴右去訖。

旬日內，太子賓客薛謙光奉表獻東都《九鼎銘》。其《豫州鼎銘》，武后所製，其文曰：「羲、農首出，軒、昊膺期。唐、虞繼踵，湯、禹乘時。天下光宅，域內雍熙。上天降祉，方建隆基。」姚崇、盧懷慎奏曰：「聖人啟運，休兆必彰，故化馬為龍，預流謠頌，秀為天子，早著冥符。臣等今見薛謙光所獻東都鼎銘，大聖天后所製，其文云：『上元降祉，方建隆基。』豫州處天下之中，所以遠包四海。銘文獨聖后所製，固必先感二儀，靈慶昭彰，曠絕今古。臣等忝陪近侍，喜邁常情，請宣付史官，並頒示內外。」詔從之。

冬十月，吐蕃復寇渭源。帝乃降旨，欲起大兵十餘萬，馬四萬匹，御駕親征。以衛尉卿兼檢校金吾大將軍王毛仲、武衛大將軍李昌、驍衛大將軍裴元哲、羽林大將軍趙成恩、將軍楊敬述、馬崇等，分統六軍，擇定是月十二日出師。

紫微侍郎蘇頲，上表諫帝。表略曰：「《書》日『戎狄荒服』，言其來服，荒忽亡常也：來則拒之，去則勿逐，以禽獸處之，以羈縻御之，比諸校獵，羽毛不入於服用，體肉不登於郊廟，則王者不射。故知千鈞之弩，不為鼷鼠發機也。況萬乘之重，而與犬羊角勝哉？誠勝之不武，不足以勞也。且兵法有先聲後實，陛下但發親征之令以旨遠，而潛遣猛將謀略之士以濟師，則戎人日便崩挫也。岐隴粗熟，凋弊積年，千乘萬騎，往還儲偫，恐外有寇虞，內興徭役，人不堪命，一也；又戎虜之性，倏來忽往，敗不羞走，勝不成師，若大軍臨邊，尋已鳥散，則彼出多方，我受其誤，二也；況太上皇聞陛下將對寇場，必勞憂慮，非唯問安頗闕，亦恐御膳有違，則陛下烝烝之思，何以自得？三也。昔蒯成侯泣諫漢祖曰：『主上常自苦，豈無人使？』漢祖以為愛我，良史書為美談。今朝廷將相之眾，豈無與陛下盡力哉？何勞聖躬之遽行也！」表上，帝不省。

令兵部侍郎韋抗、紫微舍人王珽簡擇飛騎，克期奏聞。又命裴元哲率兵二萬赴隴右，與薛訥一同破賊。

再說王晙引本部軍二千，星夜倍道而行，徑到渭源界首。前面流星馬報說，大來谷有蕃兵人馬下寨，漫山遍野，都是雜彩旗幡。晙謂諸將曰：「賊眾我寡，必出奇兵，方可取勝。」將蕃兵衣甲與唐兵七百人穿了，扮作蕃兵，各取白鵝翎一根，插於盔上為號。

是夜，王晙引兵望大來谷進發。行至三更時分，才到蕃營五裡外，忽然霧起，彌漫山谷。晙曰：「此天助我也！」教後軍皆帶鼓角，伏於土山之下，祇聽前軍遇賊大呼，在後擂鼓吶喊助威。令七百軍士徑奔蕃軍寨來，拔開鹿角，大喊一聲，殺入寨中。蕃兵驚慌，正不知敵兵多少，自相擾亂。

那王晙七百騎，在營內縱橫馳驟，逢著便殺。各營鼓譟，舉火如星，喊聲大震。蕃兵祇顧在黑暗裡自相掩殺，人馬大亂。不知王晙軍馬，早已退去。比及天明，計點軍馬，折兵萬餘人，中傷者不計其數。

卻說王晙使人探薛訥消息，回報：「薛訥引兵至武階谷，去大來谷二十里。乞力徐賊眾十萬，訥兵十萬，相拒於武街驛，未見勝負。」晙即引軍接應，卻被蕃軍隔斷。

是夜二更，王晙引本部二千人，人皆銜枚，馬盡勒口，復到大來谷。吶喊搖旗，直殺入蕃寨中，蕃兵措手不及，被晙兵殺死甚眾。

薛訥在武階谷中，聽得晙兵喊殺之聲，又望見火光燭天，親自與郭知運引軍前來助戰。蕃軍雖有十萬之眾，被薛訥、郭知運、王晙三路兵馬，橫衝直撞，縱橫亂殺。蕃軍大敗。殺得星落雲散，抱頭鼠竄。乞力徐引敗殘軍士，奪路而走。訥問眾將曰：「誰敢作先鋒？」一人應聲願往。訥視之，其人身長九尺，虎體狼腰，豹頭猿臂；乃華州鄭縣人，姓王，名海賓。官拜豐州刺史、兼豐安軍使、右衛率府率。訥大喜，曰：「海賓勇烈，可當此任。」遂命王海賓為先鋒。

連夜追襲，直趕到壕口，蕃兵又敗，乞力徐引兵望長城堡而走；將次近堡，背後喊聲起處，王海賓驟馬挺矛趕來，大叫：「蕃賊休走！」蕃將見海賓兵少，一齊奮力殺回。直混殺至天明，海賓無人相助。蕃兵四面合來，將海賓圍在垓心。海賓左衝右突，蕃兵越厚。往來死戰，不能得脫；所領唐兵，十傷八九。海賓乃仰天歎曰：「吾生為唐臣，死亦當為唐鬼！」乃復拍馬衝殺，身被數創，血盈袍鎧；坐下馬倒，海賓自刎而死。

忽然戰鼓齊鳴，喊聲大舉，衹見東北上旌旗蔽日遮天，望西南而來。為首一員大將，白袍銀甲，手執畫戟，坐騎白馬，乃是薛訥；將號旗左招右展，傳令教郭知運、王晙、臧懷亮、杜賓客將軍馬分作四隊，招動兵馬，一齊捲殺過來。那四路兵，勢如泉湧，把蕃軍衝作數段，彼此不能相救。蕃軍大亂，自相踐踏，死者大半，逼入洮水者無數。端的是殺得星移斗轉，日月無光，鬼哭神號，人亡馬倒。這一場殺：斬首一萬七千級，生擒大將一人，奪回蕃軍所掠牧馬七萬五千匹，牛羊十四萬頭；所得軍資、器械，不計其數。賊兵敗走，死者相枕，洮水為之不流。

卻說帝設朝，議欲親征。姚崇出班奏曰：「薛訥西征吐蕃得勝，差人報捷。」帝大喜，遂罷親征之議。帝嘉薛訥等功，令紫微舍人倪若水往軍中勞問，授薛訥右羽林大將軍，封河東公，賜物三百段、銀五百兩、錢三萬貫；重賞諸將。帝聞王海賓死，傷悼不已，命厚葬之，遣使齎禮弔問。敕贈王海賓為金吾大將軍，養其子王訓於宮中。時王訓年方九歲，帝憐之，授朝散大夫、尚輦奉御，令高力士扶入內殿。王訓柴毀骨立，見者哀之，帝亦為之下淚，撫而謂曰：「此去病之孤，吾當壯而將之！」因感海賓忠勇，歿於王事，乃賜之以朱紱，改名曰忠嗣。

姚崇、盧懷慎曰：「頃者吐蕃以河為界，神龍中尚金城公主，遂得過河築城，置獨山、九曲兩軍，去積石三百里，又於河上造橋。吐蕃今既叛我，宜毀橋拔城，復以河為界。」帝從之，即命右羽林將軍、持節充隴右諸州節度大使郭知運刻期翦撲。又差左驍衛郎將尉遲瓌赴吐蕃，宣慰金城公主。吐蕃遣其大臣宗俄因子，奉表請和。帝覽表，見其辭語悖慢，求敵國之禮。帝怒，遂不許之。

西突厥十姓胡祿居等部落詣北庭內屬，帝命郭虔瓘存恤之。遣使齎紫袍金帶二百餘事、繒帛二萬匹，賜與胡祿居大首領支匐忌等。葛邏祿、鼠尼施擁眾內屬。詔處其部眾於金山之地，令左散騎常侍解琬持節往北庭宣慰，並加郭虔瓘左衛大將軍，復下詔褒美之。

再說突厥默啜可汗年老，暴虐百姓，西突厥十姓左廂五咄陸五啜、右廂五弩失畢五俟斤並默啜女婿高句麗莫離支高文簡、跌跌都督跌跌思泰及吐谷渾大首領慕容道奴、鬱射施大首領鶻屈頡斤、苾悉頡力、高麗大首領高拱毅等各率其眾，相繼來降，前後總萬餘帳。帝封高文簡為左衛員外大將軍、遼西王，跌跌思泰為特進、右衛員外大將軍、跌跌都督、樓煩公，慕容道奴為左威衛員外將軍兼刺史、雲中公，鶻屈頡斤為左驍衛員外將軍兼刺史、陰山公，苾悉頡力為左武衛員外將軍兼刺史、雁門公，高拱毅為左領軍員外將軍兼刺史、平城公：各賜第宅、輿馬、奴婢、繒綵，不可勝數。詔處其部眾於河南故地。

又以薛訥持節充涼州鎮軍大總管，涼州都督楊執一為副，統赤水、建康、河源諸軍，軍涼州；郭虔瓘持節充朔州鎮軍大總管，并州長史王晙為副，統和戎、大武、并州以北諸軍，軍并州：勒兵以備突厥。又令北庭都護湯嘉惠應葛邏祿、胡祿居，安西都護呂休璟應鼠尼施，為掎角之勢，以防默啜。默啜發兵擊葛邏祿、胡祿居、鼠尼施等，大破之。湯嘉惠、解琬、呂休璟等遣兵往救，阿史那獻持節充定遠道行軍大總管，節制蔥嶺以西諸胡國，以兵相應。數月，突厥去，乃罷。

第十回　張嵩威震拔汗那　史獻勒石鐵門關

卻說姚崇、盧懷慎進賢黜佞，開物成務。姚崇凡三為相，皆兼兵部，至於軍鎮道里與騎卒之數，莫不諳記。又明於吏道，斷割不滯。盧懷慎自知才不及姚崇，每事皆推讓之。懷慎清儉廉約，不營產業；環堵蕭然，不蔽風日。器用服飾，無金玉文繡之麗。所得祿俸，隨時分散親舊，家無餘蓄，妻子不免饑寒。帝遷盧懷慎為黃門監、兼吏部尚書。

姚崇薦李乂為紫微侍郎，與蘇頲對掌文誥。帝嘗謂蘇頲曰：「前朝有李嶠、蘇味道，時人謂之蘇、李；朕今有卿及李乂，亦不讓之。朕每見卿所製文誥，與諸人尤異，當令後代作法，豈惟獨稱朕心？自今以後，進書皆須別錄一本，題云『臣某撰』，朕便留篋中披覽也。」

吏部侍郎盧從願、李朝隱銓敘平允，甚有美譽。時人比之馬載、裴行儉，號為：「吏部前有馬、裴，後有盧、李。」帝嘉之，降詔褒美。盧從願、李朝隱與兵部侍郎裴漼、韋抗，各授一子官。姚崇又以他事黜相州刺史張說為岳州刺史，仍停實封。太常卿姜皎兄弟與張庭珪商議，共薦戶部郎中李邕為御史中丞。事洩，姚崇奏帝，言李邕為人險躁，黜為括州司馬。張庭珪坐與李邕相善，黜為沔州刺史。

宋璟坐監決杖刑輕，黜為睦州刺史。李傑為河南尹，治甚有聲。傑本名李務光，後改名傑，乃相州滏陽人，元魏并州刺史李寶之後。少以孝友知名。性明敏，有吏能。中宗時曾以衛尉少卿為河東巡察使，奏課為諸使之最。累遷陝州刺史、兼水陸運使，賜爵武威子。後以河尹帶水陸運使，大興漕事。從東都含嘉倉至陝州太原倉，置八遞場，相去各四十里，每歲運米八十萬石。河、汴之間有梁公堰，堰久決壞，漕運不通，傑發汴、鄭丁夫以浚之，省功速就，公私深以為利，刊石水濱，以紀其績。帝嘉之，拜傑御史大夫。

夏五月，帝以旱故，避正殿，責躬減膳。又詔百官，極言得失。其天下諸州旱處山川群神及能興雲雨者，委州縣官長祈祀。

六月，山東蝗蟲大起。帝召姚崇、盧懷慎議之。姚崇奏曰：「蝗蟲畏人易驅，又田皆有主，使自救其地，必不憚勤，請夜設火坎其旁，且焚且瘞，可盡。今山東百姓皆燒香禮拜，設祭祈恩，眼看食苗，手不敢近。古有討除不勝者，特人不用命耳。」帝曰：「蝗，天災也，誠由不德而致焉。卿請捕蝗，得無違而傷義乎？」崇曰：「臣聞詩云：『秉彼蟊賊，付畀炎火。』漢光武詔曰：『勉順時政，勸督農桑。去彼螟蜮，以及蟊賊。』此除蝗誼也。古人行之於前，陛下用之於後。古人行之，所以安農；陛下用之，所以除害。臣聞安農，非傷義也，農安則物豐，除害則人豐樂，興農去害，有國之大事也。幸陛下熟思之。」帝喜曰：「事既師古，用可救時，是朕心也。」遂准其奏，乃遣御史狄光嗣等為捕蝗使，分道殺蝗。

既出，盧懷慎謂姚崇曰：「蝗是天災，豈可制以人事？外議咸以為非。又殺蟲太多，有傷和氣。今猶可復，請公思之。」姚崇曰：「楚王呑蛭，厥疾用瘳；叔敖殺蛇，其福乃降。趙宣至賢也，恨用其犬；孔丘將聖也，不愛其羊。皆志在安人，思不失禮。今蝗蟲極盛，驅除可得，若其縱食，所在皆空。山東百姓，豈宜餓殺！此事崇已面經奏定訖，請公勿復為言。若救人殺蟲，因緣致禍，崇請獨受，義不仰關。」盧懷慎遂不復言。是時朝廷喧議，皆以驅蝗為不便，帝謂左右曰：「吾與賢相討論已定，捕蝗之事，敢議者死！」

是歲秋七月庚辰朔，日有蝕之。帝謂姚崇、盧懷慎曰：「朕聽政之暇，常覽史籍，事關理道，實所留心，中有闕疑，時須質問。宜選耆儒博學二人，更日入內侍讀。」懷慎乃舉碩學鴻儒二人，為侍讀官：一人乃潤州丹徒人也，姓馬，名懷素，字貞規。漢南郡太守馬融之後。現為光祿卿；一人乃杭州鹽官人也，姓褚，名無量，字弘度。漢博士褚少孫之後。現為右散騎常侍。帝擢馬懷素為左散騎常侍，令與褚無量更日侍讀。懷素每至閤門，得乘肩輿以進。帝或居別館路遠，許於宮中乘馬，帝禮之甚恭，常自送迎。無量羸老，帝亦優之。每隨仗出入，特許緩行，又為造腰輿，令黃門舁於內殿。

杭州刺史劉幽求，自到任之後，常鬱鬱不得志。尋轉郴州刺史，憤恚成疾，道卒。

忽報大食國，本在波斯之西。大業中，有波斯胡人牧駝於俱紛摩地那之山，忽有獅子人語謂之曰：「此山西有三穴，穴中大有兵器，汝可取之。穴中並有黑石白文，讀之便作王位。」胡人依言，果見穴中有石及槊刃甚多，上有文，教其反叛。於是糾合亡命，渡恒曷水，劫奪商旅，其眾漸盛，遂割據波斯西境，自立為王。後擊破波斯、拂菻，始有米面之屬。其時大食暮門韋立德在位，總督哈賈吉秉政，以大將穆薩為西面將軍，西兼勿斯裡地；喀斯木為南面將軍，南侵婆羅門地；古太白為東面將軍，東吞西域諸胡國。其地東西一萬里，控弦之士四十餘萬。

那時大食結連吐蕃，共攻拔汗那，拔汗那王遏波之因兵少不能抵敵，差人去北庭見史獻告急，忽報賊軍到城下了，遏波之急令人上城守把。古太白等將勇兵強，打破連城。遏波之衹得引敗軍奔安西，投呂休璟求救。請他速起安西之兵，以救此危。休璟猶豫未決。正值監察御史張孝嵩使於龜茲，謂休璟曰：「今若不救拔汗那，則無以號令西域！願領城傍兵一萬，助遏波之討賊。」休璟依言，遂撥城傍蕃漢兵馬一萬與孝嵩。孝嵩引安西城傍蕃漢之眾，並拔汗那殘兵，離了龜茲，迤邐望連城進發。凡六十餘日，行二千五百餘里，過數百城，長驅直進。所到之處，望旗而降。

孝嵩催軍行至真珠河，正逢史獻兵到，兩下相合，圍了連城。孝嵩躬擐甲冑，督眾四面疾攻。從巳時殺至酉時，拔其三城，斬首千餘級。偽拔汗那王阿遼達帶領數騎奔入山谷內，不知所往。史獻催兵掩殺，賊兵大敗奔走。史獻乘勢直趕到鐵門關，刻石勒功，紀唐威德，使張孝嵩馳檄西域。大食、康國、石國、罽賓等八國遣使請降。史獻乃班師而還。帝因史獻有西域之功，降詔加史獻特進。張孝嵩坐贓賄繫獄，黜為靈州兵曹參軍。

是時默啜討九姓鐵勒思結、契苾等，戰於磧北。九姓大潰，人畜多死。思結都督磨散等引眾來降。帝封磨散為左威衛將軍，大首領斛薛移利殊功為右領軍將軍，契苾都督邪沒施為右威衛將軍，匐利羽都督莫賀突默為右驍衛將軍，薛延陀首領達渾都督磨覽為右威衛將軍，奴賴大首領前白登州刺史奴賴孝為左領軍將軍，跌跌首領刺史裴羅艾為右領軍將軍，皆兼刺史，各賜綵帛三百匹、紫袍金帶魚袋七事，放歸本蕃。

又差攝鴻臚卿鄭嘉祚齎官誥賞賜，直入金山，見三姓葛邏祿陰山都督謀刺匐雞、大漠都督熾俟朱斯、玄池都督踏實力胡鼻，令起兵逼突厥西境。屬嶲州蠻寇邊，敕遣右驍衛將軍李玄道發戎、瀘、夔、巴、梁、鳳等州兵三萬人、馬二千匹並舊屯兵士往討之。以薛訥攝御史大夫，持節充朔方道行軍大總管，太僕卿呂延祚、右威衛將軍兼靈州刺史杜賓客為副，統經略、豐安、定遠諸軍，軍靈州；郭虔瓘攝御史大夫，為安西大都護、四鎮經略安撫大使，安西都護呂休璟為副，統龜茲、碎葉、于闐、疏勒四鎮諸軍，軍龜茲：勒兵以備突厥。

左羽林大將軍郭虔瓘以前後功，進爵潞國公。虔瓘請於關中募兵萬人，往安西討大食，皆給遞馱，兼供熟食。詔許之，仍加虔瓘同平章兵馬事。

將作大匠韋湊，上疏諫帝。表略曰：「臣聞兵者凶器，不得已而用之。今西域諸蕃，莫不順軌，縱有鼠竊狗盜，鎮兵足以制之。臣又聞安不忘危，理必資備。關中宜充實，以強幹弱枝。今關輔戶口，積久逋逃，豈宜更募驍勇，遠資荒服。又萬人行六千里，咸給遞馱熟食，道次州縣，將何以供？縱令必克，其獲幾何？儻稽天誅，無乃甚損！請令計議所用、所得，校其多少，即知利害。昔上古之時，唐堯之化，兼愛華戎，務均安靖；其後漢武膺圖，窮兵遠征，雖廣獲珍奇，而中國疲耗。是以俗號昇平，君稱盛德者，咸指唐堯之代，不歸漢武之年。其邀功不成者，復焉足比議？惟陛下圖之。」姚崇亦以為不可。帝乃止。

河北、河南災蝗水澇之州，百姓困弊。冬十一月，詔禮部尚書鄭惟忠持節發河南倉粟，工部尚書劉知柔持節發河北倉粟，以振貧民。

是時畢構除河南尹，進爵魏郡公。先是，李傑為河南尹。百姓每有訴訟，傑雖衢路當食，不廢處斷，發奸擿伏如神。由此官無留事，人吏愛之。畢構遷河南尹，其治如益州。是以奸豪懼秋霜之威，孤老懷冬日之愛。畢構、李傑皆以善政見稱，故時人並號曰「畢李」。

李傑自代宋璟為御史大夫，彈劾不避貴戚。京兆尹崔日知，貪暴犯法。李傑將糾劾之，反為崔日知所構，侍御史楊瑒入內奏曰：「糾彈之司，若遭恐脅，以成奸人之謀，御史臺固可廢矣。」帝然其言，即令李傑依舊視事，黜崔日知為歙州歙縣丞。

有人上言：「按察使徒煩擾公私，請精選刺史、縣令，停按察使。」帝設朝討議，姚崇曰：「今止擇十使，猶患未盡得人，況天下三百餘州，縣多數倍，安得刺史、縣令皆稱其職乎！」帝然其言。尋授宋璟廣州都督、嶺南五府按察經略討擊使。

卻說突騎施車鼻施啜蘇祿自稱可汗，遣使來朝，請為父子，帝封蘇祿為右武衛員外大將軍、突騎施都督。

至次年正月內，帝下詔，命薛訥與九姓鐵勒計會進兵，共討突厥。分兵三路：第一路右羽林大將軍、兼朔方軍大總管、攝御史大夫薛訥為中道大總管，右武衛將軍兼靈州刺史豐安軍使杜賓客、勝州都督兼東受降城使邵宏、豐州都督兼西受降城使呂休琳為副；第二路左衛大將軍、兼安北副大都護、郯王府長史張知運為東道大總管，左驍衛將軍論弓仁、左武衛將軍大武軍使于仁晳為副；第三路右羽林將軍、涼州都督兼赤水軍使楊敬述為西道大總管，左金吾大將軍兼瀚海都督回紇伏帝匐、右衛大將軍兼皋蘭都督渾元忠、左衛大將軍兼盧山都督思結和舒、右武衛將軍兼賀蘭都督契苾承祖為副。各領鐵騎二萬，擇日起行。

卻說王皇后妹夫、尚衣奉御長孫昕，素與御史大夫李傑有隙。忽一日，長孫昕與妻表兄楊仙玉上馬出遊，帶了十數個從人，在萬年縣前東街上閒走。李傑正在坊內參見姨母，僮僕立在門外，長孫昕不容分說，喝令眾人毆打。李傑出來，也被打傷。幸得金吾、縣官趕到，因此得免。金吾軍捉長孫昕、楊仙玉二人，押去萬年縣牢裡監禁。

有人報知開府王仁皎。仁皎親帶二三百騎，去萬年縣劫牢。縣令李元紘以狀聞。李傑又上表奏帝，說長孫昕等如此無禮，且曰：「髮膚見毀，雖則痛身，冠冕被淩，誠為辱國。」帝覽表，大怒，命斬長孫昕、楊仙玉，以謝李傑。秘書監、兼侍讀馬懷素上疏，以為陽和之月，不可行刑。帝降詔曰：「夫為令者自近而及遠，行罰者先親而後疏。長孫昕、楊仙玉等憑恃姻戚，恣行兇險，輕侮常憲，損辱大臣，情特難容，故令斬決。今群官等累陳表疏，固有誠請，以陽和之節，非肅殺之時，援引古今，詞義懇切。朕志從深諫，情亦惜法，宜寬異門之罰，聽從枯木之斃。即宜決殺，以謝百僚。」遂聚文武於朝堂，杖殺長孫昕等。命高力士齎詔到御史臺，諭李傑曰：「長孫昕等，朕之密戚。不能相遵以禮，而使淩犯衣冠。雖置以極刑，未足謝罪。卿志氣忠亮，為國柱臣，宜以剛腸疾惡，勿以兇人介意！」

卻說郭虔瓘上表，說奴石良才等八人，皆立戰功，請各授遊擊將軍。詔從之。姚崇、盧懷慎諫曰：「郭虔瓘雖有邊功，酬勞已厚。不知厭極，妄有干祈，前奏奴請與五品，恃以微效，輒侮彝章，此而若依，實亂綱紀。望停從之。」帝然其言，遂寢不行。以郯王李嗣直為安北大都護，充安撫河東、關內、隴右諸蕃部落大使，張知運為副；陝王李嗣昇為安西大都護，充河西、四鎮諸蕃部落大使，郭虔瓘為副。二王並不出閤。親王遙領節度使，自此而始。

吐蕃寇松州，松州都督孫仁獻潛勒壯士，於二更時，銜枚出斫賊。賊驚動，遂退。帝令御史往松州，降璽書勞孫仁獻。薛訥奏於夏州添兵三二千人，以備降虜。姚崇、盧懷慎奏曰：「兵雖不厭多，多則費廣，降人既納甲仗，固亦無虞。雖欲縱之，其將何往？況夏州素有馬二千匹、兵一千三百人，苟能用之，足堪鎮遏。待一二年後，更量宜處分。」詔從之。

是年吏部選敘太濫，縣令非材，全不簡擇，有人奏之。帝即傳旨，悉召新授縣令二百餘人，於宣政殿策試，問以安民策一道，獨韋嗣立子鄄城令韋濟對策第一，擢為醴泉令。其餘攷入下第者，一切放歸學問。黜盧從願為豫州刺史，李朝隱為滑州刺史。

卻說帝差人往江嶺收取鵁鶄、鸂鶒，蓄養禁苑。使者採鳥極多，所至煩擾。路經汴州，汴州刺史倪若水聞知，即上表諫曰：「伏以方今九扈時忙，三農作苦，田夫擁耒，蠶婦持桑。而以此時採捕奇禽異鳥，供園池之翫，遠自江嶺，達於京師，水陸傳送，食以粱肉。道路觀者，豈不以陛下賤人貴鳥乎！陛下方當以鳳凰為凡鳥，麒麟為凡獸，即鵁鶄、鸂鶒，曷足貴也！」帝納其言，令將禽鳥放之。降敕書褒美，賜物四十段。

夏四月，山東蝗蟲又復大起。姚崇因分遣御史為捕蝗使，督州縣捕而瘞之。時有諫議大夫韓思復，字紹出，上疏諫曰：「伏聞河北蝗蟲，頃日益熾，經歷之處，苗稼都盡。臣望陛下省咎責躬，發使宣慰，損不急之務，去至冗之人。上下同心，君臣一德，持此至誠，以荅休咎。前後捕蝗使望並停之。」帝深然之。帝以思復疏付崇，問曰：「此論若何？」崇曰：「庸儒執文，不識通變。凡事有違經而合道者，亦有反道而適權者。昔魏時山東有蝗傷稼，緣小忍不除，致使苗稼總盡，人至相食；後秦時有蝗，禾稼及草木俱盡，牛馬至相啖毛。今山東蝗蟲所在流滿，仍極繁息，實所稀聞。河北、河南，無多貯積，倘不收穫，豈免流離，事繫安危，不可膠柱。縱使除之不盡，猶勝養以成災。陛下好生惡殺，此事請不煩出敕，乞容臣出牒處分。若除不得，臣在身官爵，並請削除。」乃奏請思復往山東，檢視蝗蟲所損之處。

忽又報汴州刺史倪若水拒捕蝗使，不從朝廷之命。且上疏，以為：「蝗是天災，自宜修德。劉聰時除既不得，為害更深。」姚崇聞之，乃牒報若水曰：「劉聰偽主，德不勝妖；今日聖朝，妖不勝德。古之良守，蝗蟲避境，若言修德可免，彼豈無德致然！今坐看食苗，忍而不救，因此饑饉，將何自安？幸勿遲回，自招悔吝。」若水乃用焚瘞之法，捕得蝗蟲一十四萬石，投之汴水，流下者不可勝數。

朝廷又委使者詳察州縣長官捕蝗勤惰者，各以名聞。因此連年蝗災，不至大饑。四方百姓，皆畫姚崇真容，神事之，以為求之有福。

第十一回　伏草莽默啜授首　止風雪王晙破虜

卻說默啜討九姓鐵勒拔曳固，大戰於漠南，拔曳固兵大敗，死者無數。默啜大勝，所得牛羊、馬匹，不計其數，乃引大軍回國。道上闕水，將士皆渴；默啜祇帶二十餘騎，直到獨樂河邊飲馬。祇聽得四圍喊聲，白樫林中拔曳固兵突出。默啜慌忙策馬，奪路奔逃。背後有軍趕來。默啜著忙，棄馬步行。脫去金甲，伏於路邊亂草之內，不敢高聲，恐有九姓鐵勒知覺。忽然背後撲喇的一聲響亮，跳出一個九姓鐵勒散卒。默啜不及提備，被那散卒一刀，斬頭落地。斬默啜者，乃拔曳固小卒頡質略也。可憐默啜可汗，叱吒漠北二十餘年，到頭來都化作了夢幻泡影。

且說頡質略斬了默啜首級，回到蕃部。蕃人聞默啜死，歡聲遍野。於是蕃人遂立頡質略為酋長。拔曳固恐突厥來報讎，憂喜交集，忽唐使郝靈荃至，頡質略遂具木匣，盛貯默啜首，與靈荃同赴京師獻功不題。

卻說上皇在百福殿，染病不起。胡人上書，言海南有珠翠奇寶，可往營致，因說市舶之利；又說師子國多靈藥及善醫之嫗。帝知上皇染病，令御史楊範臣同胡人前去求取。範臣從容進曰：「陛下前年焚珠玉、錦繡，示不復用。今所求者，何以異於所焚者乎？彼市舶與商賈爭利，殆非王者之體。胡藥之性，中國多不能知；況於胡嫗，豈宜置之宮掖！夫御史，天子耳目之官，必有軍國大事，臣雖觸冒炎瘴，死不敢辭。此特胡人眩惑求媚，無益聖德，竊恐非陛下之意，願熟思之。」帝聞言，改容謝之，遂寢其事。

上皇病勢沉重，乃召帝及諸王公主，至臥榻前，囑以後事。囑訖，駕崩，壽五十五歲。時開元四年夏六月二十日也。

文武官僚，無不哀痛。奉梓宮殯於太極殿，舉哀行禮畢，度女萬安公主為女冠，為上皇追福。忽報郝靈荃引拔曳固酋長頡質略送默啜首級至。帝急召入。呈上木匣，帝令左右開匣視之，果然是默啜首級。帝大喜，教將默啜首級去長安城市示眾。姚崇、盧懷慎率百官拜表奉賀。詔以頡質略為拔曳固都督，封左武衛員外大將軍，賜爵稽雒王；同羅酋長毗伽末啜、回紇酋長夷健頡利發、霫酋長比言、僕固酋長曳勒哥率部來降。帝以毗伽末啜為同羅都督，夷健頡利發為回紇都督，比言為霫都督，曳勒哥為僕固都督；皆封官職。徙其部落，於大武軍北安置。遣使者佈告天下不題。

卻說默啜既死，移涅可汗即位。闕特勤鳩合舊部，星夜舉兵，殺默啜下衙官、移涅及諸弟並親信略盡。惟有暾泥熟免死，廢歸部落。闕特勤立其兄默矩，是為苾伽可汗。苾伽自以得國是闕特勤之功，固讓之。闕特勤不受。苾伽乃拜闕特勤為左賢王，專典兵馬。移涅可汗弟墨特勤、妹毗伽公主投唐。帝封墨特勤為右賢王，毗伽公主為雲中郡夫人。默啜酋長阿悉爛等率眾來降，詔處其部眾於河曲之內。

是時契丹王李失活、奚王李大酺以突厥勢衰，相率來降。帝封李失活為左金吾員外大將軍、松漠郡王，兼靜析軍經略大使，領松漠州都督；李大酺為右金吾員外大將軍、饒樂郡王，兼保塞軍經略大使，領饒樂州都督。吐蕃遣使求和，帝許之，賜金城公主及墀德祖贊，錦帛寶器甚厚。

金城公主奉表謝恩，並獻金盞、羚羊衫段、青長毛罽各一。

卻說突厥部落頗多攜貳，苾伽可汗乃立暾泥熟女為可敦，封暾泥熟為毗伽暾欲谷裴羅莫賀達干，以為謀主。暾欲谷時年已七十餘，突厥國中人人敬伏，苾伽謂左右曰：「唐國有姚崇，吾有暾欲谷，足以相敵也。」因此河曲降戶，多有歸順苾伽之心。

時王晙在并州，御下嚴整，吏人畏而愛之，時人以方諸葛武侯。因突厥降戶難制，恐其為亂，乃修表一道，差人齎赴京師。

表曰：「突厥時屬亂離，所以款塞降附。其與部落，非有讎嫌，情異北風，理固明矣，養成其釁，雖悔何追。今者河曲之中，安置降虜，此輩生梗，實難處置。日月漸久，奸詐逾深，窺邊間隙，必為患難。今有降者部落，不受軍州進止，輒動兵馬，屢有傷殺。詢問勝州左側，被損五百餘人。私置烽鋪，潛為抗拒，公私行李，頗實危懼。北虜如或南牧，降戶必與連衡。臣問沒蕃歸人云，卻逃者甚眾，南北信使，委曲通傳，此輩降人，翻成細作。儻收合餘燼，來逼軍州，虜騎憑陵，胡兵應接，表裡有敵，進退無援。雖復韓、彭之勇，孫、吳之策，令其制勝，其可必乎！

望至秋冬之際，令朔方軍盛陳兵馬，告其禍福，啖以繒帛之利，示以麋鹿之饒，說其魚米之鄉，陳其畜牧之地。並分配淮南、河南寬鄉安置，仍給程糧，送至配所。雖復一時勞弊，必得久長安穩。二十年外，漸染淳風，持以銳兵，皆為勁卒。若以北狄降者不可南中安置，則高麗俘虜置之沙漠之曲，西域編氓散在青、徐之右，唯利是視，務安疆埸，何獨降胡，不可移徙？

近者在邊將士，爰及安蕃使人，多作諛辭，不為實對。或言北虜破滅，或言降戶安靜：志欲自言功效，非有以徇邦家。伏願察斯利口，行玆遠慮，邊荒清晏，黎元幸甚。

臣料留住之議，謀者云遵故事，必言降戶之輩，舊置河曲之中，昔年既得康寧，今日還應穩便。但時異事變，先典攸傳。往者頡利破亡，邊境寧謐，降戶之輩，無復他心，所以多歷歲年，此類皆無動靜。今虜見未破滅，降戶私使往來，或畏北虜之威，或懷北虜之惠，又是北虜戚屬，夫豈不識親疏？將比昔年，安可同日？

臣料其中，頗有三策：若盛陳兵馬，散令分配，內獲精兵之實，外祛黠虜之謀，暫勞永安，此上策也；若多屯士卒，廣為備擬，亭障之地，蕃、漢相參，費甚人勞，此下策也；若置之朔塞，任之來往，通傳資訊，結成禍胎，此無策也。伏願察斯三者，詳其善惡，利害之狀，長短可尋。縱因遷移，或致逃叛，但有移得之者，即是今日良圖，留待河冰，恐即有變。臣蒙天澤，叨居重鎮，逆耳利行，敢不盡言？」

表到京師，詔御史中丞姜晦持節巡朔方諸軍。河曲降戶跌跌思泰、阿悉爛初至單于，張知運盡收蕃人器仗，令渡河而南，蕃人怨怒。比及姜晦至，蕃人言弓矢被收，不得射獵，姜晦令盡還弓矢。蕃人得了弓矢，大喜。推跌跌思泰為主，克日舉事。

卻說姚崇子姚彝在洛遇疾死，姚崇請假歸。政事委積，盧懷慎不能處置。懷慎入內奏帝，引咎解職。帝以好言慰之，曰：「朕以天下事本付姚崇，以卿坐鎮雅俗耳！」自此，人稱盧懷慎為「伴食宰相」。

不數日，姚崇回，頃刻之間，將旬日之事盡斷畢了。時紫微舍人齊澣在側，姚崇自以為能，頗有得色，乃問齊澣曰：「予為相，比何等人？」那齊澣字洗心，定州義豐人也。少聰敏，美詞學，通經史。年十四，往見李嶠，嶠歎曰：「王佐才也。」與舍人高仲舒齊名。仲舒博通經籍，善知古事；澣明達世務，善知今事。姚崇、盧懷慎質疑問難，皆此二人。嘗歎曰：「欲知古事問高仲舒，欲知今事問齊澣，即無闕政矣。」忽聞崇言，未及回答。崇又曰：「何如管、晏？」澣曰：「不可比管、晏。管、晏作法，雖不及後，猶及其身。相公前入相，所立法令施未竟，今悉更之，以此不及。」崇曰：「然則竟如何？」澣曰：「相公可謂『救時之相』也！」崇聞之，投筆笑曰：「救時之相，豈易得乎？」

忽報：「河曲降戶跌跌思泰、阿悉爛乘張知運不備，相聚作亂。」姚崇奏帝火速降詔，遣薛訥、郭知運、王晙，各引精兵，分三路討之。

卻說薛訥率大軍望河曲進發。行至半路，忽見前面塵頭大起，數百騎兵，縱馬而來，當先大將，乃蕃將論弓仁也。弓仁下馬見訥，說：「張都護討突厥降戶，大戰於青剛嶺，跌跌思泰佯敗奔走，誘張都護趕到赤柳澗邊。一聲礮響，兩邊伏兵齊出。張都護措手不及，被降戶生擒活捉了。某引麾下壯士五百騎，火速去救，卻被賊四面圍住，幾番衝殺，方才得脫。今都護被囚於檻車之內，連夜載赴突厥去了。」訥大驚，遂合兵一處，星夜催軍前行。行了二日，正迎著跌跌思泰人馬。訥驟馬挺戟，大叫：「跌跌思泰休走！趁早投降，免得一死！」思泰見了大驚。賊眾著慌，望風逃竄；訥驅兵趕殺。思泰與阿悉爛分兩路而走，訥軍祇望思泰追趕。

思泰引賊眾急望東而走。行至綏州界首，前面喊聲又震，火光大起，祇見一彪軍馬從刺斜裡殺將來。為首大將郭知運，驟馬橫刀，攔路大喝曰：「反賊休走！趁早投降，免得一死！」誮得思泰在馬上發顫。郭知運自引千騎來追。賊眾不敢戀戰，棄了檻車，回馬擁護思泰，望黑山呼延谷而走。郭知運向前救了張知運，招兵掩殺，趕得思泰人馬星落雲散，七斷八續。姜晦上疏劾張知運徵調失所、喪師辱國之罪，帝使使者斬以徇。

話分兩頭。且說王晙要討叛虜，晝夜趲行，時值初冬，王晙引軍渡過黃河，捲旗捨幕，星夜倍道而進。行了十數里，才到山中。

是夜朔風緊起，彤雲密佈，紛紛揚揚，捲下一天大雪來。那雪下得正緊，似玉龍鱗甲繞空飛舞。王晙見天降大雪，山路迷漫，不知幾時才得趕上賊眾，會集軍士，朝天發誓道：「晙若事君不忠，不討有罪，明靈所殛，固自當之。今士眾何辜，令其勞苦！若誠心忠烈，天監孔明，當止雪迴風，以濟戎事！」言訖，風迴雪止。王晙連夜催趲兵馬，往前進發。秪一夜，趕上阿悉爛。王晙驅兵掩殺，阿悉爛所領三千餘人，被晙殺傷大半，餘眾皆降。

王晙上表報捷，朝廷加晙散騎常侍。薛訥以年在懸車，上表致仕，優詔許之，命王晙持節充朔方道行軍大總管。

一面葬上皇睿宗於橋陵，謚曰「大聖真皇帝」。追尊昭成皇后為太后，與肅明皇后一同祔葬橋陵。先是，李傑護作，判官王旭貪冒受贓，李傑欲繩之以法，卻不得其實，反為王旭所構，黜為衢州刺史。

史官左散騎常侍劉子玄、諫議大夫吳兢，新撰《睿宗實錄》，重修《則天實錄》、《中宗實錄》

成，奏上之。姚崇奏帝，請褒賞子玄等。帝以子玄等修國史之勤，各賜物一百段。

郤說盧懷慎疾篤，上表乞骸骨。帝許之。此時刑部尚書李乂、太子詹事畢構已亡。帝即降詔，授尚書左丞源乾曜黃門侍郎、同平章事，以代盧懷慎之職。乾曜乃相州臨漳人也，元魏太尉、西平王源賀之後，司刑太常伯源直心之子也。性清敏，美容止，有風儀。則天時，為監察御史。神龍初，遷殿中侍御史，與盧懷慎、李傑、馬懷素、姜師度等，俱以清白嚴明，分為十道巡察。景雲時，為諫議大夫。出為梁州都督，稱為良牧。時邠王馭下不肅，僚吏多有犯法者。姜皎妹婿源光乘，即乾曜侄孫。皎薦乾曜，公清守法，頗有吏幹，可為邠府端僚。帝喜，令人召至，見其人，儀形莊肅，神氣清爽，與之談論，乾曜對荅如流，極有倫序。帝大喜，即日拜乾曜為少府少監、兼邠王府長史。俄遷少府監，歷戶部侍郎、兼御史中丞，轉尚書左丞入相。

後一日，帝問高力士曰：「爾知吾拔用源乾曜之速乎？」力士曰：「不知。」帝曰：「此人容貌言語類蕭至忠，朕故用之。」力士曰：「至忠不嘗負陛下乎？陛下何念之深也！」帝曰：「至忠晚乃謬計耳。其初立朝，得不謂賢相乎？」帝之愛才宥過，聞者莫不感悅。

不想姚崇又害起瘧疾來，因在京師，未有第宅，寄居罔極寺。帝遣使問姚崇寢食，日數十輩。朝廷凡有軍國之務，源乾曜敷奏稱旨，帝便滿心歡喜，曰：「此必姚崇之謀也。」若不稱旨，帝便問乾曜：「卿與姚崇商議否？」乾曜對曰：「未也。」帝輒曰：「何不問姚崇耶？」即命乾曜到罔極寺，與姚崇商議不題。

源乾曜奏曰：「姚崇氣力虛弱，不能行步，伏以軍國事切，欲得與臣商量，望令移居四方館，特許家人視疾。」帝從之。姚崇聞命大驚，辭曰：「四方館有簿書，非病者所宜處。」帝曰：「設四方館，為官吏也；使卿居之，為社稷也。恨不可使卿居禁中耳，此何足辭？」姚崇不得已，祇得遷居四方館。

時有紫微主書趙誨依倚崇勢，受了蕃人末河利刀子一把。事洩，帝命有司禁止，親自鞫問，特敕處死。姚崇營救之，帝不悅。至是年冬，曲赦京城，敕文特標趙誨之名，令杖一百，配流嶺南。姚崇因此憂懼，請辭相位，薦宋璟以自代。帝不許。

卻說盧懷慎辭疾回家，今已病故，有遺表上呈。帝拆視之，表略曰：「臣待罪樞密，頗積年序。報國之心，空知自竭，推賢之志，終未克申。臣自染疾，轉益危頓。雖鳧雁之飛，未為乏少，而犬馬之志，終祈上聞。其鳴也哀，乞垂聖察。竊見廣州都督宋璟，立性公直，執心貞固，文學足以經務，識略期於佐時，動惟直道，行不苟合，聞諸朝野之說，實為社稷之臣。衢州刺史李傑，勤苦絕倫，貞介獨立，公家之事，知無不為，干時之材，眾議推美。滑州刺史李朝隱，操履堅貞，才識通贍，守文奉法，頗懷鐵石之心，事上竭誠，實盡人臣之節。豫州刺史盧從願，清貞謹慎，理識周密，始終若一，朝野共知，簡要之才，不可多得。並明時重器，聖代良臣。比經任使，微有愆失，所坐者小，所棄者大，所累者輕，所貶者遠。日月雖近，譴責傷深，望垂矜錄，漸加進用。臣瞑目不遙，厚恩未報。黜殯之義，敢不庶幾，城郢之言，思佈愚懇。」帝覽表畢，感懷慎進賢之意。敕贈荊州大都督，謚曰文成。

時帝將幸洛陽，乃徵宋璟為刑部尚書、兼西京留守。即差楊思勖赴嶺南，宣召宋璟。

第十二回　吹崤谷宋璟進諫　使絕域杜暹埋金

卻說苾伽可汗既得河曲降戶，欲興兵南入為寇。暾欲谷諫曰：「唐主英武，人和年豐，未有間隙，不可動也。我眾新集，猶尚疲羸，須且息養三數年，始可觀變而舉。」苾伽又欲修築城壁，造立寺觀。暾欲谷曰：「不可。突厥人戶寡少，不敵中國百分之一，所以常能抗拒者，正以隨逐水草，居處無常，射獵為業，人皆習武。強則進兵抄掠，弱則竄伏山林，唐兵雖多，無所施用。若築城而居，改變舊俗，一朝失利，必將為唐所併。且寺觀之法，教人仁弱，本非用武爭強之道，不可置也。」苾伽等深然其計。

卻說姚崇累表請辭相位，帝皆不許。楊思勖迎宋璟而回，帝以好言慰之。思勖忽然墮淚，帝問其故。思勖哭告帝說：「宋璟好生眇視臣！」原來楊思勖奉命赴嶺南，宋璟接著。思勖讀詔已畢，璟謝恩，就馬便行，並無一言。思勖口裡不說，肚裡躊躇，心中想道：「我是朝廷貴官倖臣，一路餐風宿水，夜住曉行，到於嶺南去處，接他回京。他卻並無一言問慰！」偷眼看宋璟，見宋璟風度凝遠，莫測其際。思勖遂不敢言。因此，宋璟在路竟不與楊思勖交一言。帝聞之，嗟歎良久。

帝愛蘇頲風雅，欲用為相。至夜分，帝問高力士曰：「外廷直宿者誰也？」力士荅曰：「紫微舍人蕭嵩也。」帝令力士秉燭召至。嵩字喬甫，乃南蘭陵人也。故相國蕭瑀曾侄孫也。祖蕭鈞，中書舍人；父蕭灌，渝州長史。嵩生得美髯過腹，形貌甚偉。睿宗時，嵩為醴泉尉。陸象先在中書，數稱薦之，自監察御史遷殿中侍御史。姚崇入為相，擢為紫微舍人，同列崔琳、王丘、齊澣、高仲舒等，並以學識見稱。惟嵩寡於學術，時人未之奇也。獨崇深相器待，以為致遠之材。帝即令蕭嵩草詔，授宋璟、蘇頲為相。嵩草詔畢，呈上，帝看畢，謂嵩曰：「蘇頲，蘇瓌之子也，吾不欲斥其父名，卿為朕刊削之。」即命撤帳中屏風與嵩。嵩汗流遍體，不能下筆。思之良久，乃把「國之瓌寶」改作「國之珍寶」。嵩退，帝擲其草於地曰：「真虛有其表耳！」左右皆笑。帝急掩其口曰：「蕭嵩才藝非長，人臣之貴，亦無與比，前言戲耳！」

次日，帝降詔，拜姚崇為開府儀同三司，源乾曜為京兆尹：俱罷知政事，授宋璟為黃門監、兼吏部尚書，蘇頲為紫微侍郎、同平章事。

開元五年春正月二日癸卯，太廟四室壞。帝召宋璟、蘇頲問曰：「朕將幸東都，而太廟無故隳壞，此何異也？」宋璟、蘇頲對曰：「陛下三年之制未畢，遽爾行幸，恐未契天心，災異為誡。陛下宜停東巡，增崇大道，以荅天意。」宋璟、蘇頲既退，帝又召姚崇問曰：「朕臨發京邑，太廟屋壞，恐神靈誡以東行不便耶？」崇對曰：「太廟屋材，皆苻堅時物，歲月滋深，朽蠹而毀，適與行期相會，豈是緣行而崩？且陛下以關中不稔，轉運勞弊，所以行幸，非為己也。東都百司已作供擬，不可失信。以臣愚見，車駕依前徑發。而令所司奉神主於太極殿安置，更造新廟，此大孝也。」帝大悅，曰：「卿言正合朕意。」賜絹二百匹。遂從姚崇所奏，奉七廟神主於太極殿。帝素服避正殿，輟朝五日，每日躬親祭享，然後如期東巡。

褚無量上表諫曰：「臣聞《尚書．洪範傳》云：『王者陰盛陽微，則先祖見其變。』今太廟毀壞，即是先祖示變；竊聞左右近臣妄奏云，國家太廟，其材木本是苻堅時舊殿。臣按《括地誌》云：『隋文帝創立新都，移宇文廟故殿，改造此廟，原非苻堅及宇文氏所作也。』況我國家及隋文帝貴為天子，富有四海，豈復遞取苻堅之舊殿，以充太廟者乎？此則言偽而辨，殊不足採納。伏願精選舉，用賢良，節奢靡，輕賦稅，繼絕代，慎刑罰，納諫諍，察諂諛，則天地和會，災異自銷。伏願陛下虔奉神心，兢謹天誡。」表上，帝不省，詔以源乾曜兼西京留守，敕有司修太廟。

人報故相國盧懷慎身死之日，家無餘財。妻子衣食不給，惟有一老蒼頭自鬻以給喪事。宋璟、蘇頲奏曰：「懷慎歷官中外，數十餘年，晚在黃門，足為貴秩，清約守道，朝廷共推。親弟懷莊，雖居朝列，然其簡身素謹，亦有兄風，妻子居貧，無可以給。聖朝褒賢勸善，激濁揚清，貪婪者靡不棄捐，介潔者宜應念錄。望出制論懷慎平生苦，更賜其家物一百段、粟二百石，以示不遺。」帝從之，乃下詔褒美其行，賜其家物一百段、粟二百石。

車駕至崤谷，馳道險隘，行不得前。至蘭峰頓，帝怒置頓使河南尹蕭璿、戶部侍郎崔皎橋頓不備，令黜其官爵。宋璟諫曰：「陛下富有春秋，方事巡狩，一以墊隘，致罪二臣，竊恐將來人受艱弊。」帝遽命宋璟赦之。宋璟拜謝曰：「陛下責之，以臣免之，是過歸於上，而恩出於下。臣請且使待罪於朝，然後俾其復職，則進退得其度矣。」帝嘉而從之。及到洛陽，大赦天下。河南百姓給復一年，蠲免河南、河北遭螽澇處今年租稅。武德、貞觀以來勳臣子孫無位者，訪求其後奏聞；有嘉遁幽棲、養高不仕者，州牧各以名薦。

或薦山人范知璿文學甚美，並獻其文，宋璟覽其《良宰論》，頗涉佞諛。判曰：「山人宜極言讜議，豈宜媮合苟容？文章若高，自宜從選舉求試，不可別奏！」竟按抑之。時值芳春，天子昇殿，會集文武，作太平筵宴。教高力士將所用金箸一雙，賜與宋璟。宋璟不知其故，未敢稱謝。帝曰：「所賜之物，非賜汝金。蓋賜卿箸，表卿之直也。」璟頓首謝恩，受了金箸。

卻說貝州刺史宋慶禮上疏，請復置營府。帝遂下詔，命宋慶禮與太子詹事姜師度、驍衛大將軍邵宏、鄭州刺史劉嘉言、屯田員外郎游子騫等，役河北民夫八千餘人，於柳城舊城築營州。不過一月，築畢，以宋慶禮為御史中丞，兼營州都督，持節充平盧節度大使。慶禮遂開屯田八十餘所，追拔幽州及漁陽、淄青等戶，又招輯商胡，為立店肆不題。

前朝又以蒲州猗氏人，姓張，名嘉貞，乃成紀丞張思義之子也，為并州長史。嘉貞生得姿貌壯偉，神彩卓然。則天時，曾為平鄉尉，免歸鄉里。侍御史張循憲出使河東，表薦嘉貞堪為憲官。則天召見內殿，垂簾與語。嘉貞奏曰：「臣草萊之人，陛下過聽，引至天庭，是千載一遇也。然咫尺之間如披雲霧，竟不覩日月。臣恐君臣之道，有所未盡。」則天遽令捲簾，與語大悅，擢拜監察御史。中宗朝，為兵部員外郎。睿宗時，為中書舍人。後為秦州都督、兼隴右按察使。

嘉貞將往并州到任，意忽忽不樂，帝見之，問曰：「有何事，卿但言之！」嘉貞荅曰：「臣少孤，兄弟相依以至今。臣弟嘉祐，今授鄯州別駕，與臣手足支離，常繫念慮。乞移就臣側近，臣兄弟盡力報國，死無所恨。」帝聞言，點頭誇讚，遂降口敕，改張嘉祐為忻州刺史。嘉貞到并州，為政清嚴，州境肅然，莫不敬憚。

卻說突騎施都督蘇祿，本是突騎施可汗烏質勒部將。烏質勒本隸西突厥繼往絕可汗阿史那斛瑟羅，號為莫賀達干。斛瑟羅用刑嚴急，眾皆不服。烏質勒善撫恤，故諸部大人多相歸附。斛瑟羅部眾離散，自則天時入朝，不敢還蕃，烏質勒盡併其眾。中宗時，以烏質勒為左驍衛大將軍、兼衛尉卿、懷德郡王。烏質勒亡後，長子娑葛代父統兵，改封金河郡王，賜名守忠，進號歸化可汗。後數年，守忠弟遮弩恨所分部落少於其兄，遂叛入突厥，請為向導，以伐娑葛。默啜乃興兵來討娑葛，擒之而還。默啜顧謂遮弩曰：「汝於兄弟尚不和協，豈能盡心於我。」遂與娑葛俱殺之。

守忠既死，默啜兵還，蘇祿鳩集亡散，自立為酋長。蘇祿性清儉，善綏撫，每戰伐，有所克獲，盡分與將士及諸部落。其下愛之，甚為其用。西突厥十姓部落漸歸附之，控弦之士二十萬，遂雄西域之地。

蘇祿與康國、安國等西蕃諸胡並遣使朝貢，帝敕有司曰：「朕所重惟穀，所寶惟賢，不作無益之費，不貴遠方之物。故錦繡珠玉，焚於殿庭。硨磲瑪瑙，總賜蕃國。今之進獻，未識朕懷，宜收其情，百中留一，計價酬荅，務從優厚，餘並卻還。」

是時朝廷欲以史獻為北蕃主，蘇祿拒而不納。史獻即奏蘇祿有窺磧西之志，當興兵伐之。帝本欲綏懷得所，不欲征討示威，正值蘇祿遣使獻槖馬，帝降詔曰：「卿遠貢忠信，請獻駝馬。朕玄默為神，淡泊為德。稅彼部落，則有勞費。已敕有司，不令輒受。深領厚意，宜體至懷。」又令左武衛中郎將王惠持節至庭州傳諭，令勿出兵。王惠臨行，忽報安西都護湯嘉惠表奏：「突騎施結連大食、吐蕃，欲取四鎮，今圍撥換及大石城甚急。安西已發三姓葛邏祿之兵，與史獻同往救之。」帝聞奏，即傳旨，著王惠持節至磧西，與史獻、湯嘉惠，及碎葉鎮守使劉遐慶，計會兵馬。

宋璟、蘇頲奏曰：「突騎施等跡已叛渙，葛邏祿等志欲討除，自是夷狄相攻，元非朝廷所遣。若大傷小滅，皆利在國家，成敗之狀，即當聞奏。王惠充使，本為綏懷，事意既殊，未可令去。望待以西表至，續更商量。」帝從之。

再說郭知運以吐蕃無備，即引軍掩襲，遂至九曲。時天色昏黑，正不知唐兵多少；更兼蕃軍心疑，不敢戀戰，祇得盡棄輜重而去。知運乘勢追殺，大獲勝捷。奪獲鎖甲文劍，㹀馬犛牛無數。加郭知運冠軍大將軍，兼鴻臚卿、攝御史中丞，進爵太原公。張嘉貞上疏，言：「突厥、九姓新來內附者，散居大武軍北，請於太原置重兵以鎮之。」詔於并州置兵八萬，號曰天兵軍。以張嘉貞兼天兵軍節度大使。

未及旬日，湯嘉惠令人來飛報：「史獻發兵擊蘇祿，郭虔瓘兵不至；葛邏祿被蘇祿所敗，盡降其眾。」不多時，郭虔瓘表至，告稱：「突騎施圍逼撥換及大石城，皆緣史獻致寇。」正覽表之間，史獻又表到，奏稱：「葛邏祿徵集兵馬，卻被虔瓘沮謀。」二人接連具表，各陳是非。

忽又報大食、吐蕃攻撥換及大石城不下，皆退去了。帝下詔，差監察御史杜暹赴磧西，按其事實。暹，濮州濮陽人。天官員外郎杜承志之子也。性恭謹，早年喪母，事繼母以孝聞，與異母弟杜昱特相友愛。弱冠，自誓不受親友贈遺，以終其身。初為婺州參軍，秩滿將歸，州吏齎紙萬餘張以送暹，暹祇受一百，餘悉還之。眾歎曰：「昔清吏受一大錢，又何異也！」自此，人皆呼暹為「百紙參軍」。俄授鄭尉，清節愈勵。後坐公事下法司結罪，大理正楊孚謂人曰：「若此尉得罪，則公清之士何以勸矣？」特薦之於朝廷，再遷監察御史。

當日杜暹接了詔書，即來庭州查勘。史獻請入帳，置酒相待。酒過數巡，獻分付左右捧出黃金一盤相贈，杜暹堅辭，分毫不受。史獻見杜暹如此推卻，遂變了顏色。左右見杜暹不肯受，勸曰：「杜侍御遠使絕域，不可失蕃人情。」暹方才受之。是夜，把黃金埋在幕下。次日，查問蘇祿之事畢，杜暹辭去，出了磧西界首，備細寫了一封牒文，令史獻收取。史獻接得杜暹牒文，大驚，急差副將追之，趕了一程，追之不上，衹得半途而回。

杜暹又至龜茲查勘畢，辭了郭虔瓘，回至涼州，寫表申奏朝廷。帝知史獻、郭虔瓘諸將不睦，恐誤軍國大事，宋璟、蘇頲奏遣王惠持節宣諭，令其和解。帝從之，乃遣王惠往突騎施，冊封蘇祿，加官賜賞，又特賜璽書與史獻、郭虔瓘，諭令解和。

書略曰：「朕聞師克在和，不在於眾；懷遠以德，不獨以兵。卿等或宿將重名，或賢王貴種，咸負才略，受任邊疆，當須戮力同心，盡誠報國，釋嫌窒隙，忘軀立事。近得表狀，更相異同。又請益兵，乃非長祘，自從開四鎮，立諸軍，控扼有常，置額久定。即卿等所統，蕃漢相兼，以之制邊，綽有餘裕。在乎善用，豈藉所加。或云突騎施圍逼石城，則緣史獻致寇；或云葛邏祿徵集兵馬，則被虔瓘沮謀。進退遂有兩端，讒邪必然三至。若大將不協，小人間之，自保不遑，何功可就？昔相如能屈廉頗，竟展功業；寇恂不較賈復，終承教命。率由公道，匪徇私情。明鏡靈龜，各以為鑒。」當日便使王惠，齎詔前去。

王惠先到龜茲，郭虔瓘出迎於百里之外，再拜奉詔。惠又至庭州宣諭。於是史獻、郭虔瓘互相講和。

王惠隨至突騎施，宣諭蘇祿。蘇祿聞知有天使至，與眾出衙帳迎接。接到帳中，開讀詔書：封蘇祿為左羽林員外大將軍，賜爵順國公，兼領金方道經略大使，並賜繒綵二千匹，錦袍金帶魚袋七事。蘇祿謝恩受賞已畢，置酒管待天使。宴罷，惠回京不題。

第十三回　罷豐碑宋璟移風　築高墳明皇納諫

卻說宋璟、蘇頲舉賢授能，遵循繩墨。宋璟剛正，多所裁斷，蘇頲皆順從其美；若御前承旨、敷奏及應對，則蘇頲為之助，相得甚悅。蘇頲雍容文雅，當時知名，通才博藝。性廉儉，每以忠讜勵己。所得俸祿，盡推與諸弟，或散之親族，家無餘儲。帝因林邑國所貢白鸚鵡甚聰慧，放在金籠裡面，示於宋璟、蘇頲。帝誇讚不盡。蘇頲進曰：「《禮記》云『鸚鵡能言，不離飛鳥。』臣願陛下深以為誡。」宋璟每謂人曰：「吾與蘇家父子，前後同時為宰相。僕射長厚，誠為國器；若獻可替否，罄盡臣節，斷割吏事，至公無私，即侍郎過其父也。」

中書舍人崔琳，乃司禮卿崔神慶之子，深達政理，高仲舒博通經史，宋璟、蘇頲甚禮之。嘗謂人曰：「古事問高仲舒，今事問崔琳，則又何所疑矣！」開府姚崇五日一朝，入閣供奉，國有大政，輒以訪之。宋璟又手寫《尚書．無逸》一篇，為圖以獻。帝置之內殿，出入觀省，咸記在心，每歎古人至言，後代莫及。帝憂勤國政，諫無不從。或有章疏規諷，則探其理道優長者，貯於金函中，日置座右，時取讀之，未嘗懈怠。

宋璟又請宰臣及三品以上入閣，必遣諫官、史官隨之，有失則匡正，美惡必記之；諸司皆於正牙奏事，御史彈百官，服豸冠，對仗讀劾狀，並依貞觀故事。帝每召宋璟見於便殿，皆為之興，去則臨軒以送，一如姚崇。

再說太常卿姜皎、吏部侍郎姜晦，兄弟當朝用事，甚被寵遇。帝數召姜皎入臥內，命之捨敬，曲侍宴私，與后妃連榻，間以擊毬鬥雞，常呼之為姜七而不名也。兼賜以宮女、名馬及諸珍物不可勝數。又嘗與姜皎在殿庭觀翫，止一樹下，曰：「此嘉樹。」姜皎從而美之不容口。帝遽令徙植於其家，其寵遇如此。宋璟以姜皎兄弟權寵太盛，恐非久安之道，屢奏請稍抑損之。帝從之，降詔曰：「西漢諸將，多以權貴不全；南陽故人，並以優閒自保。太常卿、楚國公、監修國史姜皎，衣纓奕代，忠讜立誠，精識比於橋玄，密私方於朱祐。朕昔在藩邸，早申款洽，及膺大位，屢錫崇班。朕每欲戒盈，用克終吉。未若避榮公府，守靖私第，沐我恩貸，庇爾子孫。皎宜放歸田園，以恣娛樂。」又改姜晦為宗正卿，以去其權。

卻說武惠妃乃武后堂侄恒安王武攸止之女，自幼喪父，養於宮中。帝即位後，納以為妃。惠妃有美色，多智計，時生一子，白皙美秀，帝寵異惠妃，亦鍾愛其子，命宋璟、蘇頲為諸皇子制名及封邑，並公主等邑號。時郯、陝等諸皇子封邑，皆為古邑；諸皇子之名，皆有嗣字。宋璟、蘇頲遂依舊例而行。既而帝又遣中官宣詔，令更作撰一佳名及一美邑號者。宋璟、蘇頲奏曰：「七子均養，鳲鳩之德，賜以名號，不宜有殊。今奉此旨，恐母寵子異，非正家之道、王化所宜。昔袁盎降慎夫人之席，文帝竟納之，慎夫人亦不以為嫌，美其得久長之計。臣等故同進，更不別封，上彰覆載無偏之德。」帝大悟曰：「卿言是也。」遂悅而從之。

卻說太常少卿王仁忠上疏，以為武氏所置明堂，有乖典制，又彫鐫所及，窮侈極麗，密邇宮掖，人神雜擾，奏請更名。帝與百官商議已定，詔改明堂為乾元殿。數月後，又改紫微省仍為中書省，黃門省為門下省。以宋璟為侍中、兼吏部尚書，蘇頲為中書侍郎、同平章事。

郤說太子舅趙常奴自恃皇戚，侵害百姓。河南尹李朝隱聞之，怒曰：「此而不繩，何以為政？」喝令左右將趙常奴擒至，杖之。帝嘉焉，手詔慰勉之。有梨園弟子胡雛犯事，走入禁中。洛陽令崔隱甫求之甚急。那崔隱甫乃貝州武城人，太平令崔元彥之子也。帝聞隱甫厲威嚴，遂以他事召隱甫至。時胡雛在側，帝指胡雛謂隱甫曰：「就卿乞此，得否？」隱甫對曰：「陛下此言，是輕臣而重樂人也，臣請休官！」再拜將出。帝遽曰：「朕與卿戲耳！」遂令拽出。才至門外，隱甫立杖殺之。俄頃帝特敕釋之，胡雛已死矣。乃賜崔隱甫雜綵百匹。

又有大武軍小將郝靈荃，因獻默啜首於闕下，自謂有不世之功，希冀上賞。宋璟以帝盛年尚武，恐徼功者生心，痛抑其賞。逾年，始授右武衛郎將。郝靈荃恚憤成疾，慟哭嘔血而死。

日本國遣使貢獻，因請名儒授經。帝即命學官趙玄默，就鴻臚寺教之。使者乃遺玄默闊幅布，以為束修之禮。所得賞賚盡市文籍，泛海而還。契丹李失活、奚國李大酺入朝請婚。帝許之，封宗室外甥女楊氏為永樂公主，出降李失活；從外甥女辛氏為固安公主，出降李大酺。蘇祿遣使入朝請婚。帝許之，封西突厥繼往絕可汗阿史那懷道之女為交河公主，出降蘇祿。

突厥苾伽可汗遣使請和，帝乃璽書荅苾伽曰：「往者默啜狂逆，為人之蠹。又詐降遣使，於我求婚。我國家不違，賞賜無數。所在軍鎮，為之解嚴。遂背信乘虛，縱兇深犯，損我百姓，陷我數州。從此之後，常行賊計。近者梟戮，實謂天誅。卿能舉前事之非，有降和之請，但能誠實，何慮不依。且漢日有呼韓邪。是卿族類，既率部落，來慕中華，終保寵榮，足為前鑒。今契丹、奚等，輸款入朝，皆封郡王，各賜公主，放歸所部，以息其人。卿若能來，此是成例。官榮重功則授，財帛賞善斯行，此乃國家所餘，亦是卿之所要。若懷奸設變，口順心違，應朝不朝，以惡繼惡，還學默啜，自取殘亡。想卿解思，不至於此也。」

再說荊州長史張說，與廣州耆老為宋璟立碑。宋璟昔在廣州，多有遺愛。前是首領桀驁，多據洞不賓，及璟下車，無敢不至。廣人舊俗，不理室居，茅茨竹簷，火災歲起。璟率人版築，教民陶瓦，改造店肆，自是災火不發。嶺南利兼水陸，瑰寶山積。宋璟在州清白，由此人皆懷惠。宋璟卻上表謙辭，曰：「臣伏見韶州奏事云，廣州與臣立遺愛碑。但碑所以頌德紀功，披文相質，臣在郡日，課無所稱，縱恭宣政理，幸免罪戾，一介俗吏，何足書能？濫承恩私，見在樞密，以臣光寵，成彼諂諛。欲革此風，望自臣始，請敕廣府即停。」帝從之。

時鄭州百姓為前刺史孟溫禮立碑，亦敕罷之。於是諸州遺愛碑皆罷。

旬日內，張嘉貞入朝，帝聞知嘉貞在州一年，治有美政，甚稱賞之。不想有人誣告張嘉貞在軍奢僭，多昧贓賄。御史大夫王晙聽知此信，即入內奏帝。帝不信，就令王晙鞫獄，果然不實。帝怒，欲問譖者妄誣大臣造反之罪。嘉貞諫曰：「昔者天子聽政於上，瞍賦矇誦，百工諫，庶人謗，而後天子斟酌焉。今天下無虞，重兵利器，皆委邊將。若告事者一不當，隨而罪之，是塞言者之路，則天下之事無由上達。臣恐握兵者生心，為他日之患。且臣備陛下腹心，不宜為臣以絕言事之路。願免此罪，以廣謗誦之道。」帝依言，遂免譖者之罪。帝以嘉貞為忠，因曰：「朕以中書令待卿。」嘉貞曰：「臣聞時難得而易失，及其過也，雖賢聖不能為時。今臣血氣方剛，是效命之秋，他日衰老，即無能為也！惟陛下及時用之，死且不憚。」帝大喜，曰：「卿第往太原，方當大用卿。」嘉貞謝恩出朝，回太原不題。

帝大收群書，以廣儒術，命馬懷素等於秘書省續成《七誌》，藏之秘府。又命褚無量於乾元殿繕寫四部書，以充內庫。又旁求宏碩，講道藝文。有嵩山逸人盧鴻，道高學富，工籀篆楷隸，善畫山水松石。帝累徵之，三詔乃至。及謁見，不拜，但磬折而已。帝問其故，鴻荅曰：「臣聞老子云，禮者忠信之薄，不足可依。山臣鴻，敢以忠信奉上。」帝異之，召入內殿，賜以酒食，訪以至道，拜盧鴻為諫議大夫，賜章服，並辭不受。乃更賜隱居之服，草堂一所，歲給米百石，絹五十匹，送還隱居之處。數月後，馬懷素、褚無量等整比內庫書成。帝引百官直至乾元殿東廊觀看，移時方出。帝賜懷素、無量束帛有差，以旌其功。將乾元殿書院改為麗正修書院，以馬懷素、褚無量為使。

卻說帝思念五王及蘇瑰、劉幽求昔日之功，詔以桓彥範、敬暉、崔玄暐、張柬之、袁恕己，配享孝和皇帝廟庭；蘇瑰、劉幽求，配享大聖真皇帝廟庭。

帝將復內用張說，乃以為右羽林將軍，檢校幽州都督、兼領河北諸軍經略大使、攝御史大夫，鎮守幽都。又思李邕與前中書舍人鄭勉，欲大用之。宋璟、蘇頲奏曰：「括州司馬李邕、儀州司馬鄭勉，並有才略文詞，但性多異端，好是非變；若全引進，則咎悔必至，若長棄捐，則才用可惜，請除渝、硤二州刺史。」帝從其言，但改李邕為渝州刺史。

宋璟、蘇頲又奏：「大理卿元行沖素稱才行，初用之時，實允僉議；當事之後，頗非稱職，請復以為左散騎常侍，以李朝隱代之。潤州刺史陸象先嫻於政體，寬不容非，請以為河南尹。」帝從之，詔以陸象先為河南尹，差人賚往潤州，命象先克日赴任。又命韋湊留守東都，駕回長安。

一日，帝校獵於城南鄠、杜之間，望见斜阳下墟落裡，盧懷慎宅，環堵蕭然，家人若有所營。帝使人問之，回報曰：「懷慎大祥，家人方設齋會。」帝以懷慎家貧，敕褒美之，賜帛百匹，遂為之罷獵。懷慎塋表未立，帝親自臨視，泫然涕流，詔於墓所立碑。敕蘇頲撰碑文，帝御筆親書。

旬日內，吐蕃遣使求和，以中宗時舊漢宰相盟誓者皆亡，請重立盟誓，舅甥各親署盟書，宰相依舊作誓。帝許和，而不許盟，曰：「昔歲和親已有成約，而今何乃重請盟書。苟信不由衷，屢盟何益！」厚賜使者還蕃。

大食寇西域諸胡國。安國王篤薩波提患之，遣使上表曰：「臣是從天主領普天賢聖皇帝下百萬里草土類奴，在遠叉手，胡跪禮拜。天恩威相，如拜諸天。自有安國以來，臣種族相繼作王不絕，並軍兵等，並赤心奉國。從比年來，被大食賊每年侵擾，國土不寧。伏乞天恩慈澤，救臣苦難，仍請敕下突厥騎施，令救臣等。臣即統領本國兵馬，計會翻破大食。伏乞天恩，依臣所請。今奉獻波斯驃二、拂菻繡氍毹一、郁金香三十斤、生石蜜一百斤。」

俱密國王那羅延又遣使奉表。表略曰：「臣曾祖父叔兄弟等，舊來赤心向大國。今大食來侵，吐火羅及安國、石國、拔汗那國並屬大食。臣國內庫藏珍寶，及部落百姓物，並被大食徵稅將去。伏望天恩處分大食，令免臣國徵稅，臣等即得久長，守把大國西門。伏乞照臨，臣之願也。」

康國王烏勒伽亦遣使奉表，表略曰：「臣是從天主普天皇帝下百萬里馬蹄下草土類奴。臣種族及諸胡國，舊來赤心向大國，不曾反叛，亦不侵損大國，為大國行裨益事，從三十五年來，每共大食賊鬥戰，每年大發兵馬，不蒙天恩送兵救助，經今六年，被大食元帥將異密屈底波領眾軍兵來此，共臣等鬥戰。臣等大破賊徒，臣等兵士，亦大死損。為大食兵馬極多，臣等力不敵也。臣入城自固，乃被大食圍城，以三百抛車傍城三穿大坑，欲破臣等城國。伏乞天恩知委，送多少漢兵來此，救助臣苦難。其大食祇合一百年強盛，今年合滿，如有漢兵來此，臣等必是破得大食。今謹獻好馬一、波斯駱駝一、騾二。」

帝皆不許，慰諭遣之。詔加突騎施可汗蘇祿特進，令援西域諸胡國。忽汗州都督、渤海郡王大祚榮死，帝遣使弔祭，命其子大武藝襲父位，領忽汗州都督。

郤說開府儀同三司、太僕卿、祁國公王仁皎病亡，帝甚悲悼，為之舉哀，輟朝三日。詔給東園秘器，遣尚書劉知柔攝鴻臚卿監護喪事。賜賻物絹布兩千段、米粟兩千石。贈太尉、益州大都督，諡曰昭宣。太子詹事、駙馬都尉王守一請同昭成太后父太尉竇孝諶故事築墳，高五丈一尺。宋璟、蘇頲請一依禮式，帝初從之。

次日，又令準竇太尉舊例。宋璟、蘇頲上表諫曰：「夫儉，德之恭；侈，惡之大。高墳乃昔賢所誡，厚葬實君子所非：則知奢侈過度，故非達識。故周、孔設齊斬緦免之差，衣衾棺槨之度，賢者俯就，私懷不果。或云竇太尉墳最高，取則不遠者。縱令往日無極言者，其事偶行，令出一時，故非常式。豈若韋庶人父，追加王位，擅作酆陵，禍不旋踵，為天下笑！況今之所載，預作於紀綱，情既無窮，故為之制度，不因人以搖動，不變法以愛憎。所謂金科玉條，蓋以此也。倘中宮情不可奪，陛下不能苦違，即準令，一品合陪陵葬者，墳高三丈以上，四丈以下。降敕將同陪陵之例，即極是高下得宜。」帝嘉納之，謂宋璟等曰：「朕每事常欲正身以成綱紀，至於妻子，情豈有私？然人所難言，亦在於此。卿等乃能再三堅執，成朕美事，足使萬代之後，光揚我史策。」乃遣使齎綵絹四百匹分賜之。

夏五月己丑朔，日有蝕之。帝素服候變，徹樂減膳，省囚徒，多所原放；水旱州皆定振恤，不急之務，一切停罷。宋璟、蘇頲諫曰：「陛下頻降德音，勤恤人隱，令徒以下刑盡責保放，惟流、死等色，則情不可寬，此古人所以慎赦也。恐言事者，直以月蝕修刑，日蝕修德，或云分野應災祥，冀合上旨。臣以為君子道長，小人道消，女謁不行，讒夫漸遠，此所謂修德。囹圄不擾，甲兵不黷，理官不以深苛，軍將不以輕進，此所謂修刑也。若陛下常以此留念，縱日月盈虧，將因此而致福，又何患乎！且君子恥言浮於行，故曰：『予欲無言。』又曰：『天何言哉，四時行焉，百物生焉。』要以至誠動天，不在制書頻下。」帝深納之，報曰：「在於朕躬，庶事戒慎。天下或恐不稱所望，卿為朕耳目焉。上天降省，良有以也，深輔朕之不逮。」

冬十月，葬后父於同州馮翊縣太平原。禭服明器，羅列千里。柩車既發，帝御望春亭望之。命蘇頲製碑銘，宋璟為書石。又命王守一襲爵。

卻說突騎施可汗蘇祿擊破大食，解西域諸胡國圍。帝遣侍御史解忠順，齎詔突騎施，封蘇祿為忠順可汗，諭令防剿大食。

王晙自朔方入朝，請伐突厥。帝大喜，遂問計於晙。晙曰：「若祇起朔方之兵，急難取勝。須用五路大兵，三面夾攻，令苾伽可汗首尾不能救應，然後可圖。」帝問何五路。晙曰：「第一路拔悉密金山道總管處木昆執米啜、堅昆都督骨篤祿毗伽可汗，第二路契丹松漠州都督李娑固、奚饒樂州都督李大酺，第三路河東九姓拔曳固都督頡質略、同羅都督毗伽末啜、霫都督比言、回紇都督夷健頡利發、僕固都督曳勒哥，第四路右賢王墨特勤、左賢王阿史那毗伽特勤等，會合朔方之眾，共起三十萬大兵，五路並進，暾欲谷雖有神機鈔策，安能當此乎？」帝即下詔，令朔方道行軍大總管、右散騎常侍、攝御史大夫王晙為元帥，總督五路軍馬，選定來年秋七月出師。

郤說宋王以選人薛嗣先懿親，奏授微官。宋璟奏曰：「嗣先兩選齋郎，雖非灼然應留，以懿親之故，固應微假官資。在景龍中，常有墨敕處分，謂之斜封。自大明臨御，茲事杜絕，行一賞，命一官，必是緣功與才，皆歷中書、門下。至公之道，唯聖能行。嗣先幸預姻戚，不為屈法，許臣等商量，望付吏部知，不出正敕。」帝從之。

帝以岐山令王仁琛藩邸之舊，授五品官。宋璟奏曰：「故舊恩私，則有大例，除官資歷，非無公道。仁琛向緣舊恩，已獲優改，今若再蒙超獎，遂於諸人不類；又是后族，須杜輿言。乞下吏部檢勘，苟無負犯，於格應留，請依資稍優注擬。」帝從之。

第十四回　葉天師清禁作術　西涼府元夜觀燈

卻說正月十五日上元佳節，好生晴明。黃昏月上，宮內張燈結綵，慶賞元宵。帝同皇后嬪妃與宮娥綵女等眾，在延喜門賞燈。帝見金闕銀鑾，花燈似錦，滿心歡喜，遂使高力士往景龍觀，請葉仙師入內看燈。那葉仙師名法善，括州括蒼人也。生於隋大業末，世以道術稱。母劉氏，因晝寐夢流星入口，吞之乃孕，十五月而生。年七歲，涉江而遊，三年不歸。及還，人問其故，仙師荅曰：「青童引我朝見太上，故少留仙府耳。」年十五，中毒悶絕，幾喪性命。忽有飛印印其腹，又聞空中語曰：「天臺茅君，飛印相救。」因此無事。仙師自此往來仙山福地，古洞神洲。師青城趙元陽，受遁甲之術；於嵩山韋善俊，傳八史之道。或潛泳水府，或飛步火房，或厭劾鬼物，或誅滅精魅。高宗素聞其名，徵至京師，盡禮問道，將授貴官，不就。請度為黃冠，出入禁中。則天朝，徵至神都，請於五嶽名山投奠龍璧。中宗時，武三思專權，帝父子得仙師冥助，由此得全。及帝登阼，以為金紫光祿大夫、鴻臚員外卿，封越國公，兼景龍觀主。尊寵之盛，莫與為比。

葉仙師又曾隱居於四明山。忽一日，有一老叟手持拄杖，來到洞門外號泣，口叫「仙師，救我，救我！」仙師喚入問之。老叟曰：「某乃東海之龍也。奉上帝敕，掌管八海四瀆珍寶之物，已九百七十年矣。待一千年任滿，若無過失，便可超登仙位也。今有胡僧久住海島，晝夜念經已三十年矣。五月五日午時，他將逞弄妖法，把海水刮在半空裡，盡取海中珍奇之寶。乞仙師賜丹符一道垂救！」仙師應諾。老叟歡喜，叩謝而去。至期，胡僧在海島作起妖法。好好地白日青天，捲起一陣狂風，果然是潮湧銀山，波翻雪浪！忽見一道丹符從西邊飛來，落入東海，祇見霎時間，風平浪息。胡僧又羞又惱，投東海而死。於是老叟駕著一輛車兒，裝的都是珊瑚、硨磲、玳瑁、珍珠、水精、美玉、金銀之類，到石洞報荅仙師。仙師堅辭不受，謂之曰：「汝與我山根下清泉一汪，即為報矣。」是夜，風雨交作。及曉，山根下現出一道石渠來。寒泉湧出，似亂迸珍珠一般。真個是：玉斧斫開頑石髓，金鉤搭出老龍涎。時人謂之曰「天師渠」，至今尚存。

又曾有數十個朝貴同到景龍觀，來見葉仙師，留坐半日，便思飲酒。忽聽一人叩門，仙師喚侍童出問何人。回報曰：「麴秀才拜訪。」仙師遂使侍童告曰：「正有朝僚在此，無暇與汝晤語，幸吾子異日見臨！」侍童未及出告。有一個白衣秀士，年約不上二十歲，生得肥白如瓠，自外而入。笑揖諸公，坐於末位，劇談戲論，扼腕抵掌，口若懸河，滔滔不絕。眾人誇讚不盡。祇有仙師謂眾人曰：「此子突入談今論古，詞辯如此，豈非妖魅，為眩惑乎？」言訖，拔劍而起，大喝一聲，手起劍落，砍下麴生頭來。滿坐皆驚。定睛看時，麴生的頭墜於地下，化作一個瓶蓋。再看麴生的屍首，原來是美酒一瓶！坐客皆大笑，飲之，香美即醉。撫瓶相謂曰：「麴生風味，不可忘也！」自此文士稱酒為「麴生」。

當夜力士領命，火速到景龍觀，見葉仙師，具言來意。葉仙師就與力士一同入內，來見帝。帝大喜，即同葉仙師觀看花燈。看翫多時，帝忽問：「仙師，天下諸州皆如此否？」葉仙師曰：「今夜天下諸州高張燈火，徹夜笙簫。以臣觀之，涼州燈市最是熱鬧。」帝問曰：「仙師曾在涼州看燈乎？」葉仙師曰：「臣恰才自涼州賞燈而回。」帝聽了，暗暗稱奇，曰：「阿瞞亦欲往涼州賞燈，其可得乎？」葉仙師曰：「左右皆可，何獨陛下？」眾人聽得，個個歡喜。帝與左右更換衣服已畢，都合了眼。葉仙師念聲咒語，眾人俱身輕體健，蕩蕩飄飄，駕雲而起，直上九霄空裡，徑轉涼州城去。不半晌，雲頭落下，眾人腳躧實地。衹聽見葉仙師說道：「三郎，可以看了。」眾人睜眼，左右觀看，真個好去處！

但見那大街市上，花礮轟雷，燈毬燦綵，香車如雲，遊人如蟻。那屣蹺的，裝鬼的，舞獅的，騎象的，東一攢，西一簇，看之不盡。老幼連袂踏歌而娛，歡樂之極。人稱「涼州七里十萬家」，果然話不虛傳。眾人一邊賞翫，一邊讚美。遊翫多時，漸入夜深。不覺腹中有些饑了，正望見一家酒旗兒高挑出在門前。有十數個美貌如花的胡姬，當壚含笑，亂招素手。壚頭絲繩玉缸，春酒正香。帝與眾人入到店裡，坐下，帝喚酒保分付，叫安排酒食來喫。胡姬斟酒，殷勤相勸。喫畢，已是三更。帝謂葉仙師曰：「仙師，夜已深沉，我們回去罷！」留下鐵如意，以為質當。即與葉仙師眾人出了酒肆，走到街上。又都合了眼，葉仙師念聲咒語，駕起雲光。不多時，回到宮中。帝心疑，猛然想起鐵如意，尚在酒店，便密喚力士分付如此如此。力士領命，連夜出城，策馬攢行，直到涼州，尋見酒店，喚酒保祘還酒錢，取鐵如意回長安，入見帝。帝大喜，誇讚不盡。

再說諸州朝集使，每年齎貨赴京朝集，於攷堂應攷績事，以校吏能。至春將還，多有遷轉，率以為常。宋璟奏請一切勒還，絕其僥求之路。又與蘇頲建議禁斷天下惡錢，遣使分道檢括銷毀。時江淮錢濫惡尤甚，宋璟遣御史蕭隱之為使。隱之到江淮，令率戶出錢，務加督責，頗招百姓所怨。宋璟惡負罪而妄訴不已者，因付御史臺按治之。宋璟謂御史中丞李謹度曰：「伏罪而不更訴者出之，尚訴未已者且繫。」因此人多怨之。正值天旱，有優人扮作旱魃戲於御前，帝問魃曰：「汝何為出？」魃荅曰：「負冤者三百餘人，宋相公悉以繫獄抑之，我奉相公處分，不得不出。」帝然之，遂貶蕭隱之官。

卻說帝欲用張嘉貞為相，而忘其名。是夜，帝問左右：「今夜寓直者是誰？」回報是中書侍郎韋抗直宿，帝乃召韋抗至，謂曰：「朕欲命一相，常記得風標，旬日念之，而忘其名，其人姓張而重名，現為北邊良將，不欲訪左右，卿試言之。」抗曰：「莫非平盧節度使張敬忠乎？」帝即令韋抗草詔，授張敬忠為相。抗草詔畢，呈上，帝看之，甚是稱讚韋抗詞才。抗退，帝閱大臣表章以待旦，首舉一通，詞采蔚然，出人意外。帝視之，乃張嘉貞表也。猛然省曰：「不是張敬忠，是張嘉貞！」急召韋抗至，謂曰：「非張敬忠，乃天兵軍節度大使張嘉貞。」復命韋抗草詔不題。

次日，帝降詔，拜宋璟為開府儀同三司，蘇頲為禮部尚書：俱罷知政事，授張嘉貞為中書侍郎、同平章事，源乾曜為黃門侍郎、同平章事。

再說王毛仲奉公正直，不避權貴，萬騎功臣、閑廄官吏皆懼其威，人不敢犯。苑中營田草萊常收，率皆豐溢。帝以為能。賜以莊宅、奴婢、駝馬、錢帛，不可勝數。毛仲雖有賜宅，常於閑廄側內宅住。把那些御馬，都養得肉肥膘滿。芻粟之類，不敢盜竊，每歲回殘，常致數萬斛。毛仲清勤在公，夙夜匪懈，帝甚賞之，加毛仲特進、太僕卿，閑廄、群牧等使如故。源乾曜既自京兆尹復相，帝又徵姜皎為秘書監。毛仲每待宴，與諸王、姜皎御幄前同榻而坐。帝或時不見毛仲，則悄然思之，如有所失；見之，則歡洽連宵，有至日晏。

旬日內，張說入朝。帝聞張說在州二年，甚有稱績。又見張說戎裝披掛，龍顏大喜，即時降下聖旨，擢張說檢校并州長史，持節充天兵軍節度大使，攝御史大夫。

卻說契丹李娑固得詔，要起兵討突厥。因衙官可突于不從，欲先除之。不想機事不密，早有人報知可突于。可突于聽知大驚，便領本部兵馬造反。娑固親自接戰，兩兵混殺了一夜。娑固大敗，尋思無計，祇得收聚殘軍，連夜投營州來，見營州都督許欽澹，具言前事。欽澹聽知可突于反，即令將軍薛泰引五百精兵，並李娑固敗殘兵，與奚饒樂州都督李大酺約會而進，共討可突于。

薛泰催軍急進，離冷陘山不遠，一聲礮響，旌旗齊豎。可突于橫刀飛馬而出，直取李娑固。戰不三合，被可突于一刀斬娑固於馬下。契丹兵乘勢衝殺一陣，官軍大敗，死者無數，李大酺竟被可突于殺於陣中。薛泰奮威突陣，得脫重圍。逃得性命，回報許欽澹，說娑固、大酺被殺。欽澹慌了，遂棄了營州，星夜領軍望西而走，退入榆關。

欽澹上表，報稱契丹可突于造反，興兵入寇，搖動北方。張嘉貞奏帝火速降詔，令天兵軍蕃漢討擊使史獻將兵一萬，往助欽澹；遣薛訥領關中之兵二萬，去救營州。訥領關中之兵，望榆關進發，至闞門，於谷水之上下寨。時夏末秋初，半夜時分，大雨驟至，谷水泛漲。關中人馬，溺水死者不計其數。

卻說張說上表，諫曰：「臣聞小忿不忍，延起大患；小罪不寬，迫成大禍。契丹、奚背恩，誠負天地不容之責，然原其狀，本是夷戎君臣不和，自相誅戮耳。所望聖慈，且使其族類在朝者，將敕書再三告讓，因其所欲立酋長而便定之，或可不戰而定也。必告之不馴，則大發兵馬，東召靺鞨，西舉九姓，來春未青，數道齊入，突于之首，可拾而取，未為晚也。天恩若不忍以中國勞事蠻夷，則嚴兵備塞，棄兩蕃如糞土耳。又許欽澹擁二萬餘眾，據五丈之城，有糧即守不可拔，無糧即鼓而行歸，何所慮也？今遣史獻非時，遠抄近掠，其實甚難，萬一未捷，賊氣轉壯。下臣愚昧，伏乞陛下聖鑒明裁。」帝乃從其言，即日遣使齎詔赴兩蕃去訖。

卻說張嘉貞為政清肅，未嘗懈怠，斷決如流，事無疑滯。源乾曜自以為才不及張嘉貞，每事皆推讓之。嘉貞以江淮市井不通，物價騰起，乃弛禁惡錢，人心乃安。又以在外官僚，多違憲法，奏於諸道復置按察使，以御史大夫王晙、揚州長史王怡等為之。

帝昇張嘉貞為中書令，源乾曜為侍中，敕嘉貞、乾曜銓擇內外官僚。帝謂張嘉貞、源乾曜曰：「頃來朝士出牧，例非情願，緣沙汰之色，或受此官，縱使超資，尚多懷恥。自今以後，諸司清望官闕，先於牧守內精擇；都督、刺史等要人，兼向京官中簡授；其臺郎以下除改，亦於上佐、縣令中通取。」嘉貞引清簡之材苗延嗣、呂太一、崔訓、員嘉靜，皆列美官，常在門下共議朝政，時人語曰：「令公四俊，苗、呂、崔、員。」

嘉貞嘗求開府宋璟謀猷，悉閱堂案。每至其危言讜議，廢卷嗟歎。蒲州刺史、河東按察使陸象先在州有美政，嘗謂人曰：「天下本自無事，祇是庸人擾之，始為繁耳。苟澂其源，何憂不治？」頻牧數州，號稱清簡。嘉貞奏帝，除陸象先太子詹事。

又以尚書蘇頲知益州長史事，領劍南節度使。蘇頲到益州，朝廷命前益州司馬皇甫恂，牒取庫物織文錦半臂等以進，蘇頲不肯與，上奏天子，一切罷之。或曰：「公今在遠，安得忤聖意？」頲曰：「明主不以私愛奪至公，頲豈以遠近間易忠臣節也！」

卻說王晙在靈州整頓軍馬，準備出師。細作探知這個消息，火速報入突厥。苾伽可汗聞之，大懼，急請暾欲谷商議。暾欲谷曰：「拔悉密今在北庭，與兩蕃東西相去極遠，勢必不合。王晙兵馬，計亦無能至此。必若能來，候其臨到，即移衙帳向北三日，唐兵糧盡，自然去矣。且拔悉密輕而好利，聞命必是先來，王晙與張嘉貞不睦，奏請有所不愜，必不敢動。若王晙兵馬不來，拔悉密獨至，即擊取之，勢易為也！」苾伽才心安。

再說張嘉貞素與王晙不睦，奏罷北伐之議。奚人立李大酺弟李魯蘇為主，朝廷以魯蘇為饒樂州都督。又遣使齎詔冊羅施伊俱骨咄祿多比勒莫賀咄達磨薩爾為護密國王，賜紫袍金鈿帶七事。護密國，在蔥嶺西。南與勃律，西與吐火羅相接。烏萇、骨咄、俱位三國國王，被大食扇誘，皆守節不移，密送誠款。帝嘉之，遣使齎詔，往冊三國國王，各賜雜綵二百段。南天竺國王屍利那羅僧伽又遣使朝貢，奏請以戰象及兵馬，討大食、吐蕃，求有以名其軍。帝下詔褒美，號曰「懷德軍」。又遣使冊蘇麟陀逸之為勃律國王，真陀羅秘利為箇失密國王，葛達羅支頡利發誓屈爾為謝颶國王，葛達羅支特勒為罽賓國王。

再說拔悉密兵臨突厥衙帳，見王晙及兩蕃兵未到，料敵突厥不過，引軍暫退。探馬報入突厥衙帳。苾伽可汗聽得拔悉密退，請暾欲谷商議，欲命闕特勤乘勢擊之，暾欲谷曰：「不可。此眾去家千里，必將死戰，未可擊也，不如以兵躡之。」苾伽依計，親自統兵追襲。

苾伽催兵星夜前進，離北庭尚有二百里，暾欲谷曰：「今可分遣闕特勤領兵，間道圍北庭。可汗卻以大兵擊之，拔悉密必望北庭而走。然吾籌畫已定，若到北庭，破拔悉密必矣。」苾伽曰：「達干之言，正合吾意。」便喚闕特勤分付如此如此。闕特勤受了密計，引兵而去。

苾伽自領大軍趕上拔悉密，驅兵大殺。拔悉密抵敵不住，急望北庭而走。將至北庭，忽然喊聲大震，一彪軍攔住：為首大將乃闕特勤也。拔悉密見了大驚，後面喊聲又起，苾伽引大軍又至，把拔悉密圍住。拔悉密不能抵當，盡為突厥所擒。暾欲谷曰：「不如東出赤亭，使軍就掠甘、涼羊馬。楊敬述若守城自固，即與連和；若出兵相當，即領軍戰。我今乘勝，必有功矣！」苾伽從之，隨統大軍出赤亭，大掠契苾部落羊馬。

卻說河西節度使楊敬述，聽知苾伽可汗自引兵至甘州，劫掠羊馬，乃聚文武官商議。判官元澂曰：「今芯伽親領大軍，犯境侵掠。將軍若不出戰，是示懦也。必被突厥所笑。」敬述然其說，即令元澂，同副將盧公利，領精騎一萬七千擊之。

元澂引兵至刪丹山，早望見苾伽引兵前來。時當九月盡，北風大作，陰雲佈合，雪花亂飄，軍馬皆冒雪佈陣。元澂傳令，教軍士揎衣贏袖，彀弓弩，持滿。闕特勤帶領五千鐵騎，直衝將來。澂教軍士放箭，此時天寒地凍，軍士弓不得控，矢皆紛紛落地。闕特勤把槍望後一招，突厥兵一齊衝殺過來，澂軍大敗。盧公利死於亂軍之中，元澂奪路走脫。

苾伽軍威大振，盡得默啜之眾。元澂大敗，回見敬述。敬述即具表申奏朝廷。帝免敬述官爵，令白衣領職。

第十五回　王晙平定蘭池胡　張說招安党項羌

卻說朔方降戶僕固都督勺磨，陰引突厥，欲取受降城，以為內應。王晙乃設一宴，詐請議事；飲酒間，擲盞為號，使部將田琬、臧懷恪殺之，盡誅其黨八百餘人。遣人齎勺磨首級來長安報捷，帝加王晙為兵部尚書、兼幽州節度使。令張說持節就河東九姓拔曳固、同羅諸部落撫慰酋帥，防其生變。

張說祇引二十騎，徑入九姓帳中來，召集酋帥，用好言撫慰。是夜，宿於九姓帳中。或謂張說曰：「夷虜難信，不可夜宿於此。」說慨然曰：「吾肉非黃羊，必不畏喫；血非野馬，必不畏刺。士見危致命，此吾效死之秋也！」九姓感其言，眾心乃安。帝加張說兼修國史，令齎史本隨軍修撰。

可突于在契丹，更立李娑固從弟李鬱于為國主，聞知王晙以尚書兼領幽州，遣使至長安請罪。帝乃赦免可突于之罪，授李鬱于松漠州都督。

暾欲谷見唐境未有間隙，奏知苾伽可汗，請奉藩稱臣，獻國珍寶，求尚公主，且修舊約。苾伽從其說，即遣使來朝，貢其方物，乞與帝為子，又請尚公主，以求和好。帝以戎狄無信，許和而不許婚，厚賜使者還蕃，遂賜書與苾伽。書略曰：「國家舊與突厥和好，蕃漢快活。甲兵休息，互市交通，國家買突厥馬羊，突厥將國家綵帛，彼此豐足，皆有便宜。自三四十年以來，不似舊時，總緣默啜失信，遂令使命不通。一口稱和，一心即背，每將兵馬，常抄邊軍。天嗔地知，人怨神怒，身被誅滅，豈不由茲。今可汗承破亡之遺餘，驗違負之得失，禍福斯在，吉凶可見。仍襲甘涼，復行抄劫。賴自遣使，至此通和。國家如海之容，如天之覆，不念既往之過，以納將來之誠。可汗若實好心，求為和好，計彼此百姓，各得自安；若言無準定，意有翻覆，不煩更差使命徒，再遣往來。至於邊疆，不任侵掠，自當更擬，可汗宜審思之」。

時天下戶口逃亡，色役偽濫極多，帝憂之，聚張嘉貞、源乾曜與諸司尚書、侍郎於延英殿商議。乾曜薦一人於帝，此人覆姓宇文，名融，京兆萬年人也。乃韋嗣立之甥，尚書右丞宇文節之孫，萊州長史宇文嶠之子也。融性明辯，有吏能。曾為富平主簿，時乾曜為京兆尹，甚禮之。乾曜為相，遂薦融為監察御史。帝即下詔，召融至殿下。帝問曰：「今天下戶口逃移極多，色役偽濫甚眾。卿以何策解之？」融曰：「竊見戶口流亡，十有一二，皆由賦役頓重，豪猾兼併之故。陛下若假臣職任，使括田戶，臣能招逃戶歸首，不勞聖慮。」帝大喜，自以為得融晚，即日命融為使，括天下逃戶及籍外剩田。

忽報萬年主簿韓朝宗，有吏幹。張嘉貞薦之，遷監察御史。源乾曜上疏曰：「臣竊見勢要之家，並求京職，俊艾之士，多任外官：王道均平，不合如此。臣三男俱是京官，望出二人與外官，以協均平之道。」詔嘉美之，從其所請。改其子河南府參軍源弼為絳州司功參軍，太祝源潔為華州鄭縣尉。又令文武百僚父子兄弟三人並任京司者，任自通容，依資次處分，於是公卿子弟京官出為外僚者百餘人。

不想蘭池胡康待賓造反，自稱葉護。縣中諸胡，從待賓反者七萬。賊勢浩大，攻陷六胡州。張嘉貞奏帝火速降詔，令各處備禦，討賊立功。一面遣右羽林將軍、檢校并州長史、兼天兵軍節度大使張說，引兵四萬一千，先斷待賓前路；次遣羽林將軍、隴右節度使郭知運，引兵三萬九千，從南攻六胡州；特進、天兵軍蕃漢討擊使史獻，引三萬九千人，從北攻六胡州；又遣兵部尚書、朔方軍大總管王晙，引五萬五千人，邀待賓之後。特進、太僕卿兼閒廄、群牧使王毛仲持節充朔方道防禦討擊大使，往來接應，與張說、王晙，及幽州節度使裴伷先，計會兵馬。伷先乃阿史那獻之婿也。

且說康待賓一行人馬，前犯夏州界分。夏州都督陽欽明緊閉城門，堅守不出。待賓圍住城池，三面攻擊。王晙聞夏州被圍，疾忙引軍來救。欽明見晙救兵至，引軍殺出城來，與晙會合，兩下夾攻，殺得賊兵雨零星散，亂竄逃生。待賓引敗軍，迤邐望勝州而走。

王晙正欲追趕，忽報隴右郭知運，引軍出了金城關，前來助戰。王晙聞知隴右兵將至，乃上表說：「朔方軍自有餘力，請敕知運還本鎮。」一面乘待賓之敗，整頓軍馬，迤邐追襲。待賓望北奔走，前面塵頭忽起，一彪軍到，為首大將乃史獻也。又被殺了一陣，折傷三千餘人。待賓引軍東走，入寇勝州，被勝州都督臧懷亮劫寨數次，又折了幾將。

康待賓與賊酋安慕容、何黑奴商議，欲結連党項，星夜取銀城、連谷兩縣倉糧，渡河投突厥而去。

卻說張說知勝州消息，自引馬步軍一萬出合河關，渡了黃河，徑投銀城而來。待賓正到銀城攻打，忽見窟野河谷口火光沖天，喊聲大震，一彪軍殺出，當先一面白旗，為首大將，乃張說也，驟馬厲聲大叫：「反賊康待賓！快下馬受降！」待賓肝膽皆裂。張說招動軍馬，掩殺過來。待賓軍遠來疲困，不能抵當，大敗而走。說連夜追襲，直趕到駱駝堰。

正逢史獻兵到，合兵一處。賊勢危急，六州胡、党項羌自相併殺，人馬大亂。張說、史獻趁彼軍亂，乘勢攻擊，党項投降。待賓勢孤，引敗兵投鐵建山去了。張說招集党項，復其居業。史獻謂張說曰：「可盡誅党項之眾，絕其翻動之計！」說曰：「不可。先王之道，推亡固存，如盡誅之，是逆天道也。」遂表奏特割勝州連谷、銀城兩縣置麟州，以鎮党項餘眾。

党項大首領、右監門員外將軍、持節淳、恤等一十八州諸軍事、兼靜邊州都督防禦部落使、西平郡公拓拔思泰歿於王事，張說奏聞朝廷，贈特進、左金吾大將軍，命其子拓拔守寂襲其官爵。

當夜康待賓左右，祇有偽多覽殺安慕容，偽大將軍何黑奴，及偽將軍石神奴、康鐵頭等，領著數萬敗殘軍馬，擁護奔逃。剛剛走到鐵建山西乳泊邊，祇見西北上塵土起處，兵馬數萬而來，乃是王晙軍馬到了。胡兵走了半夜，人馬力乏，抵當不住，退後便走。王晙舞刀拍馬，麾軍直衝過來。安慕容正欲交鋒，早被王晙斬於馬下。田琬、臧懷恪、論弓仁衝殺入去，何黑奴、石神奴、康鐵頭都被活捉。康待賓急欲走時，右臂上早中了一箭，帶著箭飛馬而走，蕃將康植背後趕來。把待賓左腿刺了一槍，攧下馬來。康植向前，生擒了待賓。這一場殺：約有三萬五千六州胡騎，都被王晙殺盡。

王晙生擒康待賓，解赴京師。帝集蕃夷酋長面諭，命腰斬之於市曹示眾。王晙以平胡之功，進爵清源縣公，仍兼御史大夫，與一子官，賜絹五百匹；張說、史獻等，各有封賞。惟有郭知運無功，深嫉王晙。王晙所招降康待賓餘黨，郭知運復縱兵擊之。諸胡以為王晙所賣，復相率叛走。帝以王晙不能遂定群胡，黜為梓州刺史。一面命郭知運即以隴右之兵討之。知運大敗叛胡，奏聞朝廷。朝廷加知運左武衛大將軍，授一子官，賜金銀器百事、雜綵千段。

是時諸王皆停刺史，並還長安。宋王於勝業坊東南賜宅，申王、岐王於安興坊東南賜宅，薛王於勝業坊西北賜宅，邸第相望，環於興慶宮側。帝尊祖配天，於別殿安置太宗、高宗、睿宗聖容，每日侵晨，具服朝謁。又於興慶宮西南置樓，西面題曰：「花萼相輝之樓」，南面題曰「勤政務本之樓」。

宋王李憲，即李成器，因避昭成太后尊號改名，尤恭謹畏慎，未曾干議時政，亦不與外人交結，改封寧王，加兼太常卿，深見信重。帝嘗乘步輦登萬歲樓，五王相隨，從複道望見衛士食畢，將餅棄於水竇之中。帝大怒，命將衛士拿下，欲杖殺之，左右無敢言者。寧王從容進曰：「陛下從複道窺見衛士之小過而殺之，臣恐人人不能自安，又失大體。陛下志在勤儉愛物，惡棄食於地者，奈何性命至重，輕於殘飧者乎？」帝蹶然起曰：「大哥於我，可謂急難。」遂釋衛士。帝自解紅玉帶，並將一匹御馬賜寧王。

申王李捴，即李成義，性弘裕，善飲啖。初生之時，則天嘗以示聖僧萬回。萬回曰：「此兒是西域大樹之精，養之宜兄弟。」依舊為司徒。岐王李範好學工書，雅愛文章之士，無貴賤皆盡禮接待，遷太子太傅。薛王李業亦好學，與岐王皆有美名，號曰「岐、薛」，遷太子太保。薛王母王德妃早終，從母王賢妃親鞠養之。至是，薛王迎賢妃出就外宅，事之甚謹。惟司空、邠王李守禮才識猥下，多寵嬖，常帶數千貫錢債，或有諫之者曰：「王年漸高，家累甚眾，須有愛惜。」邠王曰：「豈有天子兄沒人葬？」諸王因內宴言之，以為歡笑。

帝與諸昆季友愛甚篤，每聽政之後，輒召諸王登花萼樓，帝擊羯鼓，寧王吹簫，薛王彈琵琶，皆至精紗，共為歡娛。或講經義，賦詩飲酒，歡笑戲謔，未嘗猜忌。或便幸其第，敘家人之禮，賜以金帛，厚其歡賞。諸王每日於側門朝見，歸宅之後，即奏樂縱飲，擊毬鬥雞，或近郊從禽，或別墅追賞，不絕於歲月矣。遊踐之所，中官相望，以為天子友悌，近古無比，故人無間然。

帝嘗幸寧王宅，與諸王喫飯。正喫間，寧王忽然鼻子發癢，「阿嚏」的一聲，打了個噴嚏，正噴在帝虬髭上。帝被寧王劈臉噴了一口飯，便問：「寧哥何故錯喉？」寧王驚慌不能回荅。伶官黃幡綽進曰：「此非錯喉。」帝曰：「不是錯喉，端的為何？」幡綽曰：「是噴帝。」帝滿心歡喜，諸王盡皆稱讚。諸王或有疾，帝輒輾轉終日，不能寢食，憂形於色。左右或開諭進膳，帝曰：「弟兄，吾之手足也。手足不理，吾身廢矣！何暇更思美食安寢耶？」薛王嘗疾，帝方臨朝，須臾之間，使者十返。既退朝，帝親為薛王煮藥，迴飆吹火，誤爇帝鬚，左右驚救之。帝曰：「但使王飲此藥而癒，鬚何足惜！」及瘳，帝親幸其第，置酒宴樂，更為初生之歡。帝賦詩云：「昔見漳濱臥，言將人事違。今逢誕慶日，猶謂學仙歸。常棣花重滿，鴒原鳥再飛。」賦罷，諸王和之，共皆歡笑。其恩意如此。

又嘗與諸王書曰：「昔魏文帝詩云：『西山一何高，高處殊無極。上有兩仙童，不飲亦不食。

賜我一丸藥，光耀有五色。服藥四五日，身輕生羽翼。』朕每思服藥而求羽翼，何如骨肉兄弟天生之羽翼乎！夫陳思王有超代之才，堪佐經綸之務，絕其朝謁，卒令憂死。魏祚未終，遭司馬宣王之奪，豈神丸之效也！虞舜至聖，捨象傲之愆以親九族，九族既睦，平章百姓，此為帝王之軌則，於今數千歲，天下歸善焉。朕未嘗不廢寢忘食欽歎也，頃因餘暇，紗選仙經，得此神方，古老云『服之必驗』。今分此藥，願與兄弟等同保長齡，永無限極。」時當秋九月，有鶺鴒千數，棲集於麟德殿之庭樹，旬日不止。帝與諸王相樂，縱目而觀良久，逼之不懼，翔集自若。帝乃作《鶺鴒頌》一篇，以美其事。

是時朝恩睦親，以寧府最長，實封五千五百戶；岐、薛愛弟著勳，實封各五千戶；申府外家微賤，實封四千戶；邠府因是外枝，實封一千八百戶。其餘皇妹金仙公主、玉真公主等，實封一千戶。帝禁約諸王，不令與外人交結。光祿少卿、駙馬都尉裴虛己嘗與岐王遊宴，又私挾讖緯之書，帝流裴虛己於新州，離其公主；萬年尉劉庭琦、太祝張諤，常與岐王酌酒賦詩，帝黜劉庭琦為雅州司戶參軍，張諤為齊州山茌縣丞。太樂丞王維，亦黜為濟州司倉參軍。

那王維，字摩詰，蒲州猗氏人也。祖王胄，協律郎；父王處廉，汾州司馬。維少喪父，事母崔氏以孝聞。家門雍睦，與弟王縉特相友愛。工詩，其源出於謝朓。善音律，兼能丹青、草隸。年十九，寓遊長安。岐王好文雅，招引才學之士王維、崔顥等以為賓客。王維將應制舉，有人告曰：「太平公主因竇懷貞之故，已令邑司，發牒文與雍州試官，暗定解頭。」王維知之，言於岐王。岐王曰：「貴主之強，不可力爭。吾為子設一計。子可取舊詩之清越者，抄錄十篇；琵琶新聲之怨切者，度為一曲。後五日，與我會此。」王維點頭。

至期，王維到岐王宅，與岐王相見。岐王謂王維曰：「子以文請謁貴主，何門可見哉？子能如吾所教乎？」王維點頭允諾。岐王喚左右捧出一件綵衣，與王維穿了。王維齎琵琶，與岐王同至公主宅中。岐王曰：「承貴主出內，故攜酒樂奉宴。」公主置酒張筵，諸伶皆依次序排列。王維面如傅粉，唇若塗朱，懷抱著琵琶，在前面立著。公主見王維身穿綵衣，纱年白皙，風姿都美，乃問岐王曰：「此何人也？」岐王曰：「知音者也。」即令王維奏樂。

王維彈著琵琶，唱了一曲，音調哀切，坐客聽之，莫不愴然動容。公主問王維曰：「此曲何名？」王維荅曰：「此曲名喚《鬱輪袍》。」公主誇獎不盡。岐王曰：「此子非止纱於音律，文翰亦無能出其右者。」公主甚奇之，遂問王維曰：「子有所為文乎？」岐王即喚王維獻上詩卷。王維於懷中取出詩卷獻上。公主讀畢，大驚曰：「此皆我平日所誦之詩，以為古人所作，實是子所為乎？」乃延之上座，以禮相待。王維欬唾成珠，滿座讚歎。

岐王乘此機會，謂眾人曰：「今歲若得此子為雍元，誠為國華也。」公主問曰：「何不令他應舉？」岐王曰：「他若不得首薦，不肯就試。然我聞貴主分付試官，已定下他人了。」公主笑曰：「何預兒事，我本是受人之託。」顧謂王維曰：「你若應舉，我當助你！」王維聞言，起身稱謝了。次日，公主使人召試官至，命宮婢傳話，教取王維為解頭。次年王維果魁甲登第，名動京師。諸王駙馬豪貴之家，莫不拂席而迎；寧王、薛王，以師友處之。岐王使王維舞《黃獅子》，王維因此遭貶。黃獅子者，非天子不舞也。

然帝未嘗疑岐王，待之如初，謂左右曰：「我兄弟友愛天至，必無異意，祇是趨競之輩，強相託附耳。我終不以纖芥之故，責及兄弟也。」

卻說姚崇在洛陽，時年已七十一歲，忽然染病，看看沉重，將田園分給諸子侄，令其各守其分，遺令薄葬，斂以時服。且囑曰：「佛者，以平等慈悲為本，而愚者抄經造像，冀以求福。昔姚興傾竭府庫，廣事莊嚴，而興命不得延，國亦隨滅。又周、齊分據天下，周則多除佛法而修繕兵威，齊則廣置僧徒而依憑佛力。一朝合戰，齊滅周興。梁武帝以萬乘為奴，胡太后以六宮入道，豈特身戮名辱，皆以亡國破家。近者諸武、諸韋、太平公主度人造寺，不可勝紀，咸不免受戮破家，為天下所笑。汝等勿效兒女子，終身不悟也。道士見僧獲利，效其所為，尤不可延之於家。當教子孫永依吾此法云！」

姚崇既亡，帝哀傷不已，敕贈揚州大都督，謚曰文貞。一面遣使齎詔徵張說為兵部尚書、同中書門下三品。

第十六回　集碩儒張說佐時　建都畿明皇紀功

卻說張說正在帳中設宴作賀，酒酣，忽使者至，開讀詔書，封張說為兵部尚書、同中書門下三品。張說謝恩畢，便上疏謙辭，自稱德薄，請讓宋璟、陸象先。帝弗許。張說祇得奉詔。自并州回京，路過洛陽，因聞姚崇病亡，徑往姚宅祭奠。親自把酒澆奠，張說放聲大哭。

正哭之間，祇見姚崇靈前珍翫甚多。祭畢，張說目不轉睛地看。原來姚崇臨終之時，料張說不日將復入相，必然害己，乃喚二子姚異、姚弈至榻前囑曰：「吾死之後，張說當來弔喪。汝可於吾靈前，陳設珍翫。說性奢豪，好服翫，若全然不顧，汝可速計後事，吾族無類矣；若頻以目視，吾無憂矣！汝即獻珍翫與彼，求其作神道碑文。預先準備碑石、工匠，既得說文，登時上呈，鐫碑刻石。說雖有智而遲，數日之後必生後悔。若假以改削為辭，欲索要碑文，汝可引使人看碑，說已將碑文奏御天子。吾計成矣！」

姚異、姚弈見張說注視靈前，目不轉睛；即將珍翫送與張說，求其作文。張說欣然應允。遂寫了碑文一道，甚是稱讚姚崇盛德。

姚異、姚弈大喜，遂依計而行。數日後，張說果然遣使至，問姚異、姚弈索取文本，祇說碑文未盡善也，須要推敲刪改。姚異、姚弈引使人觀碑，告以前事。使人回報，張說方知是計，跌足歎曰：「死姚崇能祘生張說，今日方知吾不如之遠甚！」

開元十年春二月，駕幸洛陽。自馬懷素、褚無量整比御書，聚學者韋述、李子釗、殷踐猷、趙玄默、余欽、侯行果、毋煚、王灣、陸去泰、徐楚璧等於秘書省中。及馬懷素、褚無量相繼而亡，元行沖總代其職。秘書省學士殷踐猷、韋述、毋煚、王灣、侯行果、趙玄默、李子釗、余欽，及朝邑丞朝隱、福昌令張悱等皆入麗正書院。由此秘書省罷撰集，學士皆在麗正殿矣。其時元行沖以衰老罷知麗正殿修書事，帝降詔，加張說都知麗正殿修書事，徐堅為副。

堅字元固，乃湖州長城人也。西臺舍人徐齊聃之子。自幼好學，博涉經史，沛王李賢聞其名，召見，授紙命賦，堅援筆而成，沛王深異之。舉進士，為汾州參軍，累授太子文學。王方慶為東都留守，引為判官，深賞其材，常稱曰：「掌綸誥之選也。」後與李嶠、張說等俱為珠英學士，遷司封員外郎。中宗時，為禮部侍郎。睿宗時，除右庶子，進爵東海公，累擢黃門侍郎。堅頻表固辭，乃除太子詹事。太平敗，堅坐與岑羲姻婭，黜為絳州刺史。歷永、蘄、棣、衢四州刺史，俱有能名。徵為秘書監，委以國史之任。堅性寬厚長者，每與張說相推重。堅父子俱以詞學著聞，說比之漢世班氏。

帝命張說、徐堅同引文儒之士，佐佑王化，就麗正書院中，同撰《六典》。那六典？一、理典；二、教典；三、禮典；四、政典；五、刑典；六、事典。張說以其事委徐堅，奏請二人皆入書院，與徐堅參撰《六典》：一人乃越州永興人，姓賀，名知章，字季真，現為秘書少監；一人乃定州鼓城人，姓趙，名夏曦，字仲愛，現為監察御史。補闕韋述，司農卿韋弘機之曾孫也。幼而敏慧，為兒童時，家有舊書二千餘卷，皆遍通涉。至十餘歲，為洛州刺史元行沖所賞。年二十餘，為櫟陽尉。於時秘書監馬懷素被詔編次圖書，乃奏請元行沖、齊澣、吳兢並述等二十六人共事。說亦深器述，目為良史之才。趙冬曦兄趙夏日、弟趙和璧、趙居貞、趙安貞、趙頤貞等六人，韋述弟韋迪、韋逌、韋迥、韋起、韋巡亦六人，並詞學登科，張說曰：「趙、韋昆季，今之杞梓也！」

又薦二人：一個是越州會稽人，姓康，名子元；一個是平陽人，姓敬，名會真。深明《周易》、《老》、《莊》，與侯行果、馮朝隱同入侍講。行果通儒碩學，說《易》甚精。帝嘗謂：「吾欲更求一明《易》而有名行，然無出於行果者。」

張說又奏置翰林院，詳延天下文學之士，及經術、合煉、僧道、卜祝、術數、書畫、琴棋之工者，號為「翰林待詔」。

時有韶州曲江人，姓張，名九齡，字子壽，索盧丞張宏愈之子也。其母夢見九隻朱頂白鶴，棲集於庭，故名曰九齡。幼而聰睿，七歲便能屬文。王方慶出牧廣州，九齡以書干之，年才十三。方慶以其少俊，深嗟賞之，曰：「此子必能致遠。」弱冠，應制舉，對策高第，時下第者多謗議，以為選士不公，朝廷命李嶠重試，再拔其萃，拜校書郎。登道侔伊呂科，拜左拾遺。張說昔在嶺南，與九齡有一面之交，九齡欽張說德範，以師事之。張說待九齡以族子，常謂人曰：「後來詞人稱首也。」歲中三遷為司勳員外郎，待詔翰林。

又有鄆州人呂向，字子回。少孤，為外祖母封氏所養。隱居陸渾山，採藥自業。每賣藥得錢，即買書於市，遂博覽書籍，多所通涉。兼善草隸，能一筆環寫百字，如縈髮之狀，號為「連錦書」。張說薦呂向與名士東方顥為翰林待詔，尋兼麗正殿校理。

又有并州晉陽人，姓王名翰，少豪蕩，有俊才。登進士第，以蒲酒為事。自恃其才，小覷天下之士。竊定海內文士百餘人，分作九等，自與張說、李邕並居第一，其餘皆被排斥。張嘉貞、張說相次鎮太原，皆厚禮之。登直言極諫科，拜魏州昌樂縣尉。又登超拔群類科，張說奏徵為秘書正字。尋擢為通事舍人，甚見知賞。又有河南鞏縣人，姓孫名逖，幼而好學，數歲能屬文。年十五時，往謁雍州長史崔日用。日用試之，令作《土火爐賦》。逖操筆立成，辭兼文質。日用大驚，遂結為忘年之交。年未弱冠，三擢甲科。授越州山陰縣尉，遷秘書正字。登文藻宏麗科，拜左拾遺。張說見其對策，大相稱賞，因使與張九齡、趙冬曦、許景先、韋述同遊門庭，命子張均、張垍申伯仲之禮。

國初有才子王勃，與楊炯、盧照鄰、駱賓王皆才學知名，海內稱為「王楊盧駱」，號為「四傑」。友人崔融嘗謂張說曰：「王勃文章宏逸，有絕塵之跡，固非常流所及，楊炯與盧照鄰可以企之，炯嘗謂人曰：『吾愧在盧前，恥居王後。』斯言信矣！」說曰：「楊炯之文，如懸河注水，酌之不竭，既優於盧，亦不減王。『恥居王後』，信然；『愧在盧前』，謙也。」

是時李嶠、薛稷等凋喪並盡，唯張說、徐堅二人在。張說手寫李嶠等名，與徐堅觀之，悲其零落。堅曰：「諸公筆術，皆擅一時，文詞之美，敢問孰優？」說曰：「李嶠、崔融、薛稷、宋之問之文，皆如良金美玉，無施不可。富嘉謨之文，如孤峰絕岸，壁立萬仞，濃雲郁興，震雷俱發，誠可畏也；若施於廊廟，則駭矣！閻朝隱之文，如麗服靚妝，衣之綺繡，燕歌趙舞，觀者忘疲，然類之風雅，則為罪矣。」堅又曰：「今之後進，文詞孰賢？」說曰：「韓休之文，如太羹旨酒，雖雅有典則，而薄於滋味；許景先之文，如豐肌膩理，雖穠華可愛，而乏於風骨；張九齡之文，如輕縑素練，雖濟時適用，而窘於邊幅；王翰之文，如瓊盃玉斝，雖炫然可珍，而多玷闕。若數子者，各能箴其所闕，濟其所長，亦一時之秀，可繼於前賢爾。」堅以為然。

有洛陽尉王鈞，當時酷吏也。見張嘉貞第宅卑陋，為嘉貞更修繕，起堂廡，求為監察御史。不想贓汙事發。帝聞之，勃然大怒，聚文武於朝堂，杖殺王鈞。帝謂嘉貞曰：「兩臺御史、河南尹作何政理？遣吏官侵漁，朕思復淳風，永懷壽域，輦轂之下，豈圖有此等官慢法，何謂有司，春秋責帥，即其義也！」嘉貞曰：「陛下深愛黎元，為之除害。韋湊等不明不肅，實負聖朝。臣望各貶其官，以勸長史。」帝遂下詔，黜河南尹韋湊為杭州刺史，御史大夫韋抗為安州都督。帝降詔曰：「自今以後，內外官有犯贓至解免以上，縱使逢恩獲免，並宜勿齒終身。所進擬御史，皆須歷職清白，不得虛相引進，僥倖祈榮。」

夏五月，洛陽大雨，伊、汝泛漲，漂沒河南府及汝、許、仙、陳、豫、唐、鄧等州百姓廬舍數千家，溺死者極多。中書舍人、兼知制誥許景先，言於源乾曜曰：「災眚所降，必資修德以禳之。《左傳》所載『降服出次』，即其事也。誠宜發德音，遣大臣存問，憂人罪己，以荅天譴。明公位存輔弼，當發明大體，以啟沃明主，不可緘默也。」乾曜然其言，遂入奏帝，帝即下詔遣戶部尚書陸象先往汝、許等州，存撫振給。

旬日內，契丹李鬱于、奚國李魯蘇入朝。帝封李鬱于為左金吾員外大將軍、松漠郡王，兼靜析軍經略大使，封堂姑餘姚縣主之女慕容氏為燕郡公主妻之；李魯蘇為右金吾員外大將軍、饒樂郡王，兼保塞軍經略大使，復以固安公主妻之。

卻說張說與張嘉貞、源乾曜同知政事。中宗朝，張嘉貞為兵部員外郎，張說為侍郎，位在嘉貞上。睿宗時，張嘉貞為中書舍人。時崔湜為中書令，甚重嘉貞，嘗謂同列曰：「知否，嘉貞乃我輩一般人，此終是其坐處。」張說既與崔湜有隙，又因張嘉貞位在己上，無所推讓，心甚不平。由此，二張不睦。正值蘭池州諸胡復相嘯聚，有慶州胡康願子，自稱可汗，舉兵造反。欲西寇原州，掠監牧馬，渡河出塞，投突厥而去。張嘉貞奏帝，加張說朔方軍節度大使，往巡五城，處置兵馬。帝準奏，降下聖旨，就委張說選將調兵，前去剿捕。

有武強令裴景仙，乃司空裴寂之後。乞取贓積絹五千匹，事發而逃。冀州刺史裴子餘差人捕得，奏聞朝廷。張嘉貞奏帝，請誅之，源乾曜唯諾而已。大理卿李朝隱上疏曰：「生殺之柄，人主合專；輕重有條，臣下當守。今景仙乞取得罪，止當流坐。若便處斬刑，後有枉法當科，欲加何辟？所以為國惜法，期守律文，非敢以法隨人，曲矜仙命。又其曾祖寂，往屬締構，首預元勳。載初年中，家陷非罪，凡有兄弟，皆被誅夷，唯景仙子然獨存，今見承嫡。據贓未當死坐，準犯猶入請條。若寂勳都棄，仙罪特加，則叔向之賢，何足稱者？若敖之鬼，不其餒而！願寬暴市之刑，俾就投荒之役，則舊勳不棄，平典斯允。」帝即下詔，杖景仙一百，流於嶺南。

再說秘書監姜皎，以倜儻見狎，出入宮掖，與帝親昵亡間。姜皎妻元氏生一子，帝許尚公主。而王皇后久無所出，恩寵日衰。帝以武惠妃之愛，常欲擯斥椒宮。然王皇后撫下有恩，幸免讒語共危之禍。忽一日，姜皎入內，帝摒退左右，密謂皎曰：「皇后無嗣，惠妃有子。吾欲廢皇后立惠妃，何如？」皎曰：「皇后是陛下在籓府時。先帝所娶，今無過失，恐不可廢？三郎待皇后有您，廢之未遲！」帝曰：「卿且勿洩漏。」

姜皎出內回家，元氏見皎神情恍惚，心中疑惑，便問有何事。皎初時隱諱；後被元氏盤問不過，將帝欲廢后，陰求皇后之過，一五一十，都對元氏說了。元氏大驚。次日，元氏入宮見后，細言帝欲廢后之事；又將姜皎所言說了。后聞知大驚，即令人請王守一入內，告說其事。守一聽說，與后同來見帝。后泣訴曰：「三郎獨不記阿忠脫新紫半臂，為三郎生日湯餅耶？何忍不追念於前時！」阿忠，王皇后呼開府王仁皎名也。帝聞言，蹴然改容，曰：「阿瞞並無此心。皇后休聽人言。」

於是王守一使妹婿嗣濮王李嶠上疏，劾皎假說休咎、妄談宮掖之罪。時張說巡按諸軍未回。帝召張嘉貞、源乾曜，令鞫姜皎之狀。嘉貞請決杖六十，流於嶺外。帝不忍，目視乾曜。乾曜低頭不語。帝乃令杖姜皎六十，配流欽州；黜姜晦為春州司馬。其餘貶死者數人。帝降詔曰：「諸王公主駙馬外戚家除非至親以外，不得出入門庭，妄說言語。百官亦不可與卜祝占候之人交遊來往。」皎既決杖，憂恚成疾，行未至汝州，嘔血數升而亡。

且說姜皎既死，朝野頗以為冤，而咎張嘉貞。源乾曜不能有所持正，論者亦深譏之。帝思姜皎舊勳，令遞其柩還，以禮葬之，遣中官存問其家。始悔不用宋璟之諫。時狂豎權梁山構逆長安，詐稱襄王李重茂之男，自號光帝。西京留守、兼刑部尚書王志愔斬之，傳首洛陽。帝令河南尹王怡馳傳往長安，深探其獄。王怡禁繫極眾，久之未能決斷。乃詔宋璟兼西京留守，並按覆其獄。宋璟至，惟罪元謀數人，其餘枉被脅從者，盡奏原之，天下欣服。

卻說張說勒兵，與賊大戰於木盤山，生擒康願子，其黨悉平。張說將康願子解赴洛陽獻功。帝大喜，詔斬康願子於市曹。徙河曲六州殘胡五萬餘口於許、汝、唐、鄧、仙、豫等州，空河南、朔方千里之地。帝追思王晙之言，乃除晙太子詹事，進爵中山公。

卻說安西副大都護張孝嵩平渴盤陁國，開蔥嶺之路。時吐蕃大相論綺立心兒藏熱提兵圍小勃律，勃律國王蘇沒謹忙遣使求救於張孝嵩。孝嵩撥四千馬步軍，命疏勒副使張思禮星夜往救，大破蕃軍，斬首數萬級。綺立心兒藏熱引兵鼠竄而還，自此不敢西向犯邊。

張說以時無強寇，奏罷邊兵二十餘萬，勒還營農。帝頗以為疑，說奏曰：「臣久在疆場，具悉邊事，軍將但欲自衛及雜使營私。若禦敵制勝，不在多擁閒冗，以妨農務。陛下若以為疑，臣請以闔門百口為保。以陛下之明，四夷畏伏，必不慮減兵而招寇也。」帝乃從之。由此，邊兵十去其三。

帝欲耀兵北邊，乃選良牧秦州都督張守潔、梁州都督裴觀、宣州刺史霍廷玉、定州刺史高豫、坊州刺史韋琳等為諸衛將軍，分掌戎事。契丹王李鬱于遣使可突于入朝，張說以禮待之，奏授左羽林員外將軍、靜析軍經略副大使，就命可突于從幸并州。

再說宇文融推勾田戶，括得偽濫、免役極多，帝擢融為殿中侍御史，加朝散大夫。時議者以為國之執政，同其休慼，若不崇寵，無以責功。帝然之，令張嘉貞、源乾曜、張說共食實封三百戶。

不想幽州都督裴伷先以飛語受謗下獄，帝召宰臣問當何罪，張嘉貞又欲杖之。張說獨爭之，諫曰：「臣聞刑不上大夫，以其近於君也。故曰：『士可殺，不可辱。』臣今秋受詔巡邊，中途聞姜皎以罪於朝堂決杖，配流而死。皎官登三品，亦有微功。若有有罪，應死即殺，應流即流，不可決杖廷辱，以卒伍待之！皎事已往，不可追悔。伷先祇宜據狀流貶，豈可輕又決罰！」帝依言。嘉貞心中不悅，退謂說曰：「何言事之深也？」說曰：「宰相者，時來即為，豈能長據？若貴臣盡當可杖，但恐吾輩行當及之。此言非為伷先，乃為天下士君子也。」

開元十一年春正月，帝以工部尚書盧從願為東都留守，自統甲兵三十萬，離了洛陽，望并州進發。但見結駟千乘，百官扈從，旌旗蔽天，劍戟如林。北登太行，路經潞州，大享先塋。鄉中父老，揚塵遮道，奉觴進酒，效漢高祖還沛之事。詔改其舊宅為飛龍宮。

鑾駕至并州，張說奏曰：「太原是國家大業所起，陛下宜因行幸，振威耀武，並建碑紀德，以申永思之意。若便入京，路由河東，有漢武脽上后土之祀，此禮久闕，歷代莫能行之。願陛下紹斯墜典，以為三農祈穀。此誠萬姓之福也。」帝從其言，詔置北都。升并州為太原府，以王晙為吏部尚書，兼太原尹、北都留守，領河東節度使。大赦境內。百姓給復一年。父老年八十以上，賜物五段，版授上縣令，賜緋，婦人上縣君；九十以上，賜物七段，版授上州長吏，賜緋，婦人郡君；百歲以上，賜物十段，版授上州刺史，賜紫，婦人郡夫人。

第十七回　汙青史宰輔遭貶　通左道椒宮被廢

卻說帝製《起義堂頌》一篇，大頌功業。御書刻石，紀功於太原府之南街。命張嘉貞為壇場使，張說為禮儀使，安排祀脽上之禮。

適金吾將軍張嘉祐贓汙事發，張說勸張嘉貞素服待罪於外。張嘉貞尚不知墮他計中，遂不入謁。帝即下詔，罷張嘉貞知政事，黜為豳州刺史。

數日後，駕至蒲州。汾州平遙縣令王同慶廣為徵斂，勞擾百姓，帝大怒，黜為虔州贛縣尉。

帝祀后土於汾陰之脽上，為農祈穀，以邠王為亞獻，寧王為終獻。是日榮光出河，休氣四塞，祥風繞壇，日揚其光。禮畢，有司奏修壇掘地，獲古銅鼎二以進，其大者容四升，小者容一升，色皆青。又獲古瓦，長九寸，上有篆書『千秋萬歲』及『長樂未央』字。又有赤兔見於壇側。於是百僚皆呼「萬歲」。帝大悅，詔改汾陰縣為寶鼎縣，大赦天下。擢張說兼中書令，將文武官僚，盡皆昇賞，遂整兵而還。

卻說帝既以張說代張嘉貞，又拜王晙為兵部尚書、同中書門下三品。追錄破蘭池叛胡之功，加金紫光祿大夫。擢汾州刺史韋湊為太原尹、兼北都留守，充太原以北諸軍節度使，並檢校北都軍器監。契丹王李鬱于病亡，朝廷命其弟李吐于襲其官爵。

御史大夫裴漼與張說相善，張說每稱美之，帝擢為吏部尚書，以黃門侍郎韓思復為御史大夫。張說又表薦前左庶子崔沔為中書侍郎。沔字若沖，乃京兆長安人，汝州長史崔暟之子也。性淳謹，博學，美文辭。父早喪。母王氏有目疾，沔不脫冠帶而奉者三十年。每至良辰美景，必扶侍出遊，笑言陳說，令母忘其所苦。母亡，沔柴毀嘔血，茹素終身。愛兄姊幾於母，慈甥侄甚於子。說素知沔才，故擢用之。

帝又遣使齎詔，召回張嘉貞，復授戶部尚書，兼益州長史、判都督事。就省中排了筵席，命張說與源乾曜、王晙與張嘉貞餞行。先是，張說代張嘉貞為中書令。張嘉貞悔恨無及，乃謂人曰：「中書令幸有二員，何相迫之甚也！」因此深恨張說詭詐，遂攘袂勃罵，源乾曜、王晙皆苦勸，張嘉貞方息怒。帝知之，急令嘉貞赴鎮。

封王晙為朔方節度使，兼幽州、太原、河西、隴右四道兵馬使，總督軍馬，安鎮諸邊。又命殿中侍御史、勾當租庸地稅覆囚等使宇文融，為括天下田戶使，巡按州縣，檢括田戶。

融乃奏大理評事班景倩、宋詢、右拾遺徐楚璧、長安尉裴寬、萬年尉崔希逸、三原主簿喬夢松、洛陽尉劉日正等十數人，皆攝監察御史，分行天下不題。

卻說蘇頲回京，帝問蜀士於頲，頲薦二人，一人乃梓州人，漢儒趙賓之後，隱居青城山，姓趙，名蕤，字雲卿。好老易，精劍術，善星緯，兼習兵略。一人乃綿州人，涼武昭王李暠九世孫。隱居峨眉山，姓李，名白，字太白。嗜美酒，愛奇書，喜劍術，好遊神仙。帝曰：「二人之才，比卿如何？」頲對曰：「趙蕤術數，李白文章。人號『蜀中雙璧』。以臣比之，譬猶駑馬並麒麟、寒鴉配鸞鳳耳。」帝大驚，蘇頲遂將趙蕤經書、李白文章獻上。帝覽蕤《長短經》，果然辨析精奧，窮極窈眇。帝問：「趙蕤現在何處？」頲曰：「趙蕤夫婦俱有隱操，不應辟召。在青城山巢居數年，不跡城市，養奇禽千計，呼皆就掌取食，了無驚猜。臣詣廬親覿，與蕤談今論古。蕤應對如流，臣歎為天人。因欲舉薦，蕤終不肯出山。每日撫琴弄鶴，漱石枕流，優遊卒歲而已！」帝曰：「李白有何佳制？」頲曰：「臣初入蜀之時，行經劍閣，李白於路中投刺，臣待以布衣之禮。此子天才英麗，下筆不休，雖風力未成，且見專車之骨。若廣之以學，可以相如比肩也！」帝歎曰：「蜀中固多奇士！」

卻說蘇頲以張說父之摯友，事之甚謹；而張說重蘇頲才器，深加敬慕。帝漸好經術，群臣稍厭彫琢，而崇文雅。帝嘗謂侍臣曰：「張說文章，自有唐名公皆弗如也。朕終身師之，不得其一二。此人真文場之雄帥也。」時人以張說、蘇頲齊名，號曰「燕許」。

張說委徐堅以《六典》之任，竟無所成。又薦麗正殿學士毋煚、余欽、咸廙業、孫翌、韋述，與徐堅等參撰《六典》，檢前史職官，以令式分入六司，其沿革並入注中，以象《周官》之制。

一日，張說在史館見《則天實錄》。打開看時，寫道：「長安三年，張易之、昌宗欲作亂，將圖皇太子，乃奏御史大夫、知政事魏元忠與司禮丞高戩交通密謀，構造飛語曰：『主上老矣，吾屬當挾皇太子而令天下，可謂耐久。』時則天春秋高，惡聞其語。昌宗奏言：『可引鳳閣舍人張說為證。』說初不許，遂賂以高官。說被逼迫，乃偽許之。鳳閣侍郎宋璟恐張說阿意，乃謂曰：『大丈夫當守死善道。』殿中侍御史張廷珪又謂曰：『朝聞道，夕死可矣。』起居郎劉知幾又謂曰：『無汙青史，為子孫累。』明日，上引皇太子、相王及宰相等於殿庭。遣昌宗與元忠、高戩對於上前。

上謂曰：『具述其事。』說對曰：『臣今日對百寮，請以實錄。』因厲聲言：『魏元忠實不反，總是昌宗令臣誣枉耳。』是日，百僚震懼。上聞說此對，謂宰相曰：『張說傾巧，翻覆小人，且總收禁，待更勘問。』翌日，又召，依前對問，昌宗乃屢誘掖逼促之。說目視昌宗曰：『乞陛下看取，天子前尚逼臣如此，況元忠實無反語，奈何欲令臣空虛加誣其罪。今大事去矣，伏願記之，易之、昌宗，必亂社稷。』天后默然，令所司且收禁。正諫大夫、知政事朱敬則密表奏曰：『魏元忠素稱忠正，張說又所坐無名，若令得罪，恐失天下之望。』乃貶元忠為高要尉，流說於欽州。」

張說看畢，心中不樂，乃謂史官吳兢曰：「劉五修實錄，論魏齊公事，殊不相饒假，與說毒手！」劉五即劉知幾，此時已亡，說已知是吳兢所為，故假託知幾。兢從容進曰：「是兢書之，非劉公修述，草本猶在。其人已亡，不可誣枉於幽魂，令相公有怪耳！」同修史官宋璟、蘇頲聽了，讚歎不已道：「昔董狐，古之良史，即今是焉！」自此之後，張說屢次求吳兢刪削數字，吳兢竟不許，曰：「若取人情，何名為直筆！」

及將祀南郊，置禮儀使，以張說為之，衛尉少卿韋縚為副。帝又依張說建議，追尊宣皇帝為獻祖，光皇帝為懿祖，立九廟以申孝敬。那九廟？獻祖宣皇帝李熙，熙生懿祖光皇帝李天賜，天賜生太祖景皇帝李虎，虎生代祖元皇帝李昺，昺生高祖神堯皇帝李淵，淵生太宗文武聖皇帝李世民，世民生高宗天皇大帝李治，治生中宗孝和皇帝李顯、睿宗玄真皇帝李旦：是為九廟。九月，吐蕃吐谷渾部率眾詣沙州降，河西節度使張敬忠迎納之。

武德初，定令：圜丘之祀以景帝配，明堂之祀以元帝配。貞觀初，奉高祖配圜丘；永徽時，又奉太宗配明堂；垂拱初，又奉高宗配圜丘。自是郊丘諸祠之禮，三祖同配。張說請以高祖配，遂罷三祖同配之禮。諸衛府兵，自成丁從軍，六十而免，其家又不免雜傜，浸以貧弱，逃亡略盡。張說又建策，請一切罷之，別召募強壯，令其宿衛，不簡色役，優為條例，逋逃者必爭來應募。帝從其計。於是始用募兵之制。詔尚書左丞蕭嵩，與京兆尹孟溫禮，同、華、岐、蒲四輔州刺史選府兵及白丁，益以潞州長從兵。旬日，得精兵一十三萬人，分繫諸衛，更番上下，以實京師。

卻說帝遣使齎詔，召回王晙。時值黃河冰壯，王晙以守職在藩，恐胡騎入寇，表辭不赴。帝許之，下詔慰勉之。

冬十一月，帝祀南郊，禮畢，大赦天下。賜天下酺三日，京城五日。擢宇文融為侍御史。是月，自京師至於山東、淮南，天降大雪，平地雪深三尺餘。不想許州刺史王喬家奴，誣告家主交通王晙，共謀造反。詔張說、源乾曜鞫王晙狀。王晙實無反情，張說奏曰：「王晙權重，援引疏族，可削其兵權，免生叛逆。」帝遂下詔，以王晙違詔不赴京師，黜為蘄州刺史。

卻說張說經理代務，雜以軍國，決事如流，應物如響，紛綸輻輳，其猶指掌。源乾曜自知才不及張說，每事皆推讓之。張說奏改政事堂為中書門下，參議政事。列五房於其後，分掌庶務。那五房？一、吏房；二、樞機房；三、兵房；四、戶房；五、刑禮房。帝賜源乾曜、張說中上攷，詔曰：「源乾曜謇謇匪躬，謙謙自牧，正身率下，直道事人。無聞伐己之功，每立致君之節。顧問則出納斯允，左右則啟沃居多。德行可稱，自宜昇擢。張說以道佐時，以忠處事，顏雖不犯，嘗聞獻替之誠；言則不諛，自得謀猷之體。政令必俟其增損，圖書又藉其刊削。才望兼著，理合褒昇，並攷中上。」

張說獨秉文武大政，或謂中書侍郎崔沔曰：「今之中書，皆是宰相承宣制命。侍郎雖是副貳，但署位而已，甚無事也。」沔曰：「不然。設官分職，上下相維，各申所見，方為濟理。豈可俯默媮安，而為懷祿士也！」張說聞之，頗不悅。每有制敕及曹事，獨崔沔與張說多所異同。

時值夏五月，山東旱儉。朝廷命兵部員外郎兼侍御史宇文融為勸農使，安輯戶口。宇文融又奏前大理評事咸廙業、長安尉李慥、王燾、奉天尉何千里、富平尉盧怡、河南尉于孺卿、伊闕尉梁勳等十餘人為勸農判官，皆攝御史，分往諸道，巡按州縣。事無大小，先牒上勸農使，後申中書，省司亦待宇文融指揮，而後決斷。

張說奏請，精擇朝臣為刺史以撫貧民。帝從之。遂出崔沔為魏州刺史，黃門侍郎王丘為懷州刺史，兵部侍郎王易從為揚州長史，禮部侍郎韓休為虢州刺史，大理少卿張景昇為滑州刺史，京兆少尹王昱為常州刺史。帝謂張說、源乾曜曰：「朕欲玅擇牧宰，以崇風化，亦欲重其資望，以勵衣冠。自今以後，三省侍郎有闕，先求曾任刺史者。郎官闕，先求曾任縣令者。」

帝以河東、河北州郡旱儉，遣中書舍人寇泚宣慰河東，給事中李昇期宣慰河北，振給貧乏。

卻說太子少保、駙馬都尉王守一自害姜皎之後，以后無子，又人老珠黃，懼有廢立。恰好妖僧明悟來見守一，自稱善禱祝星辰，凡求子嗣者，必能應之。守一乃使明悟夤夜設壇，為后祭南北斗，取霹靂木，剖之為二，寫上天地字及帝名諱，合之。然後捏訣念咒，口中念念有詞。祝曰：「佩此有子，當與則天皇后為比。」守一大喜，厚賞明悟。

次日，王守一入宮見后，將霹靂木與后佩之。左右密報於帝。帝親究其事，后不能自明。帝大怒，與張說、源乾曜謀議。張說以為：「皇后失序，惑於巫祝，不可敬承宗廟，母儀天下。宜依漢家故事，廢為庶人，處之離宮，以全貴終之恩。」

於是帝下詔，責王皇后熒惑失道，廢為庶人，遷於別院安置。黜王守一為澤州別駕，濮王為邵州別駕。守一行至藍田驛，賜死，籍沒其家。戶部尚書兼益州長史、判都督事張嘉貞坐與王守一相善，黜為台州刺史。

適突厥苾伽可汗遣哥解頡利發為使，齎禮物來朝求親。帝設宴相待，以突厥來使既輕，禮亦未足，遂不許婚，重賞哥解，打發回國。

卻說崔沔等初至州，皆無可稱，唯王丘為政清嚴，吏人畏而愛之。丘字仲山，乃相州安陽人，駙馬王同皎從兄左庶子王同晊之子也。年十一，應童子舉擢第。弱冠應制舉，授奉禮郎。善屬文，甚為左庶子王方慶所賞。方慶乃與御史大夫魏元忠共稱薦之，自偃師主簿遷監察御史。及帝即位，累遷考功員外郎。其時選士頗濫，一歲至數百人。丘知貢舉，一切核其實材，一歲選士，僅有百人。議者以為自則天以來凡數十年，無如丘者。三遷紫微舍人，文翰典麗；復轉吏部侍郎，典選平允。後拜尚書右丞，擢為黃門侍郎，除懷州刺史，以善政稱。

其時新附客戶，蠲免六年賦調，每丁量稅一千五百錢。宇文融所到之處，招集百姓宣詔：百姓老幼欣躍，多有流淚稱父母者。

第十八回　幸西嶽明皇製碑　封東岱張說上表

是時使者競為刻急，州縣承風勞擾，百姓苦之。河南府陽翟縣尉皇甫憬上疏，其略曰：「臣聞太上務德，以靜為本；其次務化，以安為上。但責其疆界，嚴之堤防，山水之餘，即為見地。何必聚人阡陌，親遣檢量，故奪農時，遂令受弊。又應出使之輩，未識大體所由，殊不知陛下愛人至深，務以勾剝為計。州縣懼罪，據牒即徵。逃亡之家，鄰保代出；鄰保不濟，又使更輸。急之則都不謀生，緩之則憲法交及。臣恐逃逸從此更甚。至於澂流在源，止沸由火，不可不慎。今之具僚，向逾萬數，蠶食府庫，侵害黎人。戶口逃亡，莫不由此。縱使伊、皋申術，管、晏陳謀，豈息茲弊？若以此給，將何以堪！雖東海、南山，盡為粟帛，亦恐不足，豈括田稅客，能周給也！」

帝覽表，乃聚文武於尚書省商議。公卿以下，畏宇文融恩勢，不敢立異。獨戶部侍郎楊瑒與融盡理爭之，以為：「括客免稅，不利居人；徵籍外田稅，使百姓困弊，所得不補所失。」帝方以宇文融為能，源乾曜亦贊成其事。帝遂下詔，黜皇甫憬為衢州盈川縣尉。於是州縣希融旨意，務於獲多，皆虛張其數，亦有以實戶為客戶者。

比及歲終，括得戶八十餘萬，田亦稱是。得錢數百萬貫，悉進入宮。帝大喜，擢宇文融為御史中丞，加諸色安輯戶口使，又兼廉察使。

人報王庶人自遷別院之後，心中憂悶，寢食不安，今已病故。三宮六院，諸嬪群妃，皆想王皇后之德，誰不傷心落淚。帝頗愧悔。詔以一品之禮，葬於無相寺。

卻說虢州刺史韓休上表，說虢州於二京並為近州，西幸東巡，常稅廄芻，百姓久勞轉輸，乞均配餘州。休字良士，乃京兆長安人，洛州司士韓大智之子也。年十二，能屬文。弱冠，以應制舉，授虞鄉尉。秩滿，除桃林丞。又舉賢良方正，擢左補闕。累遷禮部侍郎、兼知制誥，出牧虢州。張說曰：「若獨免虢州，即當移向他州，牧守欲為私惠，國體固不可依。」帝依允，遂不可其奏。韓休欲再執奏，僚吏曰：「公若更奏，必忤執政之意。」休曰：「為刺史不能救百姓之弊，何以為政！必以忤上得罪，所甘心也。」乃抗表極言其事。詔可其奏。

時王毛仲貴寵日隆，兩妻皆封國夫人；每入內朝謁，二夫人同承賜賚。諸子孩穉即授五品，與太子諸王同遊。文武百官附之者甚眾，唯宋璟孤介，未嘗造請。毛仲以女嫁羽林大將軍葛福順之子，帝問毛仲何所須。毛仲頓首謝曰：「臣萬事已備，但未得客。」帝曰：「張說、源乾曜輩，豈不可呼耶？」對曰：「此則得之。」帝曰：「知汝所不能致者一人耳，必宋璟也。」對曰：「誠如聖旨。」帝笑曰：「朕明日為汝召客。」毛仲拜謝歸家，水陸畢陳，於前廳正中設座，錦繡鋪地，內外各設幃幔。

次日，帝謂張說、源乾曜曰：「朕奴毛仲有婚事，卿等宜與諸達官悉詣其第。」當日王毛仲府中準備筵宴，水陸俱備。既而晌午，賓客如雲。張說、源乾曜等未敢舉箸，以待宋璟。久之，宋璟來到。王毛仲素畏宋璟，欲悅其意，虛位揖之。宋璟執酒，西向拜謝，飲不盡卮，遽稱腹痛而去。

是歲冬十一月，駕幸洛陽。鑾駕將發，帝謂西京留守宋璟曰：「卿國之元老，為朕股肱耳目。今將巡洛邑，為別歷時，所有嘉謨嘉猷，宜相告也。」宋璟極陳得失，無有所隱。帝感悅，手詔報曰：「所進之言，書之座右，出入觀省，以誡終身。」遣使齎綵絹二百匹，賜與宋璟。

帝同張說、源乾曜一行人馬，離了西京，迤邐望東都進發，路經華州華陰縣。正行之間，遙見一神人，形容甚異，俯立迎於道左。帝顧左右，問是誰人。左右皆云未見。帝遂召諸巫嫗，問曰：「汝等見神仙否？」惟有老巫嫗阿馬婆荅曰：「三郎，是金天王，見在路左，朱髮紫衣，迎候陛下。」帝顧左右而笑，令阿馬婆打發華嶽神先回。便起駕前行，望華山進發。徑到山腳下，望見雲臺觀中方之上，巍然有一座高山，形如半甕之狀。帝見那山如此高迴，問華州刺史徐知仁曰：「此何山也？」荅曰：「此乃『甕肚峰』也！」帝大喜，命於峰腹大鑿「開元」二字，填以白石，使行者於百里之外，皆能望見。左補闕呂向力諫方止。

來到華嶽廟前，帝下馬，同張說、源乾曜等一班文武，進入廟來。帝望見廟東南角大柏樹下，華嶽神戎裝披掛，拜伏於地。帝喚阿馬婆問之，阿馬婆對曰：「在廟東南角大柏樹下，戎服櫜鞬，俯伏於地。」帝聞說，愈十分加敬，令阿馬婆再三殷勤致意。隨引張說、源乾曜等一班文武官僚，到了寶殿上，焚香禮畢，帝作一篇《西嶽碑》，御筆親書，命徐知仁與再從兄信安郡王李禕勒石於華嶽祠南之通衢，以呂向為鐫勒使。其碑有五十餘尺高，一丈餘闊，四五尺厚，製作壯麗，鐫琢精巧，天下之碑，無能出其右者。

駕至洛陽，東都留守盧從願、河南尹李尚隱接著。是年冬月，詔盧從願充校京官攷使。宇文融有括獲田戶之功，寵遇日甚。本司校攷為上下，從願抑而不許。融以為恨，密奏從願廣佔良田百餘頃。帝知之，由此薄盧從願。旬日後，雞林州都督、新羅王金興光遣使獻二女及方物，二女皆興光之姑妹。帝以二女遠離家鄉，特加殊寵，乃加邑號，俱放還國。帝賜金興光璽書曰：「卿所進女，皆卿之姑妹，容儀淑麗，德行柔婉，自非盡節向風，何能割恩忍愛。然以辭違本俗，離別所親，念彼遠貢之勞，矜其懷戀之思。雖阻來意，並不忍留。今各加邑號，賜之衣服，以達朝恩，宜知朕意。」

那時天下百姓，欣樂太平，夜不閉戶，路不拾遺。又值五穀連年豐稔，老幼鼓腹謳歌。奇瑞疊應，重譯麇至。洛陽斗米十三錢，青、齊間斗米才五錢。於是張說與尚書裴漼商議：種種瑞徵，乃天下大治之兆，可安排封禪之禮，以告太平。遂同尚書蘇頲、常侍徐堅、御史大夫程行諶、秘書監崔滌、太僕卿王毛仲等一班文武官僚，四十餘人，直入內殿，來奏帝，請封禪於泰嶽。源乾曜本不欲封禪，而張說深贊成其事，乾曜無奈，祇得曲從。

是時鴻生碩儒上表奏請封禪者，前后數百。張說、源乾曜等又稱述功德，連日固請，以為聖德巍巍、合當告成。帝猶謙沖弗許，再三推辭。張說、源乾曜引文武眾官皆入內殿，拜伏於地。張說奏曰：「聖人者，與天地合德。陛下功格上天，澤流厚載，三五之盛，莫能比崇。登封告成，理葉幽贊。故符瑞畢臻，天意也；書軌大同，人事也；菽粟屢登，和平也；刑罰不用，至理也。今陛下稽天意以固辭，違人事以久讓，是和平而不崇昭報，至理而闕薦祖宗。億兆之情，猶知不可，況上帝臨照，神宗顧諟，其可止乎？願陛下納王公卿士列嶽縉紳之眾望，回命有司，速定大典。」帝不得已，祇得令中書舍人張九齡草允行封禪之詔。詔曰：

「自古受命而王者，曷嘗不封泰山，禪梁父，荅厚德，告成功。三代之前，罔不由此。越自魏、晉，以迄周、隋，帝典闕而大道隱，王綱弛而舊章闕，千載寂寥，封崇莫嗣。物極而復，天祚我唐，武、文二后，應圖受籙。洎於高宗，重光累盛，承至理，登介丘，懷百神，震六合，紹殷、周之統，接虞、夏之風。中宗弘懿鑠之休，睿宗沐粹精之道，巍巍蕩蕩，無得而稱者也。

朕昔戡多難，稟略先朝，虔奉慈旨，嗣膺丕業。是用創九廟以申孝敬，禮二郊以展嚴禋，寶菽粟於水火，捐珠玉於山谷。兢兢業業，非敢追美前王；日慎一日，實以奉遵遺訓。至於巡狩大典，封禪鴻名，顧惟寡薄，未遑時邁，十四載於茲矣。今百穀有年，五材無眚，刑罰不用，禮義興行，和氣氤氳，淳風澹泊。蠻夷戎狄，殊方異類，重譯而至者，日月於闕廷；奇獸神禽，甘露嘉醴，窮祥極瑞，朝夕於林御。王公卿士，罄乃誠於中；鴻生碩儒，獻其書於外。莫不以神祇合契，億兆同心。斯皆烈祖聖孝，垂裕餘慶。故朕賴宗廟之介福，敢以眇身，顓其克讓。是以敬奉群議，弘此大猷，以光我高祖之丕圖，以紹我太宗之鴻烈。永言陟配，追感載深。可以開元十三年十一月十日，式遵故實，有事泰山。所司與公卿諸儒詳擇典禮，預為備具，勿廣勞人，務存節約，以稱朕意。」

至次年正月內，朝廷遣御史中丞蔣欽緒、右庶子高仲舒等分往諸道，疏決囚徒，宣慰百姓。帝謂張說、源乾曜曰：「刺史之任，必在得人，卿即於諸司中，選有稱望長官奏來，朕自選擇。」

乃出吏部侍郎許景先為虢州刺史，大理卿源光裕為鄭州刺史，尚書左丞楊承令為汾州刺史，兵部侍郎寇泚為宋州刺史，禮部侍郎鄭溫琦為邠州刺史，衛尉少卿李昇期為邢州刺史，太僕少卿鄭放為定州刺史，大理少卿袁仁敬為杭州刺史，鴻臚少卿崔志廉為襄州刺史，國子司業蔣挺為湖州刺史，左威衛將軍裴觀為滄州刺史，左司御率府副率崔誠為遂州刺史。

帝引張說、源乾曜等文武百僚，於天津橋安排筵席餞行。帝乃作詩一首，賜與諸州刺史：「眷言思共理，鑒夢想維良。猗歟此推擇，聲績著周行。賢能既俟進，黎獻實佇康。視人當如子，愛人亦如傷。講學試誦論，阡陌勸耕桑。虛譽不可飾，清知不可忘。求名跡易見，安貞德自彰。訟獄必以情，教民貴有常。恤惸且存老，撫弱復綏強。勉哉各祗命，知予眷萬方。」景先等謝恩畢，各賜絹三千匹而遣之。

再說帝以戶部度支失所之故，黜戶部侍郎楊瑒為華州刺史，白知慎為晉州刺史，令張說、源乾曜精擇堪為戶部者。乾曜舉一人，乃京兆萬年人，姓李，名元紘，字大綱。殿中監、同平章事李道廣之子。性謹厚，初為雍州司戶，太平公主與僧寺爭碾磑，元紘斷還僧寺。時竇懷貞為雍州長史，促令元紘改斷。元紘大署判後曰：「南山或可改移，此判終無搖動。」懷貞竟不能奪。轉好畤令，遷潤州司馬，發離百里，士民號泣遮路，烏鵲之類，飛擁行車。累遷萬年縣令，為政清淨，不嚴而肅。帝聞其能，擢為京兆少尹，奏請疏決三輔諸渠。諸王公權要之家，多緣渠立磑，以害水田，元紘令吏人一切毀之，百姓大獲其利。歷位工、兵、吏三部侍郎。在職清白，甚有美譽。

帝欲授以戶部尚書，張說以其資淺，未宜超授。帝從之，乃加李元紘中大夫，拜為戶部侍郎。元紘條奏人間利害，及時政得失，帝大悅，賜衣一襲、絹二百匹。

帝令張說、徐堅與公卿諸儒，就麗正書院草封禪儀。所司供擬，極盡稀奇美饌。有中書舍人、兼翰林待詔陸堅，洛陽人，本名陸友悌，初為起居舍人，帝嘉其剛梗，賜名曰堅。堅以修書使或非其人，謂朝列曰：「此輩於國家何益，空致如此靡費！」將建議罷之。張說聞之，謂源乾曜曰：「說聞自古帝王，功成則有奢縱之失，或興造池臺，或耽翫聲色。聖上崇儒重德，親自講論，刊校圖書，詳延學者。今麗正書院，即是聖主禮樂之司，永代規模，不易之道也。所費者細，所益者大。陸子之言，為未達也！」帝聞其言，堅之恩眄，從此而減。

卻說契丹李吐于與可突于潛相猜忌，將妻來奔，因懼可突于，不敢回國。改封遼陽郡王，留居宿衛。奚衙官塞默羯欲害李魯蘇，去投突厥。固安公主知之，與李魯蘇商議。乃設一宴，詐請議事；就席間擒塞默羯，斬之。帝甚異之，厚加賞賜。

張說以大駕東巡，京師空虛，恐突厥乘間犯邊，與多官計議，欲欲添兵守邊，以備不虞。忽一人出曰：「不可。夫封禪者，所以告成功也；觀兵者，所以威逆命也。今將告成而設武備，何以昭文德？大興力役，用備不虞，且非安人也；方謀會同，而阻戎心，又非懷遠也。有此三者，則恩未溥，道未弘矣。」眾視之，乃絳州聞喜人也，姓裴，名光庭，字連城。禮部尚書、兼右衛大將軍裴行儉之子也。其為人少言語，寡交遊，好學沉靜。初為兵部郎中，時人莫之許也。後見光庭公務修整，眾皆歎服。現為鴻臚少卿。

張說曰：「突厥比雖請和，獸心難測。且小殺者仁而愛人，眾為之用；闕特勤驍武善戰，所向無前；暾欲谷深沉有謀，老而益智：三虜協心，動無遺策。知我舉國東巡，萬一窺邊，何以禦之？」裴光庭曰：「諸蕃之國，突厥為大，有臣暾欲谷者，為小殺謀主。今茲遣一使徵以赴會，突厥必不敢不從，又亦難為舉動。突厥受詔，則諸蕃君長必相率而來。雖偃旗息鼓，高枕有餘矣。」說曰：「善，吾所不及矣！」回見帝，細奏光庭之言。帝大喜，即降詔，遣中書直省袁振攝鴻臚卿，齎詔赴突厥。

第十九回　聖主崇文開集賢　都人一日覩三絕

夏四月，張說草封禪儀以獻。正值御苑櫻桃初熟，帝召張說、源乾曜及禮官學士於集仙殿賜宴，令中使將櫻桃都傾在席上，與諸學士嘗新。帝謂張說曰：「仙者捕影之流，朕所不取。賢者濟治之具，當務其實。今與卿等賢才同宴於此，宜改殿名為集賢殿。」

帝欲以張說為集賢院大學士、兼知書院事。張說辭曰：「學士本無大稱，中宗欲以崇寵大臣，景龍中修文館有大學士之名。如臣豈敢以大為稱。」帝許之，以張說為學士、兼知院事，右散騎常侍徐堅為之副；太常少卿賀知章為禮部侍郎，與徐堅並兼學士；攷功員外郎趙冬曦、監察御史咸廙業、左拾遺毋煚、左補闕韋述、李子昭、陸去泰、東方顥、呂向、太學助教余欽、四門博士趙玄默、校書郎孫翌，並兼直學士；國子博士康子元，兼侍講學士；太學博士侯行果、四門博士敬會真、右補闕馮朝隱，並兼侍講直學士。

那賀知章於神龍中，與吳越之士揚州張若虛、湖州包融等，俱以文才，播名上京。景雲時，陸象先在中書，數稱薦之。常謂人曰：「季真言論倜儻，真可謂風流之士。吾一日不見，則鄙吝生矣。」今遷禮部侍郎、兼集賢院學士，一日並謝二恩。乾曜問說曰：「賀公久著盛名，今日一時兩加榮命，足為學者光耀。然學士與侍郎，何者為美？」說荅曰：「侍郎自皇朝以來，為衣冠之華選，自非望實具美，無以居之。雖然，終是具員之英，又非往賢所慕。學士者，懷先王之道，為縉紳軌儀，蘊揚、班之詞采，兼遊、夏之文學，始可處之無愧。二美之中，此為最矣！」

帝大喜，命取御酒以賜諸學士。張說、徐堅、賀知章、趙冬曦、咸廙業、毋煚、韋述、李子昭、陸去泰、東方顥、呂向、余欽、趙玄默、孫翌、康子元、侯行果、敬會真、馮朝隱等十八人，不知先舉觴者。說曰：「學士之禮，以道義相高，不以官班為前後。說聞高宗朝修史學士有十八九人。時長孫太尉以元舅之尊，不肯先飲，其守九品官者，亦不許在後，乃取十九盃，一時舉飲。長安中，說修《三教珠英》，當時學士亦高卑懸隔，至於行立前後，不以品秩為限也。」遂命數盃，一時舉飲。論者美張說謙而識體。

帝乃作詩一首：「廣學開書院，崇儒引席珍。集賢招衮職，論道命臺臣。禮樂沿今古，文章革舊新。獻酬尊俎列，賓主位班陳。節變雲初夏，時移氣尚春。所希光史冊，千載仰茲晨。」張說亦作詩一首：「東壁圖書府，西園翰墨林。諷《詩》關國體，講《易》見天心。位竊和羹重，恩叨醉酒深。緩歌春興曲，情竭為知音。」眾僚聽畢，俱極讚揚。於是源乾曜、徐堅等各自賦詩。宴罷，賜張說、源乾曜以下至於禮官學士銀盤雜綵各有差。

次日，張說引眾官入朝。將徐堅、賀知章等諸學士所作之詩，編成篇軸以獻。帝稱讚不已。即傳旨，召尚署董萼，圖下張說等十八學士真容，藏之書府。帝自於彩箋上八分書，各據才能，略為讚述，分賜諸人。《張說讚》曰：「德重和鼎，功逾濟川。詞林秀發，翰苑光鮮。」《徐堅讚》曰：「校文天祿，論經上庠。華詞宛麗，雄辨抑揚。」《賀知章讚》曰：「禮樂之司，文章之苑。學優藝博，才高思遠。」其餘皆有像讚。

帝謂張說曰：「皇太子等欲學綴文，須檢事及看文體。《御覽》之輩，部帙既大，尋討稍難。卿與諸學士撰集要事並要文，以類相從，務取省便，令太子等易見成就也！」說乃與徐堅、四門助教施敬本、左拾遺張烜、右拾遺李銳等，錄夏、殷以來要事，集而部之，名曰《初學記》。奏上之，帝覽而嘉焉。賜學士修撰者束帛，以賀知章為皇太子侍讀。又以中書省務煩劇，事有擁滯。選朝官有詞藝學識者張均、張垍等為翰林院供奉官，與集賢院學士分掌書命。

不想帝忽然染病，服藥無癒。時逢端午，蕤賓節至，帝病勢轉加，在涼殿晝寢。忽見一小鬼，上穿絳紗衣，下著犢鼻褌，跣一足，履一足，腰懸一履，搢一竹扇，竊了帝玉笛，繞殿而奔，戲於帝前。帝叱問之。那小鬼告曰：「臣乃虛耗也。」帝曰：「吾未聞虛耗之名。」小鬼曰：「虛者，望空虛中，盜物如戲；耗者，耗人家財，喜事成憂。」帝大怒，急呼：「武士安在？」言未畢，忽一大鬼自外而入，徑到帝前，捉住小鬼，先刳其目，然後擘而啖之。帝驚視之，見那大鬼頭戴皁帽，身披綠袍，生得黑臉赤髯，形容古怪。問曰：「爾何人也？」那大鬼拜伏於地曰：「臣終南山進士鍾馗也，因武德中應舉不捷，羞歸故里，觸殿階而死。是時，奉旨賜袍笏以葬之，感恩發誓，與我王除天下虛耗妖孽之事。」帝聽得此事，大喜，驀然覺來，乃是南柯一夢。

不覺沉屙頓癒，精神漸爽。即傳旨，教吳道玄，描下鍾馗真象。那吳道玄，乃許州陽翟人也，本名道子。自幼孤貧。學書於張旭、賀知章，不成，因工畫。先事韋嗣立為小吏，後為兗州瑕丘縣尉。他曾訪僧將畫乞茶。僧甚輕之，不為禮。道子取墨筆，於粉牆上畫一頭驢而去。是夜，僧房家具都被驢踏破了。僧知是道子，又羞又惱，尋思無計，衹得請至院中謝罪。道子亦遜謝，隨即塗卻畫處。須臾，驢不見了。又曾於永壽寺畫中門內神，圓光最在後畫。道子取筆，風落電轉，立成月圓，見者皆以為神。又於菩提寺佛殿畫《維摩變》，中有舍利佛轉眼看人。又於趙景公寺畫龍及金剛天王鬚，筆跡如鐵。有執爐天女，竊視私語。道子常持《金剛經》，自謂以此識本身。於景雲寺畫《地獄變》，筆力勁怒，變化陰怪，京師士庶見者，心驚膽戰，毛骨悚然，盡皆懼罪修善。兩市屠酤，魚肉不售。帝聞其名，召道子入禁中相見，賜名道玄，授內教博士。帝聞蜀漢多奇山，遣道玄赴嘉陵江寫貌。及道玄回，帝問道玄曰：「粉本在何處？」荅曰：「臣無粉本，並記在心。」帝即令道玄於大同殿圖畫粉壁。道玄圖畫嘉陵江三百里山水，終日而畢。時將軍李思訓善畫金碧山水，國朝第一，與道玄同畫，數月而畢。帝見了，謂左右曰：「思訓數月之功，道玄一日之跡，皆盡其玅也！」又令道玄圖畫五龍，鱗甲飛揚，每欲大雨，即生煙霧。

帝將夢鍾馗捉鬼事，細說一遍，曰：「卿試為朕如夢圖之。」道玄奉詔，當時展開玅筆，圖寫真形。畫畢，呈上，帝就御案上展開視之，大驚曰：「是卿與朕同夢耶？何肖若此哉！」道玄曰：「陛下憂勞宵旰，以衡石妨膳，而痁得犯之。果有蠲邪之物，以衛聖德。」言訖，揚塵舞蹈，遂上千萬歲壽。帝大喜，以金百兩賜道玄。自此人皆稱鍾馗為「賜福鎮宅聖君」。人報薛王妃韋氏弟東宮內直郎韋賓知帝染病，與殿中少監皇甫恂私議國家休咎。帝聞之，大怒，命將韋賓杖殺，黜皇甫恂為錦州刺史。

韋妃惶懼，降服待罪，薛王亦不敢入謁。帝令人召之。至階下，薛王即叩頭請罪。帝降階扶起，執薛王之手曰：「吾若有心猜阻兄弟者，天地神明，所共咎罰！」留住薛王，歡宴至晚。慰諭韋妃，令復其位。忽又報妖賊劉定高鳩集其黨，夜犯通洛門，被河南尹李尚隱，率吏卒盡捕斬之。尚隱坐不能覺察，黜為桂州都督。帝素知李尚隱御下豁如，詳練故事，近年制敕皆暗記之，號為良吏。尚隱臨行，帝使人謂之曰：「知卿公忠，然國法須爾。」乃賜雜綵百匹而遣之。

帝嘉太原尹崔隱甫美政，徵拜河南尹。以張孝嵩在安西有美政，轉為太原尹。人薦前給事中杜暹往使安西，蕃人伏其清慎。杜暹正以繼母憂去職，乃令所司奪情，授杜暹檢校黃門侍郎，兼安西副大都護，攝御史大夫，領磧西節度使。杜暹單騎赴任不題。

其年夏，御史中丞兼戶部侍郎、勸農使宇文融因出使，於河南府壽安縣，得瑞麥一莖六穗；潞州言白鹿見；代州言甘露降。至秋，兗州言白雀見。張說、源乾曜撰《潞府十九瑞應圖》及頌上之。帝謂張說、源乾曜曰：「往昔史官，惟記災異，將令王者懼而修德。故春秋不書祥瑞，惟記有年，聖人之意明矣。」遂敕自今以後，諸州不得更奏祥瑞。

卻說將軍裴旻上表，求內教博士吳道玄，於天宮寺粉壁圖畫神鬼，以奉亡母冥福。那裴旻，乃絳州聞喜人也。生得虯鬚虎目，猿臂狼腰。嘗遊昆侖山，遇黃眉翁傳授劍訣。延和時，隨幽州都督孫佺北征，被奚賊所圍。旻馬上立走，輪刀雷發，箭若星流，應刀而斷。賊不敢取，蓬飛而去。歷事甄道一、張說、王晙、裴伷先，從軍十餘年，累立奇功，官授龍華軍使，守禦平州；平州多虎，百姓患之。旻單騎獨往，到叢雜中。猛可的數聲響亮，林子裡跳出幾個斑斕猛虎，咆哮翦尾，向前直撲過來。旻大怒，便取彫弓羽箭射之。一連射死猛虎三十一隻。其餘逃竄山中，不敢復出。胡人避之數歲，不敢南下而牧馬。投平州來降旻者，約有五百餘騎。

帝許之，遂召吳道玄與裴旻相見。道玄奉命到府，衹見裴旻素袍白衣而進，與道玄禮畢，具言其事。道玄慨然依允，旻乃具金帛贈之。道玄堅辭不受，曰：「吾聞將軍大名久矣，若將軍有意，為吾戎裝纏結舞劍一曲，足以當惠，庶因猛勵，獲通幽冥。」旻應諾。

與道玄同到天宮寺，正遇左率府長史張旭攜酒而至。那張旭，字伯高，蘇州吳縣人也。贊善大夫陸彥遠之甥也。曾為蘇州常熟縣尉。拜官後旬日，有老父過狀，判去。不數日，復至。旭乃怒而責曰：「敢以閒事，屢擾公門。」老父曰：「某實非論事，但覩少公筆跡奇妙，貴為篋笥之珍耳！」旭甚奇之，曰：「何得愛書？」荅曰：「先父愛書，兼有著述。」旭取示之，果天下工書者也。自是備得筆法之妙，冠於一時。後聞公主擔夫爭路，而得筆法之意，又於鄴城見公孫大娘舞《西河劍器》，而得其神。旭好飲酒，每飲醉，輒狂走大叫，索筆草書，縱意揮灑，變化無窮。醒後自視，以為神助，不可復得。天下呼為「張顛」。

當下裴旻脫去素袍，身披玄甲，掣雙股劍，驟烏騅馬，左旋右抽，如掣電般舞將來。那雙劍長四尺二寸，乃玄鐵之英所造。劍生白芒三尺餘，與顥氣俱。旻走馬如飛，雙劍卻似龍騰蛟躍。旻把雙劍往上一抛，直抛上數千丈高。雲端裡七星錯落，就如電光下射一般。那雙劍從空落將下來，旻驟馬而至，以鞘承之，正中其鞘。吳道玄喫酒到半酣，便取墨筆，去那西廡粉牆上，揮毫便畫。落筆揮掃，勢若風旋，頃刻之間，畫成《除災患變》，真個是如有神助，果然是天下壯觀！張旭看得眼饞，連飲三盃，脫帽露頂，以頭搵水墨中，長叫數聲，揮筆如空中星移電掣相似，亦草書一壁，字大如斗，變動猶如鬼神，不可端睨。

洛陽百姓觀者，填街塞巷。相謂曰：「一日之中，獲覩『三絕』！」
且說袁振齎詔至突厥，徵其大臣扈從東封。苾伽可汗與娑匐可敦、暾欲谷、闕特勤等，環坐帳中。酒酣，問袁振曰：「吐蕃狗種，唐國與之為婚；奚及契丹，本是突厥之奴，亦尚唐家公主；突厥前後請結和親，獨不蒙許，何也？」振曰：「可汗既與皇帝為子，父子豈合為婚姻？」苾伽曰：「兩蕃亦蒙賜姓，猶得尚主，但依此例，有何不可？且聞入蕃公主，皆非天子之女，今之所求，豈問真假，頻請不得，實羞見諸蕃耳！」振許為之奏請。苾伽大喜，即日遣暾欲谷與執失頡利發為使，齎禮物入朝求親，並扈從東巡不題。
卻說帝召張說、源乾曜及禮官學士徐堅、賀知章等入內，講封禪儀。舊儀：禪社首，享皇地祇，以皇后配享。張說請以睿宗大聖真皇帝配享。帝准奏。張說謂徐堅等曰：「王者父天而母地，皇地祇雖當皇母位，亦當往帝之母也。子配母享，亦有何嫌？而議曰：『欲令皇后配地祇。』非古制也。天監孔明，福善如響。乾封之禮，文德皇后配地祇，天后為亞獻，越國太妃為終獻。宮闈接神，有乖舊典，上玄不祐，遂有天授易姓之事。宗社中圮，公族誅滅，皆由此也。景龍之季，有事圜丘，韋氏為亞獻，皆以婦人昇壇執籩豆，褻黷穹蒼，享祀不潔。未及逾年，國有內難，亞獻、終獻皆受此咎。掌坐齋郎及女人執祭者，亦多夭卒。今主上尊天敬神，革正斯禮，非唯乾坤降佑，亦當垂範將來，為萬代法也！」
貞觀時，猶先祭而後燔。顯慶中，始先燔而後祭。徐堅、康子元奏稱：「臣等按《周禮》，迎神之義，樂六變則天神降，八變則地祇出，九變則鬼神可得而禮矣。則降神以樂，非謂燔柴以降神也。今按《宋誌》所論，祭後方燔。又齊、梁郊祀，皆飲福酒後方燔。周、隋郊祀，亦先祭後燔。請先祭後燔，從《貞觀禮》。」趙冬曦、侯行果曰：「先燔者本以降神，行之已久。若先祭後燔，則神無由降矣。」張說奏曰：「徐堅等所議燔柴前後，議有不同。據祭義及貞觀、顯慶以後，既先燔，若欲正失禮，求祭義，請從《貞觀禮》。如且因循不改，更請從《顯慶禮》。凡祭者，本以心為主，心至則通於天地，達於神祇。既有先燔、後燎，自可斷於聖意，聖意所至，則通於神明。燔之先後，臣等不敢裁定。」帝令依先祭後燔之儀。

第二十回　僧一行窺天測地　李三郎登封降禪

次日早朝，天子昇殿，百官朝賀拜舞已畢，張說出班奏曰：「有聖僧天師一行和尚、待詔星官梁令瓚，造黃道遊儀成，置於景運門內，請陛下幸景運門而觀之。」原來那聖僧一行，本姓張，名遂，魏州昌樂人，襄州都督張公謹之後，武功令張擅之子也。一行自幼聰明，涉獵經史。讀揚雄《太玄經》，數日便究其義。道士尹崇甚嗟伏之，謂人曰：「此後生顏子也。」及長，頗明天文、曆象及陰陽、五行之學。梁王武三思聞其名，請與結交，一行不欲相見，匿嵩山以避之。遂出家於嵩陽寺，師事普寂禪師。寂曾大會僧侶千餘人於寺，請高士盧鴻作文鐫碑以記其事。鴻慨然依允。至期，鴻齎文到寺，寂同本寺眾僧接著。鴻自袖中出其文，放於几上。梵鐘既響，鴻謂寂曰：「吾所為文數千言，字僻而辭古。何不於眾僧中選其聰悟者，吾當親自傳授。」寂即喚一行。一行走到几前，將鴻文展開，從頭至尾，看了一遍，復放於几上，微笑不語。鴻竊怪之。俄而，眾僧聚於佛堂。一行攘袂而進，將鴻所作之文，從頭至尾，朗誦一遍，並無一字差錯。鴻大驚，謂寂曰：「非君所能教導也，當縱其遊學！」寂依言。一行遂遊學於江東，至天臺山國清寺，見一院，古松數十步，門前有清泉東流。一行立於門屏間，聞院中僧於庭佈祘，簌簌地響。有頃，僧謂其徒曰：「今日當有弟子自遠求吾祘法，已合到門，豈無人導達耶？」即除一祘，又謂曰：「門前水合卻西流，弟子當至。」一行承言趨入，稽首請法。僧盡授其術。門前清泉果卻西流。後往見當陽山惠真禪師，學習梵律。帝令禮部郎中張洽召之。一行至，帝問曰：「師有何能？」一行曰：「略能記覽，他無所長。」帝命高力士取宮人簿籍，以示一行。一行看畢，合了簿籍，口說宮人姓名，品第高下，不差一人。帝誇讚不盡，對一行作禮道：「禪師真聖人也。」請一行上坐，口口稱為一公。滿朝文武欣然，一國黎民頂禮不題。

那時《麟德曆》行用既久，晷緯漸差，帝依張說所奏，令一行更造新曆。一行奉旨，遂集渾天寺匠作數百人，入集賢院中，依率府兵曹參軍梁令瓚創造《黃道遊儀圖》，製造黃道銅儀應用。又凡日晷差冬夏二至不同，南北亦異。先儒一以里數齊之，喪其事實。一行又奏請測影，遣太史監南宮說等馳傳往安南、朗、襄、豫、許、汴、滑、蔚、太原等州，同以春秋二分、冬夏二至之日午時，測候日影。

忽一日，一行幼時鄰里王姥來見，泣謂一行曰：「我兒殺人，即就誅矣。乞天師救他一救，以終老身之餘年。」一行曰：「姥要金帛，當十倍酬也。君上執法，難以情求。如何？」隨命左右將出一包金銀，付與王姥。王姥不受，戟手大罵曰：「汝少時家貧，我時常周給，汝今長成，忘此恩耶？我何用識此僧！」一行謝罪。王姥不顧，恨怨而去。一行乃命空其室內，徙一大甕於中央。密喚淨人數人，授以布囊，謂曰：「某坊某角有廢園，汝曹挈布囊向中潛伺，從午至昏，當有生類入來，其數七，可盡掩之。失一則杖汝。」淨人如言而往。至酉時後，果有群豕至，淨人分頭追趕，悉獲而歸。一行令將七豕逐一置於巨甕中，覆以木蓋，封以六一泥，朱題梵字數十而止。淨人皆不知其意。

次日侵晨，中官敲門。一行隨使而往，徑至便殿。帝起身迎之曰：「太史奏『昨夜北斗七星全不見』，是何祥也？師有以禳之乎？」一行荅曰：「昔後魏時失熒惑，至今帝車不見，古所無者？天將大警於陛下也。夫匹夫匹婦，不得其所，猶殞霜赤旱。盛德所感，乃能退舍。感之切者，其在葬枯出繫乎？釋門以瞋心壞一切善，慈心降一切魔。貧僧曲見，莫若大赦天下！」帝從其言。是夜，太史奏「北斗一星見」。一連如此七夜，又復如初。其術數精玅，大抵如此。

當日帝與文武眾官，都到景運門內觀看時，見那個黃道銅儀，真個是巧奪造化！一行奏道：「臣伏承恩旨，更造遊儀，使黃道運行以追列舍之變，因二分之中以立黃道，交於軫、奎之間，二至陟降各二十四度。黃道之內又施白道月環，用究陰陽朓朒之數，動合天運，簡而易從，足以製器垂象，永傳不朽。」帝滿心歡喜，文武盡皆稱讚。帝作一篇《黃道遊儀銘》，御筆親書。命將黃道銅儀置於靈臺之上，攷校星度。

數日後，人報南宮說等去測候日影而回。帝大喜，即令南宮說等與一行一同校量。安南都護府，北極高二十一度六分。冬至，日影在表北，長七尺九寸四分；春秋二分，長二尺九寸三分；夏至，日影在表南，長三寸三分。蔚州橫野軍，北極高四十度。冬至，日影在表北，長一丈五尺八寸九分；春秋二分，長六尺六寸三二分；夏至，長二尺二寸九分。此二所為中土南北之極。朗、襄、豫、許、汴、滑、太原等州，各有使往，並差不同。一行以南北日影校量，用勾股法祘之，大約南北極，相去才八萬餘里。後來一行參大衍天地之數，綜八卦六爻之序，別成一法，號曰《大衍曆》。

是歲冬十月，以刑部尚書韋抗為東都留守，車駕發洛陽，赴岱嶽。帝騎一匹金鞍彩轡的廄馬。那馬鬃分銀線，尾麃玉條，渾身雪練價白，因此名為照夜白，日行千里，極其雄駿。文武百僚，貴戚，二王後，孔子後，突厥頡利發，契丹、奚等王，大食、謝颶、五天十姓，昆侖、日本、新羅、靺鞨之侍子及使，高麗朝鮮王，百濟帶方王，十姓阿史那興昔亡可汗，三十姓左右賢王，日南、西竺、鑿齒、雕題、牂牁、烏滸諸蕃之酋長，各率其屬扈從。護駕彍騎官軍十萬，介冑如雪，旗幟如火。御馬數萬匹，每色為一隊，望如雲錦。諸蕃使者見了，誰不稱羨！

車駕至嘉會頓，數十里中人畜被野，有司輦載供具之物，數百里不絕。天子校獵，引諸蕃酋長入仗馳射，並與之弓箭，供奉左右。有一個白兔兒，在御馬前亂跑。帝看見，正合歡心，拈起箭，拽滿弓，一箭正中了那兔兒。執失頡利發見箭中了白兔，便跳下馬來。捧兔在手，跳躍蹈舞。謂譯者曰：「天可汗神武超絕，若天上則有，人間無也。」帝令譯者問頡利發饑否，頡利發答曰：「仰觀聖武如此，十日不食，猶為飽也。」自此常令突厥入仗馳射。

起居舍人呂向上表諫曰：「臣聞鴟梟不鳴，未為瑞鳥，豺虎雖伏，豈齊仁獸！是由醜性毒行，久務常積故也。突厥安忍殘賊，莫顧君親，陛下持武義臨之，修文德來之，既懾威靈，又沐聲教；以力以勢，不得不庭。故稽顙稱臣，奔命遣使。今陛下收其傾效，雜以從官，赴封禪之禮，參玉帛之會。詔許侍遊，召入禁仗。賜以馳逐，使操弓矢。競飛鏃於前，同逐獸之樂，是狎昵太過，未敢取也。儻此等荊卿詭動，何羅竊發，暫逼嚴蹕，稍冒清塵，縱即殪玄方，墟幽土，單于為醢，穹廬為洿，何塞過責？伏願陛下勿復親近，使有分限，待不失常，歸於得所，孰不幸甚！」帝納其言，遂罷諸蕃入仗馳射事。

卻說帝一行人馬，離東都較遠，來到鄭州，早行至旃然河邊。忽然黑氣沖天，狂風大作，祇見那河當中騰出一條黑龍，翻波跳浪。帝見了，搭上箭，扯滿弓，望黑龍覷得親切，弓開滿月，箭發流星，一箭射去，那黑龍寂然不見。自此旃然河浪靜風平。

駕至濮州，帝數行畋獵。左庶子吳兢上疏諫曰：「陛下爰自雒邑，將告禪岱宗，行經數州，屢以畋獵為事，伏恐外荒之攸漸，誠非致治之所急。況登封告成，禮容甚大，伏願罷此畋遊之事，充備文物之儀。又貞觀時，太宗文皇帝凡有巡幸，則博選識達古今之士，以在左右，每至前代興亡之地，皆問其所由，用為鑒誡。伏願陛下遵而行之，則與夫騁奔馬於澗谷，要狡獸於叢林，不慎垂堂之危，不思馭朽之變，安可同年而較其優劣也？」帝嘉納之。是時河南河北百五里內百姓父老，皆齎牛酒來獻，帝命盡還其牛，各賜絹帛二匹而遣之。

至濟州，刺史裴耀卿表諫，以為：『人或重擾，則不足以告成。』帝然其言。耀卿字煥之，絳州稷山人也。寧州刺史裴守真之子也。少聰敏，美文翰，事親以孝聞。年八歲，應神童舉及第。弱冠舉進士，登甲科，授麟臺正字。睿宗在藩，耀卿為王府典簽，與掾丘悅、文學韋利器更直府中，以備顧問。睿宗踐祚，為詹事府丞。及帝即位，累除長安令。長安舊有配戶和市之法，百姓苦之。耀卿到官，一切令出儲蓄之家，預給其直，遂無奸僦之弊。在職二年，號為良吏。每斷獄，必原情定罪，不阿意侮法，由是失旨。張說不悅，出為濟州刺史。車駕東巡，濟州正當大路，道里綿長，而戶口寡弱，耀卿不鞭一卒，不貫一吏，西自陽谷，東至長清，造三橋，置十驛，躬自條理，科配得所。

比至齊州，契丹國主李邵固來見，即除松漠州都督，仍詔隨駕入兗。李邵固，李盡忠之弟也。

車駕至來蘇頓，有大風從東北而來，自午至夕，裂幕折柱。眾皆恐懼，獨中書令、兼封禪大使張說曰：「此必是海神來迎也。」帝喜而信其言。

冬十一月丙戌，車駕至岱宗頓。去泰山趾五里，社首山三里。是日，天地清晏，旌旗彩仗，雲屯嶽下百餘里。次日，帝服衮冕於行宮，致齋於帳殿。次日北風大作，凍雲低垂，飛飛揚揚，下一天大雪。有一隻錦體朱衣的雄山雞飛入齋宮，馴而不去，久之，長鳴一聲，飛入仗衛，忽然不見。邠王等向帝稱賀曰：「臣等謹按舊典，雌來者霸，雄來者王。又聖誕酉年，雞主於酉，斯蓋王道遐祚，天命休禎。請宣付史官，以彰靈貺。」帝准奏。

帝又以靈山清靜，不欲喧繁，欲於山上壇行初獻之禮，山下壇行亞獻、終獻之禮。帝以其事問賀知章，知章對曰：「昊天上帝，君也；五方上帝，臣也；帝號雖同，而君臣異位。陛下享君位於山上，群臣祀臣位於山下，誠足以垂範來葉，為變禮之大者也。禮成於三，初獻、亞獻、終獻，合於一處。」帝聽罷，又驚又喜，曰：「朕正欲如是，故問卿耳！」遂敕初、亞、終三獻於山上壇行事，其五方上帝及日月諸神於山下壇行事。

次日雪霽，備法駕登山，帝命從官俱留於谷口，自同張說、源乾曜並及禮官上山。張說多引中書、門下兩省錄事、主書及己之所親者，攝官登山。

帝問賀知章曰：「前代帝王，何故秘玉牒之文？」知章對曰：「玉牒本通於神明之意。前代帝王，所求各異，或禱年祚，或求神仙，其事微密，故外人莫知之。」帝曰：「朕今此行，皆為蒼生祈福，更無私請。宜將玉牒出示百僚；使知朕意。」即出玉牒，以示百僚。其辭曰：「有唐嗣天子臣隆基，敢昭告於昊天上帝。天啟李氏，運興土德。高祖、太宗，受命立極。高宗昇平，六合殷盛。中宗紹復，繼體丕定。上帝眷祐，錫臣忠武。底綏內難，翼戴聖父。恭承大寶，十有三年。欽若天意，四海晏然。封祀岱嶽，謝成於天。子孫百祿，蒼生受福。」

是日，日氣和煦。正值劍南進一白騾，帝見那騾潔朗豐潤，權奇偉異，大喜，即乘騾而登，張說、源乾曜等相隨，一齊上山，直到齋室，果然柔習安便，不知登降之倦。

及日入後，陰霧慘烈，勁風四起，裂幕折柱，寒氣徹骨。帝遂不食，夜半，露立祈請，仰天祝曰：「某身有過，請即降罰。若萬人無福，亦請某為當罪。兵馬辛苦，乞停風寒。」言訖，霜飆頓息，陰霧四散。少頃之際，山氣溫暖。

其時從山上佈兵，至於山壇，傳呼辰刻及詔命來往，斯須而達。夜中燃火相屬，山下望之，有如連星，自地屬天。次日平明，山上清迥，下望山下，休氣四塞。其時山上作圜臺，廣五丈，高九尺，土色各依其方；又於圜臺上起方壇，廣一丈二尺，高九尺；其臺壇四面各為一陛，謂之封壇。臺上有方石再累，各方五尺，厚一尺，謂之石礁。又積柴為燎壇於山上圜臺之東南，量地之宜。柴高一丈二尺，方一丈，開上，南出戶，方六尺。又為圜壇於山下，三成十二陛，如圜丘之制，隨地之宜。壇上飾以玄，四面依方色。壇外為三壝。又積柴於壇南，燎如山上之儀。帝祀昊天上帝於山上壇，以高祖神堯皇帝配享，邠王為亞獻，寧王為終獻。群臣祀五方上帝、日月百神於山下壇；其餘並依乾封故事。

第二十一回　告神明儒臣作頌　祭孔聖明皇賦詩

卻說禮部侍郎、攝太常卿賀知章引帝，自南陛登壇，張說、源乾曜以下，及左右侍衛量人從昇。帝冕裘昇壇，北向而立。太祝以玉幣授乾曜，乾曜奉玉幣東向進帝。帝搢鎮珪，受玉幣。《肅和》之樂作，帝進，北面而跪，奠於昊天上帝神座。帝俯伏而起。立於西方，東向。太祝以玉幣授乾曜，乾曜奉玉幣北向進，帝受玉幣。帝進，東面而跪，奠於高祖神堯皇帝神座。帝俯伏而起。少退，東向再拜訖。《肅和》之樂止。知章引帝，降自南陛，還至版位，西向而立。諸太祝各還樽所。

太官令率進饌者奉饌，各陳於內壝門外。謁者引禮部尚書、攝司徒蘇頲出，詣饌所。頲奉昊天上帝之俎。太官令引饌入門，《雍和》之樂作。饌至陛，《雍和》之樂止。祝史俱進，跪，徹毛血之豆，降自東陛以出。諸太祝迎俎，各設於神座前。設訖，謁者引蘇頲，太官令率進饌者，降自東陛以出。頲復位，諸太祝各還樽所。

賀知章引帝詣罍洗。帝盥手洗爵訖，知章引帝，自南陛登壇。謁者引頲自東陛登，立於樽所；齋郎奉俎從昇，立於頲後。知章引帝詣昊天上帝酒樽所，執樽者舉冪，乾曜贊酌泛齊訖，《壽和》之樂作，帝進昊天上帝神座前，北向而跪，奠爵，俯伏而起。少退，北向而立。樂止。有太祝二人持玉冊進於神座之右，東面而跪，一人跪讀祝文，讀訖，俯伏而起。樂作，太祝進奠冊於神座，還樽所。帝再拜訖，樂止。知章引帝詣配帝酒樽所，執樽者舉冪，乾曜取爵於坫以進，帝受爵，乾曜贊酌泛齊訖，樂作。帝進高祖神堯皇帝神座前，東面而跪，奠爵，俯伏而起。少退，東向而立。樂止。有太祝二人持玉冊進於神座之左，北面而跪，一人跪讀祝文，讀訖，俯伏而起。樂作，太祝進奠冊於神座，還樽所。帝再拜訖，樂止。

帝進昊天上帝神座前，北向而立。樂作。太祝以爵酌上尊福酒合置一爵，一太祝持爵以授源乾曜，乾曜受爵西向進，帝再拜受爵，跪祭酒，啐酒，奠爵，俯伏而起。諸太祝各率齋郎進俎，太祝跪減神前胙肉，加於俎，起，以胙肉共置一俎上，授蘇頲。頲奉俎西向進，帝受，以授左右。頲降復位。帝跪取爵，遂飲卒爵。張說進稱：「天賜皇帝太一神策，周而復始，永綏兆人。」乾曜進，受爵以授太祝，太祝受爵復於坫。帝俯伏而起，再拜，樂止。賀知章引帝，樂作，帝降自南陛，還至版位，西向而立，《壽和》之樂止。送文舞出、迎武舞入。其邠王亞獻，酌醴齊；寧王終獻，酌盎齊；如帝初獻之禮。

終獻將畢，源乾曜前跪奏曰：「請就望燎位。」帝就望燎位。太祝奉玉幣等就柴壇，置於柴上，奉禮郎曰：「可燎。」東西面各六人以炬燎火。

燎火既發，群臣皆呼萬歲，傳呼自山頂至於山下，震動天地。頃刻之間，日揚火光，卿雲紛郁，遍滿天際。半柴訖，源乾曜跪奏：「禮畢。」賀知章引帝出，贊引引祀官以下皆出。山下群臣，祀五方上帝、日月百神已畢，皆集於社首山下帷宮前，以候鑾駕。遙望山上紫煙憧憧上達於天，無不欣躍。

燔燎畢，源乾曜前跪奏稱：「請封玉冊。」帝自南陛昇壇，北向而立。張說進昊天上帝神座前，跪取玉冊置於案以進。帝受玉冊，跪納於玉匱中，束以金繩，封以金泥。乾曜取受命寶，跪以進，帝取受命寶以印之。印訖，帝起，乾曜受受命寶，以授符寶郎。說進，帝跪捧玉匱授之。說跪受。帝起。說退，復位，側身奉玉匱。賀知章前奏：「請再拜。」帝再拜訖，入次。說奉玉匱之案，於石磩南北向而立。有司發石蓋，說奉玉匱，跪納於石磩內。有司覆石蓋，檢以石檢，纏以金繩，封以金泥訖，說以玉寶遍印，印訖，引降復位。有司以石距封固，又以五色土圜封畢。其玉牒封於金匱，皆如玉冊封於玉匱之儀。封訖，說奉金匱從降俱復位。

張說、源乾曜等蹈舞拜賀，帝謂張說、源乾曜曰：「朕以薄德，恭膺大寶。今封祀初建，雲物休祐，皆是卿等輔弼之力。君臣相保，勉副天心，長如今日，不敢矜怠。」張說跪奏曰：「聖心誠懇，宿齋山上。昨夜則息風收雨，今朝則天清日暖，復有祥風助樂，卿雲引燎，靈跡盛事，千古未聞。陛下又思慎終如初。長福萬姓，天下幸甚。」於是收拾車駕，回山下齋宮。有卿雲隨馬，祥風繞輅。帝乘白騾下山，方才下山坳，憩息未久，近臣奏白騾無疾而終。帝甚歎異之，敕具棤櫝，疊石為塚，葬於封禪壇北一里餘，謚曰「白騾將軍」。至今有「白騾塚」尚存。

當日，帝和張說、源乾曜等一行人，來到社首山下帷宮，已是巳牌時分。有瑞日抱戴，卿雲不散。公卿百辟、蕃夷酋長，爭前迎賀。次日，祭皇地祇於社首壇，以睿宗大聖真皇帝配享。有卿雲散彩，瑞日重輪。禮畢，其玉冊藏於石磩，如封壇之儀。

次日，帝御朝覲壇之帳殿，文武百僚，貴戚，二王後，孔子後，諸方朝集使，嶽牧舉賢良及儒生、文士上賦頌者，戎狄夷蠻羌胡朝獻之國，突厥頡利發，契丹、奚等王，大食、謝颶、五天十姓，昆侖、日本、新羅、靺鞨之侍子及使，高麗朝鮮王，百濟帶方王，十姓阿史那興昔亡可汗，三十姓左右賢王，日南、西竺、鑿齒、雕題、牂牁、烏滸諸蕃之酋長，皆爭前迎賀。張九齡奉命草推恩之詔，見張說所引侍從昇中之官，多有加階超入五品者，乃謂說曰：「官爵者，天下之公器，德望為先，勞舊次之。若顛倒衣裳，則譏謗起矣。今登封霈澤，千載一遇。清流高品，不沐殊恩；胥吏末班，先加章紱。但恐制出之後，四方失望。今進草之際，事猶可改，唯令公審籌之，無貽後悔也。」說弗從，曰：「事已決矣，悠悠之談何足慮也！」

帝下詔，大赦天下。車駕所經山東諸州，並免一年租賦，兗州免二年，賜天下酺七日。封泰山神為天齊王，禮秩加三公一等，環山十里，禁其樵採。給近山二十戶復，以奉神祠。以張說兼尚書右丞相，源乾曜兼尚書左丞相，王毛仲進位開府儀同三司，楊思勖進位驃騎大將軍；蘇頲、徐堅等一班文武官僚，皆遷轉一級；諸蕃酋長來會禮者，各加官賜物。張說所引從昇之官，往往加特進階，超授五品，其餘百官多不得上。張說婿鄭鎰因登山，自九品驟遷五品，兼賜緋服。扈從士卒，但加勳而無賜物。因此，內外甚咎於張說。

是日大排酺會，帝見鄭鎰身穿緋服，驚問其故，鎰慌不能荅。時黃幡綽在側，進言曰：「此泰山之力也。」張說聞言，羞慚無地。自此人皆呼丈人為「泰山」。

帝撰一篇《紀泰山銘》，御筆親書，勒石於岱嶽山頂。其辭曰：

「朕宅帝位，十有四載。顧惟不德，懵於至道，任夫難任，安夫難安。玆朕未知，獲戾於上下，心之浩蕩，若涉於大川。賴上帝垂休，先后儲慶，宰衡庶尹，交修皇極。四海會同，五典敷暢，歲云嘉熟，人用大和。百辟僉謀，倡予封禪，謂孝莫大於嚴父，謂禮莫尊於告天，天符既至，人望既積，固請不已，固辭不獲。肆予與夫二三臣，稽《虞典》，繹漢制，張皇六師，震讋九宇，旌旗有列，士馬無嘩。肅肅邕邕，翼翼溶溶，以至於岱宗，順也。

《爾雅》云：「泰山為東嶽。」《周官》曰：「兗州之鎮山。」實惟天帝之孫，群靈之府。其方處萬物之始，故稱岱焉；其位居五嶽之伯，故稱宗焉。自昔王者，受命易姓，於是乎啟天地，薦成功，序圖錄，紀氏號。朕統承先王，茲率厥典，實欲報玄天之眷命，為蒼生之祈福，豈敢高視千古，自比九皇哉！故設壇場於山下，受群方之助祭；躬封燎於山上，冀一獻之通神。斯亦因高崇天，就廣增地之義也。

乃仲冬庚寅，有事東嶽，類於上帝，配我高祖，在天之神，罔不畢降。粵翌日，禪於社首，侑我聖考，祀於皇祇，在地之神，罔不咸舉。暨壬辰，覲群后。上公進曰：「天子膺天符，納介福。群臣拜稽首，呼萬歲。慶荅歡同，陳誡以德。大渾葉度，彝倫攸敘，三事百揆，時乃之功。萬物由庚，兆人允殖，列牧眾宰，時乃之功。一二兄弟，篤行孝友。錫類萬國，時惟休哉！我儒制禮，我史作樂，天地擾順，時惟休哉！蠻夷戎狄，重譯來貢，累聖之化，朕何慕焉！五靈百寶，日來月集，會昌之運，朕何感焉！凡今而后，儆乃在位，一王度，齊象法，推舊章，補闕政，存易簡，去煩苛，思立人極，乃見天則。

於戲！天生蒸人，惟后時乂，能以美利利天下，事天明矣。地德載物，惟后時相，能以厚生生萬人，事地察矣。天地明察，鬼神著矣。惟我藝祖文考，精爽在天，其曰：「懿予幼孫，克享上帝。惟帝時若，馨香其下。」丕乃曰：「有唐氏文武之曾孫隆基，誕錫新命，纘戎舊業，永保天祿。子孫其承之。」予小子敢對揚上帝之休命，則亦與百執事，尚綏兆人，將多於前功，而毖彼後患。一夫不獲，萬方其罪予。一人有終，上天其知我。朕惟寶行三德：曰慈、儉、謙。慈者，覆無疆之言；儉者，崇將來之訓；自滿者人損，自謙者天益。苟如是，則軌跡易循，基構易守。磨石壁，刻金記，冀後之人聽辭而見心，觀末而知本，銘曰：

惟天生人，立君以理，惟君愛命，奉天為子。代去不留，人來無已，德涼者滅，道高斯起。赫赫高祖，明明太宗，爰革隋政，奄有萬邦。罄天張宇，盡地開封，武稱有截，文表時邕。高宗稽古，德施周溥，茫茫九夷，削平一鼓。禮備封禪，功齊舜禹，巖巖岱宗，衛我神主。中宗紹運，舊邦惟新，睿宗繼明，天下歸仁。恭己南面，氤氳化淳，告成之禮，留諸後人。緬予小子，重基五聖，匪功伐高，匪德矜盛。欽若祀典，丕承永命，至誠動天，福我萬姓。古封泰山，七十二君，或禪奕奕，或禪云云。其跡不見，其名可聞，祇遹文祖，光昭舊勳。方士虛誕，儒書齷齪，佚后求仙，誣神檢玉。秦災風雨，漢汙編錄，德未合天，或承之辱。道在觀政，名非從欲，銘心絕巖，播告群嶽。」

於是張說撰《封禪壇頌》、源乾曜撰《社首壇頌》、蘇頲撰《朝覲壇頌》，以紀聖德。

數日後，車駕發岱嶽。隱隱望見徂徠山一老叟，騎白鹿而來，方瞳黃髮，形容甚異。乃徐州滕縣人也，姓王，名希夷。希夷孤貧好道。父母終，為人牧羊，收傭以供葬。葬畢，隱於嵩山，師道士黃頤，向四十年，盡能傳其閉氣導養之術。頤羽化後，更居兗州徂徠山中，與道士劉玄博為棲遁之友。好《老》、《易》，嘗餌松柏葉及雜花散。時年已九十六歲矣。帝令張說訪以道義，又命高力士扶入帳殿，與語甚悅，乃詔希夷隨駕還都。

車駕正到曲阜縣，張說請帝幸孔子宅。帝從之，遂幸孔子宅，大設奠祭，因作詩一首歎之：「夫子何為者，棲棲一代中。地猶鄹氏邑，宅即魯王宮。歎鳳嗟身否，傷麟怨道窮。今看兩楹奠，當與夢時同。」張說亦作詩一首：「孔聖家鄒魯，儒風藹典墳。龍驂回舊宅，鳳德詠餘芬。入室神如在，昇堂樂似聞。懸知一王法，今日待明君。」源乾曜、徐堅等各自賦詩和之。帝令蘇頲以太牢祭墓，又令州縣以時祀享，復近墓五戶，長供掃除。徐、曹、亳、汴、許、仙、豫等州父老，各賜絹帛二匹。

至亳州真源縣，張說又請帝幸老君廟。帝從之，遂幸老君廟，來到正殿上拈香再拜，祈禱已罷，御書《道德經》八十一章，詔有司刊石立碑而還。

至宋州，刺史寇泚已於城樓上安排筵席慶賀。眾人皆至樓上。帝乃居中，張說、源乾曜兩邊分坐，其餘各依次而坐。飲酒間，帝謂張說、源乾曜曰：「向者屢遣使臣分巡諸道，察吏善惡，今因封禪歷諸州，乃知使臣負朕多矣。懷州刺史王丘，餼牽之外，一無他獻；魏州刺史崔沔，供張無錦繡，示我以儉；濟州刺史裴耀卿，表數百言，莫非規諫，至曰：『人或重擾，則不足以告成。』朕常置之坐隅，且以戒左右。如三人者，不勞人以市恩，真良吏也！」說罷，又舉盃謂寇泚曰：「比亦屢有以酒饌不豐訴於朕者，知卿不借譽於左右也！」張說、源乾曜率百官奉觴稱賀，樓上皆呼萬歲。

第二十二回　謁明皇劉晏獻書　救李邕孔璋上表

至曹州，刺史高懲接著，引父子二人至御前，揚塵舞蹈，拜罷奏曰：「臣當州南華縣神童，劉知晦之兒劉晏，頗敏慧，善文章，今隨其父，來與陛下作賀。有《東封書》一篇，獻上陛下。」帝聞之，暗暗稱奇。原來劉知晦乃楚元王劉交之後。其祖劉郁，高宗時曾為弘文館學士。知晦有三子，惟幼子晏自幼聰明，神彩卓然，知晦甚愛之。晏字士安，年方八歲，因聞帝東封岱嶽，乃作《東封書》一篇。當時高懲言罷，將劉晏《東封書》奉上。帝看畢，稱讚不已，仍詔隨駕入都。

又過數日，鑾駕入汴州境內，耆老歌刺史德美者盈路。帝顧謂張說、源乾曜曰：「入其境，刺史之政可知也。」說未了，齊澣率州吏百姓來迎，接著鑾駕，共到長棚。王公貴戚、嬪妃公主、文武眾官、諸蕃酋長，各依次坐下。忽報陳州刺史李邕齎牛酒到。帝召入。邕拜畢，獻上牛酒。帝受訖，賜坐。不一時，祇見齊澣獻上千百輿酒食，都是珍饈美味，流水也似遞將上來。齊澣將鎖鑰開了，把膳食跪進帝。帝見澣接待以禮，大喜。時有張說、蘇頲、徐堅、李邕一班文官，進獻詩章。詩中多有稱頌帝功德巍巍、繼美前王之意。帝逐一覽畢，笑曰：「諸公佳作，過譽甚矣。太和雄辭健筆，真清制也！」車駕在汴州，一連留止了三日。帝嘉澣善政，賜帛二千匹以褒美之。

車駕還洛陽，有一老人，姓于名伯隴，年過期頤，精爽不昧，自太原而來。其子已亡，兩孫相隨，並龐眉皓髮，皆七八十歲矣。帝勞之，老人皆免拜禮。伯隴曰：「臣神堯皇帝之臣也。荏苒歲月，得至今日，復事郎君，臣之幸矣。郎君明聖，功成封嶽，不以昏老，千里而來。」帝問伯隴曰：「老丈多少年紀？」伯隴答曰：「臣生於隋開皇之戊午，今年一百二十八歲矣。」對帝說高祖創業事，了了可見。帝聽了，又驚又喜，遂賜紫袍牙笏，優恤有加。京城父老皆來拜賀，各賜絹帛而遣之。

帝命張說出題，令劉晏於中書省就試。張說、源乾曜皆賀曰：「聖朝國瑞也！」帝大喜，封劉晏為秘書正字。令高力士引入內殿，叫三宮六院，諸嬪群妃，都來看看神童。楊淑妃抱過劉晏，坐在膝上，親自畫眉總髻。宮娥綵女投花擲果者甚多。

突厥暾欲谷、執失頡利發、契丹李邵固等各自辭去，帝設筵餞行。酒酣，帝顧太僕少卿兼秦州都督、隴右群牧副使張景順曰：「吾馬幾何？」景順答曰：「陛下即位之初，有牧馬二十四萬匹，牛三萬五千頭，羊十一萬二千口。今有牧馬四十三萬匹；牛五萬頭；羊二十八萬六千口。」帝曰：「吾馬蕃育，卿之力也。」景順曰：「此陛下之鴻福也，開府之嚴令也，臣何力之有？」遂具言王毛仲監牧之事。帝大喜，敕張說製《隴右監牧頌德碑》旌美。命待詔曹霸悉圖廄中駿馬。霸乃亳州人也。魏高貴鄉公曹髦之後。善畫鞍馬，工於寫真。又命吳道玄於弘道觀粉壁製《東封圖》。

宴罷，厚賜暾欲谷、執失頡利發還蕃，竟不許突厥和親。暾欲谷、執失頡利發拜辭，回突厥去了。李邵固等各自還蕃。

近臣奏邊庭有表到。帝開視之，乃杜暹表也。表中言于闐王尉遲眺結連吐蕃、突騎施及西域諸胡國，共謀叛亂。暹知其事，調兵擒尉遲眺，斬之，誅其黨類。帝覽畢，乃問張說、源乾曜曰：「朕欲討吐蕃，如何？」說曰：「吐蕃醜逆，誠宜誅夷，然連兵且十數年，甘、涼、河、鄯，徵發不息，實為勞弊。縱令出師屢勝，亦不能償所亡。今聞其悔過請和，願陛下許其稽顙內屬，以息邊境，則蒼生幸甚。」帝不悅，曰：「待王君㚟入朝，吾與籌之。」即下詔遣使往涼州，取河西、隴右節度使王君㚟赴洛陽議事。一面遣使齎詔加杜暹為光祿大夫。

君㚟字威明，乃郭知運鄉人。初事北庭郭虔瓘，驍勇善騎射，自郎將中郎，以戰功累除右衛副率。郭知運節制河、隴，數薦君㚟果勇；及知運死，君㚟遂代其位。自驍衛將軍遷右羽林將軍，領隴右節度使，復兼河西，甚為蕃夷所憚。與郭知運齊名，時人稱為「王、郭」。張說既退，謂源乾曜曰：「王君㚟恃勇好兵，常思僥倖，若兩國和好，何以為功？彼入陳謀，吾計必不遂矣！」旬日之後，王君㚟入朝奏事，論攻守方略，果請率兵深入討之。

是時選限漸迫，帝疑吏部典選不公，宇文融獻計，請於吏部置十銓分掌選事。帝從其計。那十銓？一、禮部尚書蘇頲；二、刑部尚書韋抗；三、工部尚書盧從願；四、右散騎常侍徐堅；五、朝集使蒲州刺史崔琳；六、朝集使魏州刺史崔沔；七、朝集使荊州長史韋虛心；八、朝集使鄭州刺史賈曾；九、朝集使懷州刺史王丘；十、御史中丞兼戶部侍郎宇文融。試判將畢，遽召入禁中決定。吏部尚書裴漼、侍郎蔣欽緒，皆不得預。吳兢上表諫曰：「陛下曲受讒言，不信有司。然則居上臨人之道，經邦緯俗之規。必在推誠。方能感物。昔陳平、邴吉，漢之宰相，尚不對錢穀之數，不問路死之人。況我大唐天子，豈得下行選曹之事乎？凡是選人書判。並請委之有司。停此十銓分選。依舊以三銓為定。」帝未即從。

張說為宰相積年，而貪財賄。時亦多之，亦汙之。每中書議事，及眾僚巡廳，或有所忤，立便叱罵。朝野上下相謂曰：「燕公之言，毒於極刑。」說素惡宇文融之為人，又患其權重，融所奏請，說多抑之。御史中丞蔣欽緒、監頓使劉日正上表言封禪所歷鄭、懷、滑、濮、魏、濟、齊、兗、徐、亳、宋、曹、汴、許、豫、仙一十六州，濟州刺史裴耀卿奏課第一。融奏請以大州賞之，說不許。由是，銓綜失敘。融每憤憤，有不平之色。

王丘、崔沔分掌十銓，以清直稱，選人為之歌曰：「丘山岌岌連天峻，沔水澂澂澈底清。」宇文融奏授京官。張說既兼尚書右丞相，擇左、右丞之才，舉王丘為左丞，齊澣為右丞。因與崔沔不睦，故抑而不許。

朝集使陳州刺史李邕能書，長於碑頌，行押尤善，為當時之玅。邕齎其集詣孫逖，託知己之分。逖以李邕能文愛士，方之賈生、信陵。進士崔顥，得美名於京下。極有俊才，而無士行，最好賭錢喫酒，娶妻擇美貌者，稍不愜意即去之，前後數四。李邕聞其名，辟館招之。崔顥欣然而至，坐定，李邕問崔顥曰：「子將得詩來耶？」崔顥於懷中取出詩卷獻李邕。李邕接來看時，首章卻是一首《古意》。詩曰：「十五嫁王昌，盈盈入畫堂。自矜年正少，復倚婿為郎。舞愛前溪綠，歌憐子夜長。閒來鬥百草，度日不成妝。」李邕看了崔顥此詩，勃然變色，大怒曰：「小子無禮！」說罷，拂袖而入。崔顥羞慚而退。離了京師，迤邐來到鄂州城。看見那一派江景非常，觀之不足。忽行到一座江樓前過，擡頭看時，朱紅牌額上寫著三個金字，道：「黃鶴樓」。世人傳說三國時蜀相費禕成仙，曾駕黃鶴少憩此樓，故名為「黃鶴樓」。崔顥便上樓來，就觀江景。

此時正是青春天氣，日暖風和，崔顥凴欄舉目看時，祇見長江浩浩西來，雲帆茫茫東去，淘淘白浪，滾滾素波，真個是好江景也！崔顥喫了幾盃酒，悶上心來，驀然間想起在京繁華之事，不覺悽然淚下。於是取筆在壁上寫了八句七言詩，寫道：「昔人已乘白雲去，此地空餘黃鶴樓。黃鶴一去不復返，白雲千載空悠悠。晴川歷歷漢陽樹，春草萋萋鸚鵡洲。日暮鄉關何處在？煙波江上使人愁。」崔顥題罷詩，又去後面大書五字道：「博陵崔顥作」。寫罷，便叫酒保祘還了酒錢。崔顥下樓，登舟望維揚去了。

且說李邕自崔顥去後，時望稍減，李邕卻頗自矜誇，自云當居相位。張說聞而惡之，乃密使人誣告李邕犯贓，遂收李邕下獄鞫訊。有司奏李邕坐贓，應死。

是時許州人孔璋上書救李邕，書略曰：「山東布衣臣孔璋言：臣聞明主御宇，捨過舉能，取材棄行；烈士抗節，勇不避死，見危授命。晉用林父，豈念過乎？漢用陳平，豈念行乎？禽息殞身，北郭碎首，豈愛死乎？向若林父誅，陳平死，百里不用，晏嬰見逐，是晉無赤狄之士，漢無皇極之尊，秦不併西戎，齊不霸東海矣！

臣伏見陳州刺史李邕，學成師範，文堪經國；剛毅忠烈，難不苟免。往者張易之用權，人畏其口，而邕折其角；韋氏恃勢，言出禍應，而邕挫其鋒。雖身受謫屈，而奸謀中損，即邕有大造於我邦家也。且斯人所能者，拯孤恤窮，救乏振惠，積而便散，家無私聚。今聞坐贓下吏，鞫訊待報，將至極刑，死在朝夕。

臣聞生無益於國，不若殺身以明賢。臣朽賤庸夫，輪轅無取，獸息禽視，雖生何為！況賢為國寶，社稷之衛，是臣痛惜深矣！臣願六尺之軀，甘受膏斧，以代邕死。臣之死，所謂落一毛；邕之生，有足照千里。然臣與邕，生平不款，臣知有邕，邕不知有臣。臣不逮邕，明矣！夫知賢而舉，仁也；代人任患，義也。臣獲二善而死。且不朽，則又何求！陛下若以臣之賤不足以贖邕，雁門縫掖有效矣。伏惟陛下寬邕之生，速臣之死。令邕率德改行，想林父之功；使臣得瞑目黃泉，附北郭之跡，臣之大願畢矣！陛下即以陽和之始，難於用鉞，俟天成命，敢忘伏劍，豈煩大刑，然後歸死。皇天后土，實照臣之心。

昔吳、楚七國叛，因亞夫得劇孟，則寇不足憂。夫以一賢之能，敵七國之眾。伏惟敷含垢之道，存棄瑕之義；遠思劇孟，近取李邕，豈惟成愷悌之澤，實亦歸天下之望！況大禮之後，天地更新，赦而復論，人誰無罪？惟明主圖之。臣聞士為知己者死。且臣不為死者所知，甘於死者，豈獨為惜邕之賢，亦成陛下矜能之德。惟明主圖之！」疏奏，李邕減死，黜為欽州遵化縣尉。孔璋亦配流嶺南。張說悔，欲止而不及。

卻說朝廷授契丹松漠都督李邵固為左羽林員外大將軍，改封廣化郡王，奚饒樂都督李魯蘇為右羽林員外大將軍，改封奉誠郡王。帝又封從外甥女陳氏為東華公主，出降李邵固；成安公主之女韋氏為東光公主，出降李魯蘇。

張說以貞觀、顯慶增修五禮儀注，頗有不同，請與學士徐堅等討論古今，刪改行用。帝從之，令張說與堅等修定五禮。

王希夷求歸兗州，優詔許之，加朝散大夫，授國子博士致仕還山，賜衣一襲、絹百匹。敕州縣春秋致束帛酒肉以為常。

是時河南尹崔隱甫為政嚴猛，威名大著，帝欲大用之。張說薄其無文，奏擬金吾大將軍；薦殿中監崔日知，請授御史大夫。帝弗從，擢崔隱甫為御史大夫，以崔日知為羽林大將軍。宇文融以張說之言，告知隱甫。隱甫不悅，遂與張說不睦。隱甫在憲司，彈駁公卿，無所迴避，百僚憚之。自貞觀以來，別置臺獄，有所鞫訊，便輒繫之。由是自中丞、侍御史以下，各自禁人，牢扉常滿。隱甫引故事，奏以為不便，遂掘去之，自此罕聞風彈舉之事。融又表奏外弟碭山令韋恒，極有經濟之才，請以己之官秩回授，帝擢為殿中侍御史。

融又舉姜皎外甥李林甫為御史中丞。林甫乃唐室宗親，長平王李叔良曾孫，原州長史李孝斌之孫，揚州參軍李思誨之子也。少孤，姜皎鞠養之。林甫自幼不甚讀書，每日遊蕩無度。專好鷹犬走馬，打毬蹴踘。姜皎甚寵愛之。源乾曜自京尹復相，林甫為太子中允，皎託乾曜子源潔，白乾曜曰：「哥奴求為司門郎中。」哥奴，即林甫小字也。乾曜曰：「郎官須有素行才望高者，哥奴豈是郎官耶？」除林甫為太子右諭德。後為國子司業，大振綱紀。融既與張說有隙，故引為同列。自此之後，融每日與隱甫、林甫在御史臺議事。

張九齡謂張說曰：「宇文融承恩用事，辯給多詞，不可不備。」張說不以為意，曰：「此狗鼠輩，焉能為事！」

旬日之後，崔隱甫、宇文融、李林甫等連名上疏，彈劾張說引術士王慶則占卜吉凶及中書主事張觀受贓等事，廷奏其狀，詞甚峻刻。帝怒，令源乾曜會同崔隱甫、刑部尚書韋抗、大理少卿明珪就尚書省鞫問。事皆驗。張說兄左庶子張光詣闕，割耳稱冤。帝令高力士探視，回報曰：「張說蓬首垢面，坐於草上，於瓦器中食，自罰憂懼之甚。」帝憐之。力士又曰：「張說曾為陛下侍讀，又於國有功。」帝然其言，遂停張說兼中書令，將張觀、王慶則杖殺，其餘左衛長史范堯臣等，貶黜者十餘人。

帝令源乾曜擇堪為宰相者，乾曜薦盧從願代張說。帝曰：「從願廣佔田園，是不廉也！」遂不用盧從願，而擢李元紘為中書侍郎、同平章事。

卻說李元紘素有清直之稱，既知政事，稍抑奔競之路，務進者頗憚之。於是裴漼轉太子賓客，崔日知授太常卿。李元紘雅重度支郎中宋遙，引為中書舍人，又奏太常少卿劉晃貪冒財賄，黜為連州刺史。帝授李元紘銀青光祿大夫，賜爵清水男。

駕部員外郎王翰家業富盛，性又華侈，每自比於王侯，頤指儕類。由此見嫉，出除汝州長史。王翰至汝州，召集賢豪，從禽擊鼓，以行樂為事。名士祖詠、杜華，常與王翰往來。杜華母崔氏謂華曰：「吾聞孟母三遷，吾今欲卜居，使汝與王翰為鄰，足矣！」

第二十三回　王君㚟奇襲大非川　賈師順嬰守常樂縣

卻說黑水靺鞨遣使來朝，請置漢官。朝廷以其地為黑水州，置黑水都督府，以其最大部落長倪屬利稽為都督，諸部刺史皆隸焉。仍置長史，遣使鎮押。

忽汗州都督、渤海郡王大武藝謂其屬曰：「黑水途經我境，始與唐家相通。舊請突厥吐屯，皆先告我同去。今不計會，即請漢官，必是與唐家通謀，腹背攻我也。」乃遣大門藝及其舅任雅以兵擊黑水。大門藝，大武藝之母弟也。曾為渤海質子於唐，諫曰：「黑水請唐家官吏，即欲擊之，是背唐也。唐國人眾兵強，萬倍於我，一朝結怨，但恐自取滅亡。昔高句麗全盛之時，強兵三十餘萬，抗敵唐家，不事賓伏，唐兵一臨，掃地俱盡。今日渤海之眾，數倍少於高句麗，乃欲違背唐家，事必不可。」大武藝弗從，強遣之，大門藝至軍，又上書切諫。大武藝怒，召之，使其從兄大壹夏代將，欲殺大門藝。大門藝自渤海來奔，帝以為左驍衛員外將軍。

契丹可突于來朝進貢，李元紘不以禮待，可突于怏怏不平，自回契丹去了。時特進、尚書右丞相張說雖罷知政事，恩顧未衰。朝廷每有軍國大事，帝輒遣中官先訪其可否。張說謂中官曰：「兩蕃必叛。可突于狡猘翻覆，唯利是視，執其國政，人心附之，若不優禮縻之，必不來矣！」兵部侍郎裴光庭奏帝，請於定、恒、莫、易、滄州添兵，出工部尚書張嘉貞為定州刺史、知北平軍事，進爵河東公，禦備胡寇。

張嘉貞久歷清顯，不事家產。及莅定州，或勸之買田宅，張嘉貞曰：「吾忝歷官榮，曾任國相，未死之際，豈憂饑餒？若負譴責，雖富田莊，亦無用也。比見朝士廣佔良田，及身歿後，皆為無賴子弟作酒色之資，甚無謂也。」聞者莫不歎服。

是年夏六月，兩河亢陽不雨，洛陽大風，發屋拔木。帝以久旱不雨，遣工部尚書盧從願祭東嶽，河南尹張敬忠祭中嶽，御史中丞兼戶部侍郎宇文融祭西嶽及西海河瀆，太常少卿張九齡祭南嶽及南海，黃門侍郎李暠祭北嶽，右庶子何鸞祭東海，宗正少卿鄭繇祭淮瀆，少詹事張晤祭江瀆，河南少尹李暈祭北海及濟瀆。又命光祿卿孟溫禮祭風伯，左庶子吳兢祭雨師。又命公卿大臣各上封事，指陳得失。

吳兢上疏諫曰：「自春以來，亢陽不雨，六月戊午，大風拔樹，壞居人廬舍。傳曰：『欲德不用，厥災旱。上下蔽隔，庶位逾節，陰侵於陽，則旱災應。』又曰：『政悖德隱，厥風發屋壞木。』風，陰類大臣之象，恐陛下左右，有奸臣擅權，懷謀上之心。臣聞百王之失，皆由權移於下，故曰：『人主與人權，猶倒持太阿，授之以柄。』夫天降災異，欲人主感悟，願深察天變，杜絕其萌。且陛下承天后、和帝之亂，府庫未充，冗員尚繁，戶口流散，法出多門，賕謁大行，趨競彌廣：此弊未革，實陛下庶政之闕也。臣不勝惓惓，願斥屏群小，不為慢遊，出不御之女，減不急之馬，明選舉，慎刑罰，杜僥倖，存至公，雖有旱風之變，不足累聖德矣！」

秋七月，瀍水泛漲，懷、鄭、汴、滑、衛、濮、許等州大雨，人皆巢居，溺死者以千數。滄州大風，海船十沉一二；蘇、同、常、福四州大水，漂壞廬舍無數。天下十五州霜害，五十州水潦。而山東諸州因封禪之故，勞費甚夥，積歲之儲殆盡。於是各州各縣，雪片也似申奏將來。

朝廷遣右監門大將軍、知內侍省事黎敬仁宣慰諸州。出戶部尚書王晙為朔方軍節度大使，帶關內支度、營田使。

宇文融又表奏魏州霪雨傷稼，崔沔弛山澤之禁，先行後聞，賴以全活者萬計。帝聞，乃下詔褒美，因授左散騎常侍。濟州黃河堤破，裴耀卿不待詔至，改修堤防，以安百姓。朝廷降詔，改除宣州刺史。耀卿因河堤未成，恐眾人懈怠，不即宣佈，護作如初。及河堤成，州人皆賀。耀卿出詔示之，解印綬去。吏人莫不流涕，相與立碑頌德。

帝又命宇文融為河南、河北宣撫使，往河南、河北遭水諸州檢覆振給。忽安西四鎮飛報：「突騎施可汗蘇祿先與杜暹不睦，發兵分寇四鎮。」帝即降詔加杜暹同平章事，徵還朝廷。河隴又報：「吐蕃大將悉諾邏率眾入寇大斗拔谷，又攻甘州，焚掠市里。王君㚟閉城自守，不敢出戰。」

是歲冬十月，駕幸汝州廣成湯。正是嚴冬天氣，彤雲密佈，朔風漸起，卻早紛紛揚揚飛下一天瑞雪來。時有五色鸚鵡養於行宮中，帝令左右試牽御衣，其鳥瞋目啄手，不許近前。岐王府文學能延景乃作《鸚鵡篇》一篇，獻與帝。帝乃出其鳥及能延景所述篇以示朝列。張說表賀，以為祥瑞。表略云：「臣按《南海異物誌》，有時樂鳥，鳴皆曰『天下太平』，有道則見。臣驗其圖，丹首紅臆，朱冠綠翼，與此鸚鵡無異，而心聰性辯，護主報恩，故非常品凡禽，實瑞經所謂時樂鳥也。延景雖敘其事，未正其名，望編國史，以彰聖瑞。」詔許之。

旬日內，杜暹入朝，帝嘉暹于闐之功，加賜絹二百匹、甲第一區、廄馬一匹。安西都護趙頤貞嬰城固守，四鎮人畜貯積盡為蘇祿所掠，安西僅存。

卻說李元紘、杜暹為相，以宋璟兼吏部尚書事，又用戶部侍郎蘇晉、尚書右丞齊澣為侍郎，當時以為美選。遂停十銓分選，仍以三銓為定。蘇晉、齊澣遞於京都知選事，既糊名弢判，晉獨多賞拔，甚得當時之譽。澣嘗奏事，帝嘉其稱旨，乃指政事堂曰：「非卿尚誰居者！」

憲司故事，大夫以下至監察御史，競為官政，略無承稟。崔隱甫一切督責，事無大小，悉令諮決；稍有忤意者，便列上其罪，前後貶黜者殆半，群僚側目。帝詔刑部尚書盧從願充校京官弢使，崔隱甫充校外官弢使。舊例皆委參問，經春未定。隱甫於省中校弢，召集天下朝集使，一日便畢，時人伏其敏斷。帝謂隱甫曰：「卿為御史大夫，海內咸云稱職，甚副朕之所委也！」

卻說悉諾邏攻城，兩月不下。時遇暮冬天氣，連日朔風緊起，四下裡彤雲密佈，又早紛紛揚揚下著滿天大雪。蕃兵凍死者甚眾。悉諾邏下令拔寨都起。探細的軍聽得這個消息，報與王君㚟。君㚟已有計了，暗差人偷小路潛入蕃境，去大非川，盡燒野草。悉諾邏勒兵取積石軍西路而還，行至大非川，軍皆饑疲，馬亦困乏。悉諾邏令軍士皆解衣卸甲少歇，盡放其馬。人報大非川野草皆盡。悉諾邏疑慮，不敢久留。下令連夜拔寨盡起，火急回軍。蕃兵冒雪而行，多有饑乏倒於路者。

卻說王君㚟引大軍俱到青海西頭，時正值海水冰合，唐兵乘冰盡渡青海。悉諾邏催速行，方才過了大非川時，忽聽得後面喊聲大震，鼓角齊鳴。原來唐將引軍掩到，大叫：「賊將走那裡去！」悉諾邏猛回頭看時，為首一員大將，小頭銳面，猿臂虯鬚：乃是王君㚟。悉諾邏大怒，回馬交鋒。那王君㚟的丈八蛇矛神出鬼沒，悉諾邏見了，先自八分膽喪。鬥不過二十餘合，悉諾邏勒回馬便走。君㚟驅兵掩殺，蕃兵大敗，軍馬輜重，連路散棄而走。君㚟揮軍追趕，虜獲生口、羊馬不計其數，大勝而還。

旬日內，王君㚟入朝，帝御廣達樓，設宴慶賀。拜王君㚟為右羽林大將軍，賜爵晉昌伯。其妻夏氏亦以有功，特封武威郡夫人。帝謂君㚟等曰：「吐蕃小醜，敢懷逆命，趣竊亭鄣，以逞兇狂。卿等智勇夙彰，軍威克振，才整旗鼓，屢翦渠魁，深入寇庭，當甚勞耳！」

帝志方盛，以為四夷不足吞滅。正值巂州都督張審素進二鬥羊，張說上疏諫曰：「臣聞勇士冠雞，武夫戴鶡，推情舉類，獲此鬥羊。遠生越巂，蓄性剛決，敵不避強，戰不顧死，雖為微物，志不可挫。伏惟陛下選良家於六郡，求猛士於四方，鳥不遁材，獸不藏伎。如蒙效奇靈囿，角力天場，卻鼓怒以作氣，前躑躅以奮擊。趹若奔雲之交觸，碎如轉石之相叩，裂骨賭勝，濺血爭雄，敢毅見而衝冠，鷙狠聞而擊節。冀將少助明主市駿骨、揖怒蛙之意也。若使羊能言，必將曰『若鬥不解，立有死者』。所賴至仁無殘，量力取歡焉。」帝納其言，以絹帛雜綵千匹賜之。

時王毛仲以藩邸之舊，恩寵莫與為比。既與李守德相善，又與葛福順為姻親，北衙禁兵皆受毛仲私惠，進退隨其指使。萬騎將軍馬崇清晝殺人，王毛仲令刑部員外郎裴寬有所降恕，裴寬執而不從，馬崇卒以伏法。毛仲貴倨恃舊，數為不法。帝知之，每遣中官問訊。毛仲受詔之後，稍不如意，必恣其淩辱，而後遣還。帝亦優容之。毛仲益自驕貴，求為兵部尚書，帝弗許，遂以為殿中監。毛仲怏怏，見於詞色。

魏州黃河堤破，漂損田稼。而崔隱甫、宇文融與張說互為朋黨，數相譖毀。帝惡張說、宇文融冰炭不相容，詔張說致仕，在家修史；崔隱甫免官，歸鄉侍母；宇文融亦出為魏州刺史。至此，朝廷稍安。

是時初廢京司職田，杜暹上疏，請於關輔置屯，以實倉稟。帝聚文武計議。李元紘奏曰：「軍國不同，中外異制。若人閒無役，地棄不墾，發閒人以耕棄地，省饋運以實軍糧，於是乎有屯田，其為益多矣。今百官所退職田，散在諸縣，不可聚也。百姓所有私田，皆力自耕墾，不可取也。若置屯田，即須公私相換，徵發丁夫，徵役則業廢於家，免庸則賦闕於國。內地置屯，古所未有，得不補失，或恐未可。」暹議遂止。

晉州大水又起，漂沒廬舍。時帝以太子諸王年齒漸長，命於安國寺東，附苑城為大宅，與太子諸王分院居住，號為「十王宅」。十王，謂太子，及慶、忠、棣、鄂、榮、光、儀、潁、永、壽、延、盛、濟也，舉以全數。中官楊思勖押之，於夾城中起居，每日家令進膳，自此太子不居東宮。是歲，帝詔慶、忠二王，與棣、鄂、榮、光、儀、潁、永、壽、延、盛十王，遙領州牧、大都督、節度大使、大都護。

諸王皆不出閤，雖開府置官屬及領藩鎮，惟侍讀時入院授書，而府幕列於外坊。因此王府官屬，但歲時通名起居而已；至於藩鎮官屬，亦不通名。

且說吳兢自舊歲就集賢院撰《唐書》及《唐春秋》，而今張說又在家修《國史》。李元紘以史官要職，奏曰：「國史者，記人君善惡，國政損益，一字褒貶，千載稱之，前賢所難，事匪容易。

今張說在家修史，吳兢又在集賢院撰錄，遂令國之大典，散在數處。且太宗別置史館，在於禁中，所以重其職，而秘其事也。望勒說等就史館參詳撰錄，則典冊有憑，舊章不墜矣。」帝從之，即令吳兢、張說並就史館修撰。

秋七月，雷震興教門樓兩鴟吻，火燒樓柱，良久方滅；冀、幽、莫三州大水；鄜、同二州大雨；洛水泛漲，平地丈餘，漂沒百姓廬舍二千餘家，溺死者數千人；天下十七州霜旱，六十三州水潦。

是年九月，吐蕃大將悉諾邏打破瓜州，瓜州刺史、兼墨離軍使田元獻被執。時王君㚟之父王壽，以少府監致仕，養老在家，亦被擒了。悉諾邏又將瓜州官民，殺戮一空，倉廒庫藏，盡被擄去。既毀瓜州，大掠諸縣。分寇肅州，攻玉門軍。

常樂縣令賈師順會集百姓，死守縣城。悉諾邏將蕃兵數萬來攻，旬日不破。悉諾邏令人夜至城下，謂賈師順曰：「瓜州失守，吐蕃盡眾來此，公拒守孤城，豈能久乎？何不早降，以全城中之眾。」師順荅曰：「師順七尺男兒，堂堂漢臣，衹可以死拒寇，豈得背恩降賊！」悉諾邏又攻城八日，復遣人謂賈師順曰：「公既不降，吾眾欲還，城中豈無財物以相贈耶？」師順遂令士卒盡脫衣裳，抛下城來。悉諾邏知城中無財帛，星夜拔寨而去。賈師順遽開城門，盡收資糧器械入城，更修守備。悉諾邏果遣裨將莽布支引兵還擊，得知賈師順有備，遂引眾盡皆退去。

悉諾邏得勝，威名大振。乃縱俘虜歸涼州，以言挑王君㚟曰：「將軍嘗欲以忠勇報國，今日何不一戰？」君㚟聞父被執，登城西向而哭，竟不敢出兵。

於是回紇瀚海都督承宗、渾皋蘭都督大德、契苾賀蘭都督承明、思結盧山都督歸國，皆恥在君㚟麾下。君㚟深惡之，遂用河西節度判官宋貞之計，上疏誣奏回紇、契苾、思結、渾四部落，潛有叛謀。帝怒，詔承宗流瀼州，大德流吉州，承明流藤州，歸國流瓊州。右散騎常侍李令問連姻回紇，黜為撫州別駕。回紇瀚海司馬護輸，陰結黨羽，欲為承宗報讎，恨無其便。

再說吐蕃墀德祖贊遣大相論悉諾邏，與突騎施可汗蘇祿圍安西城，安西副大都護趙頤貞縱奇兵出，大破兩家之兵。蘇祿聞杜暹入相，引軍暫退。尋思良久，又遣使入貢。正值吐火羅遣使請兵伐大食，上表曰：「奴身罪逆不孝，慈父身被大食統押。應徹天聰，頌奉天可汗進旨云：『大食欺侵，我即與你氣力。』奴身今被大食重稅，欺苦實深。若不得天可汗救活，奴身自活不得，國土必遭破散，求防守天可汗西門不得。伏望天可汗慈憫，與奴身多少氣力，使得活路。又承天可汗處分突厥騎施可汗云：『西頭事委你，即須發兵除卻大食。』其事若實，望天可汗卻垂處分奴身，緣大食稅急，不求得好物奉進，望天可汗照之。所欲驅遣奴身，及須以西方物，並請處分奴身，一一頭戴，不敢怠慢。」帝即令蘇祿，發兵救應不題。

卻說吐蕃遣使去突厥處通盟，使者齎書，星夜偷小路趨突厥，往見苾伽可汗。哨馬探知，急來報知王君㚟。君㚟大驚，遂被甲上馬，將其麾下壯士數十騎出城。君㚟縱馬趕至肅州，吐蕃使者已去得遠了。君㚟引眾怏怏而還，至甘州城南鞏爐驛。早撞出一彪人馬，當先擁出回紇瀚海司馬護輸，攔住去路。君㚟問曰：「護輸何故引兵攔吾去路？」護輸厲聲高叫：「我等你多時，特來為都督報讎！」言訖，揮鞭一指，回紇兵擁將過來，四面團團圍住。君㚟令從騎往來突殺。爭奈回紇兵圍裹堅厚，不能衝出。判官宋貞，被護輸一刀斬之。回紇兵共剖其腹，曰：「始謀者，爾也！」自平明混殺至日落，君臭左右，被護輸殺個盡絕。君臭獨挺丈八蛇矛在陣中衝突。回紇兵死戰不退。可憐悍勇英雄，怎奈寡不敵眾，更兼護輸十分勇猛。君臭被護輸殺死。

護輸等既殺君臭，自知難免，馱君臭之屍，欲投吐蕃去。行不數里，祇見前面塵頭忽起，一枝兵到，截住去路，為首乃王君臭部將張守珪也。守珪字元寶，乃陝州河北人。守珪美儀貌，性沉毅，有節義。先事郭虔瓘，後從郭知運、王君臭，從軍十餘年，累立奇功，現為明威將軍、左金吾將軍，領甘州刺史、兼建康軍使。護輸膽戰心驚，不敢交鋒，望肅州斜路而走。守珪素知護輸勇，亦不敢相逼。被這邊將士奮力向前，戰退護輸，僅搶君臭屍首，馬載而還。

第二十四回　張守珪智敗悉諾邏　美髯公巧使反間計

君㚟既死，河西、隴右人人震駭。流星馬報入洛陽，朝中文武皆驚。帝聞王君㚟為回紇所殺，甚痛惜之，詔贈特進、荊州大都督，命厚葬之。以盧從願復為東都留守，進爵固安子。駕還西京，群臣共議禦吐蕃之策。眾議皆謂河西危急，隴右騷動，當差重臣鎮守西涼，以安眾心。忽一人從班部中奮然而出曰：「微臣不才，願效犬馬之勞，去守涼州，伏取聖旨。」帝視之，乃兵部侍郎蕭嵩也。帝即降詔，擢蕭嵩為兵部尚書，領河西節度使，使往涼州到任。

先是，王忠嗣自父喪之後，養於禁中累年，與忠王同遊。及長，雄毅寡言，嚴重有武略。帝與之論兵，忠嗣應對縱橫，皆出意表。帝奇其材，歎曰：「爾後必為良將，萬戶侯豈足道哉！」乃試守代州別駕，以習戎事。巨奸大猾閉門自斂，不敢干法。數以單騎出雁門關，所向披靡。胡虜憚邊，不敢抵當。忠王上言：「忠嗣數與虜敵戰，恐亡之。」由是徵還。累授中郎將，從蕭嵩出塞。降詔以付蕭嵩，但使忠嗣飽習軍陣容，通知四夷事，不可特將。

又命信安王李禕，持節充朔方節度副大使、知節度事、攝御史大夫。禕乃吳王李恪之孫，幽州刺史李琨之子也。少孤，有志尚，事繼母甚謹，撫異母弟李袛等以篤友聞。景龍末，為太子僕、兼徐州別駕。因李琨早卒，李禕當襲封，上表讓爵於李袛，中宗嘉之，卒封李禕嗣江王，以繼江王李囂後。睿宗踐祚，歷德、豫等州刺史。及帝即位，改蜀、濮等州刺史，蒞政清嚴，吏人畏服之。入為光祿卿，又遷將作大匠，改封信安郡王，尋拜左金吾大將軍。今授朔方節度使，以防突厥。

又命宗室黃門侍郎李暠兼太原尹，充太原以北諸軍節度使，督河東之兵，與定州張嘉貞、幽州李尚隱相知。暠乃淮安王李神通之後，鄭州刺史李瑜之子也。少孤，事母以孝聞。性清慎，美風儀，好文學。睿宗時，為衛尉少卿。丁母憂去職，柴毀骨立。家人密親，未嘗窺其言笑。及帝即位，為汝州刺史，為政嚴簡，境內肅然。李暠兄李昪、弟李暈，每月自洛陽省李暠，往來微行，州人不之覺。徵入，拜太常少卿，再遷兵部侍郎，所歷皆有威重之稱。今授河東節度使，以防兩蕃。

忽報突厥有使齎書到。原來吐蕃使者至突厥，見了苾伽可汗，呈上國書，言結盟之事。苾伽大集文武，商議起兵伐唐。此時暾欲谷新亡，有宰相康阿義屈達干，有武略，工騎射，歷事骨咄祿、默啜、苾伽三朝，以信行清操知名。可汗每有過失，未嘗不直言切諫，蕃人甚敬重之，以方宋璟。苾伽議欲南寇，康阿義屈達干以為不可。苾伽從之，遣梅錄啜入貢。梅錄啜辭了苾伽，徑到長安。帝聚文武於丹墀，令梅錄啜入。梅錄啜再拜，致苾伽可汗相敬之意，獻上駿馬三十匹，並呈贊普所送與可汗密書。帝看畢大喜，即下詔，以朔方西受降城為蕃漢互市之所，每歲齎絹繒綵帛數十萬就市蕃馬，以助軍旅。設宴相待梅錄啜，厚賞之，打發回本蕃不題。

卻說蕭嵩自到西涼，有涇州鶉觚人，姓牛，名仙客，字嘉賓，乃漢護羌校尉牛邯之後。本為縣府小吏，為縣令傅文靜所重。郭知運節制隴右，文靜為營田使，數稱仙客之材，引在左右。知運數獎拔之，累遷洮州司馬。王君㚟鎮河、湟，薦為河西節度判官。仙客清幹信謹，君㚟甚委信之。嵩教仙客仍為判官，復以軍政委之。仙客清勤在公，奉上接下，衿懷信實，嵩甚賞之。又保舉河西支度營田判官郭虛己為判官，裴寬為支度營田判官，賈師順為沙州刺史、兼豆盧軍使，張守珪為瓜州刺史、兼墨離軍使。由此，河西、隴右吏民安堵。

張守珪來瓜州到任，率將吏士，修築城垣房屋，召民居住。板堞才立，忽然流星探馬報到，說：「吐蕃大相論悉諾邏統領兵馬，望瓜州蜂擁而來！」守珪引眾登城望之，果然塵土沖天，蕃兵如黑雲湧出千百萬人馬相似，蓋地而來。眾人都相顧錯愕，莫有鬥志。守珪謂眾軍曰：「賊眾我寡，瓜州又創痍之後，不可以矢石相拒，須以奇謀取勝也。」眾皆點頭稱善。守珪傳令，挑選強壯軍士五千，伏於城門之內；又教那些老弱軍士，不必守城，將旗幡盡皆隱匿：衹許在城內走動，不得出城。分撥已定，守珪乃教軍士扛擡酒饌，到城上擺設。守珪隨即領眾上城樓笑談劇飲。叫軍士大開城門，等那蕃兵到來。

多樣時，悉諾邏領著十餘員偏將，雄糾糾氣昂昂的殺奔到城下來。望見城門大開，守珪於城樓上花堆錦簇，大吹大擂的在那裡喫酒。四面城垣上，旗幡影兒也不見一個。悉諾邏疑訝，不敢上前。暗想：「城中必有準備。我每當速退兵，勿中他詭計。」急教退軍時，衹聽得城樓上一聲礮響，喊聲震天，鼓聲振地，旌旗無數的在城垣內來往。蕃兵聽了主將說話，已是驚疑。今見城中如此，不戰自亂。城內張守珪領兵殺出城來，蕃軍大亂，四散亂竄逃生，殺死者甚眾。守珪得勝，收兵回城。修葺城垣，撫諭居民。

瓜州地多沙磧，年年少雨，軍民引雪水以溉田，其時渠堰盡為蕃兵所毀，既乏材木，難以修葺。守珪於夜半時分，率將吏士，椎牛宰馬，祭祀神明。是夜祭罷，平明視之，山水暴至，大漂材木，塞澗而流，直至城下。守珪乃使軍民取材充堰，於是水道復舊。

蕭嵩表奏守珪大功，朝廷加守珪為宣威將軍、左領衛率，昇瓜州為都督府，以守珪為都督。蕭嵩密使近人去河、隴境界，佈散流言。說：「悉諾邏功多矣，然而終不得裂地而王，欲與中國暗通，以滅贊普而分王其地。」這消息播入吐蕃，早驚動了贊普。贊普聞知，大怒曰：「我聞悉諾邏在邊境與敵人相通，今果然矣！」遂遣使罷悉諾邏兵權而召之，令蕃將悉末朗代領其軍。悉諾邏回至邏些城，被贊普所殺。

悉諾邏既死，吐蕃軍勢少衰。朝廷降詔，令於隴右及臨洮、河源等軍屯重兵六萬，河西及赤水、玉門諸軍屯精兵四萬，秣馬厲兵，以備不虞。又於關中徵驍勇一萬屯臨洮，朔方取健兒弩手一萬屯會州，夏末駐軍備寇，冬初無事則罷：這四路兵馬，首尾相衛，互為犄角，每待蕃兵入寇，輒候其所向，腹背擊之。又遣使大理正攝鴻臚少卿喬夢松，齎詔封疏勒阿摩支知王事、左武衛員外大將軍裴安定為疏勒王，於闐阿摩支知王事、右武衛員外大將軍尉遲伏師為于闐王。

河北人饑，詔宇文融為河北宣撫使，巡行諸州，振給貧乏。融疏決漕路，徵江淮富戶押船，轉運江南租米百萬石，以濟黎民。裴耀卿轉冀州刺史，為政如在宣城。溫州別駕鍾紹京入朝見帝，垂泣奏曰：「陛下豈不記疇昔之事耶？何忍棄臣荒外，永不見闕庭。且當時立功之人，今並亡歿，唯臣衰老獨在，陛下豈不垂愍耶？」帝為之憫然，即日拜銀青光祿大夫、右諭德。

卻說李元紘在相位累年，不改第宅，僕馬弊劣，未曾改飾，所得賞賜，皆散之親族。宋璟每謂人曰：「李侍郎引宋遙之美才，黜劉晃之貪冒，貴為國相，家無儲積。雖季文子之德，何以加也！」杜暹亦以公清勤儉為己任，親友貺贈，一無所受。

次年春正月，帝始移仗興慶宮聽政。帝御勤政樓，大設酺宴，使人召劉晏至，楊淑妃抱著劉晏在膝上坐。

時樓下有倡優王大娘者，善戴百尺竿，竿上施木山，狀瀛洲、方丈，令小兒持絳節，出入其間，歌舞不輟。樓上樓下人見者，無不喝采。帝即命劉晏詠王大娘戴竿，晏略不思索，口占一首曰：「樓前百戲競爭新，唯有長竿妙入神，誰謂綺羅翻有力，猶自嫌輕更著人。」帝與三宮六院，諸嬪群妃，稱讚不已，歡笑多時。帝問劉晏曰：「卿為正字，正得幾字？」晏曰：「天下字皆正，唯『朋』字未正得。」帝改容，命以牙笏及黃文袍賜之。

張說奏帝，集儒官與緇服、黃冠，當夜於樓下置高座，辨道、釋、儒三教先後。京兆童子員俶，時年九歲，神明俊出，披儒服，昇高坐，機辯如流，論者屈伏。帝聞而奇之，召員俶至。見俶眉如墨畫，眼如點漆，滿心歡喜，問其姓名，乃員半千之孫也。帝再三歎羨，曰：「半千之孫，宜其若是！」乃授散官文學，直弘文館。又問曰：「外更有奇童，如兒者乎？」俶曰：「臣舅子李順，年七歲，聰敏，工詩賦。」

帝大喜，就使高力士前去取李順。順乃西魏太保、八柱國、司徒李弼六世孫也。父李承休，吳房令。休娶汝南周氏。周氏幼時，有異僧僧伽泗上來，見而奇之，曰：「此女後當歸李氏，而生三子，其最小者，慎勿以紫衣衣之，當起家金紫，為帝王師。」後周氏有娠三年，而生順。順生，髮至於眉，書讀一遍，必誦於口。為兒童時，身輕，能於屏風上立，薰籠上行。

帝方與張說弈棋消遣，劉晏、員俶在側。高力士抱李順到。帝見順骨清神爽，雙目猶如一汪秋水相似，謂張說曰：「後來者與前兒迥殊儀狀，真國器耳！」說亦以為然。帝命張說以才試之。說指棋曰：「即以此棋為題。爾能詠方圓動靜否？」順曰：「願即命題。」說曰：「方如棋局，圓如棋子，動如棋生，靜如棋死。爾可隨意虛作，詩中不許實道『棋』字。」順即應聲曰：「方如行義，圓如用智，動如逞才，靜如遂意。」帝及張說皆驚。說拜賀曰：「聖代嘉瑞也！」帝大喜，抱於膝上，撫其頭，叫左右取些時新果品，奇樣糖酥，與李順喫。

遂送李順入十王宅，與太子諸王共遊處。忠王留在院中，兩月方出。帝欲授李順官職，張說諫曰：「不可。此子年幼，若授官職，恐於彼有損無益。不如待其成器。」帝然其言，遂賜以衣服及繒綵數十匹。令高力士送還其家，且宣諭曰：「是國器也，當善視之！」

帝憂兩河水旱，使宇文融總其事。加融戶部侍郎，檢校汴州刺史，領河南宣撫使，兼兩河溝渠堤堰決九河使。融又畫策開王莽河，溉田數千頃，營《禹貢》九河舊道稻田，以富百姓；又置陸運本錢、回造船腳，官收其利。其後十餘歲，魏、博無水患。

帝授張說特進，依舊集賢院學士、兼知院事。張說出入禁中，專典文史。先是，張說致仕在家，往景山之陽，於先塋立碑。帝聞之，乃賜御書碑額以旌之。其文曰：「嗚呼，積善之墓。」與孔宣父延陵季子墓誌同體。儒者以為榮。

驃騎、右驍衛員外大將軍兼內侍楊思勖，果敢好殺，膂力過人。數討五嶺，斬山州首領梅玄成，擒溪州蠻酋覃行章，破邕州賊帥梁大海，俘瀓州刺史陳行範，多立奇勳；冠軍、左監門大將軍兼內侍高力士，出入禁闥二十餘年，小心謹慎，未嘗有過。二人甚見親信。而開府儀同三司兼殿中監王毛仲倨慢，視思勖、力士蔑如也。思勖、力士都恨毛仲，入於骨髓。

時朝廷未定贓估，李林甫上言曰：「天下定贓估，互有高下，如山南絹賤，河南絹貴，賤處計贓不至三百，即入死刑，貴處至七百以上，方至死刑。即輕重不侔，刑典安寄？請天下定贓估，絹每匹計五百五十價為限。」帝善之，乃敕依事施行。又想起揚州長史李朝隱處法平允，徵入朝，復授大理卿，進爵金城伯。

是歲秋七月，帝昇殿設朝，近臣奏曰：「吐蕃復入河西，寇略瓜、沙二州，尚書蕭嵩以判官郭虛己擊破之，斬其渠帥。隴右張志亮大破悉末朗於渴波谷，引軍趕至大莫門城，斬獲甚眾，焚其駱駝橋而還。今蕃兵又出祁連山，前軍臨祁連城之下，乞早發兵破敵。」帝聞奏大怒，謂李元紘、杜暹、源乾曜曰：「吐蕃驕暴。恃力而來，朕今按地圖。審利害，親指授將帥，破之必矣！」即降詔遣金吾大將軍裴旻到邊疆，宣諭河西、隴右、安西、劍南將士：「如得斬獲吐蕃贊普者，封異姓王；斬獲大將軍者，授大將軍；斬獲次以下者，授將軍、中郎將。不限白身官資，一例酬賞。」將士得令，各要爭功。唐軍士氣益壯。

卻說吐蕃悉末朗驅大兵出祁連山，來取祁連城。蕭嵩整點西涼馬步軍一萬、弓弩手四千，同裴旻前來迎敵，與蕃兵對陣。嵩縱馬出陣前，見蕃兵勢大，急調金吾將軍杜賓客，率四千弓弩手，各帶強弓硬弩，出陣前射住陣腳。唐陣中弓弩齊發，勢如驟雨。自辰時射至申時，蕃兵皆被衝散，首尾不能相救。嵩麾軍掩殺，蕃軍大敗，望祁連山四散奔走，哭聲不絕。這一場殺：擒獲吐蕃大將一人，斬首五千級。

捷書報到長安，朝廷加蕭嵩同中書門下三品。詔分諸軍兵募為五番，每年放一番還家洗沐，周而復始，每五年共酬勳五轉。

帝以征討吐蕃，國用為急，乃授戶部侍郎兼魏、汴州刺史、河南、河北宣撫使、江淮轉運使宇文融為鴻臚卿、兼戶部侍郎，徵還朝廷。盧從愿子起居郎盧論糶米入官有剩利，為憲司所劾，由是，從愿被黜為絳州刺史。帝授崔隱甫工部尚書，充東都留守。

第二十五回　信安王智取石堡城　王忠嗣大戰郁標川

再說劍南節度使張敬忠命嶲州都督張審素以盛兵攻西南蠻，拔昆明城，以其城為昆明軍，置兵五千以鎮之。蕭嵩又令張守珪、賈師順進兵攻吐蕃，破大同軍。吐蕃據石堡城，侵擾河、隴。那石堡城三面皆是峭壁，高萬餘仞。惟城西南山僻有一條小路，可通往來。朝廷命信安王就河、隴，同蕭嵩、張志亮商議取石堡城之計。

信安王受命，率兵來至臨洮，聚眾將於帳下，共議破蕃兵之策。信安王曰：「兵法云：攻其無備，出其不意。今若火速進兵，使蕃人不能提防，城可破也。」或曰：「此城據險，又為吐蕃所惜，今總軍深入，賊必並力拒守。事若不捷，退則狼狽，不如按軍持重，以觀形勢。」信安王對眾將虯鬚直視，按劍而言曰：「不入虎穴，不得虎子。人臣之節，豈憚艱險？必期眾寡不敵，寡人則以死繼之。苟利國家，此身何惜？」於是帳下諸將，皆應聲而言曰：「願遵軍令，萬死不辭！」

當夜，信安王乘著月色微明，引軍從赤嶺倍道而進，約行三十里。四山皆是懸崖峭壁，高萬餘仞，有若積刀，鐶鐶相比，中有一城，即石堡城。軍到城下時，恰才四更，月色澂清，城上更不知覺。信安王即便傳令，連夜攻城。一聲暗號，唐兵皆上城。蕃兵急放弩時，大半早被執下，餘者棄城而走。守城蕃將死於亂軍之中。信安王督軍剿殺。遂得石堡城，斬首四百級，生擒二百餘，所得糧草軍器極多。

信安王分兵據守，以遏賊路，犒軍已畢，班師回京。帝出郭迎接入城。信安王將石堡城所獲蕃軍，獻於太廟。獻俘禮畢，帝御花萼樓，大會文武，設宴慶功。加信安王禮部尚書。詔於石堡城置振武軍。自是河西、隴右諸軍遊弈，拓地千餘里。

卻說杜暹素無學術，每當朝談議，涉於淺近，與李元紘同列為相，多所異同，情遂不協。源乾曜卻無所參議，但唯諾署名而已。時有給事中嚴挺之，名浚，乃華州華陰人，魏州司功嚴方約之子也。有器幹，美容儀。曾為攷功員外郎，典舉平允，每歲登科者，頓減二分之一。杜暹與嚴挺之相善，朝廷命挺之與中書舍人宋遙等同攷吏部等第判。宋遙與挺之好尚不同，言於李元紘。元紘責挺之。挺之正色曰：「明公位尊國相，情溺小人，乃有憎惡，甚為不取也！」元紘曰：「小人為誰？」挺之曰：「即宋遙也。」元紘不悅，出為登州刺史。

源乾曜以年老微疾，屢表請乞骸骨。帝乃許之，停源乾曜兼侍中事，黜杜暹為荊州長史，李元紘為曹州刺史；俱罷知政事。授蕭嵩兼中書令，裴光庭為中書侍郎、同平章事，宇文融為黃門侍郎、同平章事。先是，宣州善相人者夏榮，嘗謂陸象先、蕭嵩曰：「陸郎十年內位極人臣，然不及蕭郎一門盡貴，官位高而有壽。」時蕭嵩未入仕，而陸象先為洛陽尉，宰相子，門望甚高。時人莫之許也。至此果應其言。

時當炎夏，王毛仲次妻李氏有娠，毛仲問帝借苑中亭子乘涼，帝欣然借之。吏部侍郎齊澣知其事，徑入宮中來諫帝曰：「福順典兵馬，與毛仲婚姻。毛仲小人，寵極則奸生，若不預圖，恐為後患，惟陛下思之。況腹心之委，何必毛仲，而高力士小心謹慎，又是閹官，便於禁中驅使。

臣雖過言，庶裨萬一。臣聞『君不密則失臣，臣不密則失身』，惟聖慮密之。」帝曰：「卿且出。朕知卿忠義，徐思其宜。」澣出，聞大理丞麻察犯事黜為興州別駕，徑來相送，告說其事。察奸巧佻薄，具奏齊澣之語。

帝怒，即召齊澣入內責曰：「卿向朕道『君不密則失臣，臣不密則失身』，而疑朕不密，而翻告麻察，是何密耶？麻察輕險無行，常遊太平之門，此日之事，卿豈不知耶？」澣免冠頓首謝罪。帝遂下詔，黜齊澣為高州良德縣丞。麻察賣友，再貶為潯州皇化縣尉。

帝自以歷職潞州，置大都督府，與益、荊、揚三州，為四大都督府，以崔日知為潞州長史。忽奏太原少尹嚴挺之有表，說：「王毛仲不挾敕，移牒太原軍器監，索要器仗，欲謀造反。」帝大驚。恐其黨羽驚懼為亂，乃隱其實狀。毛仲自此恩寵漸衰。

卻說蕭嵩在公慎密，人莫測也。以宰相遙領河西，薦牛仙客為太僕少卿，判涼州別駕事，知河西留後事，郭虛己為虞部員外郎，檢校涼州長史，充河西行軍司馬。又奏張守珪為右羽林將軍，兼鄯州都督，領隴右節度使。而宇文融性躁多言，兼江淮、河南轉運使，專知漕運，自以為國家興田戶之利，深自矜伐，嘗於門下省謂人曰：「使吾居此數月，庶令海內無事矣！」

時尚書蘇頲、常侍徐堅並已亡，帝愈重尚書右丞相張說。帝以張說帝師，與開府儀同三司兼吏部尚書宋璟、太子少保陸象先，皆碩德元老，乃遷張說為尚書左丞相。源乾曜亦拜太子少傅，進爵為侯。宇文融欲以天下為己任，因薦宋璟為尚書右丞相，裴耀卿為戶部侍郎，岐州刺史許景先為工部侍郎、兼知制誥，甚允朝廷之望。張說薦張九齡堪為學士，以備顧問。宇文融不悅，出為冀州刺史。九齡以母老，表請換江南一州，優詔許之，改授洪州都督。

張說與宋璟、源乾曜同日拜職，帝命賜以酒樂，大宴百僚於尚書省東堂。帝作《三傑詩》一篇，分賜與之。詩曰：「赤帝收三傑，黃軒舉二臣。由來丞相重，分掌國之鈞。我有握中璧，雙飛席上珍。子房推道要，仲子訝風神。復輟臺衡老，將為調護人。鵷鸞同拜日，車騎擁行塵。樂聚南宮宴，觴連北斗醇。俾予成百揆，垂拱問彝倫。」張說與宋璟、源乾曜拜舞謝恩已畢，各自賦詩一篇以和之。於是蕭嵩、裴光庭、宇文融等一班文武百僚，皆賦詩以繼和。

秋八月，帝以降誕日，宴百僚於花萼樓下。先奏太常雅樂立部、坐部，繼以鼓吹、胡樂，教坊府縣散樂、雜戲。大陳山車旱船，尋橦走索，丸劍角抵，戲馬鬥雞；又有數百個宮娥綵女，歌舞吹彈，花攢錦簇，賀天子聖壽無疆之慶。至黃昏時，閒廄使引舞馬入場，屈膝銜盃，傾心獻壽；五坊使又引犀牛、大象入場，或拜或舞，動中音律。張說、宋璟、源乾曜以八月五日，是帝降誕之辰，率百僚奏以此日為千秋節，群臣因獻甘露萬歲酎酒，王公戚里進金鏡綬帶，士庶村社壽酒宴樂。天下皆賀，休暇一日。帝悅而從之。是日盡歡。帝降誕日為令節，自此而始。

卻說帝以裴光庭兼御史大夫，依舊知政事。光庭與宇文融不睦，屢言融之惡。禮部尚書、兼朔方節度副大使信安王以軍功見寵，融諷殿中侍御史李宙劾之。驛徵至京，將下獄。信安王聞知大驚，即往見高力士，細言前事，力士入內奏知帝。次日，李宙果上疏劾信安王。帝怒，黜宇文融為汝州刺史。宇文融在相凡百日而罷。

宇文融既罷，國用不足，帝謂裴光庭曰：「卿等皆言融之惡，朕既黜之矣，今國用不足，將若之何！卿等何以佐朕？」光庭默然而退。數日後，有飛狀告宇文融受贓等事。帝大怒，黜宇文融為昭州平樂縣尉。改裴光庭為黃門侍郎、同平章事，加銀青光祿大夫。

冬十一月，帝引蕭嵩、裴光庭等一班文武百僚，親朝五陵。鑾駕過金粟山，帝見山崗有龍盤鳳翥之勢，復近先塋，謂侍臣曰：「吾千秋後宜葬此地，得奉先陵，不忘孝敬矣。」

至五陵，帝先拜橋陵，望陵涕泣，哀動左右。有紫氣見，獲白兔，甘露降，白鵲巢；後日，次拜定陵，有景雲見，甘露降；次日，拜獻陵，有甘露被樹，祥雲抱日；又三日，拜昭陵，仿佛見太宗立於神遊殿前。帝至寢宮，聞空中隱隱有謦欬之音。又聞鼓聲四震，雲霧朗清。帝令於寢宮門外設奠，以祭陪陵功臣將相蕭瑀、房玄齡等，如聞蹈舞之聲；又三日，拜乾陵，有靈草生，甘露降，日抱戴。張說上疏，以為種種祥瑞，皆帝虔誠上感所致。

車駕回宮。大赦天下，免百姓今年地稅之半。追贈蕭嵩父蕭灌為吏部尚書，裴光庭父裴行儉為太尉。王毛仲父王求妻亦追贈為益州大都督。

帝以建都畿，祠脽上，封泰山，謁五陵，皆張說為倡首。又有草謁陵儀之功，進位開府儀同三司。張說三子：長子張均，中書舍人；次子張垍，衛尉卿，尚寧親公主；三子張埱，符寶郎。張說兄張光，遷慶王傅、銀青光祿大夫。當時榮寵，莫與為比。

次年帝令百官春月旬休，勝遊歡宴。令所司供帳造食，自宰相至員外郎，凡十二筵，各賜錢五千貫。帝御花萼樓，邀其歸騎坐飲，醉後起舞，班賜有差。

卻說帝復授崔隱甫御史大夫，裴光庭停兼御史大夫，擢侍中、兼吏部尚書，加弘文館學士。

光庭以選人無常限，乃奏用循資格，不問士之賢愚，但循資例，限年躡級，不得逾越。庸才沉滯者，皆稱其能；俊艾之士，無不怨歎。宋璟與光庭固爭，而不可得。光庭又令流外行署，亦過門下省之。有門下主事閻麟之，專知吏部選官，每麟之裁定，光庭隨而下筆。時人語曰：「麟之口，光庭手。」侍郎蘇晉見光庭每遇官應批退者，但對眾披簿，以朱筆點頭而已，遂榜選院云：「門下點頭者，更引注擬。」光庭不悅，出為汝州刺史。

裴光庭之妻武氏，即武三思之女也。高力士因義父高延福出自武三思家之故，推轂裴光庭為相。論者鄙之。宋璟與王晙為友，晚而彌篤，遂於酒後舞《迴波樂》，以為戲謔。光庭聞而惡之，乃奏：「天下三十餘州闕刺史，昇平日久，人皆不樂外官，請重臣兼外官領刺史以雄其望。」於是擬宋璟揚州長史，王晙魏州刺史，陸象先荊州長史，凡十餘人。蕭嵩執奏：「天下務重，實賴舊臣宿德訪其得失，今盡失之，則朝廷空矣。」帝乃止。由此，蕭嵩、裴光庭不睦。

卻說契丹可突于舉兵作亂，欲進犯幽州。契丹松漠都督李邵固弗從。可突于怒而殺之，立遙輦屈烈為契丹王，號曰窪可汗，率眾降於突厥。奚衙官壽斤素與突厥陰結，亦隨之西叛。奚饒樂都督李魯蘇尋思無路，棄了王位，星夜走奔榆關，投幽州節度使趙含章。東華公主、東光公主連夜皆奔回營州。趙含章飛報入朝。帝大驚，即聚文武官僚，商議起兵退兩蕃之策。

蕭嵩奏請，以忠王李浚為河北道行軍元帥，京兆尹裴伷先為副，分遣中書舍人裴寬、給事中薛侃等往關中、河東、河南、河北招募勇士，前至幽州助戰。帝令文武百官至光順門外，與忠王相見。忠王美髭鬚，儀表有異。張說退，謂孫逖、韋述曰：「吾嘗觀太宗寫真圖，忠王英姿穎發，儀表非常，雅類聖祖，此社稷之福也。」

忠王本名李嗣昇，母楊妃，隋納言楊士達之後，左千牛將軍楊知慶之女也。楊氏有娠，正值太平公主用事。東宮左右，多有潛附公主者。公主遣人伺覘東宮，纖介事皆聞奏。太子恐禍及己，心中不安。恰好張說以東宮侍讀入見，太子便與說密議，欲使楊氏服藥去胎。次早，張說入東宮侍讀，於懷中出去胎藥三劑以獻。太子得藥，大喜，摒退左右，自在曲室中構火煮藥，煮未及熟，太子怠而假寐。睡夢中，隱隱有一金甲神人，身長丈餘，操戈繞藥鼎三帀，覆之。太子猛然驚覺，慌忙起視，藥已無遺。太子大驚異，復增火，又投一劑，煮於鼎中。然後就榻，瞬目以候之。而夢金甲神人見，覆鼎如初。太子醒來，甚是疑異。凡三煮，皆被金甲神人覆之。太子乃止。次日，張說又至，太子告說其事。說降階拜舞，賀曰：「天所命也，不可去之。」後楊氏甚思食酸，太子告張說，張說每因進經，輒袖木瓜以獻。既而楊氏生李嗣昇，王皇后為儲妃而無子，楊氏班在后下，不宜鞠養。王皇后親自鞠養，慈甚所生。初封陝王，遙領安西大都護、河西四鎮諸蕃部落大使。及長，性仁孝，善文辭，通經籍，精騎射。改名李浚，徙封忠王，遙領單于大都護、朔方節度大使。

卻說帝恐吐蕃犯境，教蕭嵩前往西涼整頓；蕭嵩辭帝，徑到涼州，分調眾將，各守隘口。令王忠嗣為張掖守捉使，自回長安。方欲起行，忽流星馬報到，說吐蕃墀德祖贊親領大軍十萬，屯於郁標川。王忠嗣稟蕭嵩曰：「今贊普屯兵郁標川，有圖河隴之心，必為後患，可早圖之。吾自隨令公出塞，爾來有三年矣。未有寸功，無以歸報天子，願請精兵數百，去破戎虜。」嵩大喜，曰：「汝雖掌兵權，未嘗臨陣。倘有疏失，若何？」忠嗣告蕭嵩曰：「吾今引兵直抵郁標川，須要奪旗斬將而還；若折了一人一騎，也不𥘨功！」嵩壯之，乃調撥帳下弓弩手七百付忠嗣。是夜月色微明，星光滿天。王忠嗣引精兵七百，各帶強弓硬弩，捲旗束甲，迤邐投郁標川來。到郁標川時，已是五更，忽值大雨滂沱，弓弩漲濕。忠嗣引眾騎上高阜處望之，但見郁標川上，皆是蕃兵，約有十萬之眾，分作八隊，密如鐵桶；真個是旗幡齊整，隊伍威嚴！

王忠嗣之數百騎皆大懼，欲馳還走。忠嗣謂其騎曰：「吾去大軍數十里，今弩不能張，如此以數百騎走，吐蕃追射我立盡。不如乘其不備而擊之，必獲大勝；今可速戰，看吾為諸君取彼一將！」令眾騎棄弩綽刀，驟馬下山坡來擊蕃軍。忠嗣大喝一聲，直衝入賊陣中來。蕃軍皆披靡，遂斬蕃軍一豹皮將。川中軍馬驚得魂消魄喪，不殺自亂，互相踐踏，死者不計其數。

墀德祖贊正在山上，與悉末朗觀看山下蕃軍陣勢。望見一員白袍使刀的英雄小將，在蕃陣中左衝右突，卻似鶻入鴉群，威不可當。墀德祖贊歎曰：「真虎將也！」教驍將論莽熱、論泣熱雙敵忠嗣，不能抵當。王忠嗣看見山上西風飄動銷金青羅傘蓋，料是贊普，乃拍馬上山，來擒贊普，卻被蕃軍圍之數重。忠嗣殺透重圍，引兵追殺，趕得蕃軍星落雲散，東零西亂。生擒活捉得數千首虜，奪了萬匹羊馬。悉末朗力保贊普而走。忠嗣見贊普去遠，收軍不趕。

王忠嗣引眾騎回至涼州，不折一人一騎；蕭嵩與忠嗣設宴慶賀，大賞三軍。將忠嗣之功，申奏朝廷。帝得表大喜，遣使詔忠嗣還朝。忠嗣回朝，帝御勤政樓，大犒三軍，遷忠嗣為執金吾。帝思念王忠嗣父王海賓昔日之功，追贈王海賓為安西大都護。

第二十六回　李禕分兵河北道　王晙顯聖白狼山

卻說吐蕃墀德祖贊累遣人求和於帝，帝皆不許。忠王聞知此信，遂令僚屬皇甫惟明入見帝，陳說利害，勸帝許和。帝曰：「贊普往年上書，悖慢無禮，朕意欲滅之，何得和也！」惟明對曰：「開元之初，贊普幼稺，豈能作此。必是邊將務邀一時之功，偽作此書，欲以激怒陛下。兩國既鬥，興師動眾，因利乘便，公行隱盜，偽作功狀，以取勳爵，所損鉅萬，何益國家！今河西、隴右百姓疲竭，事皆由此。若陛下遣使往視金城公主，因與贊普面約通和，令其稽顙稱臣，永息邊境，豈非禦夷狄之長策乎！」帝然其言，遂使皇甫惟明同內侍張元方入蕃通好。

惟明、元方到吐蕃，宣諭贊普、公主。贊普欣然請和，盡出貞觀以來前後敕書，以示惟明、元方。惟明、元方辭去。贊普即修國書一封，命名悉獵等齎珍奇翫好之物，隨惟明、元方入朝。公主又別進金鴨盤盞等物。

卻說帝自遣皇甫惟明去後，幽州趙含章使人來報，說契丹寇營州，被平盧軍先鋒使烏承玼大破於捺祿山；嬀州刺史、兼清夷軍使虞靈章又破奚虜，生擒奚酋壽斤。帝加忠王河東道行軍元帥。

卻說帝正在三殿聽集賢院學士諫議大夫王迥質、宗正少卿康子元等講《道德經》，忽近臣奏曰：「吐蕃遣名悉獵同皇甫惟明、張元方入國荅禮。」帝召入。惟明拜於殿前，備稱墀德祖贊、金城公主之德，願求永結盟好，特遣名悉獵來荅禮。帝大喜，聚文武群臣於宣政殿，列羽林仗，教高力士傳旨，宣名悉獵等一行來使，都到金殿之下，揚塵拜舞，頓首山呼。高力士呈上表章，就御案上展開。宣表學士高聲讀道：

外甥是先皇帝舅宿親，又蒙降金城公主，遂和同為一家，天下百姓，普皆安樂。中間為張玄表、李知古等東西兩處先動兵馬，侵抄吐蕃，邊將所以互相征討，迄至今日，遂成釁隙。外甥以先代文成公主、今金城公主之故，深識尊卑，豈敢失禮！又緣年小，枉被邊將讒拘鬥亂，令舅致怪。伏乞垂察追留，死將萬足。前數度使人入朝，皆被邊將不許，所以不敢自奏。去冬公主遣使人婁眾失力將狀專往，蒙降使看公主來，外甥不勝喜荷。謹遣諭名悉獵及副使押衙將軍浪些紇夜悉獵入朝，奏取進止。兩國事意，悉獵所知。外甥蕃中已處分邊將，不許抄掠，若有漢人來投，便令卻送。伏望皇帝舅遠察赤心，許依舊好，長令百姓快樂。如蒙聖恩，千年萬歲，外甥終不敢先違盟誓。謹奉金胡瓶一、金盤一、金碗一、瑪瑙盃一、羚羊衫段一，謹充微國之禮。開元十八年冬月日，外甥大蕃國主臣墀德祖贊表。

帝御覽表文已畢，階下群臣稱賀。名悉獵等便取胡瓶雜器，進在朝前。帝命右藏庫收訖，設宴款待蕃使。名悉獵雅有才辯，帝與語大悅，待以上賓之禮，以紫袍金帶並魚袋等賜之。名悉獵受了袍帶，卻不受魚袋。帝問其故，名悉獵曰：「本國無此章服，不敢當殊異之賞。」帝嘉之，復加厚賜。遂令皇甫惟明送名悉獵等於館驛安歇，供擬甚厚。帝因皇甫惟明奉使稱旨，擢為左衛郎將。自此唐、蕃通好。

旬日內，突騎施來朝進貢。帝御丹鳳樓，設宴待之。突厥先遣使入朝，是日亦來預宴。二使爭長。突厥使曰：「突騎施小國，本是突厥之臣，不宜居我上。」突騎施使曰：「今日此宴，乃為我設，我不合居突厥下。」帝與蕭嵩、裴光庭商議停當，命二使於東、西幕下兩處分坐，突厥使在東，突騎施使在西。宴罷，厚賜二使還蕃。

忽報裴光庭恐宇文融復用，而為己患。於是司農少卿蔣岑劾奏融往任汴州刺史，回造船腳，隱沒鉅萬；給事中馮紹烈又深文巧詆，案其事實。帝怒，詔流融於巖州。宇文融竟染瘴疫，死於中路。帝在長安，聞融已死，思其舊功，敕贈台州刺史。

至是年冬十二月，張說染病，漸漸沉重，帝每日遣中官存問，並手寫藥方賜之。忽一日，太史奏：「昨夜月蝕東壁，必應折一大臣有文章者。」正言間，忽報張說病亡。帝聞之，傷感不已。為舉哀於光順門，廢朝三日，敕贈太師，賜物五百段。以蕭嵩為集賢院學士、兼知院事，秘書少監張九齡為副。張說既亡，太常議謚「文貞」。左司郎中陽伯成駁議，以為贈之過當，張九齡立議，請依前定。帝為張說親製神道碑文，御筆賜謚曰文貞。

卻說王毛仲妻李氏誕育三日，帝命高力士賜以酒食、金帛甚厚，又命其子為五品官。力士既還，帝曰：「毛仲喜否，復有何詞？」力士曰：「毛仲出其兒以示臣，熟眄褓中曰：『此兒豈不消三品官！』」帝大怒，曰：「往誅韋氏，此賊尚持兩端，避事不入，我未嘗言之。今敢以赤子恨我耶？」力士曰：「北門奴官太盛，豪者皆一心，不除之，必起大患。」帝然其言。詔以王毛仲庸昧怨望，黜為瀼州別駕。毛仲四子：太子僕王守貞，黜為施州司戶；太子家令王守廉，黜為溪州司戶；率更令王守慶，黜為鶴州司倉；左監門長史王守道，黜為涪州參軍。右領軍大將軍葛福順，黜為壁州別駕；右武衛將軍李守德，黜為嚴州別駕；左監門將軍唐地文，黜為振州別駕；右威衛將軍王景耀，黜為黨州別駕；右威衛將軍高廣濟，黜為道州別駕。其餘張景順等，貶黜者數十人。毛仲行至永州，帝又遣使縊殺之。

再說嚴挺之昔為太原少尹，後歷濮州刺史，為政嚴肅，吏不敢犯。及蒞汴州，人乃重足側息。毛仲既死，帝想嚴挺之昔日之奏，乃授嚴挺之為刑部侍郎，徵還朝廷。

卻說蕭嵩奏請名儒陸善經、星官梁令瓚，皆入集賢院。又奏學士劉鄭蘭、蕭晟、盧若虛，撰《六典》，起居舍人王仲丘，修《開元禮》。國史自令狐德棻至於吳兢，雖累修撰，竟未成一家之言。韋述始定類例，補遺續闕。嵩欲早就，奏使起居舍人賈登、著作佐郎李銳、太常博士褚思光助之。裴光庭又薦壽安丞李融、拾遺張琪、著作佐郎司馬利賓等，直弘文館，依左氏之體，修《續春秋經》。帝於聽政之暇，留意經義，於眾集賢院學士內選工部侍郎陳希烈、膳部郎中馮朝隱等，每日入內侍講《周易》、《老》、《莊》。又遣使往天臺，召司馬承禎至京師，迎入宮中，親受法籙。

是時吐蕃墀德祖贊遣使來朝，奏稱金城公主請賜《毛詩》、《禮記》、《左傳》、《文選》各一部。帝許之，敕秘書省寫與。秘書正字於休烈，上表諫曰：「臣聞戎狄，國之寇也；經籍，國之典也。國之利器，不可以示人。昔東平王求《史記》、諸子，漢帝不與。蓋以《史記》多兵謀，諸子雜詭術。夫以東平，帝之懿戚，尚不欲示征戰之書。況西戎，國之遠蕃，曷可貽經典之事！且魯秉周禮，齊不加兵；吳獲乘車，楚屬奔命。傳曰：『惟名與器。不可以假人。』若陛下慮失蕃情，以備國信，必不得已，請去《春秋》。當周德既衰，諸侯強盛，則有以臣召君之事，取威定霸之謀。若與此書，國之患也！」帝覽表畢，詔百僚議朝堂。裴光庭奏曰：「西戎不識《禮經》，心昧德義，頻負盟約，孤背國恩，今則計窮，求哀稽顙。聖慈含育，許其降和，所請詩書，隨事給與，庶使漸陶聲教，混一車書，文軌大同，斯可致也！休烈雖見情偽變詐，於是乎生；而不知忠信節義，於是乎在！」帝曰：「卿言甚善。」遂令秘書省寫經書與吐蕃。

旬月後，昇殿設朝。近臣奏秘書省寫經書成，帝大喜，乃問群臣曰：「誰可入蕃，以達朕意。」忽一人出班奏曰：「臣願為使。」帝視之，乃鴻臚卿崔琳也。帝大喜，加崔琳御史大夫，命持節充入蕃使，齎國書、經籍赴吐蕃。吐蕃自與國家通好以來，每唐使入境，所在盛陳兵馬，以矜其精銳。

帝欲崇武教，詔二京及天下諸州各置齊太公廟一所，取春秋仲月上戊日致祭，如文宣王廟釋奠之儀。忽報突厥苾伽可汗遣使至，帝召入。使命陳說：「可汗因闕特勤新亡，特命臣來報喪。且請良工巧匠數人，圖闕特勤於其廟。」帝遂御筆親書碑文，特遣竇皇姨子金吾將軍張去逸、都官郎中呂向，齎禮往突厥弔祭，並為立碑。

再說崔琳到吐蕃，入見贊普、公主，陳說朝廷盛德，賜與經籍。贊普、公主謝恩已罷，安排筵宴管待崔琳。宴罷，崔琳辭去。贊普又令大相尚他硉入唐荅禮，就與崔琳同行。尚他硉持國書，同崔琳逕到長安。入見天子，呈上國書，願求交馬於赤嶺，互市於甘松嶺。裴光庭曰：「甘松中國之阻，不如並許赤嶺。」帝遂下詔，以赤嶺為唐蕃互市之所。設筵相待尚他硉。宴罷，命崔琳送尚他硉到館舍安歇。尚他硉還，帝厚加贈遺。

是歲冬十月，駕幸洛陽。人報張去逸等去弔祭闕特勤而回。突厥苾伽可汗遣使大臣葛阿默察之，奉表謝恩，將良馬五十匹，作進奉之禮。原來張、呂奉命到突厥，為闕特勤建立祠廟，刻石為像，四壁畫其戰陣之狀，工玅絕倫，突厥國中未之見也。苾伽見此畫像，想起闕特勤，止不住淚如雨下，遂遣葛阿默察之齎謝表，將良馬五十匹上長安來謝恩，且送還畫師。帝大喜，重賞去逸，加為光祿卿，厚待葛阿默察之去訖。

忽又報契丹、奚國會合，興兵入寇。此時信安王年過七旬，奏請出征。詔留忠王在洛陽，令信安王持節充河東、河北道行軍副元帥討之。信安王引王忠嗣為行軍兵馬使，裴耀卿為副將。人報尚書王晙病亡，帝哀痛久之，敕贈尚書左丞相，謚曰忠烈，以厚禮殯葬。

卻說契丹可突于統八部人馬四萬，會合奚酋李詩之眾，來犯幽州。趙含章領兵出城迎敵，可突于引軍便退。含章引兵大進追殺。契丹兵望風而走。烏承玼拍馬向前諫曰：「兩蕃乃劇賊也，今日不戰而退，此必是誘引之計，且未可行。」含章曰：「契丹勢窮力盡，有何良策可施。不就此時生擒屈烈，活捉可突于，更待何時！」遂不聽承玼之言，祇顧催趲兵馬，往前追趕，方過白山，契丹軍中一齊鳴金，左右伏軍齊出。含章大驚，急退時。可突于麾軍回身復殺，幽州軍大敗而走。

再說信安王催兵星夜前進，前至幽州界首，忽聞北山後喊聲大震，信安王引裴耀卿、王忠嗣、程伯獻、張文儼、宋之悌、李東蒙、趙萬功、郭英傑八總管，勒馬上高岡望之，遙見幽州軍人亡馬倒，旗鼓交橫。後面漫山塞野，契丹兵蓋地而來，旗上大書「契丹衙官可突于」。信安王曰：「此可突于也！可速戰！」乃引八總管一齊下山，奮力急攻。可突于正殺敗趙含章，乘勢趕來，忽遇信安王麾軍衝擊，契丹兵大敗而退。

信安王、趙含章連夜追襲，直趕到白狼山。隱隱望見前面一大將，驟馬當先，趕殺賊眾，如虎入羊群，縱橫莫當。信安王在後面望見，驚問眾將曰：「此將何人也？」有識者告曰：「此乃元帥戶部尚書王晙也。」信安王混殺過去，契丹兵大敗，馬步軍折其大半，殘敗軍奔入山谷。奚酋李詩引本部落五千帳來降。

信安王班師回京。帝令蕭嵩、裴光庭，引一班文武官僚出郭迎接，自御應天門樓以待。信安王將虜獲獻功。帝大喜，令所司發使告享諸陵廟，又命忠王親統俘虜告廟。加信安王開府儀同三司，兼關內支度、營田等使；重賞諸將。忠王亦以遙統之功，加司徒。帝封李詩為左羽林員外大將軍、歸義王，兼特進，領歸義州都督，賜繒綵十萬匹。徙其部落，於幽州界首安置。

命裴耀卿齎絹二十萬匹赴幽州，分賜諸奚官。信安王奏稱：「臣奉詔討兩蕃於幽州，與軍士皆見尚書王晙，引部將高昭並本部兵馬，先軍殺賊。」帝深加歎息不已。戶部郎中陽伯成上疏，請褒美王晙、高昭等，封其墳墓，榮其子孫。帝令使就王晙家廟祭祀，仍加其子官秩。

帝思念右驍衛員外將軍、直太常寺安金藏昔日之功，追封安金藏為代國公，仍於東嶽、西嶽等諸碑，鐫勒其名。

裴耀卿臨行，謂僚屬曰：「夷虜貪殘，見利忘義，今齎持財帛，深入寇境，不可不為備也。」乃令先期而往，分道並進，一日，給付便畢。突厥及室韋果勒兵邀險，謀劫襲之，比至，耀卿已還。

卻說御史大夫崔琳表奏：「幽州節度使趙含章昔為安西都護，結交中官楊元方，多以金帛賂遺朝士，九品以上文武官僚，右丞相宋璟之外，悉受含章財賄。」帝覽表，勃然大怒，大會文武於朝堂，杖殺楊元方。又下詔，削除趙含章官爵，流於瀼州，賜死於路。帝怒未息，深責百僚，欲將受賂文武眾官，並加貶黜。宋璟再三勸諫，帝方才御花萼樓，將受賂文武官，一切釋放。滿朝文武多官，各各稱謝。宋璟衣冠儼然，獨立不拜。

次日入奏，帝謂宋璟曰：「古人以清白遺子孫，乃卿一人而已。」璟曰：「含章之賄，偶不至臣門，非不受也。」帝深嘉歎之。自此愈加敬重。

是年夏月，洛陽大旱。帝差高力士往聖善寺，請梵僧善無畏祈雨救民。無畏，中印度人也。釋迦如來季父甘露飯王之後。父佛手王，烏荼國主。無畏幼聰睿，有美名。十歲，便能統兵；年十三，為烏荼王。諸兄嫉妒，舉兵構亂，畏自率大軍討之，得勝而回。群臣言諸兄作逆當斬，畏不忍，乃赦之，讓位於兄。其後出家於那蘭陀寺，道成於迦毗羅衛國，事龍智阿堵梨，通總持灌頂之法。因慕中國清華，發心要到上方行腳。打從摩揭陀國，走了二三個年頭，才到中華區處，迤邐來到長安地方。

帝曾夜作一夢，夢見梵僧謁見，風度瑰異，醒來歎想不已。躬御丹青，圖於殿壁。及無畏自天竺至，所司引無畏見帝。帝降階而迎，優禮相待。熟視之，正是夢中所見僧也。帝歎異之，深加敬信。自寧王、薛王以下，皆跪席捧器。時有術士能握鬼神之契，參變化之功，承詔御前，效其神異。無畏恬然不動，術士手足無施。又嘗於本院，鑄金銅為靈塔，手為模範，尠極人天。寺僧以銷冶至廣，庭除深隘，恐風至火盛，災延寶坊。無畏笑曰：「不必憂慮，自當有驗。」鼓鑄之日，果然大雪蔽空。靈塔既成，瑞花飄席。眾皆稱歎。一說，無畏嘗於西明寺道宣律師房依止。道宣禁戒堅苦，焚修精潔。無畏飲酒食肉，言行粗易，往往乘醉喧競，穢汙絪席。道宣口雖不言，心懷不足。忽一日晚間，道宣捫虱，將投於地。無畏半醉，連聲呼曰：「律師律師，撲死佛子耶。」道宣見說，方知無畏是異僧，整衣伏禮，師事之。道宣化滅，至開元中有五十年矣。無畏神出鬼行，不可測也。

當日，高力士領旨，至聖善寺見善無畏，具道來意。無畏遂同力士入內，奏曰：「今旱，數當然耳。若召龍興雲，烈風迅雷，適足暴物，不可為也。」帝曰：「人苦暑病久矣，雖暴風疾雷亦足快意。」無畏祇得奉詔。有司為陳請雨具，幡幢像設甚備。無畏笑曰：「斯不足以致雨也。」命盡撤之。獨盛一缽清水，以小刀攪旋之，手中撚訣，口裡念咒。須臾，有赤龍大如指，矯首，瞰於水上。少頃，又沒於水中。無畏復以刀攪水，咒者再三。不多時，忽見白氣自缽中而興，狀如爐煙，徑上數尺。

稍稍引出講堂外，無畏謂力士曰：「速去，雨至矣。」力士急上馬，奔皇城時，那白氣疾旋，自講堂而西，如一匹練，飛空而去。霎時烏雲蓋地，風雷大作，力士加鞭策馬，奔至天津橋南，果然降下一陣傾盆大雨，街中大樹多拔。這場雨，自辰時下起，祇下到午時前後，下得那洛陽城，裡裡外外，水漫了街衢。力士策馬冒雨回報，衣盡沾濕。帝因力士回至天津橋南，雨始大降，命於其地造一寺，名荷澤寺。

第二十七回　王丘薦賢避相位　韓休劾奸觸龍鱗

是歲，以河北穀貴，遣太子賓客盧從願為宣撫處置使，開倉振恤百姓。車駕將幸太原，重巡潞藩。蕭嵩奏曰：「陛下十一年親祀后土，為蒼生祈穀。自是神明昭佑，累年豐登。有祈必報，禮之大者。且漢武親祀脽上，前後數四。伏請準舊事，至後土行報賽之禮。」帝從其言。

秋九月，詔行《開元禮》。渤海大武藝遣將張文休浮海寇登州，殺刺史韋俊。敕令草詔，讓以渤海蕃禮不備之意。中書奏草，不中帝意，乃命張九齡改作，操筆便成。帝嘉之，即拜工部侍郎、兼知制誥。

卻說渤海王弟、左驍衛員外將軍大門藝自歸國家之後，大武藝遣使上表，言大門藝罪狀，請誅之。帝弗許，留其使者，密遣大門藝往安西暫避，別遣使報大武藝云：「門藝遠來歸投，義不可殺。今流向嶺南，已遣去訖。」事洩，大武藝復上表，請誅大門藝，帝遣大門藝暫向嶺南。至此又遣大門藝隨左驍衛大將軍葛福順往幽州，徵兵討渤海。先是，有新羅王孫金思蘭入朝，恭而有禮，帝嘉之，授太僕員外卿，留居宿衛。至此乃令隨中使何行成歸國，加新羅王、雞林州都督金興光為開府儀同三司、兼持節充寧海軍使，令進兵攻渤海。

冬十月，帝以裴光庭、蕭嵩分典左、右廂禁兵，自勒兵十數萬騎，離了洛陽，前往太原進發。北登太行，路經潞州。潞州父老，負擔壺漿，遠近迎謁。帝皆親加存問，受其獻饋，賜賚有差。父老有先與帝相識者，帝御飛龍宮，皆賜以酒食，與之話舊。所過村部，必使人詢訪孤老喪疾之家，厚加弔恤。百姓欣欣然，莫不瞻戴，叩乞駐留。帝宿留之數日，乃去。

車駕過金橋，御路縈轉，帝見數十里間旗纛鮮華，羽衛齊肅，顧左右曰：「張說言我：『勒兵三十萬，旌旗亙千里，校獵上黨，至於太原。』真才子也。」左右皆稱萬歲。帝遂召吳道玄、韋無忝、陳閎，令同製《金橋圖》。無忝乃京兆人，以畫珍禽異獸獨擅其名。時稱：「韋畫四足，無不尐也。」嘗畫外國所獻獅子，酷似其狀。後獅子放歸本國，唯畫者在，凡展圖觀覽，百獸見之皆驚懼。閎乃越州人，善寫貌，工鞍馬，尐絕當時。與韋無忝、曹霸俱供奉禁中，帝每射豬、鹿、兔、雁，並詔陳閎按舞圖御容，時人以為繼美閻立本。於是御容及帝所乘照夜白馬，陳閎主之；橋梁、山水、車輿、人物、草樹、鶩鳥、器仗、帷幕，吳道玄主之；狗馬、驢騾、牛羊、橐駝、貓猴、豬貀四足之類，韋無忝主之。圖成，時人號為「三絕」。

駕至太原，大赦境內。拜太原尹杜暹為戶部尚書，便令扈從入京。以刑部尚書崔隱甫，代為太原尹。

旬日後，車駕至蒲州。帝祀后土於汾陰之脽上，為農祈穀。禮畢，令張九齡草詔，九齡攬筆而作，文不加點。帝大悅，謂九齡曰：「比以卿為儒學之士，不知有王佐之才，今日得卿，當以經術濟朕！」大赦天下，賜大酺三日。封裴光庭為正平男，蕭嵩為蘭陵子：俱加金紫光祿大夫，各授一子官。封張九齡為中書侍郎，仍集賢院學士、副知院事。將文武官僚，盡皆昇賞，遂整兵而還。

卻說渤海大武藝遣其從兄大壹夏來寇北境，幽州節度使薛楚玉，遣烏承玼兵屯馬都山，塞住咽喉之路。塹原累石，聯聯四百里，深高皆三丈，賊不能進。不數日，黑水、室韋引五千騎來助。大壹夏見風色不利，收軍還渤海。新羅金興光遣其將金允中等四將進兵白山，遇寒雪，士眾凍死者過半，師竟無功。興光請於浿江置戍，帝許之。興光乃使人於浿江以南置戍，以為防遏。

卻說帝問蕭嵩、裴光庭曰：「金城公主既在蕃中，朕欲遣宗英一人入蕃，以達朕意。誰可為使？」光庭曰：「非尚書李暠，不可往也。」帝大喜，遂遣李暠為使，齎國信物一萬匹、私覿物二千匹，入蕃通好。李暠至吐蕃，入見墀德祖贊、金城公主，陳說天子盛德，將禮物賜與贊普、公主。贊普、公主謝恩受賞已畢，置酒管待李暠。公主度其還期，乃上言，請以是年秋九月一日，各遣使者，立碑於赤嶺，以定蕃、漢境界。帝許之。

卻說裴光庭染病，漸漸沉重。有術士謂裴光庭曰：「玄象有變，大臣將歿。相公有厄，須有禳厭。」光庭弗從，曰：「使禍可禳而去，是福可祝而來也！」時論以為知命。數日後，人報裴光庭病亡。帝聞光庭死，傷悼不已，詔贈太師，敕賜謚曰忠獻。

時蕭嵩久典樞衡，恩顧彌隆。次子蕭衡，光祿卿，尚新昌公主，與兄蕭華，並有父風，士人稱之。蕭嵩妻賀氏封梁國夫人，入覲拜席，帝呼為親家母，禮儀甚盛。裴光庭既亡，帝謂蕭嵩曰：「中外大臣才堪宰輔者，與我悉數，吾當舉而用之。」右散騎常侍王丘志行修潔，雖歷要職，固守清儉，未嘗受人饋遺，第宅輿馬，稱為敝陋。更兼與蕭嵩有舊，嵩欲薦之，丘知而固辭，盛推尚書右丞韓休志行之美，嵩以為韓休柔和易制，因而奏之。帝擢韓休為黃門侍郎、同平章事，以代裴光庭之職。

卻說蕭嵩以循資格取士不廣，奏請一切罷之。又盡將裴光庭所引進者，出為外職。韓休薦王丘，代崔琳為御史大夫，崔琳遷刑部尚書，進爵清河公。又薦尚書左丞袁仁敬為大理卿，尚書右丞席豫為吏部侍郎。豫字建侯，襄州襄陽人也，西魏豐州刺史席固之後。曾為攷功員外郎，典舉平允。時議以為王丘以後，席豫為次。帝雅重之，謂曰：「以卿前為攷功，職事修舉，故有此授。」

卻說契丹可突于將數萬騎與渤海合兵寇幽州，薛楚玉遣左衛將軍郭英傑，統領精兵一萬，會合奚歸義都督李詩之眾追擊。郭英傑、李詩連夜追襲，直趕到烏鶻都山。山背後金鼓齊鳴、乃突厥苾伽可汗親自引軍來到。奚眾見突厥勢大，四散奔走。英傑揮兵抵敵，突厥兵一齊圍之。英傑奮勇廝併，殺死賊將二人。卻是眾寡不敵，竟被突厥殺於陣中。部下六千餘人仍與賊死戰，賊以英傑之首示之，唐兵無一人降者，盡為突厥所殺。

薛楚玉知郭英傑已亡，悲傷不已，仰天歎曰：「郭孟武身死，吾之過也！」乃寫表申奏朝廷。帝聞英傑死，揮淚歎息，令人收其屍，厚葬之。又深責楚玉不能拒敵，黜罷爵祿。

卻說箇失密國王天木死，其弟木多筆立。遣使大德僧物理多年上表曰：「自有箇失密國以來，向天可汗忠赤，常受徵發。臣國有象、馬、步三種兵，親與中天竺王扼吐蕃五大道，禁其出入，戰無不勝。若有漢兵到勃律，雖有數萬之眾，亦能運糧以助。又臣國內有摩訶波多磨龍池，願為天可汗立祠。」帝大悅，命引物理多年宴於內殿，賜絹五百匹，放歸本國。尋遣使齎詔，冊封木多筆為箇失密國王。

夏四月，帝以久旱，命陸象先、杜暹等七人分巡諸道，振給貧乏。至次月，太子納妃禮部郎中薛紹女，禮畢，曲赦京城之內，五禮使蕭嵩封徐國公，禮會使韓休與三品，妃禮會使少府監馮紹正賜紫金魚袋。太子侍讀工部侍郎賀知章、侍書都官郎中呂向等，並加級改職。

卻說韓休性峭直，敢直言，帝嘗謂韓休曰：「卿是朕社稷臣，可比風、力。」時左金吾大將軍程伯獻，諂事高力士。高力士母麥氏亡，程伯獻與馮紹正二人，衣縗服，於靈筵披頭散髮，嚎啕痛哭，甚於己親。賓客見之，不勝恥笑。惟有力士感其意，與之結為兄弟。伯獻倚力士之勢，貪冒貨賄，不知紀極，車馬輿服，勢逾王家。

而萬年縣尉李美玉得罪，帝特令流之嶺外，韓休諫曰：「美玉位卑，所犯又非巨害，今朝廷有大奸，尚不能去，豈得捨大而取小也！臣竊見金吾大將軍程伯獻，依恃恩寵，所在貪冒，第宅輿馬，僭擬過縱。臣請先出伯獻，而後罪美玉。」帝弗許。休固爭，曰：「美玉微細猶不容，伯獻巨猾豈得不問！陛下若不出伯獻，臣即不敢奉詔流美玉！」帝祇得從之，黜程伯獻為夔州刺史。

韓休常面折蕭嵩，言：「貞觀中，太宗在翠微宮，授司農卿李緯戶部尚書。房梁公是時留守京城。會有自京師來者，太宗問曰：『玄齡聞李緯拜尚書，如何？』對曰：『但云李緯大好髭鬚，更無他語。』由是改授洛州刺史。今蕭嵩尸位素餐，碌碌無能，上不能匡主，下無以益民。此社稷之憂也！陛下何不遷嵩於外藩，以免誤政務？」帝不悅。由此，蕭嵩、韓休不睦。宋璟聞之曰：「不謂韓休乃能如是，仁者之勇也。」

帝或宮中宴樂，及後苑遊獵，小有過差，輒謂左右曰：「韓休知否？」言終，諫疏已至。後一日，帝臨鏡，默然不樂。時高力士在側曰：「韓休為相，陛下殊瘦於舊，何不逐之？」帝歎曰：「吾貌雖瘦，天下必肥。蕭嵩奏事，常順旨，既退，吾寢不安；韓休常力爭，既退，吾寢乃安。吾用韓休，為社稷爾，非為身也！」

再說吐蕃墀德祖贊寫國書，遣大相論紇野贊齎國信金銓、瑪瑙、胡瓶、羚羊衫段、金銀鉼盤器等來朝。書略曰：「漢與吐蕃，俱是大國。又復先來宿親，自合同和。天下蒼生，悉皆快活，讚揚盛德，當無盡期，及至久長，亦無改變。恐彼此邊界黎庶，不委長和，慮有惡人，妄生亂意，請彼此差使相監。從沙州以來，洮州以來，分明報告，使無疑慮，即將永定。」帝許之，遂重賞論紇野贊，便令回報，依期會盟。

突厥苾伽可汗又遣使大臣牟伽伊難達干等十三人求和親，帝許之。再遣金吾將軍李佺至赤嶺，與吐蕃樹碑定蕃漢邊界，詔隴右節度使張守珪與蕃將莽布支一同觀看。樹碑已畢，蕃使隨漢使往劍南及河西、磧西，歷告邊州曰：「兩國和好，無相侵掠。」漢使告亦如之。邊境百姓，無不欣躍。李佺自回京覆命。帝徵張守珪赴闕，授幽州長史，兼營州都督，加御史中丞，領河北節度、營田、海運等副大使。

是歲秋九月，關中霖雨害稼，京城穀貴。帝一面降詔，出倉粟二百萬石以振恤貧者；一面召京兆尹裴耀卿，問救民之策。耀卿曰：「國家帝業，本在京師，萬國朝宗，百代不易。但為關中地狹，收粟不多，倘遇水旱，便即匱乏。往者貞觀、永徽之際，祿廪數少，每年轉運，不過一二十萬石，所用便足，以此車駕久得安居。今昇平日久，國用漸廣，每年陝洛漕運數倍於前，支猶不給。故陛下數幸東都，以就貯積，為國大計，不憚劬勞。若使司農租米悉納東都，更廣陝運，支粟入京，倉廩常有三二年糧，則無憂水旱矣！今天下輸丁約有四百萬人，每丁支出錢百文，充陝洛運腳，五十文充營窖等用，貯納司農及河南府、陝州以充其費。租米則各隨遠近，任自出腳送納。

東都至陝，河路艱險，既用陸腳，無由廣致。若能開通河漕，變陸為水，則所支有餘，動盈萬計。且江南租船候水始進，吳人不便河漕，由是所在停留，日月既淹，遂生隱盜。臣請於河口置一倉，納江東租米，便放船回。從河口即分入河洛，官自雇船載運。河運者至三門之東，置一倉。既屬水險，即於河岸傍山車運十數里；至三門之西，又置一倉。每運至倉，即般下貯納。水通即運，水細便止。漸至太原倉，泝河入渭，更無停留，所省鉅萬。臣嘗任濟、宣、冀等三州刺史，詢訪故事，前漢都關內，年月稍久，及隋亦在京師，緣河皆有舊倉，所以國用常贍。若依此行用，利便實深。」帝深然其言。

時尚書張嘉貞、少傅源乾曜並已亡，右丞相宋璟抗疏告老，曰：「臣竊祿簪裳，備員廊廟，霜毫生頷，雪刺滿頭，求退歸耕，養慵巖穴，樂生堯世，死荷聖恩。」帝弗許。表再三上，帝乃許之，敕特給全祿，賜絹五百匹。宋璟以為大臣歸休，不宜關通人事，遂退歸私第，杜絕賓客，養疾衡門。蕭嵩亦表請乞骸骨，帝弗許，慰蕭嵩曰：「朕未厭卿，卿何庸去？」嵩俯伏曰：「臣待罪相府，爵位已極，幸陛下未厭臣，得以乞身。如陛下厭臣，臣首領之不保，又安得自遂？」因隕涕。帝為之改容，乃許之。

帝將朝賢姓名，暗寫於花箋黃紙上。太子入見，帝以金甌覆其名，告太子曰：「此宰相名也，汝庸知其誰耶？射中，賜爾卮酒。」太子拜而稱曰：「非崔琳、盧從願乎？」帝曰：「然。」遂舉金甌以示之，乃賜卮酒。時崔琳與弟崔珪、崔瑤，並居清顯，群從數十人，趨奏省闥。每歲時家宴，組綬輝映，設一榻置象笏，重疊其上。二十年來，中外族屬無緦麻之喪。帝欲拜崔琳、盧從願為相久矣，以宗族繁盛，託附者眾，終不用之。

次日設朝，帝降詔，拜蕭嵩為尚書右丞相，韓休為工部尚書：俱罷知政事。授裴耀卿為黃門侍郎、同平章事，張九齡為中書侍郎、同平章事。

有太府卿楊崇禮，乃隋煬帝曾孫，齊王楊暕之孫，尚衣奉御楊政道之子也。崇禮本名楊隆禮，後改名崇禮，長安中，曾為天官郎中，神龍後，歷洛、梁、滑、汾、懷五州刺史，為政清嚴，善察人吏。景雲初，入為太府少卿，遷正卿，加銀青光祿大夫，封弘農公。崇禮在太府二十年，公清如一，分寸錙銖，躬親不厭。轉輸納欠，折估漬損，必令徵送，前後為太府者莫能及也。御府財物山積，經楊卿者無不精好；每歲勾剝省便，出錢數百萬貫。時年九十餘矣，以老病授戶部尚書致仕。帝問裴耀卿曰：「崇禮諸子，誰能繼其父者？」荅曰：「崇禮有三子，皆勤恪清白有父風：長子楊慎餘，次子楊慎矜，三子楊慎名，而慎矜最良！」帝乃拜楊慎矜為監察御史，專知太府出納；楊慎餘為太子舍人，專知京倉；楊慎名攝監察御史，知都含嘉倉出納。

開元二十二年春正月，以杜暹為西京留守，駕幸洛陽。宋璟迎拜道左，帝親駐龍蹕，使第六子榮王李涺勞問者數四。自後中官往來，賞賚不絕。

秦州地震，或地坼裂，復合，壞敗城郭、民室屋，壓殺人。帝即差蕭嵩往秦州，致祭山川，又遣使宣慰，振恤百姓。

舊歲關中連雨傷稼，京師穀貴，帝令裴耀卿充江淮、河南轉運都使，鄭州刺史崔希逸、河南少尹蕭炅為副，於河口置輸場，且廣漕渠。

張九齡至洛陽，懇乞終喪。原來張九齡時丁母憂，喪制未終。九齡是個至孝之人，居喪盡禮，哀毀骨立，有紫芝產於廬側，白鳩、白雀巢其庭樹。帝遣中官奪哀起復授官，九齡累表固辭，言甚切至。帝弗許，報曰：「不有至孝，誰能盡忠？若墨縗之義不行，蒼生之望安在？謂此情難奪，豈成命可移？朕以非常用賢，曷云常禮哀訴，即宜斷表，今日便上。」賜甲第一區，御馬一匹。

第二十八回　張守珪耀兵紫蒙川　可突于梟首天津橋

卻說張九齡美風度，雅有文學精識。引衢州龍丘人，姓徐名安貞，為檢校工部侍郎，仍兼集賢院學士。安貞本名徐楚璧，後改名安貞。嘗應制舉，一歲三擢甲科。宸翰所揮，常令安貞視草。帝又除李暠兵部尚書，進爵武都伯。九齡又薦嚴挺之為尚書左丞，知吏部選，陸景融知兵部選，皆為一時精選。

九齡既以宰相為集賢院學士、兼知院事，奏請陸善經與韋述等同撰《六典》。又擢盧鴻侄盧象為左補闕，引王維為右拾遺。又引韋安石子吏部郎中韋陟字殷卿，為中書舍人。陟美文學，善草隸，風標整峻，卓爾不群。父亡，居喪過禮。杜門不出八年，與弟韋斌相勸勉，俱勤儒學，有盛名。於時才學之士王維、崔顥，與盧象等為陟賓客。宋璟見陟，歎曰：「盛德遺範，盡在是矣！」

裴耀卿勤於王政，夜看案牘，晝決獄訟。常養一雀，每夜至初更時有聲，至五更則急鳴，耀卿呼為「知更雀」。又於廳前，有一大桐樹，至曉則有群烏翔集，以此為出廳之候，故呼為「報曉烏」。時人美之。吏部郎中、兼知史官事韋述，即耀卿之甥，九齡、耀卿皆相推重，語必移晷。

此時李順改名李泌，字長源，作《長歌行》自娛，頗示己志。見者莫不稱善，惟有張九齡誡之曰：「早得美名，必有所折。宜自韜晦，斯盡善矣。藏器於身，古人所重，況童子耶！但當為詩以賞風景，詠古賢，勿自揚己為夠。」泌頓首泣謝，不復自炫。九齡與嚴挺之、蕭誠相善，挺之惡誠佞巧，勸九齡與誠絕交。九齡方欲使人召誠，歎曰：「嚴挺之太苦勁，不如蕭誠軟美可喜！」時李泌在側，進言曰：「公起布衣，以直道至宰相，而喜軟美者乎？」九齡聞言，改容謝之，呼為「小友」。

張九齡奏於諸道置採訪使，以御史中丞盧絢、揚州長史韋虛心等為之，巡行州縣，察長吏能否。那十五道採訪使？一、京畿採訪使，御史中丞裴曠；二、都畿採訪使，御史中丞盧絢；三、關內採訪使，華州刺史李尚隱；四、河南採訪使，汴州刺史、嗣魯王李道堅；五、河北採訪使，禮部侍郎、兼魏州刺史宋遙；六、河東採訪使，太原尹崔隱甫；七、隴右採訪使，秦州刺史裴敦復；八、山南東道採訪使，荊州長史韓朝宗；九、山南西道採訪使，梁州刺史宋詢；十、劍南採訪使，益州長史、劍南節度使王昱；十一、淮南採訪使，揚州長史韋虛心；十二、江南東道採訪使，潤州刺史劉日正；十三、江南西道採訪使，宣州刺史班景倩；十四、河西採訪使，太僕卿、兼涼州都督、河西節度使牛仙客；十五、嶺南採訪使，太常卿、兼判廣州事、嶺南五府經略使李朝隱。

又因官鑄不足，建議不禁私鑄。帝會文武商議。裴耀卿、蕭炅與黃門侍郎李林甫皆以為：「錢者通貨，有國之權，是以歷代禁之，以絕奸濫。今若一啟此門，但恐小人棄農逐利，而濫惡更甚，於事不便。」秘書監崔沔曰：「若稅銅折役，則官冶可成，計估度庸，則私錢無利，易而可久，簡而難誣，謹守舊章，無越制度。且錢之為物，貴以通貨，利不在多，何待私鑄，然後足用也！」又有監門錄事劉秩，上書言五不可，略曰：「夫人富溢則不可以賞勸，貧餒則不可以威禁。

故法令不行，人之不理，皆由貧富之不齊也。若許其私鑄，則貧者必不能為。臣恐貧者彌貧而役於富，富室益富而逞其欲。昔漢文之時，吳王濞，諸侯也，富埒天子；鄧通，大夫也，財侔王者。此皆鑄錢所致也。」帝覽之，遂罷私鑄之議，隨即降詔，令州縣嚴斷惡錢而已。

卻說突騎施可汗蘇祿自破大食，高自驕大，陰結突厥、吐蕃，密相來往。突厥、吐蕃亦嫁女與蘇祿。蘇祿以唐、突厥、吐蕃三國之女，並為可敦；又分立數子為葉護，用度不足。由是寇抄所得，留不分之。時北庭都護劉渙兇狂，蘇祿常有寇西、庭之心。乃遣衙官闕俟斤，齎馬千匹到北庭互市，蕃人何羯達密告劉渙，說蘇祿欲反，故遣闕俟斤以販馬為名，探察庭州虛實。渙大怒，遂收闕俟斤，殺之，盡奪其羊隻馬匹。蘇祿聞之大怒，商議起傾國之兵，來取庭州。渙知朝廷必然問罪，乃誘北庭將士造反，部將蓋嘉運殺之，遣人申報朝廷。

帝下詔，加嘉運瀚海軍使，領北庭都護，重賞有功將吏。命將劉渙首級，送與蘇祿。說劉渙擅殺闕俟斤，非朝廷所使。今渙已死，冤讎已息。蓋將軍願與可汗解和，將原奪羊馬盡數納還。蘇祿聽了大怒，罵道：「殺吾使命，焉肯干休！祇待洗蕩西庭，是我本願。」隨點起軍馬，殺奔疏勒來。疏勒鎮守使馬靈察聞知蘇祿兵到，恐疏勒兵少難以抵敵，急令人星夜往龜茲，報與四鎮節度副大使、安西副大都護王斛斯，求請救兵。斛斯聞蘇祿圍了疏勒，急寫表申奏天子；一面令驍將張羲之領本部兵，往助靈察。

卻說突厥苾伽可汗遣使奉表謝婚，並請期。表曰：「自遣使入朝以來，甚好和同，一無虛誑。蕃漢百姓，皆得一處養畜資生，種田力作。今許降公主，皇帝即是阿助，卑下是兒，一種受恩，更有何惡？謹使可解慄必謝婚，他滿達干請期，獻馬四十匹充押函。」帝恐突厥結連兩蕃，加信安王兵部尚書，兼領關內採訪使，增管涇原寧慶隴鄜坊丹延會宥麟等十二州以備胡。

是歲夏五月，京畿渭南等六縣雨雹，傷稼；關中大風拔樹，同州尤甚。帝欲拜李林甫為相，問於張九齡。九齡諫曰：「宰相之職，四海具瞻。若任人不當，則國受其殃。祇如李林甫為相，然寵擢出宸衷。臣恐他日之後，禍延宗廟。」帝弗從。遷張九齡為中書令，裴耀卿為侍中，以李林甫為禮部尚書、同中書門下三品。

張九齡甚輕李林甫，嘗謂裴耀卿曰：「李尚書議事如醉漢腦語也，不足可言。」後一日，帝宴近臣於禁苑中，忽指示曰：「檻前盆池中所養魚數頭，鮮活可愛。」林甫曰：「賴陛下恩波所養。」九齡曰：「盆池之魚，猶陛下任人，他但能裝景致助兒女之戲爾。」帝甚不悅。時人皆美九齡之忠直。林甫知九齡方承恩遇，耀卿又素與九齡相善，雖意不平，猶善事之。

卻說帝自於苑中種麥，率太子諸王躬自收穫。帝謂太子李鴻等曰：「此將薦宗廟，是以躬親，亦欲令汝等知稼穡之難也。」因分賜侍臣，謂曰：「比歲令人巡檢苗稼，所對多不以實，故自種植，以觀其成；且《春秋》書麥禾，豈非古人所重也！」

卻說蘇祿大兵圍困疏勒甚急。靈察嬰城固守，城上箭矢如飛蝗一般射將下來。蘇祿兵連日攻打不下。馬靈察每夜在城中縱火為號，祇望救兵到來。旬日之後，守城軍士望見蘇祿陣中不戰自亂，急忙報知。靈察聽了，連忙披掛上城瞻望，祇見一枝人馬，煙塵蔽日，喊殺連天，衝奔前來。四面圍城軍馬，四散奔走。靈察知是安西救軍到了，盡點在城軍馬，大開城門，分頭掩殺出去。衹見兩軍一齊混戰。張羲之殺得賊兵東西亂竄。

朝廷命蓋嘉運於北庭簡練驍武，揚聲大入，使蘇祿救首救尾，形勢分離；再令牛仙客於河西諸軍州選精兵五千，即日前赴安西，兼發涼府軍資器械二十萬，助王斛斯同破蘇祿。又冊立阿史那獻之子阿史那震，襲爵西突厥興昔亡可汗，令與斛斯計會，招集四鎮蕃漢健兒，並傳諭蔥嶺以西諸國王葉護城使等，共討蘇祿之罪。

卻說張九齡奏請不許入請，罷賞戰功，減諸軍兵，省年支賜。帝許之。九齡又奏請河南數州開稻田，以利百姓。帝遣九齡為河南開稻田使，於許、豫、陳、亳等州置水屯。耀卿領江淮、河南轉運使，又於輸場東置河陰倉，西置柏崖倉，三門東置集津倉，西置三門倉；開三門北山十八里陸行，以避湍險。自江淮西北而泝鴻溝，悉納河陰倉。自河陰倉候水調浮，漕送東都含嘉倉，又取曉習河水者，遞送納於陝州太原倉，謂之北運。自太原倉泝河入渭，以實關中。

九齡薦右金吾大將軍裴伷先、大理卿李尚隱，昔為嶺南五府經略使，在官以清白稱。帝擢裴伷先為太府卿，李尚隱為御史大夫。以蕭炅為太府少卿、知度支事。耀卿奏兵部侍郎裴寬為戶部侍郎，為其副。王丘襲父爵宿預男，轉太子賓客。尚隱引盧懷慎子中書舍人盧奐字美輪，為御史中丞。

時司農卿陳思問多引小人為其屬吏，隱盜錢穀，積贓鉅萬，為李尚隱所舉案。帝下詔，流陳思問於瀼州。尚隱初為監察御史，去宰相崔湜、吏部侍郎鄭愔；後為御史中丞，去侍御史王旭；今為御史大夫，又去思問：三為憲官，輒去朝廷之所惡者。

時值嚴冬，大雪下的正緊，張義之等不時出擊，半月之間，連勝數陣。蘇祿不敢攻圍，卻又頓兵不去。暗遣人往突厥、吐蕃二處，約會去了。

卻說突厥寇北境，信安王遣軍大破之，犒軍已畢，班師回京。帝出郭迎接，賞勞軍士。帝以信安王宗室良翰，勳績隆重，乃下詔褒美之，兼與二子官。旬日後，突厥大臣歌利施頡斤至，言：「伊然可汗因父苾伽可汗新亡，特命臣來報喪。」原來苾伽可汗為其大臣梅錄啜所毒，藥發未死之際，發兵討斬梅錄啜，盡滅其黨。苾伽得勝收兵，回到衙帳，毒已入心，當晚身死。可憐苾伽可汗，雄霸漠北一世，最終化作了一場黃粱美夢。

帝為之舉哀於洛城南門，輟朝三日。遣金吾大將軍李佺齎禮往突厥弔喪，為立廟樹碑，又令起居舍人李融製其碑文，並冊立其子伊然可汗。

卻說張守珪自到幽州，軍民皆喜，政治一新。朝廷加守珪鎮軍、右羽林大將軍。一日，有軍士捉得盜羊賊來見。守珪令押入，跪於帳前。其人告曰：「小人乃本處諸蕃互市牙郎，營州雜種胡也，姓安，名祿山。祇為一時貪口腹，卻被官軍捉來。望大使饒我性命，再不敢了！」原來那安祿山小名軋犖山。母阿史德氏，為突厥巫者。與康國胡野合，禱於軋犖山，神應而生。是夜，赤光傍照，群獸四鳴，望氣者見妖星芒熾，落其穹廬。時幽州都督張仁亶使人搜其廬，不獲，長幼並殺之。母藏匿之，遂得免。怪兆奇異不可悉數，母以為神，遂名軋犖山。軋犖山者，突厥語鬥戰之神也。少孤，隨母在突厥中。母後嫁突厥大將安延偃，乃冒姓安氏，改名祿山。及安延偃亡，其族漸衰。祿山逃出突厥中，故流落此處。時年三十歲，生得肥壯白皙，膂力過人，能解六蕃言語，為諸蕃互市牙郎。守珪謂祿山曰：「汝既居蕃中，必知地理。吾今饒汝性命，留於軍中如何？」祿山歡喜拜謝。守珪大喜，令左右去其縛，賜酒壓驚，就留於帳下驅使。

次日，安祿山引一突厥雜種胡人來見，守珪問何人，祿山曰：「此某同鄉人也，姓史名窣干，性剛好鬥，勇力過人。亦通曉六蕃言語，與某同為諸蕃互市牙郎。生較某先一日，他歲夜生，某歲日生，因此親善。今特薦之於大使。」守珪見其短小精悍，亦收於軍中。遂命窣干，與祿山皆為捉生將。祿山素諳山川井泉，嘗以麾下三五騎，生擒契丹數十人以歸。守珪奇之，每益以兵，擒賊必倍。守珪大喜，拔祿山為偏將。

卻說帝聞知張守珪屢勝，遂與群臣商議。眾議皆謂契丹結連奚、厥，當加兵守邊。帝曰：「守珪屯兵塞下，河朔轉粟邊軍，則曠日持久，何時而平林胡？若命守珪以大兵臨契丹，賊必自亂。吾因而取之，賊可滅矣！」即遣人齎詔到幽州，令守珪出師。

守珪奉詔，率大軍望烏鶻都山進發。契丹自從背叛朝廷之後，終日自防，丁壯不得耕耘，牛馬不得生養。更兼突厥課稅又多，部落嗟怨。屈烈聞得官兵將至，召可突于計議。可突于曰：「可一面差人去張守珪處詐降，一面令人齎密書往突厥，若伊然可汗來相助，契丹可無患矣。」屈烈便寫降表，差人往守珪軍前投獻。時張守珪屯軍紫蒙川，使者到唐寨。見守珪禮畢，呈上降款。守珪覽畢大喜。打發使命回訖，乃喚管記王悔分付曰：「今吾率大兵屯於紫蒙川，以討屈烈。可突於用緩兵之計，安能瞞得過吾？吾今欲將計就計，汝可為我東行。約下李邵固部下舊人，於中取事。」

王悔領計，徑到契丹衙帳，入見屈烈可汗，稱頌朝廷盛德。屈烈乃留王悔於寨中，卻教可突於將諸營皆移於西北，暗遣使齎密書赴突厥，欲殺王悔以叛。不想契丹知兵馬中郎李過折，因與可突于分典兵馬，爭權不睦，常有殺可突于之心。既知其事，徑來告悔。過折曰：「我欲殺屈烈、可突于，而歸國家，以免蕃中百姓塗炭之苦。」悔曰：「汝果能成大功，張中丞當表奏天子，封官賜爵，保汝為契丹之主。」過折大喜，遂密整本部甲兵。

是夜二更，屈烈可汗於帳中與可突于議事。忽聽得帳外人聲沸騰。屈烈方令人探時，祇見門首無數軍馬，各挺長槍，搶入帳來。可突于急掣劍在手，立殺十數人，卻被李過折當胸一刀砍翻在地，梟其首級。屈烈大驚無措，早被眾軍亂槍戳死。過折斬其黨羽數十人。將屈烈、可突于首級，用木匣盛貯，隨王悔送到紫蒙川不題。

卻說張守珪在紫蒙川，正與眾將議契丹之事，忽報契丹李過折送屈烈、可突于首級至。守珪便請入帳相見。過折呈上屈烈、可突于首級二顆，果是屈烈、可突于。守珪大喜，就於帳中設宴賀功。宴罷，守珪遣人齎屈烈、可突于首級，直赴洛陽獻功。就紫蒙川，陣兵耀武。真個是金鼓震天，戈矛耀日；旌旗揚彩，人馬騰空。過折與眾蕃官見了，無不稱羨。先是，守珪為幽州良社府果毅。幽州刺史盧齊卿甚賓禮之，嘗謂守珪曰：「公後必節度幽、涼，為國良將！」

守珪將屈烈、可突于首級，解赴洛陽。張九齡、裴耀卿、李林甫率百僚奉表陳賀。帝知守珪成了大功，心中欣喜。命將屈烈、可突于首級，梟於天津橋之南。

開元二十三年春正月，帝親祀神農於東郊，禮畢，躬御耒耜，率張九齡、裴耀卿、李林甫等一班文武百僚，藉於千畝之甸。裴耀卿執耒，太僕卿張暐秉轡。既三推，禮儀官、太常卿韋縚奏藉田禮畢，帝謂左右曰：「帝藉之禮，古則三推。朕憂農人之勤勞，欲俯同九推。」韋縚跪而奏曰：「先王制禮，不可逾越。」帝曰：「夫禮豈不在濟民治國，勤事務功乎？朕發乎至誠，深惟嘉殖，將以勸南畝，供粢盛，豈非禮意也。」遂進耕五十餘步，盡壟乃止。禮畢，輦還齋宮，大赦天下，賜酺三日。封九齡為始興伯，耀卿為稷山男，林甫為成紀男，俱加金紫光祿大夫，各授一子官，賜物三百段。侍耕、執牛官等，皆加級賜帛。天下父老，百歲以上版授上州刺史，九十中州刺史，八十上州司馬。

第二十九回　嚴安之畫地為界　元德秀作歌哀民

卻說帝御五鳳樓大酺，命三百里內刺史、縣令，各率樂工集於樓下，互較勝負。百姓簇簇攢攢，紛紛嚷嚷。觀者笑語喧嘩，樂不得奏。金吾白梃如雨，不能遏止。帝患之，謂高力士曰：「吾以海內豐稔，四方無事，故盛為宴樂，欲與百姓同歡，不知眾人喧亂如此，汝有何計止之？」力士曰：「臣不能止也。河南丞嚴安之為理嚴，為人所畏。陛下可召來處分打場，以臣所見，必有可觀。」帝遂使人召安之至。安之以手板繞場畫地，示眾曰：「逾此者必死！」眾皆指其地畫以相戒，曰「嚴公界境」，於是終三日酺宴，無一人敢犯者。

卻說懷州刺史令樂工數百人於車上，皆衣以錦繡，伏廂之牛，蒙以虎皮，及為犀象形狀，觀者駭目。帝謂左右曰：「懷州之人，其在塗炭乎？」促命徵還，而授以散秩。以太子賓客崔沔，兼懷州刺史。有一縣令惟遣樂工數人來，乃魯山令元德秀，字紫芝，河南人也，元魏明元皇帝九世孫。性純樸，美文辭，尚黃老。德秀少孤貧，作《蹇士賦》自況，事母以孝聞。初應鄉賦，將如京師，不忍離親，每行則躬負板輿，往復千里。以才行第一，進士登科。授邢州南和縣尉，以丁母憂去職，廬於墓所，刺血畫佛像、寫經，食無鹽酪，藉無茵席者三年。服闋，授汝州魯山縣令，治有惠政。嘗有盜為縣人所患，德秀獲之而未刑，盜感其慈仁，有自改意。會縣界有猛獸，暴犯百姓。盜自陳曰：「願格殺猛獸以贖罪。」德秀哀而許之。僚佐堅請，以為不可。德秀曰：「吾不欲負約，累則吾坐，必請不及諸君。」乃破械縱之。次日，盜果屍獸覆命。至是，連袂歌《于蔿于》，聲甚哀切。帝聞而異之，歎曰：「賢人之言也。」下詔褒美，免魯山徭役三年。

旬日內，張守珪入朝。帝乃大會文武於廣達樓，設宴慶賀。帝嘉守珪之功，賦詩褒美。宴罷，欲授張守珪以侍中。九齡諫曰：「不可。宰相者，代天理物，有其人而後授，不可以賞功。若開此路，恐生人心。《傳》曰：『國家之敗，由官邪也。』官濫爵輕，不可理也。若賞功臣，即有故事。」帝曰：「假以其名而不使任其職，可乎？」對曰：「不可。惟名與器不可以假人，君之所司也。且守珪才破契丹，陛下即以為宰相；若盡滅奚、厥，將以何官賞之？」帝乃止。拜張守珪兼御史大夫，加輔國大將軍，封南陽公，與二子官，賜繒綵一千匹及金銀器物等；授李過折特進、北平郡王，兼檢校松漠州都督，領幽州節度副使，賜錦衣一副、銀器十事、繒綵一千匹。詔於幽州樹碑，以彰戰功。

忽報河南尹李適之表奏：「有孝子張瑝、張琇兄弟與父報讎，刺殺殿中侍御史楊萬頃於魏王池。都城士庶，皆言張瑝兄弟合從矜恕。」原來張瑝兄弟，乃嶲州都督張審素之子。曾有人誣告張審素在軍奢僭，多昧贓賄。朝廷差楊汪以監察御史馳傳就軍按之，其人告張審素謀反。楊汪遽收張審素，繫雅州獄。還至嶲州，被張審素心腹將董元禮所劫，對汪殺告事者，以兵脅汪，令汪奏雪張審素之罪。幸得嶲州別駕米欽道引兵殺到，盡誅董元禮之兵，救了楊汪。楊汪挾恨，回奏朝廷，說張審素謀反，張審素竟坐誅。張瑝、張琇兄弟以年幼，坐徙嶺外，潛還鄉里。楊汪累轉殿中侍御史，改名曰楊萬頃。張琇與兄商議，欲報其父之讎。張瑝從其計。同至東都，侯楊萬頃於道中。至夜，楊萬頃乘馬而歸，張瑝挺斧突起，斫萬頃馬。萬頃大驚，方下馬，背後張琇密袖白刃而出，遂刺殺之。然後繫表於斧刃，理父之冤，極言楊萬頃誣罔；為吏所捕。適之憐張瑝兄弟幼穉孝烈，然據國法，輒當處死，遂列上其狀。

張九齡奏請活之，裴耀卿、李林甫並固執以為不可。帝謂九齡曰：「復讎雖禮法所許，殺人亦格律具存。孝子之情，義不顧命；國家設法，焉得容此！殺人成復讎之志，赦之虧格律之道。然道路喧議，當須告示。」乃下敕，決殺張瑝兄弟。敕曰：「張瑝兄弟同殺，推問款承，律有正條，俱合至死。近聞士庶，頗有喧詞，矜其為父復讎，或言本罪冤濫。但國家設法，事在經久，蓋以濟人，期於止殺。各申為子之志，誰非徇孝之夫，輾轉相讎，相殺何限！咎繇作士，法在必行；曾參殺人，亦不可恕。不能加以刑戮，肆諸市朝，宜付河南府，告示決殺。」

臨刑，張瑝號泣，不能進食；張琇顏色自若，謂兄曰：「若死者有知，得見父母，豈非至願！」乃延頸就刑，顏色不變。張瑝死時年十三，張琇少二歲。

張瑝兄弟既死，士庶莫不憐之。為作哀誄，榜於衢路。市人斂錢於張瑝兄弟死處造「義井」，葬於北邙，又恐楊萬頃家人發之，並作疑塚數所。

卻說奚王閭屈烈、可突于已死，李過折已降，遂亦引本部落投降。帝賜姓李氏，並賜名歸國。封為右金吾衛大將軍、歸誠郡王，領奉誠州都督。渤海王大武藝上表，說突厥遣使求合，擬打奚及契丹。帝即降詔，令蕃騎為先鋒，守珪鎮幽州；傳檄兩蕃，嚴加提備。

再說突騎施可汗蘇祿令闕伊難如齎金珠、銀瓶、黑毯、赤縻等物，徑到吐蕃結連墀德祖贊。

闕伊難如齎書而往，行至蔥嶺，被唐兵捉住，縛見王斛斯。當下搜得蘇祿與贊普暗通之書，即將人與書解赴洛陽，細奏其事。帝知蘇祿如此，遂與群臣商議。張九齡曰：「昔吐蕃與我共立盟約，樹碑赤嶺，今卻與突騎施連謀，是負盟也。陛下可差人遺書贊普責之，看彼如何對荅。」帝從其言，即令使命齎國書星夜往吐蕃而去。時贊普遣大臣悉諾勃藏為賀正使，來朝貢獻。帝將諸物皆付與悉諾勃藏，送還贊普不題。

使命持國書徑到吐蕃，入見墀德祖贊。贊普看國書畢，見事醜露，乃勉強折辯，言劍南節度使王昱，既誘嶲州諸蠻，背蕃作惡，又舉兵越嶲州邊界，攻取鹽井。使命回京，奏聞天子。帝一面再令使命星夜入蕃，宣諭贊普；一面命王昱，嚴兵整甲，不可舉兵。

使命到吐蕃，來見贊普，告以鹽井昆明本城，本屬國家，至於諸蠻自行寇抄，實不干國家之故；贊普又言隴右節度使陰承本欲背赤嶺之盟，大起軍馬殺入蕃境。帝料吐蕃必欲動兵，一面令陰承本嚴加守禦，不可輕動，一面令王斛斯結連大食，共攻突騎施。

忽又報幽州張守珪上表，說：「契丹李過折為可突于餘黨耶律泥禮所殺，諸子並見害，惟有一子李剌乾南走安東，得免。」詔授剌乾左驍衛將軍，賜名忠誠。泥禮上表，言：「過折既掌大權，殘虐百姓。眾心大怨。某故殺之。」帝赦免泥禮殺過折之罪，責其無義，拜為左金吾員外大將軍、松漠州都督。

帝賜泥禮書曰：「卿之蕃法，多無義於君長，自昔如此，朕亦知之。然過折是卿蕃王，有惡徑殺，為此王者，不亦難乎？但恐卿今為王，後人亦爾，常不自保，誰願作王？卿雖蕃人，是當土豪傑，亦須防慮後事，豈得取快目前？」又恐泥禮未有名位，心中不安，命守珪用好言撫慰，以安其心。

卻說宗正卿、褒信郡王李璆等上表，請於興慶宮建龍池《聖德頌》，以紀符命。帝許之，令太子與張九齡、李林甫為檢校使；又令寧王題額，裴耀卿為模勒使。又令張九齡作龍池《聖德頌》一篇。九齡援筆立就，其文甚美。帝大悅，曰：「卿之詞旨，度越前輩！」敕太子諸王盡皆改名，以符土德：於是太子改名李瑛，慶王改名李琮，忠王改名李璵，棣王以下十八王，及寧、申、岐、薛諸王之子，皆改從玉。榮、光、儀、潁、永、壽、延、盛、濟、信、義等十一王，並開府置官屬；陳、豐、恒、涼、汴五王，又就封入內宅。又以諸孫成長，於十王宅外置百孫院。

是日，帝命張九齡、裴耀卿、李林甫，與蕭嵩及太子少保崔琳、中書侍郎嚴挺之、黃門侍郎陳希烈、吏部尚書李暠、兵部侍郎張均、太常少卿韋陟、諫議大夫褚庭誨，同入集賢院，分寫告身。院中御書約有十萬餘卷，分為四部：一、甲部，即經庫也，其書皆用白牙木書軸、黃帶、黃暈錦花織竹帙、紅牙籤；二、乙部，即史庫也，其書皆用碧牙木書軸、縹帶、紅暈錦花織竹帙、綠牙籤；三、丙部，即子庫也，其書皆用紫檀木書軸、紫帶、紫暈錦花織竹帙、碧牙籤；四、丁部，即集庫也，其書皆用綠牙木書軸、朱帶、緋暈錦花織竹帙、白牙籤。眾官見了，無不讚歎。

裴耀卿謂張九齡曰：「聖上好文，書籍之盛事，自古未有。朝宰允使，學徒雲集，觀象設教，盡在是矣。前漢有金馬、石渠，後漢有蘭臺、東觀，宋有總明，陳有德教，周則獸門、麟趾，北齊有仁壽、文林，雖載在前書，而事皆瑣細。方之今日，則覺得扶翰捧珪者哉！」

當日，張九齡、裴耀卿、李林甫等各寫告身一通，裝縹進內，帝大喜。張九齡、裴耀卿、李林甫三相，各賜絹帛三百匹；蕭嵩、崔琳等，各賜二百匹。將告身賜與諸王，使往東宮尚書省之上，命九齡、耀卿、林甫引百官相送，儀注甚盛。俄除十五王府元僚，並無府幕，同於禮院上，亦非精選。

再說武惠妃之女咸宜公主，出降楊慎交子楊洄，帝下詔，授楊洄衛尉少卿、駙馬都尉，賜咸宜公主實封一千戶。於是諸皇女為公主者，皆例加至一千戶。

卻說契丹耶律泥禮會同奚李歸國，大破突厥於能訖離山。伊然可汗棄甲逃亡。張守珪上表報捷。

帝以征討突騎施，國用為急，乃除李林甫戶部尚書、依舊知政事。戶部侍郎張均轉兵部，林甫薦蕭炅為戶部侍郎。

人報杜暹在京居守，抽當番衛士，繕修宮室，增峻城隍，躬自巡檢，未嘗懈怠。帝聞而嘉焉，手敕褒美。以杜暹為禮部尚書，封魏縣侯。

秋九月，蕭嵩等一班文武詣朝堂上表，請封嵩華二嶽。帝不許。

忽報突騎施可汗蘇祿集大勢蕃兵，分兩路寇亂西、庭。蘇祿自領二十萬人馬，由天山路，來搶庭州；蘇祿子爾微特勤，出勃達嶺來搶撥換。更有吐蕃大將莽布支引軍西出，侵犯焉者。帝聞之大驚，即令九齡草詔，使人致國書與贊普，責其無信。

一面令西州都督、兼天山軍使張待賓，與王斛斯、蓋嘉運計會，分撥將士，守把各處隘口；

再令王斛斯引安西蕃漢之兵二萬，星夜倍道而行，出勃達嶺，與大食東面將軍阿沙德計會，共取碎葉；牛仙客於帳下諸將內選一人，引河西蕃漢之兵二萬，出瓜州之北，與待賓、嘉運計會，來破突騎施；信安王聚朔方西受降城及定遠、豐安、新泉等軍二萬，於內選精兵五千先行，徑往北庭進發。三處一齊進軍，選定冬十二月上旬，集於西、庭，克日興師。

再說蘇祿大軍圍得庭州鐵桶相似。蓋嘉運上城守護。庭州城垣堅固，府庫充實，糧草可支五年。嘉運守禦甚密，急切攻打不下。蘇祿一連圍了十日，不能攻破。忽流星馬報到，說信安王令韋光乘將兵五千，同行軍司馬郭虛己，投庭州來。大纛官都摩度闕頡斤進曰：「庭州堅峻，急切難攻，空勞兵費力耳。西州兵微將寡，又素乏器械。可汗不如撤庭州之圍，速進兵攻西州。待破西州之後，再來取庭州不遲。」蘇祿善其言，連夜引大軍來攻西州。

早有哨馬報張待賓，說蘇祿領大軍來取西州，將近城下。待賓率兵守護。蘇祿軍到城下時，城上弩箭如雨。蘇祿令兵四面圍困，並力攻城。待賓閉城堅守。旬日後，河西兵至，蘇祿引兵迎之。唐陣中為首大將乃河西討擊副使王忠嗣也。蘇祿大怒，驟馬交鋒。戰不數合，蘇祿撥馬便走。唐兵衝殺了一陣，賊兵大敗。

蘇祿引軍刺斜而走，又遇一彪軍殺到，為首大將，身長九尺，狀貌瑰偉，乃蓋嘉運也。攔住去路，截殺一陣。蘇祿不敢寇西、庭，徑投天山大路而行。

處木昆酋長匐延闕律啜曰：「西、庭未得，不如先取撥換。撥換守兵無多，往自可克。」蘇祿曰：「正合吾意。」於是大驅軍馬，殺奔撥換來。撥換鎮守使朱仁惠，飛報王斛斯；一面親自上城望時，祇見垓垓攘攘，突騎施人馬，蓋地而來。蘇祿把馬軍衝到城邊時，城上擂木礮石亂打下來。蘇祿在馬上，左手拈弓，右手取箭，搭上箭，拽滿弓，覷得親切，望城上祇一箭射去。正中仁惠面門，眾人急救，拔出箭頭，血流不止而死。王斛斯表奏朝廷，帝敕令厚葬。

蘇祿射死仁惠，攻城愈急。撥換將士守禦甚嚴，不釋戈甲。時值隆冬，北風大起，陰雲佈合，天降大雪。蘇祿馬死人亡，又見王斛斯救兵至，乃上表求和，卻屯兵北嶺，以為久計，祇待蕃兵策應。朝廷已知蘇祿之詐，遣使去突厥陳說利害，令伊然可汗起兵襲突騎施，牽動其勢。伊然不從。

至次年正月內，蓋嘉運趲兵直至施店密城，逢賊便殺，賊眾大駭，四散奔走。嘉運引軍追趕，大半多被擒獲。時蘇祿連月攻打撥換不下，當日正在軍中，與諸將議事，忽流星馬飛報禍事。蘇祿問其故，報說蓋嘉運襲破施店密城，殺死者甚多。蘇祿聞報大驚，急撤撥換之圍，勒兵回救碎葉。王斛斯盡起安西之兵，從背後掩殺，賊眾大敗，死者甚眾。蘇祿右臂中了一箭，引敗兵奔入勃達嶺。王斛斯乘勢追殺，全勝而回。

蓋嘉運等諸將兵馬，班師回軍。張九齡、裴耀卿、李林甫等一班文武，奉表陳賀。吐蕃遣使進貢方物金銀器翫數百事，皆形制奇異。帝令列於提象門外，以示百僚。

卻說張九齡儒學詩賦，獨步當時，位居端揆，屢進讜言。帝深器之，嘗在朝堂謂左右曰：「朕每見九齡，使我精神頓生！」李尚隱、裴伷先，見中貴不為禮，帝欲黜其官爵，九齡力諫方止。嚴挺之薄李林甫無文，三年，非公事，竟不私造其門。九齡素與挺之相善，欲引挺之同居相位，謂之曰：「李尚書深承聖恩，足下宜一造門款狎。」挺之弗從。舍人孫逖文理精練，為人謙退不伐。在中書，與徐安貞、韋陟、王敬從、梁涉、苗晉卿對掌文誥，時人以為美談。九齡甚重之，嘗欲掎摭疵瑕，沉吟良久，竟不能易一字。

關內採訪使信安王李禕、河南採訪使魯王李道堅等，巡察天下，帝嘉其勞苦，各授一子官。江淮、河南轉運副使崔希逸拜散騎常侍，裴寬轉吏部侍郎。寬乃裴漼從弟，袁州刺史裴無晦之子也。性通敏，略涉書記，善彈棋，工騎射。兄弟並皆宦達，子侄亦有名稱，於東京仁和坊治第同居，八院相對；於高堂上鳴鐘擊鼓會食，當世榮之。

春二月，帝自選縣令一百六十三人，乃於朝堂設宴，會集新除縣令。帝作《令長新誡》一篇，以賜天下縣令。其辭曰：「我求令長，保乂下人，人之所為，必有所因。侵漁浸廣，賦役不均，使夫離散，莫保其身。徵諸善理，寄爾良臣，與之革故，政在惟新。調風變俗，背偽歸真，教先為富，惠恤於貧。無大無小，必躬必親，責躬勸農，其惟在勤。墨綬行令，孰不攸遵，曷云被之，我澤如春。」

次日，帝降詔曰：「諸刺史、縣令，與朕共治，情寄尤切，等數宜加。諸州都督刺史、五府長史都護，及縣令，每有制加勳階賜物，並同京官。」

第三十回　軒轅師作術戲阿瞞　張九齡占相辨胡雛

卻說恒州刺史韋濟表奏：「有逸人張果先生者，不知何許人也。隱於本州中條山，耆老自幼見之，自云年數千歲矣，人莫能測也。常倒騎一白驢，日行數萬里，休則疊之如紙，置巾箱中；乘則以水噀之，還成驢也。往來汾、晉間。時人傳其有長年秘術。太宗、高宗，屢徵不起。則天嘗遣使召張果出山，張果佯死於妒女廟前。時方盛暑，須臾臭爛生蟲。使者還報，信其死矣。今有土人復見張果，乘白驢往來中條山中。」

帝即遣通事舍人裴晤齎詔，往恒州宣召。裴晤到恒州中條山，來見張果。張果怪其傲慢少禮，不肯就行，即嗚呼哀哉，斷氣身亡。唬得裴晤目瞪口呆，慌忙焚香祈請。半晌，張果方才蘇醒。裴晤不敢相逼，馳還見帝，把上項事，從頭至尾細陳了一遍。帝又遣中書舍人、兼集賢院學士徐嶠，前去恒州請張果。嶠乃徐堅之子也，知書知禮。

徐嶠領旨，到恒州，至中條山見張果，宣天子詔命。張果推老不行。徐嶠曰：「天子急欲見仙翁一面，幸勿吝鶴駕。」再三敦請，張果方行。

張果隨徐嶠同至洛陽，帝令高力士傳旨，肩輿至宮中，特加禮敬。帝見張果鬢眉皓白，從容謂曰：「先生得道者也，何齒髮衰朽如此耶？」果曰：「衰朽之歲，學道未成，故使之然，良足恥也。今若盡除鬢髮齒牙，不猶愈乎？」言訖，拔去鬢髮殆盡。侍童又取鐵如意以進，張果以鐵如意擊落牙齒，流血溢口。帝驚，謂張果曰：「先生暫且休舍，少時當與先生晤語。」詔於集賢院安置。不多時，帝復召張果入內殿。張果青鬢皓齒，愈於壯年。帝見了，暗暗稱奇。與之談論，張果自云：「余是軒轅時丙子年生人，於今幾千歲矣。」又云：「曾為軒轅師。」帝心不信。

時有高道邢和璞者，好黃老，善心祘。帝即召入殿內，令祘張果。和璞佈籌多時，意竭神沮，懵然終莫能詳其甲子之數。又有桑門夜光者，精釋典，能視鬼。帝傳旨召張果入殿，密令夜光潛匿於簾後覘之。張果至，帝令高力士賜坐於御前，與語久之。張果既退，夜光出曰：「不知張果安在乎？臣願視察也。」終莫能見。帝驚其靈異，謂高力士曰：「吾聞神仙之人，寒燠不能瘵其體，外物不能浼其中。今張果善祘者莫能究其年，視鬼者莫得見其狀，神仙倏忽，豈非真者耶？」力士曰：「嘗聞堇汁有毒，飲之必死，若非真仙，必敗其質，大家可試召張果，賜以飲也。」帝依言，遂令力士暗置堇汁於酒中。使人召張果，張果至。帝教力士把盞勸酒。

力士即至酒席前，拿壺把盞，滿斟金盃，奉與張果。張果接盃在手，更不推辭，連飲了三盃，醺然若醉，顧謂侍童曰：「此酒非佳釀也。」便踏伏在案邊，鼾鼾盹睡。不多時，張果醒來，窺鏡而自視，齒盡斑然焦黑。張果命侍童執鐵如意擊之盡墮，徐解衣，於袖中出神藥一貼，其色微紅，光瑩，以敷墮齒穴中。復又伏在案上盹睡，良久方醒，引鏡自照，其齒已生，粲然潔白，過於前也。帝大驚，顧謂力士曰：「莫非真仙乎？」

張果退，帝即召仙師葉法善至，問曰：「張果何人？」葉仙師對曰：「此乃天機，臣不敢洩。」帝曰：「仙師必為我言之。」葉仙師曰：「天機不可洩，洩之有殃。今陛下必欲臣言之，臣言訖必死。若陛下免冠跣足以救，臣庶幾能活矣！」帝許諾。葉仙師曰：「昔混沌初分，鴻蒙始判，天地未開之際，有黑、白二蝙蝠，黑者乃是鍾馗，白者便是張果也。」言訖，口吐鮮血，僵僕於地。帝從仙師之言，急召張果至，免冠跣足，伏禮請罪。張果徐曰：「此兒多口過。不謫之，恐敗天地間事耳。」帝哀請再三。張果命侍童取水，侍童急取水半盞遞與張果。張果念動咒語，噀一口水，噴在臉上，仙師隨即復生。

張果在院內，旬日不食，時進美酒，及三黃丸。公卿名士多往拜謁，問以方外之事。張果皆詭對，人莫能測也。時玉真公主入見帝。帝將張果髮白還黑，齒落更生，種種神異，逐一說與公主。公主聽了，稱讚不已。帝便令高力士傳旨，把玉真公主招贅張果為駙馬。

是日，秘書少監王迥質、太常少卿蕭華同至院中，拜見張果，張果謂二人曰：「諺云『娶婦得公主，平地生公府』，真可畏也。」二人愕然相顧，不曉其意。少頃間，忽使命齎詔至，曰：「主上以玉真公主自幼好道，欲降於先生。」二人方悟。張果大笑，竟不肯奉詔，求歸恒州，帝相留不住，乃降詔，拜張果為銀青光祿大夫，號為「通玄先生」，以繒綵三百匹賜之，令扶持弟子二人，舁果而行，送回恒州。

到了恒州，張果將兩個扶持弟子，一個放回故里，一個相隨入山。張果無何壽終，或傳屍解。既葬，帝疑其仙也，使開棺而視之，空棺而已。

卻說太子李瑛本名李嗣謙，母趙麗妃。那趙麗妃本是個伎人，自小學藝，隨父樂人趙元禮飄泊江湖，流落山東。帝在潞州時，張暐為銅鞮令，家世富豪，極好賓客。帝曾至暐宅，暐安排酒席齊整，叫了元禮父女，與帝相見。端的花簇錦攢，吹彈歌舞。帝見元禮之女顏色美麗，心中歡喜。遂納之，寵愛無比。後生一子，即李瑛也。帝即位，封郢王。王皇后無子，帝長子郯王破面。於是帝遂立郢王為太子。及長，納太常少卿薛紹之女為皇太子妃。先改名李鴻，後又改名李瑛。居住於十王宅中，與鄂王李瑤、光王李琚甚相親善。

此時趙麗妃、劉華妃已亡，惟武惠妃專寵後宮，帝嬖愛之。宮中禮秩，一同皇后。惠妃初生夏悼王李一，又生懷哀王李敏、上仙公主，皆繈褓不育。後生一子，名瑁，不敢養於宮中，遂養於寧邸。寧王妃元氏自乳養之，名為己子。及長，始入宮中。封為壽王，遙領益州大都督、劍南節度大使。瑁儀表端麗，進退閒雅，宮中常呼為「十八郎」。帝溺愛之，非諸子所比。惠妃陰令咸宜公主駙馬楊洄譖惡太子，而欲立壽王。太子於內宅與鄂王、光王以母失寵，而有怨言。鄂王，帝第五子，母皇甫德儀也；光王，帝第八子，母劉才人也。帝生諸子，而太子、鄂王、光王，皆有賢行。帝素愛之。及得武惠妃，乃遠此三子。帝以李瑛仁弱不類己，常欲廢太子，而立壽王。由此，三王與武惠妃有隙。

一日，武惠妃見帝來時，把眼擠了一擠，撲簌簌淚如雨落，於後宮裡嚎啕痛哭。帝一時間那裡認得？上前摟住道：「妃子，你為甚事傷感？明明說來，莫哭，莫哭，三郎與你做主也。」惠妃淚汪汪的告道：「三郎不知，容奴告稟。那太子在內宅，與鄂王、光王談論，說陛下因賤妾之故，寵愛壽王，疏薄東宮，更有太子薛妃之兄薛願勸太子陰結黨羽，欲害妾及壽王母子。故此止不住傷心痛哭。」帝聽了，不免心頭起火。忽又報開府儀同三司、平盧節度大使、安東都護、潁王李璬上表，奏稱太子密遣人往平盧，索甲二千領，未知何意。帝聞言，越加忿怒。對惠妃道：「妃子，你且莫哭。朕明日與宰相商議，廢太子而立壽王，如何？」惠妃乃收淚謝恩。

次日，帝即召張九齡、裴耀卿、李林甫入內問曰：「太子不臣，欲與鄂王、光王及薛願謀害惠妃、壽王母子，吾欲廢太子立壽王，何如？」九齡對曰：「陛下纂嗣鴻業，將三十年，太子以下，常不離深宮，日受聖訓。今天下之人，皆慶陛下享國日久，子孫蕃育，況元良國本，豈可動搖。昔晉獻公惑驪姬之讒，太子申生憂死，國乃大亂；漢武帝受江充之誣，禍及太子，京城流血；晉惠帝容賈后之譖，廢愍懷太子，中原塗炭；隋文帝取獨孤后之言，廢太子勇而立晉王廣，遂失天下。由此論之，不可不慎。今太子既長無過，二王又賢，陛下奈何一旦以無根之語，喜怒之間忍欲廢之？臣聞父子之道，天性也。子有過，父恕而掩之，無宜廢絕。且其惡狀未著，恐外人窺之，傷陛下慈父之道。伏惟陛下思之！」帝涕泣，遂寢其事。

武惠妃知之，暗使黃門牛貴兒來見張九齡，傳惠妃語，曰：「若有廢也，必有興者。相公若為壽王之援，則重位可久！」九齡怒，乃叱貴兒曰：「宮闈之言，何得輒出！」入內告帝。帝為之動容，祇將薛願降爵黜官。李林甫知此事，乃對牛貴兒曰：「此乃主上家事，何須更問外人？」向他耳畔低言，曰：「吾願保護壽王。」

貴兒回告惠妃，說九齡這般如此無禮。惠妃知九齡不可奪，陰欲去之。貴兒又將林甫方才的話也說了一遍。惠妃深德之。

時遇六月天氣，炎暑正熱。帝使高力士賜宰臣白羽扇。張九齡竊有所感，立獻《白羽扇賦》

一篇。其文曰：「當時而用，任物所長。彼鴻鵠之弱羽，出江湖之下方，安知煩暑，可致清涼？豈無紈素，彩畫文章？復有修竹，剖析毫芒。提攜密邇，搖動馨香，惟眾珍之在御，何短翮之敢當？與竊思於聖后，且見持於未央。伊昔皋澤之時，亦有雲霄之志，苟效用之得所，雖殺身之何忌？肅肅白羽，穆如清風，縱秋氣之移奪，終感恩於篋中。」帝覽畢，批曰：「朕頃賜扇，聊以滌暑，卿立賦之，且見情素。詞瀏理約，朕詳之久矣。然佳彼勁翮，方資利用，與夫棄捐篋笥，義不當也。」

卻說太子太保陸象先病亡，帝使嚴挺之與蕭炅齎禮弔問，敕贈尚書左丞相，謚曰文貞。嚴挺之、蕭炅奉命往陸宅弔喪，見客次有《禮記》一部。蕭炅以門蔭入仕，素無學術，不知「伏臘」之意，讀之曰：「伏獵。」嚴挺之聞言，戲問之。炅對如初。挺之暗笑，回中書見九齡，備說蕭炅無學，且云：「省中豈有『伏獵侍郎』！」九齡遂以他事，黜蕭炅為岐州刺史。由此，林甫深惡挺之。

卻說故武周會稽郡王武攸望子武溫昚謀逆，事洩伏誅。信安王李禕，黜為衢州刺史；邠王子廣武郡王李承宏，黜為房州別駕；涇州刺史薛自勸，黜為澧州別駕：坐與武溫昚交通故也。蒲州刺史王琚坐與信安王相善，黜為通州刺史。除李林甫兵部尚書、依舊知政事。張九齡慮李林甫代己，恐被其害，遂作《歸燕詩》一首，以贈林甫。詩曰：「海燕何微眇，乘春亦暫來。豈知泥滓濺，祇見玉堂開。繡戶時雙入，華軒日幾回。無心與物競，鷹隼莫相猜。」林甫看了詩，怒乃少息。

卻說右散騎常侍、河西節度使崔希逸上表，說朔方節度使、兼太僕卿、閒廄、群牧等使、攝御史大夫牛仙客前在河湟之時，省用足財，所積鉅萬。因此軍需器械應用之物，無不完備，米滿倉廒，財盈府庫。帝大喜，即使刑部員外郎張利貞馳傳覆視。

是歲秋八月千秋節，帝御廣達樓，大宴群臣。時百僚李林甫等上饋，多以珍翫，唯張九齡獻《千秋金鏡錄》五卷，述帝王興衰，微以諷帝，以為鑒戒。帝賞異之，賜書褒美。

數日後，突騎施可汗蘇祿遣使大首領胡祿達干求和。帝許之，授胡祿達干左金吾員外將軍，宴於內殿，賜錦衣一副，綵帛百匹，放歸本國。

一日，帝晝寢，夢一豔女危冠廣袖，至帝前揚塵舞蹈。帝問曰：「汝何人？」其女拜罷奏曰：「妾乃陛下淩波池中龍女也，久護宮苑。陛下洞曉鈞天之音，乞賜一曲，以光族類。」帝聞言，即鼓胡琴作一曲，倚歌和之，以賜龍女。龍女欣然拜謝而去。帝醒來，盡記其節奏，急命設樂。帝親御琵琶，遣武惠妃歌舞。後一日，於淩波池奏《淩波曲》。池中洪波湧起，有一神女出於波心。帝視之，正和夢中見者無異。因於淩波池上立廟，歲時致祭。

供奉李龜年，兄弟三人並有才名：龜年為長，善歌；彭年次之，善舞；鶴年最少，亦善歌。岐王聞其名，召龜年相見。是日岐王置酒大會賓客，令家伎在簾內操琴。龜年聞琴聲甚美，曰：「此秦聲也。」少頃，又曰：「此楚聲也。」人皆不信。岐王命人入簾問之，前彈者乃隴西沈妍，後彈者乃廣陵薛滿也。岐王及眾賓客，無不嘆服。龜年能造曲，為一時之玅。嘗造《渭州曲》，甚有新致。時樂人馬仙期、張野狐、賀懷智等，亦玅達音律。龜年為帝眷遇，在洛陽大起第舍，制度宏麗，逾於公侯；中堂華侈，甲於都下。

且說洛陽舊殿多妖，夜聞哭聲，聽之不知所在。帝惡之。次日，召張九齡、裴耀卿、李林甫於內殿，議欲西還。九齡、耀卿諫曰：「今百姓刈穫未畢，即日西幸，恐有妨於農收。願陛下待仲冬可還。」九齡、耀卿趨出。林甫在後，舉前曳踵。帝見林甫腿腳不便，遂問曰：「卿何故足疾，無甚痛乎？」林甫對曰：「臣非足疾，願獨奏事。」帝曰：「卿有何言？」林甫奏曰：「二京，陛下東、西宮也。將欲駕幸，焉用擇時？假使有妨於刈穫，則獨蠲免沿路租稅可也。臣請宣示有司，即日西幸。」帝大悅，遂拜太子賓客兼河南尹崔隱甫為東都留守，即日排駕回京。

至陝州，陝州刺史盧奐接著。奐在州清公，有美政。或有無良惡跡者，奐必嚴斷，且以所犯之罪，鐫碑刻石，立於其人門首，再犯處於極刑。人皆呼其石為「記惡碑」，莫敢犯者。陝州之民為之歌曰：「不須賽神明，不必求巫祝，爾莫犯盧公，立便有禍福。」帝聞盧奐有神政，到奐廳事，御筆親書，題讚而去。其讚曰：「專城之重，分陝之雄。人多惠愛，性實謙沖。亦既利物，存乎匪躬。斯為國寶，不墜家風。」

車駕還長安。忽報幽州張守珪有表到，奏稱：「平盧裨將安祿山討兩蕃殘賊，自恃勇力，深入蕃境，不想契丹耶律泥禮已有準備，因此大敗而歸。請按軍法處治。」張九齡曰：「祿山無謀，率爾輕敵，以致於敗，宜速斬以正軍法！」帝然其言，即遣使齎敕到幽州，宣諭守珪，命斬祿山。守珪接詔已畢，叱刀斧手推出祿山要斬。祿山大呼曰：「大夫不欲滅兩蕃耶？忍殺壯士！」守珪聞言不決，命左右以檻車囚之，載赴京師，任天子發落。

原来張守珪儀形瑰壯，威風素高，常嫌安祿山肥，祿山畏懼不敢飽食。忽一日，祿山為守珪洗足。守珪足下有黑子，祿山竊窺之。守珪顧而笑曰：「黑子，吾貴相也。汝何窺之，亦能有之乎？」祿山曰：「某賤人也。不幸兩足皆有，亦似公者，色黑而加大。竟不知是何祥也？」守珪令跣而觀之，果如其言。守珪奇之，益親厚之，遂認祿山為義子，深加薦寵。祿山遂以軍功，累加左驍衛員外將軍，充衙前討擊使。今乃惜其驍勇，不忍殺之。

當日張守珪把安祿山押至京師，早有近臣奏知帝。帝召祿山入，見祿山身材魁偉，形體瓠肥，狀貌奇異，骨格非常，令去其縛，賜酒壓驚，問曰：「卿有何能？」祿山曰：「臣左右開弓，一十八般武藝，無有不會；能通六蕃言語。」帝大喜，傳旨將祿山免官，白衣展效。

張九齡聞知，徑入宮中來諫帝曰：「穰苴出軍，必誅莊賈；孫武行令，亦斬宮嬪。守珪軍令必行，祿山不宜免死。」帝曰：「若斬祿山，恐失幽州將士之心。不如赦之，留他做個白衣將領。」九齡執奏曰：「祿山狼子野心，面有逆相，臣請因罪戮之，冀絕後患。」帝弗聽，曰：「卿以王衍識石勒故事，便臆斷祿山難制耶？」乃特赦之，放歸本鎮。九齡再三固請，帝竟弗從。九齡既出，謂耀卿曰：「亂幽州者，必此胡也！」

第三十一回　李林甫一鵰挾兩兔　武惠妃虛言陷元良

時裴耀卿兼領轉運使凡三年，運米七百萬石，省陸運之傭三十萬貫。或說耀卿進所省腳錢，以表其功。耀卿曰：「此皆公家盈縮之利耳，豈宜以小道邀名求寵也！」乃奏充所司和市、和糴等錢。

一日，帝設朝，問群臣曰：「朕親主六合，二十餘年，兩都往來，甚覺勞弊。欲久住關內，其可致乎？」群臣皆奏曰：「江淮漕運，轉輸極難，臣等愚蒙，未知為計。」帝聞之，愀然不悅。忽報張利貞自涼州而回。帝召入問之。利貞曰：「臣奉命到涼州，見仙客所積倉庫盈滿，器械精勁，皆如希逸之狀。」帝聞奏大悅，欲拜牛仙客為尚書。張九齡諫曰：「不可，尚書，古之納言，有唐以來，多用舊相居之。不然，歷踐中外清貴之地，紗行德望者充之。仙客本河湟一吏典耳，拔昇清流，齒班常伯，此官邪也！」帝曰：「但賜實封，可乎？」九齡又執奏曰：「不可。漢法：非有功不封。唐尊漢法，太宗之制也。邊將馴兵秣馬，儲蓄軍實，蓋將帥之常務耳。陛下念其勤勞，賞之金帛可也；欲賜實賦，恐未得宜。惟聖慮思之。」帝默然不語。

旬日內，牛仙客入朝，李林甫以九齡之言告之，仙客不悅。次日，仙客入內奏事，泣辭官爵，帝為之改容。林甫奏曰：「仙客，宰相材，豈不堪一尚書？九齡文吏，拘於古義，失於大體。」帝大喜，即召張九齡、裴耀卿至，欲行實封之命，兼授尚書。九齡猶稱不可。帝變色曰：「事總由卿？」九齡頓首謝曰：「陛下使臣待罪宰相，事有未允，臣合盡言。違忤聖情，合當萬死。」帝大怒，曰：「卿以仙客寒士嫌之耶？若是，如卿豈有門籍！」九齡對曰：「臣荒陬微賤，仙客中華之士。然陛下擢臣踐臺閣，掌綸誥。仙客起自胥吏，目不知書。韓信，淮陰一壯士，羞與絳、灌同列。陛下必大用仙客，臣亦恥之。」帝乃止。既退，林甫私謂中貴人曰：「但有材識，何必辭學；天子用人，何有不可？」帝聞林甫之言，心中愈不樂。

次日，李林甫請見，屢言張九齡頗懷誹謗。帝降詔授牛仙客殿中監，封隴西縣公。

卻說張九齡與嚴挺之及故大理卿袁仁敬、右庶子梁昇卿、御史中丞盧怡友善，挺之等有幹用，而結交在終始，甚為當時所稱。然性大躁急，中書眾僚議事者，逆即瞋罵，議者以此少之。蔚州刺史、兼橫野軍使王元琰犯贓，敕三司訊鞫。王元琰之妻樊氏，即嚴挺之前妻也。挺之因前妻之故，為元琰求寬。李林甫聞之，使人告帝。帝乃召張九齡至，謂曰：「王元琰非無贓罪，嚴挺之為他囑託所由，有顏面。」九齡曰：「此乃挺之前妻，不合有情。」帝曰：「卿不知。雖離之，亦卻有私。」即日下詔，黜嚴挺之為洺州刺史，流王元琰於嶺外。

次日早，到月華門外伺候早朝。李林甫在中，裴耀卿在左，張九齡在右，九齡、耀卿鞠躬卑遜，林甫意氣揚揚甚自得也。觀者竊謂「一雕挾兩兔」。是日設朝，帝降詔，拜張九齡為尚書右丞相，裴耀卿為尚書左丞相：俱罷知政事。蕭嵩改太子太師，韓休亦遷太子少師，封宜陽子。授李林甫為中書令兼兵部尚書，牛仙客為工部尚書、同中書門下三品。林甫尋思：「猶為左、右丞相耶？」遂目送二人趨就本班。公卿以下，不覺股慄。

卻說帝以牛仙客為相，頗招物議。一日，帝問高力士曰：「吾用仙客相，物議以為何如？」力士曰：「眾議皆謂仙客出於胥吏，非宰相器。」帝大怒曰：「我當用康䛒。」䛒為將作大匠，雅有巧思。帝因一時恚怒，故舉其極不可者。有人報知康䛒，言帝行當拜䛒為相。䛒聞之大喜，以為信然。次日設朝，眾文武分兩行而立。䛒延頸而望，稀有成命。觀者無不掩口。䛒頗能相宅，自以為其宅乃金盃之象，常謂人曰：「我居是宅中，豈不為宰相耶？」聞者皆為嗤笑。

旬日內，崔隱甫入朝，帝欲拜隱甫為侍中，問隱甫曰：「卿曾見牛仙客否？」隱甫曰：「未也。」帝曰：「卿可與之相見。」隱甫竟不造其門。子弟問其緣故，隱甫曰：「吾非以仙客出身寒微，而輕之也，彼才能不及中人，如何與之共語乎？」忽一日，帝又問：「卿見仙客否？」隱甫對如初。帝不悅，遂止不用。

加牛仙客兼知門下省事，持節遙領朔方節度副大使。追贈牛仙客父牛意仁為禮部尚書，祖牛會為涇州刺史。

李林甫又欲鉗塞士口，杜蔽主聽，乃集諸諫官，謂曰：「今明主在上，群臣將順之不暇，何用多言！諸君不見立仗馬乎？終日無聲，而食三品料；及其一鳴，即黜去。雖欲再鳴，其可得乎！」補闕杜璡猶再上疏。次日，被黜為華州下邽縣令。諫官皆持祿養資，不敢論事。林甫又以御史權重，奏請：「御史先諮中丞、大夫，皆通許，又於中書、門下通狀先白，然後得奏。」由此御史不得特奏，威權大減。由是，諫諍之路遂絕。

帝求天下通曉玄經之士，人薦肅明觀道士尹愔，博覽群書，特精《老子》。帝聞而召之，與語大悅，即日拜尹愔諫議大夫、集賢院學士、兼知史館事，賜朝散階。愔表固辭，優詔許衣道士服視事。愔乃受職。

時值春正月，蒲州久旱民苦。李林甫奏請，擇朝賢為刺史。帝從之，遂出裴寬為蒲州刺史。裴寬往蒲州到任，才入境內，忽一塊濕雲處，大雨傾盆相似。

卻說雞林州都督、新羅王金興光死，其子金承慶立，遣使報喪。帝甚悼惜之，贈太子太保。令贊善大夫邢璹攝鴻臚少卿為使，率府兵曹楊季鷹為副，齎禮往新羅弔喪，並冊立金承慶，襲封開府儀同三司、雞林州都督、兼持節寧海軍使、新羅王。邢璹臨行，帝謂之曰：「新羅號為君子之國，頗知書記，有類中華。以卿學術，善與講論，故選使充此。到彼宜闡揚經典，使知大國儒教之盛！」璹等到新羅，甚為夷人所敬。新羅國人善弈棋，無有及楊季鷹者。承慶大喜，厚贈璹等還唐。

吐蕃復侵逼小勃律，勃律國王蘇沒謹忙遣使告急。帝遣使齎詔，令吐蕃罷兵。吐蕃拒不受詔，遂攻破小勃律國。帝怒吐蕃背約，正值河西崔希逸，與吐蕃大將乞力徐殺白狗為盟，各去守捉。邊陲無事，牛羊披野。崔希逸傔人孫誨入朝奏事，告稱「吐蕃無備，若發兵掩之，必克捷矣！」帝即命宦官趙惠琮與孫誨同往河西，觀察事宜。惠琮至河西，遂與孫誨矯詔，迫崔希逸背盟，麾軍掩襲。希逸不得已，引兵直入吐蕃境二千餘里，殺得蕃軍屍橫遍野，血流成渠。乞力徐膽喪心驚，趁亂走脫。希逸得勝而回。於是吐蕃復絕朝貢。趙惠琮、孫誨皆得重賞，惟崔希逸以背約失信，怏怏不樂。

卻說監察御史周子諒，私謂高祖嫡系子孫、御史大夫李適之曰：「牛仙客不才，濫登相位。天后時，有讖云：『首尾三鱗六十年，兩角犢子自狂顛，龍蛇相鬥血成川。』兩角犢子，牛也，必有牛姓干唐祚。大夫國之懿親，豈得坐觀其事？」適之聞知大驚，即入內奏帝，細言前事。帝即召子諒入內問之。子諒不能答。帝大怒，喝武士拿下，杖於朝堂，配流瀼州，行至藍田驛，賜死。張九齡為李林甫所譖，黜為荊州長史。

卻說李林甫條理眾務，增修綱紀，內外遷除，率由舊章。牛仙客輒獨善其身，唯諾而已。百司有所諮決，輒曰：「但依令式可也。」林甫以海內無事，方隅底寧，奏請諸軍皆募長征健兒，以息山東士卒。帝遂令林甫、仙客，與諸道節將計議兵防健兒定額，召募丁壯，長充邊軍。又停甸內置烽，及蒲、絳等二十二州軍士一萬九千。自此州縣無徵發之役。

卻說李林甫以宗室近屬，帝擢用之，恩意甚厚，而禮遇漸輕。林甫託意於中貴人，揚壽王之美。武惠妃深德之。太子自知難免，日夜與鄂王、光王、駙馬薛鏽在內宅議事。薛鏽尚唐昌公主，亦薛妃之兄也。駙馬楊洄探知其事，來告惠妃。惠妃聞之，徑來告帝曰：「太子挾恨，聽信薛鏽之言，欲為不道，與鄂王、光王皆已擐甲持戈，變在頃刻矣！」帝大驚曰：「豈有此乎！」使中官往視之，果如其言。帝大怒，即召李林甫、牛仙客商議，林甫曰：「此是陛下家事，非臣等所宜預。」帝意遂決，就命袁思藝宣詔於宮中，廢太子、鄂王、光王為庶人，流薛鏽於瀼州：皆賜死。唐昌公主度為女冠。太子舅家趙氏、妃家薛氏、鄂王舅家皇甫氏，連累者數十人。惟有鄂王妃家韋氏因妃賢得免。太子、二王既見害，天下莫不痛之，謂之「三庶」。

帝戒諸王曰：「我自奉先帝宮室，不敢有加。時時補葺，已愧於勞人矣。惟興慶創制，乃朝廷百辟卿士，以吾舊邸，因欲修建，不免群卿敓室之詞，以俟庶民子來之請，亦所以表休徵之地。新作南樓，本欲察甿俗，採風謠，以防壅塞，是亦古辟四門達四聰之意。時有作樂宴慰，不徒然也。又因大哥讓朱邸，以成花萼相輝之美。歷觀自古聖帝明王，有所興作，欲以助教化也。我所冀者，式崇敦睦，漸漬薄俗，令人知信厚爾！」

卻說忠王妃韋氏兄韋堅，自奉先令轉為長安令。帝問韋堅曰：「聞京城有富商大賈數萬家，誰為稱首？」堅曰：「長安城中有富戶王元寶，為都中之巨豪。其宅室宇宏麗，鋪陳華侈，以金銀為壁，紅泥泥之。宅中有『禮賢室』，以沉檀為軒檻，碔砆甃地面，錦文石為柱礎，又以銅線穿錢，甃於後園花徑中，雖泥雨日，而花徑不滑。時人皆呼錢為「王老」，以有「元寶」之字也。」帝即使高力士召王元寶至，問曰：「卿家財幾何？」元寶荅曰：「臣請以一縑，繫陛下南山一樹，南山樹盡，臣縑未窮！」帝大喜。堅又言：「元寶家有一把皮扇，製作甚妙。每值炎天暑月，元寶設宴請客，即以此扇置於座前，令府中僮僕以清水灑之。須臾，但見清風生扇，涼氣翛翛，炎暑全無。客有寒色，遽命撤去。」帝差高力士取來看，驚曰：「此龍皮扇也！」稱讚不已。

後一日，帝御含元殿，望終南山，見一條白龍橫亙山頂之上。帝顧左右曰：「汝等見白龍否？」左右皆云未見。帝遂召王元寶，問之。元寶曰：「有一白物橫於山頂，不辨其狀。」帝滿心歡喜。高力士等左右貴人啟曰：「如何臣等不見，元寶獨見之也？」帝笑曰：「我聞至富可敵至貴。朕天下之主，而元寶天下之富，故耳！」

秋七月，昇殿設朝。帝問百官曰：「天下一歲決獄，死罪者幾何？」李林甫出班奏曰：「今歲刑部斷獄，天下死罪惟有五十八人。」帝聞奏，滿心歡喜，對眾文武道：「朕自即位以來，未嘗枉誅一人！」大理少卿徐嶠奏曰：「大理獄院，由來相傳殺氣太盛，鳥雀不棲，今有鵲巢其樹。」李林甫、牛仙客率百官上表稱賀，以為幾致刑措。帝以宰相變理、法官平允之功，賜李林甫爵為晉國公，牛仙客爵為邠國公，刑部、大理官一十七人，各賜一中上攷，共賜綵絹二千匹。

旬日後，李林甫、牛仙客又與御史中丞王敬從及明法之官，共加刪緝舊格式律令及敕，總成《律》十二卷，《律疏》三十卷，《令》三十卷，《式》二十卷，《開元新格》十卷。又撰《格式律令事類》四十卷，奏上之。敕於尚書都省寫五十本，發使頒於天下。

先是，西北邊數十州多宿重兵，地租營田皆不能贍，故用和糴之法。至此，牛仙客以歲豐年稔，穀賤傷農，奏請行和糴之法於關中。詔停今年江、淮漕運，令有司於時價外每斗加三兩錢，和糴都畿、關輔粟各三四百萬石，以實太倉之儲。自此關中倉庫盈溢，車駕不復東幸矣。

再說張九齡自退相守荊州，以琴書自娛。有襄州名士孟浩然，少好劍術，隱鹿門山，即漢龐公棲隱處也。年四十，始遊西秦。正值秋雨夕霽，風月甚美。眾名士聚於秘省，吟詩作對。浩然聯道：「微雲淡河漢，疏雨滴梧桐。」滿座歎其曠絕。因應進士不第，乃歸鄉里。在洞庭湖，聞九齡鎮荊州，作詩一首，贈與九齡：「八月湖水平，涵虛混太清。氣蒸雲夢澤，波撼岳陽城。欲濟無舟楫，端居恥聖明。坐觀垂釣者，空有羨魚情。」九齡深賞異之，即辟從事。

時王維在長安，常想念九齡之恩，作詩一首，寄與九齡：「所思竟何在，悵望深荊門。舉世無相識，終身思舊恩。方將與農圃，藝植老丘園。目盡南飛雁，何由寄一言。」李林甫頗忌之，出為河西節度判官。

第三十二回　三庶人顯魂報應　武惠妃還年無術

卻說武惠妃最好釋氏，頗信梵僧金剛智。智，南印度人也。父婆羅門，建支王師。智出家於那蘭陀寺，道成於迦毗羅衛國，事龍智阿堵棃，通總持灌頂之法。後入師子國，登楞伽山，航海涉險，遂至中土。徑至長安來見帝，帝十分加敬，遂留於宮中，訪以至道。及駕幸洛陽，智從。正值洛陽亢旱，一連三四個月無雨。帝心甚憂，詔智登壇祈雨。智用不空鉤依菩薩法，登壇祈禱，圖寫七俱胝准提菩薩真像，奏曰：「菩薩開光明日，就有雨下也。」至第七日，熱氣蒸人，天無雲翳。看看午後，菩薩方睜開雙眼，霎時間，西北風大作，濃雲潑墨。頃刻間，大雨震電。智求雨之所，有一條白龍，穿穴其屋，洪注壇場。洛人看見，盡皆驚駭。比及天明，洛陽士庶傳說：「智獲一龍，穿屋飛去。」帝第二十五公主病危，帝令智授以戒法。智請帝降敕一道，就燭上燒了，念動咒語，著兩個女童齎敕往見焰摩王。少頃，焰摩王差公主亡保母劉氏護送公主魂魄隨二女到宮中。須臾，公主復醒，開目遍視，見帝立於榻前，泣曰：「冥數難移，兒不能復生矣！今焰摩王遣兒回來，暫覲聖顏而已。」言訖，瞑目而逝。岐王子太僕卿、河東郡王李瑾好酒色，多越法度。智嘗勸河東王於毗盧遮那塔中繪像，河東王弗從。智私謂門人曰：「河東王壽非久矣。」河東王果暴卒。

武惠妃既害了三庶，心上不安，便往薦福寺禮佛燒香，佈施錢米。金剛智勸惠妃急造一尊金剛壽命菩薩，消災滅罪。這惠妃不敢怠慢，即造菩薩不題。

是歲冬十一月，人報開府宋璟病亡，帝嗟悼久之，敕河南少尹崔釋之監護喪事，贈太尉，謚曰文貞。

卻說帝召李林甫、牛仙客，議立儲貳，林甫以壽王李瑁對，仙客唯諾而已。帝亦偏愛壽王，欲立之。不想武惠妃自害三庶之後，每夜祇見三庶立於榻前。宮中鬼哭之聲，終夜不息。帝召巫覡入內視之。巫覡云：「三庶化作厲鬼為祟。」帝命大設祭祀，改葬三庶。遂罷立儲之議。

武惠妃因三庶為祟，受驚成病。至是年十二月內，病甚沉重。帝至後宮來探視，見惠妃昏沉，口不能言，慌忙令人往十王宅取壽王李瑁到。壽王哭拜於牀下。良久，惠妃微開雙目，又見三庶渾身血汙，立於愁雲之內，隱隱聞索命之聲。惠妃祇叫：「有鬼，有鬼！」須臾，氣絕而死。時金剛壽命菩薩尚未造成。三庶為惠妃所譖於夏四月而死，惠妃因三庶為祟至冬十二月而亡，果然天道循環，報應分明！

武惠妃既死，帝哀傷不已，敕贈貞順皇后，葬於敬陵。慶王李琮等請制齊衰之服，有司請以忌日廢務，帝皆不許，命立廟於京中昊天觀南。

那時三宮六院嬪御雖多，無當意者。帝遣花鳥使採訪人間子女有姿色者，江南東道採訪使齊澣令人於本道，選了一良家子江氏，託花鳥使送至京師。江氏名采蘋，乃是福州名醫江仲遜之女，幼而聰慧，年九歲，能誦《毛詩》，嘗謂父曰：「我雖女子，期以二《南》為志。」父奇之，因名采蘋。年十五，美文學，每自比於謝女。雅淡梳妝，儀容秀麗。高力士見其美，即以白帝。

帝聞之，乃召入掖庭，為妃。妃善吹白玉笛，作驚鴻舞。性好梅花，所居之地有一座亭臺，梅英疏淡，名為「梅亭」。帝以其所好，呼為「梅妃」。六院嬪妃，宮娥綵女，視梅妃，自以為弗如。

開元二十六年春正月立春日，帝迎氣於東郊，親祀青帝，以勾芒配。以忠王為亞獻，潁王為終獻。是日刮起東北風，濃雲密佈，紛紛洋洋，降下一天瑞雪。壇下群臣拜舞稱揚，無不歡悅。禮畢，大赦天下。制天下繫囚死罪者，特免死，流嶺南，餘並放免。諸軍兵健並停遣，見鎮兵並放還。京兆府新開稻田，並散給貧丁。內外文武，賜帛各有差。以李林甫遙領隴右節度副大使，牛仙客遙領河東節度副大使。

吐蕃寇河西郡縣，崔希逸擊走之。希逸以有功，遷河南尹。希逸行至京師，與趙惠琮俱見白狗為祟，相次而死。孫誨亦以罪被戮。太僕少卿、隴右留後杜希望，令部將王忠嗣率師度隴，攻新城，拔之，獲其渠帥，斬首千餘級。加忠嗣右威衛翊府左中郎將，專知隴右節度行軍兵馬使，以其城為威戎軍，置兵一千以鎮之。詔杜希望毀其赤嶺分界之碑。加李林甫遙領河西節度副大使。林甫引中書舍人苗晉卿為判官，又表薦岐州刺史蕭炅為河西節度使、知留後事，令與劍南王昱、隴右杜希望分道經略，以討吐蕃。

卻說朝廷因舊歲渤海大武藝病亡，冊其子大欽茂為左驍衛員外大將軍、渤海郡王，領忽汗州都督，襲父位。大欽茂甚慕華風，是年夏月，渤海遣使來朝，請賜《大唐開元禮》、《三國誌》、《晉書》、《十六國春秋》各一部。帝許之，敕秘書省寫與。

卻說帝因忠王為王皇后養子，意欲立之，爭奈李林甫勸立壽王為儲貳，因此委決不下。自念春秋漸高，儲嗣未定，心中憂悶，寢食不安。忽一日，高力士侍立於側，見帝深念，乃問曰：「大家何念之深也?」帝曰：「將軍，我家老奴，揣我何念?」力士曰：「得非以郎君未定耶?」帝曰：「然。」力士曰：「大家何必如此虛勞聖心，但從大伢，誰敢復爭?」帝聞言，真是如醉方醒，似夢初覺，乃曰：「汝言是也!汝言是也!」即召李林甫、牛仙客入內，商議此事。林甫曰：「壽王年已成長，儲位攸宜。」帝弗從，而謂曰：「忠王仁孝，年又居長，當守器東宮。」遂立忠王為太子，改名李紹。

那時滇西有蠻六部，星居瑣碎，東連牂牁，西連吐蕃。自言哀牢之後，號曰「六詔」。那六詔?一、浪穹詔；二、施浪詔；三、邆賧詔；四、越析詔；五、蒙巂詔；六、蒙舍詔。這六詔兵力相埒，各有君長，而無統帥，皆臣服於唐。是時蒙舍詔漸強盛，餘五詔漸弱。蒙舍詔首領皮邏閣欲兼吞五詔，與謀臣張建成密議。建成曰：「六詔同為唐臣，非請於朝而伐之，恐唐大兵壓境。今劍南節度王昱好利，若厚賂以寶貨，必為我請，然後動兵，無不濟也。」皮邏閣然其言，即修書一封，差建成往益州，見王昱，賂以金帛，具說蒙舍欲併吞五詔之意。

王昱受了皮邏閣賄賂，滿心歡喜，乃從其請，表奏朝廷。帝遣內給事王承訓持詔到蒙舍州，封皮邏閣為特進、越國公，賜姓蒙，名歸義。

蒙歸義上表謝恩畢，與張建成商議攻五詔之策。建成曰：「蒙巂、越析，遠隔三浪，若越三浪而攻之，二詔拒之於前，而三浪乘之於後，此危道也。不如先使人往二詔通好，然後盡引精兵猛將，悉力攻打三浪。三浪之地，必為大詔所得。若得三浪，則二詔不足平也。」歸義曰：「此計大紗！」即遣建成往蒙巂、越析通好。

建成先到蒙巂見蒙巂詔首領照厚，具道歸義之意。照厚大喜，送親子厚羅入蒙舍為質；建成隨至越析見越析詔首領波沖。不想波沖妻美而婬，與白蠻豪酋張尋求私通。波沖覺之，欲誅尋求，機事不密，反為尋求所害。建成回報歸義，歸義遣人報知王昱。

時王昱巡邊至姚府，中途聞報，即召張尋求至，數之以其罪而殺之。所有越析之地，歸於蒙舍。波沖從子于贈固爭不可，王昱弗聽。于贈持越析之寶鐸稍，聚集部落數萬人，連夜出走，渡過瀘水，邑於龍佉河，方圓一百二十里，周迴石岸，地名雙舍。遣酋長楊墮在龍佉河東北訓練人馬，聽候調用。

蒙歸義進兵瀘水來攻，楊墮教軍將緊守寨柵，深掘濠塹，牢栽鹿角，堅閉不出。蒙舍兵不能克，還兵夜襲大厘城。邆賧之眾四散奔逃，被歸義大殺了一陣。邆賧詔首領咩羅皮收拾敗軍，奔回邆賧。差人往浪穹、施浪求救於浪穹詔首領鐸邏望、施浪詔首領施望欠，教速起兵會於邆賧，共討歸義之罪。

蒙歸義提兵大進，正遇咩羅皮、鐸邏望會合施望欠等數萬騎前來。兩軍混戰。三浪軍兵大敗，眾皆四紛五落。咩羅皮退守野共川；鐸邏望退守劍川；施望欠退守矣苴和城。歸義進兵江口，督眾攻打施浪。施望欠兵敗勢窮，情知守把不住，遂棄矣苴和城，望永昌而走。將渡瀾滄水，後面歸義大軍趕來。望欠為歸義所害。弟施望千攜其部落，北投吐蕃。贊普以施望千為劍浪詔首領，與鐸邏望並於劍川安置。

歸義差人打探野共川消息，回報：「咩羅皮病亡，其子皮羅遻代之。」歸義聞咩羅皮已死，乃曰：「吾除卻一心腹之患也！」忽又報照厚瞎了雙目，病勢危篤，歸義恐一旦照厚死，更立賢主。即差本國兵馬，護送厚羅回蒙巂。照厚既死，蒙巂遂立厚羅為詔。

歸義使人報五詔云：「來日星迴佳節，會於大厘城祭祖，不來者罪之。」皮羅遻妻白潔夫人美而慧，勸皮邏遻辭不往。皮羅遻恐歸義以此為辭，祇得弗從。白潔夫人祇得將金釧穿於皮邏遻右臂，皮邏遻才行。至期，四詔俱至。惟于贈託故不來。

歸義等於松明樓設祭。祭畢，飲福受胙。比及天晚，皮羅遻、施望千、鐸邏望、厚羅不覺沉醉。歸義暗步下樓，教軍士堆積柴草放起火來。一霎時，火焰四起，煙迷太空。無移時，那松明樓已被燒毀，吻喇喇傾折下來。可憐四人都被焚死。歸義差人報知四詔，令收其屍。四詔之妻皆至，不辨是誰的屍首。惟白潔夫人因金釧之故，得收皮羅遻屍而歸。

歸義聞白潔夫人美貌，令人齎禮物往遻睒求親，謂白潔曰：「汝夫已死，汝當從我王；不從則死。」白潔曰：「夫死未幾，不忍便相從；請待葬夫百日，然後成親未遲。」使者回報，歸義大喜。至期，白潔率眾堅壁守之。歸義情知中計，提兵圍其城甚急。旬日後，白潔在城中糧盡，情知守把不住，自刎而死。歸義嗟歎不已，令厚葬之，追謚白潔夫人曰寧北妃，美其城名曰「德源城」。

卻說杜希望起兵渡河，殺敗蕃軍，奪得河橋，取黃河沙土築起鹽泉城。次日侵晨，莽布支統兵三萬來犯鹽泉城。兩陣裡彩旗招動，金鼓震天。莽布支挺矛躍馬，直取希望。希望手下健將三員，一齊迎戰；被莽布支一矛，刺一將落馬，二將俱走。軍士見三將不能取勝，都面面廝覷，俱各駭然。忽見一員英雄小將，手執鋼槍，坐騎白馬，如一道電光，從陣中飛出：乃是兵馬使王忠嗣，來戰莽布支。兩馬相交，約戰十數合，莽布支料敵不過，撥馬回陣。忠嗣縱馬追趕，奮武揚威，殺入蕃軍之中，左衝右突，往來殺有數十番，蕃軍大亂，四散亂攛逃生，殺死者甚眾。

希望乘勢掩殺，大獲勝捷。表忠嗣之功，帝遣使持節，加希望為鴻臚員外卿、攝御史中丞；並封忠嗣為左金吾員外將軍。詔於鹽泉城置鎮西軍。

再說帝令中官魏泰使突騎施，賜璽書曰：「朕與可汗結為父子，恩義所感，骨肉何殊？可汗乃信彼小子，自生疑阻，前後使往，非不具論。自爾以來，當所迷也。使至省表，已變其節。過而能改，善莫大焉。既效忠誠，深可嘉尚。朕本意相待如初，父子之間，更敦前好。凡為君須守信義，不信則身危。若外飾甘言，內藏奸計，未能有損，終必自傷。想可汗通明，固不至於此。巧言似實，深宜察也。若忠信不易，更復何憂？千秋萬歲，俱享多福，故令中使，專達少信，悉朕意焉。」

卻說王昱勒兵取安戎城。那安戎城在茂州之西南，扼吐蕃境。儀鳳年中，益州長史李孝逸所築。吐蕃以羌人為向導，攻陷其城，遂引兵據守之。其地險要，唐屢進兵攻之，皆不能克。蜀將章仇兼瓊獻計曰：「可先使人馳書與西南蠻大首領蒙歸義，令進兵討西蠻。然後出成都，近茂州。先築二城於安戎城左右，令兵守之，以為掎角之勢。我等盡發糧草於蓬婆嶺，依李孝逸舊制，次第進兵。」昱從其言，即差章仇兼瓊、鮮于仲通同引數千兵，往安戎城左右連築二城：兼瓊守左城，仲通守右城。昱自領劍南大軍就蓬婆嶺下寨，運軍糧資仗守之。

是年秋九月，蕃兵大至。蜀軍皆棄糧草，四散奔走。昱見軍大亂，縱馬而奔。蜀軍大敗。眾軍因見無主，盡皆逃竄。蕃兵四面圍住左右二城攻打，又以兵斷其劍南糧道。兼瓊、仲通城中糧闕。蕃兵圍困甚急。兼瓊、仲通奮死衝突，方才得脫；連夜奔回益州去，餘皆沒於亂軍之中。帝聞王昱兵敗，勃然大怒，遂下詔，黜王昱為括州刺史。又差侍御史陳谿赴劍南，宣慰將士。以華州刺史張宥為益州長史，兼御史中丞，領劍南節度副大使。昱在軍時，謬賞其子錢帛無數，又擅與紫袍，再貶端州高要縣尉而死。

再說蒙歸義得書，即日興兵。長子蒙閣羅鳳自請出征，歸義即命鳳提兵去取雙舍。鳳兵近雙舍，下住寨腳。早有人報入雙舍，于贈聞之，與楊墮賁夜引兵偷渡瀘水，前來劫寨。鳳設伏擊之，于贈等奔趨瀘水。鳳揮軍追趕，水深，溺死、斬首者數千級，生擒楊墮。于贈人馬墜瀘，曉而獲其屍，斬首並鐸稍送大和城。歸義即遣張建成為使，赴長安報捷。建成領命，徑到長安，入見天子，獻上麝香牛黃等物。帝問建成曰：「大和城在何處？」建成荅曰：「在南邊彩雲之間。」帝即下詔，封蒙歸義為雲南王，加開府儀同三司，賜以絹帛、雜綵及佛像等。

第三十三回　蓋嘉運威揚怛邏斯　章仇公計取安戎城

卻說王維自回京師，欲棄官隱於終南山，又思弘濟蒼生：因此猶豫不決。一日雨霽，王維在山遊翫。卻早天色向晚，東邊推出那輪明月上來。倏爾群壑已暝，祇聞風中石上松泉逸響。忽聽得綠竹林裡語笑喧，走過四五個澣女去；又見那朱華深處荷葉動，棹出三兩隻漁舟來。王維愛此佳景，遂朗吟道：「空山新雨後，天氣晚來秋。明月松間照，清泉石上流。竹喧歸澣女，蓮動下漁舟。隨意春芳歇，王孫自可留。」

王維吟罷，尋思：「孔子云：『我則異於是，無可無不可。』可者適意，不可者不適意也。君子以佈仁施義，活國濟人為適意，縱其道不行，亦無意為不適意也。苟身心相離，理事俱如，則何往而不適？又奚疑焉！」

王維少好釋氏，老而彌篤。妻亡不再娶，孤居一室。與母崔氏、弟王縉俱奉佛，不茹葷血，不衣文綵。

崔氏師事大照禪師，凡三十餘歲，常褐衣蔬食，持戒安禪。王維遂買了宋之問輞川別業，在藍田縣南輞口；日飯名僧，玄談為樂。每退朝之後，焚香誦經。忽一日，王維行翫山景，觀之不盡，再作詩一首，寄與城中故人儲光羲：「中歲頗好道，晚家南山陲。興來每獨往，勝事空自知。行到水窮處，坐看雲起時。偶然值林叟，談笑無還期。」

先是，駕還西京，帝於三鄉陌上望女几山，雲霓明滅。至是年冬，二京大興土木，建蓋宮殿，各千餘間。分羽林軍置龍武軍，萬騎隸焉，制如羽林，總謂之「北衙四軍」。改翰林院供奉官為學士，掌知內制，集賢所掌，至此乃罷。一向無事，漸近歲終。紛紛雪落乾坤，頃刻銀裝世界，正是王猷訪戴之時，袁安高臥之日。

不覺雪霽，四望林岫皓然。王維獨至終南山上化感寺翫賞一日，與寺僧飯訖而回。方才過了灞水，此時約有三更時候，半天中月明如晝，四下裡城郭悄然。王維登華子岡看時，祇見那輞水激波，皓月方閒；寒山遠林，夜火亂明。又聽得深巷犬吠，孤村夜舂，俄頃萬籟都寂，惟聞山寺鐘鳴。王維忽憶道友裴迪，遂作書召之。

書略曰：「近臘月下，景氣和暢，故山殊可過。足下方溫經，猥不敢相煩，輒便往山中，憩化感寺，與山僧飯訖而去。北涉玄灞，清月映郭。夜登華子岡，輞水淪漣，與月上下。寒山遠火，明滅林外。深巷寒犬，吠聲如豹。村墟夜舂，復與疏鐘相間。此時獨坐，僮僕靜默，多思曩昔，攜手賦詩，步仄徑，臨清流也。當待春中，草木蔓發，春山可望，輕鰷出水，白鷗矯翼，露濕青皋，麥隴朝雊，斯之不遠，倘能從我遊乎？非子天機清妙者，豈能以此不急之務相邀？然是中有深趣矣！無忽。因馱黃檗人往，不一。山中人王維白。」裴迪得了王維書信，大喜，欣然應允，即回書與維不題。

卻說朝廷命榮王李琬，親赴隴右，整頓軍馬，選關內、河東健兒三五萬人防秋。榮王本名李嗣玄，母劉華妃，慶王李琮同母弟也。榮王性仁孝，美風度，有雅望。初封鄄王。改名李滉，徙封榮王，授京兆牧，遙領隴右節度大使。進位開府儀同三司，改名李琬。

時開元二十七春，撰《六典》成，李林甫、牛仙客奏上之，百僚畢賀。林甫、仙客率一班文武百僚上表，請加帝尊號。帝許之，加尊號為「開元聖文神武皇帝」，大赦天下，賜酺三日。免百姓今年地稅。林甫、仙客，俱加金紫光祿大夫。天下父老，百歲以上版授下州刺史，婦人郡君，賜粟五石、綿帛五段；九十以上版授上州司馬，婦人縣君，賜粟三石、綿帛三段；八十以上版授縣令，婦人鄉君，賜粟兩石、綿帛二段。

夏四月，加李林甫吏部尚書，牛仙客兵部尚書，以東宮內坊隸於內侍省。吐蕃莽布支復寇鎮西軍，杜希望令王忠嗣迎戰，莽布支敗走。希望乘勢掩殺，追至大莫門城下，虜其酋帥，焚其糧草，毀其城堡而還。朝廷與希望二子官。希望性倜儻，重然諾。許州扶溝縣尉崔顥鬱鬱不得志，棄官去，來遊涼、鄯間，希望引顥在幕下積年。其初到時，府庫空虛，及至季年，錢糧金帛盈積。內給事牛仙童使於鄯州，或勸杜希望厚結納之。希望曰：「以貨藩身，吾所不為也。」仙童挾恨，回奏朝廷，說希望在邊不稱職。朝廷震怒，黜杜希望為西河太守。加蕭炅兼隴右節度使，王忠嗣為隴右節度副使。

牛仙童因舊歲使於幽州，見張守珪，守珪賄賂仙童，虛報戰功。帝聞之大怒，命楊思勖杖殺仙童，將守珪付兵部孜察，黜為括州刺史。太師蕭嵩曾賂仙童，黜為青州刺史。以御史大夫李適之兼幽州節度使。適之乃太子李承乾之孫，懷州別駕李象之子也。性倜儻，不拘小節。曾為通州刺史，以明幹見稱。後為陝州刺史，入為河南尹。為政寬惠，人吏愛之。谷、洛二水每年泛濫，疲費人功，適之築防以禦之，自是谷洛無患。除御史大夫，加金紫光祿大夫。適之以祖得罪見廢，作表謙辭。帝嘉之，即下詔追贈李承乾恒山愍王，敕葬於昭陵之側，李適之父李象、兄李玭、李靜、伯父李厥、堂兄李昶等各有褒贈。

自漢魏以來，歷代皆封孔子後，或為褒成侯，或號褒聖侯。帝欲崇文教，詔冊孔子為文宣王，其嗣褒聖侯，改封文宣王。又贈顏子為兗公，其餘十哲皆為侯。令裴耀卿攝太尉，持節就國子監冊命訖，有司奠祭，樂用宮懸八佾之舞。又遣崔琳，往東都就廟以行冊禮。

秋八月，吐蕃莽布支，復寇白水、安人二軍，詔臨洮、朔方等軍分兵救之。吐蕃於中路屯軍，斷臨洮軍。白水軍守捉使高東于據軍城，隨方拒守旬有餘日。及朔方大將韋光乘至湟中，賊乃退走。隴右蕭炅遣偏將安思順等襲其後，大破蕃軍。

卻說突騎施可汗蘇祿連年動兵，虐用其人，又因晚年風病，一手攣縮，其下諸部，心始攜貳。百姓又分為黑、黃兩姓，以娑葛部落為黃姓，蘇祿部落為黑姓，互相猜阻。於是黃姓突騎施處木昆酋長匐延闕律啜，與突騎施大纛官都摩度闕頡斤密謀，星夜勒兵攻蘇祿，殺之。黑姓突騎施車鼻施之眾，保著交河公主，奔入怛邏斯城，立爾微特勤為可汗。闕頡斤卻立蘇祿子骨啜葉護為吐火仙可汗，仍據碎葉，由其餘眾，乃與匐延闕律啜自相攻擊。匐延闕律啜差人星夜報知磧西節度使蓋嘉運。嘉運已定了破突騎施之策，遂修表遣使奏聞天子。帝覽表甚喜，即敕令嘉運出師。

蓋嘉運受命，計議分兵，一面攻打碎葉，一面去打怛邏斯。蓋嘉運領大隊人馬，出勃達嶺，會合黃姓突騎施處木昆酋長匐延闕律啜並石國副王莫賀咄吐屯、史國王斯謹提，來搶碎葉；馬靈察引本部銳兵，出葱嶺，會合拔汗那王阿悉爛達干，由碎葉川來搶怛邏斯。

細作探知，報至碎葉。吐火仙可汗聞知，急聚眾商議。闕頡斤曰：「若候兵臨城下，將至壕邊，然後拒敵，事已遲矣。可汗當自領大軍出迎。」吐火仙從之，即令闕頡斤整點器械，盡起黃姓之兵出城迎敵。早望見蓋嘉運領軍來到。兩陣對圓，嘉運出馬。闕頡斤驟馬舞刀迎之。嘉運大喝一聲，渾如巨雷，闕頡斤大驚，撥馬便走。嘉運乘勢掩殺，吐火仙軍大敗。吐火仙收敗軍入城，閉門不出。嘉運指揮軍馬，將碎葉城圍住。四面豎立雲梯，飛礮攻打。吐火仙引軍棄城而奔，望碎葉城東北賀邏嶺而走。嘉運大兵追至賀邏嶺，趕上賊兵，嘉運生擒得吐火仙，匐延闕律啜活拿了吐火仙弟葉護頡阿波。祇走了闕頡斤一個，奪獲牛羊駝馬無祘。

卻說馬靈察分兵四面圍怛邏斯城，盡力攻打。裨將程千里首先登城，殺散軍校，斬關斷鎖，放靈察軍馬入城。爾微可汗聞唐兵已入城，與弟撥斯引心腹軍百餘騎，急開西門，欲投突厥去。祇聞後面喊聲大震，原來靈察引軍趕來。撥斯勒回馬來戰靈察，交馬祇一合，被靈察舉刀大喝一聲，砍死於馬下。爾微被程千里一箭射死，餘皆四散奔走。靈察進兵攻取曳建城。曳建城上守城軍士，見其勢已極，都擒縛了交河公主及蘇祿可敦、爾微可敦，大開城門，請靈察大軍入城。靈察收了交河公主等，差人到碎葉城蓋嘉運處報捷。嘉運將所獲散髮之民數萬人，盡付與拔汗那王。

自是蓋嘉運威震西陲，遂收軍還磧西。於是處木昆酋長匐延闕律啜，與拔塞干、鼠尼施、阿悉結、弓月、哥舒諸部落酋長，皆遣使請內屬。表略曰：「臣等生在荒裔，久闕朝宗，國亂主薨，互相攻殺。賴陛下聖恩遐佈，愍念蒼生，令磧西節度使蓋嘉運統領兵馬，撫臣遠蕃。誅暴拯危，存恤蕃部。臣等伏願稽首聖顏，兼將部落與安西管內安置，永作邊捍，長為臣子，今者載馳，驤首天路，不任喜躍之至。」詔許之。

一面聚集文武，商議收安戎城之策。眾議皆謂安戎城險固，未可攻取。李林甫出班奏曰：「今有劍南節度行軍司馬章仇兼瓊密表，奏稱安戎城易取。兼瓊現在殿外，聽陛下宣詔。」帝大喜，召兼瓊至殿下。帝問曰：「朕欲取安戎城，當以何策圖之？」兼瓊曰：「諸羌苦吐蕃徵役，願為王人久矣。臣料陛下欲取安戎城，已畫圖本在此。」帝展開視之，圖中細載一路安營下寨屯糧積草之處，從何而進，從何而退，——皆有法度。帝看了大喜曰：「真良將也！」即下詔，遣使宣張宥入朝，拜為光祿卿，以章仇兼瓊代之。兼瓊謝恩出朝，回劍南整頓人馬不題。

卻說朝廷差黃門李思敬至劍南邊界，密諭羌人曰：「天子知汝等忠赤，因贊普勢力相逼，不得已而造反，今若肯來降，吾當奏准天子，自有厚賜。」有維州白狗羌酋董承宴納城降唐，告曰：「安戎城中蕃將翟都局，與某至厚：當寫密書一封，約此人為內應。城可得矣！」思敬回奏朝廷，具言前計。帝大喜，便命承宴速行此計。承宴乃遣書翟都局，暗約待章仇兼瓊大軍至，半夜之時，舉火為號，獻開城門，裡應外合。

當日翟都局得了書信，大喜。至晚，上城而望，見蜀兵直逼城下，三面攻打，乃乘夜寫密書一封，拴在箭上，射下城去。軍士拾得，呈與章仇兼瓊。兼瓊拆視之，書中約云：「今夜初更時分，城上舉火為號，便可進兵。某當獻北門。」兼瓊得書，心中暗喜。當夜初更時分，翟都局於城上舉火。兼瓊隨撇東南二面軍馬，一齊攻打北門。翟都局認得是劍南之兵，開了城門。兼瓊領兵一齊擁入。眾將殺散蕃兵，奪了安戎城。

捷書報到長安，帝聞之大悅。李林甫、牛仙客奉表賀平安戎城。表略曰：「伏以吐蕃此城，正當衝要，憑險自固，恃以窺邊。積年以來，蟻聚為患，縱有百萬之眾，難以施功。陛下親紆秘策，不興師旅，頃令中使李思敬曉喻羌族，莫不懷恩，翻然改圖，自相謀陷。神祘運於不測，睿略通於未然，累載逋誅，一朝蕩滅。又臣等今日奏事，陛下從容問臣等曰：『卿等但看四夷，不久當漸摧喪。』德音才降，遽聞戎捷，則知聖與天合，應如響至，前古以來，所未有也。請宣示百僚，編諸史策。」帝准奏，手詔報曰：「此城儀鳳年中羌引吐蕃，遂被固守，歲月既久，攻伐亦多。其地險阻，非力所制。朝廷群議，不合取之。朕以小蕃無知，事須處置，授以奇計，所以行之，獲彼戎心，歸我城守，有足為慰也。」

數日後，蓋嘉運將吐火仙可汗、葉護頡阿波解赴京師，面見天子，獻俘於太廟。帝乃大犒軍士，設宴於花萼樓，召集眾官，酌酒稱慶。宴罷，帝嘉蓋嘉運之功，授特進，赦吐火仙兄弟，封骨啜為左金吾員外大將軍、循義王，頡阿波為右武衛員外大將軍。嘉運表拔汗那王阿悉爛達干、石國副王莫賀咄吐屯、史國王斯謹提、黃姓突騎施處木昆酋長匐延闕律啜之功，帝遣使齎詔，封阿悉爛達干為驃騎大將軍、奉化王，莫賀咄吐屯為特進、順義王，斯謹提為特進，匐延闕律啜為右驍衛員外大將軍。

又封阿史那懷道之子、西突厥繼往絕可汗阿史那昕為突騎施可汗，以鎮北蕃。匐延闕律啜聞知此事，大怒，曰：「討平蘇祿，本是我之元謀，今若立史昕為主，朝廷何以酬賞於我？」遂聚黨叛。蓋嘉運為之奏聞，帝遂拜匐延闕律啜為突騎施可汗，統領突騎施之眾，令嘉運招諭匐延闕律啜投降。

郤說少師韓休病亡，帝甚悼惜。詔贈揚州大都督，謚曰文忠。忽荊州又報來：「長史張九齡歸鄉拜掃，染病而亡。」帝自黜九齡之後，常思之，林甫每薦引公卿，帝輒問曰：「風度得如九齡否？」及聞九齡卒，悼惜者久之。詔贈荊州大都督，謚曰文獻。

是年夏，五月十八日，吐蕃圍安戎城守將許遠，絕其水道。遠乃杭州鹽官人，右相許敬宗之後也。性端謹，有吏幹。兼瓊為磧西支度、營田等使，辟為判官。兼瓊鎮劍南，薦為從事。見蕃兵大至，閉城堅守。至二十一日，城東水泉奔出。將夜，城南又泉水湧出，飲之不竭，因此人馬不死。

章仇兼瓊差人奏聞朝廷，李林甫、牛仙客奉表賀安戎城得泉。表略曰：「此城往緣無備，權屬吐蕃，天威所臨，復為我有。而犬戎自送其死，且或執迷，率彼兇徒，輒敢圍逼。城中在昔，惟水為虞，雖佇之則多，而汲之路斷。陛下每憂無物，必期靈祐。聖心有屬，神道玄通，遂使拆石流泉，分巖瀉液，動天地而昭應，與造化而同功。三軍所資，一朝皆足，既使無渴乏之慮，益勵忠勇之心，翦滅寇戎，從此非遠。旁稽典策，博攷禎休，以欣以躍，實倍常品，請宣示百僚，編諸冊簡。」帝准奏，手詔報曰：「城之還我，乃復其初。天意神心，自常幽贊，克濟軍旅，湧出雙泉。不假梅林，有過疏勒。編諸竹帛，任卿意焉。」

旬日內，蓋嘉運入朝。帝因嘉運有突騎施之功，乃降詔，停李林甫兼河西、隴右節度使，擢蓋嘉運為河西、隴右節度使。

嘉運結託中貴，恃恩流連，朝夕酣宴，不時赴軍。裴耀卿密上疏曰：「蓋嘉運立功破賊，更委兩軍，以勇果之才，承戰勝之勢，吐蕃小醜，不足殲夷。然臣近日與嘉運同班，觀其舉措，精勁勇烈，誠則有餘，言氣矜誇，恐難成事。莫敖狃於蒲騷之役，舉趾稍高，卒喪楚師，《春秋》書之為懲誡；恐嘉運有驕敵之色，臣竊憂之。今入秋防邊，日月稍逼，而將撫邊軍，未言發日。若臨事始去，士卒未識，雖決在一時，恐非制勝萬全之道。萬人性命，決在將軍，不得已而行之，鑿凶門而即路。今酣宴朝夕，優渥有餘，恐非愛人憂國之意，不可不察。若不可回換，即望速遣進途，仍乞聖恩，勖以嚴命。」帝覽表，差人催促嘉運速速起身不題。

嘉運到西涼，不恤軍政，差人往各處收取玄音佛曲，入京進獻。帝得了《婆羅門曲》十二遍，大喜，便召諸王於便殿，一同賞樂。曲終，諸王皆賀，惟有寧王低頭不語，帝問其故。寧王曰：「此曲雖嘉，臣有聞焉。夫音者，始於宮，散於商，成於角、徵、羽，莫不根柢囊橐於宮、商也。斯曲也，宮離而少徵，商亂而加暴。臣聞：『宮，君也；商，臣也。』宮不勝則君勢卑，商有餘則臣事僭。卑則逼下，僭則犯上。發於忽微，形於音聲，播於歌詠，見之於人事。臣恐一日有播越之禍，悖逼之患，莫不兆於斯曲也。」帝聞言，默然不荅。

第三十四回　羅天師上苑作術　廣寒宮秋夜聽曲

時值八月中秋，帝同六院嬪妃與宮娥綵女等眾在御花園月夜賞翫。但見碧天雲靜，一輪皓月從東而出。帝與眾人步月花陰，望空讚歎。旁邊閃出一個道人，從容進曰：「陛下試隨臣去月宮裡耍耍，如何？」帝視之，乃羅仙師也。那羅仙師名公遠，不知何許人也。晉咸和中，隱居蜀地。雲曾往青城山訪道，遇異人授以仙術。藏名匿跡，人莫之知。時年已數百歲，狀貌如三尺小童。雲遊四方，到於鄂州地方，正值刺史聚僚吏百姓，設宴於黃鶴樓，慶賀豐年。樓下無數人喧嚷，擠擠挨挨，填街塞路。忽見一個白衣秀士，身長八尺，丰姿英偉，象貌清奇，比尋常俗子不同。直挨入人叢裡來看，方欲上樓。仙師見了，即近前喝道：「業畜！你何故擅離江中，來此驚怖長吏，曷不速去！」慌得那白衣秀士攝衣而走，徑投江邊而去。眾人見了，十分駭異，人聲嘈雜，驚動了刺史。刺史問有何事。左右便下樓去問了。

不多時，眾人簇擁著仙師，上樓來見刺史，具言其事。刺史便問仙師曰：「你這童子，姓甚名誰？是何方人氏？且說個明白！」對曰：「某姓羅，名公遠。自幼入青城山，學得一家道術。因見江中白龍欲害使君，吾故叱之而去。」刺史不信，笑曰：「汝何妄言也！果有白龍，我等願得一見，可乎？」仙師曰：「有何難哉！」就請刺史與眾人下樓來，直到江邊。離岸八九尺，掘一小坑，約有一丈深淺，引江水注其中。仙師口裡念咒，將一道符在坑中投了。不多時，有一白魚，長五六寸，攛出水來。騰躍入坑，漸漸大了。祇見青煙一道，如練而起。仙師曰：「可速速上津亭避雨！」刺史聽說，慌與眾人奔上津亭。不移時，那條白魚化作一條玉龍，在半空中度霧穿雲，飛騰向江面上去了。江上烏雲罩合，黑霧漫天。怒雷猛烈，大雨滂沱。天雨方住，眾人都看見那白龍見於江心，低下雲頭，颼的攛入水裡去也。頃刻間，杲杲日出，萬里無雲。刺史見了白龍，方信仙師之言。即寫表申奏天子，將前項事細述一番。帝即下詔遣使往鄂州，召仙師入京。

是時關輔亢旱，京師一春無雨。帝心甚憂，問仙師曰：「但恐夏月乾荒，如之奈何？」仙師曰：「臣願與陛下求一場甘雨，以濟民瘼。自然風調雨順，五穀豐登。」帝聽得此言，滿心歡喜，即命打掃壇場，請仙師登壇祈雨。仙師領旨，徑上高壇，念聲咒語，將一道符在燭上燒了。忽然狂風大作，一霎時，雷電齊發，大雨如注。頃刻之間，街市成河，溪澗皆滿，足有三尺甘雨。帝傳旨道：「仙師，雨夠了，雨夠了！十分再多，又淹壞了禾苗，反為不美。」仙師慌忙念咒收法，祇見霎時間，雲收雨住，復見太陽。帝大喜，即傳旨，授公遠金紫光祿大夫，度為黃冠。

帝問羅仙師曰：「吾何以得往？」羅仙師曰：「陛下自去即難，與貧道同往，斯須便到，有何難也！」帝大悅。羅仙師請帝先著白錦袍而後行。帝問其所以，羅仙師曰：「祇緣瓊樓玉宇，高處不勝寒。」帝從之，遂著錦袍。羅仙師把如意望空一擲，就撚起訣來，念動咒語，那如意在半空中，化作明明朗朗的一架銀橋。羅仙師請帝上橋，往遊月殿。高力士等俱叩首道：「奴輩願隨駕而往。」帝問羅仙師曰：「可將侍從同行否？」羅仙師曰：「不可。月殿上界，不同人間。緣陛下有仙分，故可暫往。」

當下帝隨羅仙師步上銀橋，行了數百步，望見前面青霄迥然，有一座崔峨的玉城。又行數十步，將近玉城，寒飈撲面，冷氣透骨。帝忍耐不得，扯住羅仙師紫袍，曰：「仙師，我不去了。」羅仙師曰：「陛下隨貧道同往月殿遊翫，怎麼到此半路上就要回去？」帝曰：「我冷得緊！」羅仙師聽言，自腰裡拿將出一個紫金紅葫蘆，傾出一粒金丹來，遞與帝喫了。帝才覺住了寒冷，隨羅仙師直到玉城外。

擡頭看處，那城上有一銀牌，牌上有三個大字，乃「月城界」。有十數個金甲神人，刀槍劍戟，燦若霜雪，攔住天門。羅仙師向前，具言來意。曰：「此乃下界大唐開元天子李君，我帶他上月殿遊翫也。」那天兵神將聽得此言，俱皆退避。羅仙師領著帝，走入裡面觀看，但見樓閣重重，宮殿巍巍，皆用銀磚砌就，玉瓦蓋成；又見一片琉璃華池，瑩澈見底；池邊有瑤草鮮美，琪花皎潔，更見一株大桂樹，亭亭如華蓋，直侵河漢，素枝如銀，落英如霰。金風乍起，空花飄颺，繽紛盈衣，蓊葧香氣。轉過桂樹，便是月殿瑤宮。宮門前蹲著兩個大銀蟾，擡頭觀看，見上面鐫五個篆文大字，乃是「廣寒清虛府」。

帝同羅仙師緩步入裡，有十數個花貌雪膚的素衣仙娥，一見他們來了，都簇簇攢攢笑迎上來。羅仙師與眾仙娥施禮，具道來意。眾仙娥曰：「太陰娘娘在簾內。」羅仙師與帝隨著眾仙娥，轉過琉璃屏風，走到水精簾前，躬身施禮，參見太陰星君。太陰星君垂簾問曰：「此非西方元載孔昇天帝君耶？」羅仙師應曰：「是。」太陰星君便教姮娥仙子接待。

那姮娥仙子，抱著玉兔兒，揭起水精簾，走將出來。分付仙娥排宴奏樂，請帝與羅仙師入席。帝同羅仙師坐下，姮娥仙子即同眾仙娥於席前擺上些金丸珠彈的櫻桃，紺殼龍鱗的荔枝，丹瓤黑子的西瓜，青綻黃肥的梅子，緗苞綠葉的枇杷，四瓣絳皮的柿子，玉顆攢碧的葡萄，紅粟火齊的楊梅，又有朱橘縹杏、紫梨赤棗之類，並皆是珍異仙果，與凡世不同。姮娥仙子對眾仙娥說：「快獻玄天黃露來。」有兩個素衣仙娥，捧過一個水精盤兒，托一瓶甘露、兩個銀盃來獻。姮娥仙子微露春蔥，滿斟兩盃，先奉帝，次奉羅仙師。帝接過銀盃，飲了一盃。覺道這露馨香馥郁，清泠非常！

當下有十數個素衣仙娥，或擊玉磬，或吟瓊簫，或調銀箏，或弄龍笛，或彈箜篌，或吹筆篥，或奏鳳笙。一派簫韶，動起樂來。又有數百個素衣仙娥，霓裳綽約，羽衣蹁躚，如舞鶴飛鸞一般。姮娥仙子問帝曰：「陛下知此樂乎？」帝曰：「不知。」姮娥仙子曰：「此神仙《紫雲迴》也。今願傳授陛下，為聖唐正始音，與夫《咸池》、《大夏》固不同矣。」帝聽說，滿心歡喜，稱謝了姮娥仙子，便向袖中取出紫玉笛，吹而習之，比及曲終，盡得其節奏，帝默記之。羅仙師起身曰：「陛下，我們在此遊翫已久，回去罷！」帝點頭。羅仙師即與帝同至水精簾前，告辭太陰星君。太陰星君就令姮娥仙子帶著一班素衣仙娥，送出廣寒宮。俱連袂踏歌，相送而別。

帝同羅仙師回至天門，步上銀橋，行不到三五十步，聽得背後歌聲漸遠，帝回顧銀橋，隨步而滅。回到御花園裡，方才腳躧實地，銀橋寂然不見，如意仍歸羅仙師手中。

及曉，帝昇殿設朝，無心聽政，頻以指頭上下按腹。朝罷，高力士進曰：「陛下向來數用手按腹，豈非聖體小不安耶？」帝大笑曰：「非也。昨夜，我與羅仙師同遊月宮。諸仙娛余以上清之樂，寥亮清越，殆非人間所聞也。吾以玉笛尋其曲，盡得之矣。坐朝之際，慮忽遺忘，故懷玉笛，時以手指上下尋之，非不安也。」即於袖中取出紫玉笛，以示力士。力士再拜，賀曰：「非常之事也，願陛下為臣一奏。」帝就奏一曲，果然是仙樂玄歌，其音寥寥然，不可言也。力士又再拜，請問曲名。帝曰：「此曲名喚《紫雲迴》。」

卻說帝既得紫府瑤宮之樂，又製《霓裳羽衣》之舞。高力士因言曰：「壽王妃楊氏，紗麗善舞，端的是姿質豐豔，世上無雙。陛下何不召而見之？」原來壽王妃楊氏，名玉環，乃是蜀州司戶楊玄琰之女。玄琰歿後，依其叔河南士曹楊玄璬。及長，姿質美麗。年十七歲，以良家子納於壽邸。帝素愛楊氏貌美，忽然長歎。力士曰：「大家何故長歎？」帝曰：「吾有心事，未易明言。」力士曰：「莫非為十八郎之婦牽情乎？」帝曰：「壽王乃朕之子也，朕欲納楊氏為妃，於理不可。如之奈何？」力士笑曰：「大家欲得楊氏，有何難哉？」帝曰：「計將安出？」力士向耳畔低言，如此如此。帝聽了，滿心歡喜。即遣力士往壽王宅，諷楊氏乞為女冠。

當日楊氏在小窗中，正與壽王喁喁私語。忽高力士至，宣楊氏入宮，度為女冠，為昭成太后追福。楊氏歔欷，不忍分別。時值初冬，天氣寒冷，楊氏淚下沾襟，結成紅冰。力士扶楊氏昇車入內，與帝相見。帝視之，其人眉如翠羽，唇如朱丹，面若銀盆，膚如凝脂。綠鬢縈雲，明眸美盼秋波溜；紅顋帶雨，素手剝蔥春筍纖。果然有毛嬙美貌，西子嬌容；真個是胡天胡帝，傾國傾城！

帝遂以月宮聞樂一事告之，就命楊氏試舞。其初見也，若朱華冒池；其少進也，如彩雲出崖。其迴裾也，如丹霞蔽日；其轉袖也，若流風迴雪。玉殿姮娥，婆娑蟾宮弄素影；巫山神女，變化陽臺作彩雲；洛浦宓妃，淩波綠水香塵去；太華王韓，虛步太清飛花來。舞罷，帝稱賞不已。即以道士服賜之，號為「太真」。居於太真觀中，為昭成太后追福不題。

是年冬十月，吐蕃復寇安戎城，因圍維州，章仇兼瓊分兵守護，關中彍騎赴救，賊乃引去。詔改安戎城為平戎城，停牛仙客兼河東、朔方節度使。命雲州刺史、兼大同軍使、河東節度副使王忠嗣為代州都督，攝御史大夫，充河東節度使，加雲麾將軍。突騎施可汗匐延闕律啜率妻子及纛官首領百餘人內屬。

金城公主薨，吐蕃遣使報喪，上表求和。帝不許。至次年春，吐蕃復遣使來朝，帝為金城公主舉哀於光順門外，輟朝三日。

拔汗那王阿悉爛達干使其首領阿解支達干思伽，史國王斯謹提使其首領勃帝米施，來賀正，貢方物。阿悉爛達干奉表，請改國名。帝下詔，改拔汗那為寧遠國。突騎施可汗匐延闕律啜遣使奉表曰：「頂禮天可汗如禮諸天。奴身曾祖以來，向天可汗忠赤，每徵發為國出力。今新年獻月，伏願天可汗壽命延，天下一統。所有背恩逆賊，奴身共拔汗那王盡力支敵，如有歸附之奴即和好，今謹令大首領伊難如拜賀。」石國王伊捺吐屯屈勒，遣使請兵伐大食。表略曰：「奴自千代以來，於國忠赤。祇如突厥騎施可汗忠赤之日，部落安貼，後背天可汗，腳底火起。今突厥已屬天可汗，在於西頭為患，惟有大食，莫逾突厥。伏乞天恩，不棄突厥部落，討得大食，諸國自然安貼。」帝弗許。

是時四海之內，莫不臣妾，南北東西，地各萬里。天下州府三百二十八，縣一千五百七十三，戶八百四十一萬二千八百七十一，口四千八百一十四萬三千六百九。而羈縻之州八百州，四蕃之國朝貢者七十餘國。其時垂髫之倪，皆知禮讓；戴白之老，不識兵戈。虜不敢乘月而犯邊，士不敢彎弓而報怨。「康哉」之頌，溢於八紘。西蕃君長，越繩橋而競款玉關；北狄酋渠，捐毳幕而爭趨雁塞。膜拜丹墀之下，夷歌立仗之前，真個是冠帶百蠻，車書萬里。連年豐稔，京師斗米不滿二十錢。東至宋汴，西至岐隴，夾路列店肆待客，酒饌豐溢。每店皆有驢賃客乘，倏忽數十里。南至荊襄，北至太原、幽州，西至蜀川、涼府，皆有店肆，以供商旅。海內雄富，行者雖適萬里，不持寸刃，不齎一錢。

卻說帝御極多年，嘗於聽政之暇，訪道黃冠，以理國政。時有司馬承禎、葉法善、羅公遠、張果等，佐佑玄風，翼戴聖主，清淨無為之教，昭灼萬宇。帝尚長生輕舉之術，於大同殿立真仙之像，每中夜夙興，焚香頂禮。天下名山，令道士、中官合煉醮祭，相繼於路，投龍奠玉，造精舍，採藥餌，真訣仙蹤，滋於歲月。天下諸道「開元觀」、五嶽「真君祠」、太原「紫微宮」、潞州「啟聖宮」，皆給袞冕、絳紗、帷帳、交龍、門戟，一如宮闕之制。帝又御注《道德經》，詔令天下士庶家藏一本。每歲貢舉加《老子》策，一如禮部之制。

一日，帝在大同殿上拈香，拜了老君尊像，假寐於殿中。忽見一老人跨在青牛背上，駕彩雲而來。其人黃色美眉，廣顙長耳，大目方口，疏齒厚唇；額有三五達理，日角月懸；鼻有雙柱，耳有三門，謂帝曰：「吾是汝遠祖，在京城西南久矣，今當與汝於興慶宮相見，可速迎我！汝亦當有大慶。」言訖，香風驟起，老君不見。帝忽然驚覺，乃是一夢。

次日，帝謂李林甫、牛仙客曰：「朕臨御海內向三十年，未嘗不四更即起，具朝服禮謁真容，為蒼生祈福。昨因禮謁，事畢之後，曙色未分，端坐靜慮，有若假寐，夢見玄元皇帝。」將夢中所見，細說一遍。遂遣人於京城西南尋找，道士蕭玄裕等相隨。行至盩厔縣樓觀東南聞仙峪，忽見紫雲滿空，白光滿地，乃掘之。入地數尺，果有一尊高三尺餘的老君玉像。使命取玉像回宮，帝聞老君玉像來，親自出宮迎入，置於大同殿供養。帝見玉像正與夢中所見無異，大喜，召李林甫、牛仙客二人，入內觀看。林甫、仙客等奉狀陳賀。帝即傳旨，教巧手丹青，描下玄元皇帝真象，分送天下諸州宮觀供養不題。

是時帝之左右寵倖，李林甫未嘗不厚以金帛為賄。由是帝之動靜，無不知之。每先意奏請，帝驚喜若神。林甫城府深阻，未嘗以愛憎見於容色。朝望稍著者，必陰計中傷之；為帝所厚者，輒引居要職，示結恩信，而以倡鬼日除授其官，實圖傾之。世謂李林甫：「口有蜜，腹有劍。」以其每陽與人善，啖以甘言，而奏御之際，則陰擠之也。

兵部侍郎盧絢，風標清粹，素有文雅之稱。帝宴於勤政樓下，巷無居人。宴罷，帝猶垂簾以觀。盧絢謂帝已回宮，垂鞭按轡，橫縱樓下。帝一見，不覺目送之，問左右曰：「誰？」近臣曰：「兵部盧侍郎絢。」帝愛其蘊藉，甚稱美之。李林甫聞知，召盧絢子弟謂曰：「賢尊以素望清崇，今南方藉才，聖上有交廣之寄，可乎？若憚遐方，即當請老；不然，則以賓詹分務東洛，亦優賢之命也。子歸而具道建議可否。」於是盧絢懼嶺徼遐遠，以賓詹為請。林甫恐乖眾望，除盧絢為華州刺史，不旬月，誣其有疾，為州不理，授太子詹事，員外安置。盧絢由是而廢。

齊澣先因高力士中助，遂得潤州刺史、江東採訪使。潤州北界隔吳江，至瓜步江為限。船繞瓜洲紆回六十里，多為風濤所損。澣移其漕路於京口埭下，直截渡江二十里，又開伊婁河一十五里，達揚子驛。遂免漂損之災，歲減腳錢數十萬。又立伊婁埭，官收其課。尋轉汴州刺史、河南採訪使。以徐城淮流險急，開十八里河，達於清水，遂平長淮之險。澣興開漕之利，以中人主意。又勾剝貨財，賂遺中貴。李林甫惡之，暗使人掎摭其失。齊澣竟坐判官犯贓，廢歸田里。

第三十五回　王之渙旗亭畫壁　李三郎桃林得寶

卻說朝廷命王忠嗣代韋光乘為朔方節度使，加權知河東事。尋授田琬為河東節度使，王忠嗣依舊為朔方節度使。又命左金吾大將軍裴寬為太原尹、北都留守，賜紫金魚袋。帝親餞之，賦詩云：「德比岱雲佈，心如晉水清。」是年夏，吐蕃四十萬騎入於承風嶺，遂寇河源軍至安人軍，渾崖峰騎將臧希液擊卻之。蓋嘉運厚賄使者，偽敘功勞。給事中、河西、隴右黜陟使韋恒上疏劾嘉運恃託中貴，公為非法之罪。嘉運聞，不以為意。

是時突厥伊然可汗病亡，國人立其弟登利可汗。登利者，猶華言果報也。登利年幼，其母娑匐可敦與其小臣飫斯達干姦通，干預國政，不為蕃人所伏。登利從叔父二人分典兵馬，在東者號為左殺，在西者號為右殺，其精銳皆分在兩殺之下。登利惡兩殺之專，與娑匐可敦誘斬右殺，盡併其眾。左殺判闕特勤懼禍及己，乃勒兵夜攻衙帳，殺登利可汗，更立其兄為可汗；娑匐可敦乘亂走脫，奔入右殺寨中，見骨咄葉護，告以左殺造反之事。骨咄葉護聽知，連夜整點右殺之兵，進攻衙帳，殺判闕特勤，更立登利之弟為可汗。尋又殺之，擁右殺之眾自立。於是左殺、右殺數相攻擊，部落日以攜離。

卻說邊庭探知此事，報入長安。帝知突厥大亂，急召文武商議。祇見班部叢中，李林甫出班奏曰：「不就此時伐之，更待何時？」帝曰：「卿言正合朕意！」即遣使到靈州問王忠嗣。

卻說王忠嗣正昇帳議事，忽報天使持節至。忠嗣出寨接入，使曰：「奉天子命，請問將軍：骨咄葉護自立為可汗，蕃人尚未歸心。正可速進兵攻之，勢必瓦解。將軍卻按兵不動，何也？」忠嗣曰：「突厥之俗，射獵禽獸為事。隨水草放牧，居無常處。士能彎弓，盡為甲騎。見利則進，不利則遁。吾所以逗遛不進者，欲用反間之計，令拔悉密、回紇、葛邏祿與突厥相攻，吾乘便而圖之耳。如此，則北虜之滅，不過數年也。」即寫表一通，付與來使，將平戎一十八策，備細陳說。使命持表回京奏帝，言指日可以滅虜之意。帝大喜，星夜草詔，差左羽林將軍孫老奴與中官齎往磧西，宣慰拔悉密、回紇、葛邏祿。

帝賜葛邏祿等璽書曰：「三姓葛邏祿及拔悉密首領部落等：卿等上祖以來，忠赤於國。往緣默啜背叛，遂被脅從。非是本心，朕深知悉。聞卿等首領，皆是忠良，雖在遠方，嘗願歸化。具知此意，深用嘉之。況今突厥天亡，事勢如此，在於豪傑，多被誅夷，所有諸蕃，各自奔散。智者料事，不可失時。倘或沉吟，必招禍患。宜即遞相曉諭，勸率早來。且金山故地，水草豐美，安置部落，還於此處，庶事之間，倍令優恤。務取安泰，勝於往時，兼有重賞高官，以待卿等。今故遣使宣慰，宜悉朕心。」

正值朔方互市，王忠嗣高估馬價，諸蕃聞之，競來求市，忠嗣來輒買之。故蕃馬益少，而漢軍益壯。軍出，忠嗣召諸將付其兵器，令給士卒，雖一弓一箭，皆書其姓名於上以記之，軍罷卻納。若遺失，即驗其名罪之。因此將士自勸，器仗充牣。

是年秋七月，洛水氾漲，漂沒洛、澗之間百姓廬舍無數，溺死者一千餘人。河北博、洺等二十四州霖雨害稼。詔封平盧節度使王斛斯為幽州節度使。至九月內，天降大雪，稻禾偃折，又連日大雨不止，道路阻滯。朝廷又命御史中丞張倚，往東都、河北振恤。張倚至營州。平盧兵馬使安祿山諂事張倚，又用金寶賂其左右。張倚回朝，盛稱祿山功勞。帝甚異之，擢祿山為營州都督，領平盧節度、採訪等使，押兩蕃、渤海、黑水四府，攝御史大夫。

卻說楊太真性聰慧，善歌舞，每倩盼承迎，動移上意。一日，帝在偏殿觀書，乃《漢成帝內傳》，至「漢成帝獲飛燕，身輕欲不勝風。成帝恐其飄翥，為造水精盤，令宮人掌之而歌舞。又置七寶避風臺，間以諸香，安於上，恐其四肢不禁也」。太真忽至，問曰：「三郎看何書？」帝笑荅曰：「莫問，知則又殢人。」太真近前看時，卻原來是《漢成帝內傳》。帝戲謂之曰：「爾則任吹多少。」太真應聲曰：「《霓裳》一曲，足掩前古。」帝聞言大喜。以梅、楊二妃並有國色，比之娥皇、女英。而梅、楊二妃，同美相妒。楊妃性急，梅妃性緩，才學過於楊妃，而智祘不及。帝以楊妃妒忌之故，將梅妃遷於洛陽安置，承恩寵者，惟楊妃一人而已。

冬十月，京師寒甚，雨木冰，數日不解。太尉、寧王病重，見而歎曰：「此俗謂『樹稼』者也。諺曰：『樹生稼，達官怕。』必有大臣當之，吾其死矣。」旬日之後，寧王果然死了。帝聞之，淚如泉湧，悲聲不絕。左右侍者皆歔欷流涕。次日，帝謂李林甫、牛仙客曰：「寧王朕之元昆，合昇王嗣，以朕有社稷大功，固以位讓。茂行若此，可謂有吳太伯之賢歟！不然，則宸極之尊，豈歸於朕？宜增非常之稱，以旌其德。」乃謚寧王曰「讓皇帝」。

寧王長子汝陽郡王李璡上表懇辭，盛陳先意，謙退不敢當帝號。帝弗許。冊殮之日，禁中出赭黃袍一件，令高力士齎手書置於靈座之前，其文曰：

「隆基白：一代兄弟，一朝存歿，家人之禮，是用申情，興言感思，悲涕交集。大哥孝友，近古莫儔，嘗號五王，同開邸第。遠自童幼，洎乎長成。出則同遊，學則同業，事均形影，無不相隨。頃以國步艱危，義資克定，先帝御極，日月照臨。大哥嫡長，合當儲貳，以功見讓，爰在薄躬。既嗣守紫宸，萬機事總，聽朝之暇，得展於懷。十數年間，棣華凋落，謂之手足，唯有大哥。今復淪亡，眇然無對，以茲感慕，何恨如之。然以厥初生人，孰不殂謝？所貴光昭德行，以示崇高，立德立名，斯為不朽。大哥事跡。身歿讓存，故冊曰『讓皇帝』，神之昭格，當茲寵榮。況庭訓傳家，璡等申讓，善述先志，實有遺風，成其美也。恭惟緒言，恍焉如在，寄之翰墨，悲不自勝。」

壽王李瑁請為讓帝制服盡喪，以報乳養之恩。帝許之，又下詔，追贈寧王妃元氏為恭皇后，祔葬。比及靈柩發引之日，天降大雨，帝令慶王李琮以下於泥中步送十數里，號其墓為「惠陵」。

冬十二月，吐蕃又寇石堡城，蓋嘉運雖擁兵而不能守之。帝怒，欲斬嘉運。高力士奏曰：「嘉運有討平突騎施之功，若斬之，恐失將士之心。」乃免其死，黜罷爵祿。詔授左散騎常侍王倕河西節度使，司農卿皇甫惟明隴右節度使。

有一個絳州正平人，姓王，名之渙，字季淩，祖王德表，文安令；父王昱，浚儀令。之渙少任俠，重然諾，與昆弟王之咸、王之賁並好學，有文才。曾為衡水主簿，因為讒人所譖，棄官歸鄉，居家十餘年。親友皆勸入仕，久而乃從。是年帝詔內外官各舉所親為刺史、縣令，遂除莫州文安縣尉。之渙與名士王昌齡、崔國輔二人為友，齊名相善；三人皆當時之秀，每作一篇，教坊伶官輒求取，被之管弦。然皆落魄不偶，屈沉下僚。

正值嚴冬之月，長安城中，彤雲密佈，紛揚雪墜。那雪如風飄柳絮，亂舞梨花相似，下的大了，端的好雪！三人踏著亂瓊碎玉，同到旗亭，圍爐共坐，把酒來斟。忽見十數個教坊伶官，簇擁著四個歌伎，走上樓來，清彈小唱。三人相謂曰：「吾輩各擅詩名，未知高下，今可密聽諸伎所唱，打個賭賽！其詩被之管弦者多，就祘他贏！」俄而，有一個紅衣女子唱道：「青海長雲暗雪山，孤城遙望玉門關。黃沙百戰穿金甲，不破樓蘭終不還。」王昌齡大喜，伸手畫壁道：「一首絕句。」又有一個綠衣女子唱道：「長信宮中草，年年愁處生。時侵珠履跡，不使玉階行。」崔國輔大喜，伸手畫壁道：「一首樂府。」又有一個黃衣女子唱道：「秦時明月漢時關，萬里長征人未還。但使龍城飛將在，不教胡馬度陰山。」昌齡聽了，又伸手畫壁道：「一首樂府。」

王之渙自以素有美名，謂二人曰：「此輩皆潦倒歌伎，所唱皆《下里》、《巴人》之詞耳。豈有《陽春》、《白雪》之曲，俗物敢近哉？」說罷，乃指諸伎中穿紫衣最美貌者曰：「且待此女所唱，若非我詩，我終身不敢與諸子爭衡；若是我詩，子等當列拜牀下，奉我為師！」二人應諾。少頃，祇聽那紫衣女子啟朱唇，露皓齒，歌美韻，放嬌聲，唱道：「黃河遠上白雲間，一片孤城萬仞山。羌笛何須怨楊柳，春風不度玉門關！」又唱了二首絕句，皆之渙之詩。之渙大喜，謂昌齡、國輔曰：「田舍奴，我豈妄哉！」三人大笑。驚動了諸伎，都向前施禮，問道：「諸君何故歡笑？」三人還禮，因把賭賽一節說了一遍。

諸伎聽說，花枝招颭，繡帶飄飄，一齊下拜，都道：「俗眼不識神仙，望神仙俯就筵席。」三人欣然從之，同四個歌伎及教坊伶官喫得大醉而歸。

開元三十年春正月丁未朔，帝御勤政樓受朝賀，改開元三十年為天寶元年，大赦天下。甲寅，陳王府參軍田同秀上言，有紫雲降於丹鳳門外，永昌街上，又見混元著黃衣，乘青牛，侍從童子二人，駐立雲端，俯謂之曰：「我昔與尹喜將入流沙之日，藏一金匱靈符在尹喜舊宅，汝可奏帝取之，用以鎮國。」同秀具事聞奏，敕差內使李志忠監田同秀往陝州桃林縣南十二里古函谷關墟求訪之。行至故關令尹喜臺西百三十步，果有紫雲白兔見於枯桑之下，隨手穿掘，下至水際，乃得白石函，金匱玉版，朱書細篆。帝聞奏大悅，即令列十部樂，歌舞鼓吹，自通化北門，迎入寶符。其文於寶輿中五色放光，洞照天地。帝御丹鳳樓，身披龍袞，手執金爐，六宮嬪婇，競於樓上焚香散花，遙自作禮。帝又令亂撒金錢於樓下，縱令士庶分取，以為歡樂。斯須，山呼之聲，震動京邑。帝見寶符赤文正成「乘」字，乃問黃門侍郎陳希烈。希烈曰：「乘者四十八，所以示聖人御歷之數也。」帝大喜，令置寶符於含元殿。詔置玄元廟於京城大寧坊西南角，東都置於積善坊臨淄舊邸。

是夜樓閣林樹之上、虛空之中，悉有神燈。於是李林甫、牛仙客引一班文武百僚及宗室僧道咸上表，以靈符呈瑞，潛應年號。願崇徽號，光昭典禮。帝固辭不受。表累入。林甫、仙客等又固請，帝乃許之，御含元殿受冊，加尊號為「開元天寶聖文神武皇帝」。

帝率太子諸王、宰相百僚祔玄元廟，製《霓裳羽衣曲》、《紫微八卦舞》薦獻，詔《史記》古今人表，玄元皇帝昇入上聖。又親享太廟，祭天地於南郊。制天下囚徒，罪無輕重並釋放。流人移近處，左降官依資敘用。號莊子為南華真人，文子為通玄真人，列子為沖虛真人，庚桑子為洞虛真人。其四子所著書，改為真經。兩京崇玄學置博士、助教各一員，學生百人。亳州真源縣先天太后及玄元廟各置令一人。賞賜文武百僚，改侍中為左相，中書令為右相，左、右丞相依舊為僕射。以李林甫為右相、兼吏部尚書，牛仙客為左相、兼兵部尚書，裴耀卿為尚書左僕射。東都北都，皆改為京，天下諸州改為郡，刺史改為太守。改桃林縣為靈寶縣，置天寶觀。帝御製並書《靈符銘》，立於所獲之處。又於大內置「靈符殿」，與田同秀五品正員官。

世人傳說帝堯之時，金星之精墜於終南山，圭峰之西，即太白山也，化為白石，狀如美玉，上有紫氣覆之。帝既於京師置太清宮，欲琢老君像。忽一日，夜作一夢，夢見神人告曰：「太白山有玉石可琢為像，紫氣見處是也。」次日，帝即遣使到太白山取玉石。使者到太白山，喚土人問之。土人曰：「北谷中有紫氣，連日不散。」使者令土人引路，徑到北谷，果於紫氣之下掘得玉石，回宮覆命。帝命琢白石為老君像，高二丈許。又為二真人、二侍童，侍立於側，皆高六尺。又令楊惠之製神仙像於殿內，吳道玄、陳閎畫五聖真容於壁上。

時有司馬承禎師弟吳筠，字貞節，道號洞陽子。性高潔，善屬文，精儒墨，工楷隸，舉進士不第。乃入嵩山，篤志於道，三教九流，靡不周覽。與同術者隱於南陽倚帝山，不求聞達。南遊金陵，訪道茅山。久之，東遊天臺。在剡與越中文士為詩酒之會，每製一篇，人皆傳寫，傳於京師。帝聞其名，遣使徵之。既至，乃獻《玄綱論》三篇，優詔嘉納。與語甚悅，令待詔翰林。帝問以道法，對曰：「道法之精，無如五千言，其諸枝詞蔓說，徒費紙札耳！」又問神仙修煉之事，對曰：「此野人之事，當以歲月功行求之，非人主之所宜適意。」每與緇黃列坐，朝臣啟奏，筠之所陳，但名教世務而已，間之以諷詠，以達其誠。帝深重之。

忽一日，吳筠奏曰：「臣有一友，姓李，名白，字太白，道號青蓮居士，乃青城趙蕤之弟子。此人少小學書劍，善文能武。發言可詠，下筆成篇。又嘗路見不平，手劍殺十數人。自弱冠仗劍去蜀，遠遊荊楚，南窮蒼梧，東涉溟海。臣師兄嵩山司馬承禎，昔與之同遊蓬萊，謂李白有仙風道骨，可與神遊八極之表。」帝聞奏大喜，便問：「此人現在何處？」筠曰：「今聞李白學劍山東，師事裴旻。復與魯中諸生孔巢父、韓準、裴政、張叔明、陶沔等，枕石漱流，棲隱於徂徠山中，晝則飲以美酒，夜則賞以明月，號曰『竹溪六逸』。」帝即差使命賫詔，往徂徠山宣召。

第三十六回　賀秘監金龜換酒　唐明皇御手調羹

且說使命齎詔至魯郡，魯郡太守敬誠迎接入府。使命具言來意。敬誠不敢怠慢，即與使命同入徂徠山，尋見李白，宣天子詔命。李白接詔，辭了妻子，別了諸友，登途徑到長安。是夜，舍於逆旅。因酒朋詩侶不在，獨自無聊，行到街上，往來看翫。

不期遊到紫極宮門首，看時，祇見碧瓦朱簷，高接皓月；丹闕金莖，直侵青霄。進了門裡，又見有喬檜四樹，一樹樹翠蓋蓬蓬，卻如傘狀。忽擡頭，乃是紫極殿。殿前有一通石碑，約有一丈餘高，三尺餘闊，上有十八個篆文大字，乃「太上玄元皇帝道德經大唐開元神武皇帝注」，腹上有數十行小字，乃御注道德真經八十一章。

李白來到正殿上進了香，瞻拜聖像已罷。轉出正殿，遊廊翫景。是夜月明如練，清光似水。紫極殿東隅，古柏陰森，茂竹便娟，階下有清池，中有菡萏初發，香潔悅意。李白悅其幽杳，遂搴衣步月，踏花中庭，悠然朗詠：「花間一壺酒，獨酌無相親。舉盃邀明月，對影成三人。月既不解飲，影徒隨我身。暫伴月將影，行樂須及春。我歌月徘徊，我舞影零亂。醒時同交歡，醉後各分散。永結無情遊，相期邈雲漢。」

李白吟罷，拔劍起舞，長嘯一聲，擲壺空中。揮劍戳入壺口，美酒如一泓清泉順劍刃傾瀉而下，直入其口。真個是玉液瓊漿，香醪佳釀！舞劍已罷，問道士借筆硯來，乘著一時酒興，向那白粉壁上寫下所吟十四句詩。

恰好太子賓客、秘書監兼侍讀賀知章，乘夜往紫極宮遊翫，見壁上寫了十四句詩在上，墨跡猶新。念了一遍，就知高士來到。便叫道士來問道：「作這篇詩，端的是何人題下在此？」道士道：「適才一個奇士，獨自在花間幽酌，醉後疏狂，寫在這裡。」

那賀知章聞言，徑直尋到殿庭，忽見一個逸士，頭裹烏紗巾，身披紫綺裘，背劍一口，在那裡顧影獨酌，丰姿灑落，舉止飄逸，急趨步上前施禮道：「先生何人？那裡來的？」李白醉眼睜開，便回禮道：「姓李，名白，字太白。自東魯而來。」知章曰：「莫非青蓮居士否？」李白曰：「然也。敢問仙翁尊號？」知章喜曰：「老拙號曰四明狂客，秘書外監賀知章也，久聞居士大名，幸得邂逅。今夜風恬月朗，敢請居士同往都市上酒肆中少敘三盃如何？」李白欣然從之，同知章便往酒肆內去喫酒。

當夜，賀知章邀李白至酒家，二人坐定，把酒來斟。飲酒中間，知章曰：「適見居士題詩，雅好所託，在塵埃之外。願見其餘。」李白欣然出百餘篇，知章一一覽之。先覽《烏夜啼》一篇，其詩曰：

黃雲城邊烏欲棲，歸飛啞啞枝上啼。
機中織錦秦川女，碧紗如煙隔窗語。
停梭向人問故夫，欲說遼西淚如雨。

知章歎賞苦吟，道：「若此詩，可以泣鬼神矣。」又覽《蜀道難》一篇。其詩曰：

噫吁嚱，危乎高哉！蜀道之難，難於上青天！
蠶叢及魚鳧，開國何茫然！
爾來四萬八千歲，不與秦塞通人煙。
西當太白有鳥道，可以橫絕峨眉巔。
地崩山摧壯士死，然後天梯石棧相鉤連。
上有橫河斷海之浮雲，下有衝波逆折之迴川。
黃鶴之飛尚不得過，猿猱欲度愁攀援。
青泥何盤盤，百步九折縈巖巒。
捫參歷井仰脅息，以手撫膺坐長歎。
問君西遊何當還，畏途巉巖不可攀。
但見悲鳥號古木，雄飛雌從繞林間。
又聞子規啼夜月，愁空山。
蜀道之難，難於上青天，使人聽此凋朱顏！
連峰去天不盈尺，枯松倒掛倚絕壁。
飛湍瀑流爭喧豗，砯崖轉石萬壑雷。
其險也如此，嗟爾遠道之人胡為乎來哉！
劍閣崢嶸而崔嵬，一夫當關，萬夫莫開。
所守或匪人，化為狼與豺。
朝避猛虎，夕避長蛇；磨牙吮血，殺人如麻。

錦城雖云樂，不如早還家。
蜀道之難，難於上青天，側身西望長諮嗟！

知章讀未竟，稱歎者數四。及畢，乃揚眉歎曰：「公非人世人，豈非『太白星精』耶？」於是解金龜換酒，與李白飲酒至一更時分方散。

次日，賀知章入內，將紫極宮遇李白之事，細細陳了一遍。帝聞而悅之，遂教知章引之來見。帝聚文武於丹墀，專待李白。不多時，賀知章引李白至。帝見其人虬鬚虎目，廣眉大口，紫綺冠帔，飄飄然有神仙之概。不覺忘卻萬乘之尊，降輦步迎，如見綺皓。帝謂李白曰：「卿乃布衣，名為朕知，非素蓄道義，何以至此？」命設七寶牀於御座之傍賜坐，分付光祿設食。須臾，內侍將金盤捧熱羹一碗以進。帝見羹氣太熱，御手取牙箸調羹良久，賜與李白食之。

又見李白烏皮六縫靴不淨，乃命左右：「與李卿去靴。」須臾，內侍捧錦靴奉上。高力士俯身，親為李白脫之。

帝與論時事，李白請為賦一篇。帝許，令給紙筆。李白援筆揮灑，立成《宣唐鴻猷賦》一篇。真個是文不加點，一揮而就，筆跡遒利，鳳跱龍拏。帝甚異之，謂左右曰：「適聞李卿之章，誠然錦心繡口，雖相如復生，不過如此！」詔授李白翰林供奉。

是日集諸學士，設宴於便殿。帝酒酣，顧李白曰：「我朝與天后之朝何如？」李白曰：「天后朝政出多門，國由奸倖，任人之道，似貧士市瓜，不擇香味，惟揀其肥大者。我朝任人如淘沙取金，剖石採玉，皆得其精粹。」帝大笑，曰：「李供奉過有所飾。」至此李白以天才俊逸，名動京師。朝野上下，皆呼李白為「謫仙人」。

卻說帝因牛仙客病甚，猛可想起嚴挺之來，欲進用之，遂問李林甫曰：「嚴挺之何在？此人亦堪進用。」挺之時為絳郡太守。林甫忌嫉，乃召嚴挺之弟嚴損之至門。損之至，敘禮已畢，林甫乃謂損之曰：「聖人視賢兄極深，要須作一計，入京對見，既見當有大用。」遂附耳說如此。損之不知是計，遂從其言。數日後，挺之上疏，奏言有少風氣，乞入京師就醫。林甫將狀奏云：「挺之年高，近患風氣，且須授一閒官就醫。」帝歎息不已。林甫奏授嚴挺之員外詹事，便令歸洛陽養疾。又奏齊澣員外少詹事，留司東京。

嚴挺之與齊澣，皆朝廷舊德，既廢居家巷，每園林行樂，則杖屨相過，談宴終日。林甫知而惡之，奏以澣為平陽太守。挺之由是鬱鬱而終。

有道士孫甑生者，以左道與河南尹蕭炅遊。甑生得老狐傳授幻術，能轃石累卵，折草為人馬，乘之東西馳走。蕭炅薦之於帝，帝召甑生至京師。楊太真最喜其術，數召甑生入宮試之。甑生遂與蕭炅計議，託以修功德，往來嵩山，求請無度。河南少尹李憕清直奉公，屢挫甑生。憕，太原文水人也，乃監察御史李希倩之子，張說妹婿陰行真之婿也。憕明敏有吏幹，長於几案。歷監察御史，兵、吏二部郎中，遷給事中，所歷皆有當官稱。李林甫惡其不附己，出為河南少尹。甑生告於蕭炅，炅報知林甫。林甫遂以他事，黜李憕為清河太守。

長安令韋堅，以幹濟稱。與中貴人善，探候主意，因見宇文融以括戶取媚，楊慎矜父子以剝下獲寵，乃轉運江淮租賦，所在置吏督察，以裨帑廪，歲益鉅萬。堅字子全，京兆萬年人也。兗州刺史韋元珪之子也。堅妻，姜皎女；姊，薛王妃；妹，太子妃。由此，林甫與堅素相愛狎，擢為陝郡太守，兼領江淮租庸、漕運等使；堅以關輔之間，轉輸艱辛，乃召水工，審地脈於咸陽，治漢、隋運渠，壅渭水築興成堰，截灞、滻二水東注，至關西永豐倉下，復與渭水合，於苑東望春樓下鑿潭，於江淮轉運租米，取郡縣義倉粟，轉市輕貨，差富戶押船，若遲留損壞，皆徵船戶。又役夫匠通漕渠，所在墳塋，皆發而毀之。民間蕭然愁怨。

朝廷又於沿邊十道置十節度使備邊，以禦四夷：那十鎮節度使？一、安西四鎮節度使，有兵二萬四千；二、北庭節度使，有兵二萬；三、河西節度使，有兵七萬三千；四、朔方節度使，有兵六萬五千；五、河東節度使，有兵五萬五千；六、范陽節度使，有兵九萬一千；七、平盧節度使，有兵三萬七千；八、隴右節度使，有兵七萬；九、劍南節度使，有兵三萬一千；十、嶺南五府經略使，有兵一萬五千。這十個節度使，皆掌重兵，外任之重，無與倫比。此外又有經略、守捉使三，皆太守領之：一、長樂經略軍，有兵一千五百；二、東萊守捉使，有兵一千；三、東牟守捉使，有兵一千。共有鎮兵四十九萬人，軍馬八萬餘匹。每年賜衣甲千二十萬匹，軍糧百九十萬石，公私勞費，民始困苦矣。

且說安西四鎮馬靈察，遣兵護送西突厥十姓可汗阿史那昕到突騎施。行至俱蘭國，被訇延闕律啜所殺。訇延闕律啜既殺史昕，自立為西突厥十姓可汗。都摩度闕頡斤引本部兵馬來降，帝封闕頡斤為葉護。達奚部落反，自黑山引眾投碎葉。靈察令蕃將高仙芝引輕騎二千，前去破敵。

仙芝乃高句麗之苗裔也。生得面如美玉，目若朗星，猿臂善射，深有謀略。父高舍雞，四鎮十將、諸衛將軍。仙芝自幼隨父出征，年二十餘，即拜諸衛將軍，班秩與父相同。舍雞以仙芝儒緩，恐不允武將之意。仙芝先事蓋嘉運，後從田琬，未當重用，靈察屢薦仙芝於朝廷。自于闐、焉耆鎮守使遷安西副都護，拜安西都知兵馬使。仙芝引兵星夜倍道而行，徑到綾嶺；下寨已畢，賊兵未到。仙芝令偃旗息鼓，以待賊兵。賊兵從黑山望碎葉而來，至綾嶺前，走得人困馬乏，方欲下寨歇息。忽然山上一聲礮響，四面喊聲大震，鼓角震地，火光沖天。賊兵大驚，欲尋路而走。早被唐兵圍住，並皆殺盡。

高仙芝即命判官劉單作書申報靈察。忽帳下一人進曰：「不煩劉判官雄筆。吾已作捷書多時矣！」仙芝視其人，面容羸瘦，身材短小，目醜而纇，腳短而跛，乃河東猗氏人也，姓封，名常清。年三十餘，孤貧窘困。時仙芝為安西都知兵馬使，常清乃投牒請預仙芝一傔。仙芝見常清貌陋，心中不悅，遂弗納。常清乃候仙芝出入，朝夕不離其門數十日，仙芝不得已，遂補常清為傔人。至此乃有預作捷書一事。

仙芝看時，書中細言一路安營下寨之處，遇賊形勢，斬獲計謀，詞采蔚然，文章精審。仙芝看畢，稱讚不已。即差人齎表，赴安西報捷不題。

高仙芝收兵回龜茲。馬靈察聞仙芝還，與判官劉眺、獨孤峻等出城迎接，接到府中，相見畢。靈察設宴相待，大賞三軍。劉眺、獨孤峻問仙芝曰：「前者捷書，何人所作？高將軍幕下何得有此人？」仙芝指常清曰：「即仙芝傔人封常清也。」劉眺、獨孤峻大喜，就邀常清同坐，叩其生平。原來常清少孤貧，外祖躬親撫養。外祖以犯罪，謫守安西胡城南門。每坐常清於城門樓上，教其讀書。由此多所歷覽。劉眺、獨孤峻遂與常清語，如舊相識。常清自此知名，仙芝因常清有功，擢為疊州戍主，用為判官。

卻說吐蕃自破小勃律國以來，以吐蕃公主妻小勃律王蘇失利芝。護密國王真檀為吐蕃攻逼，以娑勒城降。識匿、俱位等二十餘國，皆附吐蕃。西域貢獻，歷年不入。馬靈察犒軍已畢，便欲進兵攻打勃律。副將程千里舉蕃將一人，可為先鋒。其人豹頭環眼，燕頷虎鬚，狀貌魁偉，膂力過人，乃京兆高陵人，姓李，名嗣業，現為昭武校尉。善使陌刀，有萬夫不當之勇。眾皆曰：「非此人不可為先鋒。」靈察亦素知嗣業英勇無敵，心中大喜，即令嗣業為先鋒，領兵望蔥嶺進發。

卻說牛仙客忽然染病，看看沉重。時戶部侍郎張均太常少卿張垍兄弟、禮部侍郎韋陟中書舍人韋斌兄弟、尚書右丞姚弈、兵部侍郎盧奐、工部侍郎蕭華，並以才望居清要，而有美譽。帝曾言：「吾命相，當遍舉故相子弟耳！」中官袁思藝至中書宣詔，密告李林甫。林甫出內回家，密使人請侍御史姚閎至。閎乃姚彝之子，曾為仙客朔方節度判官。

林甫將帝欲用故相子弟之事，告與姚閎。姚閎大喜，即日到仙客府中，自云能通鬼道，請為仙客祈禱。仙客頗信惑之。姚閎遂代仙客草遺表一道，薦姚閎叔姚弈及盧奐代己，逼仙客署字。不想仙客未及署字，氣絕而死。朝廷差中使弔喪，仙客妻王氏對中使盡言其事。帝聞之大怒，遂將姚閎賜死；黜姚弈為永陽太守，盧奐為臨淄太守。拜刑部尚書兼御史大夫李適之為左相，以代牛仙客之職。

再說帝下詔一道，使人齎赴拔悉密，命突厥吐屯拔悉密阿史那施與回紇酋長骨力裴羅、葛邏祿酋長阿波移健啜，一同攻打突厥。骨力裴羅乃護輸之子也。阿史那施領了聖旨，會同回紇、葛邏祿，一同興兵，擊骨咄葉護於漠北。骨咄葉護大敗，損折軍馬數多。

阿史那施率回紇、葛邏祿攻殺骨咄葉護，自立為頡跌伊施可汗，封骨力裴羅為左葉護，阿波移健啜為右葉護。判闕特勤之子收拾餘眾，自立為烏蘇米施可汗。封僕固酋長乙李拔啜為左葉護，同羅酋長阿布斯為右葉護。帝遣使齎詔到突厥衙帳，宣諭烏蘇米施可汗，令其率眾內附。烏蘇米施會文武商議。班部中阿波達干奏道：「可汗何必奉詔，若與兩蕃、突騎施連合，霸業可成，突厥可興矣。」烏蘇米施依其議，遂不奉詔。

且說王忠嗣引兵直抵桑乾河，與怒皆大戰數日，連勝三陣，降者無數，餘黨潰散。忠嗣得勝而回，行至磧口。因突厥未定，就屯兵於木剌蘭山，以候消息。早有細作探知此事，報入突厥。烏蘇米施聞知，即召文武商議。阿波達干進曰：「今王忠嗣統領朔方之眾，虎視磧北，若與拔悉密連兵而來，吾勢危矣。不如且降，再作良圖！」烏蘇米施從其言，祇得遣使者至忠嗣營請降。忠嗣使人召之，烏蘇米施遷延不至。

忠嗣正在帳中思慮，忽報天子遣使齎詔至。忠嗣接入營中，開讀詔書，卻是要起兵討烏蘇米施。忠嗣領命，送使者先回。一面遣使齎詔入漠北，教頡跌伊施進兵攻之。一面調遣四將，自統大軍進發。那四將？第一個，姓郭，名子儀，華陰鄭縣人也。乃魏車騎將軍郭淮之後。父郭敬之，壽州刺史。子儀身長八尺，雄姿魁傑，仁慈寬厚，有長者風。第二個，姓李，名光弼，乃契丹之苗裔也。父李楷洛，左領軍、左羽林二軍員外大將軍、朔方節度副使。光弼性嚴毅，多智略，工於騎射，喜讀《漢書》。第三個，姓王，名思禮，乃高句麗之苗裔也。父王虔威，朔方軍將。思禮短小精悍，性剛而有節。少習戎旅，曉達軍事。第四個，覆姓僕固，名懷恩，乃鐵勒之苗裔也。父僕固設支，僕固都督。懷恩性雄毅，寡言語，善格鬥，識蕃情。

此時正當涼秋八月，金風驟起。但見平沙莽莽，黃入胡天；邊風蕭蕭，半捲紅旗。王忠嗣統領大軍，正行之際，忽哨馬飛報：「拔悉密、回紇、葛邏祿攻打突厥，烏蘇米施拒住多邏斯川，不能下。」忠嗣聽知此信，即引大軍向多邏斯川進兵。

是時回紇、葛邏祿自跟拔悉密頡跌伊施討烏蘇米施，大戰於多邏斯川。鬥到黃昏時分，猛聽得鼓角喧天，喊聲大震，卻是王忠嗣親提大軍來到。烏蘇米施大驚失色，急分兵抵敵：自引一軍抵住頡跌伊施，其子右殺葛臘哆引一軍力當王忠嗣。兩頭死戰，叫殺連天。忠嗣兵勢大，烏蘇米施兵力危，漸漸抵當不住。烏蘇米施無心戀戰，奪路而走。

王忠嗣指揮郭子儀、李光弼、王思禮、僕固懷恩四將，把葛臘哆困在垓心。同羅酋長阿布斯見勢頭不好，背了葛臘哆，助忠嗣來攻突厥，右殺大亂。葛臘哆力孤勢危，衹得下馬請降。前軍先鋒僕固懷恩言烏蘇米施未昏而去，忠嗣即命懷恩引輕騎星夜追之，自領大軍隨後，盡渡汨昆水追襲。賊兵拋金棄鼓，撇戟丟槍。比及天明，趕了二百餘里，追之不上，得康阿義屈達干、默啜之孫勃德支特勤、苾伽之女大洛公主、伊然小妻余塞匐、登利之女余燭公主等十餘人，部落五千餘帳，並駝馬牛羊二十餘萬。

第三十七回　沉香亭謫仙賦詩　廣運潭秦姬唱歌

卻說王忠嗣引大軍還朔方，支給功賞，一面寫了表章，使人報捷。王忠嗣破突厥右廂有功，加左武衛大將軍。詔封葛臘哆為懷恩王。加李林甫尚書左僕射，李適之兵部尚書：俱加光祿大夫。裴耀卿轉尚書右僕射，進爵趙城侯。適之雅好賓客，飲酒一斗不亂，常列鼎於庭中，以具膳饈，夜則延接賓朋，以為宴賞，晝則決斷公務，庭無留事。

是歲秋九月，葛臘哆等眾到京師。帝令先謁太廟，然後於殿庭引見。帝御花萼樓設宴慶賀，作詩紀興。宴罷，詔徙突厥降虜於朔方、河南安置，每歲賜絹繒綵帛數十萬，以為廩食。護密國王子頡吉裡匐遣使請降，帝嘉其忠孝，下詔褒美，賜鐵券。

卻說王倕領起河西人馬，攻打新城。有一個壯士，覆姓哥舒，名翰，來投王倕。翰乃突騎施之苗裔也。父哥舒道元，安西副都護。母尉遲氏，于闐王族也。翰倜儻有大志，愛交遊，重然諾。生得身長八尺，腰闊十圍，眼如紫石棱，鬚如蝟毛磔，相貌堂堂，威風凜凜。以將門子，補沙州效穀府果毅。家富於財，性好施與，喜讀《左傳》、《漢書》。年四十，遭父喪，翰客居京師，任俠放蕩，蒲酒自樂，不為長安尉霍仙奇所禮，乃與家奴左車商議，徑往河西投軍。王倕大喜，與哥舒翰謀議，奇之，表翰為討擊副使，使其經略，威震三軍。

再說隴右皇甫惟明襲擊吐蕃大嶺軍，破之。莽布支遂引兵會合蘇毗王，同陳兵於青海之野。

與隴右兵相對，蕃將琅支都出馬搦戰。惟明指問眾將曰：「此何人？」有識者荅曰：「此吐蕃小王琅支都也。」言未畢，陣門中一將挺槍驟馬早出。惟明視之，乃騎將王難得也。兩騎相交，祇一合，被難得一槍刺落馬下，就梟其首級。隨手扯住轡頭，牽馬回陣。蕃軍見了，無不駭然，不敢追趕。惟明見難得得勝，挫動蕃軍銳氣，鞭梢一指，大小三軍一齊掩殺過去。蕃兵大亂。惟明副將褚詡乘勢飛馬直入蕃陣。蘇毗王不及提備，被詡生擒活捉過來。莽布支見了，撥回馬便走，被惟明趕上，一刀斬之。乘勢追殺，斬首三萬級，生擒五千餘，奪得金鼓旗幡、槍刀器械極多。

惟明斬了莽布支，大勝而回，差難得解蘇毗王，赴京師報捷。帝聞知琅支都被斬，召難得至殿下，問其詳，難得細說其事。帝大喜，即令難得於殿前持槍驟馬，作刺琅支都之狀。帝壯之，乃賜以錦袍、金帶，加為左金吾郎將。帝謂李林甫、李適之曰：「吐蕃背恩，神人共棄。豈惟隴右大勝？三數日間，河西當有捷音。」不數日，河西王倕表奏：大破吐蕃魚海軍，所得器械、馬匹，不計其數。旬日之內，又有劍南章仇兼瓊、安西馬靈察兩路兵勝，邊陲捷報使命，絡繹而至。惟石堡城因路遠而險，攻打不下。帝知皇甫惟明智勇足備，詔使設計襲取。

再說范陽節度使裴寬在河北，治有美政。博陵太守、兼北平軍使烏承恩恃以蕃酋，與中貴通，恣求貨賄，裴寬繩之以法。密雲太守、兼威武軍使何僧獻生口數十人，裴寬命悉送還塞下。由此，夷夏感悅。

次年春正月，帝下詔，加老君尊號為「大聖祖玄元皇帝」，改兩京崇玄學為崇玄館，博士為學士，助教為直學士，更置大學士員。以李林甫為崇玄館大學士。

安祿山自柳城入朝，奏曰：「去年七月，部內生紫方蟲，食禾苗，臣焚香告於天曰：『臣若不行正道，事主不忠，蟲食禾盡。臣心若不欺正道，事主竭誠，其蟲請便消化。啟告必應。』時有群鳥食蟲，其鳥赤頭而青色，伏請宣付史館。」帝准奏，乃加祿山驃騎大將軍。

祿山呼裨將史窣干出曰：「此臣鄉人，將軍史窣干是也。」帝視其人，生得瘦黑，少髭鬚，豺目蠍鼻，鳶肩駝背。問曰：「莫非擒瑣高史窣干乎？」祿山曰：「然。」即令窣干拜見。帝命賜坐，與語兵事，窣干對答如流。帝甚奇之，遂問窣干曰：「將軍今年紗齡幾何？」窣干答曰：「四十歲矣。」帝撫其背曰：「卿貴在後，勉之。」賜其名曰思明。

當日帝於宮中設宴，款待安祿山。飲宴間，祿山奏曰：「臣蕃戎賤臣，受主寵榮過甚，臣無異材為陛下用，願以此身為陛下死。」帝聞言大喜，教請太子來相見。少頃，太子入見。左右俱拜，惟有祿山不拜。帝問曰：「何為不拜？」祿山曰：「臣蕃人，不識朝儀，不知太子是何官？」帝曰：「此儲君也。朕千秋萬歲之後，傳位於太子。」祿山曰：「臣愚，比者祇知有陛下，不知更有太子，臣今當萬死！」左右令拜，祿山乃拜。帝因此深喜祿山純誠，賞重之。由此，太子與祿山有隙。

其時李適之疏直不忌，每事不讓李林甫。忽一日，李林甫謂李適之曰：「華山之下，有金礦焉，採之可以富國。主上未知之耳。」適之尚不知墮他計中，心善其言。他日，李適之從容奏之。帝大悅，顧問李林甫，對曰：「臣知之久矣。華山，陛下本命，王氣所在，不可發掘。臣故不敢上言。」帝以林甫為愛己，薄適之慮事不周，乃謂曰：「自今奏事，先與林甫議之，無得輕脫。」

李適之由是漸見疏退。

卻說帝因李適之失恩，專任李林甫。林甫終日在政事堂，以銓事委吏部侍郎宋遙、苗晉卿。御史中丞張倚子張奭參選，宋遙因張倚甚承恩倖，思悅附之，考選人萬餘人，判登第者六十四人，分甲乙丙科，奭中甲科。眾知張奭不讀書，論議紛然。時有下第者姓蘇名孝韞，曾為薊縣令，以其事白安祿山。祿山入見帝，說知此事。帝乃大集登科人，御勤政樓親自重試，登第者十無一二；張奭手持試紙，竟日不下一字，時人謂之「曳白」。帝大怒，黜宋遙為武當太守，苗晉卿為安康太守，張倚為淮陽太守。敕曰：「庭闈之間，不能訓子；選調之際，仍以託人。」天下士子，皆以為戲笑。

旬日後，帝親祔玄元廟，追尊老君父周正御大夫李敬為先天太皇，母益壽氏為先天太后，仍於譙郡真源縣立廟。追尊咎繇為德明皇帝，涼武昭王李暠為興聖皇帝，皆於京都立廟。改西京玄元廟為太清宮，東京為太微宮，天下諸郡為紫極宮。加李林甫太清、太微宮使。

河東修紫極宮，掘地得玉石以獻，狀如半月，復有仙人搗藥之像，扣之則鳴，聲甚清迴。帝呼之為「偃月磬」，令懸於太原紫極宮。臨汝修造仙居古觀，獲玉瑛，扣之，聲聞數里，帝令懸於長安太清宮聖祖廟庭。信安起建觀宇，掘地得魚一尾，長三尺，似鐵，微微帶紫碧之色，又如青石，光瑩，彫鐫精巧，殆非人工，扣之，有清響。帝令宣示百僚，莫能識者。帝呼之為「瑞魚磬」，令懸於洛陽太微宮。

時值暮春，沉香亭上木芍藥繁開，帝乘照夜白，至沉香亭觀看。命召楊太真，回報曰：「太真妃卯醉未醒，春睡難覺。」帝聽說，便教高力士，去太真院叫侍兒，直扶到沉香亭裡。此時楊太真綠雲撩亂，寶釵斜墜，嬌慵無力，不能下拜。帝見太真朱顏仍酡，困眼微合，大笑曰：「豈是妃子醉，真海棠春睡未足耳！」少時，太真玉顏酒解，豔紅消盡。帝滿心歡喜，即與太真倚欄賞花。祇見或朱，或紫，或通白，或淺紅，觀之不盡。帝親折一枝木芍藥，遞與太真曰：「不惟萱草忘憂，此花香豔，尤能醒酒。」李龜年手捧檀板，押領一班梨園弟子、教坊伶官上前，將按譜奏樂。帝謂力士曰：「朕值良辰美景，賞名花，對妃子，焉用舊樂詞為？若得翰林逸才吟詠之，可以誇耀於後世矣！」即命力士宣旨，召李白入撰新詞。

那高力士急轉金明門，忙入翰林院傳召。卻不見李白，衛尉卿、駙馬都尉張垍告曰：「汝陽王請到長安市上酒家相聚飲酒去了，不在院。」

高力士帶了兩個黃門，出了興慶宮，徑往那長安酒肆，找尋李白。忽見大道之上，有一老者騎著一馬，就似乘船一般搖擺，踏花而來。力士看時，不是別人，卻是賀知章。連忙上前，迎著施禮道：「賀公東來，可曾看見李供奉？」知章下馬荅禮道：「李供奉因與我等七人聚飲來，昨晚在東市那邊新豐酒店喫得大醉了，我自酒醒，先回家去，上大道來，正撞見你。」力士別了知章，帶黃門徑轉東市。行過得三五百步，祇見官道旁邊，早望見一座酒肆望子挑出在簷前。看那個酒店時，正是新豐酒店。

高力士下馬入店，與兩個小黃門，都上樓來，說道：「李供奉，聖上有旨宣你見駕。」那李白還在案邊，鼾睡未醒，正睡夢間，聽得有人叫他名字。他就擡頭，睜眼觀看，祇見是力士吆喝。

他才打兩個呵欠，復又呼呼鼾睡如泥。力士遂上前推搖，叫道：「李供奉蘇醒蘇醒。」力士又喚：「李供奉，李供奉！」也祇是不醒。力士沒奈何，叫兩個黃門將李白下樓，出得酒肆，把李白扶上馬，力士左右扶持，黃門隨後相從。馬行如箭，早到了春明門前，祇見天子又差人來催促，敕李白走馬入宮。

高力士與李白牽著馬，轉過龍池，到於沉香亭之北，急扶李白下馬。攙著李白，入沉香亭裡來。帝正與楊太真在沉香亭上扶欄看花。李白見了，連忙下拜。帝見李白酒還未醒，衣冠不整，拜舞頹然，乃親以錦帕拭之。楊太真便說道：「妾聞冷泉灑面，可以解醒。」帝令宮中佳娥以清泉頮面，李白稍醒，伏於金階之下，拜舞謝恩。帝謂李白曰：「朕今同妃子賞名花，不可無新詞，所以召卿，卿可進新詞三章。」遂命李龜年取金花箋以授。李白頓首曰：「汝陽王賜臣酒，今已醉。倘陛下賜臣無畏，始可盡臣薄技。」帝許之。叫二個小黃門扶住李白，直至朱絲欄前。

但見花箋拂開，雄筆落下，頃刻間，便成《清平調》三章。其辭曰：「雲想衣裳花想容，春風拂檻露華濃。若非群玉山頭見，會向瑤臺月下逢。」又一篇曰：「一枝紅豔露凝香，雲雨巫山枉斷腸。借問漢宮誰得似，可憐飛燕倚新妝。」又一篇曰：「名花傾國兩相歡，長得君王帶笑看。解釋春風無限恨，沉香亭北倚欄干。」寫畢，李龜年遽以詞進。帝看畢大喜，稱讚道：「好個『雲想衣裳花想容！』卿心肝五臟，皆錦繡耶？不然，何以開口成文，揮翰霧散！」遂命梨園弟子、教坊伶官奏樂，龜年歌唱。龜年遂唱《清平調》三曲，歌喉宛轉，真有繞梁之聲。後李龜年常話於人，自謂以歌得自勝者，無出於此。

忽一日，李林甫奏道：「近聞陝郡太守兼江淮轉運使韋堅，於望春樓下鑿潭而成，自江淮西抵長安，水道無阻。今韋堅已盛陳舟艦，請陛下幸望春樓而觀之。」帝引著一班文武，都到望春樓上來，與侍臣親貴，倚樓而觀。韋堅已於東京、汴、宋取小斛底船，置於潭側。其船皆署牌表之，各陳珍貨。駕船之人皆大笠子、寬袖衫、芒屨，為吳、楚之服。

廣陵郡船先至，堆積錦、鏡、銅器、海味。陝縣尉崔成甫，乃崔沔之子，白衣闕胯綠衫，錦半臂，偏袒膊，紅羅抹額，立於船頭，引領美婦百餘人，皆錦衣靚妝，齊聲唱《得寶歌》，歌曰：「得寶弘農野，弘農得寶耶！潭裡船車鬧，揚州銅器多。三郎當殿坐，聽唱《得寶歌》。」

丹陽郡船又至，堆積京口綾衫段；又過晉陵郡船，堆積折造官端綾繡；又過會稽郡船，堆積銅器、羅、吳綾、絳紗；又過南海郡船，堆積玳瑁、珍珠、象齒、沉香；又過豫章郡船，堆積名瓷、酒器、茶釜、茗鐺、茶碗；又過宣城郡船，堆積空青、石綠、紙筆、黃連；又過始安郡船，堆積蕉葛、蚺膽、翠羽、文犀；又過吳郡船，堆積糯米、方丈綾：凡數十郡大小之船，三二百隻，首尾相接數十里。兩岸挽船之夫數萬餘人。關輔士庶觀者山積，人人駭視。

當日，帝乃大會文武於望春樓，設宴慶賀。韋堅跪進諸郡珍貨，無不精好，又上百牙盤食，奉觴獻酒。府縣進奏，教坊出樂迭奏。韋堅姊薛王妃，亦盡出寶物供樓上鋪設。文武百僚宴飲，竟日而罷。帝降詔，加韋堅左散騎常侍、銀青光祿大夫。判官元捴、豆盧友等，皆褒賞有差；蠲役人一年地稅，賜船夫等錢各二千貫，以充宴樂。外郡進上物，賜李林甫、李適之等一班貴戚朝官。賜潭名曰「廣運潭」。

卻說皇甫惟明引軍度赤嶺，入蕃境，行千餘里，破洪濟城。是年五月，改修龍池《聖德頌》，帝令殿中監、褒信王李璆作文鐫碑，太子李紹題額並書。六月，東京雷，應天門災，延及左、右延福門，火經日不滅。京房《易傳》曰：「君不思道，厥妖火燒宮。」

是時諸州所納布帛，有漬汙、傷破及色下者，侍御史、知太府出納使楊慎矜皆令本州徵折估錢，轉市輕貨。自此天下州縣徵調，四時不止。帝嘉之，欲授慎矜御史中丞，充京畿採訪使，依舊知太府出納。慎矜以李林甫弄權，遷拜不由其門，懼不敢居其任，固讓之，因除諫議大夫、兼侍御史，依舊知太府出納。以鴻臚少卿蕭諒為御史中丞，充京畿採訪使。

第三十八回　黃鶴樓太白擱筆　江寧縣昌齡會友

卻說劍南章仇兼瓊謂鮮于仲通曰：「今李林甫在朝廷，奸邪日甚。兼瓊自拔安戎城，大為天子所重，若不早圖，後必為其所害。聞楊太真新承恩寵，汝若為我去京師走一遭，密結其家為援。吾無憂矣！」仲通曰：「仲通乃閬中鄙夫，不曾遊覽上國繁華之地。恐誤中丞事。今須得一個了事的人去方可。願為中丞舉一人。」兼瓊點頭。

次日，鮮于仲通遂同一人來見章仇兼瓊。那人乃河東永樂人，姓楊，名釗。釗本是武后內寵張易之私子。天授時，易之為武后所愛倖。每還私第，武后即降敕遣使，命易之且登小樓居住，撤去樓梯，環繞束棘，摒退侍婢。易之母韋氏，恐他絕嗣，遂喚侍婢張嬪珠登樓，藏複壁中。嬪珠因此有娠。韋氏卻將嬪珠，嫁與楊玄琰族兄弟、杭州司士楊珣為妻。嬪珠所生易之之子遂冒姓楊，即楊釗也。釗遊手好閒，自小最好賭錢，又且嗜酒，由此為鄉黨所惡。年三十，不學無術。玄琰歿後，釗赴蜀州弔喪，和太真妃二姊勾搭上了，花言巧語，哄得她把細軟首飾都交與他手內，賣將銀子來，往賭坊遊蕩。不消一日，輸得罄盡。尋思無計，發憤從軍。先事劍南節度使王昱，以屯優遷新都尉。張宥代昱，惡其為人，未及任滿，釗遂免黜。

鮮于仲通家道殷實，好仗義疏財，廣結交，樂施捨，憐楊釗貧，常使人遺以粟帛。又買得蜀中大娼裴柔，配與楊釗為妻。

當下鮮于仲通將楊釗生平，並其出身，細說一遍。章仇兼瓊聽得楊釗乃太真妃族兄，心中大喜，即拜楊釗為推官，命監押春綵送上京去。楊釗臨行，兼瓊謂之曰：「我有少許土物在郫縣，你過郫縣時自可取之。」楊釗會意，領命起程。先到郫縣，兼瓊親信人接著，就應付蜀郡土物與之，直錢萬貫。楊釗收訖，不敢怠慢，晝夜兼道，徑到長安。時太真妃二姊自夫主歿後，獨自孀居。乍見楊釗到來，強如拾了金寶一般歡喜。到晚，與楊釗喫了一席酒，重敘故情，極其眷戀。當晚太真妃二姊欲心如火，就與楊釗同在房中宿歇。兩個又勾搭上前情，往後每日幽歡不題。

旬日內，楊釗又歷抵諸楊，將蜀郡土物贈之，且云：「此章仇公所贈也。」諸楊因此常為兼瓊美言。太真妃二姊又稱讚楊釗樗蒲之能。帝令高力士宣楊釗入。祇見楊釗生得面白鬚長，儀表非俗。與楊釗談論，楊釗口角伶俐。帝大喜，封楊釗為金吾胄曹參軍，留在西京。

時遇秋深將近，忽一日，帝與楊太真、諸王貴戚泛舟，遊於太液池之上。池中有荷花數十朵，大如車輪，白色白光，微紗香潔。左右見了，俱稱讚不已。帝笑曰：「爭如我『解語花』。」即令人到翰林院，召李白為之記。李白在御前立作《宮中行樂》五言詩十首，帝大喜，以宮錦袍賜李白，盡歡而散。又一日，帝令李白草詔。時值初冬時候，天氣嚴寒。宮外雪飛風舞梨花，紛紛祇顧下。下的大了，卻是天仙狂醉，亂把白雲揉碎一般。李白因凍筆，不能書字。帝即命十數個美人呵開凍筆，李白遂取筆而書其詔。

李適之貴且豪，嘗賦詩云：「朱門長不閉，親友恣相過。年今將半百，不樂復如何。」李白嗜酒任縱，不拘小節，與賀知章等八人，日飲美酒，逍遙意得，號為「酒中八仙人」。那八仙？一、光祿大夫、左相兼兵部尚書、弘文館學士、渭源縣公李適之；二、特進、汝陽王李璡；三、銀青光祿大夫、太子賓客兼秘書監賀知章；四、翰林供奉李白；五、禮部員外郎崔宗之；六、金吾長史張旭；七、監察御史裴周南；八、布衣焦遂。李白每與眾人談論，皆成句讀，如春葩麗藻，粲於齒牙之下。時人號曰：「粲花之論。」又嘗大醉，叫取紙筆來，一時乘著酒興，作《大鵬賦》一篇。士庶見之，家藏一本。

李白潤色鴻業，典掌王言，雍容揄揚，特見褒賞。時帝欲用李白為中書捨人、兼翰林學士，以問李林甫。林甫曰：「李白曠達不羈，不拘禮俗，常醉入禁中，恐洩機密事。」由是寢其事。

至次年正月內，帝因見玄元靈符有「天寶千載」之字，改年為載。賀知章年近九旬，道心益固。乃上疏告老，自言夢遊帝居，請為黃冠，求還吳中。且捨山陰舊宅為觀，又求周宮湖數頃為放生池。帝許之，詔其宅為「千秋觀」。賜鏡湖剡川一曲，以給漁樵；拜其子典設郎賀曾為會稽司馬，就令侍養。知章將歸四明，帝親引百官文武都送到長樂坡餞行。帝賦贈行詩賜知章，百官和之。太子諸王，一個個都作別了。

李白因與權臣不睦，又遭張垍讒毀，上疏告帝，請還草野。帝乃優詔罷遣，賜金放歸。李白謝恩出內。六仙置酒與李白送行。

李白草裹烏紗巾，倒被紫綺裘，背一口青萍劍，騎一匹五花馬，喫了幾盃酒，相辭了便行。行經半日，來到藍田縣地方。李白翫著終南山景，緩馬行時，早不覺太陽星墜，忽見輞川山莊不遠。李白欣然促馬，至莊門外。祇見那柴扉緊閉，李白下馬叩門。一童子出問何人。李白曰：「我是青蓮居士李太白，專來拜見王摩詰。」童子曰：「摩詰居士今早少出。」李白曰：「何處去了？」童子曰：「昨為儲十二光羲相約，出外釣魚去矣。」李白曰：「幾時歸？」童子曰：「歸期不定，或三五日，或十數日。」李白惆悵不已。

卻待要離山莊，衹見莊裡走出一個老姆來。拄著藜杖，笑語相迎道：「佳客莫不是謫仙子李太白麼？」李白道：「正是。」那老姆不是別人，是王維母崔氏。聽了大喜，便邀李白到草堂上，坐定，命蒼頭獻茶。茶罷，又有童子將出一壺花醥。李白接過花醥，一飲而盡。又有童子捧過一盤松屑，李白食了十數枚。崔氏道：「天色已晚，佳客可於此暫宿一宵，明日天光，請佳客在輞川莊中款翫。」即命蒼頭具彫胡飯相待，教把馬牽入後院餵養。李白飯畢，即宿於草堂之側。

次日天明，早飯以後，崔氏請李白遊莊。王縉引路，行至莊前莊後，看翫許多景致。正值春光時節，但見華子岡，青松老；金屑泉，日華麗；孟城坳，古城蕪；欒家瀨，石溜淺；白石灘頭，綠蒲堪把臨清川；文杏館前，宮槐蔭陌向欹湖；臨湖亭邊，春風搖棹柳浪起；竹裡館外，新篁侵舍山鳥啼；看不盡北垞南垞，漆園椒園；茱萸泮連斤竹嶺，辛夷塢對木蘭柴；更有那鹿柴樹深時見鹿；輞口日暮但聞鐘。真個是林泉天然堪棲隱，又何羨秦人桃花源！

當日天晚，又歇了一宵。次日，李白辭別崔氏道：「摩詰不在，就此拜別。」崔氏留連不住，早飯已罷，和王縉送出莊門。李白辭了崔氏、王縉便行。

李白自離了藍田縣輞川莊，取路投河南府潁陽縣來，行了十七八日，早望見嵩山。正行處，忽遇一川綠水。衹見遠遠地河那邊有柳陰垂碧，微露著草屋幾椽。川上蘆花裡扁舟上一個人，葛巾布袍，斜倚著船，背岸西獨自垂釣。那人不是別人，正是李頎。

那李頎曾為汲郡新鄉縣尉，慕神仙，餌丹砂，與名士陳章甫、梁鍠等為友。陳章甫自左拾遺罷官，李頎為詩贈章甫曰：「陳侯立身何坦蕩，虬鬚虎眉仍大顙。腹中貯書一萬卷，不肯低頭在草莽。東門酤酒飲我曹，心輕萬事如鴻毛。醉臥不知白日暮，有時空望孤雲高。」梁鍠自掌書記棄官，李頎為詩贈鍠曰：「梁生倜儻心不羈，途窮氣蓋長安兒。回頭轉眄似雕鶚，有志飛鳴人豈知。朝朝飲酒黃公壚，脫帽露頂爭叫呼。庭中犢鼻昔嘗掛，懷裡琅玕今在無？」李頎性疏簡，不干時務，尋以累年不調，遂歸東川別業。

李白過得石橋來，將馬繫在垂楊下。與李頎相見，各撫掌而笑。李頎問何來。李白備訴張垍讒毀、賜金放還之事。此時天色將晚，李頎攜著李白，走進柴扉，入得茅茨，著山妻安排茶飯，並整治果菜。少頃，鋪排了綠筍黃精品物，擺上些蟹螯鱸鱠之類，將玉壺美酒斟來奉上。李白下箸，盡飽一餐。喫了晚飯，天色已晚，李頎與李白攜手緩步，至東川上荻花深處。便請李白登舟，扣舷清歌。卻早山中芳月上來了，照見川上花林似霰。更兼水碧沙白，光景奇絕。二人一邊泛舟，一邊賞翫。直至夜半，方才沿月棹歌而還。

李白在李頎莊中，宿了一宵。次日天明，喫了早飯，李白要行，告辭。李頎和山妻相送出門，作別了。

李白西辭京洛，一路東遊。行了半月之上，來到江夏。到得揚子江邊，凴高一望，淘淘雪浪，滾滾白波，是好江景也！正行到一座江樓前過，仰面看時，彫簷外一面牌額，上有金字大書

「黃鶴樓」三字。李白下馬，把馬繫在江樓前垂柳邊。且飲美酒，徑登高樓，醉眼睜開，遙望楚江。一半兒煙遮，一半兒雲埋。李白因感傷懷抱，便喚酒保，索借筆硯，乘其酒興，磨得墨濃，蘸得筆飽，去那白粉壁上，揮毫便要寫。忽見白粉壁上，有崔顥題詠的八句詩。李白稱讚不已，自以為不如，遂辭了黃鶴樓，登舟望丹陽郡來。

及船到岸，此時已太陽西墜。李白徑來到江寧縣衙上，見縣尉王昌齡。昌齡正與廣陵龍興寺聖僧法慎，同在琉璃堂內，講經參禪，談說奧玅。聞李白到，出來迎接，各敘禮罷，請入堂中。少頃，又報常建、劉昚虛、綦毋潛三個名士來見。昌齡迎入，各敘禮畢，分賓主而坐。又未幾，薛據、閻防兩個名士相訪。昌齡請入，講禮畢，坐下，童子獻茶。茶罷，卻早東邊推起那輪明月。昌齡教童子吹滅明燭，推開窗牖看時，祇見風搖松色，透出一片月華。

常建觀此景致，忍不住念了一句道：「松際露微月，清光猶為君。」諸公聞詩，人人稱讚，都道：「佳句！佳句！」建曰：「此詩是我昔日夜宿王大隱居時，偶然作也。」諸公曰：「試請一誦。」建即時誦《宿王昌齡隱居》云：「清溪深不測，隱處唯孤雲。松際露微月，清光猶為君。茅亭宿花影，藥院滋苔紋。余亦謝時去，西山鸞鶴群。」諸公聽了，讚歎不已。昌齡對眾道：「值此風清月霽之宵，奇文欣賞一二如何?」眾人都道：「好。」

常建道：「我有破山寺詩一聯，王大品藻品藻。」因念道：「山光悅鳥性，潭影空人心。」昌齡道：「常二詩清靈幽玄，言同梵音。如嵇叔夜彈琴，泠然善也！」綦毋潛道：「我也有靈隱寺詩一聯：『塔影掛清漢，鐘聲和白雲。』」昌齡道：「綦毋三此句清虛跨俗，真乃支許玄言！」李白道：「我也有荊門一聯：『山隨平野盡，江入大荒流。』」昌齡道：「李十二詩，真是清雄奔放。賀公歎其仙才，信矣！」劉昚虛道：「我也有豐德寺一聯：『松色空照水，經聲時有人。』」昌齡道：「劉大高士，奇句清幽！永明以還，足可傑立江表！」薛據道：「我也有南山詩一聯：『寒風吹長林，白日原上沒。』」昌齡道：「薛三佳句，頗有古意。之於建安諸公，殆無愧色。」閻防道：「我也有一聯：『熊踞庭中樹，龍蒸棟裡雲。』」昌齡道：「閻九好古博雅，言甚真素。我也有小敷谷一聯：『昏為蛟龍怒，清見雲雨入。』」眾人聽了，讚歎不已道：「好個『昏為蛟龍怒』！王大此句，清奧孤潔，驚耳駭目，真詩伯也！」

法慎道：「諸公今宵盛樂，貧僧聆得佳句，如醍醐灌頂，似甘露入心。」是夕良會盡歡而散。

後來李白東遊維揚，不逾一年，散金三十餘萬，有落魄公子，悉皆濟之。白每遊賞林泉，必攜昭陽、金陵之妓。所到之處，郡守以下郊迎。時人以方謝安石，呼為「李東山」。

卻說帝在位既久，崇信宦官，中官稍稱旨者，即授三品、將軍，門施棨戟。長安太極、大明、興慶三宮，洛陽紫微、上陽兩宮，中官黃衣以上三千，衣朱紫者千餘。高力士以大將軍、知內侍省事，甚貴倖。每四方進奏文表，必先呈力士，然後奏御天子，小事便決之。帝每謂力士曰：「卿當上日，我寢處自安。」帝在禁中，常呼力士為「將軍」，而不名也；太子呼為「二兄」，諸王、公主呼為「阿翁」，駙馬輩呼為「爺」。力士曾造寶壽寺大鐘，鐘成之日，設齋慶之，舉朝畢至。擊鐘一杵，施錢百千。百官欲求媚於力士，多者擊至二十杵，少者亦不減十杵。先是，高力士胸上有七黑子，人言必貴。至此果中其言。

忽一日，帝齋大同殿，左右無人，從容謂高力士曰：「朕不出長安近十年，中外無事。朕欲高居無為，悉以政事委李林甫。卿謂如何？」力士對曰：「洎林甫用變造之謀，仙客建和糴之策，足堪救弊，未可長行。恐變正倉盡，即義倉盡，正義俱盡，國無旬月之蓄，人懷饑饉之憂。棄本逐末，其遠乎哉？但巡狩以時，不逾古制，則人不告勞，物無虛費。且軍國之柄，未可假人；彼威權既振，誰敢復議之者？」帝不悅。力士惶恐，頓首曰：「臣緣風疾，言辭舛謬。臣合當萬死！」帝用好言撫慰曰：「朕與卿休慼共同，何須憂慮。」自此，高力士遂不敢深言政事。

卻說太子因與劉宋太子同名，改名李亨。帝遣使齎詔，徵裴寬為戶部尚書、兼御史大夫；命安祿山代之，兼領范陽節度使。

寬妻韦氏，即潤州刺史兼江南按察使韋銑之女也。裴寬曾為潤州參軍，時韋銑為刺史。有人遺裴寬以鹿脯，置之而去；裴寬不欲以苞苴汙家，與家僮瘞鹿脯於園圃。韋銑聞知其事，以女許裴寬為妻。裴寬細瘦，衣碧衫，至府就婚，韋家見了裴寬大笑，皆呼裴寬為「碧鸛」。韋銑妻亦下淚。韋銑謂其妻曰：「愛其女，當令作賢公侯之妻。奈何求白如瓠者，人奴之材耶？」竟以女妻裴寬。裴寬歷官內外，而與韋氏偕老，韋氏福壽貴盛，親族莫及。故時論推名家舊望，常以裴寬為稱首。

有海賊吳令光，聚黨作逆，寇永嘉、臨海、余姚諸郡，江東苦之。朝廷以裴敦復為河南尹、攝御史大夫，持節充江南東道宣撫招討使，巡撫江夏。與晉陵太守劉同昇、南海太守劉巨鱗，一同破賊。敦復乃崔琳門生，性疏直，美文辭，有韜略。賊徒素聞其名，不戰自潰。敦復遂平江東，生擒令光而還。詔加裴敦復刑部尚書。

卻說京兆尹韓朝宗嘗奏帝云：「自陛下臨御以來，所用宰相，皆進退以禮，善始令終，身雖已沒，子孫咸在朝廷。唯張嘉貞晚年一子，今猶未登官序。」帝為之憫然，即日召入授職，賜名延賞，拜左司御率府兵曹參軍。李林甫聞之，心中不悅。暗使長安尉霍仙奇上書，言：「朝宗聽術士之言，於終南山營造別業，欲避世難。」帝大怒，黜朝宗為高平太守。林甫奏帝，以河南尹蕭炅代之。

旬日之後，朝宗又坐長安令柳昇受賂，再黜為吳興別駕。

第三十九回　王忠嗣平定突厥　安祿山侵掠兩蕃

卻說安西馬靈察興兵討黃姓突騎施，擒匐延闕律啜，斬之，上表報捷。帝遣使齎詔，冊封黑姓突騎施伊裡底密施骨咄祿毗伽為可汗。又封康國王咄曷為欽化王，西曹國王哥邏僕羅為懷德王，米國王默啜為恭順王，其妻、母並封郡夫人。突厥烏蘇米施可汗兵敗將亡，勢窮力盡，遠投東蕃，結連奚皆。舊歲王忠嗣復統大軍出北塞，再破突厥、奚皆之兵，自是塞外晏然，虜不敢入。是年拔悉密又會同回紇、葛邏祿，共攻突厥於漠北，突厥大敗，烏蘇米施可汗被骨力裴羅之子磨延啜生擒。骨力裴羅斬之，使人將首級來京師獻功。

那回紇本是鐵勒諸部一枝，臣屬突厥。隋大業時，突厥處羅可汗強大，而徵稅無度，由是諸部皆怨，相率而叛。貞觀中，李靖、李勣擒降突厥頡利可汗之後，北虜唯回紇、薛延陀最盛。後回紇破薛延陀，奉表內附。詔封回紇酋帥藥羅葛吐迷度為懷化大將軍、兼瀚海都督。至則天時，突厥強盛，鐵勒諸部落在漠北者漸為所併，回紇與渾、契苾、思結三部落畏避之，並自磧北移居甘、涼二州。至開元十五年，護輸殺王君㚟，率其部下叛歸漠北，漸漸勢強。後護輸死，護輸子骨力裴羅繼職。至此帝因骨力裴羅誅烏蘇米施有功，賜爵奉義王。

卻說史國王斯謹提奉表，請改國名。帝下詔，改史國為來威國。又賜寧遠國奉化王阿悉爛達干姓竇氏，名忠節，遣宗室女和義公主妻之。突厥阿波達干收得左廂敗殘軍馬，退守薩河仞山，立烏蘇米施弟白眉特勤為可汗，自立為左賢王。阿波達干以為唐兵不能到彼，每日飲醉。王忠嗣知了此信，乃寫表申奏朝廷。李林甫即奏烏蘇米施久不賓服，當興兵伐之。帝即遣使齎詔漠北，見頡跌伊施可汗，令起拔悉密、回紇、葛邏祿之兵助國家，攻打突厥。一面差人持節到靈武，教王忠嗣進兵。

時王忠嗣兵強馬壯，糧草豐足，所用之物，一切完備，正要出師。忽報天使至，忠嗣出帳迎接入寨。受詔已畢，退與眾將計議。郭子儀曰：「大夫雖威震漠北，白眉覆巢之餘，恃其邊遠，必不設備；因其無備，猝然擊之，可破滅也！」忠嗣大喜，曰：「郭將軍之言極是。」遂喚集諸將聽令。先教阿布斯、僕固懷恩各引一軍為向導，覘視井泉；又喚王思禮、李光弼各引一軍為遊軍，收羅服聽；忠嗣自領大軍，望薩河仞山進發。

其時正是仲冬天氣，時候正冷，連日彤雲密佈，朔風亂吼。比及起軍白道時，忽然刮起一陣西北風，陰雲四合，紛紛雪下。雪花片片，其大如席，卻似玉龍酣戰，鱗甲滿天飄落。王忠嗣統領朔方大軍，冒雪撞風，迤邐前進。度了陰山，行過沙磧，到薩河仞山時，已三更之後。忠嗣將號旗左招右展，傳令子儀、光弼、思禮、懷恩將唐軍分為四隊，將突厥大寨四面圍定，一齊鼓譟直入。阿波達干正醉臥帳中，睡夢中聽得金鼓喊殺之聲，慌忙出帳看時，衹見四面火光沖天，喊聲大震：東邊光弼一軍殺來，西邊思禮一軍殺來，南邊子儀一軍殺來，北邊懷恩一軍殺來。突厥兵亂竄。唐兵四下掩殺。阿波達干大驚，夜逃，獨與其愛妾一人壯騎數百馳，潰圍北去。忠嗣連夜追趕。

殺到東方發白，阿波達干與左廂十一部落酋長，都被眾唐將捉去，祇走了四員健將，與白眉可汗引敗殘軍士，奪路而走。忽見一彪軍馬，盡打皂旗，當頭來到，截住去路。為首乃回紇骨力裴羅。白眉可汗急令四將迎敵，自己先撥馬而去。四將分左右而出，來戰骨力裴羅。骨力裴羅獨揮寶劍，力敵四將。劍光明處，鮮血濺飛：砍翻一將，剁倒一將，兩將各自逃生。骨力裴羅見過王忠嗣，隨即引兵追襲白眉可汗去了。忠嗣收兵而回。

卻說裴敦復自破吳令光回，大張賊勢，又廣敘功，以開請託之路。裴寬知其事，入內奏帝。數日之後，有河北將士入奏，盛稱寬德，且曰：「裴公昔在范陽，為政以德。塞上之人，至今懷之。」帝稱讚不已。李林甫聞之，心懷妒忌。恰好林甫於夜間得一怪夢，夢見一人，白面美髯，身材細長，逼近自己，推之不去。驚懼而覺，心中疑惑，尋思：「其人白皙多鬚，形狀與裴寬相似。此乃裴寬欲謀代我，故有此夢也！」遂使人請裴敦復來，將裴寬之語告之。敦復怒曰：「他先以親故名囑我，求請軍功。今反以此譖我耶！」林甫謂敦復曰：「公速奏之，勿後於人。」敦復依言。

時裴敦復從幸驪山溫泉宮，裴寬留於京城。裴敦復裨將程藏曜、曹鑒以他事，為人所告，裴寬受其狀，收程、曹二人下獄鞫之。裴敦復判官王悅探知，連夜報知敦復。敦復以為裴寬求其愆過，大驚，急令子婿以黃金五百兩賂楊太真三姊，使言於帝。楊氏遽言之於帝。帝怒，次日下詔，黜裴寬為睢陽太守。

是時帝企慕古道，屢次遊幸近甸，乃分新豐、萬年二縣置會昌縣，在驪山之下。旬日後，帝祀九宮於東郊，以太子為亞獻，慶王為終獻。禮畢，大赦天下，賜酺三日。天下父老，百歲以上，賜綿帛五段、粟三石；八十以上，賜綿帛三段、粟兩石。

卻說天寶四載春正月，帝於宮中設壇，為蒼生祈福。帝自草黃素文登壇，置於案上。忽被一陣香風吹入空中，祇聽得半空裡語云：『聖壽延長。』其時帝於嵩山所煉仙藥成，亦置壇上。至夜，左右欲收其藥。又聞空中語云：「藥未須收，此自守護。」至曉，乃收之。帝召李林甫、李適之入內，謂曰：「朕前日登壇，為萬姓祈福。朕親撰黃素文，置於案上，竭誠陳請。須臾，其文騰空，自飛上天。復聞空中有言，報朕休徵，論蒼生福慶。又朕近於嵩山所煉藥成，其時亦置於壇側。及夜，左右方欲收藥，又聞空中語云：「藥未須收，此自監守。」達曙之後，乃收之。朕為蒼生祈福，有此殊應，與卿等同慶者。」於是太子諸王、文武眾臣，盡皆上表，慶賀玄元皇帝靈應，請宣付史館。帝准奏。

卻說骨力裴羅斬了白眉可汗首級，遣人來京師見帝獻功。帝大喜，遂加骨力裴羅為特進、右驍衛員外將軍，設宴慶賀。宴罷，授李林甫特進。

王忠嗣以功拜御史大夫，兼領河東節度採訪使，進爵清源公。封外孫獨孤氏為靜樂公主，出降契丹松漠州都督、懷順王李懷節；外甥楊氏為宜芳公主，出降奚饒樂州都督、懷信王李延寵。

西曹國王哥邏僕羅遣使奉表曰：「自臣曾祖以來，向天可汗忠赤，常受徵發。望乞恩慈，將奴國土同於唐國小州，所須驅遣。奴身一心忠赤，為國征討。」安國亦遣使朝貢，帝封安國王屈底波為歸義王。娑匐可敦率突厥餘眾來降，帝封娑匐可敦為賓國夫人，每歲賜錢百貫，權與娑匐為脂粉之需。突厥遂亡。此時回紇、葛邏祿連和，共攻拔悉密，頡跌伊施可汗勢窮力孤，祇得連夜引敗兵投北庭。骨力裴羅自稱骨咄祿毗伽闕可汗，遣使入貢，帝封骨力裴羅為懷仁可汗。

懷仁可汗乃徙衙帳於烏德鞬山，部落隨水草畜牧。舊統九姓部落：一、藥羅葛，即可汗之姓；二、胡咄葛；三、咄羅勿；四、貊歌息訖；五、阿勿嘀；六、葛薩；七、斛嗢素；八、藥勿葛；九、奚耶勿。每一部落一都督。其後又破拔悉密、葛邏祿，統號十一部落，各置都督。每行止鬥戰，輒以二客部落為先鋒。東界室韋，西至金山，北窮瀚海，南臨大漠。突厥故地，盡為懷仁所併。至此，回紇威服塞外諸國。

卻說帝嘉刑部尚書裴敦復平海賊之功，李林甫奏除裴敦復嶺南五府經略使。敦復逗留不之官，為林甫所譖，黜為淄川太守，以光祿少卿彭杲代之。

再說韋堅自開廣運潭以通山東漕運，每歲漕粟四百萬石，帝以為能，遂至貴盛。韋堅既以漕運承恩，權傾宰相。加兼御史中丞，賜爵韋城男。又與李適之相善，常有入相之心。林甫因此痛恨韋堅。以楊慎矜屈於己，復擢為御史中丞、諸道鑄錢使。蕭諒與李林甫不協，出為陝郡太守。

李林甫又與李適之、張垍爭權不睦，乃密使人發兵部詮曹奸利事，收吏六十餘人，付蕭炅、楊慎矜對問。數日，竟不究其由。

蕭炅令一人推之。此人性譎詭，善諂諛，以嚴毒聞：姓吉，名溫，酷吏吉頊之侄也。曾為新豐丞。太子文學薛嶷承恩倖，嘗引吉溫入對。帝見吉溫面惡眼兇，謂薛嶷曰：「是一不良漢，朕不要也。」時蕭炅為河南尹，以贓下獄，吉溫推詰甚急。蕭炅怨之，遂告林甫。林甫改吉溫為萬年丞。吉溫即就其官，人皆危之。吉溫素與中貴交通，愛若親戚，揣蕭炅拜官，必謝恩於高力士，乃先造其門，與之言笑甚歡。蕭炅後至，覿而問之，閽者曰：「吉七郎也。」蕭炅歎服。久之，力士命閽者引蕭炅入，吉溫佯若大懼，欲避之。力士遽曰：「吉七郎不須避！」顧謂蕭炅曰：「此亦吾故人也。」蕭炅揖之，與之對坐，因高力士之故，不敢以前事怨吉溫。次日，吉溫到蕭府見蕭炅，告曰：「曩者溫不敢隳國家法，今日以後，洗心事公。」蕭炅復與盡歡。薦為京兆府士曹。

吉溫入院，置兵部諸吏於外，又於後廳取兩重囚訊之，或杖或壓，號泣之聲，所不忍聞。皆曰：「若存性命，乞紙盡荅。」兵部諸吏素聞吉溫慘酷，及被引問，便懾懼，隨意而書，自誣伏罪，無敢違其意者。晷刻之間，不加榜掠，而獄已成矣！

蕭炅大喜，報與林甫。林甫遂遣楊慎矜奏知帝。帝以慎矜按劾者眾，乃降敕書責兵部侍郎張均、宋鼎及南曹郎官等而釋之。

再說吏部侍郎韋陟剛腸嫉惡，風彩嚴正，常病選人冒名接腳，選人疑其有瑕，陟案聲盤詰，無不首伏。每歲贖得數百員闕，以待淹滯。陟嘗謂所親曰：「使陟知銓衡一二年，則無人可選矣。」曾有一致仕官敘五品，陟判之曰：「青氈展慶，曾不立班；朱紱承榮，無宜臥拜。」陟自以門地才華，坐取卿相，頗以簡貴自處，未嘗與人款曲。善誘納後進，同列朝要非其意者，視之蔑爾。如道義相知，靡隔貴賤。雖布衣韋帶之士，亦虛席倒屣迎之。李林甫忌之，出為襄陽太守。

中書舍人韋斌容止嚴厲，有大臣體。每會朝，未嘗與同僚笑語。舊制，群臣立於殿庭。雖遇雨雪，亦不移步於廊下。忽一日，密雪驟降，自三公以下，莫不振其簪裾，或更其立位。獨韋斌意色益恭，俄雪甚至膝。朝既罷，韋斌於雪中拔身而去。見之者皆歎重。韋斌與兄韋陟齊名，尚薛王女平恩縣主。李林甫亦忌之，改為太常少卿。

卻說帝洞曉音律，由於天縱，凡是絲管，必造其玅，若製作諸曲，隨意即成，雖古之夔曠，不能過也。帝俊邁，不好琴，特愛羯鼓、玉笛，常云：「八音之領袖，諸樂不可為比」。嘗於春雨初霽，柳杏將吐。帝觀此景致，命左右進羯鼓，親自臨軒縱擊一曲，名曰《春光好》。回顧柳杏，皆已發拆。又嘗於秋空明迥，都無纖翳。帝在殿庭縱擊一曲，名曰《秋風高》。涼風颯至，木葉隨下。其奏曲神玅，大抵如此。

楊太真慧黠，善擊磬，能彈琵琶，工歌舞。帝令採藍田綠玉琢為磬上進，尚方造簨簴流蘇之屬，皆以金鈿珠翠珍怪之物為飾。又鑄金為二獅子，作拿攫騰奮之狀，各重二百餘斤，以為趺。彩繪縟麗，一時無比。太真打磬，泠然多新聲，雖太常、梨園之能人，莫能及也。有中官白秀貞使於劍南，得琵琶一面，龍香捍撥，回京進獻。其槽邏皆杪檀為之，溫潤如玉，光耀可鑒，又有金縷紅紋，影成雙鳳；弦乃迦濕彌羅國所貢淥水蠶絲，光瑩如貫珠瑟瑟。太真每抱此琵琶，奏於梨園。音韻淒清，飄如雲外。諸王、公主，皆師太真，為琵琶弟子。

帝嘗於木蘭殿設宴，會集諸王。殿門前木蘭花開，帝忽忽不樂。楊太真乘著酒興，索舞衣來，披丹霞衣，襲素霓裳，就舞一曲，帝龍顏欣悅。由是益加寵異，冠絕後庭。舊南海獻龍眼、荔枝，十里一置，五里一候，奔騰阻險，死者繼路。太真生於蜀，好食荔枝。南海所生，尤勝蜀者。故每歲飛馳以進，然方暑而熟，經宿則敗，後人皆不知之。

是歲秋八月，帝為壽王更娶左衛勳二府右郎將韋昭訓女，自納太真，冊為貴妃。帝得了楊氏，如獲珍寶，三宮粉黛，六院嬪妃，一概都置之不顧。宮中禮秩，一同皇后。先是，楊氏在蜀，有張野人見之云：「當大富貴，貴盛與皇后同。」至此果中其言。是月，河南睢陽、淮陽、譙、東平等八郡大水。

卻說李林甫奏以韋堅為刑部尚書，罷其漕運、租庸諸使。雖遷以美官，實奪之權也。以楊慎矜領漕運、租庸等使，以代韋堅之職。

再說皇甫惟明攻石堡城，不克，副將褚詡為流矢所中，死於陣。惟明見風色不利，收軍還西平。王忠嗣自平突厥，威名大盛。唯以持重安邊為務，嘗謂眾將曰：「國家昇平之時，為將者當撫循其眾而已。吾不欲疲中國之力，以徼功名耳！」但訓練人馬，闕則補之。忠嗣有漆弓百五十斤，常貯之橐中，示無所用。又於河東築大同、靜邊二城，又併朔方受降、振武為一城，置城堡，因地形，用制險塞，斥地各數百里，起朔方，至雲中，延袤萬餘里。於是邊方晏然無警。自張仁亶之後四十餘年，忠嗣繼之，北塞之人，復罷戰矣。

契丹、奚國數為安祿山所侵，李懷節、李延寵各殺公主以叛。祿山乃率兵擊兩蕃，破之。祿山上表報捷，奏稱：「臣昨討契丹，軍次北平，夢見先朝名將李勣、李靖於臣求食。乃令立廟，兼伸禱祈，薦奠之日，神室梁生芝草，一本十莖，狀如珊瑚盤迭。臣當重寄，誓殄東夷，人神協從，靈芝瑞應。伏請宣付史館，以彰幽贊之功。」詔許之。祿山又於范陽北築雄武城，扼飛狐塞，外示禦寇，內貯兵器，積穀為保守之計，戰馬一萬五千匹，牛羊稱是，謀為亂，請忠嗣助役，欲留其兵。忠嗣先期而至，不見祿山而還。

第四十回　交節將韋堅見誅　友非賢李邕罹禍

卻說戶部郎中兼侍御史王鉷，乃夏州都督王方翼孽孫也。王鉷父王瑨，與楊慎矜是姑表兄弟。因此王鉷即楊慎矜表侄。慎矜素昵於王鉷，鉷之在臺，頗為慎矜汲引。李林甫以王鉷有吏幹，倚之轉深，以為己用。王鉷恣行割剝，以媚於時。帝降敕給百姓一年復。鉷奏徵腳錢，廣張其數，又使市本郡輕貨，百姓所輸納，乃甚於所蠲免。輸納物者有浸漬，折估皆下本郡徵納。又令本郡高戶為租庸腳士，皆破其家產。是時戍邊者免其租庸，六歲而更。邊將以敗為恥，士卒死者皆不申牒，貫籍不除。王鉷以有籍無人者皆為避課，按籍戍邊六歲之外，惠徵其租庸，至有並徵三十年者。民無所訴，以致中外嗟怨。

帝在位多載，用度漸廣，妃御承恩多賞賜，不欲頻於左右藏取之。王鉷進計，奮身自為勾當戶口色役使，徵剝財貨，每歲進錢百億萬，寶貨稱是。乃言：「郡邑貢賦所用，盍各區分：賦稅當委於有司，以給經用；貢獻宜歸於天子，以奉私求。」便貯於「瓊林」、「大盈」二庫，以恣主恩賜賚之用。云：「此是常年額外物，非出於租庸調。」帝大喜，以為王鉷有富國之術，利於王用，益厚待之。李林甫希旨，薦王鉷為御史中丞、兼京畿採訪使。

監察御史楊釗素善樗蒲，侍宴禁中，專掌樗蒲文簿，鉤校精密。帝賞其強明，戲曰：「好度支郎」。諸楊數徵此言於帝。李林甫見楊釗才微智淺，故善遇之，擢楊釗為殿中侍御史，領水陸轉運、司農出納等使。又以楊釗屬王鉷，奏充王鉷判官。

李林甫自以始謀不助太子，慮為後患。乃於正寢之後，別創一堂，土木華麗，剞劂精巧，制度彎曲，有卻月之形，名曰「偃月堂」。自此林甫每欲破滅人家，輒入偃月堂內，精思極慮，祘定毒計，才喜悅而出。又於京城別置推院，求酷吏，欲起刑獄，除不附己者。蕭炅薦吉溫見林甫，吉溫謂林甫曰：「若遇知己，南山白額獸不足縛也。」林甫女婿張博濟又薦堂外甥、御史臺主簿羅希奭，持法深刻，每舞文巧詆，以樹威權。林甫亦深以為能，倚為爪牙。至此，羅希奭、吉溫二人，常隨林甫所欲深淺，鍛煉持獄，無能自脫者。時人以羅希奭猜毒，吉溫苛細，號為「羅鉗吉網」。

李林甫又以楊釗出入禁闥，怙寵敢言，使為羽翼，擢檢校度支員外郎、兼侍御史。楊釗去就輕率，躧履清貴，朝士指目嗤之。惟有韋堅失權，李適之失恩，最為親近。林甫愈加恨怒。

卻說皇甫惟明入朝見帝，奏事稱旨。帝甚悅，加惟明河西節度使。惟明見林甫奸邪專權，從容勸帝稍奪其權。林甫疑是韋堅之所使，令人於韋堅府門伺察之。

天寶五載春正月望夜，天色晴霽，星月交輝，六街三市，競放花燈。真個金吾不禁，玉漏無催！時值元宵令節，韋堅、皇甫惟明夜遊，與太子相見於景龍觀。早有人密告其事。李林甫乃使楊慎矜上疏，誣韋堅戚里，與邊將皇甫惟明構謀，欲共立太子。於是韋堅、皇甫惟明皆下獄，林甫命楊慎矜與王鉷、吉溫按治之。王鉷、吉溫竭力致韋堅刑罪，以此求媚，楊慎矜依違不從，李林甫聞，深恨之，以為不助己也。韋堅判官、御史盧鉉以韋堅款曲發於林甫，林甫遂令盧鉉證成其事。帝大怒，即下詔，黜韋堅為縉雲太守，皇甫惟明為播川太守。仍別下制戒百官，不得與東宮交遊來往。

帝既封東嶽、西嶽之後，又封中嶽嵩山神為中天王，南嶽衡山神為司天王，北嶽恒山神為安天王。分命王鉷與禮部尚書席豫、御史中丞蕭隱之、諫議大夫韋見素、李麟、尚書左丞崔翹、鴻臚少卿源光裕等七人為使，分行天下，巡省風俗，黜陟官吏：王鉷巡京畿、關內、河東，席豫巡河北，蕭隱之巡東畿、河南，韋見素巡山南東道、江南西道、黔中、嶺南，李麟巡河西、隴右、磧西，崔翹巡劍南、山南西道，源光裕巡淮南、江南東道。

吐蕃復奪新城，詔王忠嗣持節充西平太守，判武威郡事，兼领河西、隴右節度使。忠嗣表陸據為判官，李光弼為右領軍、赤水軍使，兼領河西兵馬使，以王倕舊將哥舒翰與王思禮對為牙將。其月，帝加忠嗣權知朔方、河東節度使事。忠嗣又請徙朔方、河東戰馬九千匹於河西、隴右，自此河、隴諸軍亦壯。忠嗣佩四將印，控制萬里，天下勁兵重鎮，皆在掌握，唐興以來，未之有也。

王忠嗣將討新城，以哥舒翰副大斗軍使安思順。思順，乃昭武氏之苗裔也。父安波注，羽林大將軍。波注即安延偃弟，延偃亡時，祿山尚幼，波注憐之，收養在府。因此思順與祿山亦為兄弟。思順長，與弟文貞、祿山，及胡將安道買子安孝節，俱逃出突厥中，投安孝節弟、嵐州別駕安貞節。貞節引見并州長史薛訥，訥表思順為裨將。訥討吐蕃，思順隨訥至隴右。歷事郭知運、王君㚟等，累立奇功。思順又深識蕃情，士卒多歸之。忠嗣兼領河、隴，以思順諳練邊事，亦深器重之。獨翰不服思順。思順因此惡翰。思順副將周對倨慢無禮，不從翰命。翰怒，立撾殺之，投其屍於土坑之內，一軍股慄。

王忠嗣同安思順、哥舒翰親到城下，催督攻城。蕃將乘城拒守，唐兵不能克。忠嗣大怒，求善射者以射之。安思順薦舊將李欽之子李晟，年十八歲，猿臂善射，驍勇絕倫。忠嗣召李晟謂曰：「賊以驍將堅守新城，我兵折傷甚多。汝能為我射殺此將，吾自當有重賞。」

李晟慨然領諾，縱馬直至城下，拈起弓，搭上箭，覷得城上蕃將親切，照面門上颼的一箭，正中蕃將面門，大叫一聲而亡。三軍歡聲動地。忠嗣大喜，重賞李晟，撫其背曰：「此萬人敵也。」哥舒翰挺長槍，領軍上城，殺散軍士，豎起唐軍旗號。忠嗣率眾將，領兵擁入。遂克新城，朝廷加忠嗣鴻臚卿，進位金紫光祿大夫，授一子五品官。忠嗣表奏翰大功，擢翰為左衛郎將。

卻說韋堅、皇甫惟明既黜，李適之懼不自安。忽一日，庭中有鼎躍出相鬥，家僮告之。適之乃親往其所，酹酒自誓，而鬥亦不解，鼎耳及足皆落。適之大懼，求為散職。李林甫密奏帝曰：「適之好酒，將門下省事盡廢。」帝惑其言。次日，罷李適之知政事，除太子少保。林甫乃薦陳希烈為門下侍郎、同平章事，以代李適之之職。希烈字子明，睢陽單父人，國子司業陳振鷺之弟也。好讀書，無所不覽。帝尚黃老，希烈精玄學，以侍講《老》、《莊》得進，常用神仙符瑞取媚於帝。林甫見帝眷希烈甚深，又以其柔佞易制，故引以為相，同知政事。

卻說南詔王蒙歸義自併五詔，多自驕大，陰結吐蕃，密相往來。又嫁女赤尊與贊普，贊普以赤尊為王妃。劍南章仇兼瓊見其勢大，乃奏置安寧都督府，遣越嶲都督竹靈倩往安寧築城，開路安南。不想白蠻南寧州都督爨歸王率眾造反，殺了竹靈倩，襲了安寧城。朝廷命歸義興兵討之。爨歸王聞知南詔兵到，同兄子爨崇道等十餘人至歸義處請罪。歸義遣使齎表奏聞。朝廷赦免歸王殺靈倩之罪。

楊釗與五楊盛稱章仇兼瓊功勞，林甫遂用兼瓊為戶部尚書，出戶部侍郎郭虛己為劍南節度使，加楊慎矜兼戶部侍郎。

李適之既退閒職，欣然無恨色，以為得免禍，遽命親故歡會。衛尉少卿李霅，乃李適之之子，盛饌召客。朝客來，雖知適之無罪，而畏林甫，謁問甚稀。適之意憤，日飲醇酣，且作詩曰：「避賢初罷相，樂聖且銜盃。為問門前客，今朝幾個來？」舉朝伏其度量。

卻說李林甫奏韋堅餉遺朝廷，積贓甚廣。韋堅弟將作少監韋蘭、兵部員外郎韋芝為兄鳴冤，且引太子為證。帝怒，黜韋堅為江夏別駕。太子恐禍及己，表請與韋妃離婚。帝許之。韋妃遂削髮被尼服，居於佛舍。林甫又構以飛語，言李適之、韋堅為朋黨，及河南尹李齊物與裴寬、韓朝宗，並曲附李適之。帝大怒，黜李適之為宜春太守，流韋堅於嶺南臨封郡，裴寬再貶安陸別駕，李齊物等皆坐之斥逐。齊物乃李暠族弟也。曾為陝州刺史，以清公稱。黃河經砥柱之險，濤怒湍急，江南租船，往往有覆舟之患。齊物鑿三門山，以通漕運。歲省運夫五十萬，天下稱之。於石中得古鐵犂鏵，有「平陸」字，帝奇之，遂改河北縣為平陸縣，賜貂裘一領、絹三百匹，特加銀青光祿大夫、鴻臚卿。又賜齊物玉尺一把，詔曰：「謂之尺度，可以裁成。卿實多能，故為此賜。」尋除河南尹，仍帶水陸運使。為林甫所譖，黜為竟陵太守。

韋堅弟鄠縣令韋冰、韋蘭、韋芝、子河南府戶曹韋諒、婿巴陵太守盧幼臨，分徙嶺外。外甥嗣薛王李瑀，黜為夷陵別駕。薛王妃韋氏隨子往夷陵到任，竟以憂死。陳留太守兼採訪使韋陟在郡未幾，聲問甚高。支使韋元甫精於簡牘，判官員錫詳於訊覆，並有美名，時人號為「員推韋狀」。韋陟以親累黜為鍾離太守，韋斌亦出為巴陵太守。

詔太清宮刻白石為李林甫、陳希烈像，侍立於聖容之側。至是年冬，林甫又奏遣羅希奭逐皇甫惟明、韋堅兄弟而殺之。希奭至黔中，殺皇甫惟明。至嶺南，又殺韋堅兄弟，韋諒亦死，其餘連累者數十人。惟有韋堅妻姜氏素與堅不睦，久遭輕賤，林甫奏知帝，特放還本宗。

卻說北海太守李邕，年齒尊高，雖久在外郡，中朝衣冠及天下寺觀，多齎金帛，往求其文。前後所製，凡數百篇，所受饋遺，亦至鉅萬。時議以為自古鬻文獲財者，未有如李邕者。李邕自滑州刺史上計京師，後進不識，京洛傳其眉目瑰異，至阡陌聚觀，以為古人。衣冠望風，尋訪門巷。帝遣中官臨問，索其新文。為李林甫陰中，竟不得進。

李邕愈豪侈，以畋獵自恣。會前中書侍郎徐安貞，久在中樞，頗參朝議，人言安貞佐佑林甫。安貞懼，乃逃遁衡山嶽麓寺中，為東林摘蔬行者，而喑啞不言者數年。忽一日，新造一佛殿，掌事選了寺僧善書者二三人題梁，安貞誤跨其梁。掌事怒，舉大杖連擊其背，安貞畫地以示掌事，乞試書之。掌事許之。安貞遂題字數行，字跡遒麗，眾皆悅服。掌事乃使安貞盡書之。李邕因遊寺，識其題字，驚而召出，握手言歡曰：「朝列於公，已息論矣。」寺僧嘗杖之者，惶恐無地。安貞謂李邕曰：「吾恐逢非罪，遂跡深山。凡庸僧輩，安能識我？汝無疑也。」李邕然之，遂與安貞同載北歸。安貞後謂人曰：「行者瀟湘逢故人，若幽谷之覩太陽者矣。不然，委頓巖穴，卒於寺隸也！」

鄴郡太守王琚與李邕、裴敦復書疏尺題來往，以譴謫留落為恨。李林甫以李邕等負材使氣，陰欲除之。乃密使人誣王琚坐贓，黜為江華司馬。

時左驍衛兵曹參軍柳勣與妻不睦，竟作飛書誹謗，誣贊善大夫杜有鄰交構東宮，意欲不軌，引李邕為證。杜有鄰乃太子杜良娣之父，於柳勣為丈人。帝大怒，詔王鉷與楊釗按問。李林甫將計就計，令吉溫與御史羅希奭推之。右庶子梁涉，與汝陽王李璡善，嘗逢吉溫於路，低帽以避之，吉溫心銜之。至是，吉溫希林甫之旨，追著作郎王曾、右司御率府倉曹參軍王修己、左武衛司戈盧寧、左威衛騎曹參軍徐徵同就臺鞫，令與柳勣引李邕、裴敦復議及休咎，厚相賂遺，詞狀連引，延及梁涉。王鉷、楊釗附會林甫奏之。林甫令羅希奭治杜有鄰、柳勣，榜掠千餘，杜有鄰、柳勣不勝痛，自誣服。

於是杜有鄰之獄乃成。帝降詔，賜杜有鄰自盡；柳勣、王曾等皆杖死，積屍於大理寺，妻子流嶺南；梁涉亦以流死。中外震慄。太子大懼，表請廢杜良娣為庶人。帝許之。李林甫奏帝，遣羅希奭為使，往按李邕、裴敦復，就郡杖殺之。邕文學優宏，以風概然諾自任，落落有大節，為一時偉人。罹禍之時，年七十三。一時士大夫聞者，盡為流涕。先是，盧藏用嘗謂李邕曰：「君如干將、莫邪，難與爭鋒，然終虞闕折耳。」至是，果中其言。

且說羅希奭既殺李邕，一路自北海而南，又殺裴敦復於淄川，時人莫不哀之。郡縣且聞羅希奭到，無不惶駭。排馬牒至宜春，李適之聞希奭來，懼為吏所執誅，乃飲藥自殺。天下莫不以為冤。李霅迎喪至洛陽，李林甫怒猶未已，令人誣告，於河南府杖殺之。希奭至江華，王琚仰藥未死，聽得希奭來到，即自縊死。希奭迂路至安陸過，擬怖死裴寬。裴寬叩頭祈請，希奭不宿而過。裴寬又表請為僧，詔不許。希奭至合浦，殺盧幼臨。給事中房琯坐與李適之、韋堅相善，黜為宜春太守。

琯字次律，河南緱氏人也。故宰相房融之子也。少好學，美風儀。以門蔭補弘文生，父亡後，入陸渾山讀書，凡十餘年。帝將封東嶽，琯進獻《封禪書》一篇及箋啟。張說重琯才學，奏授校書郎。調補馮翊尉，未幾去官。應堪任縣令舉，授盧氏令，改閿鄉令，有能名。陸象先自江東徵入朝，薦為監察御史。出為睦州司戶，歷慈溪、宋城、濟源令，所在皆有德化，人吏稱之。入為主客員外郎，遷郎中。帝修宮室，以琯有巧思，拜給事中，充使繕理。今事未畢，遠謫江西。

李林甫猶恨韋堅不已，令所司發使於東京緣河，及江、淮郡縣，恣求韋堅之罪以聞。遂繫綱典船夫，溢於牢獄，郡縣徵剝不止，延及鄰伍，盡成羸形，死於公府。至林甫薨方止。

天寶六載春正月，帝祀南郊。禮畢，大赦天下。除絞、斬刑，但決重杖。於京師立三皇五帝廟，以歲時祠。太廟配享功臣，高祖室加裴寂、劉文靜，太宗室加長孫無忌、李靖、杜如晦，高宗室加褚遂良、高季輔、劉仁軌，中宗室加狄仁傑、魏元忠、王同皎。封河瀆神為靈源公，濟瀆神為清源公，江瀆神為廣源公，淮瀆神為長源公。令天下為出母終服三載。又徵天下之人有一藝者，皆詣京師就選。

不想李林甫恐草澤之士對策，斥言其奸惡，奏曰：「舉人多卑賤愚聵，不識禮度，恐有俚言，汙濁聖聽。」伏請待制者悉令郡縣長官精加試練，灼然超絕者，具名送省，委尚書覆試，御史中丞監之，試如常吏。既而布衣之士，竟無一人及第。

李林甫率一班文武百僚上表以賀，以為野無遺賢。帝大喜，授李林甫開府儀同三司，賜實封三百戶。多官各有昇賞。

第四十一回　高仙芝奇襲小勃律　王忠嗣拒取石堡城

時有少室山布衣李筌，乃宗室也，道號達觀子。少慕幽玄，好神仙之道，往來名山，博採方術。曾集《閫外春秋》十卷，既成，自鄙之，曰：「常文也。」偶遊嵩山虎口巖，於石壁中得黃帝《陰符經》本。絹素書，朱漆軸，絳繒緘之，封云：「大魏太平真君二年七月七日，上清道士寇謙之，藏諸名山，用傳同好。」其本糜爛，應手灰滅。筌略抄記，曉夜攻習，至「禽之制在炁」，茫然如墮雲霧中，經年不解。忽一夜，夢烏衣人引理教之，遂成《陰符經》注十卷，又得風后《八陣圖》遺制。時人以為假使鬼谷、留侯復生，無以過此。筌雲遊四方，到於幽州地方。幽州都督張仁亶厚加禮接，留於軍中。筌在營中，忽一夜仰觀天文，見城東南隅上，頗有異氣。至曉，告於仁亶。仁亶令人去郊市尋訪，凡遇有攜男女的，不論貴賤，盡數取至。過十餘輩，筌視之曰：「皆凡骨也。」仁亶再令去村落尋訪，遂得牧羊胡婦一子。筌大驚失色，乃謂仁亶曰：「此假天子也。」仁亶欲殺之。筌急止之曰：「此胡雛必為國盜，古亦如然，殺假恐生真矣。」仁亶乃止。

李筌來長安就選，並獻圖注，卻因不第，怏怏而回。至驪山下，正逢著一老姆，髽髻當頂，餘髮倒垂，敝衣扶杖，狀甚神異，路旁見遺火燒樹，乃自語曰：「火生於木，禍發必克」。李筌大驚，急問老姆曰：「此是黃帝《陰符經》上文，老姆何得而言之？」老姆曰：「吾受此符，已三元六周一甲子矣。少年郎從何而知？」李筌稽首再拜，具告所得之處。老姆笑曰：「少年顴頰貫於生門，命輪齊於月角，血腦未減，心影不偏，性賢而好法，神勇而樂智，真吾弟子也。然五十六年當有大厄。」乃出丹書符一道，冠於杖端，刺李筌口，令李筌跪而吞之，曰：「天地相保。」乃坐於樹下，與李筌細說《陰符》玄義。說了半日，不覺天晚。老姆曰：「日已晡時，觀子若有饑色，吾有麥飯，相與為食。」乃於袖中出一瓠，令李筌取水。李筌往幽谷中取水，水既盛滿，其瓠忽重，約有百餘斤，力不能制，便沉於清泉中，找尋不得。比及李筌回，老姆已不見蹤影了。惟留麥飯一升於石上而已。李筌尋不著老姆，乃食麥飯而歸。自此李筌數日不食，亦不妨；一日數食，亦能盡。

卻說安祿山性殘忍，多奸謀，既肥大不任戰，常誘奚、契丹因會酒，於酒中置毒鴆殺之，動數十人，斬大首領，函以獻捷。蕃酋降者，祿山以恩煦之；不服者，以兵討之。前後節度招懷夷狄，皆重譯告諭夷夏之意，因人而傳，往往不孚蕃情。祿山解六蕃語，生擒者皆釋其縛，以酒肉相待，用好言撫慰。蕃人深感其德，無不願降。

卻說禮部尚書、河北黜陟使席豫還朝，表奏安祿山公直無私，嚴正奉法。林甫希旨，常稱祿山之德，祿山因被寵遇，加兼御史大夫。祿山兩妻康氏、段氏，並封國夫人。祿山十一子，帝並賜名，長曰慶宗，次曰慶緒，三曰慶恩，其餘皆有慶字。獨王忠嗣數上疏，奏祿山必反。帝不悅。忠嗣上表乞解朔方、河東節度使，帝遂遣使罷忠嗣權知朔方、河東事。

卻說李林甫久典樞衡，威權日盛。陳希烈侍講紫極，清論皇風，寵遇侔林甫，而臺司機務，不敢參議，但唯諾而已。林甫因希烈柔而多智，兩人相得甚歡。帝遷陳希烈為左相、兼兵部尚書，賜爵潁川公。林甫又奏太平無事，以巳時還第，機務填委，就於相府裁處。主書持籍謁希烈引籍署名，都無可否。是年自五月不雨，至於秋七月。帝以旱故，命宰相、臺寺、府縣錄繫囚，死罪決杖配流，徒刑以下特免。庚寅，雨。

卻說小勃律自附吐蕃之後，貢獻遂絕，朝廷前後遣蓋嘉運、田琬、馬靈察討之，不捷而還。帝怪西蕃貢獻無五色玉，令責西域諸胡國。諸胡國上言：「比來嘗進五色玉，皆被小勃律所劫，因此不達。非臣等之罪也。」帝大怒，欲興兵討之。眾議皆謂小勃律路遠而險，不可攻取。獨有李林甫贊成之，且云：「四鎮都知兵馬使高仙芝，智勇足備，陛下欲取小勃律，非此人不可為大將。」帝即降詔，遣中官邊令誠到龜茲，加仙芝為四鎮行營節度使，以令誠為監軍，命仙芝引馬步軍一萬，兼統蔥嶺以西諸胡國之兵討之。」

高仙芝奉詔，連夜點起軍馬，徑出龜茲，過撥換，由疏勒望蔥嶺進發。行了兩月，軍至蔥嶺。忽見一塊巨石，阻住去道。唐軍見之，無不驚駭。李嗣業上前，飛起右腳，向巨石祇一腳蹴去。祇聞得一聲響亮，真個是地裂山崩。祇見那巨石就滾下山崖去了。仙芝引軍渡過播密川，望小勃律進發。兵至特勒滿川，屯住人馬。仙芝下令，分疏勒鎮守使趙崇玭督一軍取北谷道，撥換鎮守使賈崇瓘督一軍取赤佛道，仙芝自督一軍取護密道：三路進兵。約於七月十三日辰時，會於連雲堡。崇玭、崇瓘遵令而去。

那連雲堡南依雪山，北傍娑勒川。高仙芝傳令，來日四更造飯，五更結束，平明進兵，渡婆勒川而進。時值素秋，婆勒川白波翻騰。眾將聽了，皆以為狂。次日淩晨，唐軍人不濕旗，馬不濡囏，渡了婆勒川。辰時左右，列成陣勢於連雲堡之下。仙芝大喜，因謂眾將曰：「向吾半渡，賊若來擊我，吾屬無遺類矣！今既濟成陣，是天以賊賜我也！」遂選中郎將李嗣業、郎將田珍為陌刀將，令曰：「不及日中，決須破賊。」堡內有一千蕃兵守把，忽見唐軍驟至，無不驚懼，祇得依山傍險拒戰。山上擂木礮石，如雨點般打將下來。嗣業一手執紅旗，一手提陌刀，引步軍於絕險處，冒矢石而上。堡上軍士，本是困頓驚恐，又見諸將十分勇猛，都亂竄滾下堡去。得了連雲堡，方才巳時。

去連雲堡南十五里即婆勒城，內有蕃兵八九千人守把。高仙芝領軍前進，攻城至半夜時分，蕃兵四散逃竄，棄下盔甲馬匹無數，殺死五千餘人，生擒一千餘名，自相踐踏及落澗身死者，不知其數。仙芝既得婆勒城，與將軍席元慶商議進取小勃律。監軍邊令誠因入虜境已深，懼不欲行。仙芝乃留令誠於連雲堡中，命副將楊和領羸兵三千守婆勒城，自領大軍望小勃律進發。

三日後，前至一嶺，名坦駒嶺，直下坦駒嶺四十餘里，便是阿弩越城。高仙芝顧謂眾將曰：「阿弩越城胡若忠赤於國，必速來迎我。」即傳令號令，教軍士下嶺。軍士憚坦駒嶺之險，不肯下嶺，皆曰：「大使將我欲何處去？」言未絕，忽見二十餘騎，皆穿阿弩越城胡服，旗號翩翻，一將當頭，上嶺而來。說道：「阿弩越城胡並赤心歸唐，娑夷河藤橋已斬斷矣。」娑夷河者，弱水也，其水散渙無力，不能負芥；藤橋者，小勃律通吐蕃之橋也，其橋闊一箭道，去孽多城六十里。原來高仙芝料得軍士憚險，不敢度嶺。故密遣人扮作阿弩越城胡，遠來迎接。仙芝佯喜，即令軍士度坦駒嶺。於是安西兵，皆度了坦駒嶺。

行了三日，遙見一面黑旗，數騎來迎，乃是阿弩越城胡。至次日，與阿弩越城胡同至阿弩越城。高仙芝當晚領軍入城，其日，使席元慶先修橋路。次日，仙芝進兵孽多城，又令元慶領軍先行，分付曰：「小勃律聞大軍至，其首領百姓必棄卻城池，走入山谷。汝第呼出，取繒綵布帛稱敕以賜之，首領至，盡縛之以待我。」元慶領計，引精兵一千徑到孽多城下。大叫：「吾不取汝城，亦不斫汝橋，但借汝路過，向大勃律去。今奉天子詔，令將綵帛賜汝等。」軍士爭先下城，迎接元慶。小勃律王聞之大驚，帶了吐蕃公主，奔入石窟，取不可得。仙芝引大軍到，佔了孽多城。元慶將小勃律首領附吐蕃者五六人縛見仙芝，仙芝命盡斬之。問曰：「小勃律王何在？」元慶曰：「吾亦尋不見。」仙芝急令席元慶去斫藤橋。比及日落，蕃兵大至，藤橋已斷，救之不及。

高仙芝乃徐自招諭小勃律王、吐蕃公主出降，小勃律遂平。於是大食、悒怛諸胡二十餘國聞高仙芝平小勃律，盡皆歸降。

且說高仙芝押解了小勃律王、吐蕃公主，班師回安西。行了半月，至婆勒城。回至連雲堡，來見邊令誠。令誠大喜，同回安西。

高仙芝引兵回至播密川屯住，令判官劉單草捷書申奏朝廷，得了小勃律，教中使判官王廷芳往京師報捷。

再說王忠嗣勒眾從隴右西向青海，頻戰克捷。吐蕃復寇西平，忠嗣使哥舒翰屯兵苦拔海拒敵。吐蕃分軍三隊，來至雪山。山上三處蕃兵殺下，勢不可當。哥舒翰騎一匹白馬，挺半段金槍，立在山坡上，與蕃軍交鋒。左軍蕃將先出，戰了數合便退。次軍蕃將也戰數合退了。右軍蕃將又戰三五合亦退。哥舒翰見三員蕃將去了，挺槍來趕。三員蕃將著慌，縱馬下溪。哥舒翰因和三將交戰，趕過溪來，和人連馬，陷倒在溪裡。那三員蕃將，見哥舒翰陷在溪裡，忙勒回馬，持槍來搠。槍還未到，祇聽得哥舒翰大喝一聲，聲如巨雷。諕得三員蕃將肝膽皆裂，棄了槍，撥轉馬頭便走。恰好救軍來到，祇見哥舒翰安然無事。唐兵齊奏凱歌，回到武威。忠嗣大賞三軍，表翰之功。朝廷封翰為右武衛員外將軍、河源軍使，兼領隴右節度副使、都知關西兵馬使。

正值河、隴麥熟，王忠嗣即令軍割麥為食。每年秋天積石軍麥熟，吐蕃輒來劫之，前後無敢拒之者，邊人呼積石軍麥莊為「吐蕃麥莊」。時有河東猗氏人，姓張名介然，性謹慎，善籌祘，本為河隴郡守，皇甫惟明、王忠嗣相次為節將，並重之，委以支度、營田等使。介然將此事，告知忠嗣。忠嗣喚諸將聽令曰：「今日蕃兵必來劫麥。吾料積石軍城東西麥田之內，足可伏兵；誰敢為我一往？」哥舒翰出曰：「某願往。」忠嗣大喜，即命哥舒翰前往。哥舒翰領命，遂引本部軍守積石軍城，分王難得引一枝軍伏城東，楊景暉引一枝軍伏城西。調度已畢，祇等蕃兵到來。

至黃昏時，果見一簇皂旗，蜂擁而來，為首蕃將乃吐谷渾小王悉弄參女婿悉頰藏也。才要去田中割麥時，卻聞城內鼓聲大震，馬軍步軍，如潮似浪，擁將出來。當頭一員大將，乃是哥舒翰。悉頰藏大驚，慌忙勒回馬走時。哥舒翰驟馬趕來，看看趕上，將槍於悉頰藏肩上一搭，大喝一聲。悉頰藏驚駭，急回顧時，被哥舒翰一槍刺中咽喉，剔將起來，約有三五尺高，墜於馬下。哥舒翰家奴左車趕上前，肐察的一刀剁下頭來。蕃兵見悉頰藏被斬，皆縱馬逃命。忽聞麥田內連珠礮響，兩邊鼓譟搖旗：王難得左邊殺來，楊景暉右邊殺來。五千餘蕃騎都被殺盡，不曾走脫半個。

哥舒翰回見王忠嗣，將悉頰藏首級獻功。忠嗣大喜，遂命哥舒翰為先鋒，自引安思順、李光弼等諸將，率大軍望墨離進發。哥舒翰將蕃兵衣甲馬匹，令唐兵穿了，就令騎坐，打著蕃軍旗號，從小路徑奔墨離來。蕃軍見本部兵回，開門放入，唐兵就寨中殺起。悉弄參在帳中，忽聽得喊殺之聲，大驚，急出帳上馬時，忽見十餘騎馬，旗號翩翻，一將當頭提槍飛馬而來，乃哥舒翰也，大喝：「悉弄參休走！」悉弄參失色，不敢交鋒，撥馬便走。行無一箭之地，但見塵頭蔽日，金鼓喧天，無限人馬來到。當先大將，乃是王忠嗣。悉弄參急欲走時，早被唐兵擒下。王忠嗣盡虜其眾，吐谷渾平。

王忠嗣既累破蕃夷，功名日盛，李林甫恐其入相，常懷嫉妒之心。一日設朝，班部中李林甫出班奏道：「王忠嗣自出師以來，累獲全勝。現今吐蕃平章事悉諾羅，守把石堡城。城上軍兵，止有數百餘人。可命忠嗣將河、隴之眾，長驅大進，先取石堡城，然後收九曲之地。」帝甚喜，曰：「朕亦欲取石堡城久矣。」即遣使齎詔到武威，問忠嗣以取石堡城之策。忠嗣奏曰：「石堡險固，吐蕃舉國而守之。今若頓兵堅城之下，必死者數萬，然後事可圖也。臣恐所得不如所失，請厲兵秣馬，觀釁而取之，此為上策。」帝意不快。

忽報將軍董延光上表，請下石堡城。帝令王忠嗣分兵應接之。忠嗣奉詔，僶俯而從。李光弼素敬忠嗣，忠嗣愛光弼之才，待之甚厚，常云：「光弼必居我位。」於是光弼来見忠嗣。忠嗣問曰：「李將軍來有何事？」光弼對曰：「請議軍。」忠嗣曰：「何也？」光弼曰：「向者大夫以士卒為心，有拒董延光之色，雖曰受詔，實奪其謀。何者？大夫以數萬眾付之，而不懸重賞，則何以賈三軍之勇乎？彼如不捷，必歸罪於大夫矣。大夫財帛盈庫，何惜數萬段之賞以杜其讒口乎！」忠嗣曰：「李將軍，忠嗣計已決矣。平生始望，豈及貴乎？今爭一城，得之未制於敵，不得之未害於國，忠嗣豈以數萬人之命易一官哉？假如明主見責，豈失一金吾、羽林將軍，歸朝宿衛乎！其次，豈失一黔中上佐乎？此所甘心也。雖然，公實愛我！」光弼謝曰：「向者恐累大夫，敢以衷告。大夫能行古人之事，非光弼所及也！」遂趨而出。

董延光過期不克，回奏朝廷，說王忠嗣緩師，故師出無功。帝大怒，發詔取忠嗣回京問罪。卻說高仙芝將小勃律王、吐蕃公主解赴京師，帝赦免蘇失利芝之罪，授右威衛將軍，賜紫袍、金帶，給官宅一區，留居宿衛。改小勃律為歸仁國，撥兵千人，鎮守孽多城，號為「歸仁軍」。李林甫奏曰：「以陛下之雄才，兼國家富強，而諸蕃之未滅者，由文吏為將，而怯懦不勝武事也。陛下必欲滅四夷，威海內，即莫若武臣，武臣莫若蕃將，蕃將生時氣雄，少養馬上，長習陣敵，此天性然也。陛下撫而將之，使其必死，則夷狄不足圖也。」帝大喜，即日遣人齎敕至西平召哥舒翰。以安思順代王忠嗣，判武威郡事，攝御史中丞，領河西節度副大使。

李林甫乃密使濟陽別駕魏林上表，奏稱：「王忠嗣昔在太原，曾言『某自幼養於宮中，與太子情意相得。今太子既長，吾欲擁兵以佐之。』」遂收忠嗣下獄，命三司鞫之。

且說朝廷遣使者齎敕，徵哥舒翰入朝。時李林甫欲成王忠嗣罪，令楊釗、吉溫案其獄。哥舒翰臨行，諸將欲救王忠嗣，皆勸哥舒翰多齎金帛，以賂朝貴。哥舒翰曰：「若直道將行，王公必不冤死；如其不行，多賂亦奚以為？」眾皆歎服。哥舒翰遂惟帶一單囊而行。

第四十二回　王鉷誣殺楊慎矜　哥舒義救王忠嗣

卻說楊慎矜性沉毅，好交遊，重信義，與昆弟楊慎餘、楊慎名深相友愛。兄弟三人，皆偉儀形，美風韻，有器幹，而愛士，好賓客。縉紳名流，必存禮接。寡姊老年，事之如母。世以此稱之。楊慎矜在臺數年，風格甚高，又結託中貴，頗承恩遇；楊慎餘、楊慎名，及楊慎矜堂兄太府丞楊慎如，皆掌出納。帝嘗賜楊慎矜詔曰：「朕之府庫，委卿一門。」李林甫恐其入相，心甚忌之。

一日侵晨，楊慎矜將要入朝。家僮解了府門門鎖，府門卻打不開。家僮報知慎矜，慎矜甚驚怪。捱到天曉，慎矜車騎導從吏卒來到，在外面見慎矜府門，立著一個朱衣冠幘的夜叉。那夜叉約有一丈餘長，雙手𢮪門，目光如電，顧盼左右。唬得從吏，盡皆四散。良久，漸漸的街上車馬多了，那夜叉方才離了府門，向南而去。行人看見，無不驚怕，一個個都四散而奔。慎矜聽知此事，神思不安，朝夕禮佛，默祈冥衛。

忽一日，佛像前土榻上，聚塵三堆，如塚之狀。楊慎矜惡之，命人掃去。次日，聚塵如初。慎矜心疑。忽守墓者來報，言慎矜祖塋之內，草木皆流血。慎矜大懼，問術士史敬忠。敬忠曰：「禳之可以免禍。」遂於其宅後園大陳法事。慎矜每退朝，輒贏袒桎梏，坐於叢棘之中。旬日之後，流血果止。慎矜奇之，自此常與敬忠往來。

一日，楊慎矜與史敬忠夜坐談宴。敬忠說以天文，言天下將亂，勸慎矜於山中置莊，隱遁其中，以為避亂之所。楊府侍婢明珠竊聽之，慎矜恐事洩致禍，欲杖殺之以滅口。敬忠急止之曰：「七郎何虛殺卻十頭牛？」慎矜曰：「何謂也？」敬忠曰：「賣卻買牛，每年耕田十頃。」慎矜曰：「任公收取。」即以明珠贈敬忠，以車送之。敬忠攜明珠而去，路遇貴妃八姨楊氏。楊氏素與敬忠相識，使人謂敬忠曰：「何得從車乎？」敬忠未荅。楊氏遽使人去簾觀之，見明珠，悅之，乃曰：「車中美人，請以見遺。」敬忠不敢拒，遂賣與楊氏。

楊氏既得明珠，愛其慧美，數攜明珠出入宮中，帝見而異之，問明珠曰：「汝本何人？何以得至柳家！」明珠對曰：「本楊慎矜家婢，近贈史敬忠，賣與柳家。」帝詰問曰：「史敬忠何人，而楊慎矜輒贈以婢？」明珠對曰：「敬忠本是胡人，出家還俗，涉獵書傳陰陽玄象，常與朝貴遊。慎矜與之善。每夜坐中庭，或說天文，遙指宿曜，某亦盡知其言。」把慎矜、敬忠的上項事，備細述了一遍。帝大怒，曰：「楊慎矜與術士為妖法乎！」變色良久。

楊釗知此事，乃告王鉷。王鉷聞之，心中暗喜。原來楊慎矜在御史臺，不名鉷官，但呼其名，又嘗奪其職田；王鉷自恃與李林甫相善，意甚不平。王鉷母吳氏，本是王瑨婢妾，楊慎矜嘗以語人，以為歡笑；王鉷深銜之。

次日，王鉷奏事，數稱引楊慎矜。帝勃然變色曰：「楊慎矜與卿有親，更不須相往來！」王鉷知帝惡楊慎矜。自此，王鉷常對楊慎矜辭語悖慢；慎矜怒，數詈辱王鉷。然性不宿憾，尋亦待之如初。李林甫見王鉷與楊慎矜有隙，謂王鉷曰：「公與慎矜有親。今聖人惡之極深，竊謂公憂之！」王鉷會意，乃遣人以飛語密告：「楊慎矜是隋室遺裔，家藏讖書，與兇人往來，妄說國家休咎，潛謀大逆，將復宗祖之業。」帝聞奏，勃然大怒，乃收楊慎矜，繫之尚書省。使刑部尚書蕭隱之、大理卿李道邃、少卿楊璹與楊釗、羅希奭等案慎矜獄，治罪，責慎矜與敬忠謀反狀，又收捕慎餘、慎名。

殿中侍御史盧鉉欲取媚於李林甫，誣太府少卿張瑄與楊慎矜共解圖讖。林甫令盧鉉收繫，推之。盧鉉拷訊百端，張瑄不肯荅。盧鉉乃令不良，將張瑄用長枷釘了，以手力絆其足，以木按其足間，引其枷柄向前，挽其身加長數尺，腰細欲絕，眼耳口鼻皆出血。張瑄竟不屈。

時吉溫於東京收少府少監楊慎餘、洛陽令楊慎名等而還，林甫又遣吉溫往臨汝捕史敬忠，便赴溫湯。敬忠與吉溫父鄠縣令吉琚情契甚密，吉溫孩孺時，敬忠常抱撫之。至是，吉溫使人擒之，鎖其頸，布袂蒙面來見，竟不與交一言。將及新豐十餘里，吉溫使典吏誘敬忠曰：「楊慎矜今款招已成，惟須子一辨。若解人意則生，不然必死。若至溫湯，即求首陳不可得矣。」敬忠懼，謂吉溫曰：「七郎，乞一紙。」吉溫佯不應。去溫湯十餘里。敬忠骨顫肉驚，筋力酥軟，祇得喏喏連聲告饒。

吉溫見史敬忠祈請哀切，乃與紙筆，令其辭證皆引楊慎矜。敬忠遂荅三紙，其辯皆如吉溫之意。吉溫喜，徐謂敬忠曰：「丈人莫相怪！」因起拜之。

吉溫至溫湯，案治楊慎矜，以史敬忠詞為證，慎矜皆引伏，惟搜讖書不獲。王鉷恐事洩，與李林甫密議。林甫教如此如此。王鉷大喜，乃令盧鉉於袖中藏讖書入搜，拷楊慎矜小妾韓珠團，先於豎櫃上作一暗函藏之。珠團不許，盧鉉怒，欲行捶擊。珠團惶懼，遂不敢忤。

次日，盧鉉復搜楊慎矜家，果於隱僻之處搜得讖書。盧鉉罵曰：「逆賊深藏秘記，吾今得之矣！」時楊慎矜正食，忽見一鬼物長丈餘，朱衣冠幘，立於門扇之後。慎矜叱之，良久不滅。唬得慎矜魂飛魄散，骨軟筋麻，慌以熱羹投之，須臾乃滅。不多時，盧鉉至溫湯，以讖書示慎矜，並數其罪狀。慎矜拘執束縛，居囹圄中，仰天而歎曰：「悲夫！吾不蓄讖書，此何從在吾家哉！吾應死而已。」帝降詔，賜楊慎矜兄弟自盡，籍沒其家；史敬忠決杖一百；張瑄杖六十，流嶺南臨封郡；其餘連坐者數十人。

使命齎敕至大理寺，開讀詔書，楊慎矜聽詔畢，自縊身亡。使命又齎敕至洛陽，楊慎名、楊慎餘聞慎矜死，放聲大哭，及聽詔畢，慎名輟哭謂使命曰：「今奉聖恩，不敢稽留晷刻，但以老姊垂白，請作數行書別之。」使命許之。慎名遂作書曰：「拙於謀運，不能靜退。兄弟並命，唯姊尚存，老年孤煢，何以堪此！」書後又寫數條事。寫罷，到宅中板池邊，盡放其魚，遂自縊而死。慎餘合掌指天而縊，張瑄亦死於嶺南。先是，楊慎名覽鏡，見其鬚面神彩，有過於人，覆鏡歎惋曰：「吾兄弟三人，盡長六尺餘，有如此貌、如此材而見容當代以期全，難矣！何不使我少體弱耶？」時人哀其言。

卻說李林甫從容進曰：「古者建立儲君，必推賢德，苟非有大勳於社稷，則惟元子。」帝沉吟良久，乃曰：「朕長子慶王李琮，往年因獵苑中，為豹所傷面目尤甚。」林甫荅曰：「破面不猶愈於破國乎！陛下其圖之。」帝曰：「卿言亦是，朕當思之。」林甫辭出。

少時，太子入內問安。帝見太子容顏不好，精神憔悴。年未四旬，鬢已星星，心甚憐之，謂曰：「汝第歸院，吾當幸汝。」太子告退，回到別院。不多時，帝與高力士同至。見樂器久屏，上有塵埃；東宮使令，竟無伎女。帝稱讚不已。當日，太子在內宅，侍帝早膳，尚食局進熟俎、胡餅，中有羊臂臑。帝命太子操刀割之。太子割畢，見餘汙漫刃，乃以胡餅拭之。帝不悅，以目視太子。太子祇做不見，舉餅啖之。帝滿心歡喜，謂太子曰：「福當如是愛惜！」

膳畢，帝回宮。三司奏王忠嗣大逆不道，罪當死。人報哥舒翰至。帝召入見，視其人：虯鬚蝟磔，神威凜凜。遂問攻取石堡城之事，翰應對如流。帝大喜，封翰為西平太守，攝御史中丞，領隴右節度副大使。於是翰免冠解印綬，頓首殿下曰：「忠嗣三代將門，盡忠報國，不意被讒人所譖，受無辜之冤。今忠嗣罪當誅，臣感其舊日知遇之恩，願納還官爵，以贖忠嗣之罪！」言訖，叩頭流血。帝弗聽，拂衣而起，退入禁中。翰叩頭，隨帝而前，言辭慷慨，聲淚俱下。

帝頗知太子重慎無過，乃大感寤，召見李林甫、陳希烈，謂曰：「吾兒在深宮，安得與外人通謀？此必妄也。」但以沮撓軍計之罪，黜王忠嗣為漢陽太守。

卻說李林甫屢起大獄，以危太子。天下威權，並歸於己。事有涉疑似於東宮者，林甫雖不明言，皆指擿使楊釗奏劾，付羅希奭、吉溫鞫獄。楊釗逞其私志，吉溫、羅希奭忍行枉濫，自此連歲大獄，追捕擠陷誅夷者數百家。林甫擢楊釗為度支郎中、兼侍御史，領水陸轉運、諸道鑄錢、司農出納錢物、木炭等使；吉溫為戶部郎中、兼侍御史，羅希奭為殿中侍御史。太子幸得高力士暗中保護，因此流言不入。林甫自以多冤雠，常懼任俠者報復。出則車騎百餘，左右簇擁，金吾靜街，前驅百步之外，公卿以下趨避；居則以磚壘屋，以板幙牆。家人警衛，如禦大敵。一夕九徙牀，雖家人莫知其處。其自防也如此。

帝恩遇彌隆，凡御府膳饈，遠方珍鮮，帝每食有所甘美，必令賜與，使者相望於道。帝嘗詔百僚閱天下歲貢於尚書省，既而悉賜李林甫，以車載其家。林甫京城邸第，田園水磑，居膏腴地。輿馬被服，頗極鮮華，尤溺聲伎，姬侍盈房，皆不勝其珠翠。帝嘗賜宮娥二人，一者潛歸私家，經旬方還，林甫竟不知。帝又賜薛王別墅，以為遊宴之地。林甫曾到院內看望其女，正撞見其婿鄭平梳頭。林甫見鄭平鬢髮盡白，乃謂之曰：「上當賜甘露羹，郎其食之，縱當華皓，必當鬒黑！」次日，中使至，賜林甫食中果有甘露羹，林甫與鄭平食之。鄭平食訖，一旦鬢髮如墨。

時天寶六載冬，造華清宮成。驪山之上，栽植青松翠柏，遍滿巖谷，望之鬱然。朝元閣在北嶺之上，最為嶄絕。南有老君殿，次南即長生殿，在金沙洞口。玉蕊峰頭有王母祠，山城內多馴鹿，丹霞泉流入飲鹿槽，以飲馴鹿，有流澗號為飲鹿泉。宮之寢殿曰飛霜殿，北創瑤光樓。其南置長湯屋數十間，首尾相接，湯泉凡一十八所。第一即御湯，周環數丈，悉砌白石，瑩徹如玉，石面皆隱起魚龍花鳥之狀。四面石座，階級而下，中有雙白玉石甕，連腹異口，甕口中復植雙白玉石蓮，泉眼自蓮中湧出，注白石之面。又有犀屏象薦、錦鳧繡雁。御湯西南，即妃子湯，湯稍狹，湯側有紅石盆四所，刻作菡萏於白石之面。餘湯迤邐，相屬而下。嬪妃綵女浴焉。這一十八所湯泉，門屋環迴，甃以文瑤密石，為銀鏤漆船及白香木船置於其中，楫櫓皆飾以珠玉。又於湯中壘瑟瑟及沉香為山，高百餘尺，以狀瀛洲、方丈。

又役馮翊、華陰二郡民夫數千人，於湯所築會昌城；其城郭內置百司，立廨署；宮側亦置十王宅、百孫院，公卿皆買城東南膏腴美田，大起第觀，土畝至千金。帝或時不視朝，百僚悉集李林甫府中，臺省為空。陳希烈雖坐府，竟無一人入謁。

數日後，邊令誠回京，見了高力士，具說馬靈察欲殺高仙芝一事。原來高仙芝從蔥嶺班師回龜茲，馬靈察知仙芝越次奏捷書，大怒，乃不使人迎接仙芝。仙芝回到龜茲來見靈察，靈察便罵仙芝曰：「啖狗屎高麗奴！于闐使誰與汝奏得？」仙芝曰：「中丞。」「焉耆鎮守使誰奏得？」曰：「中丞。」「安西副都護使誰奏得？」曰：「中丞。」「安西都知兵馬使誰奏得？」曰：「中丞。」靈察曰：「此既皆我所奏，安得不待我處分懸奏捷書！據高麗奴此罪，合當斬，但緣新立大功，不欲處置！」又謂劉單曰：「聞爾能作捷書？」高、劉二人惶恐，伏地請罪。力士聽畢，即使令誠報知帝，說：「仙芝孤軍深入，經途萬里，立奇功，今將憂死！」帝即下詔，宣靈察入朝。授仙芝鴻臚員外卿、攝御史中丞，代靈察為安西四鎮節度使。

靈察聞之大懼，仙芝每日見靈察，趨走如故，靈察日夜不安。安西副都護程千里、押衙畢思琛與行官王滔、康懷順、陳奉忠等，嘗譖仙芝於靈察。千里乃京兆萬年人也，生得骨相魁岸，勇力過人。久事靈察，多立功績。仙芝受職訖，差人召千里責之曰：「公面似男兒，心如婦人，何也？」千里暗稱慚愧。仙芝又責思琛曰：「此胡敢來！我城東一千石種子莊被汝將去，憶之乎？」思琛曰：「此是中丞知思琛辛苦見乞。」仙芝曰：「吾此時懼汝作威福，豈是憐汝與之！我欲不言，恐汝懷憂；今既言之，了無事矣。」

又喚王滔、康懷順、陳奉忠等至，喝左右拿下。良久，乃責而釋之。眾心乃安。仙芝表薦封常清為慶王府錄事參軍，充節度判官。仙芝每出征，常令常清知四鎮留後事。郎將鄭德詮，仙芝乳母子也，仙芝迎乳母入居其宅，視德詮如兄弟，使典家事，威動三軍。德詮甚輕常清，不為禮。

一日，封常清出回，諸將皆於馬前施禮，獨有鄭德詮自後走馬突常清而去。常清至使院，使人召德詮至。德詮不知何事，祇得來使院與常清相見。廳連節度使宅院，經數重門，德詮每過一門，軍士隨後閉之。比及德詮至，問有何事。常清離席，謂德詮曰：「常清起自細微，預中丞兵馬使傔，中丞再不納，郎將豈不知乎？今中丞過聽，以為留後，郎將何得無禮，對常清相淩！」德詮未及回荅，常清變色曰：「郎將須暫死以肅軍容。」叱左右將德詮剝了衣服，拖翻在地，打了六十脊杖。打得德詮皮開肉綻，鮮血迸流，昏暈去了三四次。德詮母及仙芝妻在使院門外哭求免死，常清不應。

少時，軍士將德詮之屍拖出。德詮母見仙芝哭告其事，仙芝大驚曰：「德詮已死耶？」及見常清，竟無一言。常清亦不之謝。諸大將有罪者，常清擊殺二人。於是軍中股慄。

第四十三回　王江寧進漢宮詞　蕭夫子作伐櫻賦

卻說帝好鬥雞，於長安求雄雞金尾、鐵鉅、高冠、昂首者千餘隻，置雞坊於禁中，選禁軍小兒五百人養之。又於華清宮觀風樓東南起一殿，名鬥雞殿；諸王、外戚、公卿、大臣見帝如此，皆尚鬥雞。民間效之，雖貧者亦鬥木雞。識者以為不祥，言：「雞，酉屬，帝生之歲也；鬥者，兵象。此『雞禍』也。」楊貴妃常為假髻，而衣黃裙，乃服妖也，由是京城有童謠云：「義髻拋河裡，黃裙逐水流。」時長安胡風大盛，太常樂尚胡曲，人間多於宮調中奏突厥神。貴人御饌盡供胡食，士女皆衣胡服、著胡帽。李龜年善羯鼓。帝嘗問龜年曰：「卿打羯鼓多少杖？」對曰：「臣打五十杖訖。」帝乃大笑曰：「我打卻三豎櫃也！」

帝凡有遊幸，楊貴妃無不隨侍，將乘馬，則驃騎大將軍高力士執轡授鞭。帝命袁思藝為進食使，水陸珍饈數千，一盤之費，蓋中人十家之產。諸公主相效進食，飫甘饜肥。侍御史竇華嘗因退朝，正值公主進食，列於通衢，傳呼按轡行於其間。宮苑小兒數百人奮梃而前，華僅以身免。宮中供貴妃院織錦刺繡之工，凡七百人，其彫鏤器物，又數百人。揚、益、嶺表刺史，必求良工造作奇器異服，以奉貴妃獻賀，因致擢居顯位。嶺南五府經略使劉巨鱗、廣陵長史王翼，以端午進珍翫衣服，異於他郡。巨鱗加銀青光祿大夫，翼擢為戶部侍郎。

江寧尉王昌齡，作宮詞十餘首，以刺世事，有《春宮曲》云：「昨夜風開露井桃，未央前殿月輪高。平陽歌舞新承寵，簾外春寒賜錦袍。」又《西宮春怨》云：「西宮夜靜百花香，欲捲珠簾春恨長。斜抱雲和深見月，朦朧樹色隱昭陽。」又《西宮秋怨》云：「芙蓉不及美人妝，水殿風來珠翠香。誰分含啼掩秋扇，空懸明月待君王。」又《長信秋詞》云：「奉帚平明金殿開，且將團扇暫徘徊。玉顏不及寒鴉色，猶帶昭陽日影來。」昌齡尋以不護細行，黜為潭陽郡龍標縣尉。

有道士申太芝奉旨，往南海羅浮山修功德。來到葛洪居處，焚香祈禱。夜半，隱隱見一老人，眉如松雪，告曰：「我乃茅山羅浮神人也，常於七曜洞來往。昔日曾於九嶷山桂陽石室中藏天樂一部，歲月久遠，變作五個野豬，被彼郡百姓捉獲，汝可往取，進獻天子。每祈祭，但依方安置，奏之，則五音自和，天仙百神，應聲降福，所求必遂，壽命延長！」太芝奉神旨，即到桂陽，於鄉中尋問，土人告曰：「天寶二年，村人在山中常見有五個野豬，逐之，便走入石室，就裡尋覓，化為石物五枚，眾共驚異。」太芝聽說，遂令土人引路，到石室中，取石物扣之，與神人所說無異。

太芝取石物回長安，入見帝，獻上石物，正值大同殿內產玉芝兩莖，李林甫、陳希烈率一班文武百僚上表，加帝尊號，至於再三，乃許之。

帝御興慶殿受冊，加尊號曰「開元天寶聖文神武應道皇帝」。禮畢，御勤政樓，大赦天下，賜酺三日。令兩京及諸道大郡，各置玉芝觀。三皇以前帝王，於京城置廟，與三皇五帝廟相近，以時致祭。歷代帝王肇跡之處，未有祠宇者，所在各置一廟，以時享祭。取當時將相德業可稱者二人，配享。忠臣義士、孝婦烈女，德行彌高者，亦營立祠宇，以時致祭。盡免天下百姓來載租庸，封魏、周、隋之後為三恪。京城父老，各賜物十段，七十以上，版授本縣令，其妻縣君；六十以上，版授本縣丞。天下父老，百歲以上，版授下郡太守，婦人郡君；九十以上，版授上郡司馬，婦人縣君；八十以上，版授縣令，婦人鄉君。

驃騎大將軍、范陽、平盧節度使、兼御史大夫安祿山討兩蕃有功，進爵柳城公，並賜鐵券，贈其父安延偃魏郡太守。御史中丞、京畿、關內採訪、黜陟等使王鉷，加檢察內作事，遷戶部侍郎兼御史中丞，賜紫金魚袋。楊釗亦以有椒房之親，擢給事中、兼御史中丞、判度支事、領水陸轉運、諸道鑄錢、司農出納錢物、左藏出納、監倉、木炭、宮市、九成宮、兩京太倉含嘉倉出納、召募劍南河西隴右健兒、諸郡租庸等十五餘使。

卻說雲南都督李宓用反間計，令爨崇道攻殺爨歸王。爨歸王之妻阿姹，烏蠻女也，與子爨守隅投烏蠻。烏蠻與崇道戰不利，差人往南詔求救。蒙歸義寫表奏聞天子。朝廷黜宓為澧陽郡慈利縣丞，以守隅為南寧都督。歸義嫁女與守隅及崇道子爨輔朝。崇道、守隅數相攻擊，阿姹使人求救於南詔。歸義起兵助守隅，大敗崇道。崇道尋思無計，徑往劍南投雲南都督張虔陀。守隅與妻同赴南詔。南詔遂併諸爨，雄霸本土。西開尋傳，南通驃國。

冬十月，駕幸華清宮；楊貴妃姊妹三人，皆有才貌，並封國夫人之號：大姨，封為韓國夫人；三姨，封為虢國夫人；八姨，封為秦國夫人。並承恩澤，出入宮掖，勢傾天下。妃父楊玄琰，贈太尉、齊國公；母，涼國夫人；叔楊玄珪，銀青光祿大夫、光祿卿。從兄楊銛，銀青光祿大夫、鴻臚卿，列棨戟；楊錡，銀青光祿大夫、衛尉卿，尚武惠妃女太華公主。韓、虢、秦三國夫人皆月給錢十萬，權與三夫人為脂粉之需。虢國自炫美豔，不施粉黛。

新豐女伶謝阿蠻，善舞《淩波曲》。帝與楊貴妃愛之，於清元小殿教舞。帝羯鼓，妃琵琶，汝陽王玉笛，馬仙期方響，李龜年篳篥，張野狐箜篌，賀懷智拍板，眾樂齊舉。端的餘音繞梁，聲清韻美。時止有秦國夫人在座。曲罷，帝戲謂曰：「阿瞞樂籍，今日幸得供養夫人，請一纏頭！」秦國曰：「豈有大唐天子阿姨，無錢用耶？」遂出三百萬為一局。虢國每乘紫驄馬，使小黃門御，與韓國、秦國二夫人入見。持盈公主等皆讓，不敢就位。持盈公主即玉真公主，先為女冠，固辭主號及實封，賜名持盈。自楊銛、楊錡，皆賜甲第，連於宮禁。

五家遞相誇尚，甲第洞開，僭擬宮掖，車馬僕從，照耀京邑。每造一堂，費逾千萬。既成，見制度宏美於己者，輒毀之而復造。土木之工，不捨晝夜。每有請託，府縣承迎，峻如詔敕，四方賂遺，其門如市。韓、虢之寵，冠於戚里，十王宅諸王百孫婚嫁，皆因韓、虢為紹介，仍先納賂千貫而奏請，無不稱旨。帝賜御食及方外進獻，皆班賜五宅。楊釗甲第在宮東門之南，虢國相對，韓國、秦國，甍棟相接。

帝嘗乘馬出宮門，欲幸虢國夫人宅。禁軍將陳玄禮奏曰：「未宣敕報臣，天子不可輕去就。」帝無奈，祇得回馬。

楊釗子楊暄學業荒陋，應明經舉，禮部侍郎達奚珣攷之，不及格。達奚珣欲黜落，猶豫未決，暗暗發書，先使其子會昌尉達奚摯報知楊釗。

楊釗將欲入朝，剛才上馬。忽報達奚摯到。楊釗以為楊暄必中選，面有喜色。達奚摯於馬前施禮曰：「奉大人命，中丞之子所試，不中程式，然亦不敢黜退也。」楊釗聽了達奚摯此言，變了臉，發怒生嗔，喝罵達奚珣父子道：「我兒何患不富貴，豈籍一名為鼠輩所賣耶！」達奚摯再欲言時，楊釗不顧，策馬而去。達奚摯惶遽，急回報達奚珣曰：「楊釗恃勢倨貴，使人之慘舒，出於咄嗟，奈何與校其曲直！」達奚珣然其言，即擢楊暄於上第。

是歲十二月，老君見於驪山頂朝元閣。帝乃降詔，改朝元閣為降聖閣，會昌縣為昭應縣，會昌山為昭應山；封山神為玄德公，仍立祠宇以時祭享。

那時天下太平已久，海內殷富，五穀豐登，萬民樂業，楊釗上言：「古者：二十七年耕，有九年之儲。今天下乂安，人給家足，請取郡縣粟米轉市輕貨，以富關輔；徵丁租地稅皆為布帛，以實府庫。」帝許之。時天寶八載春二月，昇殿設朝。楊釗出班奏曰：「京城倉庫府藏，無不充牣，開皇、大業以來，未之有也。」帝聞奏，滿心歡喜。即命排駕，與文武百官，都到左藏內觀看。

當日帝乘御輦，文武多官步行相隨，出離興慶宮，徑轉左藏處。到了左藏，帝下了御輦，楊釗喚出納判官魏仲犀開了庫房門，帝率文武多官走將進去看時，果然看不盡那奇珍異寶，擺列無窮。文武眾官，無不讚歎。帝大喜，重賞百僚。特加楊釗權太府卿事，封弘農伯，賜紫金魚袋。自此，帝恃此富饒，厚賜貴戚寵臣，曾無限極。

時咸寧太守趙奉璋憤李林甫奸邪，告林甫罪狀二十餘條。告未及上，有人報知林甫。林甫聞之，使羅希奭收奉璋，以為妖言，重杖決殺。於是百官無不悚懼。

那時府兵墮壞，人皆賤之；其死亡及逃匿者，有司不復點補；六馱馬牛、糧食軍器，耗散略盡。其入內宿衛者，多以假人，本衛官將使之如奴隸，百姓恥之，至有蒸熨手足以避役者。其山東戍卒，又多為邊將苦役，寄繒帛於府庫，利其死而沒其財。由此山東戍卒還者，十無二三。因此府兵盡皆逃匿。李林甫以折衝府無兵可交，請停上下魚書。於是罷府兵，民間挾兵器者有禁；不肖子弟為武官者，父兄擯之不齒。惟邊郡置重兵，中原全無武備。蕃帥矜功恃寵，便請署官，易州遂城府、坊州安臺府別將、果毅之類，每一制則同授千餘人。雖在行間，無白身者。

卻說李林甫善修格令章程，甚有宰輔之體。然素無學術，僅能秉筆，司勳郎中郭慎微、中書舍人苑咸，代為題尺。典吏部時，選人嚴迥判語有用「杕杜」二字者，林甫不識「杕」字，問侍郎韋陟曰：「此云『杕杜』，何也?」陟不敢言。太常少卿姜度，姜皎之子也。度妻誕子，林甫手書慶之曰：「聞有弄獐之慶。」客視之掩口。

楊釗以椒房貴戚，專錢穀之任，甚見寵貴。或勸李林甫擢用名流，以收人望，因薦蕭穎士之才。林甫曰：「吾亦聞其名久矣。」原來那蕭穎士字茂挺，乃汝陰人也。南梁鄱陽王蕭恢之後。年七歲，能誦數經。十歲以文章知名，十五譽高天下。年十九，應制舉。孜功員外郎孫逖，擢穎士對策第一。年二十餘，儒釋道三教，無不該博，相國裴耀卿、吏部侍郎席豫、史官韋述、魯山令元德秀等深器賞之。穎士曾與名士二人同遊洛南龍門。一人乃趙郡贊皇人，姓李，名華，字遐叔，安邑令李虛己之子；一人乃河南洛陽人，姓陸，名據，字德鄰，宇文周大司空陸騰之後。三人共讀路側古碑，穎士一閱，即能誦之，華再閱，據三閱，方能記之。

穎士自恃其才，狂率不遜。曾於夏日，獨遊郊外。忽天上黑雲蓋頂，大雨淋漓。穎士看見前面有一所客店，慌忙躲在房檐下。有一個貌古神清的紫衣老人，帶了一個小童也來到。穎士頗以才名，數陵侮之。少頃雨霽，車馬來到，老人上馬，左右僕從簇擁而去。穎士問是何人，或告之曰：「吏部王尚書丘也。」穎士聞之，羞慚無地。次日，穎士寫了長箋，至王丘門謝罪。王丘教左右引穎士至廡下，責之曰：「子負文學美名，倨忽如此。所恨與子非親屬，當庭訓之耳！」穎士低頭不語。後久宦不達，遂客濮陽。劉太真、趙匡等十二人執弟子之禮，號為「蕭夫子」。

幽并舉子尉遲匡，曾因頻年不第，投書於李林甫，有譏刺語。匡有《暮行潼關》之作，云：「明月飛出海，黃河流上天。」又《塞上曲》云：「夜夜月為青塚鏡，年年雪作黑山花。」李林甫謂人曰：「得非才子乎？若使匡伏恨銜冤，不假陶鑄之力，則從四夷八蠻，分為左衽矣！豈為進人乎？豈為賢相乎？」即召尉遲匡至，而謂曰：「有一蕭穎士，既叨科第，輕時縱酒，不遵名教，嘗忤吏部王尚書丘，然以文識該通，孰為其敵，君子不遺其言，幾至鞭撲，子之詩篇，幸未方於穎士，且吾之名，復異於王公。重欲相干，三思可矣！」尉遲匡聽言，大驚失色，當下作辭，慌忙而去。

會蕭穎士遭父喪，服闋，拜集賢院校理，李林甫令會昌丞崔圓致意請穎士於所居之側僧舍一見。穎士許之。

至期，林甫乘車出省，前遮後擁，不下數千人馬。將至僧舍，林甫自謂宰相兼僕射之尊，穎士必於下馬處趨見。比及到僧舍門首，不見穎士。祇聞得有啼泣之聲，乃是穎士身穿縗麻在僧舍內哭哩。林甫不得已，祇得入僧舍弔問。因此林甫惡其穎士恃才，敢與宰相敵禮，乃罷其集賢院校理，降資授廣陵參軍。穎士遂寓居紫極宮道學館，領其教職。

廟庭之右，有一株紅顆壓枝的大櫻桃樹。約有兩三丈高，攢柯比葉，擁蔽風景。穎士惡之，遂命伐之，又作《伐櫻桃樹賦》一篇，以刺林甫，其文曰：

「古人有言：芳蘭當門，不得不鉏。眷茲櫻之攸止，亦在物之宜除。觀其體異修直，材非棟幹；外陰森以茂密，中紛錯而交亂。先群卉以效諂，望嚴霜而凋換；綴繁英兮霰集，駢朱實兮星燦。故當小鳥之所啄食、妖姬之所攀翫也。赫赫閟宇，玄之又玄。長廊霞截，高殿雲褰；實吾君聿修祖德，論道設教之筵。宜乎蒔以芬馥，樹以貞堅；莫匪夫松筱桂檜，茝若蘭荃。猗具美而在茲，爾何德而居焉？擢無用之瑣質，蒙本枝而自庇；汨群林而非據，專廟庭之右地。雖先寢而式薦，豈和羹之正味？每俯臨乎蕭牆，奸回得而窺覬；諒何惡之能為，終物情之所畏。於是命尋斧，伐盤根；密葉剝，攢柯焚。朝光無陰，夕鳥不喧；肅肅明明，蕩乎階軒。

嗟乎！草無滋蔓，瓶不假器；苟恃勢而將逼，雖見親而益忌。譬諸人事也，則翼吞併於潛沃，魯出逐於強季；緋峻擅而吳削，倫冏專而晉墜。其大者，虎遷趙嗣，鸞竊齊位；由履霜而莫戒，聿堅冰而洊至。嗚呼！乃終古覆車之軌轍，豈尋常散木之足議！」

卻說吉溫久不徙官，甚是懷怨。因背李林甫，而附楊釗。共誣刑部尚書兼京兆尹蕭炅坐贓，黜為汝陰太守。吉溫勸楊釗厚結高力士，以取高位。楊釗從其謀，果然得兼兵部侍郎之職。楊釗志欲專權，不喜侍郎李麟同職。林甫不得已，乃奏李麟以本官權知禮部貢舉。

時南詔王蒙歸義已亡，朝廷命其子蒙閣羅鳳襲爵。楊釗又表劍南行軍司馬鮮于仲通，從郭虛己破東女國千碉城，取哥鄰、白狗、逋租、南水、弱水、悉董、清遠、咄霸等西山八國四十餘城，屢立大功。詔於索磨川置金川都護府鎮之。朝廷以鮮于仲通為蜀郡長史、兼御史中丞，持節充劍南節度副大使。

第四十四回　哥舒翰西屠石堡　王忠嗣殞身漢東

卻說隴右哥舒翰，舊歲於龍駒島築土城，因有白龍自青海而出，名曰「龍應城」。是年六月，帝依李林甫之議，添兵數萬，與哥舒翰取石堡城。

於是哥舒翰總率河西、隴右兩鎮並河東、朔方群牧之眾六萬三千，長驅大進，徑到石堡城下。催動三軍，不分晝夜，悉力攻打。城上擂木礮石，打將下來。城下須臾血流成河，頃刻屍如山積。唐兵一連攻打六七日，城尚不破。高秀巖、張守瑜復來告翰，說石堡城難打。翰大怒，欲斬二將。眾將告免。

次日，傳令各營將領：「如三日內不並力破城，皆斬！」翰親自至城下，督諸軍搬土運石，填壕塞塹。城上矢石如雨，有兩員裨將畏避而回，翰掣劍親斬於城下，遂自下馬接土填坑。於是大小將士無不向前，軍威大振。城上抵敵不住，唐兵爭先上城，斬關落鎖，大隊擁入。遂克石堡城。活擒守將悉諾羅。

這一場殺：雖拔了石堡城，而河隴精兵，死者大半，卒如王忠嗣之言。哥舒翰得了石堡城，遣人赴長安報捷。帝御丹鳳樓設宴，大會文武慶功。加翰特進，攝御史大夫，授一子五品官，賜繒綵一千匹、莊宅各一所；重賞諸軍。又赦免悉諾羅之罪，賜甲第一區，授左威衛翊府員外中郎將，留居宿衛。改石堡城為神武軍。詔於臨洮樹碑，以彰戰功。自是哥舒翰威名益甚。其後十餘歲，吐蕃不敢窺青海。

有太白山人李渾上言：「於金星洞見老君，云：『洞內有玉版石記，聖皇福壽之符。』」帝令王鉷，往仙遊谷尋之。獲得靈符，回京城獻於天子。帝置於靈符殿供養，李林甫、陳希烈率百僚上表作賀。帝以符瑞屢臻，皆祖宗休烈，遂率太子諸王、宰相百僚朝獻太清宮，冊老君尊號為「聖祖大道玄元皇帝」。又朝享太廟，加高祖為神堯大聖皇帝，太宗為文武大聖皇帝，高宗為天皇大聖皇帝，中宗為孝和大聖皇帝，睿宗為玄真大聖皇帝。

帝御含元殿受冊，加尊號曰「開元天地大寶聖文神武應道皇帝」，大赦天下。作仲尼、四子像，侍立於太清宮老君側。封太白山神為神應公，改金星洞為嘉祥洞，華陽縣為真符縣，兩京並天下諸道各置真符觀。天下百姓，丈夫七十五以上，婦人七十以上，各給侍丁一人；九十以上二人；百歲以上三人。

卻說漢東太守王忠嗣，自到任之後，常常心中不樂，每每憂慮安祿山浸成亂階。及聞哥舒翰屠石堡、取紫袍之事，又哀痛數萬陣亡軍士，以致染病，不久而死。時年止四十五歲。

是歲冬十月，駕幸華清宮。帝親幸楊釗甲第，與之極歡；過幸五宅，宴賜隆厚。出有餞路，還有軟腳。遠近餉遺，珍翫狗馬，閹侍歌兒，相望於道。

再說高仙芝自破小勃律後，歸仁軍因小勃律難以屯田，遂於箇失密市易鹽米，以資軍糧。商旅來往，皆經朅師國過。時安思順破魚海，敗五城，朅師王勃特沒，遂受吐蕃貨，於國內要路築城堡，斷絕歸仁軍糧道。吐火羅葉護失裡忙迦羅以朅師結連吐蕃，乃表請討之。表略曰：「臣鄰境有一胡，號曰揭師。居在深山，恃其險遠，違背聖化，親附吐蕃。於國內置吐蕃城堡，拒勃律要路。與吐蕃將兵入擬。臣每憂懼，思破兇徒。望請安西兵馬來載五月到小勃律，六月到大勃律。伏乞天恩允臣所奏。事若不成。請斬臣為七段。緣箇失密王向漢忠赤，特望天恩賜其敕書宣慰，賜衣物並寶鈿腰帶，使其感荷聖恩，更加忠赤。」帝許之。

卻說高仙芝提兵直至揭師，不一日，打破揭師，生擒勃特沒，活捉吐蕃大首領十餘人，開得大勃律以東，直至安西、河西之路，乃收兵回安西。

天寶九載春正月，河清縣人崔以清上言，於元日平明在天津橋上，忽見紫雲為蓋，五色雲中，前有音樂，後有響梵，其中混元著黃衣，乘青牛，口云：「我有寶符，在汝本望白馬河南紫微山上，得鼎處南一百五十步，火急發取，汝帝得之，有同三光。」敕令東京留守王倕往求之，果得寶符。王倕從事徐浩，字季海，會稽人，洛州刺史徐嶠之之子，張九齡之甥也。博學有高才，兼善草隸。徐浩父子俱工書，時人比之王右軍父子。浩素曉篆隸，知其詐而按之，以清首伏。王倕具事聞奏，將崔以清偽作符命之事相告。帝卻不加罪，流之而已。

先是，帝作《西嶽碑》云：「嘗勤報德之願，未暇封崇之禮。萬姓瞻予，言可復也。」李林甫與御史大夫宋渾、禮部尚書崔翹商議，欲請帝封禪於西嶽。翹曰：「國家土德，與黃帝合；主上本命，與金天合。此正應天子當昇中告成，泥金檢玉，以荅神祇之功，增兆庶之福。更復何疑？」於是李林甫、陳希烈引大小官僚上表，請封西嶽。帝三讓，乃許之。詔以是載冬十一月，有事華山。命王鉷開鑿險路，以設壇場。

忽然一日，帝在御花園梅亭下閒翫，猛然思想起梅妃，就遣高力士暗地往洛陽上陽宮取梅妃到。帝見了梅妃，說道：「卿比舊時瘦了好些兒！越發清雅了。」梅妃冷笑道：「不如肥的好哩！」帝也笑了，說道：「各有好處！」就與梅妃重斟美酒，共設佳餚，兩個敘了回衷腸之話，當晚就在翠華西閣睡了。直到次早日上三竿時候，兩人才醒。忽小黃門慌入報曰：「玉妃楊娘娘來了。」帝驚得手足無措。

剛剛將梅妃藏於夾幕之內，衹見楊妃走將進來，問曰：「『梅精』安在？」帝曰：「不在這裡。」楊妃曰：「乞陛下宣『梅精』到此，與陛下同至於華清池沐浴。」帝顧左右而言他。楊妃忿怒，曰：「御牀下有鳳舄一雙，昨夜侍寢者是誰？如何這般貪歡，紅日三竿，猶未早朝？請陛下即出聽朝，妾在此專候陛下回來。」帝聽了，又羞又惱，曰：「朕昨夜偶得小疾，心神不爽。今日免朝。」說罷，拽起錦被，面朝裡便要睡，那裡理會楊妃半點兒。楊妃就惱起來，口裡不住的絮絮叨叨。帝被楊妃罵惱了，即日命高力士將楊妃，以輜車載出，送回楊銛府宅。回頭不見梅妃，問小黃門：「梅妃何在？」小黃門荅曰：「被我送回上陽宮去了。」帝怒，即將小黃門誅殺。

卻說高力士將楊妃用輜車載出宮，送回楊銛府宅。楊釗聞知大驚，慌請吉溫商議。溫即入內奏曰：「婦人智識不遠，有忤聖情，然貴妃久承恩顧，何惜宮中一席之地，使其就戮，安忍取辱於外哉！」帝雖命將貴妃逐趕，然猶思念，比及亭午，帝猶未食。聞溫此言，默然不荅。力士知其意，請盡將院中供帳、器翫、廩餼、衣物等送貴妃，共百餘車，帝又自分御膳賜之。

當日，楊銛正與韓、虢啼哭，忽報帝遣高力士來送賜物。楊銛迎入。力士傳旨主上賜御饌。

眾心乃安。

高力士將御膳賜與貴妃，又盡將貴妃院內供帳、器翫、廩餼、衣物等百餘車與之。貴妃謝恩訖，拿一把明晃晃翦刀，翦下一縷青絲來，遞與力士，嬌聲哭道：「妾忤聖顏，罪當萬死。珠玉珍異皆上所賜，不足充獻。唯髮膚是父母所生，可達妾意。望為申妾萬一慕戀之誠。」力士回見帝，獻上青絲。帝驚問之。力士將貴妃如此如此，這般這般，一五一十，對帝說了。帝心慘然，憐貴妃。力士奏請迎貴妃回宮。帝准奏。力士連夜迎貴妃回宮，從安興坊門入來。

及曉，帝見了貴妃，大喜。貴妃泣拜請罪。帝用好言撫慰，遂召兩市雜戲入內，與貴妃觀之，以為喜樂。次日，韓、虢進食，帝作樂終日，力士等皆有重賞。

卻說梅妃正在上陽宮悶坐，衹見高力士來到，將遺舄並釵環首飾，送還梅妃。梅妃問力士曰：「上何棄我之深乎？」力士曰：「上非棄妃，衹恐貴妃發怒生嗔耳！」梅妃聞言，呵呵冷笑道：「恐憐我則動肥婢情，豈非棄也？」乃作一賦，名曰《樓東賦》，託力士上之。力士回見帝，呈上梅妃之賦。帝看畢，令力士取珍珠一斛，往上陽宮，密賜梅妃。梅妃不受，命左右取紙筆，寫下四句詩，付與力士。力士回見帝，呈上梅妃之詩。其詩曰：「柳葉雙眉久不描，殘妝和淚汙紅綃。長門盡日無梳洗，何必珍珠慰寂寥。」帝覽之，愀然不樂，即吹紫玉笛作一曲，名曰《一斛珠》。

旬日之後，西嶽祠廟災。帝以關中久旱，遂罷封禪之議。

再說李林甫自居端揆，動循格令，衣冠士子，非常調無仕進之門。嘗有伎術人，深被恩遇。

帝欲遷其官，其人伏地拜請曰：「臣婿王如泚見應進士舉，伏望聖恩回授，乞一及第。」帝許之，宣付禮部。禮部侍郎李暐稟告宰相，林甫問曰：「王如泚文章堪及第否？」暐曰：「與之亦可。」林甫曰：「若爾，未可與之。明經、進士，國家取材之地。若聖恩優異，差可與官。今以及第與之，將何以觀材？」即入內奏帝，細言其事。移牒禮部，教王如泚依例攷試。林甫憶昔國子司業時，常對諸生細說舊事。諸生會意，相率署名，刊石樹碑於國學都堂之前，以頌林甫之賢。至釋奠之日，百官畢集，林甫見碑，乃問國子祭酒班景倩。景倩備言前事。林甫曰：「林甫何功而立碑，誰為此舉？」辭色甚厲。諸生大懼，通夜將石碑琢滅，覆之於南廓。

郤說吉溫與楊釗共誣御史大夫兼東京畿採訪使宋渾、劍南採訪判官宋恕兄弟坐贓，渾又偷娶薛稷外甥鄭氏之姊，恕又私通表兄雒縣令崔珪妻，又陰養刺客。李林甫奏稱宋渾就東京臺推，宋恕就本使劍南推，皆有實狀。帝下詔，宋渾除名，流於高要郡，宋恕流於海康郡。宋渾兄漢東太守宋尚又犯贓貨，黜為臨海長史。弟宋華、宋衡，居官並坐贓賄，相次流貶。

李林甫始惡楊釗之為人，又患其權重，擢王鉷為御史大夫、兼京兆尹，兼領閒廄、群牧等二十餘使。

王鉷既以剝下獲寵，威權日盛，其宅在太平坊，內有「自雨亭」，簷上飛流四注，當夏處之，凜若高秋。又有寶鈿井欄，不知其價。他物稱是。近宅為使院，文案堆積，胥吏求署一字，累日不遂。中使賜賚不絕於門，雖李林甫亦畏避之。王鉷子王準，李林甫子李岫，皆以鬥雞，侍帝左右。王準是個刁徒潑皮，恃王鉷勢盛，常侮李岫，李岫不敢發一言。萬年尉韋黃裳、長安尉賈季鄰，常於廳事貯錢數百繩，預備名倡美饌，候王準至。王準亦常侮駙馬王繇、永穆公主。王繇敢怒而不敢言。或問王繇曰：「長公主，帝愛女，君待之或闕，天子豈不介意耶？」王繇荅曰：「天子怒，無所畏；但性命繫七郎，安敢不爾？」王鉷排行第七，時人多呼為「七郎」。其盛勢橫暴，人之所畏也如此。

再說安祿山密與諸道商胡興販，每歲獻俘虜、牛羊、駝馬，不絕於路，珍禽奇獸、珠寶異物，貢無虛月，所過郡縣，疲於遞運。帝嘉之，授祿山開府儀同三司，進爵東平王，加實封三百戶。節度使封王，自安祿山始也。尋命壽王寫告身，加祿山兼河北採訪黜陟使。

祿山每大會胡商，輒踞重牀，焚香，列珍寶。祿山頭戴獅盔，腰束獸帶，身穿胡服，手執長戟。左右胡兒數百人，侍立兩邊；群胡俱羅拜於牀下，向天祈福。祿山又命盛陳牲牢，諸巫擊鼓、歌舞以自神。又令心腹將劉駱谷留居京師為耳目，以窺朝廷。

朔方節度使張齊丘給糧失宜，軍士怒，毆其判官；副將郭子儀以身捍，麾其眾退，齊丘得免。帝黜張齊丘為濟陰太守，加河西節度使安思順權知朔方事。

卻說白衣大食暮門伊疾弟末換，弒伊疾而自立，殘暴不仁，民心大怨。呼羅珊木鹿人並波悉林舉義兵數萬，悉著黑衣，鼓譟西行，生擒末換，殺之。立故王孫阿蒲羅拔為國主，是為黑衣大食暮門。石國與寧遠國不和，暗約黃姓突騎施，結連大食，共謀造反。高仙芝遂表奏石國王無蕃臣禮，願興兵問罪；一面偽與石國和約，將兵徑到柘折城下。城中震恐，石國王特勤惶懼，請身入朝。仙芝特差副將楊和，將部兵五百護送。隨即引兵入城，劫掠百姓。殺其老弱，虜其丁壯，收其府庫珍寶，得大塊瑟瑟十餘石，黃金五六橐駝，名馬寶玉不計其數。國人號哭不已，王子奔走逃難。石國遂平。

高仙芝又破諸胡班師，回至磧西，趁月黑夜，引兵直殺到突騎施衙帳中。移撥可汗急出衙帳上馬時，被唐兵生擒活捉了。自是高仙芝威名益甚。

時有處士崔昌上《大唐五行應運曆》，言：「王者五十代而一千年。國家土德，合承周、漢。上自曹魏，下至隋室，南北兩朝，皆非正統。不得承五運之次，請廢。」帝覽之，令文武百僚集議，李林甫奏崔昌所陳之事，深為有理。時值秋八月庚申，四星聚於尾、箕。集賢院學士衛包、起居舍人閻伯璵上表，言：「集議之夜，四星聚於尾宿，天象昭然。」帝意遂決。即下詔，以唐土德承漢火德，魏至周、隋歷代帝王，皆屏黜之，更求殷、周、漢之後為三恪，廢韓、介、酅等公。韓，元魏後；介，宇文周後；酅，隋後。以崔昌為贊善大夫，衛包為虞部員外郎，閻伯璵為翰林學士。

又有太白山人王玄翼上言：「於寶仙洞見老君，云：『洞內有玅寶真符。』」帝聞之，便令王鉷與刑部尚書張均、工部尚書王倕、尚書左丞韋濟、戶部侍郎王翼、監察御史王嶽靈往求之。王鉷領旨，與均、倕、濟、翼、嶽靈同到太白山，於寶仙洞中獲得玉石函《上清護國經》、寶券、紀籙等，回京獻帝。帝大喜，詔置真靈觀。

時李林甫宅東北隅，夜見溝中火光大起，又有小兒持火出入。林甫惡之，奏捨其宅東北隅造嘉猷觀，以其女李騰空為觀主。帝准奏，御書金字額以賜之。令吳道玄、王維與廣文館博士鄭虔，圖畫觀中精思院粉壁。虔字趨庭，滎陽人，秘書郎鄭鏡思之子也。工草隸，善丹青，明陰陽，邃祢術，能彈琴，頗好經史百家。學書而病無紙，知慈恩寺有柿葉數間屋，遂借僧房居止。日取紅葉學書，歲久殆遍。

第四十五回　楊妃認祿山為兒　吉溫拜蕃將為兄

卻說帝頗崇仙師羅公遠，而楊貴妃尤信梵僧不空。不空，師子國人也。本北印度婆羅門族也。其母方娠，夢佛光照頂。不空弱而能言，事金剛智，解一切有部律，諳異國書語。學《聲明論》，一紀之功，六月即畢；誦文殊願，一年之限，再夕而終。其資性敏捷，大抵如此。嘗乘賈人船入海，往師子國。忽然就海上起一陣狂風，天色昏暗，雷閃俱作，捲水搖天。長鯨湧海，白波連山。眾皆恐懼。不空即念咒語，祇見風平浪靜，天海青蒼。及到師子國，國王以禮迎接。會集國人，作調象戲。那十數頭大象咆哮，性發起來。眾皆登高遙望，無敢近者。不空念真言，結秘印，當街而立，狂象即時調伏。後來回到長安，正值京師亢陽，是年夏，雨無涓滴。帝傳旨，教請不空求雨。不空言：「不可。須待數日，今若祈之，必遭暴雨。」帝不從，令登壇求雨。果然天雨大降，淋漓不止。帝大驚，急令不空止之。不空奉旨，就於大興善寺庭院之中，捏了五七條泥龍，溜以清水，胡言詈之，良久，又大笑，少頃雨霽。數日後，帝又召不空祈雨。頃刻間風雲際會，甘雨滂沱。忽一日，狂風驟起。帝令不空止風，不空請一銀瓶作法，倏爾風息，後有池鵝誤觸瓶倒，風擊如前，再令不空止之，一時間，風聲復息。

忽一日，帝召羅仙師，與不空鬥法，同在便殿。帝忽苦背癢，時時反手搔背。羅仙師乃折竹枝，化作七寶如意以進。帝大悅，顧謂不空曰：「上人能致此乎？」不空曰：「此幻術耳！僧為陛下取真物。」乃於袖中出七寶如意以進。羅仙師所進者，即時化為竹枝耳。羅仙師見了，謂不空曰：「借尊師如意。」時殿上有花石瑩滑，不空遂揮如意擊碎於其前，羅仙師再三取如意不得，帝欲起親取之。不空曰：「三郎勿起，此影耳。」因舉手示之，如意復完然在手。楊貴妃始以二人定優劣。

後一日，禁中方將修殿，中庭有鴻梁數丈，徑六七尺。帝謂羅仙師曰：「吾方閒悶，仙師不能為朕作一術，以歡朕耶？」羅仙師乃作法，欲舉方木。方木一頭揭數尺，而一頭不起。帝驚曰：「仙師神力，何其失耶？」羅仙師曰：「三藏使金剛善神眾，壓一頭，故不舉」。楊貴妃頗有悅色，不空亦陰心自歡。羅仙師乃飛符於他處，竊不空金襴袈裟於櫃中，須臾而至。守者不之見。羅仙師步罡踏斗，繞三帀，復噀水龍符於袈裟上，袈裟遂散為絲縷以盡，隨色皆攝，各為一聚。不空歎曰：「惜哉金襴，至毀如此。」帝曰：「可正乎？」羅仙師曰：「可。」覆之，口中念念有詞。啟之，袈裟如故。

帝滿心歡喜，問不空曰：「羅仙師法術若何？」不空曰：「貧僧請收固袈裟，再令羅仙師取之。若取得，則貧僧輸；取不得，則羅仙師輸。」帝即喚楊貴妃，同到道場，且看羅仙師、不空，兩家各賭法力。不空上壇，焚香已罷，遂取金襴袈裟，收於銀盒之內。放入朱漆木櫃之中，封鎖甚密。不空念動真言，誦動咒語，即時見壇中有一重菩薩，外有一重金甲神人，又外有一重金剛圍著。真個是聖賢比肩，環繞甚嚴；三藏看守，目不暫捨。羅仙師言笑自若，卻不見有何動靜。良久，帝謂羅仙師曰：「何太遲遲，得無勞乎？」羅仙師曰：「臣不敢自炫其能，陛下可使不空開櫃來看！」帝即令不空開櫃來看。不空見木櫃深鎖，紋風不動，心中暗喜。及打開銀盒看時，驚得啞口無言。端的金襴袈裟不見了，祇留個空盒在手。羅仙師呵呵冷笑，進前奏曰：「袈裟在臣院內，陛下可差人取來。」帝令高力士取之。須臾，力士取袈裟至。帝又驚又喜，問羅仙師曰：「朕見菩薩金剛，如此森嚴，仙師卻用何法取出？」羅仙師曰：「菩薩力士，聖之中者；甲兵諸神，道之小者。至於太上至真之玅，非術士所知。適才貧道使玉清神女取之，則菩薩金剛不見其形，取若坦途，何礙之有？」帝撫掌大笑，賞賚無數。

帝要學隱身法，懇求羅仙師。羅仙師曰：「陛下真人降化，保國安人，誠宜習唐、虞之無為，繼文、景之儉約，豈可以萬乘之尊，四海之貴，而輕狥小術，為戲翫之事乎？若盡臣術，必懷璽入人間，將白龍困於魚服矣。」帝聞言發怒，欲誅羅仙師。羅仙師使了個隱身法，走入金柱裡面。武士把金柱圍繞，不見蹤跡。帝即叱武士破柱，取出羅仙師來。武士舉劍，往金柱便砍。金柱才破，羅仙師又走入玉碣裡面。武士將玉碣破為數十片，每一片都有羅仙師之形。帝沒奈何，祇得滿口認錯，道：「仙師莫怪，朕錯了！」羅仙師才跳出玉碣來。

帝苦苦相求，非要學隱身法不可。羅仙師再三推辭不過，方才依允。口雖許諾，卻不肯盡傳其術。帝每與羅仙師一同作術，則隱身潛象，人莫能知；帝若自試，或露出玉帶，或見了蹤影。那楊貴妃，宮娥綵女，大小太監，皆知帝之所在。帝大怒，乃先伏弓箭手於壁衣中，召羅仙師入。比及羅仙師至，壁衣內弓箭手一齊擁出殿前亂射，矢如雨發，羅仙師被亂箭射死於殿下。帝命瘞於苑中。

旬日後，中使輔仙玉自劍南回，奏事訖，云：「臣至駱谷，逢羅仙師於路，笑謂臣曰：『上之為戲，一何虐耶！』」帝大驚，問其行李如何。對曰：「跣足，攜鞋一隻。」帝乃令開棺視之，不見了羅仙師屍首。唯見一草鞋在棺，有箭孔十數。帝悔恨，歎異久之。

是年秋，安祿山表請入朝。帝許之，因祿山道政坊宅隘陋，乃出御庫錢，於親仁坊為祿山造大宅，令中貴人監役，戒曰：「卿善為部署，不限財力。祿山眼孔大，勿令笑我。」既成，極其華麗：彫梁畫棟，宛若天造，聚材之美，為京城第一。具幄幕器皿，充牣其中。布貼白檀香牀兩張，各長一丈，闊六尺；銀平脫屏風帳一具，方圓一丈七尺。至於廚廄之器，亦皆飾以金銀。金飯甕，銀淘盆，皆受五斗；又織銀絲成筹筐、笊籬：零碎之物，不可勝數。雖禁中服御之物，殆不及也。

祿山詣闕，每驛中間築臺以換馬，謂之換馬臺，不然馬輒死。驛家選祿山所乘之馬，以袋載土五石試之，能馱者，即以高價市之，秣飼以待祿山；鞍前更連置小鞍，以承其腹。將至戲水，有人報知帝。帝命楊釗兄弟與虢國姊妹同往新豐迎之，飛蓋蔽野，車騎如雲，所止之處，皆賜御膳，水陸俱備。又賜永寧園為祿山使院。

祿山至，賜華清宮湯浴，許閹侍李豬兒等，入助解著衣服。將士各賜酒食、金錢。帝計日幸望春宮，以待祿山十六日獻俘。

至期，安祿山獻奚俘八千人於觀風樓下。帝賜莊宅各一所，金鞁花大銀胡餅四、大銀魁二並蓋、金花大銀盤四、雜綵綾羅三千尺，龜茲一部，雞楼鼓、指鼓、腰鼓、笛、簫、篳篥等七人。

將士都有賞賜。攽課之日上攽，賜契丹生女口五十人。祿山進金窯細胡瓶二，銀平脫胡平牀子二，紅羅褥子一，奴婢十人，細馬十匹，打毬士生馬三十匹，橐駝十頭，骨鞍轡三十具，並黃綾鞍袱三十條，抄尾大馬纓十個，及鹿尾醬、鹿尾骨等。

帝每食一味稍珍美，或於御苑校獵獲鮮禽，輒令走馬賜嘗，中貴人相望於道。祿山時染小疾，王人御醫重迭復至，煎和湯藥皆在禁中。又賜永穆公主池亭，以為遊宴之地。王鉷與楊釗、號國姊妹選勝宴樂，必奏以梨園教坊音樂。祿山登降殿階，楊釗每扶掖之。先是，許祿山於管內上谷郡，起五爐鑄錢，至此乃進樣錢一千貫。

徵安祿山子范陽都知兵馬使安慶緒及女婿奚歸義王李獻誠、養兒安守忠等赴闕，慶緒等到京師，皆賜紫衣、玉帶、錦綵、銀器等，又令有司供食。

卻說帝御勤政樓，大設酺宴。於御座東間為設一大金雞帳，前置一榻，祿山來輒賜坐，一同閱戲。楊貴妃引綵女宮娥數十人到樓下魚貫而列，皆頭頂九騎仙髻，身被孔翠羽衣，項圍七寶瓔珞，手執幡節彩旄，為《霓裳》之舞。乍合乍散，翩若驚鴻爭風迴；將翱將翔，婉若遊龍乘雲頹。忽來忽往，彩鸞縹緲五色翎；若俯若仰，孔雀動搖金翠尾。煙蛾斂略，上元點鬟招萼綠；風袖低昂，王母揮袂送飛瓊。霓裳飄颻，鳳鳴西海集珍木；玄歌綿邈，鶴唳秋風繞仙岑。

祿山或撥去御簾而出。太子諫曰：「歷觀今古，無臣下與君上同坐正殿閱戲者。陛下寵之太甚，必將驕也。」帝呼太子前曰：「渠有異相，我欲禳之故耳。」原來帝聖誕乙酉，雞主於西；祿山本命癸卯，地支在木。故遍張金雞帳，欲以此厭弭之爾。

祿山恩寵浸深，御前應對，雜以諧謔，而楊貴妃常在座。帝愛倖祿山，呼之為兒，常於便殿與貴妃同樂之。祿山獻白玉簫管數百事，皆陳於梨園。

祿山晚年益肥壯，腹垂過膝，自稱重三百五十斤，每行，以肩膊左右擡挽其身，方能移步。帝戲問之曰：「此胡腹中何物，其大如是？」祿山尋聲應曰：「腹中更無他物，唯赤心而已！」徑至御前，把平生本事都使出來，作《胡旋舞》，其疾如風。帝大喜，益寵祿山。詔楊銛、楊錡、韓、虢、秦三夫人，與祿山約為兄弟姊妹。

祿山請為楊貴妃養兒。每對見，皆先拜貴妃，帝怪之，顧而問曰：「不先拜我而拜妃子，何也？」祿山奏曰：「臣是蕃人，蕃人先母後父耳。」帝大悅。

卻說吉溫見祿山見寵，與之結為兄弟。謂祿山曰：「李右相雖觀察人事，親於三兄，必不以兄為相。溫雖被驅使，必不超擢。若三兄奏溫為相，溫即奏兄堪大任，擠出林甫，是兩人必為相矣。」祿山大喜。自此數言溫能，帝亦忘卻昔日之言。

一日，李林甫見祿山於政事堂，祿山白事，怠而不恭。林甫佯以他事，喚左右曰：「白王大夫至。」王鉷匆匆而至，趨拜甚謹。祿山不覺悚息，腰乃漸曲。王鉷白事畢，林甫分付如此如此。王鉷喏喏連聲而退，如同案吏一般。林甫與祿山語，皆揣知其情偽，先言之。祿山大驚，以為神明。時值隆冬盛寒，祿山知林甫狡猾逾己，畏服之，汗出沾背。林甫乃引祿山坐於中書廳，接以溫言，脫錦袍以披覆之。祿山欣荷，言無所隱，呼李林甫為「十郎」。

卻說安祿山謂幕賓劉平曰：「我對天子，亦不恐懼，唯見李右相，則神機悚戰，若無地自容，何也？」那劉平本是個處士，居於青齊之間，善吐納，兼能視鬼。祿山在范陽，聞劉平奇，使使厚幣迎之，引在幕下。當下祿山問之，荅曰：「大夫有鬼兵五百，皆銅頭鐵額，侍衛左右，何懼李右相哉？」祿山曰：「不知。」平曰：「某安得見李右相？」祿山乃進表求降墨敕，請宰相李林甫、陳希烈至席宴會。

是時，帝欲於觀風樓下打毬，遽為之罷，召李林甫、陳希烈共來祿山府中赴宴。百僚都到，入席飲宴。至暮，盡醉方散。祿山喚劉平問之。平曰：「怪哉！怪哉！平初見李相公，見有兩個青衣童子，手捧香爐而入，大人左右鬼兵，盡皆穿屋逾牆而走。某亦不知其故也。」

卻說楊釗以圖讖有「金刀」，故請改名。帝因賜名，改為國忠。國忠又表奏張易之兄弟於國有功，朝廷復易之等官爵。南詔王蒙閣羅鳳與妻子俱使劍南，鮮於仲通不以禮待。張虔陀有所徵求，閣羅鳳不應。於是張虔陀密奏朝廷，告稱南詔欲反。閣羅鳳聽知此信，遂上表，奏稱虔陀捏奏天子，圖害南詔。朝廷差黃門賈奇俊到雲南體探。奇俊受了虔陀賄賂，回奏朝廷，說南詔交通吐蕃，欲謀造反。閣羅鳳又寫表一道，教軍將楊羅顛齎入長安，劾虔陀、奇俊誣陷忠良，乞治二人欺妄之罪。帝聽信楊國忠之言，不允其請。

閣羅鳳不勝忿怒，遂聚文武官，商議興兵討張虔陀。大軍將王毗雙自請出征。閣羅鳳從之，即令毗雙領兵取雲南。

張虔陀在雲南，聽流星報馬前來，報說南蠻軍馬不計其數，將近到來。虔陀聞南詔兵到，急令人上城守把。王毗雙引兵徑到城下，四面圍住，自秋涉冬，日夜攻打不息。城中糧盡，甚是苦楚。虔陀心中憂悶。忽軍士慌入報曰：「蠻兵殺入西門，一擁而入城矣！」虔陀大驚，乃飲藥自殺。府中僚吏，都四散奔避。蠻兵將雲南府城，劫掠一空。畊雙持虔陀首級，回見閣羅鳳。閣羅鳳得了雲南，又見張虔陀首級，心中大喜，又令大軍將李克鐸領兵取安寧城。安寧城使王克昭一面教軍士盡數上城守護，一面差人星夜赴劍南求救。

是年冬月，京師久不雪，至十二月十四日，天降大雪。安祿山奉表陳賀，帝批荅祿山賀雪兼賜以口號曰：「臘月忻三白，嘉平安四鄰，預知天下稔，先為物華春。」

天寶十載春正月一日，安祿山生日。帝與楊貴妃，賜祿山雜綵綾羅、金銀器皿、錦衣玉帶、食物香藥等，不計其數。後三日，召祿山入宮中，貴妃以錦繡為大繈褓，裹祿山，令宮人以綵輿舁之，歡呼動地。帝使人問之，報云：「貴妃與祿山作三日洗兒，洗了又綳祿山，是以歡笑。」帝就觀之，大悅，遂賜貴妃洗兒金銀錢物，極樂而罷。自此，宮中皆呼祿山為「祿兒」，不禁其出入。自號國姊妹，次及諸王，皆戲祿兒，與之日夜歡宴。

時值上元佳節，天色晴明得好。看看傍晚，慶賞元宵的人不知其數。當夜楊銛與同楊錡，引了韓、虢、秦三夫人，五家人在御街上，往來看翫。轉過西市門外，正遇廣寧公主騎從。兩家互相爭競，楊氏豪奴揮鞭及廣寧公主衣，驚得公主幾乎墜下馬來。駙馬程昌裔急下馬扶公主，卻被楊氏豪奴鞭打。公主泣告帝，說楊氏豪奴如此無禮。帝命杖殺楊氏豪奴，停駙馬程昌裔官。楊氏自此愈橫。百姓為之謠曰：「生女勿悲酸，生男勿喜歡。」又曰：「男不封侯女作妃，君看女卻是門楣。」

旬日內，帝朝獻太清宮，朝享太廟，有事於南郊。禮畢，大赦天下。天下父老，百歲以上，賜綿帛五段、粟五石；八十以上，賜綿帛三段、粟三石；丈夫七十五以上，婦人七十以上，賜絹帛五段、粟二石。罷安思順權知朔方事，加特進，攝御史大夫，與一子五品官。加李林甫遙領安北副大都護，持節充朔方節度副大使、知節度事，兼本道採訪等使，以戶部侍郎李暐充副使、兼知留後事。

時戶部尚書兼殿中監、閒廄使章仇兼瓊新亡，李林甫奏以王鉷代之。帝加王鉷殿中監、閒廄使，賜爵太原縣公。楊國忠與王鉷不能相下，常有嫌疑之心。

卻說石國王特勤行到長安，離開遠門數十里，楊和傳高仙芝密令，石國王特勤與可敦俱被執。旬日內，高仙芝入朝，將石國王特勤與可敦並黃姓突騎施移撥可汗、吐蕃大首領、朅師王，獻於闕下。帝御勤政樓，大會文武，命將石國王特勤斬了，加仙芝開府儀同三司，攝御史大夫，與一子五品官。

安祿山求兼雲中太守、河東節度採訪使，帝許之，即差近侍齎旨，宣召河東節度使韓休珝入朝，拜為左羽林將軍，以祿山代之。祿山奏以吉溫為河東節度副使、兼知留後事，大理司直張通儒為留後判官，雲中之事，一皆委之。通儒，張仁亶之孫也。

祿山自回范陽，劉駱谷每有書至，祿山必先問：「十郎何言？」林甫若有美言，祿山則喜笑忭躍；若但言「白安大夫，須好檢校！」祿山輒反手據牀曰：「阿呀！今番我死也！」帝常使李龜年學其說，以為笑樂。

第四十六回　楊國忠議伐西南戎　高仙芝大戰怛邏斯

再說蜀帥鮮于仲通，已知南詔殺了張虔陀，失陷了雲南郡，又奪得夷州三十二處。祇得寫表，差人申奏朝廷。楊國忠即奏蠻王閣羅鳳不恭，當興兵伐之。帝聞奏，勃然大怒，即令鮮于仲通為主帥，大將軍李暉、安南都護王知進為副將，率精兵八萬，分三路進攻南詔。

閣羅鳳正攻城，忽流星馬急報，言：「唐國調三路大兵，來取雲南。第一路，乃劍南節度使鮮于仲通，出南溪路；第二路，乃大將軍李暉，出會同路；第三路，乃安南都護王知進，出步頭路；此三路軍馬，甚是利害。」閣羅鳳大懼，即遣白蠻首領楊子芬為使，來說仲通罷兵。

鮮于仲通大軍出越巂，至南溪下營，忽報南詔有使，與雲南錄事參軍姜如芝俱至。仲通便教引將入來。使者呈上書信。仲通覽之，乃是謝罪之意。書略曰：「南詔世為唐臣，實無反心，皆因張虔陀之故，致生釁隙。今贊普屯大軍於浪穹，練兵積粟，覷釁伺隙，或脅我以威，或誘我以利。倘若南詔與漢交兵，必使吐蕃於中取利。願中丞熟思之！今虔陀已死，冤讎已息。願將雲南仍舊交還，兩相罷兵。中丞若不許，吾當歸命吐蕃，雲南之地，非漢所有也。」仲通大怒，更不看罷，將書扯碎，令將使者監下。隨令大將王天運為先鋒，提兵大進，殺奔南詔而來。

時值夏月，天氣炎熱，南方之地，分外炎酷。鮮于仲通領兵前到瀘水，驅兵渡水。瀘水如沸，煙瘴大起，蜀兵因染瘴氣，馬步軍十死二三。

早有消息報入南詔。閤羅鳳大驚，慌與多官，計議退兵之策。大軍將段儉魏曰：「仲通兵勢甚大，今秖宜深溝高壘，堅壁勿出。不消數月，彼軍糧盡，自然退走。那時乘虛掩之，可不戰而破也。」正議間，人報唐兵三路而來，直臨白崖城下搦戰。閤羅鳳上城看時，見兵整整齊齊，都擺列在城下。鮮于仲通頂盔掛甲，躍馬橫槍，點軍調將，耀武揚威，立馬在門旗之下，高聲大叫道：「秖教反朝廷的蒙閤羅鳳出來！」閤羅鳳立在城樓下女牆邊，指著仲通說道：「南詔為漢不侵不叛之臣，至今不貳。今中丞何妄興大兵，犯吾境界！」仲通大怒，便命攻城。閤羅鳳見蜀兵勢大，使人往吐蕃求救；一面固守城池，堅壁不出。

鮮于仲通一連攻了數日，不能成功，乃喚王天運分付：「吾率眾攻其前，汝可引本部兵抄出昆彌嶺之後。彼前後不能相顧，一鼓可破也。」天運受計而去。當日黃昏，天運受計引兵而進。剛剛轉過山嘴，被蠻人暗藏一枝軍馬在山背後叢林裡，閤羅鳳長子鳳伽異、蠻將段儉魏，領兵搶出林來。天運措手不及，被儉魏一刀斬於馬下。餘眾四散逃奔。

鮮于仲通麾軍攻城。閤羅鳳閉門不出。仲通正攻打之間，忽然背後喊聲大震。仲通勒馬回看，秖見蕃兵鼓譟搖旗，浩浩而來。蕃將論若贊指揮大軍混戰。閤羅鳳在城上望見是吐蕃旗號，忙引蠻兵大開城門殺出。與論若贊會合，兩下夾攻，仲通軍馬遮攔不住，都四散奔走。閤羅鳳、論若贊乘勢趕去，直追過瀘水，落水死者，不計其數。仲通引兵往來衝突。蕃兵阻其去路，密如鐵桶。仲通奮死殺出，折兵大半，星夜奔回劍南。

有敗軍逃得性命，回報仲通，說王天運被斬。仲通聽知折了天運，悲傷不已。星夜具表申奏朝廷，言南詔結連吐蕃，劍南損兵折將，勢甚危急。

楊國忠得表，尋思：「鮮于仲通折了許多軍馬，費了許多錢糧，又折了一員上將。這事怎敢教聖上得知！」次日帝設朝，國忠奏曰：「昨遣蜀帥鮮于仲通，統率大軍征討南蠻，克復雲南，並夷州三十二處。近因天氣暑熱，軍馬不服水土。抑且蠻居玷蒼山中，有洱水之險，重關之固，馬步軍兵急不能進。因此權且罷戰退兵。今仲通遣人馳報捷音，別候聖旨。」帝聞知大喜，即下詔，遣使宣仲通入朝，拜為司農卿。

卻說大食阿蒲羅拔自繼位之後，法令一新，封並波悉林為東面將軍，鎮守木鹿。大食將軍舍裡克造反，聚眾數萬，稱與末換報讎；西域大亂。並波悉林令大將軍齊雅德調兵擒舍裡克，斬之；次平安、史等國。石國王子往投諸胡國，具說高仙芝欺誘貪暴之事。諸胡聞知此事，皆大怒，乃引大食下怛邏斯城，欲取四鎮。高仙芝聽知此信，即上表請伐大食。李林甫入朝，奏知天子。帝聞奏，即降敕，教仙芝引馬步軍數萬，兼統寧遠國之兵討之。

卻說高仙芝大軍，迤邐望怛邏斯進發。正行沙磧之間，忽見前面黑旗蔽日，塵土遮天，一枝人馬到來。仙芝視之，乃葛邏祿葉護阿波移健啜也。原來阿波移健啜自為回紇葛勒可汗磨延啜所敗，便引軍屯金山下；令人約會堅昆，共伐回紇，同分土地，永結盟好。葛勒可汗勒兵到，與葛邏祿、堅昆大戰於劍河，復大敗之，阿波移健啜引敗軍望西而走。因聞高仙芝西征大食，故來助戰。仙芝大喜，遂合兵一處，趲兵直至怛邏斯。

守城大食將軍賽義德，見唐兵大至，引城中人馬數萬，搖旗吶喊，出城搦戰。程千里當先出馬，賽義德挺槍來戰，不三合，架隔遮攔不住，大敗而走。仙芝乘勢掩殺，賽義德不能主張，急急引軍奔回城中。一面教軍士閉門堅守，一面發書往木鹿告急。

且說並波悉林在木鹿，接得賽義德牒文，言高仙芝圍城將陷，乞賜救援。並波悉林聞報，即令齊雅德為大將，卡赫塔巴為副將，達烏德為先鋒，起大食兵數萬，殺奔怛邏斯來。

高仙芝令兵四面圍定攻打，連日不能破。忽報後面塵土沖天而起。仙芝勒馬回看，但見軍馬蓋地而來，正中間捧出一員蕃將，碧眼黃鬚，身長九尺。旗號上寫的分明：「大食戰將達烏德」。達烏德勒馬，大罵：「高麗狗種，安敢犯吾境界！」仙芝大怒，便問首將：「誰與我力擒此賊？」說言未了，腦後鸞鈴響處，一員大將當先出馬，乃是封常清。拍馬舞刀，來戰達烏德。二將戰無數合，達烏德撥馬便走。仙芝引眾軍隨後掩殺。

卻說達烏德引敗軍回見並波悉林，細說大敗之事。並波悉林大怒，親統大軍來奪怛邏斯。兩陣相對，吹動畫角，戰鼓齊鳴，各佈陣勢。三通鼓罷，唐陣裡門旗開處，高仙芝出馬當先，程千里、李嗣業、封常清、席元慶四員偏將簇擁在左右。衹見大食陣裡黑旗磨動，有數十員蕃將兩勢擺開，中間馬上坐著一員大將，正是並波悉林。生得深目高鼻，黑面紫髯。並波悉林出馬於門旗下，看安西之兵，人人勇健，個個英雄。並波悉林暗暗稱奇，以鞭指高仙芝而罵曰：「汝乃啖狗屎高麗奴，敢來犯我大國！」言訖，令卡赫塔巴出戰。卡赫塔巴引鐵騎千餘，衝突而來。仙芝教嗣業引陌刀軍當先開路，如牆而進。大食軍一齊擁至。嗣業乃揮刀亂砍。手起處，大食人馬，鐵衣粉碎，鮮血迸流。蕃軍見了，盡皆驚駭。並波悉林恐卡赫塔巴有失，遂令齊雅德、達烏德兩將齊出夾攻。仙芝見大食驍將齊出，急令千里、常清麾兩翼鐵騎，橫衝直撞，混殺將來。

當是時，安西軍士無不一以當十，唐兵呼聲動天，大食軍大敗，殺得星落雲散，七斷八續。並波悉林先撥回馬走。高仙芝看見，就馬上拈弓搭箭，覷定並波悉林較親，一箭射去。並波悉林應弦落馬。大食兵四散敗走。齊雅德見了，便和數個牙將，死命來救並波悉林。齊雅德戰住李嗣業，眾將救得並波悉林上馬去了。齊雅德保並波悉林歸大寨，敗軍陸續回營。

次日，高仙芝又戰，並波悉林又敗退二十里；仙芝迤邐趕上。次日，仙芝兵出，並波悉林望風而走，連敗數陣，直退至怛邏斯川。仙芝移軍逼近怛邏斯川下寨。並波悉林折了許多人馬，早紮寨柵安歇下。心中憂悶，會集諸將商議。齊雅德曰：「某知葛邏祿葉護阿波移健啜，其人極貪賄賂。今可暗以金帛送之，約以夾攻。事平之後，助他破回紇，收復金山之地，彼必肯從。則怛邏斯之危自解矣。」並波悉林喜曰：「此計大妙！」遂選一舌辯之士，附耳分付如此如此。

軍士領命，持書徑來葛邏祿寨，求見阿波移健啜。阿波移健啜喚入。軍士施禮畢，拜獻金帛禮物。阿波移健啜受之，滿心歡喜。軍士乃出密書，曰：「大食東面將軍呼邏散訶密久慕葉護英名，今特差某到此，約葉護內外夾擊，以破唐軍。破仙芝之後，大食願助葉護破回紇，復奪金山之地，永結盟好。」阿波移健啜覽書畢，曰：「吾已知之。汝可回報大使：來日陣前，吾當反戈擊之。但聽鳴金為號，大使以兵相應可也。」軍士回見並波悉林曰：「葉護欣喜，願助大使同破仙芝。」並波悉林大喜。

次日，高仙芝盡起安西之兵前到怛邏斯川：一邊是河，一邊是山，中央平川曠野，好片戰場！兩軍相迎，以弓箭射住陣角。並波悉林把令旗左招右展，一起一伏，列成五肢大陣。仙芝分程千里押葛邏祿為左翼，封常清押寧遠兵為右翼，自押中軍。仙芝勒馬門旗下，大叫曰：「請大食主帥荅話！」並波悉林引齊雅德、達烏德並卡赫塔巴出。仙芝曰：「紫髯鼠輩，計窮力盡，尚然抗拒，不思投降？直待粉骨碎身，悔之何及！」並波悉林大怒，揮鞭一指，大食大隊人馬擁將過來，兩兵混戰，直到日暮，猛聽得左邊鑼聲大震，唐陣中馬嘶人喊，亂攛起來。仙芝看時，卻是阿波移健啜，指揮葛邏祿軍馬，在左軍殺將起來。並波悉林招動人馬，衝殺過來。兩下夾攻，安西兵大亂。寧遠之眾見勢頭不好，望風先走。並波悉林麾軍掩殺，殺得仙芝人亡馬倒，星落雲散，軍士折其大半。諸將保護仙芝，奪路而走。

高仙芝收聚敗軍，欲再與並波悉林決戰。李嗣業曰：「將軍深入胡地，後絕救兵。今大食戰勝，諸胡知，必乘勝而並力事漢。若全軍沒，嗣業與將軍俱為賊所虜，則何人歸報主？不如馳守白石嶺，早圖奔逸之計。」仙芝曰：「爾，猛將也。吾欲收合餘燼，明日復戰，期一勝耳。」嗣業曰：「愚者千慮，或有一得，勢危若此，不可膠柱。」堅請仙芝速奔白石嶺。黑夜裡山險嶺惡，道路窄狹，寧遠兵先奔，人馬擁塞，進退不得。於是嗣業奮其白梃擊之，寧遠人馬，大半應手俱斃，餘者皆中傷而逃。路開，仙芝據鞍未動，嗣業以鞭拂馬，仙芝乃過。遂留下嗣業，收拾餘眾。

衹聽得有人厲聲言曰：「避敵先奔，無勇也；全已棄眾，不仁也。幸而得達，獨無愧乎！」視之，乃汧陽人也，姓段，名秀實，字成公，漢太尉段熲之後，洮州司馬段行琛之子也。秀實幼以孝聞，母嘗有疾，秀實憂之，七日不食。及母疾瘳，秀實乃食。時人號為「孝童」。及長，沉厚有斷。舉明經，同輩笑之。秀實歎曰：「大丈夫當效傅介子、張騫立功異域，以取封侯，安能效俗士，尋章摘句乎？」乃棄文就武，投於馬靈察麾下。因討護密有功，拜安西府別將。嗣業羞慚滿面，執秀實之手謝之。遂同秀實收拾殘軍，得數千人，復得成軍，回至龜茲。嗣業言於仙芝，仙芝稱讚不已，表薦嗣業為驃騎、左金吾大將軍；秀實為隴州大候府果毅，以為嗣業判官。

是歲秋八月六日丙辰，武庫火災，焚兵械四十七萬件都盡。武庫者，甲兵之本也。帝心中疑慮，謂高力士曰：「朕年事漸高，心力有限。朝廷細務，委以宰臣，蕃戎不警，付之邊將。自然無事，日益寬閒，卿謂如何？」力士對曰：「比在內宅，不知時議。近於閣門外，見諸道奏事人說雲南頻有喪律，陛下何以禦之？北兵近甚精強，陛下何以制之？但以皇威遠震，聖澤滂流，足以吞食鯨鯢，翦滅封豕。諸餘纖介，曾何足云！臣恐久無備於不虞，卒有成於滋蔓，然後禁止，不亦難乎？」帝曰：「卿之所疾，漸亦痊除。今日奏陳，雅符朕意。近小有疑慮，所以問卿。卿慎勿言，杜復洩露，應須方便，然可改張。」力士頓首謝曰：「以陛下至聖，微臣至愚，幸契天心，不勝欣慶！」

尋除高仙芝武威太守、河西節度副大使，以代安思順之職。思順諷群胡割耳揜面請留己，林甫奏帝，仍以思順為河西節度使，加仙芝右羽林員外大將軍。

第四十七回　造逆謀王鉷伏誅　施陰計楊李爭權

再說安祿山點范陽、平盧兩鎮軍馬，合雲中之眾，共起六萬大兵，令奚騎二千為前驅，征討契丹。行至土護真水，祿山誓眾曰：「兵法：『疾雷不及掩耳』，又曰『先人有奪人之心』。今久雨，復去賊尚遠，若倍道趨程，賊必不虞我至，破之必矣。」軍令嚴促，晝夜兼行三百餘里。將至天門嶺，祿山使人持一繩，欲盡縛契丹諸酋長，生擒阻午可汗以歸。

時值八月秋天，霖雨涉旬，軍器盡濕，將士困極。大將軍何思德請曰：「吾軍雖眾，倍道遠來，甚是疲頓，實不可用。不如少憩，張其勢而脅之，不出三日，虜必降。」安祿山大怒曰：「兵貴神速，汝敢亂我軍心耶！」喝令左右推出斬之，以令三軍。眾將告免。祿山遂令思德為先鋒，自為中軍，史思明為合後，望天門嶺進發。

且說阻午可汗與文官武將、八部酋長，在帳中飲宴。忽見流星探馬報將來，說道：「安祿山軍馬，大小人兵不計其數，離衙帳約有二三十里，將近到來！」八部酋長聽得這個消息，盡皆失色。夷離堇耶律泥禮進曰：「可汗勿憂。唐兵遠來，必然疲困，雖多不足懼；今可盡起八部之兵，往天門嶺險處埋伏，乘其初至，猝然擊之，必可破也。」阻午大喜，隨即點兵，星夜到天門嶺，與泥禮就天門嶺兩邊埋伏。

比及天明，遙見山下塵頭大起，一面黑旗，唐兵到來。為首大將，乃是何思德。橫矛縱馬，引軍前進。思德形貌，與祿山相似。阻午可汗在山上見之，把號旗一招，山上大木亂石滾下，思德軍中大亂。契丹兵分兩路殺下山來。泥禮拈弓搭箭，射中思德。思德翻身落馬。契丹兵槍刀簇擁，望思德沒頭沒臉的扎來。頃刻間，把思德屍骸支解。

契丹軍馬以為祿山已死，勇力倍增。比及祿山大軍來到，兩邊軍馬混戰做一團。自平明直戰到黃昏，殺傷大當。奚眾見勢頭不好，背了祿山，與契丹並力來攻，祿山大敗。泥禮搭上箭，拽滿弓，望祿山射將來，箭到處，正中鞍韉。祿山鞭弭盡落，簪履墜地，險些兒落馬。泥禮引百餘騎，直入軍中來捉祿山。契丹兵來得勢猛，左右將佐，皆抵當不住。祿山披髮縱馬，奔轉山坡，祇領得二十餘騎，望西倉皇而走。不想趷蹅一聲，連馬和人，顛入土坑之內。背後一簇皂旗擁至，為首大將，乃是泥禮，見祿山陷於坑內，急撚槍來刺。忽然一道黑氣，從土坑中滾起。那匹馬平空一躍，跳出坑外。泥禮見了，大驚而退。安慶緒、孫孝哲保著祿山，且戰且走。

奔至半夜，聞喊聲漸漸遠去。祿山同慶緒、孝哲，徑投柳城來。比及奔到城下時，忽然喊聲後起，乃契丹軍到來，約有千餘。祿山正慌急，守城騎將史定方望見，大驚，急引精兵三千，出城救應。泥禮見救軍至，不敢追襲，勒軍回契丹去了。祿山因此得脫。

且說祿山回到柳城，恐朝廷問罪，恰好突厥左賢王阿史那哥解、河東兵馬使魚承仙回到柳城來見祿山，祿山便喝左右捉下哥解、承仙。哥解、承仙叫曰：「無罪！」祿山曰：「吾亦知汝二人無罪，但不殺汝二人，無以自解耳。」即叱刀斧手推出斬之。隨令掌書記高尚寫表一道，歸罪於哥解、承仙，並表薦史定方：「此人不減隴右王難得。」

卻說大將軍史思明，恐被祿山所害，自兵敗之後，逃入山谷。旬月內，聚集殘兵七百餘人，同回柳城，入見祿山。祿山大喜，笑而執思明手曰：「謂汝已歿矣，不圖見汝，吾復何憂！」思明出，謂左右曰：「向使早出，已隨哥解等已死矣！」左右無不歎服。

契丹頻攻圍師州，守將劉客奴伏於草中，得免於難，遣人求救於安祿山。祿山遣史思明率兵救之，契丹乃退。祿山表薦思明為北平太守、兼盧龍軍使。

是年秋，霖雨淹旬，牆屋多壞，京師尤甚。時李泌高尚不仕，隱居嵩山。帝徵李泌至京師，問以當世之事。李泌獻《明堂九鼎議》、《皇唐聖祚文》各一篇，帝大喜，授李泌東宮供奉、翰林待詔，令與太子諸王為布衣交。太子師事李泌，待之甚厚，呼為先生，而不名也。

卻說楊國忠暗使鮮于仲通上表，請己兼領劍南。帝下詔，加楊國忠權知蜀郡長史，領劍南節度副大使，兼劍南、山南西道採訪使。

是時江、淮多私鑄惡錢，富商奸人漸收好錢，潛將往江淮之南，每好錢一文貨得惡錢五文，假託官錢，入京私用。京城行用之錢，日加濫惡。至次載二月內，李林甫、王鉷奏請禁絕京師惡錢，命有司出庫錢三數十萬貫，分於兩市，官為換取，限一月日內使盡。其過限輒違犯者，一事以上，並作條件處分。京城商旅，共遮楊國忠馬首，訴於國忠，國忠言之於帝。帝乃下敕，除鐵錫、銅沙、穿穴、古文並許依舊行用。

且說王鉷事繼母以孝聞，而王鉷異母弟戶部郎中王銲，從小惡逆，不樂讀書，專好鬥雞走馬，使槍輪棒。到得長大，賭的是錢兒，宿的是娼兒，喫的是酒兒。王鉷有時也訓誨他。王銲逆性發作，將兄長詈罵。王鉷無可奈何，祇索由他。王銲曾召術士任海川至其宅，問曰：「我有天子之相否？」海川大懼而退，乃更名姓，亡匿馮翊。王鉷恐事洩，令吏捕之，得海川，託以他事杖殺之。皇戚、王府司馬韋會聞之，話於私第。或告於王鉷，王鉷遣長安尉賈季鄰繫會於獄，賫夜，縊殺之。

時有法壽寺聖僧滿師，善推九宮，術人禍福，嘗謂王鉷曰：「王大夫一家盡成白骨。」又有王鉷妻崔氏暴死，數日乃蘇，告王鉷曰：「妾在陰司，見楊慎矜兄弟訟李右相、王大夫，大叫冤屈。焰摩王曰：『已斷王鉷滅族，即當到矣。』少頃，鬼卒鎖王大夫至，兼子弟數人，皆披枷帶鎖，七竅流血。」王鉷恐有滅族之禍，事李林甫彌謹。李林甫雖忌其寵，不忍害之。

卻說王銲與邢璹之子邢縡廝熟。那邢縡亦是個膏粱子弟，索性兇頑。亦好的是鬥雞走狗，舞槍弄棒。時天寶十一載夏四月，邢縡謂王銲曰：「今月十一日夜間，我約右龍武軍萬騎造反，殺了龍武大將軍陳玄禮，奪其兵權，郎中在城外四面放火，聚集惡少奸棍，殺入城門，與我會合，分頭往殺朝廷官僚李林甫、陳希烈及楊國忠等。朝廷之事，豈不由郎中兄弟乎？」當下計議已定，各自準備去了。不料其事不密，有人報入宮中。帝乃召王鉷入內，以狀付王鉷，使王鉷令捕賊官，突入邢縡宅捕之。王鉷領命而出，先使人往邢縡宅召王銲。天色漸晚，始差萬年尉薛榮先、長安尉賈季鄰捕捉。

楊國忠知其事，徑來告帝。帝遂遣國忠領傔人數十，往助王鉷。賈季鄰率吏卒往捕邢縡，路遇王銲。王銲問何來。季鄰告知其事。王銲曰：「我與邢縡故舊，邢縡今反，恐事急妄相引，請足下勿受其言。」季鄰點頭允諾。

且說帝在宮中，不見王鉷、楊國忠來回覆，心中疑惑，又命驃騎大將軍兼左監門大將軍、內飛龍廄大使高力士，選四百飛龍禁軍，往助王鉷同捕邢縡。力士領命，徑到飛龍廄，選了飛龍禁兵四百餘人，傳令曰：「斬級者無戰功，擒生者受上賞。」眾皆遵令而行。

卻說邢縡聚賊黨一夥人，都是狐群狗黨，專干不良之事！正在宅中密議謀逆之事。忽聽一小廝來報，說道：「禍事了！禍事了！官軍來了！」那邢縡聽得，喫了一驚，挺手中白刃，先搶出門來看。眾嘍囉吶聲喊，都拖槍拽棒，齊出門來迎敵。正廝殺間，王鉷、楊國忠亦到。賈季鄰將王銲之言告王鉷，王鉷叱季鄰曰：「吾弟豈與邢縡同謀！」即命擒下邢縡。邢縡自料敵他不住，猛可的眉頭一蹙，計上心來，便大叫：「勿傷王大夫人。」楊國忠甚驚，國忠傔人附耳密告曰：「賊有私記為號，謂不可與王大夫人戰也。」國忠點頭。邢縡引賊黨奪路而走，正逢高力士領飛龍禁兵前來。力士拈弓搭箭，滿滿地拽開，颼的一箭，把邢縡面頰上射著，倒撞下馬來。唬得那眾嘍囉撇槍棄棍，四路逃生而走。力士揮鞭一指，軍士一齊擁上，一個個那裡去躲？盡被拿了。

楊國忠回見帝，把捕賊前後始終，細陳了一遍；且云：「王銲與兇人邢縡謀逆，王鉷必通謀。」帝即召李林甫、陳希烈入內問之，林甫曰：「陛下委王大夫甚重，大夫必不知情，想是王銲嫉兄富貴，故陷之耳！」帝然之，詔王鉷與刑部、大理鞫理。

卻說陳希烈謂楊國忠曰：「可借邢縡之事陷王鉷兄弟誅之。」國忠從其計，暗使獄吏書牘背示邢縡餘黨，曰「引王銲連坐」。王鉷上表，請自拘於司敗。

帝以王銲是王鉷弟，特恕不問。卻使人喚楊國忠入內，分付曰：「王銲與王鉷有兄弟之分，朕不便究其罪。卿可去見王鉷，勸他上表罪之。」國忠領旨，即來見王鉷曰：「主上眷王大夫甚深，今日大夫須割慈存門戶，但抗疏請罪郎中。郎中亦未必至極刑，大夫必存，何如並命！」王鉷沉吟良久，乃喟然歎曰：「小弟先人餘愛，平昔頻有處分，吾不忍捨之而謀存。」國忠急回見帝，具述王鉷之語。帝大怒，有誅王鉷之意。

次日，昇殿設朝，楊國忠言王鉷兄弟與邢縡通謀，王鉷言與弟皆不預謀。二人互相爭辯。兩班文武見皂白難分，衹得閉口無言。衹見班部中陳希烈出來啟奏帝道：「逆人邢縡無賴子弟，與王銲謀反，豈得成事？王鉷早膺擢用，累踐崇班，持憲尹京，百姓畏其威。而今大逆無道，謀反明白，罪當伏誅，何必多議！」王鉷怒，廷叱希烈。是日朝罷，王鉷於中書侍郎廳修表一道，差人進狀，門司卻不肯納受。少頃，袁思藝齎詔到。遂罷王鉷京兆尹之職，以國忠代之。又收王銲下獄，命陳希烈、楊國忠按治之。王鉷急到政事堂見李林甫，以表示之。林甫曰：「大夫後之矣！」遂不許。

再說楊國忠與陳希烈等訊獄，問王銲曰：「大夫知邢縡事否?」王銲戰慄不能言。忽有一人怒叱之曰：「汝為臣不忠，為弟不義！主上以大夫之故，以汝為戶部郎中，又加五品，恩亦厚矣。大夫豈知邢縡事乎?」眾視其人，乃河東人也，姓裴，名冕，字章甫。他曾為渭南尉，王鉷領京畿採訪使，表為判官。遷監察御史，歷殿中侍御史，現為侍御史。因見楊國忠誘王銲誣王鉷，故出此言。國忠愕然，曰：「實知，固不可隱；不知，亦不可妄引。」王銲俯首流涕，曰：「七兄不知。」王鉷門廄判官、侍御史盧鉉欲取媚國忠，乃誣王鉷曰：「王大夫將白帖索廄馬五百匹以助逆，我不與之。」國忠取了盧鉉供詞，卻捉賈季鄰等勘問明白：皆稱王鉷兄弟欲反。眾小廝亦應曰：「非邢縡一人，更有王鉷、王銲兄弟，同謀篡逆。」

比及天晚，楊國忠還報帝，細陳王鉷反情。次日設朝，帝降旨，杖殺王銲於朝堂，又賜王鉷自盡。使命齎敕至三衛廚，讀畢，王鉷北面再拜，伏劍自殺。王鉷妻女移隸宅於荒服，子衛尉少卿王準流嶺南承化郡，尋殺之：籍沒其家。有司簿錄王鉷太平坊宅財物，數日不能遍。帝封楊國忠為御史大夫，兼領京畿、關內採訪等使。

王鉷既死，暴屍於資聖寺廊下。王鉷賓佐數人，不敢窺其門。獨裴冕詣楊國忠，乞收葬鉷屍。國忠默然不應。裴冕復曰：「冕初為王鉷判官，甚被知遇。若得收斂鉷屍，受戮無恨！」國忠嘉其義，聽之。裴冕遂收王鉷屍，親自護喪，瘞於近郊。時人嘉裴冕之鯁正，而薄盧鉉之不義。國忠奏帝，黜盧鉉為廬江長史。先是，王鉷與楊慎矜貴盛爭權，王鉷附李林甫，陷慎矜家。經五年而王鉷至赤族，豈天道歟！

卻說安祿山自天門嶺敗後，常思報讎；乃上疏朝廷，請興兵雪恨。同羅酋長阿布斯自歸國家之後，帝甚禮之，賜姓李，名獻忠。累遷朔方節度副使，賜爵奉信王。獻忠美容貌，多才略，部下同羅鐵騎數萬，無敵於天下。祿山恃寵，獻忠不為之下。祿山遂與獻忠不協，因奏為將，共討契丹。詔移李獻忠部落，隸於范陽。獻忠恐為祿山所害，竟率其部落叛歸漠北。李林甫乃上表辭領朔方節度，請以安思順代己。帝加思順朔方節度副大使。

於是楊國忠以邢縡有叛逆計，深探其獄，令引李林甫交私王鉷兄弟、李獻忠事狀。且引陳希烈、哥舒翰，證成其罪。帝因此疏遠林甫。國忠奏帝，加翰開府儀同三司。忽一日，李林甫與諸子遊其後園。李岫指役夫，謂李林甫曰：「大人久處鈞軸，枳棘滿前，一朝禍至，欲比此人可得乎？」林甫不悅，曰：「勢已如此，將若之何！」

夏六月，楊國忠奏言：「吐蕃與南詔潛謀，欲於瀘南結聚。西山諸郡及八國子弟，破吐蕃雲南救兵六十余萬，拔故隰州等三座大城，擒俘虜六千三百，以劍南道遠，揀丁壯一千餘人及投降首領以獻。」帝御勤政樓設宴，大會文武慶功。秋八月，帝復幸左藏，賜百官錢帛，楊國忠出納判官魏仲犀上言鳳凰集通訓門。己亥，詔改通訓門為鳳凰門，以魏仲犀為殿中侍御史。楊國忠屬吏，皆以鳳凰優遷官。

卻說李獻忠寇邊，圍永清柵，永清柵守將張元軌拒擊走之，安思順表奏朝廷。李林甫正在偃月堂中思慮，忽見一個遍體被毛的妖怪，身長三尺，毛如豬鬣，鉤爪鋸牙，目光如電，伸手便攫將來。林甫叱之不退，喝令武士亂箭齊射。毛人大笑。奔入前堂，堂中青衣暴卒。經過馬廄，廄中良馬亦死。

一日朝罷，李林甫回府，坐於堂上，開軒直望。忽見一狐，其大如牛，渾身黑色，奔入庭中。林甫喝令武士以弓箭射之。武士領命，方待取箭射之，庭中玄狐已不見了。自此玄狐屢現。林甫甚驚怪。往見玄都觀高道李遐周，把心腹之事，備細告知李真人，願求指迷。遐周曰：「相公存則家泰，歿則家亡。」林甫哭拜於地，乞遐周解救之。遐周急止之，曰：「相公休怪。前言戲之耳！」林甫聞言，拜辭含淚而去。

次日，李林甫晨起，漱盥畢。命左右進笏囊，即常時所要事目也。忽覺笏囊甚重，叱左右開視之。忽見二鼠自笏囊中攛出來，投於地上，變作兩個蒼狗，怒目齮牙，直視林甫。林甫急呼武士放箭射之，蒼狗忽然不見。林甫大惡之。是日，林甫稱疾不朝。

第四十八回　瘦道人尋仙槐壇　李相國魂遊水府

一日，有一個瘦道人，青袍白巾，來到相府門首。閽人難之，道士曰：「我係李相故人。」及入見。那道士笑吟吟，問李林甫曰：「相公安否？」林甫熟視道士，沉吟半晌，猛省曰：「公非槐壇道士乎？」道士應曰：「是。」慌得個林甫戰戰兢兢，莫知所措。原來李林甫少時，常在洛陽槐壇下打毬，曾遇此人，相得甚歡。道士謂林甫曰：「貧道行世間五百年，方見郎君一人，格孤氣清，必有仙骨。如不欲白日飛昇，則二十年宰相，重權在己，威震天下。願郎君熟思之。」林甫尋思良久，願為宰相。道士嗟歎曰：「五百年始見一人，可惜！可惜！」林甫甚懊悔，欲改之。道士曰：「不可，神明已知之矣。」又謂林甫曰：「郎君後當為相，近二十年，掌握重權，威震天下。當積陰德，勿枉殺人。若如此，則三百年後，可以成仙矣！」言罷，飄然而去。

李林甫自拜相以來，造惡甚多。自知罪惡貫盈，恐懼無措。遂納道士於坐，叩頭便拜。道士曰：「貧道當時之請，相公並不見從，今相公行陰賊，枉殺人，上天甚明，譴謫可畏，如何？」林甫對道士，淚汪汪祇管磕頭。道士遂喫了些茶果，與他言言語語。

當晚，李林甫留道士在府中，喝退左右，與道士共處靜室。至半夜，各居一榻。林甫問曰：「仙師昔日說我有仙緣，今日如何？」道士荅曰：「因相公所為，不合於道，故有所罪譴，不能如約矣。」林甫曰：「某在人間之期將滿，既有罪譴，後當如何？」道士曰：「相公若要知後事，祇須瞑目寧神，萬慮皆休。便可隨貧道一行也。」林甫合了眼，凝神靜慮。良久，出了元神。對道士道：「仙師，我們走罷。」

那道士前走，這林甫隨後，走出靜室，到了相府大門前。那大門早自開了，道士領著林甫拽步出府就走。行不到十里，林甫便喘氣噓噓，道：「仙師，我走不得了！」道士聽了，道：「我們且就路邊歇一歇，如何？」林甫道：「好！」二人在路旁坐了一回，道士將竹杖遞與林甫，道：「相公可騎此竹杖，就不困乏了。」林甫接了，騎在竹杖上，隨著道士，駕風頭，半雲半霧的，一直向東方而去。忽行至東洋大海。但見夜寒水碧，天光遙白，海淨波澂，月色清真。道士使個逼水法，分開波浪，徑入東洋海底，林甫隨後，早望見一座水精宮殿，上有「東海青華府」五個大字。

有十數個蝦兵蠏將，各執槍刀劍戟，燦若霜雪，守護水府。早已看見道士來到，即報入水精宮裡。那東海龍王領眾水族出宮迎接，直至宮裡相見，上坐獻茶畢，問道：「上仙何來？」道士道：「此乃大唐天寶相國李公，我帶他上水府觀翫身後所居也。」龍王聞言，即命鼉丞相引了道士、林甫到於一殿，謂道士曰：「仙師，此殿即李相公身後所居也！」

林甫觀翫良久，漸覺困倦，見有一張珊瑚牀，便要就臥。道士一把扯住道：「相公，不可就臥。若臥，恐不能回矣！」林甫道：「果如此，我死無恨矣！」道士笑道：「鯖鮐鯉鱖之類，受脫鱗、鱠肉、刳腸、斷首之苦也不少！」便與林甫辭了龍王，步出水精宮，分開水路。道士復將竹杖遞與林甫，林甫騎上。隨道士駕風而起，徑回城裡，半霎時，到了相府。二人走入門裡，直至靜室，林甫見自己瞑著目，坐在牀上。道士便喚：「相公。相公。」林甫忽覺，慌忙下榻，滿眼下淚，叩頭拜謝。

次日，道士辭去。林甫乃具金帛贈之。道士堅辭不受。林甫送道士出大門，道士飄然而去。

再說南詔北臣吐蕃，吐蕃墀德祖贊封蠻王閣羅鳳為贊普鍾、南國大詔，授以金印，號為「東帝」。鍾者，蠻語弟也。南詔既結連吐蕃，屢犯劍南。

是日帝設朝，李林甫出班奏曰：「邊官報稱：蠻王閣羅鳳，結連吐蕃，大起蠻兵數萬，犯境侵掠。」帝大驚。陳希烈聞言，對楊國忠丟個眼色。國忠會意，做憂國憂民之態。林甫見了，暗喜正中其計，奏曰：「今南蠻結連贊普，犯境甚急。宜速遣大臣出鎮劍南，以安民心。若非威望重臣深有將略者，不足以清邊境也。臣舉一人，可退蠻兵。未知聖意准否？」帝大喜，急問何人。林甫曰：「陛下若使楊京尹出鎮劍南，則蠻兵自退矣。」帝聞奏，即命楊國忠赴劍南。

國忠臨行，入內辭帝。國忠曰：「臣在朝廷，為多人嫉妒，欲謀害臣，無計可施；今臣出外，必有奸臣讒譖，媒孽臣短，臣死無日矣！」言訖，撲簌簌眼中墮下淚來。帝善言撫慰，謂國忠曰：「卿暫到劍南處置軍事，朕屈指待卿，還當入相！」國忠去了。

卻說棣王妃韋氏無子，棣王寵二孺人，孺人又爭寵不睦，其一乃密求巫者書符，置於棣王履中，欲求媚於棣王。棣王與監院中官有隙，中官密奏帝曰：「棣王厭魅聖躬。」帝使人掩其履，果得一符。帝大怒，差人召棣王責之。棣王頓首曰：「臣之罪合死矣，請一言以就鼎鑊。然臣與新婦，情義絕者，二年於茲，臣有二孺人，又皆爭長。臣實不知有符，恐此三人所為也。惟三哥辯其罪人。」及推問之，果然如此。帝猶疑棣王知情，太子諸王皆為請。帝怒未息，命且囚於鷹狗坊中，絕朝請，棣王憂憤而卒。棣王妃韋氏，即太子少師韋縚之女也，棣王死後，得還其父。

冬十月，李林甫扶疾從幸華清宮。帝差使命赴劍南，宣召楊國忠。不數日，李林甫病勢轉加。巫媼言：「一見聖人，病可小癒。」帝聞知，欲到相府探病。高力士再三勸止。帝乃降敕，令林甫出於庭中。帝登降聖閣遙望，舉紅巾招慰之。林甫不能下拜，使諸子代拜謝恩。

次日，閽人傳報：「楊京尹特來相探。」林甫大驚失色，曰：「國忠幾時回來也！」便教請入臥內相見。少頃，國忠入。至牀前拜曰：「一向不見右座，誰想如此病重。今天子召我回京，特來問安。」林甫聽了，泣謂國忠曰：「我病已入膏肓，不久便死矣。我死之後，公必為相。吾今託以後事，死亦瞑目矣！」言訖，淚流滿面。諕得國忠汗出如漿，手足失措，拜伏於地曰：「國忠德薄才疏，安敢當宰相重任！」言訖，匆匆辭去。

是夜二更，李林甫睡臥不安，忽然一陣陰風起處，見韋堅、皇甫惟明，並李適之、裴敦復、李邕、王琚、楊慎矜等，哭至榻前索命。林甫當晚驚死，時年七十一歲。諸子發哀書報朝廷。帝遣中使弔問，敕贈太尉、廣陵大都督，賜塋地一所，給班劍、東園秘器。諸子以吉儀護柩還京師。帝封楊國忠為右相、文部尚書，兼集賢院、崇玄館大學士、太清、太微宮使，依舊判支度，領蜀郡長史、劍南節度副大使、兼山南西道採訪使，帶兩京出納、勾當、租庸、鑄錢等四十餘使。自此權柄盡歸楊國忠矣。

楊國忠引鮮于仲通為京兆尹，魏郡太守吉溫為御史中丞、兼京畿關內採訪使，陝郡太守崔無詖為陝郡水陸運使，以隴西太守楊光翽為太原尹、兼北京副留守。吉溫赴范陽辭別，安祿山令沿途館驛設白紬帳以候之。吉溫來辭祿山便行，祿山特差安慶緒送出界首。

吉溫至京師，每伺知朝廷動靜，輒遣人報知安祿山，信宿便達。故朝廷動靜，祿山皆先知。是時禁軍諸衛之兵，皆市人白徒，富者販繒綵、食粱肉，壯者角抵拔河，翹木扛鐵，素不習戰。精兵猛將，聚於邊陲。而邊帥安思順、安祿山、哥舒翰，素來不睦。帝因李林甫新亡，心中甚憂。欲令安思順、安祿山與哥舒翰解和，結為兄弟。

恰好三帥並入朝，帝命高力士於京城東晉國公主駙馬崔惠童池亭設宴，使射生官射解鹿，取血煑其腸，謂之熱洛河，分賜三人食之。

酒行數巡，安祿山謂哥舒翰曰：「我父是胡，母是突厥；公父是突厥，母是胡。與公族類頗同，何得不相親乎？」哥舒翰即起身，曰：「古人云：『野狐向窟嘷，不祥。』以其忘本故也，公苟見親，翰敢不盡心焉！」安祿山聽見了野狐之言，以為譏其野胡也，大怒，罵曰：「突厥敢如此耶？」哥舒翰亦大怒，欲應安祿山。高力士急以目視哥舒翰，哥舒翰會意，即託醉而起，辭別而去。至此，二人為怨愈深。

安思順知祿山必反，奏聞朝廷。帝封安慶宗為太僕員外卿，留在京師。時安慶緒以鴻臚員外卿仍兼范陽都知兵馬使，祿山又表薦史思明兼平盧都知兵馬使。

卻說楊國忠既以便佞得宰相，剖決機務，居之不疑，郎官不附己者，皆出於外。東宮供奉、翰林待詔李泌乃作《感遇詩》一首，云：「青青東門柳，歲晏復憔悴。」國忠聞之不悅，遂入奏帝，言李泌詩中之意，明明道著自己。帝曰：「賦柳為譏卿，則賦李為譏朕，可乎？」國忠固請，帝從之。詔泌免官，徙於蘄春郡安置。

李泌既以處士放逐，時韋陟亦謫守蘄春。一日，韋陟與僚吏夜宴，酒行數巡，祇聞得鴟鴞聲鳴。韋陟執盃酒，流涕歎曰：「長沙下國。」李泌曰：「此鳥之聲，人以為惡，以好音聽之，則無足悲矣。請飲酒，不聞鴞音者，浮以大白。」坐客皆企鴞鳴，終夕不厭。

卻說楊國忠為人疏躁，強力，有口辯，立朝之時，攘袂扼腕，公卿以下，目指氣使，朝臣莫不讋憚。陳希烈凡事唯諾，無敢發明。從前注擬，皆約循資格，自春涉夏，才終其事。國忠典選，乃創為押例。又欲一日令畢，以誇神速。遂使猾吏聚於私第暗定官員。選其深者盡留之，不論賢與不肖也。

至期，集百僚於尚書省注官，楊國忠呼陳希烈於座隅，給事中蔣渙在列，曰：「既對注擬，即是過門下矣。」陳希烈等腹誹心謗而已。文部侍郎韋見素、張倚皆衣紫，與本曹郎官，藩屏外排比案牘，趨走諮事。國忠乃謂簾中號國姊妹曰：「兩員『紫袍主事』何如？」簾中相語大笑。

銓日，楊國忠乃於宅中，會集選人，令號國姊妹坐於簾內，然後呼選人名，引入宅中，不問資序，短小者道州參軍，胡者湖州文學，以為娛樂。簾中大笑。所注文部三銓選人，國忠以事務鞅掌，不能躬親，但押一字，猶不能遍，皆委胥吏為之。由此，賄賂公行，資格差謬，無復倫序。鮮于仲通諷選人請樹碑於省門，以頌國忠之賢。帝就令仲通撰其文，親為改定數字。鐫畢，以黃金鑲改處。識者竊相謂曰：「天子有善，宰相能事，青史自當書之。古來豈有人君人臣自樹碑之體，亂將作矣！」

陝郡進士張彖，方學有文名，志氣高大，未嘗干謁權貴。或勸張彖謁楊國忠，以圖富貴。彖曰：「爾輩以謂右相之勢，倚靠如泰山，以吾所見乃冰山也。若皎日大明之際，則此山當誤人爾！」

卻說楊國忠密使人到范陽見安祿山，令誣李林甫、李獻忠同構逆謀。祿山遣孔目官嚴莊，引李獻忠降兵數十詣闕，告李林甫與李獻忠結為父子，共謀造反。詔楊國忠與陳希烈按問。國忠誘林甫婿諫議大夫楊齊瑄證其罪。帝大怒，敕削李林甫官爵，掘塚剖棺，抉含珠，褫金紫，更以小棺，葬以庶人之禮。李林甫長子將作監李岫，流嶺南延德郡；次子司儲郎中李崿，流蒼梧郡；三子太常少卿李嶼，流臨封郡：籍沒其家。諸婿鴻臚少卿張博濟、戶部員外郎鄭平、右補闕杜位、京兆府戶曹元捴，皆貶官。刑部郎中羅希奭坐與林甫姻婭，黜為中部太守。其餘黨羽坐貶者，四十餘人。可憐李林甫毒虐弄權二十餘載，到頭來終獲惡報。

帝以宰相斷獄之功，賜楊國忠爵為魏國公，陳希烈爵為許國公。哥舒翰亦爵為涼國公。國忠作表謙辭，自稱德薄，詔改封國忠為衛國公。又贈其父武部尚書，追封鄭國公；母鄭國夫人。又於太清宮刻石為國忠之形，而瘞林甫之石。國忠自謂隋室宗親，乃奏帝曰：「周漢遠，不當為二王後。衛包助邪，獨與林甫計議，大紊彝倫。」帝然之，即降詔依舊以魏、周、隋為三恪及二王後，本封韓、介、酅等公如故。黜崔昌為玉山郡烏雷縣尉，衛包為夜郎郡夜郎縣尉，閻伯璵為涪川郡涪川縣尉。

河南參軍蕭穎士，名動華夷。有日本國使者泛海，來朝進貢，奏曰：「小邦之人，願得上國蕭夫子為師。」國忠奏知天子，穎士託疾不從。監察御史李華，與穎士齊名。出按郡縣，見國忠親信之人，無不貪猾，李華舉劾之。國忠改李華為右補闕，奪去其權。

卻說楊國忠宅在宣義坊，與虢國甲第相近。其內有「四香閣」，以沉香為閣，檀香為欄，麝香和乳香以泥壁，壯麗非常，雖禁中沉香亭不及也。弘農楊氏居東京者，乃四太尉之後。其世傳黃雀所銜玉環，亦被國忠所奪。虢國所居合歡堂，本是韋嗣立舊宅。那日午時，韋氏諸子偃息堂廡，虢國衣黃衫乘步輦，自外而入。左右侍婢數十人，談笑自若。虢國下輦，謂韋氏諸子曰：「聞此宅欲貨，其價幾何？」韋氏諸子降階而接，告曰：「先人舊廬，所未忍捨。」言未畢，忽匠者數百人登東西廂，撤其瓦木。韋氏諸子急救琴書，立於道傍。虢國拆毀舊宅，自為新第，但授韋氏隙地十畝，其宅一無所酬。中堂既成，召匠圬墁，虢國授錢二百萬酬其直，匠者嗤而不顧。虢國又以絳羅五千匹賞之，匠者依舊不顧。虢國問其故，匠者曰：「某平生之能，殫於此矣。苟不信，請取螻蟻、蜥蜴、蜂蠆之類，記其數投於堂中，苟有間隙，致失一物，即不論工直也！」虢國聞言，又以金盆滿盛瑟瑟二斗賞匠者。後有大風拔樹，落在堂上。已而視之，略無所壞。遂撤瓦觀之，皆承以木瓦。堂之製作精緻，皆此類也。

國忠每與虢國一同入內，並轡而行，揮鞭驟馬，以為諧謔。從官嫗嫗百餘騎，秉燭如晝，靚妝炫服而行，亦無蒙蔽。衢路觀者如堵，無不駭歎。退朝之後，國忠輒徑往合歡堂，晝會夜集，無復禮度。真是寡廉鮮恥！

第四十九回　老瞞拙計放豬龍　太子精誠夢丹書

卻說哥舒翰橫行青海，拔洪濟城，盡收黃河九曲之地，西拓蕃境數千里，威名大震，蕃夷皆憚。故西鄙人歌曰：「北斗七星高，哥舒夜帶刀。至今窺牧馬，不敢過臨洮。」朝廷加翰為河西節度使、西平王。翰引裴冕為河西節度行軍司馬。是時中國盛強，自開遠門至蕃界一萬二千里，閭閻相望，桑麻蔽野，天下稱富庶者，無如隴右。哥舒翰常鎮青海，路既遙遠，遣使常乘白橐駝以奏事，日馳五百里。

再說四鎮節度副大使、安西副大都護封常清征大勃律。離賀薩勞城不遠，蕃兵屢敗，唐兵屢勝，常清催軍前進，段秀實拍馬向前諫曰：「賊兵羸而屢敗，誘我也。請中丞備左右，搜其山林。」常清從之，即回馬令軍馬勿進。命秀實領武士往搜山林。果然搜出伏兵來。常清盡招降之，即提兵大進，直至賀薩勞城。守城蕃將，見安西兵耀武揚威，風擁而來，懼而遁走。大勃律王尋思無計，祇得同一班文武蕃官出城投降。常清得勝而回。

石國、突騎施，復遣使來獻。帝封黑姓突騎施登裡伊羅密施為突騎施可汗，故石國王伊捺吐屯屈勒子那俱車鼻施為懷化王：皆授特進，賜鐵券。

卻說安思順會同回紇葛勒可汗，一同興兵，擊李獻忠於磧北，大破其眾。安祿山聞之，遣人招誘李獻忠部下同羅之兵，盡歸掌握。李獻忠勢孤，引敗兵投葛邏祿去了。朝廷命伊西節度使、北庭都護程千里即以北庭之師討之。千里奉詔，引軍至磧西，遣人以書遺葛邏祿葉護阿波移健啜，令其相應。阿波移健啜得書，即命左右縛李獻忠並其妻子及帳下數千人，送赴北庭，千里上表獻捷。帝封阿波移健啜為開府儀同三司、金山王，仍為葉護，祿俸於北庭給，其妻、母並封國夫人。

是歲冬十月，駕幸華清宮。帝與楊貴妃同輦而往。五楊扈從，每家為一隊，著一色衣，五家合隊，照映如百花之煥發，而遺鈿墜舄，瑟瑟珠翠，燦爛芳馥於路可掬。或有人俯身一窺其車，香氣數日不絕。駝馬千餘頭匹，以劍南旌節器仗前驅。

再說楊國忠表薦左武衛大將軍何履光為嶺南五府經略使，前雲南都督李宓為劍南留後，胡人康謙為安南都護。又保舉牂牁之苗裔，姓趙，名國珍，為黔府都督、兼經略使。何履光引嶺南之兵伐南詔，復奪安寧城等處，再立後漢伏波將軍馬援銅柱於邊界，收兵而回。朝廷差中使賈奇俊到劍南，命漢中太守司空襲禮與將軍賈瓘等，築姚府舊城於雲南，以賈瓘為都督。閣羅鳳聞之大怒，使大軍將洪光乘會了吐蕃，進兵攻打雲南，又以兵斷襲禮漢中糧道。賈瓘因此被光乘等殺得大敗虧輸，陷了雲南。

卻說安祿山先為李林甫陰狡多智，故畏服之；後因楊國忠輕躁少謀，視之蔑如也。是年冬月，安祿山遣安慶緒獻奚、契丹及同羅等生口三千人，用奚車裝載金寶錦罽佈於闕下，婦人皆梳義髻，衣錦衣，以為壯觀。帝大悅，授慶緒特進、衛尉卿，張樂宴將士，班賜各有差。

再說憲部尚書張均襲爵燕國公，太常卿張垍尚太子同母妹寧親公主，兄弟俱在翰林，自幼與太子交契，若親戚昆弟。帝許張垍於禁中置內宅，侍為文章，獨賜珍翫，不可勝數。張垍以所賜誇於張均，張均笑曰：「此乃婦翁與女婿，非天子賜學士也。」

正值陳希烈兼領秘書監，張均、張垍遂附陳希烈，以求宰相。楊國忠聞，深忌希烈。希烈惶懼不知所為，表請解職。一日，帝幸張垍內宅，與張垍語。忽問：「希烈累辭機務，中外大臣孰可代之？與我悉數，吾當舉而用之！」張垍錯愕未對。帝曰：「無逾吾愛婿矣。」張垍滿心歡喜，降階拜舞。帝曰：「即與祿山同舉成命。」

早有人報知楊國忠。國忠聽知此事，遂入奏帝曰：「祿山既專制河北，聚幽、并勁騎，自收服同羅之後，漁陽精兵，天下莫及，早晚必生禍亂。陛下若不信，可使人召之，令其速來。彼必不肯入朝。」帝納其言，即日遣人齎詔至范陽召安祿山。祿山接詔，心中疑惑不定。忽報吉溫有書到。祿山拆視之，書中具言國忠讒譖。祿山看畢大驚，忙命備馬。

少頃，軍士牽馬至府外。安祿山上馬，不等天明，加鞭便走，晝夜換馬飛馳。到了長安，入宮見帝，祿山曰：「臣本胡人，陛下不次擢用，累居節制，恩出常人。楊國忠妒嫉，欲謀害臣，臣死無日矣。」說著不覺滴下眼淚來。帝深信其言，以好言撫慰，賜以金帛繒綵，不知其數。

安祿山出入宮庭，略無忌憚。太子入諫曰：「祿山太驕蹇，後必生患，可適削其兵柄。」帝弗用。適崇玄館學士李琪奏稱：「有白鶴降於太清宮殿庭，彩雲之間，玄元皇帝出現，告以國祚延昌之瑞。」帝於宮中大會百官，設宴慶賀。眾官席散，帝祇留祿山夜宴。有十八個宮娥綵女，吹彈歌舞，花攢錦簇，勸祿山飲酒作樂。飲至二更時分，祿山醉將上來，臥倒殿上，現了本相。原來是一隻龍頭的大黑豬成精。嚇得那宮娥綵女，沒命的前後亂跑亂藏。陳玄禮趕來，見是妖怪，大驚，便拔劍欲殺之。帝急令高力士止之，曰：「渠乃豬龍，無能為也！」

太子聞得此事，心中大憂，遂於老君像前燒香禮拜，暗暗祝告。是日晚間，太子作一夢，恍恍惚惚，夢見已故內侍胡普昇等二人擡一紫案，覆以黃帊，從天降下，直至太子面前。太子掀開看時，乃是一道素板丹書，上有篆文小字數行。其末有云：「厥不云乎，惟其惟時。上天所命，福祿不虧。」霎然驚覺，乃是南柯一夢。

至曉，二子入內問安。乃廣平王李俶，帝嫡皇孫，太子長子也。俶幼有大度，喜怒不形於色。及長，器宇寬弘，溫恭謙讓。博涉經籍，尤精《周易》。帝特所鍾愛。其弟建寧王李倓，太子第三子也。倓性英果，有才略，善騎射，甚有令譽。帝甚愛之，常稱：「此兒吾家英物，類我！」太子將素板丹書事，告知二子。建寧王曰：「何不殺此胡，以絕後患！」

一日，帝御苑內毬場，召太子諸王與安祿山打毬，帝引楊貴妃、高力士等上觀風樓觀看。太子左縈右拂，往來如飛。見祿山來搶毬，心生一計：縱黃驃馬向前，與祿山烏驪馬相撞。祿山是身體肥胖的人，更兼馬力已乏，被太子坐下馬一撞，跌下馬來。衹見毬場上早滾起一道黑氣，把祿山接住。帝於樓上望見，慌忙搖手送目。太子見父如此，便不敢動。打毬已罷，帝密謂太子曰：「吾非不疑，但此胡無尾，汝姑置之！」太子從其言，遂不殺祿山。

卻說安祿山求為宰相，帝即令張垍草詔，加祿山尚書左僕射、同平章事，與張垍同制入相。國忠入內奏曰：「祿山誠立軍功，然不識文字，命之為相，臣恐四夷輕中國。」帝聞其言，遂止其事，但加祿山尚書左僕射，食邑一千戶，與一子三品官、一子五品官，賜奴婢十房，莊宅各一所而已。

卻說張垍不得為相，日夜怨望，怏怏不悅，遂於私第告安祿山曰：「主上前時行幸內第，面許相垍，與明公同制入輔，今既中變，當必為奸臣所排。」祿山不聽便罷，聽了心中大怒。次日，祿山入內，見帝，泣拜於地請罪，具言奸臣排擠之事。帝乃扶起祿山，善言撫慰。祿山求兼閒廄、群牧等使，帝許之。祿山薦吉溫兼武部侍郎，領閒廄副使。又求兼總監事，帝加祿山知總監事。楊國忠因此痛恨吉溫。

旬日之後，帝朝獻太清宮，冊老君為「大聖祖高上大道金闕玄元天皇大帝」。又朝享太廟，加高祖為神堯大聖大光孝皇帝，太宗為文武大聖大廣孝皇帝，高宗為天皇大聖大弘孝皇帝，中宗為孝和大聖大昭孝皇帝，睿宗為玄真大聖大興孝皇帝。又御興慶殿受冊，加尊號為「開元天地大寶聖文神武證道孝德皇帝」，禮畢，大赦天下。與楊國忠一子三品官，一子五品官，賜絹五百匹；陳希烈一子五品官，賜絹五百匹；安祿山一子五品官，賜絹四百匹；多官各有封賞。天下父老，百歲以上，版授本郡太守，婦人郡夫人，各賜綿帛五段、粟三石；八十以上，版授本縣令，婦人縣君，各賜綿帛二段、粟二石。

祿山將回范陽，國忠不悅。帝知之，除楊國忠光祿大夫，加司空，賜音聲十人、銀器十事、絹一千匹。是日帝臨軒，國忠受冊，天雨黃土，沾於朝服。祿山又奏曰：「臣所部將士討奚、契丹、九姓、同羅等，勳效甚多，乞不拘常格，超資加賞，仍好寫告身付臣軍授之。」帝依奏。於是擢祿山部下二千五百餘名，並為將軍、中郎將等官。

祿山辭歸。帝御望春亭送別，脫御服以賜之，祿山受之，驚懼不敢言。祿山臨行，帝命高力士送之於長樂坡。祿山心中甚覺不快，快快而行。

力士既歸，帝謂曰：「祿山喜乎？」力士荅曰：「祿山恨不得宰相，頗快快。」帝不悅，以告國忠。國忠遽曰：「此議他人不知，必張垍所洩也。」帝大怒，黜張垍為盧溪司馬，張均為建安太守，張埱為宜春司馬。此時祿山懼國忠留己，遂疾驅出關。至淇門乘船，順流而下，所至郡縣，船夫持牽板繩立於岸上以待，至則牽之。晝夜兼道，日行三四百里；直至范陽，方始安心。

卻說安祿山差張通儒與隴右群牧副使、平原太守鄭遵意等，就群牧交點。密選良馬堪戰者數千匹，送至范陽。樓熕監牧使及老將張文儼馬牧，亦被祿山奪了。或言祿山反者，帝即縛送祿山，以是道路相目，無敢言者。楊國忠知安祿山跋扈，終不出其下，欲結於哥舒翰，乃奏帝厚賞之。詔加哥舒翰太子少保，增邑二百戶，賜甲第一區，妓樂十人。翰表奏部將火拔歸仁、王思禮、彭元曜等軍功，詔加歸仁驃騎大將軍，思禮、元曜特進，其餘眾將，各有封賞。

開元初，姚崇、宋璟當國，每年邊費，不過錢二百萬貫；開元末，李林甫當國，已至一千萬貫；天寶末，楊國忠當國，更加四五百萬矣。開元時，按兵部格，破敵戰功各有差等，其授官千才一二；天寶中，哥舒翰統西方二師，安祿山統東北三師，踐更之卒俱授官名；關輔及朔方、河、隴四十餘郡，河北、河東三十餘郡，每郡官倉粟多者百萬石，少不減五十萬石，給充祿秩，無不罄盡。糜耗天下，若斯之甚！

數日後，帝大會文武於躍龍門，飲宴歡樂，賜楊國忠絹一千五百匹，綵羅三百匹，綵綾五百匹；陳希烈絹三百匹，綵羅、綵綾各五十匹；其文武多官，各有賞賜。

再說封常清引眾將入朝，帝嘉常清大勃律之功，加銀青光祿大夫、鴻臚卿，攝御史大夫，與一子五品官，亡父亡母皆贈官封爵，賜甲第一區。於宮中設宴，大會諸將慶功。酒酣，驃騎、左金吾大將軍李嗣業醉舞筵前，帝大喜，賜以繒綵五百匹、金銀器皿五十件，金錢十萬，曰：「為解酲具！」數日後，程千里又入朝，帝御勤政樓，設宴大會文武慶功。程千里將李獻忠獻於樓下，帝命縛赴朱雀街斬之。擢程千里為右金吾大將軍，留佐羽林軍；以封常清權知北庭都護，持節充伊西節度使。

卻說楊國忠奏於關輔、河南、京兆招募民兵十萬，命李宓大起劍南之兵，會合何履光嶺南之眾，征討南詔。百姓相謂曰：「南方不毛之地，瘴疫之鄉；往年吾輩父兄從鮮于仲通遠赴瀘南者，糧少路險，死者十之八九，骸骨不歸；今若去，吾輩亦必死矣！」由此郡縣無以應命。楊國忠遣御史宋昱、韋儇分往諸道捉人充軍，盡披枷帶鎖，驅往劍南赴役。百姓被執縛者，爺孃妻子相哭，哀聲震地，京洛騷然。自京洛直至劍南，郡縣供食。當路店肆多藏閉，驢馬車牛，皆被虜奪，不酬其直。

李宓等水陸大兵，長驅直至南詔地界。早有人報入大和城。閣羅鳳大驚，即聚文武，問退兵之策。段儉魏曰：「不必憂慮。方今天道亢炎，若蜀軍深入吾地，我守其險要，急切難下。」閣羅鳳自守大和城，段儉魏守龍口關，軍將王樂寬守龍尾關，一面遣人從小路直入吐蕃求救。李宓分兵水陸並進，圍住大和城。遣何履光領嶺南之兵攻龍尾關，自率劍南及關內、河南之眾攻龍口關。閣羅鳳重用儉魏之計，祇理會緊守關防，由他搦戰，並不出迎。

時值盛暑酷熱，瘴疫流行，一連攻了數日不下，馬步軍十死六七。李宓無計可施，收兵於紅山界口紮住。何履光於毗舍教練水軍，以備攻戰。不想王樂寬乘履光不備，竟來劫唐軍水寨。是夜月白風清。樂寬引軍悄悄到水寨時，已是半夜，蠻兵一齊鼓譟殺入。唐兵慌亂，尋路奔走；被蠻兵四下舉火，燒毀戰船、糧草、器具不計其數。比及李宓聽得喊殺之聲，又望見火光燭天，急引兵來時，蠻兵已回。

李宓忿怒，遂大起本部之兵，星夜渡西洱河，意欲踏平大和城。李宓催軍速戰，閣羅鳳閉門不出。李宓軍相拒月餘，糧食將盡。又值秋雨連綿，旬月不止，軍士多在泥濘之中，困苦異常。李宓見軍糧已盡，人馬久疲，祇得拔寨退軍。李宓親自斷後。閣羅鳳在城中見李宓退去，乃提兵盡出城來追趕。約行十餘里，趕上唐軍後隊。李宓奮力接戰，閣羅鳳詐敗而還。李宓不知是計，縱馬舞刀，盡力來趕，閣羅鳳縱馬上大和城橋而走。

李宓飛馬趕來，到大和城橋邊。閣羅鳳在橋上略帶住了馬，拈弓取箭，扭轉身軀，望李宓面門射去。李宓聽得前面弦響，急閃過，前面閣羅鳳已加鞭縱馬，奔過橋了。李宓祇顧望前趕來，不期馬足陷橋，李宓恐被蠻兵所擒，棄馬跳入河中。城上箭矢如飛蝗般射將下來。可憐李宓英雄，就大和城外西洱河中身死。

唐兵無主，東西亂竄，各自逃生。蠻兵隨後追殺，直趕到西洱河邊，正遇吐蕃大將論綺裡徐引大隊軍馬，從前面殺來。兩下夾攻，大殺了一陣，唐兵死者無數。何履光引部將死戰得脫。南詔收瘞唐人骸骨，聚為一塚。鐫碑刻石，名「萬人塚」。

劍南將吏知李宓已喪，寫表申奏朝廷。楊國忠又隱其敗狀，更以捷表上奏。報道：「李宓征討南蠻大勝，差人報捷。」陳希烈等朝中文武畏其權寵，莫敢正言。

第五十回　虹霓屏國忠疑夢　鸜鵒塚玉環誦經

卻說帝曾賜虢國夫人以夜光枕，秦國夫人以玉葉冠，韓國夫人以照夜璣，楊國忠以鎖子帳，皆希代之珍，其寵異如此。又賜楊貴妃以虹霓屏，貴妃轉賜與楊國忠。那虹霓屏乃隋文帝御物也，賜義成公主，公主嫁與突厥啟民可汗，屏風隨公主在北胡。貞觀時，李靖滅北胡，殺公主，屏風與蕭后及齊王楊暕子楊政道同歸中國。屏上刻前代美人之形，約有三四寸長，其服翫、樂器，都用七寶雜廁而成。內以水精琉璃為地，外以玳瑁水犀為押，又絡以珍珠瑟瑟。製作精巧，殆非人工。

一日，晌午前後，楊國忠假寐於樓上，忽見那臥榻邊屏風上數十個美人都走出屏風來，直至榻前，各通名號。或云是妹喜，或云是西施，或云是紫玉，或云是湘妃，或云是王昭君，或云是戚夫人，或云是衛子夫，或云是潘玉奴，或云是馮小憐，或云是卓文君，或云是許飛瓊，或云是董雙成，或云是趙飛燕，或云是薛夜來，或云是張麗華，或云是吳絳仙，或云是洛浦宓妃，或云是漢陽遊女，或云是平原君妾，或云是巫山神女，或云是垓下虞姬，或云是金屋阿嬌，或云是秦樓弄玉，或云是金谷綠珠，諸如此類，不能細說。國忠臥於牀上，睜眼看時，身不能動，口不能言。眾美人各分次序坐下。俄而，有十數個細腰伎女，自稱是楚章華宮人，連袂踏歌，其聲清怨，殆非人聞。歌曰：「三朵芙蓉是我流，大楊造得小楊收。」歌罷，眾美人一一回屏風上。國忠方醒覺來，驚得一身冷汗，飛也似跑下樓，出到大門首，喚僮僕把兩扇樓門反拽上，鎖了。

一日，有一婦人，來到相府門首。閽人難之，婦人大呼曰：「我有事要見楊司空，你奈何阻我！他若不肯見我，我便放火焚燒相府。」

閽人不得已，祇得傳報國忠，具言其事。國忠不知其故，道：「教她進來！」不移時引至，國忠問婦人道：「你從何來，見我何干？」婦人道：「公為相國，又兼貴戚，名動寰區，奈何不知否泰之道？我雖是一婦人，恥公德義不修，奢縱無度，閉塞賢路，諂諛君上久矣！公不能效姚崇、宋璟，致君於道。但有賄賂投於門下者，便得爵祿。以恩付兵柄，以愛使牧人，欲安社稷而保宗族，難矣！」國忠聞言變色，叱道：「你敢觸犯宰相，不怕死耶？」婦人笑道：「相公自己尚不知死，反欲害我！」國忠大怒，叱左右捉婦人。婦人忽然不見。左右散去。婦人又現出來，立於國忠之前。誂國忠大驚道：「汝是何妖耶？」婦人道：「惜乎高祖、太宗之社稷，為一匹夫所誤！公雖處宰相之位，而無輔佐之功。公死，一小事耳；可痛者，國朝自此弱！幾乎不保宗廟，胡怒之也！我來告公，胡多事也！公胡死也！民胡哭也！」言訖，冷笑而去。國忠急教人追時，婦人不知所往。

卻說楊貴妃養一個白鸚鵡於宮中日久，名喚「雪衣女」。那雪衣女黃頂紅嘴，明慧聰善，聽王維、崔顥歌詩數遍，便能記誦；帝與妃嬪諸王弈棋，帝要輸了。左右輒呼道「雪衣女！雪衣女！」雪衣女聞呼，即飛到棋枰上，啄妃嬪諸王之手，使彼不能爭道；或扇開兩翅，亂了棋局。一日侵晨，貴妃在窗下對鏡理妝。雪衣女忽地飛上鏡臺，謂貴妃曰：「娘子！雪衣女昨夜夢為鷙鳥所搏，將盡於此乎？」貴妃曰：「雪衣女，我傳你《摩訶般若波羅蜜多心經》一卷，你但念此經，自無傷害！」雪衣女懇求，貴妃遂口誦傳之。那雪衣女本有根源，耳聞一遍《心經》，即能記憶，自此晝夜誦習不題。

經云：「觀自在菩薩，行深般若波羅蜜多時，照見五蘊皆空，度一切苦厄。舍利子，色不異空，空不異色；色即是空，空即是色。受想行識，亦復如是。舍利子，是諸法空相，不生不滅，不垢不淨，不增不減。是故空中無色，無受想行識，無眼耳鼻舌身意，無色聲香味觸法，無眼界，乃至無意識界，無無明，亦無無明盡，乃至無老死，亦無老死盡。無苦寂滅道，無智亦無得。以無所得故，菩提薩埵。依般若波羅蜜多故，心無掛礙。無掛礙故，無有恐怖。遠離顛倒夢想，究竟涅槃，三世諸佛，依般若波羅蜜多故，得阿耨多羅三藐三菩提。故知般若波羅蜜多，是大神咒，是大明咒，是無上咒，是無等等咒，能除一切苦，真實不虛。故說般若波羅蜜多咒，即說咒曰：揭諦揭諦，波羅揭諦，波羅僧揭諦！菩提薩婆訶！」

忽一日，帝與貴妃出殿遊翫，貴妃把雪衣女安在步輦竿上，與之同去。既至殿外，從官俱各校獵。雪衣女正在朱檻上嬉戲，祇見那半空裡閃出一個蒼鷹，呼的一翅，飛下來，輪開利爪，砉然響一聲，把雪衣女掀翻。及眾人看時，雪衣女已血淋津的，死在地上。帝與貴妃聞知，傷感不已，遂瘞雪衣女於苑中，為一塚，立石堠誌之，題曰「鸚鵡塚」。貴妃又在鸚鵡塚前念了幾卷《摩訶般若波羅蜜多心經》，以資雪衣女冥福。

自此之後，楊貴妃常想起雪衣女，止不住腮邊淚墜，就如梨花帶雨一般。宮中嬪妃貴主與綵女嬙娥等眾見了，皆施素粉於兩頰，互相爭妍，號為「淚妝」。識者以為不祥之兆。

卻說哥舒翰表奏朝廷，請以黃河九曲之地，分置洮陽、澆河二郡，內以神策、威勝二軍鎮之。朝廷新置洮陽郡於臨洮軍之西二百里，澆河郡於積石軍之西八十里。加哥舒翰兼御史大夫。以臨洮太守、兼漢門軍使成如璆為洮陽太守、兼神策軍使，前寧塞太守、兼積石軍使臧奉忠為澆河太守、兼威勝軍使。翰又於索恭川置天成軍，雕窠城置振威軍，黃河北置寧邊軍，洪濟橋置金天軍，百谷城置武寧軍，曜武軍於黑硤川。

安思順於大同川西築城置軍，以為朔方根本，以中城、東城連振武為左翼，又以西城、九原連定遠為右臂，南制党項，北制回紇。詔賜名曰天德軍，以郭子儀為天德軍使、安北副都護，兼九原太守、西受降城使、朔方右廂兵馬使。安思順又表薦郭子儀弟郭幼賢為東受降城副使，北邊無事。安思順愛單于副都護、朔方左廂兵馬使李光弼之材，欲以女招光弼為婿。光弼自知難免，託疾辭職。

是年秋，一連六十餘日，京城大雨不止，垣屋頹壞殆盡。洛城瀍、洛泛漲，漂沒一十九坊。帝憂之，以為宰相或未稱職，見此咎徵，命楊國忠精求端士。武部侍郎吉溫方承寵遇，帝意欲用之。楊國忠以吉溫乃安祿山佐，懼其威權，奏寢其事。

帝夜夢落殿，有孝子扶上。次日，以問高力士。力士曰：「孝子素衣，此是韋見素耳。」帝深然之。見素字會微，乃韋湊之子也。時為文部侍郎，方雅有美名。楊國忠亦以韋見素柔而易制，遂引之同列。帝降詔，罷陳希烈知政事，授太子太師；以韋見素為武部尚書、同平章事，知門下省事，以代陳希烈之職。陳希烈失恩，心頗怏怏。

韋見素既為楊國忠引用，畏國忠權寵，無所是非，署字而已。國忠又奏授張均大理卿。張均大失望，悒悒不樂。

卻說帝御勤政樓，親試制策舉人。其辭藻宏麗科，問策外更試詩、賦各一道。有登科者三人，為首乃華陰人，姓楊，名綰，字公權，侍御史楊侃之子也。性沉靜，少喪父，事母以孝聞。及長好學，博通經史，兼精玄理，然含光晦用，不欲名彰，每屬文，恥於自白，非知己不可得而見。現為太子正字。帝愛其才，擢為右拾遺。

楊國忠以聲名自高，搜天下奇傑。平原太守顏真卿，薦吳兢弟子處士張鎬，字從周，乃博平人，代州司馬張知古之子，有公輔之量。送於京師，拾遺蕭昕奇其才，以禮相待，留於館舍。鎬性倜儻，廓落有大志，好飲酒，解鼓琴，涉獵經史，好談王霸大略。每長吟永歎，託詠虛室。公卿或有邀鎬共飲者，鎬杖策徑往。蕭昕引張鎬見國忠。國忠令蕭昕作表，薦之天子。蕭昕表薦張鎬：「如鎬者，用之則為王者師，不用則幽谷一叟爾。」帝召見之。張鎬生得身長九尺，燕頷犀額。帝見鎬大喜，自褐衣拜左拾遺。

時有京兆尹李峴，乃信安王之子，少有吏幹，愛施好士。先守魏郡，化行河朔；後為京尹，聲績著美。帝每歲幸華清宮，以冬十月為恒，畿輔進奉萬計，峴止府縣無所獻。楊國忠惡李峴不附己，以雨災歸咎，黜為零陵太守。於是京師米粟踴貴，百姓謠曰：「欲得米粟賤，無過追李峴。」詔出太倉粟一百萬石，以振貧民。

帝憂霖雨傷稼，楊國忠取嘉禾以進，曰：「雨雖多，不害稼也。」扶風太守房琯，中當郡苗損，國忠怒以他事推之。自是天下有事，皆濳申國忠，以取可否。

帝因左右無人，謂高力士曰：「自天寶十載之後，朕數有疑，果致天災，以殃萬姓。雖韋、陳改轍，楊、李殊塗，終未通朕懷。卿總無言，何以為意？」力士伏奏曰：「開元二十年以前，宰臣授職不敢失墜，邊將承恩更相戮力。自陛下威權假於宰相，法令不行；災眚備於歲時，陰陽失度。縱為軫慮，難以獲安。臣不敢言，良有以也。」帝默然無語，良久，言曰：「吾欲傳位於太子，如何？」力士勸帝，且俟豐年。帝從之，特授高力士內侍監之職。內侍有監，自高力士始也。

一日，帝命高力士，召太子、廣平王，遊宮翫景。忽行到一所殿宇門邊，見那門上有一把銅汁灌的大鎖，拴鎖甚密，問力士曰：「此殿是甚麼去處？」力士荅曰：「此乃天后鎖藏神像之殿。」帝聽了，心中疑惑，命將大鎖打開。與力士、太子、廣平王一齊都到殿內，看裡面時，果有一尊泥塑金裝的神像，約有六七尺高。帝問力士曰：「此神像何所異，亦有說乎？」力士曰：「此周、隋時術士所製，可以占王者在位之幾何年耳。其法當厲聲而叱之，苟年甚永，則其像搖震亦久，不然，一撼而止。」帝即厲聲叱之，其像若有懼，搖震移時，僕於地。帝大笑曰：「誠如說，我為天子幾何時？」力士因再拜賀。帝命太子叱之，其像微震。又命廣平王叱之，亦動搖久之。帝曰：「吾孫似我！」

廣平王，母吳氏，晉廣州刺史吳隱之之後，郫縣丞吳令珪之女也。性謙和，資質端麗。坐父事，配掖庭，後選入忠邸為媵。一日侍寢，吳氏昏睡，呻吟之聲若負痛，不能呼吸。忠王呼喚，吳氏不應。忠王秉燭起視，良久方醒。忠王問之，吳氏以手掩左脅曰：「妾向夢中，有神人身長丈餘，披金甲而持利劍，顧謂妾曰：『上帝命吾與汝為子。言訖，自左脅以劍決而入腹。妾痛殆不可忍，及今未之已也。』忠王把花燭剔得明亮，見吳氏左脅似有綖而赤者。吳氏初生俶，三日而帝幸忠王邸，賜以金盆，與俶洗浴。俶體弱，保母乃以宮中同日生而質貌豐美者進之。帝見之不悅，曰：「此非吾孫！」保母惶恐，伏地請罪。帝睨之曰：「非爾所知，取吾孫來！」保母綳俶進之。帝見了俶，大喜，謂高力士曰：「此兒福祿遠過其父！」

是歲冬十月，車駕將幸華清宮。虢國姊妹競車服，為一犢車，飾以金翠，綴以珠玉，一車之費，不下數十萬貫。既而重甚，牛不能引，因復上聞，請各乘馬。於是競購名馬，以黃金為銜籠，組繡為障泥，共會於楊國忠宅。自楊國忠宅至城東南隅，僕御車馬，紛紜其間，京城士女觀者如堵。國忠方與客坐於門下，指謂客曰：「某家起於細微，因緣椒房之親，以至於是。吾今未知稅駕之所，念終不能致令名，要當取樂於富貴耳！」

楊國忠父楊珣，贈武部尚書、鄭國公；母，鄭國夫人；叔楊玄珪，工部尚書。國忠四子：長子楊暄，銀青光祿大夫、太常卿兼戶部侍郎，尚延和郡主；次子楊昢，鴻臚卿，尚萬春公主；三子楊曉，殿中少監；四子楊晞，太子中允。虢國之子裴徽，尚太子女延光郡主。韓國之女崔氏，嬪廣平王。秦國之子柳鈞，尚長清縣主。貴妃堂弟楊鑒，秘書少監，尚承榮郡主。楊氏一門，一貴妃，二公主，三郡主，三夫人。開元以來豪貴雄盛，無如楊氏之比也。

楊國忠貪愛賄賂，積縑至三千萬匹。其黨中書舍人兼翰林學士張漸、竇華、中書舍人知文部銓宋昱、文部郎中鄭昂，倚國忠之勢，招權納賄，富埒王侯。

卻說河東太守兼採訪使韋陟任滿朝覲，楊國忠惡韋陟才望，使人告韋陟贓汙事，詔下御史訊鞫。韋陟惶怖不安，乃厚賂吉溫，託以結歡於安祿山。事洩，楊國忠誣奏韋陟與吉溫結託，欲謀陷朝廷。帝怒，黜吉溫為澧陽長史，韋陟為臨賀郡桂嶺縣尉。是日，帝命高力士於朝堂宣慰百官曰：「吉溫兇忍之人也，自伯父以來，世為酷吏，朕任人不明，比刑濫，悉溫所為。今為卿等除酷吏，卿其悅乎？」群臣皆蹈舞拜謝。

數日後，安祿山上表以理，為吉溫訟冤，且言楊國忠讒嫉之狀。國忠但言祿山必反，帝並弗聽。國忠令人求祿山反狀，命長安令崔光遠圍捕其宅。那崔光遠身長七尺，小頭銳面，瞳子白黑分明，視瞻不轉。曾為唐安令，日以樗蒲、飲酒為事。與楊國忠以博徒相得。收李起、安岱、李方來等，皆令侍御史鄭昂之陰推劾，潛縊殺於御史臺。國忠又奏吉溫坐贓七千匹，及逼士人女為妾。帝降詔，黜吉溫為晉康郡端溪縣尉。安慶宗知之，使人密報其父。祿山聞之怒，上表自理，且陳楊國忠罪狀二十餘事。帝懼其生變，遂歸過於京兆尹李憕，出李憕為光祿卿、東京留守，以安祿山之心。而楊國忠反激怒祿山，利其速反，以取信於帝。

第五十一回　運奸謀安祿山構逆　舉義旗顏杲卿起兵

卻說安祿山陰有逆謀，殆將十年，養同羅及兩蕃健兒八千餘人為假子，謂之「曳落河。」及家僮百餘人，皆剽悍善射，一可當百；又畜突厥戰馬數萬匹，牛羊五萬餘頭；又每歲遣商胡於諸道潛市羅帛，私造紫袍緋袍、金銀魚袋等，以百萬計。因帝待之甚厚，贈其父安延偃范陽大都督，母國夫人。祿山十一子：長子安慶宗，太僕卿；次子安慶緒，特進、衛尉卿。祿山本欲俟帝晏駕，然後興兵作亂。衹因國忠屢次激之，致使祿山決意作速舉兵。

朝廷每遣使到范陽，安祿山恐被所誅，推病不出，先盛陳武備，然後喚武士引入府見之，無復有人臣之禮。

是年冬月，東曹國王設阿忽、安國副王野解與諸胡九國王並遣使奉表，請討大食，言辭甚切。帝方懷柔西域，遂弗許，厚賜來使，慰諭遣之。吐蕃蘇毗王沒淩贊差心腹人，送密書與哥舒翰，言欲謀害贊普，率眾來降。翰覽畢大喜，打發使命回訖，差隴右都知兵馬使張擢到京師，奏聞朝廷。張擢至長安，見楊國忠賣官鬻爵，遂結託國忠，逗留不返。

旬日內，哥舒翰入朝。張擢聞之，慌來見楊國忠商議。擢求國忠拔用。國忠奏帝，除張擢蜀郡長史，兼御史大夫，持節充劍南節度副大使。詔書既下，張擢至翰府辭翰，翰大怒，喝軍士拿下，縛至庭中，數張擢之罪而殺之。然後寫表奏聞天子，帝覽表，將張擢屍賜哥舒翰，令翰再打一百脊杖。哥舒翰將還本鎮，接應蘇毗。說李光弼稱疾去職之事，帝乃召光弼歸京師。

卻說吐蕃大相末東則布、朗邁色，結連蘇毗王沒淩贊害了墀德祖贊，欲將頭獻哥舒翰，卻被蕃將恩蘭達札路恭所殺，立墀德祖贊子為贊普。起兵討蘇毗，殺死沒淩贊並蘇毗部落二千餘人。沒淩贊子悉諾邏引敗殘兵，星夜奔磨環川投哥舒翰。朝廷以悉諾邏為左驍衛員外大將軍，封懷義王，賜姓李，名忠信；其餘皆有官爵。又命京兆少尹崔光遠齎國信冊命，入蕃致祭。

不想哥舒翰耽恣聲色，飲酒過度，致染風疾，帝乃召翰還長安養病。遣使齎詔，加安思順開府儀同三司，又贈其祖武部尚書，父太子太師。

夏五月，安祿山遣心腹將何千年入朝，奏請以蕃將三十二人，代漢將掌兵權。帝遣內侍監袁思藝齎詔到政事堂，見楊國忠、韋見素，命立進畫，寫告身。國忠見見素有憂色，問曰：「堂老何色之慼也？」見素曰：「祿山逆狀，行路共知。今又以蕃將代漢將，是亂將作矣。與公位當此地，能無慼乎！」國忠沉吟良久，乃曰：「與奪之間，在於宸斷，豈我輩所能是非邪！」見素曰：「知禍之萌而不能防，亦將焉用彼相矣！明日對見，見素必極言，冀其萬一。主上若不允，公其繼之。」國忠曰：「事如不諧，恐盧犯龍顏，自詒伊慼。」見素曰：「如正其言而獲死，猶愈於阿從而婾生。」國忠聞言，默然無語。

次日，楊國忠、韋見素入見帝。帝曰：「卿等疑祿山反耶？」見素急走到階下，叩頭奏曰：「流言祿山蓄不臣之心，今又請蕃將以代漢將，其反明矣。所請決不可許。」帝不悅，令見素復位。國忠逡巡不敢言，以祿山表留於帝前而退。回到政事堂，見素謂國忠曰：「聖意未回，計將安出？」國忠曰：「祿山未必有反意，但出自寒微，位居眾上，時所忌嫉，便成疑似耳。」見素曰：「公若實為此見，社稷危矣。」正言間，袁思藝至，宣詔曰：「此之一奏，且姑容之，卿等所議，朕徐為圖耳！」國忠、見素祇得奉詔。

自此之後，韋見素屢次懇論安祿山欲反之事。帝心中猶豫未決。見素曰：「臣思得一計，可銷其難。伏望以祿山帶左僕射同平章事，追赴朝廷，以賈循為范陽節度使，呂知誨為平盧節度使，楊光翽為河東節度使。則祿山之勢自分矣。」帝從之，即令張漸草詔。張漸草詔畢，帝不降詔書，卻使中官輔璆琳至范陽賜黃柑，密以伺之。

璆琳領命，徑到范陽，送了江陵黃柑，受了祿山賄賂，回到長安，入奏帝曰：「祿山盡忠奉國，必無異志，特望朝廷不以東北為慮。」帝深信之，即將詔本焚之，召楊國忠、韋見素入內，謂曰：「祿山，朕推心待之，必無二心，其制朕已焚矣。」見素起曰：「臣忤拂聖旨，僭黷大臣，罪合萬死。然愚者千慮，或有一中，願陛下審察之。」帝即降詔以榮義郡主妻安慶宗，遣使到范陽，宣祿山入朝觀禮，祿山託病不來。

至是年秋，安祿山表請獻良馬三千匹，每匹牽馬夫二人，特差蕃將二十二人，將本部軍護送。河南尹達奚珣，字子美，洛陽人也。曾為幽州節度張守珪僚佐，累遷文部侍郎。楊國忠頗忌之，出為靈昌太守。祿山為言，乃得自江陵長史擢為河南尹。上疏曰：「祿山所進鞍馬不少，又自將兵來，復與甲杖庫同行，臣所未會，伏望特敕，祿山所進馬，官給人夫，不煩本軍遠勞。將健所進車馬，令待至冬即先後遙遠，計隳矣。」帝方才省悟，始有疑祿山意。

正值輔璆琳受賂事洩，帝恐安祿山見疑，託以他事，撲殺之。又用達奚珣之計，命中官馮承威齎詔到范陽，宣諭祿山，且曰：「朕與卿修得一湯，故召卿，十月，朕待卿於華清宮。」祿山聽詔畢，踞牀不起。但云：『聖人安穩否?承威未及荅，祿山又曰：『馬不進亦可，至十月灼然入京。』言訖，使人送承威於館驛安歇。承威幸而得脫，回京覆命，泣奏帝曰：「臣幾不得生還！」

卻說嚴莊、高尚謂安祿山曰：「僕射豈不見天寶九載秋八月庚申夜，四星聚於尾、箕。此即帝王易姓之符，漢祖入關之應，尾箕為幽燕之分，其下必有王者，蓋應在僕射也。僕射謀之十年，非為唐耶?今可詐稱天子有密詔，教討楊國忠。據僕射之才，天下可席捲而定！」祿山聞言大喜。

正議間，人報奏事官胡逸去探聽吉溫而回。祿山召入問之。逸曰：「吉溫已被楊國忠害了。」祿山急問曰：「願聞其詳。」逸曰：「吉溫至嶺外，逗留不赴，尋思與始安太守羅希奭有舊，因往依之，遂止於始安。楊國忠聞知，即遣大理司直蔣沇赴始安按問，黜羅希奭為海康郡海康縣尉，將吉溫下獄中縊死。」祿山撫膺曰：「今日反決矣！」

於是日夜與嚴莊、高尚、高邈、何千年、阿史那承慶五人議事，其餘將佐皆莫之知，但怪其自八月以來，講陣論武，厲兵秣馬，稍甚於常而已。

何千年進計曰：「不如以進射生手為名，前赴太原，誘楊光翽出迎，就便擒下，先殺之，令彼軍自亂。然後令高秀巖將兵三萬出振武，投河曲，誘諸蕃，取鹽、夏、鄜、坊，李歸仁將兵二萬出雲中，取太原弓弩手一萬五千直入蒲津，以動關中；僕射自擁兵五萬出河陽，直指東京；遣蔡希德將兵二萬，跨海東略淄、青，以搖江淮。天下指麾可定也。」高邈曰：「此非好計。兵法云：『攻其無備，出其不意。』不如不殺光翽，僕射長驅大進，徑取東京，無人知覺。」祿山曰：「若不殺光翽，難消我氣！」

遂於節度廳中白粉壁上懸掛圖本，圖畫山川險易、攻取剽劫之勢。請部下將佐安守忠、田乾真、、史思明、安忠志、崔乾祐、李庭望、蔡希德、牛庭玠、武令珣等十餘人到廳飲宴，重加賞賜。宴畢，祿山遂出偽詔，以示諸將，曰：「天子有密詔在此，命吾將隨身兵馬入朝，清君側以安社稷，莫令那人知。汝等勿怪，便請隨軍。」遂令諸將各取一圖，傳令曰：「直至洛陽，違令者斬！」諸將受命，皆不知其意，又不敢問，祇得依令準備。

次日侵晨，安祿山乃於薊城之南誓師，會集人馬，祿山按劍曰：「吾奉天子密詔，將誅唐賊臣楊國忠以安宗廟。有敢妄言亂吾軍心者，立斬！」命范陽節度副使賈循守范陽，平盧節度副使呂知誨守柳城，河東節度副使高秀巖守雲中，其餘諸將各領本部兵馬，星夜起行。

有一老人，自稱姓李，名克，伏於馬前而諫。叩頭言曰：「竊聞順德者昌，逆德者亡。兵出無名，事必不成！」安祿山在鐵輿中，令嚴莊扶起李克，撫慰曰：「苟利國家，專之可也。利主寧邦，正在今日。何憚之乎？」百姓皆私相議曰：「百年老公，未嘗見范陽兵馬向南者。」無不憂懼。

安祿山隨統大軍出范陽，傳令教安忠志領驍騎十八人，詐稱進射生手，與何千年、高邈同往太原，劫楊光翽；自領范陽、平盧、河東三鎮兵馬及同羅、奚、契丹、室韋、曳落河之眾共十五萬，號為父子軍，日行六十里，望洛陽進發。一面具表數楊國忠之罪，使人申奏朝廷；且云：自己累奏國忠之罪，天子祇是不聽。時天寶十四載冬十一月也。先是，武庫中刀槍無故自鳴，識者以為不祥之兆。至此方驗。

安祿山既發范陽，每日於帳前歎曰：「楊國忠頭，來何太遲也！」北京副留守、太原尹楊光翽被安忠志所劫，將吏具表申奏。朔方東受降城使郭幼賢告稱高秀巖背反，侵掠軍城。帝正在宮中憂悶，初聽報說，尚自疑楊國忠譖害安祿山，弗信。次後三兩日間，流星馬接連報來，大驚，急召文武商議。百官盡皆失色，面面相覷。惟楊國忠自視以為得計，揚眉奮肘，喜形於色，奏曰：「今反者獨祿山耳！三軍左右皆不欲也。旬日之內，必斬之來降。不如此，陛下發兵討之，仗大義誅暴逆，可不血刃而定矣。」帝然其言，即令特進畢思琛前往東京，金吾大將軍程千里前往河東，各招募勇士數萬人，會合州郡拒之。

次日，人報瀚海軍使、兼伊西、北庭節度使封常清到。帝召常清至殿下，問以破賊之策。常清恐帝憂慮，乃大聲曰：「祿山領兇徒十萬，徑犯中原，太平斯久，人不知戰。然事有逆順，勢有奇變，臣請走馬赴東京，開府庫，募驍勇，挑馬箠渡河。計日取逆胡之首，懸於闕下。」帝壯其言。次日，帝即下詔，以封常清為范陽節度使、兼御史大夫，命常清募兵三萬以禦賊。常清即日赴洛陽，招募義兵不題。

是時天下承平日久，人不知戰，河北郡縣開甲仗庫，器械朽壞，皆不可執，兵士皆持白棒。或開門延敵，或棄郡走匿，或被賊擒殺，或自縊路傍，而降者不可勝計。祿山大軍至博陵，博陵太守、兼北平軍使張萬頃出城投降。祿山令賊將張獻誠鎮博陵。獻誠，張守珪之子也。何千年、高邈執楊光翽歸，祿山責以附楊國忠，斬之以徇。將首級付與使者，送往京師。

何千年、高邈皆言：「安忠志挾光翽而出太原，一城盡駭。追兵萬餘，莫敢近。」那安忠志乃是范陽城傍奚人，故范陽將張鎖高之假子也，以軍功授平州盧龍府果毅，曾於陰山覘賊，胡騎追及，忠志射殺數人而回。因隨祿山入朝，留為射生子弟。及祿山叛，忠志遁歸祿山。祿山大喜，錄忠志為假子。至此乃令安忠志領本部軍，扼井陘路，守土門關，以防河東兵。

祿山既斬光翽，傳其首，並移牒數楊國忠、虢國夫人罪惡，末云：「光翽今已就戮，國忠豈能更久？」是日陰風切切，見者寒心。帝下詔，責以妄殺光翽之罪，令歸范陽。祿山那裡肯休。

至常山。常山太守顏杲卿，字昕，乃京兆長安人，秘書監顏師古之後，濠州刺史顏元孫之子，平原太守顏真卿堂兄也。少好學，頗解屬文。性剛謇，有吏幹。曾為魏州錄事參軍，當官正色，舉劾無所迴避，政稱第一。後為幽州戶曹，祿山鎮幽府，薦為營田判官、光祿、太常二丞，遷支度判官、攝常山太守。與長史袁履謙同往槀城迎謁。祿山大悅，乃授顏杲卿紫金魚袋，履謙緋。使杲卿仍守常山，質其子侄。又令賊將李欽湊以兵七千人鎮井陘口，以備河東諸軍。其餘鉅鹿、趙、汲、博平、文安諸郡郡守，並皆更換。惟饒陽太守盧皓不從。祿山令張獻誠引上谷、博陵、常山、趙郡、文安五郡團練之兵攻之。自此，祿山無後顧之憂，兵馬長驅直入。

杲卿辭了祿山，就同履謙同回常山。至中途，杲卿指所著章服而謂履謙曰：「與公受他此色如何？」履謙知其意，乃愀然變色。杲卿曰：「此害身之物也。祿山雖以誅側為名，其實反矣。我與公世為唐臣，忝居藩翰，寧可從之作逆邪！」履謙曰：「為之奈何，唯公所命，不敢違！」杲卿大喜，遂與履謙商議起兵。

祿山大軍至鉅鹿，將宿。祿山忽心動曰：「我名祿，非所宜宿也！」遂不宿而去，移營至沙河縣。張萬頃乃作《漢高祖不宿柏人頌》一篇，進獻祿山。祿山大悅。至天明，傳下軍令，點起大隊人馬，攻取廣平。廣平太守畢炕，乃畢構之子，率力拒抗，力竭城陷。畢炕執節不屈，賊遂害之，盡覆其宗，獨畢炕二子畢垌、畢增尚幼，俱漏名籍，得免於難。祿山令賊將郭子昂鎮廣平。自引大軍至魏郡，太守司馬垂老病篤，請免。祿山遣賊將袁知泰攝魏郡太守，移鄴郡太守王燾攝河間太守，命海運使劉道玄攝景城太守，署崔審交為清河太守。

移牒平原太守顏真卿，令以平原、博平兵七千人防河津，博平太守張獻直，為之副。

第五十二回　郭子儀打破井陘　高仙芝堅守潼關

車駕還京。帝遣使齎詔，拜安思順為工部尚書，召還京師；命郭子儀代之。又調安思順弟、左羽林大將軍安元貞為太僕卿。楊國忠又奏帝，將安慶宗縛至市曹腰斬，祿山糟糠之妻康氏，並榮義郡主亦賜死。出榜購安祿山首，於河南要路張掛。

令右羽林大將軍王承業為太原尹、河東節度使，程千里為雲中太守、兼河東節度副使，呂知誨為平盧節度使。又令靈武太守、兼朔方節度副大使、攝御史中丞郭子儀，略雲中；又令少府監張介然為陳留太守、兼河南防禦使，守陳留；開府儀同三司、京兆牧、兼朔方節度大使、單于安北大都護、榮王李琬為元帥，開府儀同三司、右羽林大將軍、兼御史大夫高仙芝為副，出府藏錢帛，於關輔招募義兵十萬，號為「天武軍」，鎮陝郡；令於天下諸郡當賊衝要者，皆置防禦使，各處備禦，討賊立功。楊國忠奏帝，稱不可耗正庫之物，乃遣侍御史崔眾，往太原納錢度僧尼、道士。

時有憲部尚書苗晉卿，字元輔，上黨壺關人也。少孤，以儒素稱。曾為魏郡太守、兼河北採訪使。因入計京師，路過上黨，將近壺關，晉卿下馬，望縣門步行。小吏止曰：「太守位高德重，不宜自輕。」晉卿曰：「汝言謬矣！《禮》：『下公門，式路馬。』況父母之邦，所宜尊敬。」上黨長史宋遙接著，大排筵席，遍請縣官陪奉。縣令酒至，晉卿必起身受盃，立飲卒爵。父老獻酒，晉卿降西階拜畢，然後飲之，時人美其謙恭。後為東京留守。有士健屢犯科禁，罪當杖罰，晉卿謂之曰：「留守鞭武人甚易，赦之甚難！」乃赦之。武人改過勵行，卒為善士。由此甚有時望，楊國忠忌其為人，奏曰：「賊勢浩大，宜以大臣鎮東道。」乃出晉卿為陝郡太守、兼陝虢防禦使。

晉卿入對，固辭曰：「陝郡要鎮，作捍須才。臣老邁，非所克堪。」由是忤旨，改憲部尚書致仕。高仙芝招關輔之民，得市井白徒數萬人。帝御勤政樓，大犒三軍。高仙芝乃統飛騎、彍騎及朔方、河隴行營兵馬並關輔之眾五萬，離長安望陝郡進發。帝御望春亭，慰勞將士。令中官將軍邊令誠監軍，高仙芝即日起程。

且說祿山大軍至靈昌，將渡河。盡驅兵士以長索繫破船並雜草木，橫絕河流。是夜，天氣暴冷，北風大作。比及天明，冰凍堅厚，似浮梁一般。賊遂得渡河，陷靈昌。鐵騎十萬，所過殺戮，煙塵亙天，彌漫數十里。張介然至陳留數日，率兵登城，兼守要害，賊軍先鋒尹子奇，要立頭功，先領兵至陳留。介然之眾，素未訓習，聞吹角鼓譟之聲，盡皆股慄，授甲不得，士氣已奪。陳留遂陷。

祿山入陳留北郭，看見郭門上貼著一道榜文，部將住了腳讀時，上說：以千金購祿山之首，又諭已殺慶宗等。部將揭了，來告祿山。祿山聽得，大驚失色，捶胸大哭，曰：「我有何罪，已殺我兒！」祿山怒氣填胸，要報此讎，前有陳留兵將降者向萬人，行列於路，祿山命其衙將殺戮皆盡，流血如川，又斬介然於軍門，祿山怒乃稍解。前陳留太守、兼採訪使郭納以城降。祿山頓軍於陳留郭下，令賊將李庭望鎮之。自將得勝之兵，長驅大進。

祿山既斬介然，傳其首。帝降旨，欲興兵御駕親征。其河西、隴右、朔方之兵，除留守軍郡城堡之外，皆赴行營，各委節度使統領，限冬十二月二十日齊到。

祿山引大軍前抵滎陽。滎陽太守崔無詖教士卒盡數上城守護。軍士登城者，聞戈矛鼓角聲，驚駭，自墜如雨。滎陽遂陷。無詖及官吏，盡為賊所虜。祿山殺無詖，傳其首。令賊將武令珣鎮滎陽。

卻說封常清在東京，招募義兵，旬日之內，得市井傭保六萬人。李憕、達奚珣與留臺御史中丞盧奕綏輯將士，完繕城郭。奕乃盧懷慎之子，盧奐之弟也。謹願寡欲，與奐齊名。初為京兆府司錄參軍，不尚輿馬，克己自勵，號為清吏。後歷兵部郎中、給事中，以能遷御史中丞。所居之職，皆有聲績。自懷慎及奐、奕並為御史中丞，父子三繼，清節不撓，去之若始至。時人美之。

或告封常清曰：「達奚大尹，張守珪故吏也。河尹之拜，出自祿山。倘與賊為內應，為害不淺！」常清聞此語，有殺達奚珣之意。達奚珣知之，大驚，來見常清，自請詣闕待罪。常清不聽，欲殺達奚珣，李憕、盧奕勸止。常清遂寫表申奏朝廷。詔加憕禮部尚書，奕東京武部選，珣依舊知事，群議乃息。常清令將河陽橋拆斷，然後引兵星夜來武牢關守禦。

常清領大軍屯於武牢關，聚文武於帳下商議。忽報：平原太守顏真卿遣司兵參軍李平奉書到此。原來顏真卿字清臣，乃薛王友顏惟貞之子也。少孤，事母以孝聞。家貧，學書無紙筆，真卿以黃土掃牆學褚河南字，遂工楷隸。舉進士，除校書郎。又登制策甲科，授醴泉尉。罷秩，特詔東洛，訪張旭，請師筆法。尋以八使表能，遷長安尉。俄拜監察御史，巡撫河隴。五原有冤獄久未決，炎燠不雨。真卿理之，才獄決，甘澤立降。郡人悅服，呼之為「御史雨」。又巡撫河朔，朔方令鄭延祚母亡三十年，殯僧舍垣地。真卿劾之，詔免鄭延祚官，終身勿齒。累遷武部員外郎，與蘭陵蕭穎士、趙郡李華、河南陸據、天水趙驊、陳郡殷寅、河東柳芳、汝南邵軫，同志友善，故時人語曰：「殷顏柳陸，蕭李邵趙」，以其重行義，敦交道也。楊國忠惡其不附己，出為平原太守。時祿山逆節頗著，真卿遂以霖雨為託，修城浚濠。或告祿山，祿山密使人偵之。真卿陰料丁壯，儲廩實，陽會文士，遊勝跡。祿山因此不疑。比及祿山果反，河朔諸郡，相繼皆陷，獨平原城守具備。

常清急召入問之。李平禮畢曰：「顏平原在郡中，集靜塞軍屯丁三千五百人，又招募勇士，旬日之內，得萬餘人，命錄事參軍李擇交領之，以刁萬歲、和琳、徐皓、馬相如、高抗等為將。恐朝廷不知，特差某齎表呈報。」常清曰：「吾得上旨，凡四方奏事者，許開函而再封之。」平點頭。常清拆表看畢，大喜，就於帳中援筆，作一書與真卿，言及國家之事，詞意甚切。附了募捕逆賊牒數十封，發付李平星夜回平原。

且說郭子儀接了詔書，星夜便行。正行之間，前面流星馬報說，高秀巖起大同軍一萬，會雲中之眾，犯振武軍。子儀恐振武軍城有失，令先鋒僕固懷恩引本部兵先行。懷恩領軍前進，正迎著秀巖軍馬。懷恩不等他列陣，便舞刀躍馬，麾軍直衝過來。秀巖兵馬使薛忠義出馬迎敵，不能取勝。秀巖親自接戰。正鬥間，忽聽鼓角齊鳴，喊聲大起，子儀親統大軍衝殺前來，圍了秀巖、忠義，痛殺一陣。秀巖、忠義二人，引敗兵衝路走脫。官兵全勝，直追到紫河，奪了白狼關。到靜邊軍城下時，已是半夜。方欲攻打，忽聽城上喊聲大起，原來是大夏丞蘇日榮結連豪士十餘人為內應，共謀賊黨。聞子儀兵到，立斬賊將安守一、周萬頃，殺散軍士，大開城門。於是子儀引兵入城。

時已三更，忠義復引兵來攻城。子儀遂令李弼、高浚、僕固懷恩、渾釋之四員驍將齊出，來戰忠義。量忠義怎敵得四將，略戰數合，仍復大敗而走。子儀大驅士馬，乘勢殺過背度山。賊眾七千，盡被子儀坑之。懷恩擒得忠義子獻功。忠義勢窮力孤，引敗兵投馬邑去了。子儀遂令驍將公孫瓊巖引兵二千取馬邑。自引僕固懷恩、渾釋之等諸將，向雲中進兵。

安祿山引軍鼓譟而進，直抵罌子谷。封常清早令副將荔非守瑜伏於谷中。祿山軍到，守瑜拽得那弓滿滿的，覷定賊兵較親，一連射死數百人。箭及祿山鐵輿。賊軍不能進，取谷南小路而過。守瑜箭盡，被四面賊兵攻擊，不能得脫，遂投河而死。

祿山進兵武牢關，與常清對敵。量常清瓦合之卒，如何敵得祿山虎狼之師。兩軍相迎，祿山引鐵騎掩殺，常清軍大敗，回望東京而走。官兵魂飛魄散，棄甲丟盔，拋戈撇戟，各逃性命，自相踐踏，死者無數。賊兵乘勢追殺，常清引兵望葵園而走。

剛到葵園，聽見後面賊兵，喊殺連天，飛趕上來。常清回馬再與賊兵交戰，殺數十百人。祿山大軍至，常清軍大亂。賊兵圍裹將來，常清挺身獨戰，軍士自相踐踏。常清止遏不住，祇得撥馬回走。祿山從後掩殺。官兵死者不可勝數，逃命者盡棄衣甲。

常清引敗軍急望上東門而走。方進得城，賊兵追至，就城門外放起火來，烈焰騰空。城門失守，賊兵鼓譟而入。常清退至都亭驛，率官軍奮力死戰。常清兵又敗，再奔宣仁門。賊將張阿勞搶至宣仁門，殺散守門將士。引兵突入宮庭，但見人吏，不論大小，盡皆殺之。常清祇得引十餘騎走入苑中，令軍士盡伐苑樹，塞道而焚，以礙追軍。

李憕聞常清自苑西壞牆而走，謂盧奕曰：「吾曹荷國重任，今當守官而死！」盧奕應諾。判官蔣清，乃蔣欽緒之子也，以幹局知名，亦誓以守死。李憕遂獨居留守府，人吏皆散；盧奕遣家屬持印入京，自與蔣清朝服坐於臺中。賊至，李憕與盧奕、蔣清、達奚珣等一千人，悉被收縛。祿山才入洛城，大雪盈尺，遂屯兵閒廄中，令武士擒李憕及盧奕、蔣清至。

盧奕大腹豐下，眉目疏朗，立居行首。田乾真介胄而立，大喝曰：「何物小人，敢抗王師！」盧奕全無懼色，瞪目叱曰：「賊臣祿山，傾覆社稷。吾寧死於刀下，豈降汝耶？」觀者莫不股慄。盧奕西向再拜，顧謂賊徒曰：「凡為人臣，當識忠與順耳，使奕不為逆節，死無恨矣！」賊徒皆愴然改容。祿山大怒，命左右牽出斬之。盧奕神色不變，至死罵不絕口，與李憕、蔣清，一同遇害。獨達奚珣免死。祿山教達奚珣仍為河尹，使之蒞事。先是，洛陽有巨蛇，高丈餘，長百尺，出於北邙山下。善無畏見之，謂人曰：「此蛇欲決水瀦洛城，肆毒於世也。」即念動真言咒語，其蛇遂死。至此，祿山果陷洛陽。

祿山縱兵大掠。城外百姓，扶老攜幼，哭聲大震，各逃生命。崔沔子壽安尉崔祐甫，身冒矢石，潛入私廟，背著木主而逃。張九齡子伊闕令張拯，政有異績。祿山使人招降張拯，許以美官。」拯曰：「我乃文獻之後，死則死耳！豈能降志，而受賊官耶？」

卻說高仙芝領大軍屯於陝郡，知封常清與賊兵交戰，便起陝郡軍馬，正欲進發，忽見常清引十餘騎，狼狽而來。高、封二將，抱頭相哭，訴說前事。常清告曰：「祿山包藏禍心，向十年矣。一朝興幽、并勁卒，以亂中原。常清累日血戰，賊鋒不可當。將軍持烏合之眾以戰，儻小不利，狂寇奔突入關，則京師危矣。常清為將軍計，宜棄陝郡之地，緊守潼關而已。」仙芝然其說，即日班師。路經太原倉，仙芝將倉內絹帛財物，分給將士，餘皆焚之。

陝郡太守竇庭芝棄郡北渡，走投河東。祿山令賊將蔡希德進兵河內，崔乾祐屯軍陝郡。高仙芝、封常清連夜奔走，往守潼關。背後賊兵趕來，官兵皆棄甲拋戈而走。軍士自相踐踏，死者不計其數。仙芝至潼關，分兵守護。賊兵趕到關下，關上矢石如雨，不得進而回。臨汝、河內、陝郡、弘農、濟陰、濮陽、雲中諸郡皆陷。潼關所以全者，皆高、封之力也。

先是，李獻忠敗，祿山使從事柏造於京師告捷，造言祿山反狀。帝大怒，黜為河內郡獲嘉縣令。至此乃守縣印不去，為賊所害。其子尚幼，為人所藏得全。

卻說帝在長安，聽知封常清大敗，失了洛陽，大怒，欲斬常清，韋見素諫曰：「昔文公之與楚戰城濮，成王歸殺子玉，而文公乃喜。今祿山已敗我師，又斬大將，於軍不利。且乞暫免。」帝乃免其死，黜罷爵祿。令白衣領將，赴行營隨高仙芝軍聽用。常清在潼關，遣人奉表於帝，陳賊形勢。表三上，楊國忠皆藏匿不奏。常清自乘馬詣闕，奔至渭南，正逢使命到，開讀詔旨。常清奉詔，復回潼關見仙芝。仙芝令常清監巡左右廂諸軍，常清穿皂衣而從事。

臨汝太守韋斌，為賊所獲。楊國忠誣韋陟外連祿山，欲為內應，令人於韋陟府門伺察之，欲使韋陟憂死。或勸韋陟遁去，陟慨然歎曰：「我積信於國朝，非一代也。況素所秉心，無負神理，命之合爾，其敢逃刑？」因竟不從。

當此時，李庭望東略淄青，武令珣南徇宛葉。郡縣人吏多望風而走。唯東平太守、嗣吳王李祇起義軍，為國討賊。諸郡縣不從賊者，皆刑其長吏，殺之以應吳王。

朝廷降詔，以永王李璘為江陵大都督、山南節度大使，襄陽太守、兼山南東道採訪使源洧為江陵長史、兼採訪防禦使、攝御史中丞，為之副；潁王李璬為蜀郡大都督、劍南節度大使，楊國忠為之副：二王皆不出閣。永王本名李澤，帝第十六子，母郭順儀，劍南節度使郭虛己之妹。順儀早薨，太子親鞠養之。永王聰敏好學，博綜經史，善草隸書，多識古事。封為永王，遙領荊州大都督。進位開府儀同三司，改名李璘。潁王本名李澐，帝第十三子，母高婕妤。潁王性儉率，好文詞，有才幹。封為潁王，遙領安東都護、平盧軍節度大使。進位開府儀同三司，改名李璬。

卻說帝謂高力士曰：「我欲行一事，自古帝王未之有也。」乃召楊國忠、韋見素曰：「皇太子仁孝，朕尋欲傳以大位。今遇寇難，委之監國，正副朕懷。事寧之後，朕當高枕耳！」即下詔，命太子監國。帝自統六師，御駕親征。

及詔出，朝野相賀。國忠大懼，言語失次。歸告虢國姊妹，聚族而哭。遂與虢國姊妹入見貴妃，大哭曰：「娘子，我輩何用更作活計。皇太子若監國，我與姊妹等即死矣！」楊貴妃悲號銜土，請命於帝。次日，有司進儀注，帝遂寢其事。國人大失望。

第五十三回　顏杲卿智賺三將　邊令誠譖殺高封

卻說顏真卿在平原，共聚義兵一萬餘人，乃大犒軍士，設宴於小城四門之外。真卿親自循撫，舉酒下淚，言國家之恩，戮力死節，無以上報，欲興兵討安祿山。眾皆願從。忽報安祿山遣賊將段子光至城下，將李憕、盧奕、蔣清三人首級招安。真卿大驚，急登城視之，果李憕、盧奕、蔣清三人首級也。

真卿切齒而恨，令拽子光入城斬之。子光大呼曰：「安僕射十三日入東京，遠近盡降。聞河北諸郡不從，故令我告之。公若殺我，悔有日在。」遂歷指三人之首，各言其人。真卿恐搖人心，乃謬謂諸將曰：「我向識李憕、盧奕、蔣清，今祿山所斬者三人，皆非也。安敢欺我！」遂腰斬子光，潛收李憕等三首，誌其藏處。次日，人心稍定，乃取三首澡潔葬之。時盧奕面尚有血，真卿不敢以衣拭，乃親以舌舐之。遂縛草為身，冠飾棺殮，發哀致祭，城外殯之。慟哭三日，舉聲下淚，受眾弔慰，左右無不出泣涕者。自此，聞顏平原義烈歸順者，益多矣。

人報李平自東京回。真卿召入，平呈上封常清書信。真卿拆視之，書中勸真卿堅守城池，以待官軍來到。真卿即使人齎募捕逆賊牒文，以達諸郡。

是時王燾使司法參軍李奐殺偽河間長史杜暮睦，以其眾歸真卿。鹽山尉穆寧、清池尉賈載，殺劉道玄，奪器械五十餘船。穆寧、賈載持道玄首級，往見景城長史李暐。暐收嚴莊宗族悉誅之，遣穆寧、賈載送道玄首級至。清河長史王懷忠斬崔審交，遣主簿張澹送審交首級至。饒陽太守盧皓與司馬李正舉義兵據其城，濟南太守李隨引軍渡河，攻博平，克之，誅偽博平太守馬冀。樂安亦以其地歸順。各擁兵數千，或至萬人，相次於平原，商議破賊之策。李暐曰：「今奉大義，必立盟主；眾聽約束，然後破賊。」

於是眾人共推顏真卿為盟主。真卿再三推辭，眾皆曰非真卿不可，真卿方應允。於是昇壇歃血，共讀盟文，辭氣慷慨，皆淚下沾衿。武邑尉李銑往平原投真卿，縣令龐宣遠拘其老母。真卿出私錢十萬貫，招得平原豪士數人，星夜前去取李銑母。不一日，取至，並斬龐宣遠之首。至此，諸郡諮稟真卿指揮。饒陽、河間、景城、樂安、博平、清河、平原七郡，皆相與拒賊。

卻說顏真卿欲與堂兄顏杲卿，共起義兵，掎角斷賊歸路，以緩其西寇之勢，一面遣外甥盧逖將購祿山敕送於常山；一面差李平齎表申奏朝廷。時顏杲卿欲誅李欽湊，開土門路，使人報太原王承業，令承業以兵接應。承業應允。杲卿恐有洩漏，每日祇推病重，不能視事，暗使其子安平尉顏泉明，召前真定令賈深、內丘丞張通幽等，往來與袁履謙計議。當日盧逖來謁，告以真卿之謀。杲卿且悲且喜，匿逖於家，差泉明，星夜請履謙入內商議。杲卿問計，履謙曰：「可如此如此。」杲卿從其計，即日以祿山偽命，詐追李欽湊率眾詣郡受賞。欽湊之眾謂為信然，皆喜。

至夜，欽湊領眾欣然而至，杲卿辭之曰：「天色已晚，恐有他盜，城門閉矣，請俟明早相見。」欽湊遂憩於館驛。杲卿乃使履謙與參軍馮虔、靈壽尉李棲默等攜美酒佳餚往勞之。夜久，欽湊與其黨，皆酩酊大醉。遂以斧斫殺欽湊，收其器械，盡縛其黨。次日，皆斬之，棄屍滹沱河中，悉散井陘之眾。履謙持欽湊首入告。杲卿憂喜交集，遂與履謙相對而泣。良久，杲卿收淚，謂履謙等曰：「大丈夫名不掛青史，安用生為！吾與公累世事唐，豈媮安於胡羯，但使死而不朽，亦何恨也！」乃聚郡中勇士，得千餘人。命履謙將兵鎮土門，賈深防東路，張通幽守郡城。

忽報高邈自范陽徵兵而回，將至稾城。履謙曰：「可遣參軍馮虔、翟進玉等，與公侄婿稾城尉崔安石密議擒之。」杲卿然其言，乃遣馮虔、翟進玉往擒之。是日，高邈前驅數人至驛，崔安石指揮人吏，盡坑殺之。至夜，高邈至。安石紿之曰：「顏常山於館舍備美酒迎候。」高邈不疑，至廳下馬。安石大喝一聲，眾壯士應聲而出，一字兒圍裹將來，白棒亂下如雨，高邈僕地。遂把高邈朱繩綁縛了。馮虔解赴常山請功。忽又報何千年自東京而來，安石與進玉議曰：「可於醴泉驛設下伏兵，生擒此賊。」進玉從其計，遂伏兵於醴泉驛以待之。千年前驅數人至驛，安石又指揮人吏，將何千年前驅，盡皆擒了。千年至，安石一聲令下，背後眾壯士齊出，一字兒裹轉來。撓鉤齊下，套索飛來，把何千年和人連馬活捉去了。翟進玉領赴常山請功。

馮虔、翟進玉將高邈、何千年解赴常山。高邈、何千年伏地告求免死。時張獻誠提兵圍饒陽，杲卿問計於二賊。千年曰：「今太守欲輸力王室，既善其始，當慎其終。此郡應募烏合，難以臨敵，宜深溝高壘，勿與爭鋒。俟朔方軍至，並力齊進，傳檄趙、魏，斷燕、薊要膂。今且宜聲云：『郭子儀引步騎一萬出井陘』。再使人說張獻誠云：『足下所領軍兵多是團練之人，無堅甲利兵，難以當山西勁兵』。獻誠必解圍遁去。此亦一奇也。」杲卿等大喜，遂依計而行。獻誠聞子儀兵將至，料難迎敵，乃連夜撤圍西去，其上谷、博陵、常山、趙、文安五郡團練之兵皆潰。

杲卿聽得賊兵退，乃使人到饒陽，安撫軍民，慰勞將士。一面遣顏泉明、賈深、翟進玉為使，函李欽湊之首，械高邈、何千年二賊，送於京師；張通幽泣告曰：「吾兄張通儒，陷於賊中。願與泉明同往，以救宗族。」杲卿哀而許之。又欲遣人密到范陽，招降賈循。人薦故幽州軍將馬季龍之子馬燧，年三十歲，文武雙全，智勇足備。杲卿大喜，即時遣行。

一面收兵練卒，檄告河北諸郡，令盡起本部軍馬，仗義討賊。於是諸郡豪傑翕然回應，皆殺賊牧守，以待詔命，旬日之間，遍於河北。

至此，趙郡誅偽太守馬道貞，鉅鹿殺劉柸，廣平斬郭子昂，博陵拒張獻誠，與常山、上谷、文安、信都、魏、鄴十郡，皆卻為國家守。常山、平原二郡兵威大振。其時河朔一十七郡，得兵二十餘萬，橫絕燕、趙，旁貫井陘，啟土門，通太原。其附安祿山者，唯范陽、北平、密雲、漁陽、汲、嬀川六郡而已。

且說顏泉明與賈深、翟進玉、張通幽至太原，見了王承業，具說顏杲卿誅李欽湊、擒何千年高邈之事。通幽以目視承業。承業會意，乃留泉明等於館驛中住下。至夜，承業暗與通幽商議，自送欽湊之首高何二賊至京，以為己功。承業問計。通幽附耳低言如此如此。承業喜從其言，即將杲卿之表，藏匿不奏，自作表文，竊了杲卿功勞，令心腹人齎表到京見帝。又欲害泉明等，便教三人先回。卻令刺客翟喬陰追殺之。翟喬從小路趕上，以實告泉明等。泉明等逃竄壽陽，得免於難。承業使者到京師，入內奏帝。帝大喜，遣使齎詔加承業羽林大將軍，帳下將校百餘人，盡皆賞賜。

卻說高仙芝總督軍馬，守禦潼關。監軍邊令誠每事干之，仙芝多不從。又問仙芝索金帛，仙芝不肯與。令誠挾恨，回奏朝廷，說：「常清以賊搖眾，仙芝逗撓不戰，遂棄陝洛之地數百里，又盜減軍士糧賜。」帝聞之大怒，即遣令誠齎詔往潼關誅殺二將不題。

令誠至潼關，先引封常清於驛南西街，宣敕示之。常清曰：「常清所以不死者，不忍汙國家旌麾，受戮賊手，討逆無效，死乃甘心。」

及臨刑，常清感憤頗深，遂修遺表一道，託令誠上之。表略曰：

「中使宣敕，恕臣萬死之罪，收臣一朝之效，令臣卻赴陝郡，隨高仙芝行營。負斧縲囚，忽焉解縛，敗軍之將，更許增修。臣封常清誠歡誠喜，頓首頓首。臣自城陷以來，前後三度遣使奉表，具述赤心，竟不蒙引對。臣之此來，非求苟活，實欲陳社稷之計，破虎狼之謀。冀拜首闕庭，吐心陛下，論逆胡之兵勢，陳討捍之別謀，酬萬死之恩，以報一生之寵。豈料長安日遠，謁見無由；函谷關遙，陳情不暇！臣讀《春秋》，見狼瞫稱未獲死所，臣今獲矣。

昨者與羯胡接戰，自今月七日交兵，至於十三日不已。臣所將之兵，皆是烏合之徒，素未訓習。率周南市人之眾，當漁陽突騎之師，尚猶殺敵塞路，血流滿野。臣欲挺身刃下，死節軍前，恐長逆胡之威，以挫王師之勢。是以馳禦就日，將命歸天。一期陛下斬臣於都市之下，以誡諸將；二期陛下問臣以逆賊之勢，將誡諸軍；三期陛下知臣非惜死之徒，許臣竭露。臣今將死抗表，陛下或以臣失律之後，誑妄為辭；陛下或以臣欲盡所忠，肝膽見察。臣死之後，望陛下不輕此賊，無忘臣言，則冀社稷復安，逆胡敗覆，臣之所願畢矣。仰天飲鴆，向日封章，即為屍諫之臣，死作聖朝之鬼。若使歿而有知，必結草軍前。迴風陣上，引王師之旗鼓，平寇賊之戈鋋。生死酬恩，不任感激，臣封常清無任永辭聖代悲戀之至。」

常清既死，陳屍蘧蒢之上，士卒莫不哀之。有人報與仙芝。仙芝歸至廳事，令誠索陌刀手百餘人自隨，來見仙芝曰：「大夫亦有恩命。」仙芝疾忙下馬，與令誠同至常清所刑之處。仙芝伏常清屍，哭之甚慟。令誠宣敕，以盜減兵糧賜物之罪，斬仙芝。仙芝聞之，曰：「我遇敵而退，罪也，死不敢辭。然以我為減截兵糧及賜物等，則誣我也。上是天，下是地，兵士皆在，足下豈不知乎？」時士卒排列在外，仙芝呼謂之曰：「我於京中召兒郎輩，雖得少許物，裝束亦未能足，方與君輩破賊，然後取高官重賞。不謂賊勢憑陵，引軍至此，亦欲固守潼關故也。我若實有此，君輩即言實；我若實無之，君輩當言枉。」士卒素愛仙芝，齊聲大呼曰：「枉！」其聲震地。仙芝目常清之屍曰：「封二，子從微至著，我引拔子，為我判官，又代我為節度，今日又與子同死於此，豈非命乎？」言訖，遂被斬之。大小將士，無不流涕。

高、封既刑，朝廷命四鎮都知兵馬使李承光代領其軍。安慶緒知高、封二將被誅，催動三軍，不分晝夜，攻打潼關。承光寫告急文書，申聞朝廷。帝聞常清、仙芝被誅，將士寒心，即差高力士齎旨，宣召哥舒翰入內。此時哥舒翰已染風疾，廢疾於家。及入見，有詔毋拜。帝問破賊之策，翰對曰：「臣以為祿山雖竊河朔，而不得人心，請持重以弊之，彼自離心，因而翦滅之，可不傷兵擒茲寇矣。」帝大悅，乃授哥舒翰為副元帥，總統河西、隴右、朔方行營兵馬及諸蕃部落軍馬。翰以病固辭，曰：「臣疾病昏耄，不足以策大事。」帝曰：「國家有急，卿其毋讓。」言訖，淚流滿頤。翰不得已拜職，奏追金城太守王思禮赴軍。帝弗許，曰：「河、隴精銳，悉在潼關，吐蕃有釁，唯倚思禮耳！」翰固請，乃以王思禮為開府儀同三司、太常卿，充元帥府馬軍都將。差人星夜往金城宣召思禮，火速赴京。

不數日，王思禮至。又以御史中丞田良丘為元帥府行軍司馬，憲部員外郎蕭昕為判官，令與哥舒翰掌書記高適，大將王思禮、菅崇嗣、鉗耳大福、蘇法鼎、蕃將火拔歸仁、李武定、渾蕚、契苾寧等，一班兒輔佐哥舒翰，同守潼關。又命宦官李大宜監其軍。適乃安東都護高偘之孫，韶州長史高崇文之子也。少孤，慷慨多大略。年過四旬，貧無產業，每與屠酤為群，狂歌詠詩而已。睢陽太守張九皋奇其才，薦舉有道科。授陳留郡封丘縣尉，非其好也，遂去，入河西界遨遊。哥舒翰見而異之，表為左驍衛兵曹，充掌書記。適從翰入朝，翰稱之於帝，拔為左拾遺。

帝御勤政樓，慰勞軍士。百官於郭外安排筵席餞行，旌旗絡繹二百餘里。哥舒翰大軍盡發，前驅牙旗旗竿觸坊門而折。百僚見了，盡皆失色。

且說帝因郭子儀有河東之功，降詔加子儀兼御史大夫。不數日，人報榮王憂死。帝聞榮王死，哀痛至切，敕贈靖恭太子，命葬於見子西原。榮王既死，士庶皆為歎惜。帝命太子撫軍，以哥舒翰為皇太子先鋒、天下兵馬副元帥，總率河隴、朔方行營及諸蕃兵馬並高仙芝舊卒二十餘萬，守禦潼關。徵天下兵四面齊舉，克復東京。

卻說帝在長安，每日設朝，必以薄俗罪己，歎曰：「河北二十四郡，豈無一忠臣乎？」忽侍臣奏曰：「平原太守顏真卿，差司兵李平齎表至。」帝滿心歡喜，即遣中官五六人出宮門迎接，又敕李平馳馬到殿門，然後下馬。李平到殿門前下馬，中官簇擁李平而入。平拜舞禮畢，具說真卿在平原，大集義兵，誓欲盡忠討賊。已斬祿山之使，收李憕、盧奕、蔣清三人之首，泣而葬之，呈上表章。帝覽表，稱讚不已，顧謂左右曰：「顏真卿何如人？朕未曾識，而所為乃得爾！」詔加真卿戶部侍郎，依前平原太守兼防禦使；以李暐為副使，李銑、賈載、前殿中侍御史沈震為判官。

帝始知王承業竊了顏杲卿之功，乃拜杲卿為衛尉卿、兼御史中丞，追赴京師。以袁履謙為常山太守、兼防禦使，賈深為司馬，顏泉明為左金吾兵曹。

天寶十五載春正月乙卯朔，安祿山御顯德殿，自稱雄武皇帝，國號大燕，改元為聖武元年，大赦境內。以洛陽為國都，范陽為東都。立嬖妾段氏為皇后，封安慶緒為晉王，安慶和為鄭王。置丞相以下官，封達奚珣為左相，張通儒為尚書，高尚、嚴莊為中書侍郎，孫孝哲為殿中監、兼閒廄、群牧等使；大小官僚，一一昇賞。

祿山命張萬頃為河南尹，守東京；自引大軍，向潼關進兵。至新安地方，忽流星馬飛報，言常山太守顏杲卿，結連堂弟平原太守顏真卿造反。祿山驚曰：「若河北有失，截斷後路，吾進退不得，當如之何？」遂使史思明引數千軍馬，徑取常山；蔡希德隨後引兵萬餘，到彼會合。命安慶緒、田乾真、崔乾祐進兵取潼關，即日回兵。

卻說帝在長安聞知祿山自立大燕皇帝，大怒曰：「牧羊小醜，安敢如此！朕誓滅之！」於是即降詔，命郭子儀撤雲中之圍，收兵還朔方，添兵進取東京。

第五十四回　史思明攻拔常山　顏真卿收復魏郡

卻說李庭望引兵東略，令張通儒弟張通晤為睢陽太守。單父尉賈賁率官吏百姓二千，攻打睢陽。張通晤棄城而走，往投陳留。行至襄邑，被頓丘令盧詵所殺。庭望知賁軍打破睢陽，殺了通晤，李隨催軍繼至，急急引軍還陳留。濮陽丞尚衡起兵討祿山，行至東平界首，正逢鉅野尉張沼兵到，尚衡謂張沼曰：「今賊將邢超然據濟陰，吾去取之耳。」張沼曰：「某願在公部下相助。」言未畢，帳下一人高叫曰：「某願為前部先鋒！」眾視之，乃魏郡頓丘人也，姓南，名霽雲。專在黃河中撐船梢公為生，有一身驚人的好武藝。尚衡大喜，遂命霽雲為先鋒。趲軍前至濟陰。賊將邢超然上城守護。尚衡裨將王棲曜就馬上拈弓取箭，顧軍將曰：「看我射殺這廝！」說聲未絕，衹聽得弓弦響處，果然一箭正中超然面門，超然大叫一聲而亡。賊軍銳氣墮盡。尚衡遂拔濟陰，軍威大振。吳王乃進軍攻靈昌，拔之。

朝廷以李隨為陳留太守，兼御史中丞，領河南節度採訪使；吳王為靈昌太守，加金吾大將軍，領河南都知兵馬使。令李隨與吳王分兩路取陳留，以遏賊勢。李隨薦章仇兼瓊舊將許遠，先為兼瓊愛其清幹，欲以女妻之，遠固辭之。兼瓊不悅，遂以他事陷遠於罪。朝廷黜遠為高要尉，後遇赦得免。帝遂使人召許遠至，拜為睢陽太守、兼防禦使。

有真源令姓張，名巡，乃河東人也。巡身長七尺餘，鬚髯若神。讀書不過三遍，終身不忘。

為文章，操紙筆立書，未嘗起草。舉拔萃，以對策高第。授通事舍人，出為清河令。輕財重義，有古人風。後為真源令。縣吏華南金豪猾，前後守令咸憚之。故時人語曰：「南金口，明府手。」巡下車，聞其名，數之以其罪而殺之。邑中大駭，吏人相視慴氣。南金之餘黨，巡皆撫而赦之，唯歸罪於南金，由是眾心乃安。

張巡在真源二年，百姓便之。祿山作逆，張巡到譙郡見太守楊萬石，勸他招募義兵，守禦城池。萬石弗從，反欲降賊。張巡大怒，遂拔劍斬之，回到真源，率官吏軍民哭告於太清宮。然後招集義兵，豎起招兵白旗一面，上書「忠義」二字。不數日間，應募之士，如雨駢集。有一個涿郡遊俠兒，姓雷，名萬春，來投張巡。又有一個南陽遊俠兒，姓張，名抃，也來投巡。二人弓馬熟嫻，武藝精熟。張巡大喜，命雷萬春為馬弓手，張抃為步弓手，於縣中調練軍馬。

再說顏杲卿在常山，起兵才八日，軍器糧草，俱未完備。忽報史思明、蔡希德分兵兩路，來取常山。杲卿急差人齎書赴太原，求王承業起兵救援；自己率眾守城，以備攻擊。使命星夜至太原，將書呈上承業，言：「賊兵分兩路而來，現圍常山甚急。望撥大將前來救援。」承業看畢，心中暗喜，遂不肯發兵。

思明、希德軍至，將城四面圍定，日夜攻打不息。杲卿拒守六日，城中糧井皆竭，救兵不至，常山遂為史思明、蔡希德所陷。顏杲卿幼子顏季明，為賊所獲，擒至廳上，臨以白刃云：「若不降我，便行大戮！」杲卿不荅。顏季明與盧逖皆遇害。

思明於常山殺萬餘人，解顏杲卿、袁履謙到東京。祿山責杲卿曰：「汝昨自范陽戶曹，我奏為判官，不數年，擢汝為太守。我何負於汝，而乃反乎？」杲卿瞋目罵曰：「汝本營州一牧羊羯奴耳，叨受恩寵，天子負汝何事，乃敢悖逆？吾代受國恩，官職皆天子所與。吾寧背汝，豈負本朝乎？臊羯胡狗，何不速殺我？」祿山怒，喝武士縛杲卿於天津橋柱，支解之。杲卿罵不絕口。賊鉤斷其舌，問曰：「更敢爾否？」杲卿含糊數罵而死。侄顏詡，孫顏誕，侄子顏幹、顏沛、顏頗，從父甥博野尉沈盈，皆被鋸殺。履謙性剛狷，罵賊尤甚。賊先割其舌，後截其手足，履謙以血噴賊面，至死罵不絕口。城中官民見者，無不下淚。

思明、希德既陷常山，引兵擊諸郡之不從者，所過殘滅，於是鄴、廣平、鉅鹿、趙、上谷、博陵、文安、魏、信都等郡復為賊守。河間、景城、平原、樂安、清河、博平六郡，募兵自固。思明進兵饒陽，盧皓率眾守禦。李奐聞知饒陽有難，引兵七千來救。思明自引軍迎之，官兵大敗。李奐抵敵不住，奔回河間去了。希德引兵圍住河間攻打，李暐遣其子李杞，領救兵八千前來，被希德殺其主將李杞。其餘偏牙將士及軍卒，都潰散去了。顏真卿表章雪片告急。王承業軍政不肅，朝廷遣使罷其兵權。卻令崔眾代領其軍，主兵河東。命特進、上黨長史、兼防禦使、攝御史中丞程千里，引兵十萬出崞口，去救河北。祿山以蔡希德為鄴郡節度使，將本部軍馬進崞口，敵程千里。千里軍不得進。

忽報郭子儀自靈武而來，帝急召子儀上殿。視之，身長八尺，河目海口，闊面重頤。帝暗暗稱奇，命子儀於朔方諸將內選一人，委以河北、河東之任。子儀保舉一人，可破思明。帝問是何人。子儀曰：「要破史思明，非李光弼不可。」帝曰：「光弼今在何處？」子儀曰：「現在京師閒居，杜絕賓客。若命此人討賊，賊可克日而破也。」帝大喜，即差人齎詔，連夜召光弼入內，共議軍事。先是，光弼、子儀為安思順左、右廂兵馬使，二將不相能，雖同盤飲食，常睇相視，不交一言。及子儀入朝，光弼恐被所譖，欲連夜遁去，躊躇未決。忽使命至。詔光弼入宮。

光弼不知何事，祇得隨使命入內。帝視之，其人身長七尺五寸，黃睛黑面，猿臂狼形。帝笑曰：「朕得此大將，有何慮哉！」遂封光弼為雲中太守、攝御史中丞、持節充河東節度副大使、知節度事。分朔方八千軍馬，東出井陘。光弼領敕辭朝，同子儀徑到朔方，計議起兵。眾將勸子儀殺光弼，光弼入曰：「一死固甘，乞免妻子。」子儀趨步下堂，攜住光弼之手，直至堂上，就與光弼同坐。子儀謂光弼曰：「今羯胡逆亂，主上深憂，非公不能東伐，豈懷私忿時耶！」遂會集將吏，出詔書讀之。眾將聽令，一遵詔旨。臨別，子儀、光弼執手涕泣，以忠義相勉。

安慶緒頻犯潼關，哥舒翰擊走之。帝以哥舒翰守戰有功，加翰尚書左僕射、同平章事。翰表裨將魯炅為南陽太守、兼防禦使，屯軍宛葉。炅，范陽人也。孫吳漢昌太守、橫江將軍魯肅之後。身材長大，涉獵書史。少以門蔭，授左羽林長上。翰鎮隴右，表為別奏。翰甚重之，嘗謂人曰：「炅後當為節度使矣！」後從翰拔石堡城，收河西九曲之地，斬將搴旗，累立奇功。官拜隴右討擊副使、右領軍員外大將軍。

帝又降詔加李光弼魏郡太守，領河北採訪使，攝御史大夫，引朔方馬步軍八千，並太原弓弩手三千，東出井陘，與顏真卿計會，克復常山。

卻說馬燧到范陽，來見賈循。馬燧說循曰：「祿山負恩首亂，雖陷東京，必當夷滅。公盍建不世之功，誅其逆將向潤客、牛庭玠，以范陽歸國家，拔其根柢，則祿山西不能入關，必坐而受擒，天下可定也。」循曰：「且容商議。」不料其事不密，有人報與向潤客。

向潤客探知賈循欲反，星夜馳書報祿山。祿山得書心慌，即日差心腹將韓朝陽去范陽取賈循首級來。朝陽至范陽，賈循竟往館驛內拜望朝陽，朝陽預先暗伏武士於壁衣中，祇等賈循到。賈循與朝陽敘禮畢，坐定。朝陽曰：「吾有機密事，與公商議。」賈循問曰：「有何事？」朝陽曰：「奉燕帝命取汝頭！」循大驚。朝陽叱曰：「左右何不下手！」武士擁出，用弓弦將賈循縊死，朝陽掣所佩刀割下首級，令人送赴東京。賈循妻子亦被殺。惟馬燧扮作客商，星夜走脫。祿山以牛庭玠知范陽軍事。

朝陽隨至柳城見呂知誨，分付知誨用計，賺安東副大都護馬靈察至柳城殺之。祿山以呂知誨為平盧節度使。

卻說顏真卿將兵散回諸郡，以待朔方軍來到。有一少年，姓李，名萼，趙郡人也，約年二十餘歲，自稱是元德秀弟子，因避亂寓居清河，特來乞師。謁真卿曰：「竊聞公義烈，首唱大順，河朔諸郡皆恃公為長城。今清河，實公之西鄰也，僕幸寓家，得其虛實，知可為長者用。若不倦於聽，則僕請言之。」真卿曰：「何也？」萼曰：「國家舊制，江淮租布貯於清河，以備北軍費用，為日久矣，相傳為天下北庫。今所貯者有江東布三百餘萬匹，河北租調絹七十餘萬匹，當郡綵綾十餘萬匹。累年稅錢三十餘萬緡，倉糧三十萬斛。昔討默啜，甲仗藏於庫內五十萬，編戶七十萬，見丁十餘萬。計其蓄積，足以三平原之富；料其士卒，足以二平原之強。公若因撫而有之，以平原、清河兩郡為腹心唇齒，其餘小城乃四肢耳，安敢有不從者哉！」真卿曰：「平原所合之眾，未曾知戰。自固且急，安有恤鄰之暇哉！雖然，若諾足下之請，則將何為乎？」萼對曰：「清河遣僕致命於公者，蓋欲稟大賢以濟謀，非力不足，而借公之師，以當強寇也。今瞻仰高意，未有決詞定色，與濟清河也。僕安敢遽言所為哉！」真卿奇之，欲許。眾皆沮云：「萼年少輕虜，若與之兵，必動眾無成。」真卿迫於眾議，遂弗許。

李萼乃就館操書，復說真卿，其略曰：「清河去逆就順，奉粟帛器械以資軍，公乃不納而疑之。僕回轅之後，清河不能孤立，必有所託，繫與他人，與公為西面之強敵，無什日之期耳。公及噬臍乎？」真卿覽而大驚，至館驛中見李萼，遂以兵六千許之。

真卿發兵起行，令大將李擇交、副將平原令范冬馥同引兵去。李萼辭去，真卿執手揮淚而別。真卿謂李萼曰：「兵既行矣，可以言吾子之意否？」萼曰：「今聞朝廷遣程千里統精兵十萬，自太行東下，將出崞口，助河北諸軍討滅叛逆。而崞口為賊所扼，千里兵不得東出。今若先伐魏郡，執袁知泰，納舊太守司馬垂，使為西南主。分兵開崞口之路，出千里之軍，使討鄴郡以北，直至范陽以來未順城邑。平原、清河率同盟諸將，以十萬之眾直指河陽，分兵循河，據守要害，悉制其北奔之路。計王師東討洛陽，必不減二十萬；河南諸郡義師，西向臨之，亦不減十萬。公當表請朝廷堅壁勿戰，不旬月，賊必潰敗相圖矣！」真卿曰：「善！」乃移牒清河、博平二郡，遣李擇交、范冬馥、裨將和琳、徐皓等十餘人，望西進發，與清河、博平會合。李萼回清河，整頓守城器具不題。

思明正攻饒陽，忽有人報李擇交將平原之眾會合清河義兵欲救饒陽。思明大驚，急遣張獻誠分遊弈兵取平原。

賊兵臨境，真卿恐勢大難以抵敵。一面使驍將刁萬歲引兵迎敵，堅壁守之；一面修書，使人持書往北海求援。

太守賀蘭進明得書，即與第五琦引五千兵，前來助戰。琦字禹珪，京兆長安人也。乃右監門長史第五庭之子。少孤，事兄第五華甚謹。年十五，明經高第，授黃梅尉。遷揚子丞，為左散騎常侍兼御史中丞、陝郡太守、漕運租庸等使韋堅從事，琦有吏才，以富國強兵之術自任。堅敗，琦亦黜為南豐尉。自南豐再遷須江丞，進明自信安太守遷北海太守、河南招討使，薦為北海從事，充河南招討判官。真卿陳兵迎接，相揖哭於馬上，哀動三軍，無不下淚。

勞軍已畢，賀蘭進明屯兵於平原城南。軍中之事，事無大小，真卿悉以諮之，然後施行。進明遂奪真卿兵權，真卿終不以為意。

旬日之後，李擇交率平原之兵六千，與清河之眾，合兵到博平界。博平義兵千人亦到。於是三郡兵馬四集，幡旗蔽野，屯於堂邑縣城西南十里。

次日，人報袁知泰統兵二萬來犯堂邑。擇交大驚，急點三郡人馬，出營與賊迎戰。兩下軍兵在城邊混殺，喊聲大震。三郡之兵並力死戰，戰至二更，知泰賊兵大敗，斬首一萬級，生擒千餘人，奪獲馬匹金鼓衣甲甚多。是日魏郡城東南面女牆一百五十步，無故而崩。知泰引敗兵銜路走脫，急望魏郡而走。官兵全勝，直趕到城下，奪了魏郡。

袁知泰引敗軍奔汲郡，李擇交收兵還。顏真卿大設筵會，勞軍慶賀。自魏郡以東至堂邑百餘里，士人父老簞食壺漿以迎官軍。

賀蘭進明竊了真卿堂邑之功，申奏朝廷。朝廷加進明河北招討使，令起兵討信都等五郡；真卿部下擇交、冬馥，稍加官賞；清河、博平有功將吏，不賞一人。

卻說張巡引精兵一千，前赴雍丘助戰。行不到數里，正迎著一彪軍馬。打著「吳王先鋒使」旗號，乃是賈賁。張巡大喜，遂合兵一處而行。

當有淮陽太守薛願，聞李隨欲取陳留，令長史龐堅領一枝兵，往助李隨。龐堅領兵行至半路，被雍丘令令狐潮兵從襄邑殺出。龐堅大敗而走，令狐潮引兵追殺。生擒百餘人，回到雍丘。淮陽兵百餘人，並無一人言降。令狐潮怒，欲盡殺之。方欲行刑，人報賈賁、張巡領兵到。令狐潮皆縛其眾，命人監之。自領兵出西門，與賈賁迎戰。

縛者忽有一人得脫，殺了監者，互去其縛。眾遂大開東門，招呼賈賁、張巡軍馬入城。賈賁、張巡大喜，遂入城。盡縛令狐潮家小並老母，解到城上。令狐潮到城下叫門時，城上亂箭射下。賈賁在城上，謂令狐潮曰：「若降我，吾釋汝妻子！」令狐潮不從。賈賁大罵令狐潮：將令狐潮妻高氏從城上一刀砍了，撇下屍首來；又將令狐潮幼子並老母，都從城上一刀一個，剁將下來。令狐潮氣噎塞胸，幾乎墜下馬來。城上弩箭如雨點般射將下來，令狐潮祇得迴避。尋思無計，匹馬往投李庭望去了。

第五十五回　李郭收復常山郡　魯炅堅守南陽城

卻說令狐潮引賊將王福德到雍丘城下，搖旗擂鼓搦戰。賈賁與張巡領兵三千，出城迎敵。當下賊兵與賈賁等兩軍相對，賊陣裡門旗開處，令狐潮縱馬當先，專搦賈賁決戰。賈賁大怒，出馬交鋒。眾將怕賈賁有失，一發掩殺過去，兩軍混戰。從辰至午，鏖戰多時。賈賁、張巡殺敗賊軍大半，卻遇偽陳留長史楊朝宗統領大兵到來。賈賁、張巡火急回軍。

比及走到城下時，背後趕上令狐潮，拈弓搭箭，射中賈賁，翻身落馬。張巡見了，驟馬來救。楊朝宗、王福德率兵齊至，把張巡四下圍住。張巡孤身獨戰，身被數創，奮力殺退二人，救得賈賁，退入城中，閉門不出。賈賁中箭毒，醫治不痊身死。眾推張巡為主將，統賈賁之眾。

旬日後，令狐潮復引楊朝宗、謝元同同賊將李歸仁合兵一處，約有四萬餘騎，將雍丘縣圍得鐵桶相似。城上望見令狐潮軍馬，皆有懼色。張巡曰：「賊兵精銳，有輕我之心。今出其不意擊之，彼必驚潰。賊勢稍折，然後雍丘可守也。」遂留千人守城，巡自與雷萬春、張抃選精兵一千，分作三隊，各各披掛上馬，領兵出城門，殺奔出來。賊軍措手不及，各自逃生。

次日，令狐潮復引賊兵雲集城下，一齊攻打。令狐潮令四面架起飛礮，直打入城去。那巨石飛將起去，震得城垣無不傾倒。張巡在城上造成木柵，以拒賊兵。令狐潮令賊兵豎起雲梯，蜂擁而上。張巡令軍士將草把灌油點火，投下城去，雲梯盡著，梯上賊兵多被燒死。由此，賊不得上。

是夜二更時分，忽寨外喊聲大震。令狐潮急上馬，見四下裡火起，卻被官兵劫入大寨。殺至天明，張巡方收軍入城。

卻說張均、張垍自襄陽回京，帝復張均、張垍原官。次日設朝，令文武各舉將才一人。張垍薦嗣虢王李邕子李巨——曾為西河太守。母扶餘氏，吉溫嫡母之妹也。柳勣坐事下獄，吉溫推柳勣黨，巨常資給徐徵，坐貶為義陽司馬。及楊慎矜得罪，巨素與史敬忠相識，又坐免官，遷於南賓郡安置。現在夷陵為郡守，此人猿臂善射，深通謀略。帝即下詔遣使往夷陵，取李巨回京。楊國忠實不知誰可為將，以目視張鎬。張鎬會意，即舉一人，臨機能斷，堪當禦悔之任。帝問何人。鎬曰：「此人曾在伊西北庭封常清部下為行軍司馬，乃新平永壽人，姓來，名瑱，磧西名將來曜之子也。」帝大喜，即召來瑱至，拜汝南太守。未行，改授潁川太守。

卻說李光弼領朔方馬步軍八千，並太原弓弩手三千，出井陘口，來取常山。常山軍民，聽知官兵到來，擒守城賊將安思義，解赴軍前。光弼問思義曰：「汝自知當死否?」思義不荅。光弼又問：「汝久更陣行，視吾此眾，可敵思明否?今破賊之計在旦夕，汝策可用，當不殺汝!」思義曰：「大夫軍馬遠來疲敝，猝遇大敵，恐難當其鋒;不若移軍入城，早為備禦，先料勝負，然後出兵。胡騎雖銳，不能持重，苟不得利，氣沮心離，是時乃可圖矣。吾料思明先鋒明早必至，而大軍繼之，不可不留意也。」光弼聽言大喜，乃親釋其縛，以禮相待。思義感激歸降。光弼隨即移軍入城，準備迎敵。命於獄中取出顏杲卿、袁履謙妻女等數百人，盡數開了枷鎖釋放，令行喪服，資給甚厚。又設祭祭陣亡軍士，光弼親自慟哭而奠之，分遣將吏，存恤其家。

次日侵晨，史思明先鋒驍將李立節先至，思明隨後，會合蔡希德，共引燕騎二萬，直臨城下搦戰。李光弼乃選弩手一千人，分為四隊，循環更替，往下射來。城上箭如雨發。思明軍不能進，退兵至道北。光弼撥精銳軍五千，皆使長槍硬弩，前到道南，夾滹沱水列陣；思明令希德、立節，各引三千軍，齊衝彼陣。光弼見賊軍來衝陣，便令弓箭手一齊擁出陣前亂射。賊軍人馬中箭者，不計其數。思明急收兵退走。

是夜二更，月明星朗，土人來報光弼，說：「賊步兵五千自饒陽而來，一日夜行百七十里，將至九門縣南逢壁，料必憩息。」光弼聽知此話，遂點精兵二千，教土人引路，趁著月色，馬摘鈴，人銜枚，捲旗束甲而行。剛到逢壁之時，約有四更，賊兵方起造飯，準備天明廝殺。忽然官軍殺至，賊兵大亂。被官軍殺得四分五裂，七斷八續，雨零星散，亂攛奔逃。思明聞饒陽兵盡被殺散，祇得收兵退入九門去了。

於是常山七縣，盡皆克復；惟九門、稾城攻打不下。光弼命副將張奉璋領軍五百守石邑，其餘俱以三百兵守之。

卻說安祿山在東京，聞李光弼領兵出井陘，取了常山，大驚失色，對左右曰：「吾不聽高邈之言，致有此失！」原來高邈曾勸祿山奏請詔命，授光弼為范陽司馬。祿山弗從。想起自己向日不聽其計，悔恨無及，沉吟良久，乃曰：「史思明足可當之。」

卻說哥舒翰總督軍馬，守禦潼關。軍國之事，但與元帥府馬軍都將王思禮商議。偽無敵將軍、平西大使崔乾祐來關下搦戰，哥舒翰令王思禮諭以禍福，使乾祐送檄祿山，數其干紀亂常、違天逆理之罪，且云：「若面縛而來，束身歸死，赦爾九族，罪爾一身。如更屈強王師，遲疑未決，大軍一鼓，玉石俱焚。爾審思之，悔無及矣！」

王思禮密謂哥舒翰曰：「尚書安思順、太僕卿安元貞係安祿山兄弟，倘與祿山為內應，為害不淺。當即除之。」翰從其言，乃密使人作祿山與思順暗通之書一封，於關門擒之以獻，誣告思順交通祿山，且數思順七罪，請殺之。帝聞奏，勃然大怒。於是安思順、安元貞兄弟坐誅，家屬徙於嶺外。

再說李隨自睢陽引兵攻陳留，為流矢所中而死；吳王督河南諸軍擊走謝元同，遂統其眾。朝廷加吳王為陳留太守、兼御史中丞，持節充河南節度採訪使。吳王表張巡為先鋒使，兼統賈賁之眾。魯郡以東，皆委張巡一人經略。

郭子儀整點軍馬，進兵河東。朝廷加李光弼范陽長史，領范陽節度使。顏真卿守城有功，加河北採訪招討使，以前咸陽尉王延昌為判官，張澹、穆寧為支使。穆寧將長子託付母弟處，謂母弟曰：「惟爾所適，苟不乏嗣，吾無累矣。」即往見真卿曰：「先人有嗣矣！古所謂死有輕於鴻毛者，寧是也。願佐公以定危難！」真卿嗟歎不已。

薛楚玉舊將劉客奴、董秦與安東軍將王玄志誅呂知誨，差人賫表奏報朝廷。帝大喜，擢劉客奴為柳城太守、攝御史大夫，兼平盧節度使，押兩蕃、渤海、黑水四府，賜名正臣；董秦為兵馬使，王玄志為安東副大都護。

李光弼與史思明相持四十餘日，思明使蔡希德截斷光弼糧道。城中糧草俱乏，光弼令裨將白元光引一千弓弩手，護糧車五百輛到石邑搬運糧草。軍士皆披衣甲，為方陣而行。思明不敢犯。希德自趙郡寇石邑，張奉璋擊走之。思明引軍馬四面圍城甚急，光弼使人去雁門求救，教星夜起兵來接應；郭子儀聞知常山急，盡起朔方之兵，前來救應。直至常山，與光弼相見。光弼大悅，合為一處，計點馬步軍兵，共十餘萬。

不一日，子儀、光弼皆領軍到城外，佈成陣勢。思明回顧眾將曰：「誰敢出馬？」言未訖，賊陣裡門旗開處，一將縱馬出陣，眾視之，乃李立節也。官兵陣上小將渾日進，出馬與李立節交戰。日進乃鐵勒之苗裔，皋蘭都督渾釋之之子也。年十一，隨父出征，大破賀魯於黑山，立䟦蕩功；後數年，拔石堡城，收龍駒島，平李獻忠，多立奇勳，官授中郎將。兩個鬥到二十餘合，立節撥回馬走。日進大叫曰：「走那裡去！」弓弦響處，立節躲閃不及，被日進一箭射透左肩，翻身落馬而死。

子儀令僕固懷恩在左，渾釋之在右，自與光弼居中，一齊攻殺將來。三路軍馬，勢不可當。賊軍大敗。希德自引本部軍兵，投鉅鹿去了。思明引敗兵奔入趙郡，與偽趙郡太守郭獻璆閉門堅守。子儀、光弼乘勢取了九門、稾城，安定人民。詔加光弼兼御史大夫，與子儀共經略之。

子儀、光弼將得勝之兵，攻打趙郡。不一日，打破趙郡。思明引敗軍奔博陵而去。子儀、光弼入城，斬郭獻璆。安民已畢，子儀、光弼進兵博陵。當此時，河朔之民數千人為聚者，不可勝數。聞子儀、光弼軍到，皆欲為國家討賊立功。平盧劉正臣遣使齎書，越海至平原，來見真卿，具說欲取范陽之事。真卿即令判官賈載泛海，送子顏頗入柳城為質，又送軍資十餘萬，務要合兵誅討牛庭玠。

卻說張巡在雍丘，與賊兵交鋒。巡帶甲而食，裹創復戰。令狐潮一連攻了六十餘日，不能成功。便到城下，請巡相見。巡出到敵樓上。潮勒馬高叫曰：「本朝危蹙，兵不出關，天下事去矣，足下以羸兵堅守危城，欲誰為乎？何不降祿山，以圖富貴耳！」巡曰：「古者子死於父，父喪於君。足下平生以忠義自許，今為妻孥之讎，借賊之力以圖我，忠義何在！恐汝頭懸國門，遺臭萬載，奈何？」潮羞慚而退。城上一片聲喊起，西門內軍馬突出。巡徑來軍中捉潮，潮軍中大亂。官兵一掩，活捉得二千餘人。潮軍大敗，四散奔走。潮勢孤，秖得收兵回去。

再說武令珣攻潁川甚急。潁川守將來瑱，親自登城守護，拈弓搭箭，一箭一人墜馬，並無虛發，立射殺十數人。賊兵不敢復攻。來曜舊將畢思琛，親到城壕邊，拜泣於地，勸瑱投降。瑱不應。自此賊皆呼來瑱為「來嚼鐵」。朝廷加來瑱河南招討使。

且說魯炅引嶺南、黔中、荊襄軍兵五萬至葉縣城北，於滍水之南下定寨柵。四面掘了濠塹，下了蒺藜。人報賊將武令珣、畢思琛引軍到。眾軍皆要出戰，炅秖不允。令珣連日搦戰，炅堅守不出。其日大風忽起，賊兵於炅營之西一齊燒煙。官兵在營中，望見煙火，都橫門扇、大木，爭先搶出營來。秖聽得一聲梆子響處，那弩箭如急雨一般射將來。魯炅引眾奮死衝殺，折兵大半，棄下盔甲馬匹無數，奪路望南陽而走；賊軍不來追趕，秖顧搶奪金銀。魯炅走入城中，堅守不出。令珣、思琛引兵圍住南陽攻打。

卻說嗣虢王李巨到京聽調。楊國忠甚輕之，乃謂左右曰：「如此小兒，豈得令見人主！」虢王一連月餘不得見帝。近臣奏知帝。帝大驚，即召虢王入內曰：「魯炅損兵折將，武令珣軍圍南陽。卿有何策，可以退之？」虢王曰：「臣已有退令珣之計。不用官軍揚武耀威，賊兵自然走矣。」帝大喜，遂令中官劉奉庭宣敕，令宰相與虢王語，將近亭午，虢王方出。國忠困倦，對奉庭謂虢王曰：「比來人多口打賊，公不爾乎？」虢王荅曰：「不知若個軍將能與相公手打賊乎？」國忠不悅。

時南陽監軍薛道因魯炅有滍水之敗，媒孽其短。帝降詔貶魯炅為果毅，以來瑱代之。又因吳王年過六旬，風瘵日加，宣吳王入朝，拜為太僕卿，以虢王為陳留譙郡太守、河南節度使、兼御史大夫代之。國忠乃以虢王為陳留譙郡太守、攝御史大夫，充河南節度使。次日，虢王入朝謝恩。帝驚問曰：「朕處分國忠與卿正大夫，何得令攝？」即下詔兼御史大夫。虢王奏曰：「方今艱難，恐為賊所詐，如忽召臣，不知何以取信？」帝劈木契分授之，遂以虢王兼領嶺南、黔中、南陽三節度使。

虢王領命謝恩畢，奏曰：「若魯炅能存孤城，其功足以補過，則何以處之？」帝曰：「卿隨宜處置之。」

虢王領兵出藍田關，前往南陽進發。將到南陽，嶺南何履光、黔中趙國珍兩隊大兵都到，虢王大喜，合兵一處。大兵已到內鄉縣界。武令珣、畢思琛聞虢王兵到來，解圍去了。虢王與履光、國珍同至南陽。魯炅迎接入城，虢王宣敕貶炅，削其章服，令隨軍效力。是日天晚，復炅舊職。

第五十六回　哥舒翰兵陷靈寶　楊國忠議幸蜀郡

卻說郭子儀、李光弼引兵在博陵城下，一連打了十日，不能取勝。再引軍馬回恒陽就食。史思明見子儀、光弼退軍，乃大起博陵軍馬，隨後趕來。子儀、光弼選五百驍騎為後殿，思明不敢近。不三日，軍至行唐。賊軍疲困，思明收兵退去。子儀、光弼乘勢追殺，復大敗賊軍於沙河。蔡希德星夜前到東京，稟知安祿山。祿山大驚，急聚文武，商議發兵救河北。命希德領馬步軍二萬，又命牛庭玠發大同軍並嬀川、密雲、范陽、上谷等郡之兵萬餘，分兩路赴博陵，與思明會合。希德領兵到博陵，庭玠副將尹子奇亦至。思明計點馬步軍共五萬餘，同羅、曳落河居其五分之一。

子儀、光弼引眾回到恒陽，思明領兵隨後到來。子儀與光弼計議曰：「不如深溝高壘，靜以待之。賊來則守，賊去則追，晝揚其兵，夜斫其營：此為上策。」於是賊軍一連數夜，不曾敢歇，祇恐官兵攻擊。子儀與光弼議曰：「賊怠矣，可以戰！」

次日，官軍近嘉山擺開陣勢，搖旗擂鼓搦戰。祇見三員賊將一齊來到山下，便將五萬餘人擺開：左右兩邊，希德、子奇；中間馬上，擁出思明，騎一匹黑馬，立於陣前。子儀、光弼令僕固懷恩領兵左出、渾釋之領兵右出，子儀、光弼自領中軍衝陣。鼓響一聲，三軍齊進。賊兵抵敵不住，大敗而走。子儀、光弼驅兵掩殺，斬首四萬級，生擒五千餘，奪獲馬匹衣甲、金鼓鞍轡無數。希德中槍落馬，偏將劉旻急出救去。希德得命走脫，旻被生擒。思明棄甲丟盔，撇了坐下馬，雜在步軍之中，披髮跣足而逃。子奇隨後逃至，與思明一齊奔走。黃昏時分，思明持半段槍回寨，收拾敗軍，走入博陵。

子儀、光弼引兵圍住博陵攻打。思明堅守不出。子儀、光弼軍威大振。於是河北一十餘郡，皆斬賊守者以迎官軍。

祿山雖據河洛，其兵鋒東止於梁宋，南不過許、鄧。更兼李、郭連收恒、趙，哥舒固守崤、函。河北驛路再絕，河南諸郡防禦固備。惟有賀蘭進明，連月攻打信都不下。帝大怒，遣中官封刀促之，曰：「收地不得，即斬進明之首。」進明面如土色，不知所為。第五琦勸進明厚以金帛，招募勇士，出奇力戰，遂收信都。

賊兵往來於洛陽、范陽之間者，皆以輕騎偷過，多被官軍擒獲。祿山部下官兵將士家屬在范陽者，無不搖心。祿山大怒，喚高尚、嚴莊責之曰：「汝等令我舉事，皆云必成。今四邊兵馬若是，賴滎陽、陳留數郡尚存，向西至關，一步不通，河北並已無矣。必成何在？汝等陷我，更不須見我矣！」遂誡門下逐之。數日，祿山憂懼不知所為，而怒不解。忽流星馬報說奚王阿篤孤領數萬騎，會契丹之眾，竟犯范陽，東都危急。祿山與眾文武商議，意欲棄洛陽，退回范陽，遲疑未決。

田乾真連月攻打潼關不下，引敗軍回，撞著高尚、嚴莊。高尚、嚴莊哭告其事。乾真聞之大驚，急入見祿山曰：「撥亂之主，經營創業，草昧之際，靡不艱難？漢祖狼狽於滎陽；曹公傾覆於赤壁，未嘗一舉而成大事者。今四面兵馬雖多，皆新募烏合之眾，未經行陣堡壘，非勁銳之卒，不足為我敵。縱大事不成，猶可效袁本初以數萬之眾據守河北之地，亦足過十年五歲耳。」祿山聞言，迴嗔作喜，曰：「阿尚、莊皆佐命元勳，何以遽斥絕之，使諸將聞之，心不動搖乎？」乾真曰：「不如喚取慰勞之，其心必安。」祿山遂召高尚等飲宴酣樂，自唱《傾盃樂》，與尚送酒，待之如初。

卻說奚王阿篤孤引數萬精騎，會合契丹，前出北山，兵臨范陽城下，遮略生口，抄掠牛馬。牛庭玠城中，止有羸兵數千，及樂人戴竿者五百，也衹得勉強出戰。量庭玠羸弱之眾，安能敵得兩蕃之精騎？是年五月，牛庭玠被阿篤孤大破於城北清水河。五百個樂人，皆被奚羯殺死，衹有三數人伏於河邊亂草之內，得免於難。先是幽州有童謠云：「舊來誇戴竿，今日不堪看。但看五月裡，清水河邊見契丹。」至此方驗。

卻說劉正臣率眾攻長楊，戰獨山，襲榆關，破北平，殺賊將申子貢、榮先欽，擒偽北平太守周釗送京師。又克漁陽，賊將李歸仁、李咸、白秀芝復來拒戰，董秦力戰，大破之。正臣軍威大振，兵馬直抵范陽。時賈載已回，平原與漁陽協同聲勢。子儀、光弼大會諸將，共議取賊巢之策。命杜遲侄關內支度副使杜鴻漸，回靈武調發兵糧。忽使命齎詔至，言祿山賊兵勢弱，朝廷正議命哥舒僕射出兵潼關，欲復圖陝、洛。子儀與光弼議曰：「哥舒公老疾昏耄，賊素知諸軍烏合，不足以戰。今祿山悉銳南馳宛、洛，賊之餘眾盡委思明，我且破之，便覆其巢。質叛徒之族，取祿山之首，其勢必矣。若潼關出師，有戰必敗。關城不守，京室有變，天下之亂，何可平之！」遂一同寫表申奏朝廷，陳說利害，且請固守潼關，堅壁不戰。

是時六軍將士皆切齒恨楊國忠，願即誅其黨以除國難。王思禮謂哥舒翰曰：「祿山阻兵，以誅國忠為名。公若留兵二萬守潼關，悉以餘兵回誅國忠，此漢誅晁錯挫七國之計也，公以為何如？」哥舒翰弗從。思禮又勸哥舒翰上表請誅國忠。哥舒翰不應。思禮又請以三十騎劫國忠至潼關殺之，哥舒翰曰：「如此，乃翰反，何預祿山事！」

誰想元帥府步軍都將李承光，欲假此為進身之計，星夜遣人報知楊國忠，言：「今朝廷重兵，盡在哥舒翰手，翰若援旗西指，相公豈不危哉！」國忠大懼，舉止失措。乃奏曰：「兵法：『安不忘危。』今潼關兵眾雖多，而無後殿，萬一不利，京師得無恐乎！請選監牧小兒三千人，訓練於苑中。」帝從之。

國忠奏以劍南軍將李福德、劉光庭領之，又招募民兵一萬，屯於灞上，命心腹將杜乾運統其眾。哥舒翰大懼，日夜不安。與王思禮商議，有圖乾運之心。遂上表請灞上軍隸於潼關。帝許之。哥舒翰使人召乾運赴潼關議事。於是以罪誅乾運。國忠聞之大驚，謂楊暄曰：「哥舒翰果有害我之心，吾死無日矣！」哥舒翰知之，益內不自安。

哥舒翰自出師以來，不知存恤。士卒有啖百姓椹者，哥舒翰鞭撻之。帝命袁思藝至關勞軍，士卒皆言衣甲不全，朝廷以戰袍十萬領賞賜軍士，哥舒翰盡封置庫中。哥舒翰風疾轉甚，不能視事。政無大小，悉決於田良丘。良丘教令不一，頗無部伍。王思禮、李承光又爭長不睦，士卒俱無鬥志。監軍李大宜與將士樗蒲飲酒，聽隨行軍中內侍姬妾彈箜篌、琵琶，以相娛樂，不恤軍務。時當盛暑，蕃漢軍將不能飽食。

卻說帝聚集百官，商議禦賊兵之策。楊國忠出班奏曰：「有細作人自陝郡來，說賊將崔乾祐之眾，止有數千餘眾，皆老弱之輩，懈弛無備。可乘其無備而襲之，必獲大勝。」帝大喜，隨即遣人到潼關，命哥舒翰引兵出關，克復陝、洛。哥舒翰奏曰：「祿山久慣用兵，今既始為兇逆，豈肯無備！是必羸兵以誘我；若輕出關，是墮其陰計耳。且賊兵遠來，利在速戰。今王師拒險以扼之，利在堅守。況賊殘虐失眾，兵勢日蹙，將有內變，因而乘之，可不戰而擒也。要在成功，何必務速！且諸道徵兵尚多未集，乞更觀事勢。」國忠曰：「哥舒翰逗遛不進，坐失機會矣。」帝從其言，遣使齎詔潼關，令哥舒翰作速進兵。憲部侍郎房琯等苦諫不從。哥舒翰見中官再三催促，撫膺慟哭，良久，乃引軍出關。

此時正是六月初旬天氣，蒸得汗雨淋漓。軍至靈寶西原，正與乾祐軍相遇。哥舒翰與田良丘浮船中流，觀賊軍勢；但見零零落落，無多人馬。

哥舒翰令王思禮引精兵五萬為前隊，李承光領餘兵十萬為後隊。翰自勒諸蕃兵三萬，與良丘登河北高阜，搖旗吶喊，擂鼓鳴金，以壯軍威。遙望賊軍到處，不過萬人，為撒星陣，十五為一旗，或密或疏，或前或卻。官軍見了，無不大笑。翰遂不以為意，乃令思禮催軍前進。思禮即用馬駕氈車為前驅，氈上畫著龍虎之狀，俱用金銀為鱗甲，銅鐵為牙爪。賊騎見了，大驚而走。乾祐以陌刀五千人列於陣後，號令賊軍曰：「進則十五有生，退則死在旋踵。」賊兵死戰相拒。思禮大怒，舞刀直取乾祐。乾祐抵敵不住，望後便退。思禮迤邐趕去。

離潼關六七十里，道路窄狹，北臨黃河，南迫險峻。乾祐已於道中安排草車，又於山上準備大木亂石。思禮趕到窄狹處，祇見山上兩邊喊聲震天，半山中擂木礮石，打將下來。思禮軍紛紛落澗，滾滾投巖。思禮引兵衝殺十餘次，皆不能進。令兵放出氈車，開路而進。

看看日色當午，東風驟起。思禮見兩邊樹木叢雜，猛省：「倘彼用火攻，奈何？」便勒回馬，大叫：「後軍慢行！」祇聽得背後喊聲起，早望見草車數十乘，塞住氈車之前，一派火光燒著，隨後兩邊樹木皆著，一霎時，黑煙罩地，紅焰遮天，旗號之色，人皆莫辨。官兵不能開目，自相掩殺。四下裡賊兵金鼓齊鳴，喊聲震地。思禮以為賊兵在煙塵之中，令軍士一齊放箭。賊兵退去。思禮軍祇顧放箭，比及日落西山，箭已放盡，方知無賊。

祇聞後面喊聲大震，原來田乾真引同羅精騎，轉過南山背後，從刺斜裡殺來。乾祐也回軍掩殺，兩下夾攻，思禮大敗，軍士逼入黃河，死者無數。乾祐祇顧催軍趕殺，思禮冒煙突火而走。承光見思禮兵敗，先撥回馬走。後兵大潰，各自逃生。祇聽得後面喊聲大震，鼓角齊鳴，賊兵趕來。官兵自相踐踏，擁到黃河邊，落水死者，不知其數。

哥舒翰在河北高阜上，望見承光軍轍亂旗靡，急命良丘往黃河北岸取百餘隻搬糧船來，到南岸渡兵。船到南岸。軍士爭先上船，登時把船擠踏得沉沒下去。一連沉沒搬糧船數十隻，其餘縛器械，以槍為楫，投北岸者，不過數萬人，號哭之聲震天動地。

河北軍大潰。哥舒翰見勢頭不好，帶麾下數百騎，從首山之西渡河，急奔回潼關時。正逢王思禮，遂引敗殘軍馬一同奔走。

比及奔到關下時，後面喊聲大震，賊軍趕到，為首大將乃崔乾祐也，大叫曰：「哥舒休走！」哥舒翰教思禮抵敵乾祐，自己先拍馬入關。潼關之外，有壕塹三道，都約有二丈餘闊，一丈餘深。哥舒翰人馬，都攧入壕塹中去，重重疊疊，陷死不知其數。三道壕塹，頃刻便滿了；餘眾踏著壕塹內屍首，奔過壕塹逃生，止剩得八千餘人，與哥舒翰入關。先是，有萬回寺聖僧明達者，常當寺門北望，言曰：「此川中兵馬何多？」又長歎曰：「此中觸處總是軍隊。」至此，哥舒翰擁兵潼關，拒逆胡，關下閿鄉，盡為戰場。

潼關既陷，河東太守兼蒲關防禦使呂崇賁、馮翊太守兼防禦使李彭年、華陰太守兼防禦使魏仲犀、上洛太守兼防禦使楊黯，皆棄郡而走。哥舒翰大將管崇嗣、鉗耳大福、蘇法鼎等尚在西原，與賊軍廝殺，忽聞潼關失守，急急引軍奔回潼關。哥舒翰奔至關西驛，招集原散之兵，欲與乾祐一決雌雄，復奪潼關。

火拔歸仁引兵圍住館驛，入告哥舒翰曰：「賊至矣！請相公上馬！」翰上馬出驛，歸仁引眾將列拜於馬前。翰乃作突厥語，問其緣故。歸仁曰：「欲將相公出關。」翰曰：「逆胡猖狂，偶然一勝。天下之兵，計相續至，羯胡之首，期懸旦暮。汝欲將我出關，何也？」歸仁曰：「賊在咫尺，更欲徵兵，我命已掛賊戈矣。相公不見封常清、高仙芝之事乎？常清東京戰敗，仙芝卻保潼關，並斬於此。相公今將國家二十萬眾，一舉而喪敗，我恐相公還死於此！」翰曰：「吾寧效仙芝死於此，豈能媮生見祿山乎！」言訖，欲下馬。卻被歸仁取毛繩，於馬腹下連縛其腳。翰大叫：「汝釋我！」歸仁不聽。

哥舒翰怒握馬鞭自築其喉，馬鞭又被歸仁奪去。裨將高元蕩等不願從歸仁者十餘人，一個個皆被縛了。

歸仁牽著翰馬，望東而行。正逢田乾真軍至，歸仁遂降。王思禮知翰被擒，火速來救；卻被一彪軍攔住，為首賊將鄧季陽也。二將交鋒，戰不數合，崔乾祐引一軍又到，兩下夾攻。思禮力窮抵敵不住，奪路入關。乾祐一箭射來，正中馬眼，那馬撲地倒了。正危急之時，一個騎卒至，即以己所乘之馬奉思禮。思禮問其姓名，小卒不告而去。思禮上馬急奔，方得逃回。

田乾真押解哥舒翰，回洛陽見安祿山。祿山問翰：「汝常輕我，今日何如？」翰拜伏於地曰：「肉眼豈知陛下，遂至於此。陛下為撥亂之主，今天下未平，李光弼在土門，來瑱在河南，魯炅在南陽。但留臣，臣以尺書招之，不日平矣！」祿山大喜，即封翰為司空、同平章事，命作書招安李光弼等。又謂歸仁曰：「汝叛主，不忠不義，吾留爾何用！」叱武士推出斬之。

帝與楊國忠、韋見素並眾文武，正在興慶殿講話，道：「這一日還不見哥舒翰回報，不知勝負如何。」忽流星馬急報，言：「哥舒翰靈寶兵敗，軍馬死亡殆盡。今被安祿山遣田乾真與崔乾祐、鄧季陽領兵攻打甚急，救遲則潼關休矣。」帝大驚，急令李福德、劉光庭領監牧兵往潼關助翰。至黃昏時，帝因不見平安火到來，以此心疑。次早，召楊國忠、韋見素計議。國忠曰：「事已至此，即當收拾離京。」帝猶豫未決。

次日設朝，聚文武百僚商議。飛馬來報：「崔乾祐打破潼關，蕃將火拔歸仁執下哥舒僕射，出城投降。」帝問禦賊之策，楊國忠等一班文武百僚，皆驚惶無措，但垂泣而已。帝心中煩惱，再問兩班文武：「那個敢興兵領將，與朕捉獲賊臣，救我社稷？」連問數聲，太師陳希烈、憲部尚書張均、太常卿張垍、御史大夫張倚以下百餘人，更無一人敢荅，真是木彫成的武將，泥塑就的文官。祇有監察御史高適，奏請即日於城中召募敢死之士，並朝官各率家僮子弟，出軍防遏。國忠曰：「兵已入關，事不及矣。人上書言祿山反狀已十年，陛下不信。今日之事，非宰臣之過！」

是日朝罷，楊國忠與韓、虢、秦三夫人入內，奏曰：「兵微將寡，難以迎敵；不如早棄長安，奔入蜀中。其地險峻，可以自守，就徵天下兵，再來克復未遲。」帝無奈，祇得聽從。遣使齎詔加李光弼太原尹、兼北京留守。宣郭子儀班師回靈武；令李光弼守太原。

帝夜登勤政樓，置酒設樂，四顧寂寥，乃命梨園弟子唱《水調歌》。歌曰：「山川滿目淚沾衣，富貴榮華能幾時？不見祇今汾水上，唯有年年秋雁飛。」帝聞之，潸然淚下。乃謂左右曰：「誰為此詞？」左右荅曰：「李嶠之詞也。」帝喟然歎曰：「李嶠真才子也。」不待曲終，下樓而去。是夜風雨晦冥，電光倏爍。興慶池中白龍翻波跳浪，攛出水來，駕了雲霧，向西南而去。

第五十七回　陳將軍仗鉞誅戚族　建寧王執鞚諫儲皇

次日，帝御勤政樓降詔，云欲親征，聞者皆莫之信。詔改張倚戶部尚書，以楊國忠之黨京兆尹魏方進為御史大夫，充置頓使，先移牒至蜀，託以潁王李璬將赴藩，令本道設儲供。又以崔光遠為京兆尹、兼御史中丞，充西京留守採訪使。帝移仗大明宮，二更之次，密令陳玄禮整比六軍，厚賜錢帛，選閒廄之馬九百餘匹，外人皆不知也。玄禮欲就城中殺國忠，不果。

次日侵晨，貴妃起於窗下對鏡理妝，忽有玉環，墜地而響。帝問左右道：「響者何耶？」貴妃侍者紅桃告曰：「玉環碎矣。」帝聞言，默然不語。

當日，帝騎一匹彫鞍彩轡的廄馬，那馬面白似玉，青蹄花頷，渾身五花連錢，狀甚雄偉，因此名為玉花驄，日行千里。祇有楊國忠、韋見素、魏方進、陳玄禮、高力士、貴妃姊妹、太子諸王等相隨，其餘妃主、皇孫以下不在宮中者，都不及顧了。

車駕出延秋門，微雨沾衣。帝在馬上謂高力士曰：「卿往日之言，是今日之事。朕之歷數，尚亦有餘，不須憂懼。」楊國忠請由左藏庫西，帝從之。

此時天色已微明，祇見前面火把不計其數，約有一二千人，在那裡等。帝勒住馬，問國忠曰：「何用此？」荅曰：「請焚庫積，無為盜守。」帝正色曰：「盜至，若不得此，必厚斂於人。不如與之，無重困吾民也。」即命力士徹火炬而後行。百姓聞帝此言，莫不傷感。流涕相謂曰：

「吾君愛人如是，福未艾也。雖太王去豳，何以過於此也。」

帝過西渭橋後，楊國忠令燒斷其路。帝知之，使高力士走馬至橋，止之曰：「今百姓倉皇，各求生路，何得斷絕！」令力士撲滅了來。

帝駐蹕渭濱，力士引幾個小黃門取水潑火。竟於沙中得一玉龍，力士奏知帝。帝聞奏，又驚又喜，視之，潸然流涕曰：「此吾昔時所寶玉龍子也！」就教救滅了餘火，使親信宦官王洛卿先行，告諭郡縣居民置頓；陳玄禮引龍武軍護駕繼進，廣平王、建寧王兄弟典親兵二千護衛太子隨後進發。

辰時，至咸陽望賢宮。榛蕪蔽路，略無儲供。帝令人尋王洛卿時，不知何處去了。從官饑餓，皆怨國忠。帝使中官入縣宣告。官吏駭竄，百姓更無一人至者。乃命殺御馬，拆行宮木煮肉遺之。帝憩於宮門樹下，惘然有棄海內之思。高力士覺之，遂抱帝足，嗚咽開諭。帝謂力士曰：「朕之作后，無負黎元，今逆胡負恩，宗廟失守，竟無一人勤王者。朕負宗社，敢不自勉！唯爾知我，更復何言。」遂問力士曰：「昨日倉皇離京，朝官不知所詣，若計今日朝臣誰當至者？」力士曰：「張垍兄弟世受國恩，又連戚貴，必當先至。房琯素有宰相望，而陛下久不用，又深為祿山所器，必不此來。」帝曰：「事未可料。」

此時百官不知車駕幸蜀，依舊入朝。宮門開處，宮娥綵女並大小太監往外亂跑，內外擾攘，不知帝之所在。於是王公、士庶四散逃避，奔入山谷。細民亂入宮禁，盜取左藏大盈庫物，既而焚之，自旦及午，火勢漸盛，亦有乘驢上殿者。崔光遠與邊令誠號令百姓救火，又募人攝府、縣官分守之，殺十數人方定。

陳希烈、張倚等聞車駕離京，不肯赴難，起身上路，往東京去了。房琯約張均、張垍兄弟、韋述等，將赴行在。行至城南十數里山寺，張均告曰：「吾馬不善馳走，請次律先行，容均去城南取良馬，與張垍隨後便來。」房琯見張均兄弟不肯同往，衹得勉強相辭而去。

午時，帝猶未餐。楊國忠自入市，衣袖中盛胡餅以獻。良久，百姓有稍稍來者。帝親問曰：「卿家有飯否？不擇精粗，但且將來。」於是老幼競擔挈壺漿，雜之以麥豆以進。帝皆酬其直，慰勞之。先給兵士，六宮及皇孫以下爭以手掬而食，那一頓如流星趕月，風捲殘雲，頃刻之間，喫得罄盡，已此沒得喫了，猶不能飽。帝欷歔掩涕，貴妃以下皆哭。

有村叟郭從謹來獻蜜麨，進言曰：「祿山包藏禍心，固非一日；亦有詣闕告其謀者，陛下往往誅之，使得逞其奸逆，致陛下播越。是以先王務延訪忠良以廣聰明，蓋為此也。臣猶記宋璟為相，數進直言，天下賴以安平。自頃以來，在廷之臣以言為諱，惟阿諛取容，是以闕門之外，陛下皆不得而知。草野之臣，必知有今日久矣！但九重嚴邃，區區之心，無路上達。事不至此，臣何由得覩陛下之面而訴之乎？」帝曰：「此朕之不明，悔無所及矣。」慰諭而遣之。既而尚食令人舁御膳至，帝命先分賜從官，然後食之。

是夕，次金城縣槐裡驛，吏民已遁。幸得智藏寺僧進芻粟，行從方給。扈從人眾，去者大半。內侍監兼進食使袁思藝亦投東京去了。既乏器用，又無釭燭，從駕者枕藉而寢，貴賤莫之分別。至夜，王思禮自潼關至，奏哥舒翰敗沒之狀。帝以王思禮為河西、隴右節度使，即令赴鎮，收合散卒，以俟東討。

次日，行至馬嵬驛，軍士饑疲，怨聲不絕。廣平王、建寧王來見太子，請誅楊國忠，以慰士心。張良娣亦贊成之。良娣乃京兆昭應人也。祖母竇氏，昭成太后之妹。父張去逸，銀青光祿大夫、太僕卿。良娣為人體貌豐碩，口多微詞，自太子納為良娣，甚見寵愛。時方有娠，與太子諸王俱隨駕幸蜀。太子依計，暗使宦官李靜忠扇動六軍。那李靜忠生的面貌醜惡，身體肥胖。少閹，為飛龍廄卒，年四十餘，始掌廄中簿籍。王鉷以御史大夫兼京兆尹領殿中監、閑廄使，以靜忠善畜牧，粗識書計，薦入東宮。靜忠小心謹慎，常在左右。

陳玄禮懼亂，入奏帝曰：「逆胡指闕，以誅楊國忠為名，然中外群情，不無嫌怨。今國步艱阻，乘輿震蕩，陛下宜徇群情，為社稷大計，楊國忠之徒，可置之於法。」帝躊躇未決。玄禮既退，謂軍士曰：「今天下崩離，萬乘震蕩，豈不由楊國忠割剝氓庶，朝野怨諮，以至此耶？若不誅之以謝天下，何以塞四海之怨憤！」眾曰：「念之久矣。事行，身死固所願也！」

於是陳玄禮披甲引禁軍圍驛四合，時有吐蕃使者二十餘人，共遮楊國忠於驛門曰：「某等異域蕃人，來遇國難，請示歸路。」國忠方與語，眾軍大呼曰：「楊國忠連吐蕃謀逆，此賊不殺，更待何日？」國忠曰：「祿山已為梟獍，逼迫君父，汝等更相仿效耶？」眾軍怒曰：「爾是逆賊，更道何人？」玄禮先射國忠落馬，眾將一齊上前，便即梟首，屠割其屍，以槍揭其首於驛門外。蕃使同時遇害。魏方進驚曰：「汝曹何敢害宰相！」言未訖，眾又殺之。並殺其子魏元向。韋見素遁走，為亂兵傷額，腦血塗地。陳玄禮大呼曰：「莫傷韋相公！」遽救之，乃得免。

楊暄上馬急奔，其馬前失。楊暄翻身落於坡下，被亂箭射死。並殺韓國、秦國夫人。惟有號國夫人與裴柔等乘亂走脫。

是日帝於驛中與高力士談論，忽聽得驛外鼓譟，方欲令人出問，忽見陳玄禮持楊國忠首級自外而入，伏地告曰：「國忠謀叛，以軍法誅之矣！」帝大驚，曰：「國忠非叛也。」力士遽躡帝足，附耳低語曰：「軍情萬變，不可有此言。」帝方省悟，顧謂左右曰：「國忠族矣。」因聞韋見素為亂兵所傷，令壽王李瑁宣慰，賜藥敷創。

是時禁兵猶圍馬嵬驛不散。帝遣高力士宣問，對曰：「諸將既誅楊國忠，以賊本尚在，人情恐懼。」帝策杖躡履，自出驛門，令各收軍，軍士不應。陳玄禮領諸將三十餘人，帶仗奏曰：「國忠謀反，貴妃不合供奉，願陛下割恩正法。」帝聞言，呆了半晌，曰：「朕即當處置。」乃回步入驛，倚回久之不進。京兆府司錄參軍韋諤，乃韋見素之子，泣拜於地曰：「今眾怒難犯，安危在晷刻，願陛下割恩速斷，以寧國家！」言訖，叩頭流血。帝徘徊不忍，曰：「貴妃常居深宮，安知國忠反謀？」力士曰：「貴妃誠無罪，然將士已殺國忠，貴妃在陛下左右，豈敢自安？願陛下審思之，將士安，則陛下安矣。」

帝不得已，遂回步入驛，遣力士先見貴妃，具述事勢。貴妃聽了，止不住紛紛落下淚來。紅桃以下皆哭。

良久，貴妃乃曰：「吾一門富貴傾天下，今以死謝，又何恨也！」遽索朝服見帝。帝見了貴妃，如萬箭攢心，那眼淚不知不覺就流下來了。貴妃櫻唇紅綻，柳眉青顰，止不住腮邊淚下，如梨花帶雨一般。曰：「願得陛下送妾數步，妾死無憾矣。」帝送貴妃出驛門，至道北牆口。命高力士引貴妃至佛堂前梨樹下，用白練絞死。帝謂貴妃曰：「卿於九泉之下，勿怨朕躬！」言訖，淚下如雨。貴妃亦大哭，曰：「願大家好住，妾誠負國恩，死無恨矣。乞容禮佛。」帝曰：「願妃子善地受生。」

力士引貴妃去。帝止不住淚如泉湧。貴妃一步一回首，遲遲向佛堂。力士引貴妃行速，由軍中過。

至佛堂，貴妃取羅巾掩面大慟。左右取白練至面前。貴妃以羅巾付力士曰：「將此進陛下。」言訖，遂縊於佛堂前之梨樹下。時年三十八歲。先是，術士李遐周有讖曰：「燕市人皆去，函關馬不歸。若逢山下鬼，環上繫羅衣。」解曰：「燕市人皆去」，安祿山悉幽薊之眾而起也；「函關馬不歸」，哥舒翰潼關之敗，匹馬不還也；「若逢山下鬼」者，山下鬼，嵬字，即馬嵬驛也；「環上繫羅衣」者，楊貴妃小字玉環，高力士以羅巾縊之也。至此方驗。

楊貴妃既死，高力士以繡衾覆牀，輿屍至驛庭中。帝召陳玄禮等入驛觀之。陳玄禮擡其首，知其死，曰：「是矣。」乃免胄釋甲，頓首謝罪，曰：「楊國忠撓敗國經，構興禍亂，使黎元塗炭，乘輿播越，此而不誅，患難未已。臣等為社稷大計，請矯制之罪。」帝慰勞之，曰：「朕識之不明，任寄失所。近亦覺悟，審其詐佞，意欲到蜀，肆諸市朝。今神明啟卿，諧朕夙志，將疇爵賞，何至言焉。」令曉諭軍士。

陳玄禮等皆呼「萬歲」，再拜而出。高力士以羅巾進帝，帝視其淚痕，皆若淡血，不勝其悲曰：「古者情恨之感，悉有所應，舜妃泣竹而為斑，妃子擁羅而成血，異矣！」命以紫褥裹貴妃屍首，葬於馬嵬坡下。於是始整部伍為行計。韋見素晨夜匪懈，忠節逾厲。帝益親重之。

且說楊國忠妻裴柔、子楊晞與虢國夫人及裴徽等，連夜奔走至陳倉。約二更時分，後面喊聲大舉，人馬趕至；當前陳倉縣令薛景仙，大呼：「賊賤人休走！」裴柔等戰戰兢兢，正自難逃，又聽得喊聲大震，即轉竹林之內。楊晞為追兵所殺。虢國以為賊軍至，先殺其子裴徽，次殺其女。裴柔曰：「娘子何不為我盡命乎？」虢國即刺殺之，並殺其女。虢國自刎，不死，縣吏載之，閉於獄中。虢國問吏曰：「國家乎？賊乎？」吏答曰：「互有之。」血凝至喉而死。景仙令收其屍首，瘞於東郭十餘步道北楊樹下。

次日，將離馬嵬，帝召從官，唯韋見素一人。六軍將士皆曰：「國忠久在劍南，又諸將吏或有連謀，慮遠防微，須深詳議。」然議鑾駕所詣，中官陳全節奏曰：「太原城池，固莫之比，可以久處，請幸北京。」中官郭希奏曰：「朔方地近，被帶山河，鎮遏之雄，莫之與比。」中官駱承休奏曰：「姑臧一郡，曾王五涼，士厚地殷，實堪巡幸。」各陳所見，都十餘輩。高力士在側而無言。帝顧之曰：「以卿之意，何道堪行？」力士曰：「太原雖固，地與賊鄰，先屬祿山，人心難測；朔方近塞，全是蕃戎，不達朝章，卒難教馭；西涼地遠，沙塞蕭條，既無備擬，必有闕供；劍南雖窄，土富人強，表裡山河，內外險固。以臣所見，幸蜀為宜。」帝默然不語。或云還京為便，韋諤曰：「還京，須有捍賊之備，兵馬未集，恐非萬全，不如且幸扶風，徐圖所向。」帝然之，即日幸扶風。授韋諤御史中丞，充置頓使。

鑾駕將發，忽有馬嵬父老皆來遮道請曰：「今陛下遠奔，百姓無主，臣等寧為唐鬼，不作虜民。陛下請回宮闕，保守宗廟陵寢，不日勤王之師四合，必能破賊。今於此欲何往？」百姓號哭之聲聞數十里，帝曰：「朕不得已，暫避兵耳！」為之按轡沉吟，遲留久之。遂留太子在後宣諭父老。眾泣而言曰：「逆胡背恩，主上播越，臣等生於聖代，世為唐民，願戮力一心，為國討賊。至尊既不肯留，臣等願率子弟從殿下收復長安。若殿下與至尊皆入蜀，則宗廟社稷，誰為之主，中原百姓，將何以歸？」

須臾，聚至數千人。太子弗許，涕泣歔欷曰：「至尊奔播，吾不忍違離左右，俟吾見上奏聞。」遂撥馬欲向西行。建寧王執鞚諫曰：「逆胡犯順，四海分崩，不因人情，何以興復？夫有國家者，大孝莫若存社稷。今從至尊入蜀，則散關以東，非皇家所有，何以維屬人情？殿下宜購募豪傑，暫往河西，收拾戎馬，點集防邊將卒，不下十萬人，光弼、子儀，全軍河朔，謀為興復，計之上也。何必區區溫凊，為兒女之戀乎！」

廣平王、張良娣、李靜忠，亦勸太子且留。於是父老一齊擁住太子之馬，不得行。太子乃使靜忠飛馬前去告帝。

第五十八回　募甲士儲皇發憤　害王妃賊黨行兇

是時帝去得不遠，按轡以待太子來。帝久候太子不至，遂令高力士前來詢之。忽見李靜忠至，告以事故。高力士馳還白狀，帝聞之，歎曰：「此天啟也！」乃命後軍二千人及飛龍廄馬等以從太子，且諭將士曰：「太子仁孝，可奉宗廟，汝等善輔佐之。」又令高力士與壽王送東宮內人及服御等物，又諭太子曰：「汝好去！百姓屬望，慎勿違之。莫以吾為意。且西戎北狄，吾嘗厚之，今國步艱難，必得其用，汝勉之哉！」太子聽言，南向涕泣而已。近侍左右之人無不下淚。

帝欲宣詔傳位，太子不受，曰：「三哥善保龍體，勉強飲食，未知何日骨肉相聚！」帝亦嗚咽泣下。先是，一行將滅度，帝執手問之曰：「更有何事相告？」一行曰：「尚有二事。勿遣胡人掌重兵，此其一也；禁兵勿付漢官，須令內官監統，此其二也！」至是，帝與太子相別，歎曰：「吾不用一行之言！」

且說太子既留，未知所適。廣平王曰：「日漸晏，此不可駐，今欲何之？」眾皆莫能對。建寧王曰：「不如且回渭水，收聚敗軍，再作良圖。」太子從其言，遂引軍東行。回至渭北，便橋已斷，渭水初漲，又無舟楫。太子號令渭濱百姓，歸者三千餘人。既渡渭水而南，正遇潼關散卒，誤以為賊，與之血戰，建寧王與大將軍王難得交馬，方知自相掩殺，急收其餘卒，擇渭水淺處，乘馬渡回；無馬者涕泣而去。

剛剛渡過渭水，賊兵追至，渭水忽然泛漲，賊兵盡溺。太子心中大喜，以為天所佑也！太子自奉天縣北上，一日百戰。夕次永壽縣，老幼悲喜遮道獻牛酒。時有白雲起西北，長數丈，形如樓閣之狀，識者以為天子氣。廣平王、建寧王兄弟典四軍將士二千，護衛太子而行。在路餐風宿水，帶月披星。每倉皇顛沛之際，建寧王必血戰在前。以及到新平郡時，晝夜奔馳三百餘里，士卒器械亡失過半，所存之眾不過數百。

是夜，太子憂心忡忡，食不下嚥，建寧王涕泗不自勝。時從官單寮，道路多虞。李靜忠陪侍太子，晝夜不離其側。及太子寢，張良娣又請居太子前。太子曰：「捍禦非婦人之事，何以居前？」張良娣曰：「今殿下跋履險難，兵衛非多，恐有倉卒，妾自當之，殿下可由後而出，庶幾無患！」太子感動。

次日起行，迤邐前進。行了一日，至烏氏驛，彭原太守李遵頓首迎謁，太子大喜。李遵因獻衣服鞍馬，太子泣問大計。乃悉發倉庫，募敢死士，獲四百人，率私馬以助軍。李遵自誓眾，護衛而北。次日至安定郡，遇見新平太守薛羽、安定太守徐玨，聞賊且至，皆惶恐棄郡而走。建寧王勸太子曰：「君上避狄，臣下當伏難死節。今薛羽、徐玨棄郡而走，使人驚散。宜斬之以勵天下！」太子從之，遂斬之以徇。

次早，投平涼郡來。約行了數十里，天色漸漸微明，去那露草之中，趕出一隻白兔兒來，望前路去了。太子謂左右曰：「吾若破得安賊，則一箭射中那兔；不然，則射不中。」言訖，左手拈起彫弓，右手急取羽箭，覷著白兔兒較親，一箭射去，正中那兔。左右皆呼「萬歲」。至平涼郡，蒐閱監牧公私馬，得數萬匹，又募敢死士，得五百餘人，軍勢益振。

話分兩頭。卻說帝一行人馬，迤邐前進。人報：「賊兵將至！」帝催速行。次扶風郡。六軍將士各懷去就，咸出悖亂之言。陳玄禮不能制，帝聞之憂懼。忽報司勳郎中、劍南留後崔圓，遣濮陽尉劉景溫貢春綵十萬匹至。帝擢劉景溫為監察御史，命悉置春綵於庭中，召六軍將士等入，諭之曰：「卿等皆國之功臣，勳勞素著，朕之優賞，常亦不輕。朕比來衰耄，託任失人，致逆胡負恩，須遠避其鋒，甚知卿等倉猝從朕，不得別父母妻子，朕亦不及辭九廟。」言發涕流。又曰：「朕今須幸蜀，蜀路險狹，人若多往，恐難祇供。今有此綵，卿等即宜分取，各圖去就。朕自有子弟、中官等相隨，便與卿等訣別。」軍士聞之，皆墮淚。拜伏於地曰：「死生願從陛下，不敢有貳！」帝沉吟良久，曰：「去住聽卿自便。」於是悖亂之言始息。

次日，帝擢崔圓為蜀郡長史、劍南節度副大使；令監察御史宋若思為御史中丞充置頓使，韋諤充巡閣道使先行。次日，車駕發扶風。是日天晚，宿於陳倉。當夜，閑廄使任沙門暗至馬院，盜了十餘匹廄馬，投祿山去了。駕至散關，帝乃分部下為六軍，令潁王、壽王等分統之，前後左右相次。

潁王、壽王一行人眾，六起人馬登程，節次進發，祇隔二十里而行。至東泰山，高力士攏馬請下，奏曰：「陛下出幸忽遽，不及親辭九廟。此山絕高，望見秦川。今可遙辭陵廟。」急扶帝下馬。帝望東北流涕而四拜，嗚噎不自勝。左右莫不掩泣。

在路行了三四日，前面來到河池郡。時河西諸胡部落，聞其都督從哥舒翰歿於潼關，皆欲自立為都督，互相攻擊。王思禮至平涼，聽知河西大亂，不敢赴鎮，與河西兵馬使周佖、隴右兵馬使彭元曜同回。帝以王思禮為行在都知兵馬使，隨駕入蜀。擢周佖為河西節度使，彭元曜為隴右節度使，命與思結盧山都督進明等同赴本鎮，招諭諸胡。

時高適自駱谷馳至，帝問以潼關敗亡之勢。高適奏曰：「哥舒僕射忠義感激，臣頗知之，然疾病沉頓，智力將竭。監軍李大宜，與將士約為香火，使倡婦彈箜篌、琵琶，以相娛樂，樗蒲飲酒，不恤軍務。蕃軍及秦、隴武士，盛夏五六月，於赤日之中，食倉米飯，且猶不足，欲其勇戰，安可得乎？故有望敵散亡，臨陣翻動，萬全之地，一朝而失。南陽之軍，魯炅、何履光、趙國珍各皆持節，監軍等數人更相用事，寧有是，戰而能必勝哉？臣與楊國忠固爭，終不見納。陛下因此履巴山、劍閣之險，西幸蜀中，避其蠆毒，未足為恥也。」帝嘉之，拜高適為侍御史。

忽報崔圓有使至，帝命入。使者參拜已畢，呈上表疏。表中具言：蜀土歲稔年豐，民殷財阜，兵甲全盛，儲供無闕。帝覽表畢，遂謂高力士曰：「世亂識忠良，崔圓可謂大臣歟！」即日拜崔圓中書侍郎、同平章事。圓字有裕，乃清河東武城人，元魏吏部尚書崔亮之後。少孤貧，志悶博，好兵法。初以甲科入仕，授執戟。自負文學，不悅武職。改授會昌丞，累遷司勳員外郎。楊國忠以右相遙領劍南，表圓為尚書郎，兼蜀郡司馬，知劍南留後事。

及祿山反，竊據河洛，崔圓聞知，即使人到京城打探消息。楊國忠密令崔圓修葺城垣，蓋造館宇，預備甲車戎馬、器械儲偫，以備有急投之。

祿山不意帝遽然西幸，差人令崔乾祐留兵在潼關。凡十餘日，乃命孫孝哲提兵入長安。又令張休攝京兆尹，張通儒為西京留守，安守忠為關西節度使，總兵苑中，以鎮關中。那孫孝哲乃是契丹人，其母甚有顏色，與祿山私通，因此狎近。及祿山僭逆，用為殿中監、兼閒廄、群牧等使，封之為王，令孝哲往西京監督關中諸將。

孝哲執權，亞於嚴莊。守忠、通儒等，皆受制於孝哲。孝哲勇健多計，然性多殘忍，果於殺戮，關中諸將多畏之。自此京畿之境，北至鄜坊，西至岐隴，盡被祿山所得。祿山聲勢大振，李光弼、來瑱、魯炅等諸將，回書與哥舒翰，皆責翰不能死節。祿山知事不諧，乃將翰囚於苑中。崔乾祐得潼關，北取蒲、同；祿山又使賊將高嵩寇扶風，西脅汧、隴；阿史那承慶圍南陽，南侵江漢。

是時京城騷然，三輔百姓知太子治兵河西，將殄寇逆，皆相傳曰：「吾皇太子大軍從西即至！」人皆奔走，市肆為空。賊遙見西北塵頭大起，輒大驚而走。關輔豪右往往殺賊官吏，遙應官軍，相繼不絕，誅而復起，賊不能制。由此京城西門之外盡為敵壘。

扶風豪士康景龍率鄉勇突入賊營，殺死祿山所署京畿宣慰使薛總並其眾二百餘人。薛景仙率陳倉之眾盡殺扶風賊眾，守禦城池。高嵩齎偽敕往汧、隴招降，天水都督、隴右採訪使郭英乂誘嵩入關，一刀斬之，盡誅數千賊黨。右驍衛將軍、上洛太守、兼防禦使歐陽琟，鎮守武關，扼住咽喉要路，承慶不能前進。

卻說帝一行人馬，過河池來，迤邐前行，來到青泥嶺。那青泥嶺蒼崖倚天，青壁萬仞，嶺多雲雨，行者屢逢泥濘，故號為「青泥嶺」。過了青泥嶺，順政郡興城關，來到漢中郡，帝命永王即日赴江陵。永王當下拜辭了上路，父子灑淚而別。帝又封衛尉卿、隴西公李瑀為漢中王，加銀青光祿大夫，領漢中太守、山南西道採訪防禦使，兼御史大夫。漢中王偉容貌，有才望，乃讓帝之子，汝陽王之弟也。

行至三泉縣黑水側，見老君顯聖。帝親禮之，命於老君顯聖之處刻真容。忽報李麟、李峘，與魏仲犀等數十人至。麟亦是唐室宗親，劍南節度使李浚之子也。性溫雅，篤學愛文，曾為國子祭酒，以修整稱。楊國忠惡其不附己，出為河東太守、兼採訪使，為政清簡，百姓稱之。祿山構逆，朝廷以將軍呂崇賁代還。峘性質厚，與弟李嶧、李峴並有美名。曾為南宮郎，歷典諸曹十餘年。封趙國公，授攷功郎中。楊國忠惡其不附己，出為睢陽太守。不久，李峴亦出為魏郡太守，兄弟夾河典郡，皆以理行稱。後為襄陽太守，入計京師。正值祿山作逆，留於長安。因聞車駕幸蜀，與李麟會合朝廷官僚二十餘人，取駱谷，由洋川而進，路逢魏仲犀及弘農太守李曄，一同奔至。帝大喜，封魏仲犀為漢中長史、兼御史中丞，為漢中王之副。

祿山已定西京，使人探國忠消息。回報曰：「楊國忠已死於馬嵬亂軍中。韓國、秦國，皆被禁兵所殺。虢國、裴柔亦被陳倉令擒而殺之。」祿山聞國忠被誅，乃笑曰：「國忠死矣！」又問：「貴妃安在？」及聞貴妃受害，歎息良久。崔光遠使其子東見祿山，遷令誠也將宮門管鑰獻了。祿山大喜，偽敕復其本官。召張休回東京。

遣孫孝哲殺了御妹霍國公主、永王妃侯莫陳氏、義王妃閻氏、陳王妃韋氏、信王妃任氏，及駙馬楊朏等八十餘人，又害皇孫、郡主等二十餘人，並刳其心，以祭安慶宗。又殺楊國忠、高力士之黨不附己者，或以鐵棒揭其腦蓋，流血滿地而死。王侯將相扈從入蜀者子孫兄弟，雖在嬰孩之中，皆不免於刑戮。惟求得吉溫一子，才六七歲，署為河南府參軍，以粟帛振恤其家。楊曉逃走到漢中，被漢中王瑀笞殺。

祿山又教軍士放火，燒毀太清宮闕。興慶宮史館有《國史》一百六卷，《開元實錄》四十七卷，起居注並餘書三千六百八十二卷，並被逆賊焚燒。

先是，百姓因亂為盜，忽入倉庫。祿山怒之，大索三日而後止，雖私財必皆取之。又令府縣推按，錙銖之物無不窮治，連引搜捕，支蔓無窮。二京御府珍寶，皆以橐駝運於范陽。賊將孫孝哲、安守忠、張通儒等，皆粗猛無遠略，既克長安，以為得志，日夜以酒色為樂，遂不復西進。因此皇輿南巡、儲副北行，二處並無追迫之患。崔光遠在西京，密諭兩街百姓，人主倉皇西幸之意，老幼相對而泣，悲不自勝。

祿山又大掠文武朝臣及黃門宮嬪、樂工騎士，每獲數百人，以兵仗嚴衛，並驅車載府庫兵甲、文物、圖籍，宜春雲韶，犀象舞馬，押送東京。廣平王妻沈氏，乃吳興才女，南梁尚書令沈約之裔，世為冠族。亦被拘於東京掖庭。朝士有逃於山谷者，而卒能羅捕追脅，授以冠帶。武部侍郎蕭華、華陰長史韓洪扈從不及，皆陷於賊。陳希烈與張均、張垍等數十人降於祿山。獨苗晉卿乘驢間道潛遁山谷。

祿山偽置官屬，封張垍為右相，陳希烈、張倚為左相，韋斌為門下侍郎，蕭華為武部侍郎，李彭年為工部侍郎，韓洪為工部郎中，李華、趙驊為中書舍人，其餘張均、郭納等皆授以官。是時儒生士子，被脅從、懷苟且者多矣；去逆效順，毀家為國者少焉！先是，二京小兒，多將錢攤地，於穴中更爭勝負，名曰「投胡」。至此，士庶果投身於胡庭。

祿山尤致意樂工，求訪頗切，不旬日，獲梨園弟子數百人。給事中王維為賊所獲，服藥取痢，詐稱風疾，喑不能言。賊把王維縛了，解去東京請賞。王維嘗作一篇《陽關曲》，單送友人元二使安西。李龜年被之管弦，橫笛而吹，三疊之後，笛竟中裂。或得《奏樂圖》，而無題識。王維熟視而笑。或問其所以，王維曰：「此是《霓裳羽衣曲》第十三疊第一拍也。」其人不信，集樂工按曲驗之，一無差謬，眾皆歎服。祿山素聞其名，便授王維給事中。王維那裡肯受。祿山怒，令將王維監在菩提寺經藏院內。分付賊兵在意看管，休教有失。

第五十九回　裴冕擁儲皇踐位　神武授諸王節鉞

卻說朔方留後杜鴻漸，聞太子在平涼，與六城水運副使魏少遊、節度判官崔漪、支度判官盧簡金、關內鹽池判官李涵數人相與謀曰：「今胡羯亂常，二京陷沒，主上南幸於巴蜀，太子理兵於平涼。然平涼散地，非聚兵之所。靈武兵食充足，若迎太子至此，旬日之間，西收河西、隴右之兵，北徵安西四鎮精騎，南面以定中原，收復二京，雪社稷恥，上報明主，下安蒼生。此萬世之基業，在此一時之舉也。」崔漪等曰：「正合吾意，金石之論也。宜勸太子早往靈武舉事，以遵馬嵬之命。」商議已定，乃草箋具陳朔方兵馬招集之勢，錄軍資器械倉儲庫物之數，使李涵奉箋至平涼謁見。

李涵至平涼，太子大悅。時河西行軍司馬裴冕，授御史中丞，詔赴成都，行經平涼。太子遂與裴冕商議。冕曰：「臣在武威時，有術士金梁鳳工相術，善天文。嘗謂臣曰：『玄象有變，半年間有兵起。有一日向東京，一日入蜀，一日來向朔方。』臣懼其言，深謝絕之。今祿山果反，南犯洛陽，僭稱偽位；潼關失守，主上幸蜀。臣又問三日之兆，鳳曰：『東京日即自磨滅，蜀日亦不能久，朔方日愈分明。』伏願殿下移幸靈武，以圖進取！」

建寧王亦曰：「殿下昔嘗為朔方節度大使，將吏歲時致啟，倓略識其姓名。今河西、隴右之眾皆敗降賊，父兄子弟多在賊中，或生異圖。朔方道近，士馬全盛，裴冕衣冠名族，必無貳心。

賊入長安方虜掠，未暇徇地，乘此速往就之，徐圖大舉，此上策也。」太子從之，發付李涵回靈武去訖。

且說太子一行人馬，離平涼，出蕭關，望朔方進發。杜鴻漸聞之，乃留魏少遊居後，以備宮室掃除之事。自與崔漪星夜西馳，於平涼北界白草頓迎謁。太子因勞諸使及兵士。鴻漸進言曰：「朔方天下勁兵，靈武用武之處。今吐蕃請和，回紇內附，天下郡邑，人皆堅守，以待制命。其中雖為賊所據，亦望不日收復。殿下整理軍戎，長驅一舉，移檄四方，則逆胡不足滅也！」太子大喜，撫鴻漸之背曰：「靈武即我之關中河內，卿亦吾之蕭何、寇恂。虜在目中，兇雠不足殄也！」即日整頓軍馬，次日平明進發。

出軍之時，有一條黃龍，自太子所憩之屋，縱祥雲騰空而去。軍行至豐寧城南，太子望見黃河天塹之固，欲整軍北渡，以保豐寧。忽然狂風大作，一霎時，飛沙走石，遮天蓋地。跬步之間，不辨人馬，由此太子回軍，東趨靈武，祇見風沙頓息，天地廓清。

將至靈武，魏少遊整騎卒千餘，干戈耀日，於靈武南界鳴沙縣奉迎，備威儀振旅而入。時魏少遊以太子遠離宮闕，初至邊籓，故豐供具以悅之。由此，殿宇帷帳，皆象宮闈，廣平、建寧諸王各設本院，飲食進御，窮其水陸。太子曰：「我至此本欲成大事，安用此為！」悉命罷之。張良娣生一子，太子甚愛之。張良娣三日起，縫戰士衣。太子慰勞之，謂張良娣曰：「產忌作勞，安可容易？」張良娣對曰：「此非妾自養之時，須辦殿下事！」由此，太子寵愛愈深。

是時賊雖僭盜神器，鴟峙二京，南臨漢、江，西逼岐、雍。而陷賊郡縣，賊軍所至，則為賊守，師才去，則相共殺賊歸國，反覆十數度，至於城邑為墟，而人心不改。天下衣冠士庶，歸順靈武；賢人君子，避地江南。

裴冕、杜鴻漸說太子曰：「今寇逆亂常，毒流函谷，主上倦勤大位，南幸蜀川，宗社神器，須有所歸，天意人事，不可固違。若逡巡退讓，失億兆心，則大事去矣！臣等猶知之，況賢智乎！」崔漪等皆曰：「留後之言是也。殿下可即大位，以承唐統，以安眾心，臣庶之幸也。」太子弗許，曰：「南平寇逆，奉迎鑾輿，退居儲貳，侍膳左右，豈不樂哉！公等何言之過也？」裴冕、杜鴻漸又進曰：「今所從殿下六軍將士，皆關輔百姓，日夜思歸。所以崎嶇從殿下、遠涉沙塞者，欲冀尺寸之功，以成其所志耳；而殿下留時逆眾，不正號位，恐將士望絕計窮，則有去歸之思，無為久自苦也。大眾一散，難可復合，時不可留，眾不可逆。願殿下順其樂推，以安社稷，王者之大孝也。」言甚誠切，太子深感，曰：「吾將思之。」

裴冕乃與杜鴻漸率呼韓單于、羌戎君長、校尉部曲、塞翁老將頓首勸進，箋凡五上。太子乃許之。於是杜鴻漸採摭舊儀，綿蕞其事，選定秋七月甲子日，行登位之禮。禮畢，裴冕等跪而進曰：「自逆賊憑陵，兩京失守，聖皇傳位陛下，再安區宇，臣稽首上千萬歲壽。」群臣舞蹈，皆呼萬歲。少帝流涕歔欷，感動左右。

是日，少帝御靈武城南門，改天寶十五載為至德元載，遙尊聖父為上皇天帝。大赦天下，惟與安祿山同反逆黨，及李林甫、王鉷、楊國忠子孫，不在免限。百姓官吏率親屬去逆歸順者封官，斬得祿山父子者賜爵。以裴冕為中書侍郎、同平章事。杜鴻漸為武部郎中，崔漪為文部郎中：並知中書舍人事。其餘魏少遊、李涵等一班將吏，各隨高下拜官。靈武郡置大都督府。

時塞上精兵皆選入行營討賊，祇留老弱軍守邊。披草萊，立朝廷，文武官員不滿三十，兵無一旅。朝廷初基，制度草創，武人驕慢，多不知禮。大將軍菅崇嗣在朝堂背闕而坐，言笑自若。監察御史李勉劾奏之，拘崇嗣於有司。少帝歎曰：「吾有李勉，始知朝廷尊也。」乃赦崇嗣，遣使齎詔入蜀報父；一面遣使往河南，召李泌；一面遣使往河北，召郭子儀、李光弼。

卻說帝一行人馬，迤邐都到益昌郡。行至綿谷縣西，到嘉陵江邊趁船，此時已是初秋天氣，忽然江上狂風大作，洪波滾雪，遻浪掀天。更兼疏刺刺驟雨颯至，白漭漭銀濤亂流。眾皆驚駭，俯視船下，祇見一條銀鬚蒼貌的玉龍，翼舟而進。帝仔細看時，泫然淚下，顧謂力士曰：「此吾池中龍也。」即命取酒，舉觴酹之。那玉龍攛出水面，徑上碧霄而去。過綿谷縣，迤邐來到吉柏津。渡吉柏江，中流，有兩個鱗甲如雪的白魚，在龍舟左右躍浪翻波。帝乃問左右曰：「此為何兆？」識者曰：「此乃『兩雙飛龍』，吉兆也。」

渡過吉柏江，前到益昌縣界上。約行不到五十里，早望見一座高嶺。一簇彩雲，紫氣之間，太上老君騎著白衛，徑過山嶺而去。帝大喜曰：「吾祖玄元皇帝顯聖，朕何憂哉！」遂改其嶺為「白衛嶺」，命於老君顯聖之處置自然觀。

一行人馬趁著落暉蒼茫，一步步上嶺來。帝立於嶺頭，觀望良久，命梨園弟子，唱《水調歌》曰：「山川滿目淚沾衣，富貴榮華能幾時？不見祇今汾水上，唯有年年秋雁飛。」帝又曰：「李嶠真才子也！」感歎不已。高力士立在側邊，揮淚不止。

度過白衛嶺，便是劍南地方。忽報房琯至，帝大悅。琯至，歔欷悲不自勝，帝亦對之泣，左右皆流涕。帝慰勞房琯久之，因問張均、張垍兄弟。琯曰：「臣離京時，亦過其舍，比約同行，均報云：『已於城南取馬。』觀其趣向，來意不切。」帝顧謂力士曰：「板蕩識忠臣，朕固知之矣，豈欲誣人哉？均等自謂才器無雙，恨不大用，吾向欲始全之，今非若所料也！」即日拜房琯為文部尚書、同平章事。

帝問房琯曰：「今賊勢非同小可，卿有何玅策？」琯挺身言曰：「昔漢高封王子弟，地犬牙相制。祿山深入吾境，兵驍將勇，利在速戰，可將天下兵馬分為數軍，各軍以諸王領之，分鎮天下。遇賊則各自用命，督之以戰。互相攻守，以老其師，使吾不戰而祿山自困矣。」帝曰：「此玅論也。」

於是降詔，以太子李亨為天下兵馬元帥，御史中丞裴冕兼左庶子，隴西司馬劉秩試右庶子，為之副，都統朔方、河東、河北、平盧四路兵馬，與郭子儀、李光弼等計會，南收二京；又以皇子四人，分鎮天下。那四人？第一，永王李璘以江陵大都督，少府監竇紹為永王傅，長沙太守李峴為江陵長史，為之副，都統山南東道、嶺南、黔中、江南西道四路兵馬，鎮江陵；第二，潁王李璬以蜀郡大都督，蜀郡長史崔圓，為之副，都統劍南、山南西道兩路兵馬，鎮成都；第三，盛王李琦為廣陵大都督，前江陵長史劉匯為盛王傅，廣陵長史李成式為之副，都統江南東道、淮南、河南三路兵馬，鎮廣陵；第四、豐王李珙為武威大都督，隴西太守鄧景山為豐王傅，兼武威長史，為之副，都統河西、隴右、安西、北庭四路兵馬，鎮武威。諸王並假節鉞，應須兵馬、甲仗、器械、糧賜等，並於當路自供。盛王李琦、豐王李珙皆不出閣。

是日，田良丘、蕭昕亦至。良丘猶自振矜，因誦表云：「翰北行師，未嘗挫衄，蓋緣運數潛迫，人神同棄，職之人故，匪翰之由。」眾皆默然，獨京兆府士曹參軍顏允南，字去惑，乃顏真卿之兄，抗聲叱之曰：「公何得尚為賊說徵祥乎？」

經過普安郡劍門縣，道近劍門關前。那劍門關正當蜀地衝要之處，號為天險。自小劍山西去大劍山三十里，連山絕險，飛閣通衢，故號為「劍閣」。望見一道人，身披霞帔，手攜竹杖，在關上等候。帝令左右往問之，自稱是維厶延。帝便教引將過來。左右引維厶延至，帝見之大驚：原來那道人不是別人，乃羅公遠也。帝問曰：「先生何改名姓耶？」羅仙師對曰：「陛下嘗去臣頭，故改之耳。羅字去頭，維字也；公字去頭，厶字也；遠字去頭，延字也。」帝稽首謝罪。羅仙師笑曰：「蓋戲之耳！我自聞道之後，與天為一，能隱身遁身，起法攝法，步日月無影，入金石無礙，入火不爇，入水不濡，躡虛如履實，觸實如蹈虛。劫運之災，陽九之厄，天地淪毀，尚不能害我；世俗兵刃水火之屬，焉能害我哉！」帝暗稱慚愧，教羅仙師隨駕入關。

此時正是七月盡天氣，霖雨涉旬，棧道寂寥，鈴聲至清，山谷傳響，泠泠不絕。是夜宿於上亭驛，帝驀然想起貴妃死在馬嵬，潸然淚下，取出紫玉笛，便嗚嗚咽咽吹一曲，名曰《雨霖鈴》。

次日又起行，迤邐前進。不一二日，已到巴西界分。巴西太守崔渙具朝服，迎謁於道。渙乃博陵王崔玄暐之孫，禮部侍郎崔璩之子也。性至孝，博通群書，善於談論。累官至左司員外郎。楊國忠惡其不附己，出為普安太守。尋轉巴西太守，加賜金紫之服。渙抗詞忠懇，皆究理體，帝嘉之，曰：「恨見卿之晚！」房琯素與崔渙相善，薦之，即日拜崔渙為門下侍郎、同平章事，令與房琯並扈從入蜀。帝命潁王先行赴成都。

潁王將渡綿水，登舟見綵緣席為藉者，曰：「此可以為寢處，奈何踐之？」命左右撤去之。潁王初奉命之藩，卒遽不遑受節，巴西司馬史賁進言曰：「王，帝子也，且為節度大使。今之藩而不持節，單騎徑進，人何所瞻？請建大槊，蒙之油囊，為旌節狀，先驅道路，足以威眾。」潁王笑曰：「但為真王，何用假旌節乎？」遂不聽史賁之言。

潁王匹馬投成都，將至界首，有人報知崔圓，崔圓率大小官員出城迎接。潁王至，崔圓拜於馬前。潁王不止之，圓甚不悅。

是時京師陷賊之後，鑾駕倉皇出幸，人莫知其所向，海內震駭。及聞諸王分鎮詔書，方知帝之所在，於是遠近相慶，咸思效忠於興復。是詔傳至東京，安祿山見之，拊膺歎曰：「吾不得天下矣！非房琯無能畫此計者。」郭子儀、李光弼聞哥舒翰敗績，潼關失守，駕幸劍南，祇得連夜撤圍南去。史思明聞報子儀、光弼軍馬退去，領兵出城追趕。子儀、光弼與戰，復大敗之。光弼留景城、河間之兵五千，與常山太守王俌守城，自與子儀收軍入井陘口。忽中使劉智達齎詔至，宣子儀、光弼班師回靈武。

賊將阿史那從禮背了祿山，盜閒廄駿馬二千匹，引同羅、突厥五千騎出城，投朔方去了。長安大亂，官吏驚走，獄囚自出，安守忠、張通儒皆避難亡匿。崔光遠欲擒孫孝哲，命蘇頲從子長安令蘇震領吏卒數人圍捕其宅。孝哲匹馬逃出城外，飛奔東京。將光遠背反之事，細述一遍。祿山大怒曰：「我如此重用，反欲背我！」即以田乾真為京兆尹，令領數騎往捉光遠。

崔光遠忙出府門，斬賊曳落河二人，與蘇震等同到開遠門，使人近前對把門賊將道：「崔大尹巡諸門。」守門者具器仗以迎之。光遠喝令左右將守門者盡斬之。領府縣人吏十餘人，於京西號令百姓，振臂一呼，聚得百姓從者百餘人，星夜兼路，望西北迤邐而行。

且說少帝在靈武，計點馬步軍兵，止有二千餘人；用度不足。祇見流星報馬前來，報說：「有數千同羅、突厥兵到來，兵離城止三十里矣。」眾皆大驚，面面相覷。少帝曰：「吾因之招諭，當益我軍威。」建寧王奮然出曰：「兒願往招諭！」少帝大喜，即命建寧王前往。

建寧王領命，引五百騎出城。行不到十里，早望見前面塵頭大起，一面黑旗，同羅軍馬蓋地而來。建寧王見賊兵到，遂將軍馬佈成陣勢。建寧王人馬旌旗節鉞，甚是嚴整。賊兵見之，盡皆喪膽，便勒住馬，不敢近前。祇見唐兵陣裡，一員騎白馬的英雄小將，在馬上橫著一條點鋼槍，挺槍縱馬而出，厲聲大叫曰：「認得建寧王否！」眾酋帥聞是建寧王，大驚，皆下馬，羅拜於地。建寧王以好言撫慰，盡皆歸降。

第六十回　靈武郡李泌獻策　雍丘縣張巡卻敵

卻說張良娣勸少帝修建佛事，祈禳國難。少帝依言。次日，少帝設朝，聚集多官，出牓招僧。榜行天下，著各處官員推選有道的高僧，上靈武做會。是夜，少帝夢一僧，身披金色袈裟，口誦寶勝如來於前。

次日，少帝把夢中神異之事，對左右一一說知。杜鴻漸對曰：「有聖僧無漏，居於賀蘭山白草谷，常誦此佛，頗有神異。」少帝悅，遣太子家令李靜忠召之，無漏固辭不赴。少帝又遣杜鴻漸諭旨，無漏乃見於行在。少帝大悅曰：「真夢中所見僧也。」遂留之，託以祈禳。

次日，河西支度判官兼侍御史呂諲至。諲素與中官朱光輝相善，光輝與工部侍郎李遵薦之於少帝。少帝甚器之，以為御史中丞。人薦關內監河判官暢璀頗有學識，性好直言。少帝召見，使說王霸略，甚悅之，即除諫議大夫。

不數日，崔光遠引眾亦至。少帝大喜，即日拜崔光遠為御史大夫兼京兆尹，持節充京畿採訪、招討、宣慰、處置等使，令於渭北招集人吏。封蘇震為文部侍郎，留在靈武。

忽一日，渭北土人來報崔光遠，說有賊剽掠至涇陽縣界首，離此四十里，在僧寺中擊牛釃酒，每夜酣飲。光遠聽說，候至天黑，教軍士飽餐，向僧寺進發。到僧寺時，已是二更，賊徒正醉臥寺中，光遠探知備細，分命弓弩手百餘人扼其咽喉要路，自率陌刀兵千餘人，吶喊殺入，斬殺賊徒二千餘眾，奪得駿馬千匹，生擒渠帥一人。自是賊知光遠勇勁，常避其鋒。

旬日之間，河東太守呂崇賁、延安太守李揖、中部太守于休烈、大震關守將郭英乂、陳倉令薛景仙、奉先令崔器、右拾遺楊綰、韓休子左補闕兼翰林學士韓汯等陸續皆至。少帝降詔改關內採訪使為節度使，治順化。擢呂崇賁為順化太守、兼關內節度使，薛景仙為扶風太守、兼防禦使，郭英乂為天水太守、兼防禦使，韓汯為攷功員外郎、兼知制誥，楊綰為起居舍人、兼知制誥。其餘李揖、崔器等，各隨高下拜官。獨有韓汯兄韓浩、韓洪與弟韓澤及韓洪子韓平等一家七人，被賊兵趕上，生擒回東京，皆斬於市。少帝聞韓洪等被害，悲咽不自勝。裴冕等眾官，俱感泣淚下。

此時李泌自河南避難，隱居嵩高；仗劍去洛，連夜投靈武來。正行之間，忽見前面一簇黑旗，數十騎賊兵，把一遊俠兒圍在垓心。那俠客手劍殺十數人，就如翦草一般。李泌見他生得骨格不凡，豐神迥異，又劍術精奇，知是異人，急趨步上前，揖而問曰：「先生何人？何故在此？」俠客曰：「某乃峨眉李白也。因到東京，乘夜黑潛入紫微宮中刺殺祿山。不想此賊有金甲護身，急切難傷。武士一齊擁入殿來，團團把我圍住。被我揮劍縱橫，殺翻十數個，逃出城外，飛奔至此。」李泌喜曰：「久聞大名，幸得相遇。乞即席地權坐，請教一言。」二人在星月光前，同坐草中。

李泌問曰：「先生今欲何往？」李白曰：「吾欲投襄陽永王去也。」李泌曰：「今少帝於靈武新即位，自賤而貴者多矣。先生何不往投之，必然重用。」李白笑曰：「君知其一，不知其二。

今儲皇雖承祧，天子猶在。君以為天下有主耶？有歸耶？然太子至靈武，六軍大臣推戴，欲以為天下主。其如自立不孝也，徒欲使天下怒，又焉得為天下主也？設若太子但奉行天子，而徵兵四海，力翦群盜，收復京城，唯撫而輯之，爵賞軍功，亦行後而聞之，則不期而大定也。今日之大事已失，卒不可平天下。我未聞自負不孝之名，而欲誅不忠之輩者也。欲安天下，寧群盜，必待仁主得位矣！」李泌已知李白無意於少帝，遂與李白作別，過了臨汝，取路望靈武來。

李泌至靈武，入見少帝，陳說古今成敗之機，少帝聽得他一席話，不勝歡喜，欲拜李泌為右相。李泌堅辭不受，曰：「陛下待以賓友，則貴於宰相矣，何必屈其志！」少帝乃止。忽見一騎飛來，乃前差往河北之使命也，至御前拜啟曰：「郭、李二將軍盡起河北之兵，應詔前來。」少帝大喜。

少頃，子儀、光弼引大隊人馬到來。安營畢，入城見少帝，拜於殿階之下。少帝賜平身，宣諭慰勞。詔加郭子儀武部尚書，李光弼戶部尚書：並同平章事。回紇葛勒可汗、吐蕃墀松德贊遣使相繼而至，願助國討賊，兼請和親。少帝設宴相待，宴畢，重賞來使，打發回蕃。李承光自靈寶敗後，西奔漢中，一面通表成都，一面奉箋靈武。少帝賜書如家人禮，承光到靈武來見少帝。忽報扶風太守薛景仙上表，說有赤雀見於郡中，少帝大喜，詔改扶風為鳳翔。

當日，少帝與李泌御靈武城樓，大閱六軍。欲以廣平王典親軍，建寧王為天下兵馬元帥。李泌諫曰：「建寧王英武忠毅，誠元帥才，然廣平王，兄也，且有君人之量。若建寧王功成，豈可使廣平王為吳太伯乎！」少帝曰：「廣平王位當儲貳，何必以元帥為重！」泌曰：「廣平王未正位東宮。今天下艱難，眾心所屬，在於元帥。若建寧王大功既成，陛下雖欲不以為儲副，同立功者其肯已乎？況太子從曰撫軍，守曰監國。今之元帥，撫軍也，廣平王為宜。」少帝從之，乃以廣平王為元帥，建寧王典親兵。建寧王聞知此事，乃謝李泌曰：「此正李倓之意也！」自此愈加敬重。

是時少帝待李泌如師，寢則對榻，出則聯鑣，終日共論天下之事。至於四方文狀、將相遷除，皆與泌商議，位非宰相，實輔臣也。軍中遙指曰：「黃衣者聖人，白衣者山人。」少帝聞之，賜泌金章紫綬，曰：「艱難之際，不敢相屈以官，且衣紫袍以絕群疑。」泌不得已，受之。服之，入謝，少帝笑曰：「既服此，豈可無名稱！」出懷中敕，以李泌為侍謀軍國、知元帥廣平王行軍長史事。泌又固辭不肯受，少帝曰：「朕非敢相臣，以濟艱難耳。俟賊平，任先生行高志。」泌乃受之。少帝每謂李泌曰：「先生當上侍上皇天帝，中為朕師友，次判廣平王行軍。朕父子三人，資先生道義。」

於是置元帥府於行宮之中，以李承光為廣平王副，賜名匡國；蘇震、暢璀為副使、判官，李光弼為元帥府左廂兵馬使，郭子儀為元帥府右廂兵馬使，與呂崇賁等皆受廣平王節制。又命李靜忠判元帥府行軍司馬。靜忠事少帝謹，故得美遷。少帝因其沉重少言，四方進奏文表，御前符印軍號，一以委之。

廣平王入內，則李泌在府；李泌入內，則廣平王在府。李泌奏曰：「諸將畏憚天威，在陛下前敷陳軍事，或不能盡所懷；萬一小差，為害甚大。乞先令與臣及廣平王熟議，臣與廣平王從容奏聞，可者行之，不可者已之。」少帝准奏。是時軍務倥偬，四方奏事，從暮至曉，略無虛刻，少帝皆令李靜忠送至府中，李泌先拆開視之，有急切者及烽火，重封，隔門通進，其餘則待天明。宮門管鑰，悉委廣平王與李泌掌之。

少帝問李泌曰：「今天下紛紛，何時定乎？」泌答曰：「賊掠金帛子女，悉送范陽，有苟得心，渠能定中國耶？華人為之用者，不過嚴莊、高尚等數人，餘皆脅制媮合。至天下大計，非所知也，不出二年，無寇矣，陛下無欲速。夫王者之師，當務萬全、圖久安，使無後害。今詔李光弼守太原、出井陘，郭子儀取馮翊、入河東，則史思明、安忠志不敢離范陽、常山，安守忠、田乾真不敢離長安，是以三地禁其四將也。隨祿山者，獨阿史那承慶耳。使郭子儀毋取華陰，令賊得通關中，則北守范陽，西救長安，奔命數千里，其精卒勁騎，不逾年而弊。我常以逸待勞，來避其鋒，去翦其疲，以所徵之兵會鳳翔，與太原、朔方軍互擊之。徐命建寧王為范陽節度大使，北並塞與李光弼相掎角，以取范陽。賊失巢穴，當死河南諸將手。」少帝聞如此玅策，大喜，曰：「誠如此，賊不足憂。」忽報阿史那從禮結連河曲九姓府、六胡州諸蕃，聚數萬之眾於經略軍北，整頓兵馬，將犯靈武。少帝即命光弼領景城、河間之兵五千赴太原，子儀率朔方之兵四萬五千赴河曲。二將各自領兵去了。

卻說史思明收兵回博陵，聞劉正臣結連兩蕃，欲取范陽，乃同尹子奇、張獻誠星馳往救。離范陽十餘里，正迎著正臣軍馬。當下兩軍相對，正臣出馬，左有董秦，右有侯希逸，揚鞭大罵：「反國逆賊，何不早降！」思明大怒，使尹子奇出戰。董秦躍馬來迎。兩馬相交，鬥到十數合，不分勝敗。賊陣裡張獻誠，見子奇不能取勝，拍馬提刀，搶來助戰。這邊侯希逸，飛馬接住。正鬥間，思明偷拽彫弓，搭上箭，射將來。希逸中箭，撥馬便走。正臣自來接應，思明麾兵大進，正臣抵敵不住，引軍便走。思明驅兵掩殺，平盧兵大敗，殺死七千餘人，奪獲馬匹盔甲金鼓無祘。

劉正臣棄下家小，落荒而走，引敗兵奔到後城，奚王阿篤孤引萬餘騎來會。正臣欲再與思明決戰。阿篤孤請先與正臣共取范陽。正臣與阿篤孤同領人馬，往城南駐紮。阿篤孤因見平盧兵敗回，料正臣軍易取，連夜攻正臣寨柵，正臣慌忙接戰。混戰了半夜。阿篤孤奪路而走。董秦連夜追襲，直趕到溫泉山下。奚酋阿布離被董秦活擒，解到正臣處。正臣教斬首瀝血，祭纛釁鼓。重賞董秦，收軍回北平。

而河北諸郡，顏真卿始復指麾經略。常山太守王俌欲舉城降，諸將怒而殺之，隨即差人急往信都報知，請信都太守烏承恩移兵常山把守。承恩推辭不往。史思明會合蔡希德，來攻九門。旬日後，城上豎起白旗，上寫「九門百姓投降。」思明大喜，率眾上城。祇聽得一聲礮響，伏兵四起；思明墜下城來，鹿角傷其左脅。遂不敢戰，連夜奔回博陵。顏真卿以帛書表章，以蠟為彈丸，將表章封於彈丸之內，遣判官李銑至靈武申奏。少帝加顏真卿工部尚書兼御史大夫，依舊河北採訪招討使，降敕書封蠟丸，令李銑星夜回報真卿。真卿將敕書，散下河北諸郡。又遣使乘驛，頒於河南、江淮。

虢王引軍退屯彭城，仍命張巡為先鋒使。命許欽澹子許叔冀為太守，守靈昌。令狐潮復引賊將瞿伯玉攻雍丘，聞鑾駕幸蜀，即修書一封，使人齎赴雍丘招降張巡。有大將六人，皆官拜開府、特進。白張巡曰：「主上不知存亡，賊兵精將勇，雍丘不可守，不如降之。」巡佯許之。次日，張巡於堂上設天子御容，親率將士朝之，眾皆下淚。張巡令六將跪於像前，以大義責之，六將大慚，張巡喝令左右將六將盡斬之。於是人心益固。

城中斷糧，人報有數百餘船，各裝鹽米，投黃河岸邊來。張巡聽知，即喚張抃，分付如此如此。黃昏左側，張巡親引一支軍馬，開南門衝突。令狐潮見了，盡引人馬，來南門拒敵。不想張巡自引一支軍馬開南門衝突，卻教張抃領兵五百開北門出城。當晚，張抃引一支軍馬，開北門便出，馬摘鑾鈴，軍士銜枚，黑夜疾走，直到黃河岸邊看時，果有糧船數百艘。張抃將船上一千石鹽米，都奪了去。又把其餘糧船放起火來，都燒了。

次日，令狐潮領兵攻城得緊。張巡在城中箭盡，心生一計：即傳令教軍士束草千餘個，用青布為衣。是夜一更以後，張巡教軍士將束草縋下城來。一面搖旗擂鼓，吶喊篩鑼。令狐潮於重霧中，聽得擂鼓吶喊，祇疑官軍下城，撥賊軍弓弩手，盡皆向城上放箭：箭如雨發。比及天明，千餘個束草上，排滿箭枝。張巡教於束草上取之，可得十數萬枝。軍士探知虛實，報知令狐潮。令狐潮知中計，懊悔不已。是夜，張巡與壯士五百自城上縋下。賊兵聞知，皆大笑不懼。祇聽得城上一片聲喊起，張巡親驅勇壯殺來。賊兵大敗，棄下金鼓旗槍，盔甲馬匹無數，軍士殺死大半。令狐潮引敗軍逃走，張巡放火燒了賊兵營寨，追趕至十里之外，方才鳴金收軍。

數日後，令狐潮增兵急攻。雷萬春於敵樓上與張巡語次，被賊伏弩射之。萬春面中六箭，全然不動。令狐潮疑是木人，令人探得是萬春。令狐潮大驚，勒馬到城下，遙謂張巡曰：「向見雷將軍，方知足下軍令矣。奈何唐室將亡，天命有屬，足下何自苦，身取禍敗？」張巡立於城上，指令狐潮而喝曰：「足下未識人倫，焉知天道！」潮羞顏滿面，又自料不能敵巡。至晚，方欲退軍，城上一聲擂鼓響，張巡開城門領兵掩殺，死者甚眾。其餘四散逃竄。令狐潮脫逃性命，領了敗殘頭目士卒，仍回陳留去了。

次日，哨馬探得瞿伯玉引馬步軍七千，於寧陵之北白沙渦下寨。當夜二更時分，張巡同偏將雷萬春、張抃，統領三千軍馬，人披軟戰，馬摘鑾鈴，出的城來，銜枚疾走。直至賊兵寨前，發聲喊，一擁殺入寨來。賊軍大敗，四散逃命。張巡兵掩殺賊眾，奪其金帛、糧食無數。

回至桃陵，正逢賊將謝元同軍到，張巡挺矛躍馬，直取元同。元同措手不及，被巡一矛刺中，翻身落馬而死。部下四百餘人都被生擒活捉。張巡下令，其幽、燕及胡兵，盡皆斬之；滎陽、陳留脅從郡兵，願從軍者聽從，不願為軍者給賞歸農。旬日之內，河南百姓棄逆歸順者萬餘戶。

第六十一回　李樂工吹笛遇虎精　王供奉聽棋謁神女

再說李白辭了李泌，趲程而行，不數日，早到襄陽。永王自承制，出鎮荊南，先至襄陽，處置兵馬。當日聞李白到，與襄陽太守徐浩出城迎接，接到公廨，禮畢。置酒共飲，同說兵機。李白高談雄辯，應答如流。永王深加敬服，殷勤相待。時劉晏自遭祿山之亂，避難襄陽。永王素知劉晏名譽，欲聘為賓僚。晏堅辭不受，因移書房琯，言：「今相公依古封建，以親王出閤，委之節鉞。若諸王一旦思有桓文之功，不可致也。」崔祐甫因避亂至江西，江南西道採訪使皇甫侁以為上賓。薦為廬陵司馬，引在幕下。永王厚禮致之，祐甫固辭不赴。聞者為之懼，祐甫容色坦然。

尋有詔封永王為江淮兵馬大都督，總統江南水陸軍馬。永王即拜李白為幕賓，同赴江陵不題。

卻說帝等一行人馬，將至成都。崔圓在半路上接著，俯伏跪在道傍迎接。帝以言慰諭崔圓，崔圓頓首拜謝。行不到數程，前至飛仙嶺。一行人馬趁著月明，走上嶺來，祇聽得秋風蕭索，玄鶴聲鳴，那壁廂青松林裡，有一座清幽觀宇。帝一行人，來至門前觀看，門上嵌著一塊石板，上有「明月觀」三字。

帝下馬，同眾入觀門來，與觀主相見，禮畢，請帝上坐，童子獻茶。茶罷，觀主請帝遊觀翫景。帝欣然從之，觀翫多時，西廊看遍，又行到東廊第一所道院。但見四面竹樹環合，一條苔徑寂寥，真是道人庭宇靜，苔色連深竹！步入堂中，見壁上掛著一枝羽箭，帝取下來，仔細看時，卻是一枝御箭。帝甚奇之，喚觀主問之。原來此道院乃青城道士徐佐卿所居。那徐佐卿乃道門英秀，生得鶴骨松姿，形貌蒼古，每年來明月觀數次。至夜，便宿此堂，或三五日，或十數日。天寶十三載秋九月九日，佐卿忽攜此箭而來。觀主見佐卿意甚不樂，問其緣故。佐卿告曰：「吾行於山路上，偶為飛箭所傷，今已無恙；然此箭非人間所有，吾留於此，後二年，箭主到此，老仙長當以此箭付之，慎無亡失！」言訖，將箭留下，拜辭觀主，飄然而去。自此之後，不復再見。

當下觀主將前事說了一遍。帝聽了，猛然想起一事在心。原來那日帝在沙苑地面圍獵。忽聽得秋風鶴唳，擡頭觀看，衹見那雲端裡是一隻玄鶴，翅如車輪。帝看見，拈弓搭箭，覷得親切，望空中衹一箭射去。那隻鶴應弦而落。離地約有一丈高下，忽然刷的一翅，鑽上雲霄，長唳一聲，向西南飛去。少頃間，就不見了。今觀此箭，即前歲沙苑採獵之箭也。帝尋思道：「那隻孤鶴，必然是徐佐卿變的。他中箭被傷，當日便自沙苑飛到此處。」遂將其箭收下，如獲珍寶。

辭別觀主，離了松嶺，同崔圓等眾，望成都進發。前望大橋，帝乃舉鞭問左右曰：「是何橋也？」崔圓躍馬進曰：「萬里橋。」帝歎曰：「一行之言今果符合，吾無憂矣。」先是，一行秋宵侍帝登天宮寺閣。帝密問社稷吉凶、及祚運終畢之事。一行對曰：「鑾輿當有萬里之行，社稷畢得終吉。」帝初不諭其意，至是，乃悟萬里之讖。

庚辰，車駕至成都。宮殿館室，十分壯麗；御用之物，一切完備。因此朝廷羽儀，如西京之制。計點扈從官吏軍兵，尚有一千三百人。

秋八月癸未朔，帝御蜀都府衙，宣詔曰：「朕以薄德，嗣守神器，何嘗不乾乾惕厲，勤念蒼生。至於水旱或愆，則禱祠請罪；邊鄙微擾，則齋戒思過。聿來四紀，人亦小康，蓋祖宗之靈，卿大夫之助也。是以推心將相，不疑於物，而奸臣兇黨，負信背恩。割剝黎元，暴亂函夏，皆朕不明之過，豈復尤人哉！楊國忠厚斂害時，已肆諸原野；安祿山亂常構禍，尚逋其斧鉞。朕用巡巴蜀，訓勵師徒，命元子北略朔方，諸王分守重鎮，合其兵勢，以定中原。將蕩滌煩苛，大革前弊，思與億兆，約法惟新。上以奉宗廟神祇，不以寧華夷動植，可大赦天下。其天寶十五載八月一日昧爽以前，大辟罪以下，常赦所不免者，咸赦除之。自兵興以來，有破家者，一切與雪，流人一切放還。左降官各還舊資，內外文武官節級賜階爵。安祿山脅從官，有能改過自新，背逆歸順，並原其罪，優與官賞。」

於是高力士進爵齊國公，陳玄禮進爵潁國公，皆加開府；韋見素進爵邠國公，賜金章紫綬；房琯、崔圓皆賜銀章青綬，崔渙進位正議大夫，封李麟為戶部侍郎，李峘為武部侍郎兼御史大夫，張鎬為侍御史，高適為諫議大夫，大小官僚，盡皆昇賞。帝謂高力士曰：「自九齡歿後，不復聞忠讜言！吾若從其言，今日不到於此。」說著，眼中不覺滴下淚來。即吹紫玉笛作一曲，名曰《謫仙怨》。音甚悲切，左右無不下淚。帝即降詔贈張九齡司徒，遣使往始興致祭，並賜金帛，以恤其家。

帝忽猛省，顧謂高力士曰：「一行滅度，令弟子留個金盒子與我，分付我行至萬里，遇危難之時，方可拆看。汝憶其事否？」高力士便將金盒子獻與帝。帝將金盒子拆開視之，乃蜀當歸也。帝知一行深意，歎異久之，曰：「此藥產於此。師知朕違難至蜀，當歸也！」命中官焚香祝之，乃告謝也。羅仙師辭去，帝留住，又以長生之事相問。羅仙師曰：「經有之焉，『我命在我，不屬天地』。當先內求，而外得也。刳心去智，草衣木食，非至尊所能也。」遂寫《三峰歌》八首，獻與帝。寫罷，飄然而去。帝看時，詩中之意，乃玄素黃赤之使，還嬰泝流之事。帝知是修養之方，歡喜不勝。

忽報翰林棋供奉王積薪至。原來王積薪因扈從南狩，蜀道隘狹，道路逆旅，多為貴官所先。積薪祇望深山裡，踽踽獨行。行了半日，更不見個人煙村舍。直到黃昏時候，遠遠地望見深松裡露出一間草屋。積薪大喜，徑來到柴門外，見那柴扉半掩，積薪不敢擅入。聊佇片時，祇見內裡走出一個鬢髮如銀的老姆來，笑容可掬，問道：「佳客是什麼人？如何昏晚到此？」積薪躬身施禮，道：「我是翰林院棋待詔王積薪，因隨車駕倉皇出狩，天色昏黑，迷蹤失路至此。特來府上告借一宵，萬望方便方便。」老姆荅禮道：「失迎，失迎。佳客請至茅舍內安宿，過此一宵，明日天光，再登途未遲。」積薪聞言，稱謝不盡。隨老姆入得草堂，老姆點上燈燭，喚其婦取些飯食來，雙手遞與積薪喫。積薪喫畢謝了。

看看天色黑了，老姆關閉了柴門，吹滅燈火。積薪睡了。老姆婦姑，亦各寢歇。是夜，牖中月色朦朧，寒星滿天。積薪翻來覆去，久不成寐。忽聞草屋內主人老姆呼其婦曰：「長夜漫漫，無以適興，與汝弈棋一局，如何？」其婦曰：「諾。」積薪尋思：「滿屋漆黑，並未點燈，婦姑各處東西室而寢，如何對弈？」乃附耳門扉竊聽之。祇聞老姆曰：「東五南九下子矣。」其婦應之曰：「東五南十二下子矣。」老姆又曰：「西八南十下子矣。」其婦又應之曰：「西九南十四下子矣。」每下一子，皆思之良久。積薪皆默記之。夜至四更，共下子三十六。老姆忽笑曰：「汝已敗矣，吾祇勝九枰耳。」其婦曰：「伏局。」

積薪一夜那曾得睡，盼到天明。不覺的東方發白。積薪整衣與老姆相見，拜問弈理。老姆曰：「爾可盡平生之秘訬，按局置子！」積薪遂自囊中取棋局而出，盡其精訬佈子。未及十數，老姆顧謂其婦曰：「此子可教以常勢耳。」其婦乃授積薪以攻守、殺奪、救應、防拒之法，其意甚略。積薪自愧弗如，更求其詳。老姆笑而不答，曰：「祇此亦無敵於人間矣。」積薪遂不復問，躬身稱謝，拜辭了老姆，出門上路。行不到十數步，積薪心疑，回頭看時，草屋婦姑已渺無蹤跡了。

積薪心中此時自忖：這婦姑兩人必有來歷，該試一問，如今悔卻晚也。積薪到成都，細言其事。帝嗟歎不已。至今棋圖有「鄧艾開蜀勢」尚存。

忽又報梨園笛師李謨至。原來潼關失守，車駕西幸，京師之人，鼠竄狼奔。李謨扈從不及，忙忙似投檻之猿，急急如喪家之狗，往終南山中藏避。看看天色晚了，望見前面一所古寺。李謨投古寺歇宿。寺僧接著。李謨道：「我是梨園笛師李謨，因京城陷賊逃至山內，天色將晚，欲借上刹暫宿一宵。」眾僧道：「施主少坐，當具素齋。天色已晚，就我荒山草榻權宿一宵。」李謨謝了。眾僧安排了齋飯，李謨喫了，打掃乾淨客房，安寢一宿。

是夜，二更時候，李謨心中有事，偏睡不著，正見月色入戶，悄悄的起來，穿了衣服，步出寺後翫景。祇見皓月當天，長風吹林，紅葉落似火龍褪甲，青松枯如怪蟒張牙。李謨袖中取出白玉笛，口中輕輕吹動，笛聲至清，端的是穿雲裂石之聲。忽然聽得呼呼風響，祇見枯草叢中，走出個著白袷單衣的彪形大漢來。李謨定睛看時，卻是個虎頭人身的妖怪！李謨口中不言，心下驚恐，見他來得漸近，唬得目瞪癡呆，手腳無措。虎頭人直至李謨面前，蹲在地上，曰：「美哉，笛乎！可復吹之。」李謨膽戰心驚，復吹數聲。虎頭人聽笛適意，不覺鼾鼾沉睡。李謨欲遁去，恐驚動了他；沒奈何，衹得爬在一株大樹頂頭，伏在枝葉稠密處，不敢高聲，恐虎頭人知覺。

不多時，虎頭人一覺睡醒，卻尋不見了李謨，懊悔不已。乃歎曰：「不早食之，竟被他走脫了。」遂直挺挺立將起來，吼了一聲。吼聲起處，一陣怪風，從空刮起。衹聽草坡裡刷刺刺響，跳出十餘個弔睛白額的斑斕猛虎，猶如牛來大，哮吼翦尾而至。望虎頭人俯伏在地，狀如朝謁。虎頭人曰：「適有吹笛小兒，趁我睡夢中走脫，我求之不獲，汝等可分四路索之。」言訖，眾虎四散奔去。約有五更時分，眾虎咆哮翦尾而還，皆作人語報曰：「我等各行四五里，求之不獲。」

正說之間，一陣狂風起處，衹聽得亂樹皆落木葉，刷刷的響。星月光輝之下，虎頭人閃金睛，向樹影裡仔細看時，果見內有李謨的影子。虎頭人仰天大笑曰：「我說你雲行電滅，原來還在這裡！」於是眾虎擡頭共望李謨，張牙舞爪來攫取。李謨嚇得魂不附體，舉手無措，腳軟身麻，險些墮下樹來。幸得樹高，眾虎騰躍不可及。那虎頭人縱身跳起，也攫不著。正在危迫之際，忽然見一神僧，手持禪杖而來。虎頭人急往草中逃命，被神僧拽開步趕上，大喝一聲：「業畜！那裡去！」掣禪杖，劈頭一下打死。眾虎四散逃竄。李謨在樹枝上，見虎頭人死了，才敢下來，轉頭四望，神僧不知那裡去了。回到寺中，於佛像前燒香禮拜。

是夜李謨就在禪堂，歇了一宿。次早飯罷，辭了寺僧，徑投劍南，至成都見帝，將前項事細述一番。帝亦嗟呀不已。

卻說少帝有詔誅王承業，命崔眾交割兵馬。崔眾衹顧作樂，不理軍務。史思明克九門，屠其城。復攻槀城，城陷。思明南拔趙郡，西取常山。蔡希德圍上黨，程千里固守不下。希德圍之數日，不克而遁。少帝以程千里為上黨節度使、兼御史大夫。李光弼率景城、河間之眾，往太原鎮守。崔眾正裹甲持槍，與部卒在節度廳中嬉戲。有人告光弼曰：「崔眾在太原半年，供軍錢糧，頗不稱職，積財吝賞。」光弼聞之，心中不悅。人報崔眾引部下軍至，光弼出寨迎接。崔眾坐於馬上，但長揖而已。旌旗相接，眾亦不避。光弼大怒，喝左右執下。左右將崔眾簇下。適靈武有使命至太原，齎詔問曰：「崔侍御安在？」光弼曰：「眾有罪，已繫之矣！」中官以詔書示光弼，除崔眾為御史中丞。光弼曰：「今衹斬侍御史；若宣制命，即斬中丞；若拜宰相，亦斬宰相！」中官大驚，急辭光弼，星夜回靈武去訖。次日，軍士簇擁崔眾至碑堂下。光弼叱令斬之。梟首傳示畢。今其家屬收其屍首。自是三軍震肅。

卻說阿史那承慶分兵四面，圍住南陽攻打。築土山，掘地道，立礮架，裝雲梯，日夜攻打不息。魯炅極力拒守，賊軍攻打月餘不下。李庭望引軍二萬，以令狐潮為向導官，東取寧陵，離雍丘三十里下寨。不想是夜二更，張巡乘庭望不備，竟來劫寨。賊軍亂竄，庭望折軍大半，衹得收拾殘軍，自回陳留。虢王聞張巡得勝，寫表差人赴成都報捷。

卻說帝在成都，每日設朝計議平賊之策。第五琦奏事到成都，入見帝，奏曰：「方今之急在兵，兵之強弱在賦，賦之所出，江淮居多。若假臣職任，使濟軍須，臣能使賞給之資，不勞聖慮。」帝大喜，遂命第五琦為監察御史，勾當江淮租庸使。令與高適，哥舒翰舊將前蜀郡長史季廣琛、皋蘭都督渾惟明，一班兒輔佐永王，同守江陵。

忽報太子有使者自靈武來，帝召入問之。北使具說裴冕、杜鴻漸等懇請，太子辭避之事，呈上表章。成都百官聽了，都驚呆了。帝覽表畢，雖不忿太子僭位，卻佯作欣喜之狀，謂百官曰：「陛下「吾兒嗣位，應天順人，改元至德，孝也！惟孝，卿等與朕亦有何憂？」高力士伏地奏曰：「陛下躬親庶務，子育黔黎四十餘年，天下無事。一朝二京失守，萬姓流亡。西蜀、朔方，皆為警蹕之地；河南、漢北，盡為征戰之場。天下之臣，莫不增痛。陛下謂臣曰：『卿之與朕復何憂哉』，臣未也敢奉詔！臣聞主憂臣辱，主辱臣死，死辱之義，職臣之由。臣不孝、不忠，尚存餘喘，親蒙曉諭，戰懼伏深。」說得帝默然無言。

時成都文武議論紛紛不一，帝恐太子不免篡位之名，即令中書舍人賈至草詔，命太子即皇帝位。詔曰：「朕元子亨，睿哲聰明，恪慎克孝，才備文武，量吞海嶽。付之神器，僉曰宜然！今宗社未安，國家多難，太子宜即皇帝位，朕稱太上皇。且天下兵權，宜制在中夏，朕處巴蜀，卒應則難。其四海軍權，先取皇帝處分，仍奏朕知。待克復上京以後，朕將凝神靜慮，偃息大庭也。」帝覽畢，歎曰：「昔先帝遜位於朕，冊文則卿之先父所為。今朕以神器大寶付儲君，卿又當演誥。累朝盛典，出卿父子之手，可謂繼美矣！」

遂遣韋見素、房琯、崔渙為使，齎誥敕往靈武宣旨，就授承天大寶，且行冊命之禮。見素等臨行，上皇謂之曰：「皇帝自幼仁孝，與諸子有異，朕豈不知。往十三載，已有傳位之意，屬水旱年饑，左右勸朕，且俟豐年。爾來便屬祿山構逆，方隅震擾，未遂此心。昨發馬嵬，亦潛有處分。今皇帝受命，慰朕之心，如釋負擔。勞卿等遠去，以輔佐之。多難興王，自古皆有，卿等乃心王室，以宗社為念，早定中原，朕之望也。」見素等無不傷感。

上皇又命韋諤、賈至為冊禮使判官，韋見素等齎誥而去。潁王視事兩月，人甚安之。崔圓因與潁王不睦，奏罷諸王節度使。上皇從之，即下誥停潁王等節度使。獨有永王因李峴未到江陵，上皇教且莫離使。待交割軍馬畢，與豐王等同赴少帝行在。

第六十二回　王摩詰傷心凝碧池　房相國兵敗陳濤斜

卻說安祿山遣史思明與蔡希德、尹子奇起兵十萬，攻打河北。思明、希德東圍饒陽。饒陽太守盧皓窘迫，自焚而死。饒陽遂陷。

思明入城，群刀手把饒陽裨將張興推至馬前。那張興乃東鹿人，身長八尺，使一口陌刀，重十五斤。思明把馬勒住，謂曰：「將軍真壯士也，能與我共富貴乎？」興正色而言曰：「我乃大郡將，安肯屈節投敵國乎？今命在晷刻，容伸一言而死！」思明曰：「將軍有何言？」興曰：「天子待祿山甚厚，恩侔父子。祿山不知報德，乃敢悖逆。大丈夫不能為國討賊，反北面為臣，何耶？足下屈身事祿山，若從吾言，乘間圖之，此轉禍為福之計也。」思明大怒，命牽出鋸殺之。興厲聲大叫曰：「祿山！吾生不能殺汝，死當作厲鬼以擊賊！」劊子以刀掤其口，流血滿地，大罵不絕而死。時人憐其忠義，收其屍首，葬於東鹿城北三十里，即今紅草坡是也。餘草皆綠，而墓草獨紅，父老傳說，是張興鮮血所化。

卻說安祿山在東京，大會文武於凝碧池，陳御庫珍寶，羅列前後。祿山揣幽燕戎王、蕃胡酋長多未之見，乃誑曰：「自吾得天下，犀象自南海奔來，見吾必拜舞，禽鳥尚知天命所歸，況於人乎？則四海安得不從我！」於是令左右領象至，則瞪目忿怒，略無舞者。祿山大慚懷怒，命置於穽井中，以烈火燒，使力憊，俾壯士乘高而投之，洞達胸腋，流血數石。梨園弟子見之，莫不欷歔掩涕，賊眾露刃持戈以脅之，而悲不自勝。樂工雷海清不勝悲憤，乃擲樂器於地，西向慟哭。祿山大怒，叱武士縛於戲馬臺前，支解示眾。聞者莫不痛哭。

是日，菩提寺院主宏道引領裴迪，直進經藏院裡看視王維，將雷海清罵賊不屈的事情，備細陳說。王維感泣稱讚，即口占四句詩道：「萬戶傷心生野煙，百官何日更朝天？秋槐葉落空宮裡，凝碧池頭奏管弦！」

卻說郭子儀星夜提兵赴朔方來，忽然流星馬到，報說：阿史那從禮引同羅、突厥軍千餘騎圍困經略軍城甚急。子儀令僕固懷恩先進兵攻同羅、突厥，自引一軍來攻九姓府、六胡州諸蕃。僕固懷恩進兵到經略軍城下，與從禮戰不利。僕固懷恩子僕固玢抵敵不住，敗下陣來。被從禮輕舒猿臂，生擒過去。

是夜，二鼓時分，僕固玢逃回，見僕固懷恩，忙跪下道：「從禮果是驍勇非常！兒戰他不過，敗陣被擒，衹得詐降，得性命回來請罪。」懷恩發怒道：「汝挫吾銳氣，推出斬之！」玢泣求免死。懷恩曰：「汝雖係我子，但兵敗被擒，不能死節。今雖復歸，當按軍法。」喝令左右推出斬之。須臾，獻首帳下。眾將悚然。

次日，懷恩進兵與從禮對敵。諸軍眾將，無不一當百，大破同羅之兵，奪得器械、駝馬，不計其數。

卻說少帝因程千里守上黨，號王救南陽有功，降詔加程千里禮部尚書，虢王憲部尚書。郭子儀上書與少帝，請往回紇借兵。少帝從之，乃問文武曰：「誰可為使？」一人應聲曰：「某願往。」視之，乃邠王之子、敦煌郡王李承寀也。少帝大喜，即遣敦煌王為使，差僕固懷恩將部兵數十人護送，往回紇問葛勒可汗借兵討逆。又降詔，差人往安西、北庭二處，令約會發兵，討賊救國。又徵兵於寧遠國，且使轉諭蔥嶺以西諸國王葉護城使，許以厚賜，使發城郭兵，從安西兵入靖國難。

是時祿山兵力所及者，南不能出武關，北不能過雲陽，西不能進武功。江淮奏請貢獻，往蜀郡、靈武二處者，皆繇江陵，取襄陽，從上津路直抵鳳翔，道路無壅。皆薛景仙之功也。李泌謂少帝曰：「不如移駕幸彭原，待西北兵將至，南幸鳳翔以應之；當此之時，江淮租庸亦集，可瞻軍資。」少帝從其言，即日起駕望彭原進發。命廣平王、李泌領元帥府軍馬先行。建寧王引親軍護衛少帝後隨。一面差人申報成都不題。

車駕將發，少帝乃向南拜跪，涕淚漣洏，裴冕及左右皆流涕。行了數日，忽報邊令誠自賊中而來。少帝之軍，多有高、封舊卒者，咬牙切齒，痛恨令誠。裴冕勸少帝誅殺令誠，以收人心。少帝即叱左右斬之。

將近順化，忽報韋見素、房琯、崔渙等至。少帝大喜。韋見素、房琯、崔渙等率眾官呈上寶冊，符寶郎獻上承天大寶。少帝假意不受，曰：「比以中原未靖，權總百官，豈敢乘危，遽為傳襲！」遂置寶冊於別殿，朝夕事之，一如定省之禮。房琯因言時事，具陳上皇傳付之旨，詞情慷慨，少帝愍然為之改容。奉詔歔欷，哀不自勝。少帝素聞房琯美名，虛懷以待之；以韋見素常附楊國忠，故禮遇稍薄。房琯亦推誠奮諤，以平賊之務為己任。每朝議大事，房琯獨決之；韋見素、崔渙、裴冕諸相皆避位，莫敢與抗禮。先是，聖僧義福將終，為門徒演法，房琯與張均同造。張均未終法會，便潛去。義福謂房琯曰：「張公有非常之咎，名節皆虧。」又曰：「公必為中興名臣，勉之！」至是，張均陷賊庭，授燕偽署；房琯贊兩朝，竟立大節。

卻說少帝令引李匡國、王思禮與呂崇賁等至皂纛旗下，責罵眾將：「汝等為國之大將，不能堅守蒲、潼兩關，失了京師，當按軍法！」叱左右推出斬之。房琯進曰：「思禮等皆國之良將，若斬之，恐失將士之心。且乞暫免。」少帝乃赦思禮、崇賁，止將匡國斬訖。拜王思禮為河西隴右行營兵馬使，留於行在。

少帝廣開言事之路，敕自今以後，諫議大夫論事，不須令宰相先知；御史彈事，不須取大夫同署。

房琯薦嚴武為給事中，劉秩為右庶子，李揖為戶部侍郎，李何忌為右補闕。武，嚴挺之之子也。又有絳郡聞喜人，姓裴，名遵慶，字少良，乃給事中裴惓之子也。博學多才，韜光晦跡。曾為吏部員外郎，判南曹。時吏部選人，每歲萬數，遵慶敏識強記，精核文簿，詳而不滯，時稱吏事第一。為楊國忠所忌，出為郡守。房琯素知遵慶才，薦之於少帝。少帝大喜，擢為給事中。

冬十月，車駕至彭原。潁王、陳王自成都來，宣誥慰勞朝臣及將士等。盛王、豐王引一班昆弟，隨後都到。惟有永王在江陵，所止輒停車駐節，以勞徠之，父老童稚，垂髮戴白，滿其車下，莫不感悅。於是名震荊南。上皇嘉之，數賜書褒美。少帝怕永王奪了頭功，遂遣使到江陵，傳諭永王。教交割軍馬，回成都侍奉上皇。命竇紹為江陵防禦使，侍御史崔伯陽為襄陽防禦使。

此時永王用薛鏽弟薛鏐及李白、李臺卿、蔡駉、韋子春為幕賓，子襄城王李偒為大將，季廣琛、渾惟明、高仙琦為副將，招募到山南、嶺南、黔中、江西水手軍士，約有一二萬人，令宣城、丹陽、晉陵、吳郡、江寧、廣陵、吳興、餘杭、會稽、臨海、永嘉、潯陽、鄱陽、豫章、長樂、清源、始安、南海等江南一十八郡，日夜並工，廣造戰船，積草屯糧，準備進兵。遂辭以軍務倥傯，竟不奉詔。惟有李峴託疾，潛地往彭原去了。

少帝心甚憂。忽報房琯上疏，請總統大軍，盡誅寇孽，收復京都。少帝覽表甚喜，即下詔，加房琯持節充招討西京兼防禦蒲、潼兩關兵馬節度等使，命琯統領關內之兵五萬，與郭子儀、李光弼等計會，克日進兵。

琯自選參佐，表鄧景山為副，李揖為行軍司馬，宋若思、賈至、魏少遊為判官，劉秩為參謀官。秩字祚卿，劉知幾之子，劉匯之弟也。當日獻計曰：「賊軍勢大，可用春秋車戰之法，以牛車二千乘，夾以馬步軍擊之。」琯喜，從其計。將軍務委於秩，曰：「賊曳落河雖多，豈能當我劉秩！」乃下令，使李光進督北軍出奉天，劉悊督中軍出武功，楊希文督南軍出宜壽：「三路軍馬會合日期，收復西京。吾隨後自來接應。」調遣已定。

少帝乃令裴冕賣官爵、度僧尼以助軍用，一面差使命赴成都報知上皇。使者拜辭少帝，徑到成都，見了上皇，具言少帝欲取長安。令李光進引一軍進奉天，劉悊引一軍進武功，楊希文引一軍進宜壽：三路進發。又遣房琯為招討西京兼防禦蒲、潼兩關兵馬節度等使，總領三路軍馬。上皇大驚曰：「房琯不足以破賊也！」歷評諸將，並云：「非滅賊材！」

使者辭了上皇，回到彭原，見少帝，具述上皇之語。王思禮謂少帝曰：「劉秩書生，不曉兵法。如此用兵，必敗於賊手！」少帝尋思，恐房琯有失，令思禮副琯，又以左領軍大將軍牛惟彥為兵馬使。房琯出師，少帝引百官送於南門外十里。房琯辭了少帝，旌旗蔽野，戈戟如林，率軍望長安迤邐進發。

卻說房琯率大小三軍、車二千乘，令劉悊、李光進為先鋒，望前進發。過了便橋，便是陳濤斜地方。忽然鼓角齊鳴，喊聲大起，旌旗遍豎，一枝軍把住路口。為首賊將，乃是安守忠。見牛車連絡不絕，守忠生一計：教所部萬餘鐵騎，都揚塵鼓譟。官軍不戰自亂，驚得那牛馬皆亂攛咆哮。

當日正值順風，守忠令軍士，每人束草一把，一齊縱火。火把到處，牛車上都燔燒起來。刮雜雜，火焰張天。黑煙漠漠，紅焰騰騰，風助火勢，火趁風威。二千乘牛車皆著，火光沖天。官軍大敗，棄下金鼓馬匹，亂攛奔逃。走不迭的，都燒得焦頭爛額。思禮、光進保著房琯，冒煙突火而走。守忠乘勢掩殺，殺得房琯三軍人馬，大敗虧輸，星落雲散，七損八傷。這一場殺：官兵死傷者四萬餘人，存者止數千而已。

房琯輸了一陣，奔回臨皋驛，收聚敗兵，堅守不出。少帝聞知，即差宦官邢延恩催琯急戰。守忠軍至。延恩催逼房琯。房琯被逼不過，衹得引南軍出青阪，與賊軍相敵。衹見兩軍一齊混戰，守忠殺得官兵東西亂竄。思禮、光進保著房琯而走。守忠乘勢衝殺，楊希文、劉悊二人俱被執。衹有牛惟彥奮力衝殺，身被數創，殺退賊兵，收軍而回。守忠見房琯去遠，收軍不趕。

房琯回彭原見少帝，肉袒請罪。少帝大怒，即欲見罪。李泌力勸，少帝怒少息，乃赦房琯，待之如初，命與諸將收聚殘軍，再圖進取。

回紇葛勒可汗以女妻敦煌王，遣其貴臣隨敦煌王、僕固懷恩入朝，來請和親。少帝許之，封葛勒可汗女為毗伽公主。重賞來使，打發回國。

第五琦到彭原來見少帝，請於江淮分置租庸使，吳鹽、蜀麻、銅冶皆有稅，市輕貨。少帝愛其才，擢為殿中侍御史、兼司虞員外郎，領河南、山南等五道支度使。房琯諫曰：「往者，楊國忠厚斂，取怒天下，今已亂矣。陛下即位以來，人未見德。琦，聚斂臣也，今復寵之，是國家除一國忠，而用一國忠也。將何以示遠方，歸人心乎？」少帝曰：「今天下方急，六軍之命，若倒懸然，無輕貨則人散矣。卿惡琦可也，何所取財？」琯語塞。自此恩減於舊矣。

卻說上皇在成都，聽知房琯損兵折將，歎曰：「若姚崇在，賊不足滅也！」時給事中裴士淹在側，進前問曰：「姚崇何如人也？」上皇曰：「才而健者也。」又曰：「宋璟何如？」曰：「賢而沉者也。」又論及蘇頲、張說等十數人，皆當其目。至於張九齡，上皇亦甚知重之。及曰：「李林甫如何？」上皇曰：「李林甫之材，不可多得。」士淹曰：「誠如聖旨，古今無儔。」上皇曰：「但以妒賢嫉能，以至身敗！」士淹曰：「陛下既知，何委用如此之深也！豈唯身敗，兼亦誤國。計今日之事，林甫所啟也。」說得上皇羞慚無語。

卻說張良娣所乘之馬，有上皇所賜七寶鞍一副。李泌進曰：「今百姓凋弊，四海分崩，陛下當以儉約示人，良娣不宜乘此。請撤其珠玉付與庫吏，以俟賞有功者。」張良娣聞之不悅，曰：

「鄉里之舊，何至如此！」少帝曰：「先生為社稷計也。」即命撤七寶鞍，付與庫吏。百僚聞而畢賀。忽聞得遠遠有哭泣之聲，少帝急差李靜忠喚至行宮，視之，乃建寧王也。少帝驚問其故。建寧王流涕而荅曰：「臣比憂禍亂未已，今陛下從諫如流，不日當見陛下迎上皇還長安，是以喜極而泣耳！」張良娣聞言，心甚悵恨。

忽一日，少帝與李泌閒話道：「良娣祖母，昭成太后之妹也，上皇所念。朕欲使良娣正位中宮，以慰上皇心，何如？」泌曰：「陛下在靈武，以群臣望尺寸之功，故踐大位，非私己也。至於家事，宜待上皇之命，不過晚歲月之間耳。」少帝從之，遂罷其議。由此，張良娣深怨李泌。

第六十三回　張巡大戰寧陵縣　永王分兵淮南道

再說尹子奇一連圍了河間四十餘日，攻打不下。史思明、蔡希德會合子奇，共攻河間。又有平原救兵一萬二千到來，至河間二十餘里，朔風勁烈，鼓聲絕不相聞。被思明縱兵亂擊，大敗官兵，擒其將和琳，送到河間城下。思明既與子奇合勢，賊勢甚盛。引兵四面圍合，並力攻城。李奐與戰城樓上，弗勝，退至街巷內，又敗。李奐被賊所擒，解赴東京。又攻景城，李暐投河而死。思明遣兩騎齎尺書招樂安，樂安舉郡而降。獨平原、博平、清河三郡死守城池。然人心潰畔，不可復制。

平原郡中，止有數百餘人。顏真卿知賊兵將至，料難迎敵，乃與穆寧、張澹曰：「賊勢，死爾。若委命待擒，必為其快心，辱國之命也。今將徑赴行在，公以為何如？若朝廷必誅敗軍之罪，以勵天下，則王綱可振，死亦何恨！如復從事，以責後效，則業不朽矣。」穆寧、張澹皆深然之。真卿遂棄城引兵，星夜渡河，奔淮南，由山南取路，投行在去了。

思明進兵攻取清河，糧盡城陷。王懷忠被擒，解赴東京。思明令蔡希德取博平，自引兵攻信都。烏承恩料不能抵敵思明，遂領軍民出郭投降。交付府庫、錢糧，軍馬三千匹、兵一萬餘人。思明嘗事烏承恩之父烏知義，思顧舊恩。入城見承恩，與之把臂飲酒。差人護送承恩到東京。祿山教承恩仍為郡守。李奐、王懷忠俱為祿山所害。

其時思明每破一城，肆行劫掠，男子強壯者充軍負擔，羸病老弱者以刀槊戲殺之。又縱軍士婬人妻女，奪人糧食；啼哭之聲，震動天地。

河北一境，盡被史思明所陷。思明乃於諸郡各置脅從兵三千，雜以胡兵守之；自引大軍回博陵，準備西征太原。令尹子奇引五千軍馬渡河，與賊將偽魏郡太守能元皓共取北海。子奇率眾自平原濟河，東徇淄、青諸郡。既到北海，賀蘭進明棄郡南走。忽流星馬報到，說回紇引兵犯范陽，東都危急，令子奇即去救應。子奇恐范陽有失，急撤軍回。

卻說永王在江陵，糧草豐足，軍器完備，人馬雄壯，遂聚本部屬官，商議北征。從事李白進計曰：「今聞史思明悉兵西向太原，范陽空虛。若以荊襄之眾，從武昌而入江，過潯陽，至廣陵，渡遼海，徑取范陽：此為上策。」永王從其議，即時遣使赴成都，表奏上皇，陳說此事。上皇大喜，即降誥遣使到江陵，命永王領水軍往廣陵鎮守，依李白之計而速行之。一面遣人申報少帝。

卻說少帝自陳濤斜敗後，常思收復二京；祇疑賊勢浩大，因此不敢輕進。忽報上皇遣使至，少帝召入。使命陳說：「永王在江陵擁兵數萬，又廣積馬匹、糧草，多造戰船、軍器，以圖進取中原。今上皇教永王移鎮廣陵，要跨海去取范陽了。」少帝慌聚文武商議。裴冕曰：「永王在荊南，深得人心，今領水軍浮江東下，必有圖江南之意。久必為患，可速除之。」少帝從其言，即遣中官啖庭瑤為使，齎詔江東，諭令防剿永王。

冬十一月，河西地震，張掖、酒泉尤甚，壞城郭室屋，壓殺人。吐蕃大寇河曲，陷威戎、神威、定戎、宣威、威勝、金天、天成、武寧、振威、神武等軍。

再說少帝令人徵兵於西、庭。安西四鎮節度使梁宰與眾商議，欲緩師以觀其變。綏州綏德府折衝段秀實謂李嗣業曰：「豈有君父告急，而臣下信浮妄之說，晏然不赴者乎！此豈明公之意耶？」嗣業入見梁宰，便議發兵。宰即撥安西兵將五千與嗣業。北庭都護、伊西節度使趙崇玭亦撥精兵七千，教伊西、北庭行軍司馬李棲筠部領，徑往河、隴進發，依期會合。棲筠親執士卒手陳辭，流涕嗚噎。士卒莫不感勵，人有死難之心。

卻說郭子儀自領朔方軍討阿史那從禮，大戰於河上。忽聽得喊聲大震，鼓角喧天，衹見賊兵紛紛倒退。左右報曰：「回紇葛勒可汗殺到！」子儀乘勢驅兵相應。兩下夾攻，從禮折了一陣，急退軍望榆林而走。子儀不趕，收住人馬。兩軍會於黑山呼延谷駐紮。葛勒自恃兵強，教左右引子儀至軍前，先拜狼頭黑纛，然後與之相見。子儀求葛勒發兵相助。葛勒從其請，便遣大將葛邏支，引二千騎，相助子儀。

子儀欣然領軍前進，直至榆林北，與賊相見。從禮拍馬輪刀來戰。子儀令懷恩交戰。二馬相交，鬥到二十餘合，從禮終是膽怯，無心戀戰，衹得要走。忽然一彪軍攔住，為首大將乃葛邏支也。從禮縱馬混戰，奪路而走。子儀率軍掩殺，賊兵大敗，斬首三萬級，生擒萬餘人。河曲遂平。

葛勒引大軍回漠北，子儀亦收軍回洛交。少帝命崔渙為江淮宣諭選補使，往江南補授官吏。

卻說永王出師之時，有戰船密密排在江上，依次而進，雷鼓嘈嘈，雲旗獵獵，人強馬壯，威風凜然。人皆稱羨。

卻說少帝昇彭原為雄郡，給復二載。以王思禮代呂崇賁為關內節度使，以待安西、北庭並西域之眾大至，會合朔方軍，一同進兵。

忽報高適自荊南而來。宗正卿李峴入奏曰：「上皇昔用房琯之謀，分命諸王鎮守藩屏。高適力言不可，陛下何不召而問之？」少帝聞知，即召高適商議平江淮之策。適曰：「不必憂慮。永王雖有美名，其實庸劣，既無智謀之士，爪牙惟仗季廣琛、渾惟明數人耳。今永王率水兵順流而下，移鎮廣陵。可令李希言、李成式於江北虛立旌旗，以為疑兵，朝廷卻以大兵臨安陸，斷其歸路，取江夏渡江擊之，希言、成式率眾攻其前：彼首尾不敵，必然大敗。」少帝大喜，乃拜高適為廣陵長史、淮南節度採訪使、兼御史大夫；又以韋陟為丹陽太守、江東節度採訪使、兼御史大夫，來瑱為潁川太守、淮西節度採訪使、兼御史大夫，各提本部兵，會於安陸，共伐永王。

卻說張良娣請立廣平王為太子，以建寧王為元帥北征。少帝遂召李泌，問曰：「廣平王為元帥逾月，今欲命建寧王專征，又恐勢分。立廣平王為太子，何如？」泌對曰：「臣固嘗言之矣，戎事交切，須即區處；至於家事，當俟上皇。不然，後代何以辨陛下靈武即位之意邪！此必有人欲令臣與廣平王有隙耳；臣請以語廣平王，廣平王亦必未敢當。」李泌既退，歸元帥府，以告廣平王。廣平王曰：「此先生深知其心，欲曲成其美也。」遽入，固泣辭曰：「陛下猶未奉晨昏，臣何心敢當儲副！願俟上皇還宮，臣之幸也。」少帝悅，賞慰之。

建寧王聞之，謂李泌曰：「先生舉倓於上，得展臣子之效，無以報德，請為先生除害。」李泌問曰：「何也？」建寧王遂說如此。李泌驚曰：「此非人子所言，願王姑置之，勿以為先。」建寧王弗從，因侍少帝，屢詆訐良娣不法。少帝弗納。李靜忠恭謹寡言，常為僧行，視事之隙，手持念珠。人皆以為靜忠善信。惟有建寧王奏靜忠奸險，連結良娣，欲搖動皇嗣，請抑黜之。少帝弗從。建寧王叩頭流涕，固諫不已。曰：「陛下內寵嬖妃，外重閹宦，欲使朝廷清平，中原恢復，何可期也？」少帝不悅。

於是張良娣譖建寧王於少帝曰：「建寧王恨不得兵權，心懷怏怏，陰欲謀害廣平王，以取元帥之位。」且引李靜忠為證。少帝不聽便罷，聽了心中大怒。命且囚於院中，廣平王、李泌等皆不敢言。少帝即遣李靜忠宣詔，賜建寧王死。建寧王伏地哭曰：「倓無圖嗣害兄之心，非獨禁軍將士所見明知，皇天后土，實所共鑒。今為讒人所譖，固當一死以表清白！」遂大哭一場，眼中流血，自刎而死。軍中聞知，無不哀痛。

且說少帝不問青紅皂白，就把建寧王賜死了。廣平王聽了，如刀剜心肝相似。與李泌密議，有除張良娣之意。泌曰：「不可，王不見建寧王之禍乎？」廣平王曰：「俶竊為先生憂之。」泌曰：「泌與主上有約矣。俟平京師，則去還山，庶免於患。」廣平王曰：「先生若去，則俶益危矣！」泌曰：「王但盡人子之孝。良娣婦人，王委曲順之，亦何能為！」廣平王從其言，乃止。由此，廣平王卒免張良娣之禍。

卻說薛願、龐堅與賊兵相拒，堅守潁川。潁川方圓百餘里，廬舍、林木殆盡，而救兵不至。阿史那承慶自領兵四面攻打潁川。為木驢木鵝，雲梯衝棚，四面雲合，鼓譟如雷，矢石如雨，晝夜力攻十餘日，城中守備皆竭，賊兵夜半乘梯而入，遂陷潁川。薛願、龐堅俱被執，送於東京，祿山將支解之。張萬頃謂祿山曰：「薛願、龐堅，義士也。人各為其主，屠之不祥。」乃繫薛願、龐堅於洛水之濱。正是嚴冬天氣，北風大作，薛願、龐堅苦寒，一夕凍死。滿城士庶，無不垂淚。

祿山既殺薛願、龐堅，令賊將田承嗣鎮潁川。那田承嗣乃北平盧龍人也。父守義，安東副都護。承嗣事盧龍軍為裨校，為祿山前鋒兵馬使。後頻討兩蕃，累功至將軍。先從祿山陷東京，賊將縱兵大掠。惟承嗣號令嚴明，行伍整肅。時值嚴寒，天降大雪，祿山按行諸寨，躬自勞寒，至承嗣寨，寂若無人。及入寨，承嗣介胄韃門，出卒羅拜，閱數伍籍，不闕一人。祿山以此重之，故用承嗣為潁川太守。

時李庭望已破東平，令賊將李庭偉東脅魯郡。庭偉帶數十騎，星夜直奔魯郡城下。魯郡太守韓擇木出城迎接，留於館驛。至二更時分，卻與員外司兵張孚令魯郡豪士張玠率鄉豪張貴、孫邑、段絳等會集兵將四面圍住館驛，殺死庭偉，盡誅其黨。庭望來寇，遂陷魯郡。楊朝宗圍濟陰。濟陰太守高承義以城降賊。庭望、朝宗計議，兵分兩路，東西夾攻：庭望令軍士於雍丘之北築起土城，斷絕官兵糧道；卻差朝宗領兵二萬往取寧陵，直抵張巡之後。

雍丘乃彈丸之地，保守甚難，張巡引兵奮力殺出重圍，星夜來寧陵守禦。次日侵晨，人報楊朝宗引軍直臨城下搦戰。張巡上城守護，眾皆奮力禦敵。自平明戰至夜中，勇力倍增。賊兵大敗，各自逃生。眾將保朝宗望西而走。張巡望見賊軍黑旗，飛馬趕來，朝宗料敵不過，落荒而走。張巡發箭，中其左臂。朝宗帶箭逃脫，部下軍馬折其大半。賊兵爭投水而死，汴水為之不流。

卻說永王於江陵盡驅水軍，順流而下。豫章太守、江西採訪使皇甫侁奉箋諫，不從。劫侁愛子，質於軍中。一面先發人會合號王與吳王。看看至廣陵，忽報吳郡太守、江東採訪使李希言有牒文到。永王接得，見希言詰問自己不受君命、擅自東巡之意。永王勃然大怒曰：「希言如此無禮耶！」一面差人牒報曰：「寡人上皇天屬，皇帝友於，地尊侯王，禮絕僚品，簡書來往，應有常儀，今乃平牒抗威，落筆署字，漢儀隳紊，一至於斯！」即令渾惟明攻取吳郡，季廣琛攻取廣陵。永王卻自引大軍數萬，遣高仙琦作先鋒，取當塗，攻丹陽。丹陽太守閻敬之閉門不敢出。

永王正攻城，忽有人報李希言遣部將元景曜，會合廣陵長史、淮南採訪使李成式部將李承慶領兵來救丹陽。永王大怒，親自提兵來與江北兵決戰。景曜、承慶二人出馬迎敵。永王曰：「寡人今到此，汝等如何不降？」景曜不荅，驟馬挺槍來戰。永王遣季廣琛出馬，與景曜交鋒；景曜與廣琛戰不三合，被廣琛生擒過去，撥馬回陣。承慶見捉了景曜，急待要走，廣琛趕上，活捉了承慶。當日景曜、承慶兵大敗，人馬大半降永王。永王還兵復攻丹陽。既克丹陽，命斬閻敬之以徇。希言聽知景曜、承慶兵敗，便投餘杭去了。

於是江東一帶，直抵淮南諸郡，守令皆望風齎印而降。永王令人持節安撫，秋毫無犯。三吳之民皆悅，齎牛酒到寨勞軍。永王以金帛荅之，歡聲遍野。蕭穎士自襄陽避難，客居金陵。永王使人召之，穎士不至；魯國孔巢父，因避亂寓居宣城，永王欲辟為從事，巢父遁去。

卻說李希言至餘杭見太守劉晏，具言前事。一面寫表奏聞少帝，一面令劉晏堅守城池。李成式在廣陵，括得馬數百匹。時河北招討判官李銑亦在廣陵，所領軍兵約有一百八十人。啖庭瑤與李銑結為兄弟，求其將兵。李銑引本部軍馬於揚子屯紮。李成式又遣判官裴茂引眾三千，於瓜洲下寨，會合李銑之眾，共討永王之罪。

第六十四回　安慶緒東京弒逆　李光弼太原設奇

卻說平盧留後徐歸道鴆殺劉正臣於北平，報與祿山。祿山封徐歸道為平盧節度使，命史思明提兵，會范陽、上黨、雲中之眾，徑取太原。

次年春正月庚戌朔，安祿山御顯德殿，受群臣朝賀。達奚珣、陳希烈、張垍率一班文武拜舞階下，口呼「萬歲」。祿山賜酒，與百僚同飲，忽覺創甚而中罷。是日，少帝御彭原行宮，群臣朝賀畢，少帝命使齎表至成都賀上皇。上皇得表，問少帝起居，知少帝涕戀晨省，深以為喜。於是即降詔，令天下郡縣尋訪孝悌堪旌表者。

卻說少帝因劍南無事，召崔圓赴行在。崔圓聞之，心中憂懼，自思：「我昔為楊國忠親黨，今少帝召我赴彭原，不知其故，莫非欲治罪乎？」上皇知之，謂高力士曰：「朕觀崔圓，器宇沖邃，理識弘通，比諸宰臣，無出其右。若得對見，必倍承恩。」圓才心安。上皇便下詔，教崔圓前赴行在，輔佐天子，以平寇難。以李峘為蜀郡長史、劍南節度採訪使、兼御史大夫。又命魏仲犀為襄陽太守、山南東道採訪防禦使，劉匯為丹陽太守、江南防禦使。

崔圓臨行，上皇御製遺愛碑以寵異之。加憲部尚書李麟為同平章事，總攝百揆。

卻說安祿山自造逆後，雙目漸昏，殆不見物。背又生疽，性益躁暴，左右纖介之愆，動加箠楚，多至百餘，少亦數十，事不如意，便行斧鉞。李豬兒本是契丹降口，自小黠慧，年十歲時被刑，祿山親持白刃盡割其勢，流血數升，殆死。祿山以灰火傅之，數日方蘇。遂為閹人，祿山甚信用之。祿山肚大，每著衣帶，使三四人助之，兩三人擡祿山肚，李豬兒以頭戴之，始取裙褲帶及繫腰帶。豬兒事祿山甚謹，卻被鞭撻最多，餘人每不自保，皆懷怨恨。

祿山僭逆以來，深居高拱，其大將等亦不可得而見之，皆因嚴莊以白事。嚴莊雖貴用事，亦被捶撻。偽太子安慶緒，是祿山正妻康氏所出，幼善騎射，祿山偏愛之。祿山偽皇后段氏，生子安慶恩，勸祿山廢慶緒立慶恩，祿山猶豫未決。慶緒每懼見廢，謀於嚴莊。嚴莊亦慮祿山眼疾轉甚，恐宮中事變之後將不利，謂慶緒曰：「殿下聞大義滅親乎？臣子之間事不得已而為者，不可失也。宜早定計行之。」慶緒應曰：「兄之所為，敢不從命。」嚴莊乃喚李豬兒至，謂曰：「汝事燕帝，鞭笞寧可數乎？不行大事，死無日矣。」豬兒問計於嚴莊。嚴莊遂附耳說如此。

當夜安慶緒執兵立在帳外，嚴莊引李豬兒直入帳內，正值安祿山睡著，鼻息如雷。豬兒執大刀直至榻前，手起刀落，把祿山腹皮砍開，那裡頭就血淋淋的滾出一堆肚腸來。祿山從睡夢中驚醒，急喚左右。左右懼不敢動。祿山眼無所見，牀頭常著佩刀，急捫牀頭刀。早被豬兒預先盜了。祿山捫刀不得，但以手撼帳竿，大叫：「是我家賊！」須臾，流血數升，死在榻上。可笑安祿山一世奸雄，到此反作了鏡花水月。

先是幽州有童謠云：「山上一群鹿，大鹿來相逐。啼殺澗下羊，卻被豬兒觸。」又有梁代志公古讖曰：「兩角女子綠衣裳，端坐太行邀君王，一止之月自滅亡。解曰：「兩角女子，『安』字也；綠衣，『祿』字也；太行，『山』字也；一止，『正』字也。」祿山果於正月死也。

祿山既死，慶緒使近侍掘牀下地，以氈裹其屍埋之，又使人殺偽后段氏、安慶恩等。次日，嚴莊宣言於外，稱安祿山疾亟，又與高尚作偽詔，傳位安慶緒，尊祿山為太上皇。安慶緒遂僭位，然後發喪，謚祿山為光烈皇帝。

安慶緒為人懦弱，言詞無序，嚴莊恐諸將不服，不令見人。慶緒不理政事，終日飲酒為樂，封嚴莊為御史大夫、馮翊王，以專其政。厚其軍將官秩，以固其心。惟有孫孝哲與嚴莊爭權不睦，莊深恨之，奪其閒廄、群牧使，以鄧季陽代之。慶緒兄事嚴莊，軍國之事，事無大小，悉以諮之。莊命尹子奇代李庭望為陳留節度使，取睢陽；又命偽汝南太守武令珣與田承嗣，圍南陽。

卻說史思明自博陵，蔡希德自上黨，高秀巖自雲中，牛庭玠自范陽，共起十萬大兵，殺奔太原來。思明謂諸將曰：「光弼之兵寡弱，可屈指而取太原，鼓行而西，圖朔方、河隴，無後顧矣！」時李光弼部下人馬不滿萬人，皆烏合之眾。太原諸將皆懼，薛兼訓、辛雲京等議欲修城以待之。光弼曰：「太原城周四十里，賊垂至，今興功役，是未見敵而自疲矣！」遂不聽諸將之言，率大小將士、老幼居民於城外掘壕以自固，作塹數十萬，諸將皆不知其意。及賊軍攻城於外，光弼用之增壘於內，壞輒補之。

思明差人往山東取攻具，以胡兵二千護衛而行。光弼探知消息，遣部將張奉璋、慕容溢引兵於半路邀擊之，盡殺其眾。

卻說少帝設朝，近臣奏曰：「安西李嗣業、北庭李棲筠，領兩路兵馬，並大食、寧遠諸國之眾，已到河隴了。」少帝聽得大喜，便收拾車駕南行。甲子，車駕幸保定。時有河西兵馬使蓋庭倫，連結武威郡九姓商胡安門物，聚眾數萬，殺節度使周佖作亂。武威大城之中，小城有七，胡據其五，二城堅守。朝廷命中使劉日新督河西支度判官崔偁以二城之兵討之，旬有七日，報捷，武威平。詔以武部侍郎杜鴻漸兼御史大夫，為武威都督、河西節度使。

忽又奏郭子儀有表，說：「河東地在二京之間，正當賊境衝要之處。今當先取河東，次取馮翊。然後進兵攻取潼關，陜郡為後。阻住二京之路，二京可圖也。」少帝大喜，便差人教郭子儀進兵。忽報：江東李希言有緊急表到。少帝視表，表中具言：「永王擅越淮海，公行暴亂。打破丹陽，殺死太守閻敬之，元景曜、李承慶歸降，江左已屬永王矣。」少帝暗喜正中其計，便差人齎表中奏上皇，請上皇降誥，恕弟之罪。

時有劍南軍將賈秀舉兵作亂，眾至五千餘。李麟請上皇登蜀郡南樓，召百官面諭討賊。幸得臨邛太守柳奕、唐安太守盧元裕等兵至，與將軍席元慶會合，兩下夾攻，秀兵大亂。元慶拍馬斬秀於馬下，餘眾皆降。

且說史思明圍太原，旬月不下，乃選驍銳為遊兵，令之曰：「我攻其北則汝潛趨其南，攻東則趨西，有隙則乘之。」而李光弼軍令嚴整，雖賊所不至，警邏未嘗少懈，因此賊不得入。光弼購募軍中有小技者，皆取之，隨能而使，人盡其才。嘗得安邊郡錢工三人，皆能穿地道。賊將有城外詬詈戲侮者，光弼令三人穿地道，至賊陣前，突出擒之。賊兵驚以光弼為神，呼為「地藏菩薩」。自此，賊兵將行皆視地。

賊兵圍困太原甚急，光弼以強弩作發石車，飛巨石以擊之，一發輒斃二十餘人。賊兵十死二三。思明教四面築土山豎梯衝，逼近城垣。光弼令軍士掘地道以迎之，近城輒陷。思明不敢逼城下寨，離城數十步屯兵。光弼在城中定下一計，乃令一舌辯之士，齎捧冊籍，赴燕寨見思明，約以刻日出降。思明喜，遂不為備。光弼暗使穿地道周賊兵營中，搘之以木。至期，光弼勒兵於城上，遣裨將將數千人出，如出降狀，賊皆矚目。須臾，營中地陷，死者千餘人，賊兵驚亂，官兵鼓譟乘之，俘斬萬計。太原所以全者，皆光弼之力也。

王玄志引精兵六千，徑襲柳城，董秦、侯希逸在內為應。玄志遂入柳城，將徐歸道誅殺。軍人咸相慶慰。遂遣使齎表奏聞。詔封玄志為柳城太守、攝御史大夫，兼平盧節度使，押兩蕃、渤海、黑水四府。玄志進據北平。

時北平城中糧少，軍食不敷。王玄志遂遣兵馬使董秦同田神功、陽惠元、邢君牙、李惠登四將，領馬步軍三千，泛海至河北，大破賊將石帝庭於魯城，遂平河間、景城，收得糧食、軍器無數，又引兵擊平原、樂安，皆下之；朝廷加秦平原太守。

卻說尹子奇引嬀川、密雲並同羅、奚之眾十餘萬，會同楊朝宗向睢陽進兵。有人報知許遠。許遠急與眾商議。城父令姚誾，乃姚崇侄孫也，進言曰：「可速告急於張郎中。」遠曰：「誰可去寧陵告急？」誾曰：「某願往。」遠即修書付誾，使星夜赴寧陵求援；一面整頓守城器具。

姚誾到寧陵。見張巡禮畢，巡問其來意，誾具言許遠相求之意，呈上書信。巡看書畢，留副將廉坦守寧陵，自引三千兵來助許遠。許遠大喜，合兵一處。兼張巡之眾，共六千八百。尚衡遣南霽雲來睢陽，與許遠、張巡計事。霽雲退謂所親曰：「張公文武雙全，智勇足備，且開心見誠，真吾之知己也。」遂不肯歸去。張巡固勸霽雲歸去，霽雲不聽。尚衡又齎金帛迎之，霽雲亦不受。張巡嗟歎不已，厚加禮接。

城中人戶，不下數萬，張巡因一見問姓名，其後無不識者。許遠寬厚長者，貌如其人，與張巡同年生，月日後於張巡，呼張巡為兄。張巡號令嚴肅，部分嚴明，行兵不效古法教戰陣，而令本將各以其意教之。遠問其故，巡曰：「今與胡虜戰，雲合鳥散，變態不恒，數步之間，勢有同異。臨機應猝，在於呼吸之間，而動詢大將，事不相及，非知兵之變者也。故吾使兵識將意，將識士情，投之而往，如手之使指。兵將相習，人自為戰，不亦可乎！」

許遠自以將略不及張巡，謂之曰：「遠懦，不曉兵法，公謀勇兼備；遠請為公守，公請為遠戰。公勿推辭。」巡依言。於是許遠將兵權讓與張巡。

賊兵大至，四面圍合。城上張巡同偏將雷萬春、南霽雲，督軍守禦。張巡欲射殺尹子奇，而不識其人。令軍士剡蒿為矢，中箭者祇道張巡箭盡，奔告子奇。城上南霽雲拈弓搭箭，覷得子奇親切，弓開滿月，箭發流星，颼的一箭射去，正中子奇左目，鮮血迸流。子奇大叫一聲，頭盔倒掛，兩腳蹬空，撲通的顛下馬來。祇聽得一聲礮響，城門開處，擁出一彪軍來。為首大將乃雷萬春，驟馬拈槍來刺。軍士死救得脫，退後便走。子奇損其一目，祇得奔陳留去了。張巡大獲勝捷，報入成都。上皇壯之，乃拜張巡為金吾將軍、兼御史中丞，領河南節度副使；許遠為侍御史，姚誾為吏部郎中。

再說武令珣與田承嗣會合，共攻山南東諸郡。賊兵雲屯雨集，圍定南陽。救兵不至，魯炅添撥軍士，搬運木石，上城堅守。數月，食盡窮困，乃煑鎧弩，食其筋革。魯炅與軍士推誠相待，誓同生死，故皆無二心。而稍稍死亡，餘數千人。時有嶺南西原黃峒蠻首領黃乾曜，自稱中越王，據桂管十八州，聚眾二十萬為叛。朝廷命黔中趙國珍、嶺南何履光興師征討黃乾曜。

魏仲犀令弟魏孟馴為將，同來瑱部將梁崇義往救南陽。孟馴、崇義催兵星夜前進，望南陽進發。到明府橋邊，遙望見前面黑旗招颭，令珣勒馬橫刀，攔住來路。孟馴膽戰心驚，不敢交鋒，急退軍而走。背後喊聲大震，令珣引賊兵趕來。襄陽之兵，四下逃竄。崇義卻欲來迎，後面眾軍見孟馴兵已退去，不戰先走，崇義喝止不住。令珣混殺過來，官兵大敗，崇義領手下百餘人，往小路死戰得脫，奔回安陸。安陸兵少，人懷危懼，來瑱勸勵交士，眾心乃安。武令珣復來寇，卒不能克。

賊兵圍困南陽甚急。少帝差中官將軍曹日昇前來宣慰，馬不能入。日昇與傔騎數人至襄陽見魏仲犀，欲匹馬入南陽見魯炅傳命。仲犀止曰：「不可，賊若擒吾敕使，我亦何以自安！」時顏真卿自江淮之鳳翔，途次襄陽。仲犀遂與真卿商議。真卿謂仲犀曰：「曹將軍既不顧萬死，公何為沮之！縱使為賊所獲，不過亡一使者；苟得入城，則一城之心固矣！」仲犀方省悟，乃許。

當日，曹日昇帶十騎前往，賊軍望見，團團圍裹上來。十騎擁護日昇，殺開一條血路，到城門邊。賊兵因畏十騎勇猛，不敢近前。日昇遂得入城，南陽將士以為望絕，忽日昇至，眾皆踴躍一心。日昇開讀詔書：加魯炅為特進、太僕卿。部將曲環、楊承仙等亦各加官。日昇見城中無食，多有餓死者。乃引十騎回襄陽，令魏仲犀運糧至南陽接濟。令珣見日昇去了，也不來趕。仲犀分一千人從小路運糧入南陽，令珣止遏不住。由此，魯炅又得與武令珣相持。

郤說賀蘭進明自河南而來，少帝因進明解平原之圍，命房琯持詔，封為南海太守、兼御史大夫，充嶺南五府經略兼節度使。房琯素知進明為人，乃以進明為南海太守、攝御史大夫，充嶺南五府經略兼節度使。進明入朝謝恩，少帝驚問曰：「朕處分房琯與卿正大夫，何為攝也？」進明曰：「琯與臣有隙。」少帝以為然。進明因譖曰：「今陛下方興復社稷，當委用實才，而房琯性疏闊，徒大言耳，非宰相器也。陛下待琯至厚，以臣觀之，琯終不為陛下用。」少帝問其所以，進明曰：「琯昨於南朝為聖皇制置天下，乃以永王為江南節度，潁王為劍南節度，盛王為淮南節度，制云：『命元子北略朔方，命諸王分守重鎮』。且太子出為撫軍，入日監國，琯乃以枝庶悉領大藩，皇儲反居邊鄙，此雖於聖皇似忠，於陛下非忠也。琯立此意，以為聖皇諸子，但一人得天下，即不失恩寵。又各樹其私黨劉秩、李揖、劉匯、鄧景山、竇紹之徒，以副戎權。推此而言，琯豈肯盡誠於陛下乎？」由此，少帝深惡房琯。即降詔授虢王太子少傅，徵還朝廷。擢賀蘭進明為彭城太守、河南節度使、兼御史大夫，以代虢王之職。

房琯固爭之，不得，遂奏許叔冀為河南都知兵馬使、兼御史大夫，重其官以挫進明。

第六十五回　郭子儀克復河東　安守忠入寇武功

卻說安慶緒命史思明為范陽節度使，兼領恒陽軍事，進封嬀川王，賜姓安氏，名榮國，教火急回范陽整頓，留蔡希德、高秀巖仍攻太原；牛庭玠為鄴郡節度使，兼領安陽軍事，守把鄴郡；安忠志為常山太守兼團練使，鎮井陘口；其餘各去收拾人馬，以備調用。

此時永王據有江東，兵精糧足，在丹陽整飭軍馬，親自北征。先差襄城王到江邊安排戰船，小船裝載軍器、糧草，大船裝載戰馬、兵士，克日興師。

忽報少帝差使命至。永王令請入，開讀詔書，卻是稱永王謀反。永王聽了，驚得目瞪口呆，不能回荅。良久，乃曰：「寡人奉上皇誥，出兵討逆，為國除害，何反之有？」薛鏐進曰：「自祿山憑陵，二京失守，至尊西巡蜀城，訓勵師徒，命太子北略朔方，諸王分守重鎮，合其兵勢，以定中原；而太子自立為帝，與篡竊何異！今又不欲令大王獨成大功，故誣大王造反！目今天下大亂，中州多故，惟江南晏安，戶口殷實，大王節制四道，封疆數千里，何不定建霸業，割據江表，遷居金陵，如東晉故事。」永王曰：「寡人豈可擁兵自固，作此亂逆之事乎！」李白曰：「事急矣！大王可作一表，申奏成都，別行定奪。白請奉命一行。」永王然其說，即寫表一通，付與李白。李白辭了永王，徑投成都去訖。

卻說高適作書，遣人到丹陽致江南諸將，使絕永王，各求自白。季廣琛與諸將共議。廣琛曰：「廣琛與公等從永王至此，豈欲謀反耶？上皇播遷，蜀道不通，而諸皇子，無賢明出於永王者。若統江淮精兵跨海渡遼，直搗幽、燕，長驅京、洛，大事可就也。今天命未集，人謀已隳，不如及兵鋒未交，早圖去就。不然死於鋒鏑，則永為逆臣矣！」諸將皆以為然。當夜季廣琛引軍奔廣陵去了，渾惟明走於江寧，羅州首領馮季康、安南都護康謙投於白沙，諸將料不能成事，各自四散而走。

高適又使裴茙、李銑，連夜束縛蘆葦為人，盡穿鎧甲，執旌旗，立於江津之上，以為疑兵。次日天曉，大霧迷漫，永王與襄城王登丹陽城樓，遙望江北動靜，對面不見。須臾風起，霧散雲收，望見江北瓜步洲一帶，直至揚子津，一連二三十里，旌旗如林，槍刀耀日。永王父子見江北許多人馬，如何不膽寒？人報季廣琛召諸將割臂而盟，逃往他方去了。永王聞之，大驚失色，急遣使者追之。使者追至，廣琛勒回馬，謂之曰：「我感永王大恩，是以不能與永王決戰，逃而歸國。若逼我，我則不擇地而回戰矣。」使者返報。永王憂懼，不知所出。

當夜月黑，江北軍士皆燃束葦，各執炬火，明耀天地，恰如白晝。江南軍士隔江遙望，但見火光兼水中之影，一皆為二，急報永王。時永王軍中，亦有舉火應之者。人報：「北軍大舉渡江，將至丹陽。」襄城王、高仙琦簇擁著永王星夜逃命。

比及天明，不見背後北兵趕來，永王猛省曰：「吾中計矣！」急引眾奔回丹陽，整頓軍馬，收拾戰船，望晉陵而走。行近晉陵，祇見後面塵頭大起，人報：「追兵至矣！」永王急令襄城王迎敵。時各路軍馬一齊殺至，兩軍混戰，永王大敗。襄城王被李銑一箭射中肩膊，卻得高仙琦救了，同保永王而走，折軍無數。

二月戊子，駕幸鳳翔。少帝乃下詔，分鳳翔郡之雍縣置天興縣，改雍縣為鳳翔縣，陳倉縣為寶雞縣，並治郭下，以李峴為太守。

改汧陽郡吳山為西嶽，增秩以祈冥助。擢李靜忠太子詹事，賜名輔國。崔圓自成都至，房琯意以為崔圓才到，當即免相，故不為禮。崔圓用金銀結好輔國，遂蒙恩渥。房琯知少帝心多疑忌，常稱病不朝從。終日與劉秩、李揖等虛談高論，說釋氏因果、老子虛無而已。苗晉卿自長安失守，投漢南，少帝下詔，追晉卿赴鳳翔。

卻說少帝聞祿山已死，欲起兵取二京。裴冕請盡括公私驛馬，助裨軍用。少帝便令工部尚書、關內節度使王思禮，統領關內軍馬及河西隴右行營之兵，移鎮武功；再令光祿卿、關內節度副使論惟貞，與兄論懷義、弟論惟賢充元帥先鋒討擊使，統領蕃部之眾，分屯岐陽，與思禮相為掎角。

時李歸仁打破馮翊，殺了馮翊太守蕭賁，將城中百姓，盡行屠戮。郭子儀乃令長子郭曜與部將張用濟圍馮翊，自引大軍取河東。忽報河東人郭俊、邢韶到，呈上密書云：「河東司戶韓旻、司士徐炅，已暗約下永樂尉趙復、宗子李藏鋒，萬望速來，當為內應。城上舉火，便是暗號。」子儀看畢，大喜曰：「天使吾成功也！」遂重賞郭俊、邢韶，便令回報，依期舉事。

子儀引兵直到河東，圍住攻打。是夜三更，城門裡一把火起。官兵望見號火，一齊殺到，乘勢攻擊。韓旻等斬守城賊兵千餘，放郭子儀軍馬入城。賊兵各自四散而逃。偽河東太守崔乾祐夜縋而出，點起城北兵八千，自領五千伏於關城內，其三千復來攻城。子儀使僕固懷恩擊之，賊眾大潰。乾祐急命放火焚橋，官軍撲滅了火。乾祐衹得棄城，引數千兵投安邑縣而去。子儀乃令判官顏允臧先入城安民，自引大兵追趕。

崔乾祐引敗軍連夜奔走，四更前後，走到安邑城下，令人叫門。背後喊殺連天，官軍追趕將來。安邑城上守城將士看見，連忙設伏於內，大開城門，放下弔橋。數千個賊兵，聽見後面官軍趕來，一擁搶進城去，也顧不得乾祐。乾祐未及入城，猛聽得一聲梆子響，兩邊伏兵齊發，城內賊兵盡被亂槍搠死。城中大叫：「崔乾祐要活的！」乾祐見城中變起，方知是計，急勒馬望白徑嶺奔走。眾將追趕不上。子儀復回大軍，乘勢取了蒲關。

卻說王思禮星夜催軍前行，直至武功下寨。令郭英乂於東原，王難得於西原，於城外結營，為掎角之勢。

當夜二更之後，東原忽然三路火起，寨內喊聲大震，人馬大亂：正中是安守忠，左李歸仁，右安太清。三路軍馬，齊來劫寨。郭英乂不及提備，衹得上馬衝殺出來，正逢安守忠。英乂大怒，挺矛縱馬，直取守忠。卻被守忠開弓一箭，射透英乂面門，鮮血迸流。賊兵見英乂中箭，一齊來攻。英乂支持不住，衹得棄了左寨，引敗軍來投右寨。不想右寨並無一人。原來王難得知郭英乂敗走，左寨已失，棄了右寨，奔回去了。

英乂急領軍回武功。方到武功，後面三路賊兵殺來。王思禮慌令退軍，守忠令歸仁引軍趕英乂，太清引軍趕難得，自引軍來趕思禮。官軍大敗，思禮兵馬使牛惟彥被守忠活捉去了。英乂、難得在後死戰，殺退歸仁、太清。思禮收兵退屯於扶風，守忠遂得武功。

且說安守忠得了武功，心中大喜，商議起兵攻鳳翔。忽然飛馬報來，說郭子儀打破河東。守忠急領軍回，留安太清守武功。太清領兵直扣大和關，去鳳翔五十里。守關將神策軍兵馬使李奐，遣人飛報少帝。少帝聞報，即遣李光進領鳳翔兵，往助李奐同守大和關。

李光進領兵到大和關，與安太清戰不利。官軍大駭，鳳翔戒嚴。朝中文武多有出其兒女者。少帝知之，使左右巡御史虞候書其姓名，眾官乃止。遂命特進、神策軍使成如璆代郭英乂，招集原散之兵，屯於鄠縣東原，號為「興平軍」。詔以成如璆為興平軍使；李光進領一軍，屯於好畤，崔光遠領一軍，屯於扶風，以為掎角之勢。

忽奏安陸來瑱等有表，說：「裴茙、李銑與永王戰於晉陵，大敗之。永王南奔江西。」少帝聞知永王兵敗，心中稍安，差使命星夜赴成都，報知上皇。

再說永王收拾敗軍，欲回江陵。行至潯陽，人報上流有來瑱、高適、韋陟三帥領大軍屯於安陸。永王引敗殘軍士，望南而走。將近鄱陽，永王左右止剩得數騎。比及到城下時，鄱陽司馬陶備閉門不開。永王怒，命襄城王放火燒門。遂入城中，殺了陶備，劫了府庫器具，望嶺南奔走。

卻說高仙琦保著永王父子，狼狽而奔。行至大庾嶺北，背後皇甫侁引兵趕來，看看至近，皇甫侁拈弓搭箭，一箭射中永王肩窩，永王落馬，與薛鏐等，為侁兵所擒。襄城王奮力衝突，不能得脫，死於亂軍之中。高仙琦自度不得脫，遂自刎而死。

卻說使命持表至成都，奏上皇，言永王作亂、敗走嶺外之事。上皇聞奏大驚，半晌無言，良久，乃下詔，廢永王為庶人，徙於房陵安置。

時有一人，姓權，名皋，字士繇，天水人也。苻秦尚書僕射權翼之後，世為著姓。舉進士，為臨清尉。祿山表為薊尉，充判官。皋陰察祿山有異志，欲潛去，恐禍及老母。恰好祿山遣皋入朝獻俘，皋回至福昌，思得一計，遂令人約會從父妹婿福昌尉仲謨，詐稱病重，請謨來見。謨至，皋佯喑，瞪謨而瞑。謨為皋盡哀，逸皋而葬其棺。從吏回到范陽，告知皋母。皋母聞皋死，哀慟不已。祿山遂不疑，許皋母歸。皋早微服匿跡，候母於淇門；既得其母，投南而走。比及渡江，祿山已反。丹徒令崔令欽奏聞上皇，表為賢者。上皇甚嘉之，授皋監察御史。

卻說郭子儀入河東城安撫已畢，賞勞三軍。乃問眾將曰：「蒲關已取了，潼關何人敢取？」次子郭旰應曰：「某願往。」子儀謂旰曰：「你可與僕固懷恩、李韶光同引兵去襲潼關。把關之人，若知兵到，必然驚走。若稍遲，賊兵更至，即難攻矣！」

旰等受命，引兵徑到潼關。把關之人，果然盡走。三人上關才要卸甲，遙見關外塵頭大起，賊兵到來。懷恩、韶光相謂曰：「郭公神祘，不可測度！」急登樓視之，乃李歸仁也。三人乃分兵守住險道。歸仁見官兵把住要路，遂令退軍。郭旰隨後追殺一陣，賊兵死者無數，歸仁大敗而去。郭旰回到關上，令人報知子儀。子儀得了潼關並永豐倉，倉內所積糧草極多，大喜，遂犒三軍。自此潼、陝之間，無復寇鈔。

子儀寫表申奏朝廷，得了河東並蒲、潼兩關。將寶庭芝，解赴京師。少帝照薛羽、徐玨舊例，命將庭芝斬了。李泌求免死。少帝問其故。

原來竇庭芝前在洛陽為官時，敬禮善筮者葫蘆生特甚。忽一日，葫蘆生告庭芝曰：「汝家赤族之禍不遠矣！」庭芝大懼，泣曰：「乞先生一言相救！」葫蘆生曰：「非遇黃中君、鬼谷子，不可相救。然黃中君難見，但見鬼谷子，亦當無患矣。」將鬼谷子狀貌衣著，備細告之，與庭芝十日限，令遣人於城中尋問。庭芝依言，盡出家人僮僕，於城中曉夕尋訪。

時李泌回鄉省親，乘驢入洛，至中橋邊，正遇著大尹避道，所乘之驢受驚，走入一所莊院，便與從人到彼拜訪。莊內一蒼頭出迎。李泌具言來意。僕人曰：「此處是分司竇員外宅，所失之驢收在馬廄餵養。且請莊裡安歇，將息貴體。」引至堂上，庭芝降階而迎，優禮相待。庭芝令妻子出拜李泌，李泌再三謙讓。時天色已晚，庭芝便叫安排餚饌相待，又教蒼頭打掃客房安歇，李泌感謝不盡。次日，李泌辭去，庭芝那裡肯放，又留住了三五日。李泌堅執要行，庭芝苦留不住，衹得安排筵席送行了。庭芝親送出郭，又厚贈李泌，權為路費。謂曰：「遭禍之日，願公存我全家之命！」泌點頭允諾。庭芝自此常與李泌往來，獻遺極多。

當下李泌將前事一一告少帝。少帝遂召竇庭芝而問之，與李泌所說皆同。少帝又問庭芝曰：「黃中君、鬼谷子，是何人也？」庭芝曰：「不知。」少帝尋思良久，謂李泌曰：「黃中君者，蓋指於朕；謂先生為鬼谷子，何也？」泌曰：「臣先塋在清谷前、濁谷後，恐以此言之。」少帝然之，即時赦免庭芝棄陝郡之罪，歎曰：「天下之事，皆前定也！」

次日，人報安西將李嗣業引軍到。嗣業常從高仙芝征討，累立奇功，戎虜謂之神通大將，皆憚之。自龜茲提兵赴鳳翔，軍行萬里，所到之處，秋毫無犯。少帝大喜，謂嗣業曰：「今日得卿，勝數萬眾，事之濟否，實在卿也！」即封嗣業為四鎮伊西北庭行營兵馬使。嗣業獻上宛馬十匹並朝廷前後賞賜，以助軍資。于闐毗沙都督右威衛將軍尉遲勝，乃于闐王尉遲珪長子，少時嗣位，與弟尉遲曜特相友愛。天寶中來朝，進獻名馬、美玉，朝廷嘉之，妻以宗室女，授右威衛將軍、毗沙府都督，發遣回國。後因與高仙芝會同破薩毗、播仙有功，賜銀章青綬，加光祿卿。聞祿山反，乃命曜攝行國事，自率兵五千赴難。國人遮道留勝，勝以少女為質而後行。少帝待之甚厚，授特進、殿中監。

卻說安太清正到大和關攻打，李奐兵少，支持不住。看看待破，忽然李嗣業兵至，衝殺了一陣，太清軍大敗，四散奔走。嗣業得勝收兵。

且說郭旰在潼關，令大將王祚守永豐倉。李韶光、僕固懷恩引一軍屯於永豐倉南，以為掎角之勢。是夜，王祚宿於永豐倉城中，二更時分，忽聞西南上喊聲大震。卻遇安守忠引賊兵大隊而來：左是田乾真、右是李歸仁。韶光出馬挺槍迎戰，被守忠手起一刀，砍於馬下。郭旰、王祚驅兵來救，守忠勒馬回戰。二將抵敵不住，皆被賊軍所殺。懷恩翻身殺條血路，望渭水而走。祇聽得人喊馬嘶，蜂擁而來。懷恩急下馬，棄卻頭盔，脫去袍鎧，抱馬首而渡。

才過彼岸，追兵已到，隔水放箭。懷恩帶水而走，回見子儀，備言守忠勢不可當，郭旰身死，失了潼關。子儀不勝悲惶。

第六十六回　安守忠兵打河東　郭子儀大戰清渠

卻說少帝在鳳翔，忽報江西皇甫侁遣人齎表至，說永王父子已殺，黨與皆伏誅，惟有李白逃至彭澤，為潯陽太守執繫郡獄。少帝聞永王死，傷悼不已。因愛弟之故，私謂左右曰：「皇甫侁生得吾弟，何不送歸成都，而擅殺之耶？」敕罷侁官，使人報與上皇知道。

卻說虢王受代之時，盡將部曲而行，衹留羸兵數千人、劣馬數百匹守彭城，不堪捍賊。許叔冀在靈昌，自恃部下精銳，又名位等於賀蘭進明，不受其節制。時季廣琛探聽得永王兵敗，遂率部下軍士來降。少帝召韋陟赴鳳翔，以季廣琛為丹陽太守、江南防禦使。

卻說上皇連日望永王消息，忽鳳翔使者到，言永王兵敗，奔至大庾嶺，為皇甫侁所殺。襄城王亦死於亂軍之中。上皇聽說，忍不住弔下淚來。

卻說少帝正聚文武議事，忽近臣奏曰：「苗晉卿乘驢而至。」少帝大喜，曰：「欲求良弼，其在此乎？」即日拜韋見素為尚書左僕射，裴冕為尚書右僕射：俱罷知政事。拜晉卿為左相，軍國大事，悉以諮之。又令宰相分直主政事筆，每一人知十日。吐蕃垈松德贊遣使求婚，使給事中南巨川報命。

是月鳳翔大雨，一連十日不止。少帝憂之，詔三司疏理刑獄。其日，雨止。

卻說蔡希德、高秀巖圍住太原，令兵八面攻之，連攻數日不下，賊兵皆懈怠。衹見城門開處，弔橋放下，李光弼大驅人馬，捲殺出城。賊兵大敗，棄下金鼓旗幡，兵戈馬匹衣甲無數，斬首萬餘。希德、秀巖因見交戰不勝，當晚收軍各回本鎮去了。光弼自從思明軍圍城下，於太原城東南角設小幕居止，一連五十餘日，竟不省視妻子，行過府門，未嘗回顧。過三日後，光弼見希德兵已退去，決事已畢，方歸府第。安守忠解牛惟彥到東京，安慶緒赦之，偽署為鉅鹿、廣平、鄴三郡團練使，使往河北到任。惟彥路過故里，詐言衣錦還鄉，方才得脫，遂投光弼去了。慶緒差人將惟彥宗族老幼，盡行殺害。士民無不下淚。

卻說安守忠統領精兵二萬，來取河東。郭子儀聞知此信，乃喚諸將分付曰：「某引一軍伏於城東，阿跌良臣與僕固懷恩、渾釋之各引一軍城外埋伏，馬承光率百姓在城上守禦。」分撥已定，專候賊兵到來。當夜二更，賊軍徑到河東城下。星光之下，望見城上遍插旌旗，壕邊密佈鹿角，未敢輕攻。忽然四下火光沖天，喊聲震地，良臣、懷恩、釋之三路兵圍殺將來。城上亦鼓譟吶喊相應，賊兵亂竄。守忠大驚，急退軍時，子儀攔住，大殺一陣，守忠衝開條路，引敗兵奔走。子儀引大兵追趕，斬首八千級，生擒五千餘，奪得旗幡、金鼓、馬匹極多。

再說李光弼令張奉璋於井陘口築承天城，黃沙路築德化城，慕榮隘築滅胡城，又造三堡，曉夜並工，刻期告竣。自此太原無虞。光弼表薦奉璋領承天軍使。

西師憩息已定，河隴、大食、寧遠、南蠻之兵亦會。江、淮庸調，亦相繼泝江、漢而上，至洋川，由漢中王陸運至鳳翔，以濟軍須。少帝自散關通表成都，信使絡繹。長安百姓，聞知車駕已還鳳翔，自賊中竄逃來歸者，晝夜不絕。李泌請依前策，兵分兩路，先取范陽，以覆賊巢穴：

李嗣業引安西四鎮及西域之眾，取靈、夏，由豐、勝、雲、朔，直抵媯、檀，從北攻范陽；李光弼引太原以北諸軍，出井陘口，由恒、定，直抵瀛、莫，從南攻范陽。

少帝欲先取二京，立社稷功，以固帝位，謂李泌曰：「今大眾已集，庸調亦至，當乘兵鋒搗其腹心，而更引兵東北數千里，先取范陽，不亦迂乎？」泌曰：「必得二京，則賊再強，我再困，非久安之策。」少帝曰：「何也？」泌曰：「今我所恃者，磧西突騎、西北諸戎耳。若先取京師，期必在春。關東早熱，馬且病，士皆思歸，不可以戰，賊得休士養徒，伺官軍去，必復南來，此危道也。不若先用之於寒鄉，除其巢穴，則賊無所歸，根本永絕矣。」少帝曰：「朕切於晨昏之戀，不能待此決矣！」便喚苗晉卿等文武官員，商議取二京之策。遣使齎詔河東，詔郭子儀班師。

子儀知朝廷欲大舉東討，遂下令班師，命馬承光鎮守河東，自引大軍回鳳翔。李歸仁聽得官兵退，急引鐵騎五千連夜追趕。比及天明，歸仁催兵行至三原北。盡引人馬，奔過白渠留運橋來。忽聞兩邊蘆葦裡連珠礮響，四壁廂喊聲大震：前面僕固懷恩、王仲昇引兵殺出，背後渾釋之、陳迴光引兵殺來。原來郭子儀料歸仁必來追趕，遂令四將各引一枝軍，就留運橋蘆葦叢雜處，預先埋伏。歸仁大驚，急待回時。四枝軍馬擁將上來。當下把歸仁所領燕騎殺得雨零星散，片甲不回。歸仁棄馬於橋，赴水逃命。

卻說少帝在鳳翔，聞郭子儀引兵，已過三原，安太清懼而遁走，王思禮復得武功；令王思禮持節充招討西京使，取京西小路而進；子儀為司空兼關內、河東副元帥，從渭北大路而進：並到便橋取齊：合兵一處，前赴長安。又遣使齎詔封李光弼為司徒。

卻說李泌權逾宰相，李輔國、崔圓深害其能。少帝謂李泌曰：「諸將郭子儀、李光弼等，今皆已為三公、宰相，崇重既極，若克二京，平四海，則無官以復為賞也，奈何？」泌對曰：「前代爵以報功，官以任能。自堯舜以至三代，皆所不易。今收復後，若賞以茅土，不過二三百戶一小郡，豈難制乎？」少帝曰：「甚善。」泌又曰：「若臣之所願，則特與他人異。」少帝曰：「何也？」泌曰：「臣絕粒無家，祿位與茅土，皆非所欲。為陛下帷幄運籌，收京師後，但枕天子膝睡一覺，使有司奏客星犯帝座，一動天文，足矣。」少帝大笑。

卻說郭子儀與王思禮合兵取西京，安守忠、李歸仁、安太清起兵來迎。子儀總督大軍，屯於潏水之西；守忠引八萬兵，屯於清渠之北。官軍一連七日不進。至第八日，守忠令賊兵乘桴筏順水而來，子儀令壯士執陌刀近岸邊雁翅般一字擺開。賊兵有攀岸而上者，壯士即砍殺之。賊兵稍退。守忠思得一計，傳令教各處皆拔寨而起。使人揚言曰：「賊走矣！」探細的軍看了仔細，回報子儀，說賊兵後隊果然退動。子儀聽了大喜，便傳將令，教大小將校拔寨起行，並力追襲。諸將領命，各渡潏水而來。

安守忠喚安太清分付曰：「郭子儀必引軍來趕，可佈一字長蛇之陣破之。吾為蛇首，引鐵騎四千，於延平門路埋伏；汝為蛇尾，引鐵騎四千，於金光門路埋伏。」太清受計，引兵去了。守忠又令李歸仁引兵一千趨平川，以誘官軍。黃昏左側，子儀引大軍趕來，遙見前面平地黑旗磨動，不滿千人。

子儀催兵急追。看看趕上，忽背後一聲礮響：左有安守忠，右有安太清，各領四千軍馬，分兩路殺出，官兵大亂，守忠、太清兵馬紛紛擾擾，擺作變作長蛇之陣，圍裹將來。子儀軍馬，措手不及，急令回軍，大敗而走。旗槍不整，金鼓偏斜，速退回來。到得武功，於路損折軍馬數多。朔方節度判官韓液、監軍宦官孫知古，都被活捉去。子儀又因天氣亢炎，軍士多病，遂留思禮守武功，收兵回鳳翔去了。

卻說少帝悔不聽李泌良策，致有清渠之敗，又折了許多人馬，心中憂悶。李輔國曰：「大家勿憂。老奴有一計，令朝廷之兵不難破賊，西京如探囊取物。」少帝問何計。輔國曰：「大家急欲克復西京，祇須遣人往回紇問葛勒可汗借雄兵數千，約云：『如得可汗助國討賊。破城之日，土地、士庶皆歸國家，金帛、子女皆歸回紇。』彼必肯發兵相助。待回紇兵到時，便可於今年冬月克復西京矣！」少帝然之。

次日，喚集文武，商議起軍攻取二京。眾官都到，祇有房琯託病不來。少帝不悅。與苗晉卿商議已定，遣僕固懷恩使於回紇。

忽報憲司劾房琯門客琴工董庭蘭依倚琯勢，招納貨賄。那董庭蘭不事王侯，散髮巖岫六十年。因聞房琯好古博雅，故投於門下。房琯入朝，和憲司分辯。少帝不聽，遂叱退房琯。房琯乃退歸私第，不敢復言。諫議大夫張鎬上疏，言房琯大臣，門客受贓，不宜見累。少帝怒未息，罷房琯為太子少師。以張鎬為中書侍郎、同平章事，代房琯為相。

卻說左拾遺杜甫上疏，言琯有大臣度，真宰相器，而聖朝不容，言頗切直。原來杜甫字子美，本河南鞏縣人，膳部員外郎杜審言之孫也。少貧，落魄齊、趙間，為北海太守李邕所重。天寶中，甫應進士，時李林甫弄權，奏以野無遺賢，甫因此不第，困於長安數年。年四十，帝將朝獻太清宮，朝享太廟，有事於南郊，甫獻《三大禮賦》。帝奇其才，使待詔於集賢院，命學官試文章，授右衛率府兵曹參軍。與著作郎鄭虔為友。祿山陷京師，甫與鄭虔、王維俱為賊所得。甫乘賊不備，竟從山僻小路逃回鳳翔。琯布衣時與甫善，薦為拾遺。

少帝覽表，勃然大怒，即令京兆尹崔光遠與御史大夫韋陟、憲部尚書顏真卿就御史臺，一同鞫問。韋陟曰：「杜甫所陳讜言，論房琯被黜，不失諫臣大體。」少帝不悅，由此疏之。時朝臣立班有相弔哭者，少帝遂罷韋陟御史大夫，改為文部尚書，以顏真卿代其職。

張鎬曰：「若將杜甫治罪，恐塞忠諫之路。」少帝因此不問，降墨敕將杜甫放往洛交。張鎬又以諫官未備，表薦岑羲弟岑植之子岑參為右補闕。參少孤貧，愛學，博覽史傳，九歲能屬文。舉進士，累轉右威衛錄事參軍。充安西節度判官，歷事高仙芝、封常清。每有一篇絕筆，人人競寫。雖閭里士庶，戎夷蠻貊，莫不諷習。

卻說上皇在成都，聞房琯罷相，就命司膳郎中顏允南齎誥到鳳翔，追尊少帝母楊氏為元獻太后。

再說顏真卿既以尚書兼總憲司，以文部侍郎崔漪扶醉入朝，諫議大夫李何忌立班不肅，劾奏之。少帝黜崔漪為右庶子，何忌為西平司馬。先是，顏杲卿、袁履謙並死王事，楊國忠受張通幽詭說，朝廷竟無褒贈。真卿知之，泣奏少帝。少帝黜張通幽為普安太守，寫表申奏上皇。上皇聞之大怒，遂杖殺通幽。

卻說郭子儀引大軍回到鳳翔，入見少帝，請自貶司空、副元帥之職。少帝即降詔，黜子儀為左僕射。命齎空頭官誥，收聚敗軍。由此，爵輕而貨重。將軍告身一通，才換一醉；凡應募從軍者，皆得重爵。以致青朱雜遝於胥徒，金紫普施於輿皂。名器猥濫，可謂甚矣！

卻說朔方裨將王去榮，以私怨殺了富平令杜徽。正值陝郡賊將楊務欽密謀歸順，河東太守馬承光引兵接應。務欽盡殺城中諸將不從己者，獻城歸降。少帝因王去榮有抛石之能，乃免其死，黜罷爵祿，令白衣於陝郡效力。賈至上表切諫，以為不可。

少帝即聚文武官僚，商議其事。韋陟諫曰：「昔漢高始入關中，約法三章，『殺人者死』，不易其則，然後能戡定秦、項，而帝天下。今陛下將欲清寇，而異漢祖向時之事，不自約其法，殺人者生。伏恐不可為萬代之法！」太師韋見素亦諫曰：「法者天地大典，帝王猶不敢擅殺，而小人得擅殺，是臣下之權過於人主也。去榮既殺人不死，則軍中凡有伎能者，亦自謂無憂，所在暴橫，為郡縣者，不亦難乎？伏願陛下守貞觀之法。」少帝弗從。

忽有飛馬報道：「劍南軍將郭千仞舉南營之兵，夤夜作亂。上皇御玄英樓招諭，千仞不從。幸得李峘領本部之兵，會合陳玄禮、高力士之眾討賊，斬郭千仞，盡降其眾。」是歲，河東大饑，朔方郡寧朔縣界荒地黑禾生，百姓賴之。郭子儀取黑禾以進，曰：「寧朔縣界荒地，廣十五里，有黑禾穀出遍地。每日側近百姓掃盡，經宿還生，前後可得五六千石。其禾圓實，味甘美。臣以為天啟興王，瑞先百穀，故漢稱雨粟，周頌來麰。豈瑞禾自出，家給人足？蓋陛下富教安人，務農敦本，光復社稷，康濟黎元之應也。臣不勝大慶。」

再說賀蘭進明自代號王，鎮守彭城，克復高密、琅邪二處，殺死賊軍二萬餘人。因見尹子奇勢大，難與爭鋒，遂棄彭城，望臨淮而走。

賊兵圍困睢陽甚急，城中糧闕，米一斗，直錢八百。張巡每夜在城內搖旗吶喊，擂鼓鳴金；賊兵驚慌，祇疑劫寨。及至出營，不見一軍。方才回營欲歇，又聽得鼓聲震地，喊殺連天。賊兵時刻不得合眼，苦捱了一夜未睡。比及天明，尹子奇來搦戰，張巡偃旗息鼓，按兵不出。子奇令設飛樓窺望城中，不見一人，遂教軍士回寨，卸甲歇息。當夜更深，張巡見賊營燈火方息，軍士歇定，遂密開東門，與南霽雲、雷萬春分頭引兵而出，直衝賊營。子奇寨中大亂，自相衝擊。張巡把黃旗招颭，官兵一齊掩殺將來。子奇人馬，大敗虧輸。張巡趕殺二十餘里，鳴金收軍，城中去了。

子奇引兵復攻睢陽，張巡應機守備。子奇為雲梯，勢如半虹，置精卒二百於其上，推之臨城，欲令騰入。張巡預於城潛鑿三穴，候梯將至，一穴中出大木，末置鐵鉤鉤之，使不得退；一穴中出一大木，柱之使不得進；一穴中出一木，末置鐵籠，盛火焚之。其梯中折，梯上賊兵盡燒死。子奇又以鉤車鉤城上柵閣，張巡以大木置連鎖大環，撥其鉤而截之。子奇又造木驢攻城，張巡熔金汁灌之；子奇又以土囊積柴為磴道，欲登城，張巡每夜潛以松明，乾蒿投之。積十餘日，使人順風持火焚之。子奇服張巡之智，不敢復攻，遂於城外，掘塹圍守之。

第六十七回　南霽雲噬指乞師　程千里襲賊受執

卻說張巡在城中糧盡，與士卒皆煑紙布為食。時以茶汁和之，而意自如。賊將李懷忠引兵攻打東門。張巡見懷忠儀表非俗，在城上謂之曰：「汝事賊幾年？」懷忠曰：「兩年矣。」巡曰：「汝祖父嘗做官否？」懷忠曰：「然。」巡曰：「汝祖父皆為唐臣，世食唐祿。不思報效，反助篡逆，與禽獸何異？豈不自恥？」懷忠低頭不語。張巡知此人有忠義之氣，曰：「自古悖逆倡狂，終致夷滅。汝今事賊，一旦賊平，滿門誅戮。汝安忍捨汝父母妻子耶？」懷忠掩面而哭，引兵退去。比及夜半，懷忠引帳下數十騎來投。賊軍攻城將士，張巡以正言感之，多有自悔之心，前後來降者二百餘人。

再說魯炅在南陽，晝夜苦戰，勢窮力盡，救兵不至。更兼糧絕，軍士皆餓死。南陽遭大亂之後，距襄陽兩三百里，白骨蔽野，並無雞犬人煙；米一斗，直錢五千；鼠一頭，直錢四百。而有價無米，人至相食。魯炅情知守把不住，乃令軍士皆整頓弓箭槍刀，衣袍鎧甲，星夜突圍而出，望襄陽而走。武令珣領兵追襲。魯炅親自接戰，殺死數十人。武令珣見魯炅驍勇，因此不敢追趕。朝廷就命魯炅兼御史大夫，權知襄陽事。

卻說田乾真、崔乾祐正攻安邑，聞楊務欽已降郭子儀，乃撤安邑之圍，回軍攻陝郡。官兵寡，賊兵眾，務欽戰死。賊復得陝郡，殺戮人民。

少帝以寇賊未平，四海擾攘，於禁中設建道場，聚僧侶數百人，晨夜念佛，禳災祈福。喧嘩之聲，聞於宮外。張鎬諫曰：「臣聞天子修福，要在安養含生，靖一風化，未聞區區僧教，以致太平。伏願陛下以無為為心，不以小乘而撓聖慮。」少帝然之。

且說張巡在睢陽，祇望救兵到來，卻不見動靜；手下止有一千六百餘人，多半帶傷；初尚羅雀掘鼠，宰戰馬，煮筋角，至此無所復食，甚是苦楚。巡乃作詩一首：「接戰春來苦，孤城日漸危。合圍侔月暈，分守若魚麗。屢厭黃塵起，時將白羽揮。裹創猶出陣，飲血更登陴。忠信應難敵，堅貞諒不移。無人報天子，心計欲何施。」

張巡妾陸氏見張巡有憂色，問其故。張巡曰：「城中易子而食，析骸以爨，吾恐久必有變，所以憂耳！」陸氏泣曰：「將軍盡忠報國，死而後已。妾寧效虞姬、綠珠以義死，不以苟生！」張巡不得已，乃出陸氏，對三軍殺之，以食兵將。兵將皆流淚，無能仰視。張巡曰：「諸公為國家戮力守城，一心無二，經年乏食，忠義不衰。巡不能自割肌膚，以啖將士，豈可惜此婦，坐視危迫！」將士不忍，張巡乃強食之，將士不得已，強聽而食。

雷萬春、張抃見尹子奇攻城甚急，欲出兵決一死戰。張巡不允，問曰：「誰敢突圍而出，往鄰郡求救？」南霽雲應曰：「某願往。」巡令霽雲將繩索懸掛出城，星夜往彭城、臨淮求取救兵。子奇知有人出城，料必是請救兵的，便指揮賊軍數萬人馬，八面圍定。霽雲倚住槍，拈弓搭箭，八面射之，無不應弦落馬。賊眾不敢來追。

霽雲得脫，匹馬投彭城，星夜來到城下叫門。城上問是誰人。霽雲答曰：「睢陽馬軍兵馬使南霽雲。」軍士忙報許叔冀，稱睢陽差人求救。叔冀不肯發兵救睢陽。霽雲等候多時，叔冀閉門不開。霽雲於城下大罵叔冀。叔冀聽得大怒，引諸將上城看時，霽雲在城下挺槍勒馬，大叫：「叔冀匹夫！你出來！我和你鬥三百合！」叔冀懼，竟不敢出。霽雲知事不諧，尋思須往他處求救，乃急撥馬，望臨淮而去。

霽雲縱馬望臨淮而行。到城下時，已是半夜。賀蘭進明自移鎮臨淮之後，不理政事，終日與諸將筵宴。時進明方與眾將飲了酒，醉臥府中。人報張巡差部將南霽雲到。進明令請入，問其來意，霽雲曰：「賊攻圍睢陽甚急，特命某突圍而出，來此求救。望大夫速起臨淮之兵，以救此危。倘稍遲延，睢陽必陷矣。」進明曰：「將軍且歇，容某計議。」霽雲乃至館驛安歇，專候發兵。

次日，進明預備嘉餚美饌，請霽雲至，接入帳中，延之上坐。帳下美人清歌妙舞，席間諸將歡娛樂飲。進明殷勤勸酒。霽雲曰：「張中丞困於睢陽，被圍至急。望大夫速去救援！」進明曰：「今睢陽不知存亡，兵去何益！」霽雲大驚，泣告曰：「大夫若火速領兵去救，則睢陽可保無虞；若果失陷，霽雲請以死謝大夫！睢陽強寇淩逼，重圍半年，糧盡矢窮，計無從出。初圍城之日，城中數萬口，今婦人老幼，相食殆盡，張中丞殺愛妾以啖軍士，今見存之數，不過數千，城中之人，分當餌賊。但睢陽既拔，即及臨淮，譬如皮毛相依，理須援助。霽雲所以冒賊鋒刃，匍匐乞師，謂大夫深念危亡，言發回應，何得宴安自處，殊無救恤之心？豈忠臣義士勤王報國之意乎！霽雲來時，睢陽之人不食月餘日矣！霽雲雖欲獨食，義不忍；雖食，且不下嚥！」

進明愛霽雲之壯勇，欲留之助己。霽雲慷慨曰：「霽雲既不能達主將之意，請齧一指，留於大夫，示之以信，歸報本郡！」即噬斷一指，鮮血淋漓，以示進明，曰：「啖此足矣！」一座大驚，皆感激為霽雲泣下。進明嫉張巡聲威功績出己上，決意不肯發兵。霽雲辭去，將出城門，左手拈弓，右手搭箭，望佛寺浮屠，覷得親切，弓開滿月，箭發流星，颼的祇一箭，正射在浮屠上。那枝箭直透磚石而入，一半沒在磚內。霽雲切齒曰：「吾歸破賊，必滅賀蘭，以報今日之恨，此矢所以誌也！」

至寧陵，見寧陵城使廉坦。廉坦聽得睢陽告急，遂領本部兵三千，與霽雲同回睢陽，星夜得達。霽雲躍馬殺入賊陣，左衝右突，如入無人之境，直到城下。

是夜，張巡聽得城外鼓譟之聲，曰：「此必霽雲引救軍來了。」急登城視之，果見賊眾趕霽雲到壕邊，霽雲回身連搠十數人下馬，賊眾倒退。張巡急命開門。霽雲祇剩得敗殘兵一千餘人，驅數百頭賊牛而入，來見張巡，哭告進明、叔冀不發救兵之事。

城中將吏知援兵不至，慟哭數日。李懷忠謂張巡曰：「彭城、臨淮救兵不至，睢陽不可守。何不棄此孤城，奔入淮西，再整兵來，以圖恢復？」張巡與許遠議曰：「睢陽為江淮保障，若棄之而去，賊必乘勝長驅直入，是無江淮也。此地既失，難以復得。且我等創殘餓羸之餘，若棄城而走，必不能遠遁。得不為賊所擒乎？古者戰國諸侯，尚自相救，何況密邇群帥乎？不如堅守以待之。」尹子奇知睢陽內無糧草，外無救兵，危在旦夕，攻城愈急。

卻說門下侍郎同平章事、江淮宣慰大使崔渙，奉詔驗治永王黨羽，以為李白本欲為國家效力，故隨永王東巡，不想王心不足，而欲割據江東，致連累於李白，宜從貰赦。僚吏曰：「若救李白，必忤執政之意。」渙曰：「抑人以遠謗，吾不為也。」即上表救白。少帝看畢，心中不悅。崔圓奏崔渙浮華與房琯無異，在江南補授官吏，為下吏所欺，濫進者甚多。少帝聞言，乃罷崔渙知政事，降左散騎常侍，除餘杭太守兼防禦使，領江南東道採訪使。

忽報高適有緊急表到，說：「靈昌城中糧盡，外無援救，許叔冀自度不免，引兵東南走彭城，深壁而守。張巡、許遠守睢陽，賊兵圍困甚急。進明在臨淮，叔冀在彭城，各懷異心，皆按兵不動。臣修書與進明，令火速起兵救援睢陽，以親諸軍，進明不聽。」忽又報賀蘭進明遣人送表至，告稱：「巡、遠被圍，霽雲求救，非臣嫉巡、遠功高，不肯發兵，因叔冀自恃兵強，不受節制，故不敢分兵去救睢陽，恐叔冀引兵來襲臨淮耳。」少帝看畢，以為進明、叔冀坐視不救，以致河南郡邑盡為丘墟，皆因房琯之乖經制也。即召文武商議曰：「今張巡受困於睢陽，進明、叔冀觀望於河南，賊兵勢大，如之奈何？」張鎬奏曰：「睢陽若亡，則江淮非進明、叔冀所能保也。臣願親提一旅之師，去救睢陽之急。」少帝乃從其請，即命張鎬兼河南節度使，先調河南、山南、江南、淮南諸路軍馬，去救睢陽之急，就下河南；一面御鳳翔城樓，大閱六軍。

少帝設宴大會諸將，計議出師。少帝親酌酒賜郭子儀，謂曰：「事之濟否，在此行也！卿可滿飲一觴，努力建功。」子儀曰：「臣素懷忠義，欲盡心報國，此行不捷，臣必死之！」大將張元軌與部將焦知廉、衛如璧並所領五百餘人，皆割左耳，誓雪國讎，少帝為之動容。宴罷，少帝加子儀為天下兵馬副元帥。於是子儀領朔方軍先行，進屯扶風。

安守忠使人探聽得郭子儀大軍將屯扶風，乃分兵三路：李歸仁一軍取好時，攻李光進；安太清一軍取扶風，攻崔光遠；守忠自引一軍，打鳳翔，攻郭子儀、王思禮。諸將遵令而行。太清引賊軍千餘騎，來駱谷關下搦戰。光遠大怒，急引二千兵殺下關來，直撞入賊陣中，左衝右突，殺得太清大敗而走。光遠驅兵追殺至咸陽，判官李椿為光遠謀曰：「今安守忠、李歸仁正攻鳳翔，崔乾祐、田乾真尚在陝郡未還，惟有張通儒留守西京，城守寡弱。今若引兵暗渡渭水，乘其無備，速往襲之，西京可得也。」光遠從其言，遂引本部人馬，星夜殺奔渭水來。約有一千守中渭橋賊兵，都被光遠等殺盡。

四更前後，直衝至苑城之下。張通儒堅閉苑門，不敢出戰。崔光遠令兵四門攻打。安守忠正攻打鳳翔之間，忽流星馬報來，說崔光遠一路軍馬，徑襲西京去了。守忠恐西京有失，星夜提兵急回。光遠正攻打北門，猛聽得官兵後面，喊聲大震，卻是守忠兵至。這裡崔光遠與行軍司馬王伯倫急分兵抵敵，卻被通儒從苑城殺出，兩下夾攻，官兵大敗。王伯倫死於陣中。李椿被守忠活捉過陣去。崔光遠殺出重圍，引敗兵奔回渭北。自是安守忠不敢西侵。

卻說蔡希德領兵圍住上黨，搖旗擂鼓，辱罵搦戰。程千里在城上舉起白旗，任從希德百般辱罵，千里祇不出戰。午時以後，千里見賊兵倦怠，銳氣已墮，多下馬坐息，乃將紅旗招展，鼓角齊鳴，喊聲大震，千里一馬當先，引百騎衝出城來，徑來軍中捉希德。賊兵大亂，各自逃生。希德險被千里擒住，棄甲步行而逃。千里引數騎從背後驟馬趕來。看看趕上，忽見正東一彪人馬到來。為首賊將乃是牛庭玠，因聞希德在上黨敗陣，故來助戰。庭玠把槍一招，大小軍校齊殺過來。兩下夾攻。千里力窮抵敵不住，奪路歸城；橋上土塌，千里連人和馬攧將下去。賊軍向前，用索綁縛住了。

千里仰面，告從騎曰：「此非吾戰之過，乃天也！為我歸報諸將，善為守禦，乍可失帥，不可失城。」軍士無不下淚。於是晝夜防護，不敢懈怠。希德連日攻城不下，將千里解赴東京。慶緒釋之，授特進之職。千里誓不降賊，慶緒命且囚於內客省。

秋九月戊寅，少帝降誕日，公卿以下皆有進獻，少帝俱不受。忽報敦煌王自回紇使還，少帝召入問之。敦煌王曰：「回紇葛勒可汗，封臣為葉護，持四節，遣葉護太子骨咄祿、大將軍帝德領兵四千餘眾，與臣一同來朝，助討逆賊。」那葉護太子驍悍果烈，勇冠諸蕃。少帝令李泌宴勞之於元帥府，賜以金帛器物有差。加敦煌王開府儀同三司、宗正卿，令納毗伽公主為王妃。葉護太子請李泌到營觀看。少帝不許。

卻說廣平王、李泌將宮門管鑰，付與李輔國收了。少帝欲下詔，敕諸將克西京日，發李林甫墓，焚骨揚灰。李泌曰：「陛下方定天下，奈何以己之私怨讎死者。彼枯骨何知？徒示聖德之不宏爾。且方今從賊者，皆陛下之讎也。若聞此舉，恐阻其自新之心。」少帝不悅，曰：「此賊昔日百方危朕，當是時，朕不保朝夕。朕之全，天幸爾！此賊亦惡先生，但未及害先生而死，先生奈何矜之？」泌曰：「臣非不知所以言。上皇有天下向五十年，太平娛樂，一朝失意，遠處巴蜀。南方地惡，上皇春秋高，聞陛下此敕，意必以為用韋妃之故。內慚不懌，萬一感憤成疾，是陛下以天下之大，不能安君親。」言未畢，少帝流涕被面，降階仰天拜曰：「朕不及此，是天使先生言之也。」乃抱泌頸，泣數行下。

廣平王臨行，百官拜送於朝堂，廣平王荅拜，與李泌步出闕門，而後乘馬。老將管崇嗣，先王上馬。顏真卿怒崇嗣無禮，進狀彈之。少帝謂真卿曰：「廣平王，朕之元子，朕每訓之，何敢失禮！崇嗣老將，有足疾，宜優容之，卿勿復言。」乃以奏狀還真卿。

廣平王發大兵離鳳翔，少帝即時申報上皇，一面命李泌引廣平王見葉護太子，結為兄弟。廣平王待葉護太子甚厚。葉護太子大喜，遂認廣平王為兄。廣平王命葉護太子先往朔方營中，與郭子儀相見。次日，回紇至扶風。子儀聞葉護太子來，親自出帳迎入，大設筵宴，款待三日。葉護太子告子儀曰：「國家有難，遠來相助，何暇食為？」子儀堅請留之，宴畢，與葉護太子便發，每日給其軍羊二百口、牛二十頭、米四十石。

卻說上皇在成都，聞少帝差元帥廣平王統蕃漢大軍發鳳翔，東向討賊，謂高力士曰：「皇帝在鳳翔日久，兵威大振，兇徒逆黨，即應殄滅！」力士伏地奏曰：「逆賊背天地之恩，恣豺狼之性，更相魚肉，其可久乎？」

第六十八回　收二京廣平建功　捍孤城張許死節

卻說元帥、廣平王李俶統蕃漢大軍十五萬，以僕固懷恩為先鋒，李嗣業為前軍，郭子儀為中軍，王思禮為後軍，浩浩蕩蕩，殺奔西京來。至香積寺北，澧水之東，佈列軍馬，旌旗橫亙三十餘里。安守忠聞之，親領賊兵十萬，以李歸仁為先鋒，安太清為前軍，田乾真為中軍，崔乾祐為後軍，鼓譟而進，距香積寺東二十里，下寨已定。安守忠即令賊將安雄俊，引五千兵，先去香積寺東北埋伏，如此如此而行。雄俊受計而去。

次日，兩軍相對，各佈成陣勢。遙望李歸仁一簇軍馬，繡旗招颭，先來衝陣。卻被廣平王教軍士在陣前亂箭射住。歸仁退回去了。郭子儀招呼李嗣業、王思禮一齊引軍趕去。安守忠令安太清在左，崔乾祐在右，自與田乾真居中，見唐陣中人馬不整，守忠乃大驅士馬徑進。官兵抵敵不住，望後便退。守忠綽刀縱馬，直殺入官軍之中。官兵大亂。

李嗣業見勢已危，乃告郭子儀、王思禮曰：「今日之事，若不以身啖寇，決戰於陣，萬死而冀其一生。不然，則我軍無孑遺矣。」乃卸了盔甲，渾身筋突，手提陌刀，大吼一聲，直撞入賊陣中去。賊兵周圍殺到。嗣業大怒，虎鬚倒豎，環眼圓睜，揮刀亂砍，手起處，人馬俱碎，血如湧泉。連殺了賊將數十員，唐陣稍定。安西軍士盡執陌刀而出，如牆而進。嗣業身先士卒，所向摧靡。鳳翔都知兵馬使王難得救其裨將斬元曜，賊射之中眉，皮垂障目。難得自拔去箭，掣棄其皮，馳馬復戰，血流被面，而殺賊不已。兩邊軍士見者，無不駭然。

正殺之間，忽哨馬報說：「東面有賊兵埋伏。」廣平王大驚，急令僕固懷恩引回紇軍擊之。懷恩領命，會同葉護太子，一同勒兵，投陣東來。正逢著安雄俊，大殺一陣。雄俊抵敵不過，勒回馬便走。懷恩揮兵掩殺，盡殺雄俊之兵。葉護太子追趕雄俊，直到守忠陣後，與李嗣業合兵一處，回身衝殺，郭子儀、王思禮乘勢驅兵相應，兩下夾攻，賊兵大敗，自午時殺到酉時，斬首六萬級，填溝壑而死者，不計其數。

安守忠引殘兵走入城中，城中一時鼎沸起來。囂亂之聲，至夜不止。張通儒在苑中，聞守忠兵敗，引麾下並偽文武官員一萬余人，連夜逃走。

是夜，廣平王會諸將，議進取策。或以為人馬疲困，不可遠追。僕固懷恩曰：「賊必棄城走矣，請以精騎二百追之，縛取安守忠、田乾真等。」廣平王曰：「將士戰亦疲矣，且休息，迨明旦圖之。」懷恩曰：「安守忠、田乾真等，皆驍賊也，聚勝而敗，此天授也，時不可失，必須乘勝追之。奈何縱之不取？若使得眾，復為我患，雖悔無及。夫兵貴神速，何明旦為？」廣平王不從，固令諸將還營。不多時，懷恩往而復返，又固請曰：「賊兵敗走，心中必怯。若不乘勢追趕，誠恐養成勇氣，急忙難得。」而廣平王又不從。一夕之間，懷恩四五起。廣平王卒不用其言。

明旦，廣平王手揮令旗，令郭子儀引軍攻北面，王思禮攻南面，李嗣業攻西面。軍士至城下時，城上不見一人，祇恐有計，令人哨探，安守忠等果然已遁。廣平王懊悔無及。

回紇帝德請於葉護太子，欲如前約，引兵入城，劫掠金帛子女。廣平王聞之，急下馬，拜於葉護太子馬前，曰：「今始得西京，若遽俘掠，則東京之人皆為賊固守，不可復取矣。請至東京，乃如約。」當時觀者十萬餘人，見廣平王拜，皆泣曰：「廣平王真華、夷之主也！」

葉護太子大驚，滾鞍下馬，拜伏於地，捧廣平王足，曰：「當為殿下徑往東京。」遂與僕固懷恩引回紇及西域諸胡國兵馬，自城南過，就滻水之東，安營紮寨。廣平王一面差人齎表奏報捷音，一面整軍入西京宣恩慰撫，百姓老幼遮道歡呼，喜不自勝。耆老咸垂涕曰：「不圖今日復見官軍！」大軍來到長安城中，廣平王昇坐帥府，安撫軍民，慰勞將士。

卻說少帝設朝，近臣奏曰：「廣平王、郭子儀等將，統領大軍，攻克西京，差人來報捷音。」少帝聞奏大喜，即令召入。使命禮畢，呈上捷書，將廣平王拜葉護、保西京之事，細述一遍。少帝歎曰：「吾不如也！」百僚盡皆稱賀。少帝即命中書舍人兼尚書左丞徐浩寫表，差中使啖庭瑤赴成都報捷。又遣尚書右僕射裴冕赴京，啟告太清宮、郊廟、社稷、五陵，宣慰西京官吏百姓，以太子少保、虢王為西京留守。擇於冬十月十九日癸亥，起駕還京。

卻說少帝遣使去西京取李泌回，謂曰：「朕已作請歸東宮表，請上皇北歸，朕還東宮，復修人子之職。」泌曰：「表可追乎？」少帝曰：「已遠矣。」泌曰：「上皇必不來矣。」少帝驚問其故。泌曰：「理勢自然耳。人臣尚七十而傳，況欲勞上皇以天下事乎？」少帝歎曰：「為之奈何？」泌曰：「請更為群臣賀表，言自馬嵬請留，靈武勸進，及今成功，聖上思戀晨昏，請上皇速還京，以就孝養之意，則可矣。」少帝大悅，遂使李泌草表。泌草表畢，少帝覽之，歎曰：「朕始以至誠，願歸萬機。今聞先生之言，乃寤其失！」即遣使齎表赴成都。

遂與李泌共飲，至晚同榻。李輔國取出宮門管鑰與泌，泌再三推辭。少帝見泌如此，便令輔國掌之。

夜半，李泌枕少帝膝臥，曰：「今京師既克，臣報德足矣，復為閒人，何樂如之！」少帝弗許，曰：「朕與先生累年同憂患，今方相同娛樂，奈何遽欲去乎！」泌曰：「臣有五不可留，願陛下許臣去，免臣於死。」少帝曰：「那五不可？」泌曰：「臣遇陛下太早，陛下任臣太重，寵臣太深，臣功太高，跡太奇，此五不可，臣所以不可留也。」少帝曰：「且眠矣，異日議之。」泌曰：「陛下今就臣榻臥，猶不得請，況異日香案之前乎！陛下弗許臣去，是殺臣也。」少帝驚曰：「不意先生疑朕如此，朕豈有殺先生之意耶！是直以朕為句踐也！」泌曰：「陛下不殺臣，故臣求歸；若其即殺，臣安敢復言！且殺臣者，非陛下也，乃『五不可』也！陛下向日待臣如此，臣於事猶有不敢言者，況天下即安，臣敢言乎！」少帝沉吟良久，又問曰：「先生以朕不從先生北伐之謀乎！」泌荅曰：「非也，所不敢言者，乃建寧王耳！」少帝曰：「建寧王，朕之愛子，性英果，於艱難時實有功，朕豈不知？但其為小人所間，欲害其兄，圖繼嗣，朕以社稷大計，割愛而誅之，先生豈不知耶？」泌曰：「廣平王兄弟，天倫篤睦，建寧王若有此心，廣平王當怨之。廣平王每與臣言及建寧王之冤，輒嗚咽不已。臣今必辭陛下去，始敢言之耳。」少帝曰：「渠嘗夜捫廣平王，意欲加害。」泌曰：「陛下之言，出於讒口也。豈有建寧王之孝友聰明，肯為此乎！且陛下昔欲用建寧王為元帥，臣請用廣平王。建寧王若有此心，當深憾於臣；而以臣為忠，益相親善，陛下以此可察其心矣！」少帝聞言，似夢方覺，忽失聲淚似泉湧。歎曰：「事已及此，為之奈何！」

泌曰：「臣幼穉時，念得《黃臺瓜辭》，陛下聞其說乎？昔高宗大帝有八子，皇祖睿宗最幼。天后所生四子，自為行第，故皇祖第四。長曰孝敬皇帝李弘，為太子監國，而仁明孝悌。天后方圖臨朝，乃鴆殺之，立雍王李賢。賢每日憂惕，知必不保全，與二弟同侍父母之側，無由敢諫，乃作《黃臺瓜辭》，令樂工歌之，冀天后聞之省悟，即生哀愍。其辭曰：『種瓜黃臺下，瓜熟子離離。一摘使瓜好，再摘令瓜稀。三摘尚自可，四摘抱蔓歸。』然太子賢終為天后所逐，死於黔中。陛下有今日運祚，建寧王之事，已一摘矣，慎勿再摘！」少帝愕然曰：「先生安得有是言！卿錄是辭，朕當書紳。」泌曰：「陛下但識之於心，何必形於外也！」原來李泌以廣平王立大功，恐被張良娣所譖，遂與少帝從容語及建寧王之事。因復求歸衡嶽，少帝曰：「且待來日，鑾駕將發鳳翔再議。」

話分兩頭。卻說魯炅與武令珣相拒於襄陽。自八月守至十月。武令珣打破武關，守將歐陽琟被擒。令珣令賊兵押歐陽琟到城下，勸魯炅投降。歐陽琟偽許之，到城下請魯炅相見。魯炅出到敵樓上。歐陽琟抗聲曰：「鳳翔諸將，已收長安。琟不能效死軍前，辱大夫所使，願大夫保守忠義，克終令圖！」令珣聽了，勃然變色，喝令賊兵毆打，歐陽琟志氣不撓。

令珣將歐陽琟送赴東京，指揮打城，從辰至未，人馬漸漸力乏。忽聽得西北角上金鼓齊鳴，喊聲大震，一彪軍到：為首大將，乃張鎬也。令珣人困馬乏，那裡迎敵得住。賊兵奔走，連夜直趕到南陽。張鎬傳令教眾將圍城，並力攻打城池。令珣棄了城池，出東門便走。張鎬將得勝之兵，殺入城中，勢如劈竹，令李奐領興平兵取武關。

李奐領命，即時便引兵至武關，畢思琛出與李奐交鋒。戰有二十餘合，思琛敗走。李奐奪了武關，乘勢進取上洛。朝廷就命李奐為興平軍節度使，領上洛太守。忽流星馬到，報說張巡、許遠被賊兵圍困，睢陽危在旦夕。張鎬大驚，急遣使持牒文，教會稽太守李希言、江寧太守司空襲禮、廣陵長史高適、北海太守鄧景山、譙郡太守閭丘曉，各調本部兵火速往睢陽救援。張鎬隨後引兵到彼會合。

卻說廣平王休兵三日，令行禁止，民庶安堵，秋毫無犯，乃令虢王留守西京，王思禮屯兵苑中，以清宮禁，自引大軍而東。

廣平王、郭子儀追趕賊兵，直到潼關，殺死賊軍五千餘人，克復華陰、弘農二郡。偽絳郡太守高武光舉城降。廣平王、郭子儀率大軍，望陝郡進發。

廣平王差人解關東生口百餘至鳳翔，少帝命盡斬於城外。其囚有仰天長歎者，司膳員外郎李勉見而問之，荅曰：「某被脅制守官，非逆者。」李勉徑來見少帝曰：「今元惡未殄，遭點汙者半天下，聞陛下龍興，皆欲澡心歸化。若盡殺之，是驅天下以資兇逆也。」少帝急令人釋之，自此歸化日至。勉乃鄭王李元懿曾孫也，性清峻，好經籍，有美譽。少貧苦，嘗遊宋州，與一書生同店。書生病危，謂勉曰：「我當到太原，而被病，命在須臾。囊中有金百兩，願以相贈，死後乞葬骸骨。」未及問姓名而絕。勉即鬻金十餘兩，營其殯葬，餘金悉置墓中，人無知者。後數年，勉官開封尉。汴州水陸所湊，邑居龐雜，號為難理，勉與聯尉盧成軌並有擒奸擿伏之名。書生弟尋其兄至宋州，知勉為主喪事，專詣開封謝之。勉引至墓所，出金付之。勉由是顯名。

卻說上皇在成都，正望捷音。忽報鳳翔有使齎表到。上皇召入問之。使者具說廣平王統領大軍，克復長安，呈上表章。上皇大喜曰：「自逆賊安祿山稱兵犯順，竊據二京，朕巡狩成都，皇帝駐驛靈武。曾未逾年，收復京邑，自書契以來，殆未有克復宗社如此之速也。」李麟等一班文武百官擁拜丹墀，山呼萬歲。上皇見了少帝表章，大驚，即令中書舍人李揆草詔，要少帝與劍南一道自奉。付與使者，謂使者曰：「歸語吾兒，吾不復回京矣！」使者拜辭而去。於是蜀中文武皆驚。

不數日，又報少帝遣人送表至。上皇召入。使者具言天子思戀晨昏之狀，進上李泌表章。上皇看畢，滿心歡喜，對多官道：「吾方得為天子父。」遂下詔還京。使者辭去，回報少帝不題。

卻說高適、李希言、司空襲禮、鄧景山等接得張鎬文書，都領兵星夜疾馳，望睢陽來解救。惟有閭丘曉接得張鎬牒文，恐賊兵勢大，難以抵敵，遂不敢進兵。正值龍標尉王昌齡，因嶺南黃乾曜作亂，龍標失陷，走回鄉里。路經譙郡，聞知睢陽有難，閭丘曉卻不肯發兵往救。徑來見丘曉曰：「睢陽被賊兵圍困，甚是危急。使君與張巡、許遠鄰郡，安忍坐視而不救乎？」丘曉怒曰：「汝何人？敢來亂言！」昌齡曰：「吾乃太原王昌齡也。」丘曉自來驕傲，喝左右亂棒打出。昌齡大怒，指丘曉罵曰：「庸才誤國家大事矣！」丘曉大怒，曰：「豎子何敢藐視吾耶！」遂殺昌齡。

王昌齡有盛名於天下，初從金陵遠謫沅溪，五溪蠻夷素聞其名，時有長跪乞詩者。竟被閭丘曉所殺，聞者無不歎息。

卻說張巡在睢陽，計點馬步軍兵，止剩四百餘人，救兵又不見到。張巡登城遍視，祇見賊兵四面圍得鐵桶相似。張巡激厲將士，示以必死，將士感之，皆無貳心。尹子奇見西南面城垣稍低，便令楊朝宗等把飛樓逼近城垣。張巡知城將陷，心中無計，乃領眾西向再拜，曰：「臣等智勇俱竭，不能式遏強寇，保守孤城。臣等雖為鬼，誓與賊為厲，以荅明恩！」此時賊兵從飛樓攀上城，已有百十餘人，一發向前，生擒了許遠、姚誾。這裡張巡與眾將在東北角上力敵子奇，被賊軍圍裹上來，正是寡不敵眾，盡被賊兵捉了。

尹子奇坐於廳上。須臾，眾擁張巡、許遠等至。張巡等不肯下跪，遂坐於地。群刀手以刃加張巡頸上，以脅降之。張巡不肯降而起。眾見之，或起或泣。巡曰：「勿怖！死乃命也。」眾皆泣，不能仰視。張巡每與賊戰，登城大呼誓師，頭髮上指，鬚髯悉張，目眥盡裂，齒牙皆碎。子奇謂張巡曰：「聞公每督戰，輒眥裂齒碎，實有之否？」巡應之曰：「然。」子奇曰：「何至此耶？」巡曰：「吾欲殺逆賊，但力不遂耳！」子奇以大刀剔其口視之，其齒存者不過三四。

子奇奇巡壯勇，又感其忠義，欲解其縛，以禮待之。朝宗曰：「此人守義，必不為我用。且素得士心，若不即除，恐貽後患。」子奇沉吟半晌，曰：「斯言是也。」遂令推出斬之。刀斧手擁張巡而出，巡大罵曰：「我為君父死。爾附逆賊，犬彘也，安能久哉！」賊又以白刃脅降南霽雲，霽雲未及應。張巡回顧，呼霽雲曰：「南八，男兒死爾，不可為不義屈。」霽雲笑曰：「欲詐降，將以有為也！公有言，霽雲敢不死？」遂引頸待殺，全無懼色。賊又問姚誾、雷萬春、張抃、李懷忠等諸將三十四人曰：「汝等降否？」眾皆默然不荅。子奇怒，命皆斬之。張巡等臨刑，神色不變，揚揚如平常。惟許遠執送東京。

第六十九回　辭少帝李泌歸山　復宗廟二帝迴鑾

卻說張鎬引軍星夜倍道而行，徑到臨淮。高適與司空襲禮、鄧景山、李希言，各引本部軍來會。張鎬整點軍馬，欲要去救睢陽之急。

兩日流星報馬，將羽書雪片也似報來，說：「睢陽已陷，張巡、南霽雲等三十六人俱已死節了。」張鎬聞張巡等死，嗟傷不已，使中書舍人蕭昕爲之誄。眾將無不垂淚。張鎬統領臨淮大軍，望淮口進發。忽報閭丘曉引本部兵，自譙郡來助戰。張鎬命入，問曰：「閭太守既知睢陽危急，何故坐視？」丘曉默然無語。或告張鎬曰：「閭太守知賊兵勢大，不敢往救。前龍標尉王昌齡，說太守發兵，太守不聽，竟將王龍標害了。今聞相公統臨淮大軍到此，不得已而來。」張鎬勃然大怒，叱左右「推出斬之！」丘曉哀告曰：「有親，乞貸餘命！」張鎬叱曰：「王昌齡之親，欲與誰養乎？」遂斬丘曉，傳令軍將鼓譟而進。

有人報入城中，尹子奇點了人馬，出城迎敵。兩軍漸近，旗鼓相望，各擺成陣勢。張鎬縱馬出陣，望見子奇軍中一簇皂旗下。高適謂張鎬曰：「對面陣內皂旗下一目者，尹子奇也。若殺得子奇，足可與睢陽三十六義士報讎。」張鎬大怒，正待交戰，兵馬使吳王李祗早出，直取子奇。朝宗欺吳王年老，躍馬迎戰。交馬一合，吳王砍朝宗於馬下。張鎬驅兵殺將過去。子奇軍大敗，回望陳留而走。官兵追殺二百餘里，子奇走入城中，拽起弔橋，堅閉城門。張鎬大軍乘勢趕到城下。分佈眾軍，四門攻打。

卻說嚴莊自引本部銳兵，會合張通儒並安守忠、田乾真、崔乾祐、李歸仁，雄兵十五萬，來敵廣平王。廣平王、郭子儀引兵至陜西曲沃，子儀謂廣平王曰：「賊兵依山傍險，急難取勝。吾引大軍攻其前，卻佯輸詐敗，誘到南山之下，分回紇輕騎擊其背，兩下夾攻，必獲大勝！」廣平王從之，即傳令與葉護太子曰：「賢弟可引回紇之眾搜山。若聽得山下發喊，便提兵於南山西嶺之上，待賊兵至擊之。」葉護太子遣將軍車鼻施吐撥裴羅等引兵依山而東，正遇賊將安武臣伏兵於南山谷中，兩頭圍住盡殺之，就嶺北屯軍。

廣平王、郭子儀催軍行至新店，安守忠軍已守險要。李歸仁軍馬，直到山下搦戰。子儀就令僕固懷恩、渾釋之，同出交鋒。不十合，歸仁敗走。懷恩、釋之勒兵上山，矢石如雨。兩個不得進而回，崔乾祐又引軍來搦戰，子儀陣上王仲昇、張用濟出馬。兩個與乾祐交戰，鬥不到三合，乾祐又敗，撥馬便走。仲昇、用濟引兵殺上山來。半山中擂木礮石打將下來，不能上山，兩個祇得仍退下山。張通儒又引軍來搦戰。子儀軍中陳迴光、康元寶出於陣前，與通儒交戰。通儒不戰而退。廣平王遂引大兵追趕，通儒便退上山，廣平王驅兵捲殺過去，猛聽得一聲礮響，安守忠領兵從左邊殺來，田乾真領兵從右邊殺來，嚴莊麾兵衝殺，官軍大亂。廣平王急退軍望山下而走，嚴莊在山上把黑旗一招，守忠等五將，一齊引兵殺下山來。

直追廣平王至數里外，李嗣業死戰相拒。嚴莊遂遣張通儒引兵三千，截斷廣平王歸路；回紇未到，眾皆失色。忽西北角上喊聲大震，鼓角齊鳴。但見西嶺上風飄出一面白旗，上書：「回紇葉護太子」。領軍馬漫山遍野而來，於黃埃中發十餘箭。嚴莊大驚，回顧左右曰：「回紇至矣！」葉護太子曳白旗而下，出嚴莊後，乘其背而擊之。郭子儀急命三子郭晞，引鐵騎攻其前。賊軍俱無鬥志，四散奔走，遂大潰。廣平王把令旗招展，麾軍齊進。表裡夾攻，賊兵大敗，自相踐踏，死者無數，斬首九萬級，生擒一萬人。

廣平王、郭子儀大獲全勝，引軍入陜城。安守忠、張通儒保護嚴莊，望東京而奔。李嗣業、王思禮、僕固懷恩等乘勝追殺五十餘里，自陜郡至東京，賊兵軍馬輜重，連路散棄而走。

嚴莊、張通儒率敗兵奔入東京，告安慶緒曰：「洛城難守，不若還兵河北，養軍蓄銳，待來年春暖，然後引兵先破河南，後取關中。」慶緒然其言，遂使嚴莊往內客省盡殺哥舒翰、程千里等三十餘人而行。

廣平王大軍入城，陳兵於天津橋南，百姓見了郭子儀等人馬，都喜躍歡呼。廣平王妻沈氏，與王相見。達奚珣、陳希烈、張均兄弟等三百五十餘人，皆素服悲泣請罪。廣平王俱用好言撫諭，曰：「公等被脅制守官，非逆者也。天子有詔，盡皆赦宥！」一面令人將偽燕百官解赴西京，一面使人於鳳翔報捷。惟哥舒翰、程千里諸將三十餘人，賊將投河北走時，盡被殺死。葉護太子領軍入府庫，盡收其中珠翠金銀、綾羅緞匹。帝德縱兵於市井村坊剽掠三日，所獲財物不可勝計，意猶未厭。廣平王憂慮，計無所出。父老以繒錦萬匹賂之，帝德乃止。

卻說少帝在鳳翔行宮中，與文武商議，祇等成都上皇消息。是日，前使者還，奏曰：「上皇得陛下表，彷徨不能食，欲留蜀不歸，徘徊未決。」少帝憂懼，計無所出。又數日，後使者還，奏曰：「上皇得功臣表，大喜，即命奏樂上食，遂下誥擇日起駕。」少帝且泣且喜，謂李泌曰：「上皇已下誥還京，皆卿力也！」

遂取靈武元從子弟，置「神武軍」，亦稱「神武天騎」，各置官屬，制如羽林、龍武，總謂之「北衙六軍」。又擇善騎射者千人為「供奉射生官」，亦曰「殿前射生手」，號曰「英武軍」。以李輔國為殿中監，兼閒廄、群牧等使，專掌羽林、龍武兵；又命宦官程元振為內射生使，掌英武軍。

李泌說起前言，復求歸山。少帝再四挽留不住，祇得允放。詔給三品祿俸，賜隱士服，又命郡縣，為之築端居室於隱所。李泌拜辭了少帝，飄然去了。

少帝便命韋見素赴成都迎上皇，自己即日排駕回京。遣堂侄左司郎中李巽，先行陳告宗廟之禮。太廟先為賊焚，顏真卿奏曰：「春秋時，新宮災，魯成公三日哭。今太廟為盜焚毀，宜築壇於野，皇帝東向哭，然後遣使。」少帝弗從。

是年冬十月癸亥，少帝同苗晉卿、崔圓一行人馬，離了鳳翔，迤邐望西京進發。

卻說郭子儀令張用濟引一軍取河陽，僕固懷恩引一軍取河內。嚴莊料安慶緒不能久存，乃寫密書，遣妻薛氏，直到廣平王寨裡來投降。軍人引到中軍帳前，薛氏跪下告道：「嚴莊欲降，請給鐵券在軍前，如有可招者，填名以付之。」廣平王見說大喜，與子儀議曰：「若嚴莊到，則餘黨可盡招降之。特許奏聞，必然重用。」遂將鐵券賜莊，令人隨薛氏前往招之。嚴莊既得鐵券，乃降。

張鎬引兵圍住陳留攻打，一面差人打探許遠消息。探子回報，具說：「廣平王大獲勝捷，朝廷克復二京。安慶緒引敗軍奔河北，嚴莊投降。許遠自為賊所擒，求死不得，降逼至偃師縣，為賊所害。」張鎬聽說，催促軍馬，悉力攻打陳留。賊勢危急，帳下頭目刺殺尹子奇，獻首投降。

潁川賊將田承嗣知陳留已失，亦開門而降。子儀未及以兵應之，承嗣復叛，與蔡希德、武令珣，皆投河北去了。

卻說少帝等一行人馬，望西京回來。車駕至望賢宮，忽又報馬到來，報說廣平王大軍大破賊兵於新店，收復東京。少帝滿心歡喜。是夜，少帝宿於望賢宮中。

次日，鑾駕望西京緩緩而行。離長安二十里，裴冕、虢王接著。百姓扶老攜幼，滿路瞻觀，持幡花，鼓音樂，遙望鑾駕來到，在路旁邊，舞蹈揚塵，山呼萬歲。歡叫之聲，震動天地。父老皆悲喜交集，無不流涕，曰：「不圖今日復見我聖君！」少帝感泣，皆用好言撫慰。車駕進城，從朱雀門入大內。蕃將白元光率兵入宮，翦除賊寇，手殺傷數十人，身被十餘創。少帝壯之，親手與白元光敷貼藥餌。少帝以太廟被焚，素服東向而哭三日。遂居大明宮。

卻說戶部侍郎兼御史中丞、知禮儀事崔器令西京偽文武官免冠徒跣，撫膺號泣，金吾府縣人吏圍之，直到朝堂請罪。少帝使百官臨視畢，收付大理、京兆府獄繫之。又因將行大禮，文物多闕。命有司於東京取之，送於長安。朝廷給錢造伎衣及大舞等服，於是樂工二舞始備。

且說韋見素到成都，入見上皇，傳少帝敕命，言還京之事。上皇大喜，命通川太守、七郡採訪防禦使盧元裕為劍南留後，鎮守成都，自率百官回長安。

卻說安慶緒連夜望北遁走，卻不見了嚴莊，阿史那承慶、阿史那從禮、田乾真、安守忠、李歸仁等引麾下兵馬三萬餘人，散投常山、趙郡、范陽；慶緒走至汲郡，祗有張通儒、崔乾祐相隨；至湯陰縣界首，賊兵去者過半。慶緒知人心離散，不敢詢問。止剩得步兵一千、馬軍三百，望鄴郡而去。

通儒、乾祐保護慶緒，連夜奔走至滏陽縣界，忽然前面火光沖天，喊聲大震，左邊李光弼殺來，右邊王思禮殺來。後面兵馬趕來，眼見得都是個死。慶緒勒住馬，回顧諸弟曰：「前有攔截之兵，後有追趕之兵，一種是死，不如刀頭取決。」即與偽鄭王安慶和等三人引家僮數百奮力衝殺。忽刺斜裡一彪軍到，為首大將乃牛庭玠，盡起鄴城之兵，前來救應。光弼、思禮見庭玠軍馬來到，兩軍皆有懼色。光弼帳下蕃將康歿野波、康英俊兄弟二人大怒，策馬挺槍，直抵滏水，來與賊兵交戰。賊兵措手不及，被歿野波、英俊殺獲二千餘人。賊兵急回，光弼、思禮乘勢掩殺。兩邊軍馬混戰做一團。慶緒先撥馬走脫，庭玠隨後脫身，奔回鄴城。光弼以雜並百匹，賞賜歿野波、英俊。歿野波、英俊一無所納，盡以分賞麾下。見者皆歎異之。

卻說安慶緒在鄴城，聞報光弼、思禮軍馬退去，乃遣使分往諸道，招諭離散之眾，聲言：「破李光弼、王思禮兩軍，斬獲萬計，營幕儼然，天假使便，無所欠少，況回紇已走，立功不難。其先潰將士於鄴城屯集，限此月二十六日前到，取來月八日再收洛陽。」安守忠、阿史那承慶等聞慶緒在鄴城，又皆蟻聚。獨有李歸仁領曳落河、同羅、六州胡兵三萬，敗回范陽，於路劫掠，所過一空。史思明嚴兵備禦，然後遣使招之，曳落河、六州胡皆降。唯同羅不從，思明縱兵擊之，殺三千人，同羅乃降。

郤說安慶緒封安守忠為特進、左威衛大將軍，阿史那承慶為特進、獻誠王，阿史那從禮為左羽林大將軍、順化王，其餘眾官，各有封賞。旬日之內，蔡希德引兵二萬，自高平來；田承嗣引兵一萬，自潁川來；武令珣亦引兵一萬，自淮安來：各至鄴城助戰。又於汲、魏、鉅鹿、廣平諸郡徵兵二萬，軍勢復振。惟有史思明得了李歸仁軍，聲勢甚盛，遂不聽安慶緒之令，擁兵自固。

郤說崔器復令東京偽文武官達奚珣、陳希烈、張垍等，免冠徒跣，撫膺號泣，金吾府縣人吏圍之，直到朝堂請罪。少帝復使百僚臨視畢，禁之府獄如初。

忽報葉護太子自東京而來，少帝領崔圓、苗晉卿等一班文武百僚出迎於長樂驛。葉護太子引諸部酋長至，少帝御宣政殿，以宴勞之。葉護太子登殿，其餘諸部酋長列於階下。宴罷，葉護太子辭歸本藩。少帝謂葉護太子曰：「能為國家就大事成義勇者，卿等力也。何遽去耶？」葉護太子奏曰：「回紇戰兵留在沙苑，今且須歸蕃取馬，為陛下更收范陽，討除殘賊。」少帝大悅，詔授葉護太子司空，封忠義王，其餘諸部酋長，各賜錦繡繒綵金銀器皿等甚多。約以每載送絹二萬匹，令回紇差使至朔方受領。葉護太子再拜，謝恩而去。

冬十一月壬申朔，少帝御丹鳳樓，下制曰：「我國家出震乘乾，立極開統。謳歌歷數，啟聖千齡；文物聲名，握圖六葉。安祿山夷羯賤類，頑兇殘愎，頃以粗立邊功，專制方面。遂肆兇殘，變起倉卒，而毒流四海，塗炭萬姓。朕作人父母，志雪國讎，是用中夜奮發，提戈問罪。自靈武聚一旅之眾，至鳳翔合百萬之師，親總元戎，掃清群孽。廣平王俶，受委元帥，能振天聲。左僕射子儀，決勝無前，克成大業。復有回紇葉護，及雲南子弟，並諸蕃兵馬等，皆竭誠向化，力戰賈勇，事同破竹，易若摧枯。朕入城之日，百姓咸思戴商，復喜覩漢。朕早承聖訓，嘗讀禮經，義切奉先，恐不克荷。今復宗廟於函洛，迎上皇於巴蜀，導鑾輿而反正，朝寢門而問安，寰宇載寧，朕願畢矣。且復人將有主，敢當天地之心；興豈在予，實憑社稷之祐。今兩京無虞，三靈通慶，可以昭事，宜在覃恩，待上皇到日，當更處分。諮爾有眾，知朕意焉。」

旬日後，廣平王率郭子儀等自東京至，少帝備軍容出迎於灞上，親勞將士。少帝稱讚郭子儀功勞，曰：「雖吾之家國，實由卿再造！」子儀頓首稱謝。

嚴莊降唐，子儀引見少帝，少帝赦免本罪，除司農卿。廣平王引一人見少帝，乃汲郡人也，姓甄，名濟，字孟成，幽州都督甄道一之侄。少孤，文雅為鄉里所稱。隱居青巖山十餘年，鄉人伏其操行，相約不入山畋漁。河北採訪使苗晉卿等五人，薦之於朝，前後十見徵辟，皆不應命，朝廷徵為左拾遺，不就。祿山聞其名，辟為掌書記。濟因察祿山有異志，謀以智免，乃詐得風疾，吐血不止。祿山不得已，令人送濟回鄉養病。祿山僭號於東京，遣蔡希德帶數個刀斧手，至汲郡召濟，濟託病不起。希德怒，即令刀斧手戮之。濟全無懼色，引頸待殺。希德知濟終不可致，歎異良久，以實病告祿山，因此得免。祿山死，慶緒繼位，復使人強舁濟至東京，濟終不肯仕燕。慶緒大怒，將濟囚於安國觀中。廣平王收東京，濟至營門上謁流涕。廣平王感傷，與濟同回見少帝。

廣平王將甄濟守死善道的事情，備細陳說。少帝聞之，稱讚不已，擢甄濟為秘書郎，復以為其賞不厚，改授太子舍人，命館於三司，使達奚珣、陳希烈、張垍等往見，以愧其心。達奚珣等見甄濟，羞得徹耳通紅。莫不俯伏仰歎，恨不即死於其地。

張鎬在河南，總率襄鄧魯炅、淮西來瑱、鎮西北庭李嗣業、興平李奐、兵馬使吳王李祗之眾討賊。所到之處，盡皆歸降；獨偽北海節度使能元皓據北海，河東節度使高秀巖據雲中，攻打不下。張鎬遂平淮陽、滎陽、汝南、靈昌數郡，上表獻捷。

時冬十一月十五日，有司新造九廟神主成，因新修太廟未成，權於長安殿安置。少帝朝享長安殿，顏真卿思復舊章，屢進讜議，少帝不悅。崔圓希旨，黜顏真卿為馮翊太守。

第七十回　劍閣關上皇題壁　望賢宮少帝迎鑾

卻說上皇一行人眾，數百人馬，出了巴西，迤邐前行。至普安，到劍閣。時近平明，山光仍黑，比及亭午，日色暫赤。擡頭見懸崖倚天，行雲不到；絕壁萬仞，飛鳥難過。上皇因見劍閣路窄崖高，石多嶺峻，人馬難行，顧謂高力士曰：「劍門天險若此，自古及今，敗亡相繼，豈非在德不在險耶！」便叫普安太守賈深取過筆硯，去那石壁上寫下八句五言詩，寫道：「劍閣橫雲峻，鑾輿出狩回。翠屏千仞合，丹嶂五丁開。灌木縈旗轉，仙雲拂馬來。乘時方在德，嗟爾勒銘才。」至今劍閣石壁之上此詩尚存。上皇寫罷，取路登程。抹過益昌，路經漢中，取順政，上河池來。少帝知之，即寫密詔付李輔國。命李輔國領軍三千往鳳翔，迎接上皇。

卻說上皇一行人馬，迤邐取路，望著鳳翔地面來，看看來到鳳翔界首，望見前面一簇黃旗，塵土遮日，金鼓喧天，鐵騎三千來迎，為首一騎飛出，厲聲問：「上皇何在？李輔國特來迎駕。」高力士勒馬向前，叱曰：「既來迎駕，上皇在此，何不下馬？」李輔國大驚，慌忙下馬，拜於道左。上皇命高力士以言撫慰李輔國，輔國袖中取出一密詔曰：「天子有詔，可即交付隨駕甲仗。」眾人聞言，面面相覷。上皇見眾人有難色，乃曰：「臨至王城，何用此物？」命扈從劍南軍士六百餘人盡去軍器，都交與鳳翔府庫官收了去。

將至長安，少帝排鑾駕出郭迎接。當日風飄玉屑，雪撒瓊花。少帝一行人馬踏著瑞雪，迎著祥風，至望賢宮，二聖相見。少帝捧上皇足，上皇撫少帝背。父子兩個滿心裡皆有許多話，祇是俱說不出，祇管嗚咽對泣。時少帝衣紫袍來謁，上皇親為少帝披以黃袍，少帝伏地頓首，固辭不已。上皇曰：「天數、人心，皆歸於汝，使朕得保養餘齒，汝之孝也！」少帝乃受之。少帝請上皇登望賢宮正殿。上皇辭曰：「此天子之位也。」少帝堅請，親扶上皇昇殿。尚食每進一味，少帝皆嘗膳而進。

上皇在正殿上，見武士解到黃幡綽。上皇見了，欲釋之。有人言：「黃幡綽在賊中，與逆賊圓夢，每順其情，而忘陛下積年之恩寵。祿山夢見衣袖長，忽至階下，幡綽輒曰：『當垂衣而治之。』祿山夢見殿中槅子倒下，幡綽輒曰：『革故從新。』推之多此類也。」上皇聽言，詰問幡綽。幡綽曰：「臣實不知陛下大駕蒙塵赴蜀。既陷在賊中，寧不苟悅其心，以脫一時之命。今日得再見天顏，以與大逆圓夢，必知其不可也。」上皇曰：「何以知之？」幡綽荅曰：「逆賊夢衣袖長，是『出手不得』也；又夢槅子倒者，是『胡不得』也。以此臣故先知之。」上皇大笑，遂赦之。

次日，將離行宮。少帝親選飛龍廄御馬試之，然後進御。上皇上馬，少帝親執鞚而行。行數步，上皇撫背止之，少帝乃後退。上皇謂高力士曰：「吾享國長久，未知貴也；今見吾子為天子，乃知貴矣。」左右皆呼「萬歲」。上皇令高力士扶少帝上馬。少帝乃上馬，執鞭弭，避馳道，以為前導。時上皇用馬車載劍南珍物回長安，謂黃幡綽曰：「車上鈴聲頗似人語。」幡綽對曰：「似言『三郎郎當！』『三郎郎當』！」上皇滿面羞慚，強顏而笑。

將入開遠門，二帝疑入門先後而不決，顧問左右，皆不能對。高力士前曰：「天無二日，士無二王。今皇帝雖子，人主也；上皇雖父，人臣也；上皇偏門而先行，皇帝正門而入後行。如此，則威重行矣。」二帝大悅，從之。

當日少帝導引上皇，自開遠門直至丹鳳門，旗幟燭天，彩棚夾道。都人士女，觀者如堵。耆老緇黃莫不歡欣忭舞，皆泣曰：「不圖今日復覩二聖！」

是日上皇昇含元殿，崔圓、苗晉卿、李麟等一班文武官僚拜舞稱賀。上皇一一撫慰，百官俱感泣。忽見武士押達奚珣、陳希烈、張均兄弟等偽文武官數百人自外而入，一齊都到階下，免冠徒跣，素服悲泣。上皇下詔，深責達奚珣、陳希烈、張均兄弟等孤背國恩，失節賊庭。達奚珣等頓首伏罪。上皇怒未息，命將達奚珣、陳希烈、張均兄弟等囚於大理寺、京兆府獄中。又因負罪者眾，獄中不容，其秩卑者，囚於楊國忠舊宅中。

上皇親謁太廟，泣拜請罪。遂居興慶宮。少帝假意上表仍請避位，退居東宮。上皇知其意，遂令高力士齎誥宣諭。少帝乃止。

數日後，詔以禮部尚書李峴、武部侍郎呂諲為三司詳理使，與三司官戶部侍郎兼御史中丞崔器、憲部侍郎兼御史中丞韓擇木、大理卿嚴向等，詳定達奚珣、陳希烈、張均兄弟以下數百人罪戾輕重。崔器、呂諲用法刻深，為時所鄙。而李峴與判官李棲筠俱名平恕，獨得美譽。

崔器為人陰刻樂禍，殘忍寡恩，手下有酷吏二人，不亞羅希奭、吉溫：一人乃河東寶鼎人，姓敬，名羽，生得容貌醜惡，性甚便僻，現為殿中侍御史；一人乃絳郡太平人，姓毛，名若虛，其人眉毛覆眼，天性殘忍，現為監察御史。二人審國用不足，欲以徵剝求進。每推一人，尚未鞫問，即先收其家資，以定贓數。若不滿數，即攤徵鄉里近親。人皆懼死，輸納不差晷刻，把家產費得罄盡，仍舊冤屈無伸。先是，二京小兒謠曰：「不怕上蘭單，唯愁答辯難。無錢求案典，生死任都官。」至此果應其讖。

卻說崔圓、苗晉卿上表曰：「伏見工部侍郎李遵及殿中監李輔國言，皇帝於望賢宮奉迎上皇，望樓趨馳，捧足嗚咽，問安既退，侍膳皆親。及出宮之時，親選龍媒，侍從歸闕。孝敬之至，傍感人神，四海歸心，恩深錫類。群臣何幸，得覩盛美？陛下武功冠於千古，孝德逾於百王。昔夏之有窮，少康復其業；漢之新莽，光武纘其緒。雖復崇名茂績，輝映當時，而皆曠日持久，動數十載，致使宗社郡邑，蕩無復遺。未有如陛下神武奮發，睿謀獨斷，曾不再稔，掃清群兇，奉迎聖皇，不失舊物，蒸蒸翼翼，榮輝區宇。攷之傳記，振古未聞。天地人神，孰不慶幸？臣請編諸史冊，傳之不朽。」詔曰：「荷社稷之靈，賴上皇之威，翦除寇盜，克復京都。浹辰之間，大勳允集，掃清宮闕，奉迎鑾輿。昨自望賢宮得申拜慶，重歡侍省，深戴君父之恩；承順尊嚴，固宜臣子之禮。卿等訏謨致理，翼贊成功，方告史臣，有慚薄德。」

李輔國又表曰：「臣聞古今大寶，皇王受命，成功創業，皆始艱難。繇是足高光武之功，漢圖斯永；滅澆豷之患，夏嗣以興。豈比孝以感通，德以成化，光膺聖歷，協契天時。開闢以來，未有如陛下者也。頃巨猾閒釁，中夏不康，陛下赫然發憤，奉命專征，曾不逾旬，兩京克復，掃清宮闕，奉迎鑾輿。警蹕鳴笳，舊儀逾盛；行軍便幕，故事無闕。陛下整法駕，擁群臣，遠自望賢，拜迎路次，引旌旆而祥風不散，拂鑾輿而瑞雪時飄。承順天顏，無違就養，君父之禮，億兆同歡，猶乃不自為功，至崇謙德，過周文侍膳之典，邁漢高獻壽之儀，虔奉至尊，敬恭受命。伏惟陛下以孝理天下也如彼，以德化天下也又如此，盛德大業，其至矣哉！臣幸參締構，職在禁戎，得覩盛明，無任忭躍，伏請編諸史冊，以示將來。」詔曰：「朕恭承明命，親總兵戎，掃欃槍之妖，拯生靈之患。宗社所祐，何往不克。雖兆自於艱難，而終盛於丕業。昨日星動順，鑾輿回京，仰戴君父之恩，重歡侍省之慶。拜迎之日，得展孝誠，特荷恩慈，多慚薄德。遂得祥風引旆，瑞雪灑途，宮闕生光，感應昭著。卿為朕心膂，夙夜忠勤。所請宣付史館，宜依。」

冬十二月戊午朔，少帝御丹鳳門，大赦天下。惟與安祿山同反逆黨，及李林甫、王鉷、楊國忠子孫，不在免限。以成都為南京，鳳翔為西京，長安為中京，與東京洛陽，北京太原，號曰「五京」。天下諸郡改為州，太守改為刺史。來載租庸，三分蠲一。潞州給復五載，太原、成都並鄧、許、滑、宋四州，雍丘、好畤、奉先三縣給復三載。賜天下酺五日。授韋見素開府儀同三司，加高力士實封，封陳玄禮為蔡國公，裴冕為冀國公，李遵為鄭國公。加房琯金紫光祿大夫，賜爵清河公。其餘蜀郡、靈武元從功臣，皆進階、賜爵、加食邑有差。冊張良娣為淑妃，封其二子：李佋為興王，李侗為定王；封南陽王李係為趙王，新城王李僅為彭王，潁川王李僩為兗王，東陽王李侹為涇王，李僙為襄王，李倕為杞王，李偲為邵王。以元帥、廣平王李俶為太尉，封楚王，實封二千戶；李輔國為開府儀同三司，封郕國公，實封五百戶；郭子儀為司徒、兼左僕射，封代國公，實封二千戶；李光弼為司空、兼武部尚書、同平章事，封魏國公，實封八百戶；王思禮為工部尚書，封霍國公，實封六百戶；李嗣業為衛尉卿，封虢國公，實封二百戶；崔光遠為禮部尚書，封鄴國公，實封三百戶；封來瑱為潁國公，魯炅為岐國公，僕固懷恩為豐國公，實封各二百戶。其餘李光進等一班良將，各擬功勳定爵。改左相為侍中，右相為中書令。以崔圓為特進、兼中書令，封趙國公；苗晉卿為特進、兼侍中，封韓國公；李麟為金紫光祿大夫、刑部尚書、同中書門下三品，封褒國公；總理軍國重事。加張鎬銀青光祿大夫，賜爵南陽公。以李峘為戶部尚書，改封越國公，位金紫光祿大夫；李峴為御史大夫、兼京兆尹，賜爵梁國公，位光祿大夫。其餘虢王等一班文武百僚，皆有昇賞。追封死節忠臣，張介然、李憕、盧弈、蔣清、顏杲卿、袁履謙、薛願、龐堅、張巡、許遠、南霽雲等，訪其子孫，厚其官爵。

時詔贈張巡揚州大都督，許遠荊州大都督，南霽雲開府儀同三司，封其子孫。朝中大臣賀蘭進明等皆言張巡之守睢陽，糧盡食人，與其食人而守死，曷若降賊以全人。趙州人李翰聞知，即上書於少帝，且撰《張中丞傳》一卷以進，具言張巡守城之事。又請收葬睢陽將士骸骨，招魂祭奠。書略曰：

「臣聞聖主哀死難之士，育死事之孤，或親推輤車，或追建封邑，厚死以慰生，撫存以答亡，然後君不遺臣，臣不背君，君恩臣節，於是乎立。伏見故御史中丞、贈揚州大都督張巡，生於昌時，少習儒訓。屬逆胡構亂，竊據洛陽，控引幽朔，吞噬河南。巡挺身下位，忠勇奮發，率烏合之眾，當漁陽之鋒。前守雍丘，潰其心腹。及魯炅棄甲於宛葉，哥舒敗績於潼關，兩宮出居，萬國波蕩。賊遂僭盜神器，鴟峙二京，南臨漢、江，西逼岐、雍。群師遷延而不進，列郡望風而出奔，而巡獨守孤城，不為之卻。賊乃繞出巡後，議圖江淮。巡退軍睢陽，扼其咽頷。前後拒守，自春徂冬，大戰數十，小戰數百。以小擊眾，以弱制強，出奇無窮，制勝如神。殺其兇醜，凡十餘萬。賊不敢越睢陽而取江淮，江淮以全，巡之力也。孤城糧盡，外救不至，猶奮羸起病，摧鋒陷堅，俾三軍啖膚而食，知死不叛。及城陷見執，終無撓詞，顧叱兇徒，精貫白日，雖古之忠烈，何以加焉！

議者罪巡以食人，愚巡以守死，遏善揚惡，錄瑕棄用，臣竊痛之。且逆胡背德，人鬼所讎，朝廷衣冠，沐恩累代，大臣將相，從逆比肩。而巡朝廷不登，坐宴不與，不階一伍之眾，不假一節之權，感肅義旅，奮身死節，此巡之忠大矣。賊勢憑陵，連兵百萬，巡以數千之眾，橫而制之。若無巡則無睢陽，無睢陽則無江淮，賊若因江淮之資，兵彌廣，財彌積，根結盤據，西向以拒，雖終於殲夷，而曠日持久。國家以六師震其西，巡以堅壘扼其東，故陝鄢一戰，而犬羊北走，王師因之而制勝，聲勢才接而城陷，此天意使巡保江淮，以待陛下之師，師至而巡死，此巡之功大矣。古者列國諸侯，或相侵伐，猶有分災救患之義，況諸將同受國恩，奉辭伐罪乎？巡所以固守者，以待諸軍之救。救不至而食盡，食既盡而及人，乖其本圖，非其素志。設使巡守城之初，已有食人之心，損數百之眾，以全天下，臣猶曰功過相掩，況非其素志乎！今巡死大難，不覩休明，惟期令名，是其榮祿。若不時紀錄，恐遠而不傳，使巡生死不遇，誠可悲焉！臣敢撰傳一卷昧死獻上，乞編列史官。」

少帝覽表，方知張巡是忠義之士。眾官亦為歎息。賀蘭進明乃不敢復言。於是少帝降詔，張巡子張亞夫封金吾大將軍，許遠子許玖封婺州司馬，南霽雲再贈揚州大都督，功定為第一等，與張巡、許遠並立廟睢陽，歲時致祭。自此赦恩，無不褒贈張巡等。

是時偽平原太守王暕、清河太守宇文寬，皆殺安慶緒使者來降。慶緒使蔡希德引數千軍馬，徑取平原；安太清引數千軍馬，徑取清河。平原、清河各以城守旬月，復陷於賊。蔡希德、安太清生擒王暕、宇文寬歸鄴，安慶緒命臠食其肉。凡有潛謀歸國者，誅及種、族，乃至部曲、州縣、官屬，連坐死者甚眾。慶緒聚鄴城眾官，歃血為盟。而眾將聞嚴莊已降官兵，朝廷用為司農卿。人心始離。群臣受偽燕官隨慶緒在鄴者，聞廣平王在東京，宣詔赦達奚珣、陳希烈、張垍等，皆恨失身賊庭。

安慶緒忌史思明尾大不掉，乃封阿史那承慶為范陽節度副使，使與安守忠同往范陽徵兵，密圖思明。

卻說史思明在范陽，人報王玄志引平盧兵馬並奚、契丹之眾，共有五萬人馬，欲取范陽。判官耿仁智謂思明曰：「大夫崇重，人不敢言，仁智請一言而死。」思明曰：「汝試言之。」仁智曰：「大夫所以竭力盡能以效安氏者，逼於兇威耳。今唐室中興，天子仁聖，大夫發使輸誠，率所部軍馬歸之，天子必開懷見納，此轉禍為福之策也。」烏承恩弟裨將烏承玼亦曰：「今唐祚重興，慶緒葉上朝露耳。大夫固無罪，奈何與之俱亡！若歸款朝廷，以自湔滌，易於反掌耳！」思明深以為然。

正說間，人報安守忠、阿史那承慶，自鄴城而來。思明聞之，整點兵馬數萬出迎。相去一里，守忠、承慶以精騎三千自隨，思明遣使謂之曰：「大將軍及王遠至，河北將士不勝喜躍。然邊兵怯懦，懼公等之眾，故不敢進。請弛弓以安之。」守忠等不知有詐，遂從之。當下思明接守忠、承慶入城，於內廳設宴，置酒管待守忠、承慶及眾將。暗教李歸仁盡收其兵械。其諸郡兵皆被遣散，願留者分隸諸營。當夜，思明把守忠、承慶等灌得酩酊大醉，叫軍士綁了。

次日，安守忠、阿史那承慶降於史思明。思明遣使奉表，以所部一十三郡及麾下兵馬八萬來降。

卻說張鎬在陳留聞知史思明以范陽歸順朝廷，揣知其偽，恐朝廷許之，遂上密表奏少帝曰：「思明兇豎，因逆竊位，兵強則眾附，勢奪則人離。包藏不測，禽獸無異，可以計取，難以義招。伏望不以威權假之。」表上，少帝弗從。乃拜史思明為幽州節度使、兼御史大夫，封歸義王，並封其子史朝義以下為列卿。又遣中使李思敬與將軍烏承恩宣慰，使招安河北諸賊將。

高秀巖聞史思明已降，遂亦引本部軍來降；少帝授高秀巖雲州刺史，其子高如嶽等七人皆除美官。思明又召安忠志還幽州，遣其將薛崿領兵到井陘口，攝恒州刺史，開河東兵自井陘出常山之路。又招安偽趙郡太守陸濟來降；命史朝義攝冀州刺史，其將令狐彰署博州刺史。李思敬、烏承恩所到之處，宣述上意，諭諸郡守，於是河間、景城、饒陽、樂安諸郡皆降。其附安慶緒者，唯汲、鄴、魏、廣平、鉅鹿、平原、清河七郡而已。

第七十一回　遺錦襪老嫗獲錢　遊蓬山方士招魂

卻說李峴與呂諲、崔器、韓擇木、嚴向為三司使，共按陷賊官獄。陳希烈與張均兄弟自以掌賊機衡，俱皆涕泣伏罪。獨有達奚珣本因城陷見執受賊偽命，大叫冤屈。崔器明知達奚珣負屈銜冤，卻不申理。與呂諲計議停當，入奏少帝曰：「達奚珣與陳希烈、張均兄弟等，受賊逆命，孤背國恩，罪當大辟。」苗晉卿上疏諫曰：「方今天下騷擾，元惡未梟，達奚珣、陳希烈、張均兄弟等雖虧臣節，當從寬宥。今以達奚珣等委質賊廷，罪當大辟。陛下若得張通儒、安守忠、孫孝哲等，當加何罪？」少帝猶豫未決。

次日設朝，崔器、呂諲奏曰：「諸陷賊官達奚珣、陳希烈、張均兄弟等四十八人，背國從偽，準律並合處死。」少帝欲峻刑以懲勸天下，將從崔器之議。韓擇木、嚴向唯唯，署名而已。獨李峴爭之，以為不可。李峴奏曰：「夫事有首從，情有輕重，若一概處死，恐非陛下含弘之義，又失國家惟新之典。且羯胡亂常，無不淩據，二京全陷，萬乘南巡，各顧其生，衣冠蕩覆。陳希烈、張均輩，或陛下親戚，或勳舊子孫，皆置極法，恐乖仁恕之旨。昔者明王用刑，殲厥渠魁，脅從罔理。況河北殘寇未平，官吏多陷，苟容漏網，適開自新之路，若盡行誅，是堅叛逆之黨，誰人更圖效順？困獸猶鬥，況數萬人乎！」

少帝召群臣廷議，崔器、呂諲皆守文之吏，不識大體，殊無變通。李峴爭之數日，乃從。遂定所推之罪為六等：極重者刑之於市，與眾棄之；其次，賜自盡；再次，重杖一百；餘次三等，皆流貶。

二帝乃集百僚於尚書省，議其輕重。崔器等奏稱達奚珣父子等當伏大辟，陳希烈、張均、張垍、張倚、郭納等宜賜自盡。少帝曰：「達奚珣父子同刑，人所不忍。」乃減達奚摯死罪一等，論為杖殺。又因張均、張垍是張說之子，欲免其死。上皇謂少帝曰：「張均兄弟皆與逆賊作權要官，就中張垍更與賊毀阿奴、三哥家事，犬彘之不若也，其罪無赦！」少帝下殿，頓首涕泣，曰：「臣比在東宮，被人誣譖，三度合死，皆張均兄弟保護，得全首領，以至今日。今二人一度合死，臣不能力爭，若死者有知，臣將何面目見張說於地下！」嗚咽俯伏。房琯進曰：「張均欲往賊所，望五陵涕泣而不忍去也。」上皇見少帝悲哀，感動下泣，命高力士扶少帝起，曰：「與阿奴處置，張均宜長流遠惡處，張垍宜棄市，更不要苦救這個也。」少帝掩泣奉詔。

崔圓又奏王維、鄭虔、張璪三人，雖受偽署，心不附賊，宜從寬典。原來崔圓昔在劍南，素知王維之名。及為中書令兼集賢院大學士，朝廷為起第宅於崇義坊。崔圓表求三人圖畫相府粉壁，二帝許之。那王維精禪理，書畫特臻其玅，作《袁安臥雪圖》，有雪中芭蕉，筆蹤措思，參於造化；至如山水平遠，雲峰石色，絕跡天機，人皆不及。鄭虔嘗自寫所製詩並書、畫，同為一卷封進。天子嗟賞不已，御筆題曰：「鄭虔三絕。」張璪字文通，蘇州人也。善畫古松，能手握雙管，一時齊下，一為生枝，一為枯枝。時左庶子畢宏，以善畫松擅名一時，一見璪畫，驚歎久之，問其筆法所受，璪曰：「外師造化，中得心源。」宏自此擱筆。崔圓蒙二帝應允，遂使人召三人至。張璪遂與王維、鄭虔同至相府，拜見崔圓。就於相府中白粉壁上，圖畫山水。至此崔圓惜三人之才，乃力救之。

刑部侍郎王縉，抗表請以官爵贖兄之罪。少帝又以《凝碧池》詩之故，特宥之，於是黜王維為太子中允，鄭虔、張璪遭貶，亦獲善地。膳部員外郎盧象亦受偽署，黜為果州長史。

又黜趙驊為泉州晉江縣尉，李華為杭州司功。趙驊曾在賊中，見一婦人韋氏。駕部員外郎韋偎，其族兄弟也。韋氏夫為畿官，以不屈於賊遇害。韋氏遂被沒入為婢。趙驊哀其冤抑，以錢贖之，使妻置之別院，厚供衣食，而趙驊竟不面其人。至是年冬，廣平王收復東京，趙驊又以家財資給，訪得韋氏親屬歸之。李華自以失節賊庭，心中有愧，後所為文，殷勤於四皓、元德秀。李華後為元德秀墓碑，顏真卿書，李陽冰篆額，時人爭摸寫之，號為「四絕碑」。

工部侍郎韋述以家藏《國史》百餘卷獻於官，得流渝州。後為渝州刺史薛舒困辱，絕食而亡。國子司業蘇源明、伊闕令張拯，不受賊官。詔加源明攷功郎中、兼知制誥，拯太子右贊善。華州長史韓洪，與兄韓浩、弟韓渾，以忠而死，敕贈洪太常卿，浩吏部郎中，渾太常少卿。韋斌、李彭年因受偽官，憤恚致卒。敕贈斌秘書監，彭年禮部尚書。張萬頃曾奉祿山命捕殺皇枝，多所脫免。少帝嘉之，乃赦其罪，拜為濮州刺史。

少帝降詔曰：「人臣之節，有死無二；為國之體，叛而必誅。況乎委質賊庭，宴安逆命，耽受寵祿，淹延歲時，不顧思義，助其效用，此其可宥，法將何施？達奚珣等或受任臺輔，位極人臣；或累葉寵榮，姻聯戚里；或歷踐臺閣，或職通中外。夫以犬馬微賤之畜，猶知戀主；龜蛇蠢動之類，皆能報恩。豈曰人臣，曾無感激？自逆胡作亂，傾覆邦家，凡在黎元，皆含怨憤，殺身殉國者，不可勝數。此等黔首，猶不背國恩。受任於梟獍之間，諂謀於豺虺之輩，靜言思此，情何可矜？」於是達奚珣、張垍等一十八人，皆於皇城西南隅獨柳樹下腰斬；陳希烈、張倚、郭納等七人，並於大理寺獄賜自盡；達奚摯等二十一人，於京兆府決重杖死。惟張均免死，長流合浦。比及行刑，集百官觀之。

卻說少帝每日至興慶宮，問安視膳，上皇亦時至大明宮，或相逢道中。陳玄禮、高力士與內侍王承恩、魏悅等，常在上皇左右，梨園弟子日奏聲伎，以為娛樂。是時上皇、少帝父子尚慈孝無間也。上皇欲使人到馬嵬收拾楊貴妃屍首，還京安葬。中書舍人兼禮部侍郎李揆，字端卿，乃秦府學士、給事中李玄道之後，秘書監李成裕之子也，上疏諫曰：「龍武將士以楊國忠負國兆亂，故誅之。今改葬楊貴妃，恐龍武將士疑懼，恐未可行！」少帝遂止之。上皇密使高力士安排花棺彩槨，往馬嵬以禮殯葬貴妃。

高力士領旨，到馬嵬坡下遷葬楊貴妃時，不見了貴妃屍首，祇有貴妃平日所佩錦香囊尚在。力士把錦香囊收了。又有土人告說：「有馬嵬店媼，收得貴妃錦鞦一隻，過客每一借翫，必須百錢，前後獲利極多，媼因此而富。」力士遂令土人引路，徑到馬嵬店，見了店媼，具言其事。湊些錢物，買了錦鞦，回到長安，將錦鞦、香囊進獻與上皇。上皇止不住傷情悽慘，傳旨宣召丹青，寫下貴妃華容，供養在別殿上。

至夜闌，上皇登勤政樓，憑欄南望，煙月滿目。上皇倍加悽慘，歌曰：「庭中奇樹已堪攀，塞外征人殊未還。」歌罷，隱隱的聽得閭里似有歌唱之聲。上皇顧謂高力士曰：「莫非是梨園舊人乎？逮明為我訪來。」次早，高力士於閭里尋問，未到黃昏前後，果引賀懷智來見。是夜，復登勤政樓。紅桃進貴妃玉磬，上皇見了玉磬，不覺自己心中悽慘，覩物傷情。遂命賀懷智擊玉磬，紅桃歌貴妃所製《涼州詞》。上皇親自吹紫玉笛，為之倚曲。曲罷相視，無不掩泣。

賀懷智又進一錦囊，奏道：「昔日陛下與汝陽王弈棋，令臣獨彈琵琶，貴妃抱著康國猧子，坐於局前觀棋。陛下數子將輸，貴妃放猧子跳上棋枰，棋局遂亂，陛下大悅。時值首夏，涼風吹貴妃領巾於臣襆頭上，良久，回身方落。臣歸家，覺滿身香氣非常，乃脫襆頭貯於錦囊中，今臣輒進所貯襆頭。」上皇便將錦囊拆開，果聞得一陣異香撲鼻。上皇聞香，愴然曰：「此瑞龍腦也。安南進貢五十枚，形如蟬蠶之狀，香氣襲人，徹十餘步。波斯胡人言老龍腦樹節方有。吾曾施於華清池白玉蓮花，再幸尚有香氣宛然。況乎絲縷潤膩之物哉！」

且說高力士見上皇思念楊玉環，夜眠不穩，晝食忘餐，心中甚憂。乃令人遍訪天下方士，尋覓玉妃香魂。忽一日，有一個道士，從蜀中雲遊而來，至宮門前：自言姓名，乃漢州什邡人也，姓楊，名通幽。偶遊青城山，遇異人傳授招魂致魄之術。能呼風喚雨，騰雲駕霧，上天下地，跨海飛山。力士引見上皇，上皇問曰：「仙師幾時得道，授何仙術？」楊仙師對曰：「貧道乃西城王君青城真人弟子，昔在青城山中，吾師降授《三皇天文》，且曰：『汝當以此翊贊太平之君，然後可以白日飛昇矣！』貧道自此山棲谷飲，到今有數十餘年矣。能上窺青天，下潛黃泉，三界之內，五行之中，皆可運元神，脫真身而往求之。祇為遊方來到長安，經過皇城，聞上皇思念玉妃，故特來一見。」上皇大喜，即請楊仙師在宮內做道場。楊仙師緩步登壇，仗劍作法，揑訣念咒，使出上天入地的法來。

楊仙師焚香默祝，念動咒語，噀一口水，出了元神。駕著祥光，霎時過了鬼門關，徑至羅酆山，直到北酆都宮來見焰摩王。焰摩王見楊仙師進來，忙降階迎接，躬身問道：「仙師何來？」楊仙師道：「我奉聖旨，特來此處尋訪貴妃楊玉環。望陰君與我查勘生死簿，看看貴妃在否。」焰摩王聞言，即命掌案的判官，取出生死文簿來查。判官急轉司房，捧出天下萬國皇后嬪妃生死簿子，歷歷查勘。直到那數千香魂名字都看畢，並無楊玉環者。回報道：「已將生死簿逐一檢閱了。並無個楊玉環之名。」焰摩王聽了，對楊仙師道：「仙師，我幽冥地府既無楊氏，你還須上大羅天界查勘。」楊仙師謝辭了焰摩王，徑去幽府，復返陽間，駕雲頭回到長安。回奏上皇曰：「貧道到幽冥地府，入見陰君焰摩王，焰摩王喚判官查勘生死簿已畢，並無楊玉環名字。」上皇聽言，曰：「妃子是個好善慈悲之人，不當墮於阿鼻地獄也！」

楊仙師道：「上皇說得有理，等貧道上天找尋去來。」縱著祥雲，徑到南天門外。忽見福、祿、壽三星，迎面而來。楊仙師見了三星，忙躬身作禮。三星回禮，問道：「通幽何來？」楊仙師道：「我奉聖旨，尋訪貴妃楊玉環。在地府尋覓不著，故特來天宮找尋。」當日昊天北極紫微上帝，駕座紫微天宮，聚集眾文武仙卿。階下日月帝君、五德星君、七政天尊、諸曜星官拜畢，列為兩班。班部中閃出左輔星君俯伏啟奏道：「陛下，殿外有下界仙師楊通幽，欲求見駕，聽天尊宣詔。」紫微上帝傳旨，著宣來。楊仙師宣至殿下，禮拜畢，將來意備細對紫微上帝奏了。紫微上帝聞奏，即忙降旨命文昌星君查勘。文昌星君領旨，當時即回文昌司去查。不多時，回至殿上，奏道：「已將三十六天仙籍歷歷查勘，並無楊玉環者。」紫微上帝聽了，對楊仙師道：「仙師，我大羅天界也無楊氏，你還須到別處求訪。」楊仙師稱謝，拜辭了紫微上帝，撥轉祥雲，出南天門外，徑回到長安。回奏上皇曰：「貧道到紫微天宮，入見上帝，上帝命文昌星君查勘仙籍已畢，俱無楊貴妃名字。」上皇聞言，悵然不樂，道：「未歸大羅天界，復何之耶？」楊仙師道：「莫是成了仙，貧道往海上找尋去。」

駕起祥雲，遍訪多時。忽行至汪洋東海，望見蓬萊仙境不遠。楊仙師落下雲頭，到蓬島上。正然走處，見白雲洞外，有兩個老兒於松陰下磐石上弈棋，一個小童觀棋。觀局者是羅公遠，對局者是葉法善、張果。楊仙師上前作禮，笑道：「三位仙師，自在哩！」那三仙見了，拂退棋枰，回禮道：「楊仙師不在青城山修行，來此做甚？」楊仙師將尋訪楊氏之事，具陳了一遍。羅仙師道：「貴妃現在扶桑山，東極青華大帝之處，你可去彼處尋她。」楊仙師問道：「那扶桑山在何處？」羅仙師用手向東指道：「那座最高的便是。」楊仙師聞言，躬身道：「謝羅仙師指示，我去了。」遂別了三仙，縱起祥光，離了蓬萊島，徑轉扶桑山。少頃間，見一座山頭，阻住雲角，即按雲光，睜睛看處，好山！但見蕊宮珠闕，碧雲繚繞；寶閣珍樓，丹霞縹緲。楊仙師正觀看那仙山不盡，衹見一隻白鸚哥從東北邊飛來，知是東極青華大帝差仙鳥來引路。白鸚哥展翅前飛，楊仙師駕祥雲隨後。頃刻間，早見一座道院，楊仙師按落雲頭，徑至門口，但見那院門緊閉。院門外橫書五個大字，喚做：「玉妃太真院」。

楊仙師敲門，呀的一聲，院門開了，裡邊走出一個綠衣仙子。楊仙師上前，躬身施禮道：「仙子，累你轉報玉妃一聲。青城道士楊通幽奉京城上皇之命，特來尋她。」那綠衣仙子道：「玉妃晝寢未醒，敢煩仙師在此少待！」言訖，即便回身，轉於院內。此時正碧天秋霽，月昇滄海。楊仙師卻也無心看翫海景，拱立門外。等候良久，綠衣仙子請入。楊仙師隨綠衣仙子同入院門裡面。祇見瑪瑙為壁，玄玉為梁，水精為簾，翡翠為帳。真是蕊宮仙府，與塵世大不同。

綠衣仙子道：「玉妃就出來了。」忽聽得簾內環珮叮咚，蘭麝淑郁，見一個美婦人，頭戴金蓮冠，身披紫綃衣，腰佩白玉環，足穿赤鳳舄，帶著七八個侍女，走將出來。與楊仙師作揖，問道：「聖人安否？」楊仙師還禮，具言上皇思念玉妃之意。玉妃聽說，愀然不樂，謂楊仙師曰：「我本太清金闕玄元皇帝侍女，聖人是西方元載孔昇天帝君。祇因宿緣塵念，謫在人間，自此一紀，別當重會。願聖人善保玉體，無復憶念也。」言罷，淚珠如雨。玉妃又問些至德以來的事，楊仙師一一為具言所聞。玉妃聽罷，歎息不已。命綠衣仙子取出鈿盒一枚、金釵一對，各折其半，授楊仙師曰：「上皇見此，自當省憶。為我謝上皇，獻此物，尋舊好也！」楊仙師道：「請當時一事，不聞於他人者，驗於上皇。不然，恐鈿盒、金釵，負新垣平之詐也。」玉妃沉吟良久，乃曰：「昔天寶十載七夕佳節，明月如水，上皇與我凴肩同望牛女星，遂指天為誓，和我白頭相守，世世永為夫婦。此事獨君王與我知之耳！」楊仙師遂辭了玉妃，出太真院，駕雲而起，徑回長安。進獻鈿盒、金釵，又將前事盡訴一番。上皇聽說，潸然淚下。

是日，楊仙師辭去。上皇厚賞楊仙師。楊仙師不受而去。後來功果完備，於青城山白日飛昇。

第七十二回　圖逆胡烏承恩受戮　誅忠士史思明復叛

至德三載春正月甲戌朔，少帝御含元殿受朝賀。三日後，上皇會文武於宣政殿，設九賓禮於庭，將承天大寶授於少帝。又授冊，加少帝尊號為「光天文武大聖孝感皇帝」。崔圓、苗晉卿、李麟引大小官僚拜舞，皆呼「萬歲」。旬日後，講武於含元殿庭，少帝御棲鸞閣，大閱六軍。

安祿山賓僚李史魚與張休、獨孤問俗曾同謀殺祿山，時奉安慶緒命到青州勞軍，李史魚等勸能元皓歸降。能元皓從其言，遂引本部軍投降。少帝下詔褒美，授能元皓鴻臚卿，賜銀章青綬，攝御史大夫，領河北招討使；其子能昱為太僕少卿；李史魚為御史中丞，領河北招諭使。獨孤問俗、張休，並依舊職。

時河南、河東諸州郡縣皆平，少帝即命郭子儀回東京，經略北征，子儀奉詔而去。少帝引百官直至興慶殿奉冊，加上皇尊號為「太上至道聖皇天帝」，禮畢，御丹鳳門，改元乾元元年，大赦天下。盡免天下百姓今年租庸，復改載為年。加李輔國兼太僕卿，依舊判元帥府行軍司馬。

偽左羽林大將軍順化王阿史那從禮、偽平原太守蔡希德等聞史思明、安守忠、阿史那承慶已降，遂亦使人至長安上表歸降。少帝降詔，以守忠為左羽林大將軍、歸德王，承慶為太保、定襄王，從禮為太傅、歸義王，希德為德州刺史；其餘偽鉅鹿太守李庭訓、廣平太守苻敬超等，各依舊職。改封楚王李俶為成王。太常鐘磬，自隋以來，所傳五音，或有不調。少帝謂太常少卿、禮儀使于休烈曰：「古者聖人作樂，以應天地之和，以合陰陽之序。和則人不夭札，物不疵癘。且金石絲竹，樂之器也。比親享郊廟，每聽懸樂，或宮商不倫，或鐘磬失度。可盡將鐘磬來，朕當於內自定。」遂集樂工，攷試數日，審知差錯，然後令別造磨刻。及事畢，少帝臨殿，親觀攷擊，皆合五音。少帝大悅，群臣稱慶。

蔡希德、苻敬超思安祿山舊恩，復歸安慶緒。安慶緒聞李嗣業屯兵懷州，自引蔡希德、崔乾祐率步騎二萬渡沁水，攻懷州不克，乃引還。少帝加嗣業懷州刺史。加虢王太子少師、兼河南尹，充東京留守，判尚書省事，領東畿採訪等使。虢王表奏協律郎嚴郢，於祿山陷東京時潛奉九廟神主於私第。朝廷擢郢大理司直。

及有司新修九廟成，少帝自長安殿，備法駕，迎九廟神主入新廟。三日後，少帝又朝享太廟，祀南郊。次日，御丹鳳門，大赦天下。旬日內，回紇葛勒可汗遣使，來朝進貢。時大食暮門阿蒲恭拂亦遣使至。二使朝見，至閤門爭長，少帝命有司分其使為左右，各從東西門入。回紇求婚於唐，少帝許之。

是時詔停諸道採訪、黜陟二使，改為觀察使。命荊州長史季廣琛為右散騎常侍，赴河南行營，與張鎬、許叔冀計會，討賊河北。張鎬居身清廉，不營資產，謙遜下士，通識大體。中官絡繹出汴州境，張鎬正身特立，不肯苟媚。閹官去來，以常禮接之。由此，大為群閹所嫉。

張鎬上表，奏稱：「滑州刺史、兼防禦使許叔冀，性狡多謀，臨難必變，伏望追入宿衛。」中官自幽州、滑州使還者，皆言史思明、許叔冀誠愨，而稱張鎬無經略才。少帝以為然，乃罷張鎬知政事，黜為荊州長史，以崔光遠代為河南節度使。

卻說少帝立張淑妃為皇后，寵嬖無比。父張去逸，贈左僕射；母竇氏，封義章縣主；姊封清河郡夫人，妹封郕國夫人，弟駙馬都尉張清，尚郯國公主，加特進、太常卿，封范陽郡公。

張后寵遇專房，宗室請加后「翊聖」尊號，少帝不能決，乃問於李揆。揆曰：「臣觀往古后妃，終則有謚，生加尊號，未之前聞。景龍失政，韋氏專恣，加號翊聖，今若加皇后之號，與韋氏同。陛下明聖，動遵典禮，豈可蹤景龍故事哉！」少帝大驚曰：「凡才幾誤我家事！」少帝第十二子興王，是張后昔在靈武時所出，少帝於諸子中，特所鍾愛。張后勸立興王為儲貳。少帝因李揆對見，從容謂曰：「成王嫡長，有社稷功，今當命嗣，卿意何如？」揆再拜賀曰：「陛下言及於此，社稷之福，天下幸甚，臣不勝大慶。」少帝喜曰：「朕計決矣！」

又李輔國典禁兵，少帝賜內宅居止。輔國每出，輒以甲士數百人衛從。宰臣百司，不時奏事，皆因輔國決斷。輔國佩禁中符印，每日於銀臺門決事，每有制敕，輔國押署，然後施行。又置察事廳子數十人，潛令於民間聽察是非。官吏有小過，無不伺知，即加推訊。輔國誣構忠良，凡所追捕，先行後聞，權傾朝野，道路側目。諸司無敢抗者。御史臺、大理寺重囚在獄，推斷未了，輔國牒追就銀臺，不問輕重，一時釋放；三司、府、縣鞫獄，悉以諂輔國，隨意區分，皆稱制敕，莫敢違者。輔國猶未饜足，求為左散騎常侍，少帝許之，徐浩上疏諫曰：「敗由官邪，常侍為清望官，當取素行者，不可授非其人。」苗晉卿亦奏曰：「常侍之任，當用名儒，不宜以宦者居之。」少帝乃止。

崔圓、苗晉卿以下懼張后、李輔國威權，多阿附之。惟李麟正身謹事，無所依附。張后、李輔國不悅，乃奏少帝，拜崔圓為太子少師，李麟為太子少傅；俱罷知政事。擢太常少卿、知禮儀事王璵為中書侍郎、同平章事，充禮儀祠祭等使。璵乃鳳閣侍郎同平章事王方慶之後，自幼習禮，精於祠祭。曾為太常博士，侍御史，兼祠祭使。每行祠禱，或焚紙錢，禱祈福祐，近於巫覡。時論薄之，以為妖人。璵不以為恥，專依鬼神以求媚，每議禮儀，多雜巫祝。少帝頗好陰陽祠祝之說，故用璵為宰相。

王璵以妖妄進，素無才能；苗晉卿小心畏慎，未嘗忤物。張后與李輔國持權禁中，干預政事，請謁過當，少帝亦無如之何。少師房琯自謂職位閒散，怏怏不平，乃稱疾不朝，而賓客日盈其門。房琯自負才地，便望宰相。國子祭酒劉秩、京兆少尹嚴武在朝，常為房琯美言，且曰：「房少師有文武之材，合當復相。」輔國暗使人遊其門，將房琯言議暴揚於朝。少帝聞之大怒，遂下詔，黜房琯為邠州刺史，劉秩為閬州刺史，嚴武為巴州刺史。拾遺杜甫坐與房琯相善，黜為華州司功。韋陟亦坐小罪，黜為絳州刺史。

邠州久屯軍馬，多以武將兼領刺史，法度隳廢，州縣廨宇並為軍營，官吏侵奪百姓室屋以居，百姓苦之。房琯至州，舉陳令式，令州縣恭守，又緝理公館，僚吏各歸官曹，百姓安之。

忽一日，李光弼上表，報稱幽州史思明招軍買馬，積草屯糧，其意必反，不可不早圖之。又奏烏承恩是思明親信將，思明必不疑，可擢為幽州節度副使，使往幽州，賜阿史那承慶等鐵券，共謀思明。旬日內，烏承恩入朝。少帝依計，使與李思敬同往幽州。

烏承恩到幽州，衣婦人服，夜詣諸將營，約以誅史思明之計。諸將佯許之，卻使人密報思明，思明大懼，急召謀士周贄密議。周贄去思明耳邊略說數句。思明大喜，暗教人偽作朝廷賜阿史那承慶鐵券及與烏承恩牒，牒云：「承慶事成則付鐵券；不然，不可付也。」又作簿書數百紙，籍先從己反諸將之名。然後遣人邀承恩至，思明與之飲酒，相談甚歡。

時烏承恩子烏從則在史思明麾下，思明令省其父。是夜，留烏承恩父子宿於府中，幃其牀，埋伏二人於牀下。承恩與從則同寢。夜半，承恩私語之曰：「吾受命除此逆胡，事成，便授吾節度矣！」言未訖，牀下二人大呼而出，以告思明。思明遂執烏承恩父子，搜其衣囊，得鐵券及李光弼牒，又得簿書。思明怒，責承恩曰：「我何負於汝，而為此耶？」承恩大懼，自稱死罪，曰：「此皆司空李光弼之計也！」

於是史思明集將吏百姓，西向大哭曰：「臣以十三州之地、十萬眾之兵降國家，赤心歸順，何負陛下，而欲殺臣！」遂搒殺烏承恩父子，並囚李思敬，急令人捕烏承玼，已投太原去了。思明遣使齎表奏聞。少帝遣中官慰諭之曰：「朝廷與光弼無此意，此事皆承恩所為，殺之善也。」烏承玼投奔李光弼，光弼表為冠軍、右威衛將軍。

旬日之後，有使者自長安至。史思明聞三司議陳希烈、張垍等死，謂諸將曰：「陳希烈以下皆重臣，上皇棄之幸蜀，既收復天下，此輩當慰勞之。今尚見殺，況我本從祿山反乎！」諸將皆怒曰：「烏承恩之前事，情狀可知，李光弼尚在，憂不細也。大夫何不取諸將之狀誅光弼，以謝河北百姓！主上若不惜光弼，為大夫誅之，大夫乃安；不然，為患未已。」思明曰：「公等言是。」

遂令耿仁智與其僚佐張不矜上表，請誅光弼以謝河北，不然，輒引兵攻太原。不矜即寫表一通，以示思明，及封入函，仁智盡削去其言。

有人密報史思明，思明怒，執二人於庭曰：「汝等何得負我？」便教左右推出斬之。耿仁智事思明頗久，思明意欲活之，卻令召入，責之曰：「我任使汝向三十年，今日之事，我不負汝。」仁智大呼曰：「人生固有一死，須存忠節。今大夫納邪說，為反逆之計，縱延旬月，不如早死，請速加斧鉞！」思明大怒，亂捶殺之，腦流於地。至此，高秀巖、安忠志等懼不自安，各率其黨叛。

卻說安慶緒自懷州敗後，不理政事，惟以造亭臺、治樓船為事，為婬樂長夜之飲。改鄴郡為安成府，改元天成。以張通儒、平冽為右相，高尚為左相，崔乾祐為兵部尚書，孫孝哲為刑部尚書，牛庭玠為安成尹。張通儒、高尚爭權不睦。蔡希德性剛，部下之兵最精銳，因直言觸忤慶緒，被通儒譖殺。將士冤痛，多有逃散者。慶緒封崔乾祐為天下兵馬使，總督中外諸軍事。自此兵權盡歸乾祐矣。乾祐愎戾好殺，士卒不附。

少帝因不見安慶緒來降，便欲興兵問罪。吐火羅葉護烏利多與昭武諸胡九國首領康國長史康忠義等遣使朝貢，請討安慶緒。

時朝廷克復二京之後，府庫一空。又所在屯師，用度不足，少帝乃遣監察御史康雲間出江淮，陶銳往蜀漢，豪商富戶，皆籍其家資，所有財貨畜產，或五分納一，謂之「率貸」，所收鉅萬。又京師多豪將，求取無節，度支郎中兼侍御史、轉運、諸道鑄錢、兩京司農太府出納等使第五琦以國用未足，幣重貨輕，乃請鑄「乾元重寶」錢，以一當十行用之。又奏天下租賦盡輸大盈庫。中官李輔國為首，掌其事者殆三百人，奉給其間，連結根固。由此，天下公賦為人君私藏，有司不能窺其出入。

第五琦又創立鹽法，就山海井竈，收榷其鹽，官置吏出糶。其舊業戶並浮人，願以鹽為業者，免其雜傜，隸鹽鐵使，盜煑私市，罪有差。百姓除租庸外，無得橫賦，人不益稅，而國用以饒。

旬日內，回紇遣使多亥阿波入朝迎公主，詔封多亥阿波為開府儀同三司，宴於內殿。遣特進、試太常卿漢中王李瑀為使，兵部郎中李巽、司勳員外郎鮮于叔明副之，冊封葛勒可汗為英武威遠毗伽可汗，且以幼女寧國公主降蕃。少帝送公主至咸陽磁門驛，公主泣而辭曰：「國家事重，死且無恨！」少帝流涕而還。特差裴冕送至界首。

且說漢中王等至回紇衙帳，葛勒可汗衣赭黃袍，胡帽，坐於帳中榻上，儀衛甚盛，引漢中王等入見。近臣引漢中王至帳前，漢中王不拜而立。葛勒暗暗稱奇，問漢中王曰：「王是天可汗何親？」漢中王曰：「是大唐天子堂弟。」葛勒曰：「我與天可汗兩國之主，君臣有禮，何得不拜？」鮮于叔明曰：「大唐天子以可汗有功，故遣賢王奉使，將女嫁與可汗，以結姻好。比者中國與外蕃親，皆宗室子女，名為公主。今寧國公主，天子真女，又有才貌，萬里嫁與可汗。可汗是大唐天子女婿，合有禮數。豈可恃微功而傲，坐榻上受詔命乎！」葛勒改容，起受冊命。

次日，冊寧國公主為可敦，蕃酋歡欣曰：「唐國天子貴重，將真女來。」漢中王所送國信繒綵衣服金銀器皿，葛勒盡分與衙官、酋長等。大設華筵，款待漢中王。宴罷，漢中王辭回。葛勒與可敦，會集文武群臣，蕃戎鼓樂，送漢中王等還京。葛勒所獻馬五百匹、貂裘、白艳，漢中王盡受之而還。

卻說能元皓攻打貝州，連日與偽清河太守安雄俊交戰。雄俊守把不住，衹得棄城而走。元皓得了貝州。少帝除能元皓為貝州刺史。不數日，子儀進兵河上，生擒賊首田乾真，解上京師。正值八月五日天長佳節，上皇御金明門樓，大宴百僚，班賜各有差。

數日後，李光弼、王思禮亦入朝。少帝令王璵、苗晉卿引一班文武官僚出郭迎接，自御望春樓以待。少帝設一大宴，犒勞諸將。少帝自居中，使李光弼居右、郭子儀居左。其餘將士，各依次坐。宴罷，少帝嘉子儀、光弼之功，昇子儀為中書令，光弼為侍中，思禮亦加兵部尚書。次日，子儀拜辭回行營。正值葛勒可汗遣回紇王子骨啜特勤、宰相帝德，引三千兵來助。少帝嘉其遠來勞苦，設宴待之。宴罷，封骨啜特勤為左羽林員外大將軍，令與吐火羅並昭武諸胡九國之眾同赴朔方行營，命僕固懷恩領之。

韋見素以九月三日，是少帝降誕之辰，率百僚奏依上皇千秋節舊例，以此日為天平地成節。天下皆賀，休暇一日。少帝悅而從之。是日盡歡。

先是吐蕃數出攻鈔洮陽、澆河諸郡，復奪了石堡城，及黃河九曲之地，侵擾河、隴。南詔襲破越嶲，隨據會同城。党項在靈、夏州界者，亦為吐蕃所誘，密以官告授之，使為偵道。招討党項使王仲昇大破党項於邠、寧之地，遣人賫党項酋長拓跋戎德首級來長安報捷，少帝乃降詔，封仲昇為振武節度使，領朔方鎮北大都護府，及麟、勝二州。出右羽林大將軍趙泚為蒲州刺史，領蒲同虢三州節度使；調能元皓為齊州刺史，領齊兗鄆三州防禦使。

第七十三回　九節度大戰鄴城　史思明攻陷魏州

卻說少帝素疑郭子儀、李光弼等諸節將，遂不立元帥。以心腹宦官、監門將軍魚朝恩為相州觀軍容宣慰處置使，督十路軍馬，馬步軍共二十萬，征討安慶緒。那十路軍馬？第一路，司徒、兼中書令、單于、安北副大都護、朔方節度副大使郭子儀；第二路，司空、兼侍中、太原尹、北京留守、河東節度副大使李光弼；第三路，開府、兼兵部尚書、關內、澤潞節度使王思禮；第四路，商州刺史、興平軍節度使李奐；第五路，開府、兼衛尉卿、懷州刺史、鎮西、北庭行營節度使李嗣業；第六路，開府、兼御史大夫、淮西、襄鄧行營節度使魯炅；第七路，河南節度使崔光遠；第八路，滑濮節度使許叔冀；第九路，鄭豫節度使季廣琛；第十路，平盧軍節度都知兵馬使董秦。少帝乃差使命，齎詔星夜往各鎮去。

大食與波斯寇廣州，嶺南節度使韋利見棄城而走。胡兵殺入城中，放起火來，劫擄倉庫錢糧，浮海而去。少帝封張萬頃為嶺南節度使。至是年冬，少帝御宣政殿，冊成王為太子，大赦天下。其脅在賊中未歸順者，一切不以為罪；其受賊節制能以兵降者，酬其封爵。成王李俶生之歲，豫州有嘉禾生，因以為祥瑞，改名曰豫。自少帝中興以來，群下未蒙賜賚。至此乃有新鑄「乾元重寶」大錢，賜百官、六軍各有差。

卻說郭子儀接詔，克日興師。時賊之精銳軍兵，盡在衛、相、魏三州；糧草兵器，皆是魏州供給。子儀大軍自杏園渡過黃河，望衛州進發。兵臨獲嘉，安太清引軍來迎。太清出馬，子儀曰：「僕固懷恩安在？」懷恩應聲而出，縱馬直取太清。太清挺槍來迎，兩馬相交，戰不數合，太清撥馬便走。子儀衝殺一陣，賊兵大敗。太清死戰得脫，折了好些人馬；敗回衛州，堅守不出。子儀令兵四面圍住攻打。不數日，魯炅、季廣琛、崔光遠、李嗣業四路兵皆到。太清又連折了兩陣，力窮勢孤，不能抵敵，即差人於鄴城求救。

安慶緒聞衛州告急，乃悉鄴城中人馬七萬來拒。郭子儀撥弓弩手三千，於壘垣之內埋伏，傳令曰：「我軍列陣於外，明日與賊兵交戰。我兵稍退，賊兵必然追趕。爾當悉眾登壘，鼓譟射之。」次日，慶緒領兵來到。兩軍相迎，佈成陣勢。慶緒使崔乾祐將上軍，安雄俊、王福德副之；田承嗣將下軍，苻敬超副之；慶緒自將中軍，孫孝哲、薛嵩副之。嵩，薛楚玉之子也。

郭子儀當先衝陣，卻被安慶和引弓弩手射住。子儀不能前進，急退時，賊軍並進，直殺到營壘邊。子儀把槍一招，衹聽得壘垣內喊聲大震，鼓角齊鳴，三千弓弩手一齊俱發。慶緒慌令退軍。慶和急撥回馬走時，右臂上中一弩箭，翻身落馬。慶和棄槍而走。官兵趕上，將慶和活捉了。子儀擒了慶和，乘勢驅兵，奪了衛州。衹有太清那廝勇猛，人近他不得，出北門，殺出重圍走了。慶緒領著數員猛將保護，望北逃奔。子儀引兵大進，將慶緒追一陣。賊兵皆棄甲抛戈而走。子儀引軍趕至鄴城之西，許叔冀、董秦、王思禮、李光弼兵馬使薛兼訓四路軍到。子儀與眾將離城三十里下寨。

冬十月，上皇幸華清宮，少帝送至灞上而回。父老奉迎，壺漿塞路。時上皇乘步輦，父老進曰：「前時上皇過此，常逐從禽，今何不為？」上皇曰：「吾老矣，豈復堪此！」父老聞之，莫不悲泣。

至華清宮，上皇登望京樓，召張野狐，令奏《雨霖鈴》。上皇未聽罷，驀然想起楊貴妃，不覺灑然淚下。左右感傷，皆為之歔欷。

上皇召謝阿蠻，令舞《淩波曲》。舞罷，謝阿蠻進紅粟玉臂支，曰：「此貴妃所賜。」上皇持之，悽然曰：「此我祖高宗大帝破高句麗，獲二寶：一紫金帶，一紅玉支。朕以岐王所進《龍池篇》，賜之紫金帶，紅玉支賜妃子。後新羅遣使來朝，朕召來使於內殿賜宴，使者言：『紫金帶，本國亡之。風雨愆時，兵戎屢起，幸在內帑，一見足矣。』朕以為得此不足為貴，乃命將紫金帶還其使。惟此不還。汝既得之於妃子，朕今再覩之，但興悲念矣。」言訖，涕泗橫流。左右莫不嗚咽。

卻說安慶緒收拾殘軍，尚有五萬，於愁思岡排成陣勢，以禦官軍。郭子儀等九路軍馬到來，與賊兵鏖戰一日，斬級二萬餘，奪獲馬匹盔甲金鼓無祘。慶緒引敗兵奔入鄴城去，閉門堅守不出。子儀等領軍直到鄴城下，官兵四面圍合。不一日，李奐引興平人馬到。慶緒在城中，見事勢已迫，乃令薛嵩齎書殺出，往范陽求救。

偽魏郡太守蕭華，聞郭子儀已破衛州，大軍圍困鄴城，即修書，遣判官王伷密地齎往相州行營子儀軍前。王伷領命，持書徑來相州行營，求見子儀。子儀喚入，拆書看畢，問曰：「汝何人也？」荅曰：「某乃前陳留採訪支使王伷，與友人邵說、崔漵，流落賊中：現為魏郡太守蕭華判官。蕭使君特託某來獻書，約於明日晚間，舉火為號，望乞朝廷早發軍馬前來取城，使君在內為應。」子儀大喜，發付王仙先回，隨遣崔光遠引本部千餘人，渡河投魏州而來。

卻說魏郡賊將苻敬超伺知蕭華欲與官軍為內應，將蕭華囚於獄中。當夜二更前後，忽報官軍到城下了。敬超急令人上城守把。時西、北、東三門皆火起，王仙與邵說、崔溆開了城門，放下弔橋，城中大亂。官兵一擁入城。敬超引十餘騎急急奔出南門，徑投鄴城而去；卻被大將李處崟飛馬趕來，一箭射於馬下，軍皆潰散。光遠入城安民已定，釋蕭華之囚。

魏州百姓因蕭華在州有惠政，詣崔光遠請留。光遠遂寫表，差人赴中京報捷。少帝下詔褒美，以蕭華仍為郡守。

忽報上皇自華清宮回，少帝領文武官僚至灞上迎接。遙見上皇，早先下馬等候。少帝趨步向前百餘步，徑至上皇前，揚塵舞蹈，拜罷，少帝捧上皇足，上皇撫少帝背。少帝親自執鞚，行數十步，上皇止之，少帝乃止。於是二聖一同回皇城，不在話下。

再說薛嵩至幽州，見了史思明，送了安慶緒所乘良馬十匹，呈上告急之書。書中約於事平之日，慶緒禪位於思明。思明看罷，與眾將計議曰：「既鄴城危急，孤豈可坐視不救。」即起大軍十三萬，三路進發：一軍出邢、洺，一軍出冀、貝，一軍渡洹水取魏州，來解鄴城之圍。

蕭華發書告急。郭子儀恐魏州復陷，遂寫表文，申奏朝廷，請以崔光遠代蕭華領魏州刺史。少帝從之，遣使齎詔，以崔光遠領魏州刺史、兼防禦使，就令蕭華赴相州行營。又以戶部尚書李峘兼御史大夫，持節都統淮南、江東、江西節度宣慰觀察處置等使。

卻說崔光遠聞思明兵將至，遣李處崟出兵洹水相迎。處崟如何抵得思明，大敗而走。思明大驅軍馬，並力追趕。追到城下，高聲大叫：「處崟召我來，何不開門早降？」光遠大怒，叱武士推出處崟斬之。須臾，懸首於帳前，以示諸將。處崟驍勇，眾所倚賴，既正軍法，人懷危懼。魏州乃河北雄州，城郭堅固。崔光遠斬了李處崟，守把不住，祇得引軍直夜潰圍南出，棄城而奔。史思明引軍入魏州，殺戮百姓，死者三萬，流血滿城。思明築壇於魏州北郊，自稱大聖周王，以周贄為行軍司馬。思明親督大軍十三萬，屯於楚王橋。先差李歸仁領三千馬軍、一萬步軍，徑往滏陽，為安慶緒作聲勢。

乾元二年春正月己巳朔，少帝御含元殿，受眾文武朝賀，加尊號為「乾元大聖光天文武孝感皇帝」。

卻說九節度攻打鄴城，一連七十餘日，城垣堅固，急切不能得下。安慶緒聞思明救兵至，引軍殺出城來，與官軍相敵。兩陣對圓，慶緒帶同十員賊將，都到陣前，把馬勒住。李嗣業縱馬舞刀，當先衝陣。賊陣中梆子響處，箭如驟雨射將來。嗣業急退，身中數箭。慶緒背後馬軍齊搶過來。子儀陣上僕固懷恩飛馬向前死救，背後魯炅、董秦、李奐、王思禮、李光弼、許叔冀、季廣琛一齊接應歸陣。慶緒見了子儀陣上人多，不敢再戰，以此領兵回城。子儀也自收軍駐紮。眾將救得李嗣業到帳中，喚行軍醫者用鐵鉗子拔出箭頭，將金創藥敷掩創口，疼不可當，飲食俱廢。

郭子儀正在寨中，與李光弼等商議計策，忽報崔光遠已失魏州，渡河奔回汴州去了。史思明遣李歸仁進兵滏陽，來救鄴城。朔方節度衙前兵馬使吳思禮曰：「思明果反。他是蕃將，安肯盡節於國家耶！」言畢，以目視僕固懷恩。懷恩變色，暗恨思禮。子儀見了，即將御賜寶刀一口，授與懷恩，分付曰：「汝可引本部軍去西北拒敵！」懷恩領命，引軍星夜投西北來。

比及平明，正遇歸仁會合洺州之眾前來。歸仁紮寨鼓山，與懷恩相持。黃昏時分，歸仁引軍來搦戰。賊陣上歸仁出馬，懷恩大怒，拍馬舞刀，直取歸仁。歸仁縱馬向前，輪刀相迎。略戰數合，不能當懷恩之勇，撥回馬，拖刀而走。懷恩提刀追殺二十餘里，賊軍大潰，四面八方，亂攛逃生。偽廣平節度使張令暉、兵馬使范秀嚴，都被官兵所擒。歸仁無心戀戰，退兵急奔回滏陽。又遇著李光弼部將辛雲京，同從弟辛京杲、辛京旻，領兵四千到來，大殺一陣。歸仁收拾敗軍，奔回魏州去了。

思明聞歸仁兵敗，懼怕官兵勢猛，在魏州屯住軍馬，不敢進兵。流星馬探聽得，報入官兵大寨裡來。魚朝恩聚眾商議。光弼曰：「思明得魏州而按兵不進，此欲使我懈惰，而以精銳掩吾不備也。請與朔方軍同逼魏州，求與之戰。彼懲嘉山之敗，必不敢輕出。曠日引久，則鄴城必拔矣。慶緒已死，彼則無辭以用其眾也。」子儀曰：「此計大玅，可速行之！」朝恩曰：「慶緒計窮力盡，行將面縛，今我築壘再重，掘塹三重，取鄴城祇在旦夕，思明遠來助虐，亦是天喪之時。今當先取鄴城，後取魏州也。」光弼、子儀乃止。

是日，李嗣業箭創未癒，臥於帳中，忽聽得金鼓喊殺之聲，知是官兵攻城，嗣業大叫：「殺賊！」金創迸裂，血流滿地而死。眾推鎮西、北庭行營兵馬使荔非元禮暫統其眾。懷州長史、鎮西、北庭行營節度留後段秀實在懷州，聞嗣業死，乃遣書先鋒將白孝德，令差人送嗣業靈柩赴懷州安葬。孝德送嗣業靈柩至懷州，秀實率將吏接著，哭祭於前，傾其私財，以供葬事。

卻說少帝聞李嗣業歿於王事，傷感不已，敕官給靈輿，還葬高陵。並遣使弔祭，贈武威王，謚曰忠勇。命其子李佐國襲爵。

苗晉卿、王璵引百官，請加張后「翊聖」尊號，正值月蝕，少帝以陰德不修而止。旬日後，少帝遣苗晉卿、王璵分錄囚徒，三司推勘未畢者，一切放免。

卻說官兵雖眾，軍無統帥，諸將進退，無所承稟。為是自冬涉春，攻打不下。詔以郭子儀為攻城副元帥，李光弼為野戰副元帥。少帝追思張鎬之諫，乃徵張鎬為太子賓客。除來瑱為河西節度使，改杜鴻漸為荊南節度使。官軍相拒月餘，糧食將盡，獨段秀實運糧草，供給鎮西行營兵之用，不絕於道。

子儀每日攻打鄴城不下，乃與眾將計議。季廣琛獻計曰：「何不決漳河之水以淹之？」子儀然其計，即令軍士決漳河之水。官兵皆居高原，坐視水淹鄴城。城中水深數尺，更兼糧絕，百姓皆構棧而居，易子而食。米一斗，直錢七萬餘；鼠一頭，直錢四千。安慶緒以安太清代崔乾祐為天下兵馬使，執迷不降。人皆以為鄴城旦夕可破，而久不能下。因此眾軍解體，皆無戰心。

思明留史朝義守把魏州，自提大軍趣鄴。距鄴城五十里，思明令諸將分為數寨，各寨選鐵騎五百不時攻劫，留三百人於寨中擂鼓吶喊。官軍每出，賊兵輒奔回本寨。諸軍人馬牛車日有所失，樵採甚艱；晝備之，則賊兵夜至，夜備之，則賊兵晝至。是時天下饑饉，轉餉者南自江、淮，西自汾、晉，舟車相繼。思明使人扮作官軍，督促運者，於唐兵運糧道路，殺散人夫；舟車所聚，則密縱火焚之；賊兵往來聚散，自相辨識，而官軍邏捕，不能察也。由是眾軍糧草俱乏，皆無戰心。思明引大軍向鄴城進兵。

哨馬探得，報入唐寨，說思明引兵到來，將渡滏水。子儀聽得，便與光弼商議。光弼曰：「可勒兵一半迎敵。」子儀許之，遂令僕固懷恩引本部精兵，並回紇之眾，同王思禮、許叔冀、魯炅三路軍馬，隨光弼往滏水迎敵。李歸仁帶鐵騎三千，飛奔來迎。骨啜特勤見歸仁兵少，不以為意。歸仁飛馬來戰，骨啜特勤接住廝殺。歸仁抵當不住，撥回馬走。骨啜特勤引眾趕過滏水，直衝彼陣。賊軍如波開浪裂，骨啜特勤徑奔思明。見思明全然不動，回紇兵翻身就回。祇聽背後喊聲震起，金鼓齊鳴，左有安守忠，右有阿史那承慶，兩隊軍合殺攏來。骨啜特勤情知中計，急令退軍。歸仁勒轉兵馬，回身殺來。當不得三面夾攻，帝德保著骨啜特勤突圍而走。背後思明精兵一掩過來，趕得骨啜特勤軍馬星落雲散，七斷八續，三千回紇軍兵，折了兩千餘人，餘眾奔過滏水逃生。

思明乘勢殺過滏水，李光弼、王思禮、魯炅、僕固懷恩接住交戰。兩軍混戰，殺傷大當。魯炅為流矢所中，墜於馬下。思明背後馬軍齊搶過來，思禮、懷恩見了，兩騎馬各出，救得魯炅歸陣。郭子儀在鄴城下，聽得光弼與思明戰不利，急與李奐、許叔冀、荔非元禮、季廣琛、董秦引軍前來助戰。忽然狂風大作，飛沙走石；須臾天昏地暗，日色無光。子儀等眾將，正殺上前，祇見前面都是黃沙黑氣，那裡見一個賊軍。官軍不戰自亂，驚得坐下馬亂攛咆哮。眾軍各自奔散。

懷恩回馬而走，正逢吳思禮，懷恩一刀砍思禮於馬下，大呼曰：「吳思禮陣亡！」

當下思禮部下有逃命的軍士，報與子儀。子儀聞之，祇疑懷恩為變，因此不敢輕進，急引軍望洛陽而奔。魯炅、李奐、許叔冀、董秦、荔非元禮、季廣琛六將，盡棄糧草器械，各收本部殘兵，仍回本鎮，所到之處，肆行劫掠。魯炅部下之兵，恣意劫掠，民皆生怨。惟有李光弼、王思禮整肅部伍，全軍而返。先是，有術士桑道茂，善太乙遁甲之術。嘗曰：「三月六日壬申，西師必散，此城無憂。」至此方驗。

第七十四回　史思明誘殺安慶緒　李光弼怒斬張用濟

卻說郭子儀將河陽橋拆斷，勒兵到東京。計點人馬，戰馬萬匹，僅存三千；輜重十萬，遺棄殆盡。東京士庶驚恐，四散逃避；東京留守崔圓、河南尹蘇震，連夜投襄、鄧去了。子儀引兵回至谷水屯住，懷恩亦引軍到。子儀恐河陽有失，令韓遊瑰領五百騎先行，張用濟引五千步卒隨後，去守三城。周贄領兵到河陽城下時，遊瑰、用濟並力拒戰。周贄見有準備，引軍退去。段秀實率將吏妻子搬糧草輜重自野水渡渡過黃河，待命於河清，比及荔非元禮軍到，就南岸屯軍。朝廷命荔非元禮為懷州刺史，權鎮西、北庭行營節度事；元禮奏秀實試光祿少卿，仍為判官。

諸將各折了好些人馬，上表請罪，少帝俱不問，祇將崔圓、蘇震，黜罷爵祿。諸將心安。回紇王子骨啜特勤、宰相帝德帶領十數個敗殘兵奔回，少帝宴回紇於紫宸殿，班賜有差。數日後，骨啜特勤辭歸本藩，少帝加骨啜特勤銀青光祿大夫、鴻臚卿，犒勞回紇，發遣回國去訖。

卻說安慶緒在鄴城，聞九節度、史思明軍各自潰散，乃使人出城，搬運郭子儀等寨中糧草，得六七萬石。

時思明引賊兵奔到沙河紮住，聞報光弼軍馬退去，乃收拾軍馬，自沙河還屯鄴城之南。慶緒與孫孝哲、崔乾祐商議，欲閉門保守，更拒思明。安太清與諸將皆大驚，面面相覷，相謂曰：「今日安可更背史王乎！」張通儒、高尚、平冽曰：「史王遠來，臣等皆合迎謝。」慶緒曰：「任卿暫往見思明！」即遣張通儒等為使，將赭黃衣以送思明，且請思明入城，呈上玉璽。思明泣曰：「何至如此！不用衣服即當相見。」堅辭不受，重待張通儒、高尚、平冽等。將表遍示三軍，將吏皆呼萬歲。思明作回書，付三人齎回鄴城，以安人心。

三人拜辭思明，徑還鄴城，入見慶緒，呈上回書，細言思明相待之善。慶緒拆書觀之，略云：「大聖周王史思明，致書於大燕皇帝陛下：願為兄弟之國，更作藩籬之援。鼎足而立，猶或庶幾；北面之禮，固不敢受。」慶緒看畢大喜，即差安太清為使，來見思明，請與思明歃血為盟。思明許之。经三日，慶緒不至。思明即暗使安守忠差心腹人，潛入鄴城，下密書與太清，令賺慶緒出城。

慶緒不得已，乃引張通儒、高尚、平冽一班文武，帶親隨精兵三百人出城，徑望思明大寨來。思明令三軍擐甲執兵以待。思明領眾出寨十里，接著慶緒。慶緒見思明，欲下馬。思明急止之，與慶緒並馬入寨。慶緒留孫孝哲、高尚、崔乾祐大將以下九人在帳外等候，自與諸弟四人隨思明下馬入帳。思明南面高坐，慶緒拜伏於地，曰：「臣不克負荷，棄失兩都，久陷重圍，不意大王以太上皇故，將兵遠救。使臣應死復生，摩頂至踵，無以報德！」思明聞言，勃然變色曰：「棄失兩都，用兵不利，亦何事也！爾為人子，因何殺阿爺奪職掌？庸非大逆乎？吾為太上皇討賊！」即命左右牽慶緒出，縊殺之。孫孝哲、高尚及崔乾祐、牛庭玠、武令珣、安雄俊大將以下九人一時處斬。張通儒、安太清、李庭望、田承嗣、李懷仙等皆封官爵。先是，安慶緒未敗時，有讖語云：「渡河野狐尾獨速，明年死在十八日。」又云：「胡絕其後，死在合河口。」至此方驗。

思明入鄴城，盡得慶緒軍馬，將府庫之物，皆賞三軍。慶緒官健六千餘人，大半餓不行立，數內三千三百人是隨從慶緒者，盡殺之。葬慶緒於城外，謚曰哀皇帝。慶緒所有州縣及兵馬，皆歸於思明。思明欲乘勢進取東京，恐回紇自北犯境，令安太清引兵五千取懷州，賊將楊旻引兵一萬取潞州。留薛嵩守鄴城，自引大軍還范陽。

郤說禮部郎中、兼知制誥韓汯，草王璵拜相之詞，不加虛美，璵深銜之。諸使舉韓汯兄弟者，璵必以冗官授之。右補闕岑參，屢奏封章，指斥權佞，直言無諱。璵頗不悅，即奏少帝，改起居郎，尋出為虢州長史。苗晉卿力不能爭，因乞骸骨辭職。少帝遂下詔，罷苗晉卿、王璵知政事。以吏部尚書李峴、中書侍郎李揆、兵部侍郎呂諲、戶部侍郎兼御史中丞兼判度支、河南等道支度勾當轉運租庸鹽鐵鑄錢司農太府出納等使第五琦四人，皆同平章事。

郭子儀再上表，請自貶元帥之職。少帝遂下詔，黜子儀為東京畿、襄鄧、河南諸道節度、防禦兵馬元帥，兼領東京留守，判尚書省事。調來瑱為陝州刺史、兼虢華防禦使，並潼關防禦、團練、鎮守使。

時蕭華自相州賊中奔歸，因奏曰：「仕燕官等，重為安慶緒所驅脅，至鄴城，初聞廣平王宣詔，釋放陳希烈等脅從官，皆相顧曰：『我等國家見待如此，悔恨何及！』及聞崔器議刑太重，陳希烈等誅死，皆相賀得計，無敢歸者。於是河北將吏，逆心益堅，由此兵連不解。」少帝默然良久，歎曰：「朕幾為崔器所誤！」方信李峴有先見之明，懊悔不已。以蕭華為偽命所汙，降為秘書少監，郤赦免崔光遠棄魏州之罪，除太子少保。

位，莫敢與之爭。

卻說李峴位望最高，呂諲、李揆、第五琦甚敬憚之。軍國大事，皆獨決於李峴。諸相皆避

李輔國專典禁中兵權，橫行無忌，詔敕或不由中書而出，朝廷無人敢言。李峴見少帝，叩頭流血，具說輔國專權亂國之狀，言頗切直。少帝甚嘉之，即日停李輔國察事。少帝降詔曰：「比緣軍國務殷，或宣口敕處分，今後如非正宣，並不得行用。中外諸務，各歸有司。英武軍及六軍諸使，比因論竟，便行追攝。今後須一切經臺府，如處斷不平，具狀聞奏。諸律令除十惡、殺人、姦、盜、造偽外，餘煩冗一切刪除，仍委中書、門下與法官詳定聞奏。自文武五品以上正官，各舉賢良方正、直言極諫一人，任自封進。兩省官十日一上封事。御史臺欲彈事，不須進狀，仍服豸冠。」由此，李輔國與李峴有隙。

安太清攻懷州，拔之；楊旻襲潞州，不下。詔季廣琛罷鄭豫節度使，以魯炅為陳鄭潁亳四州節度使，李奐兼豫許汝三州，尚衡領淄青密登萊沂海七州：各於境上守捉防禦。魯炅聞郭子儀整眾屯河上，李光弼收軍回太原，又羞又懼，乃仰藥自殺。

是年夏四月丁酉朔，史思明僭稱帝號，自稱應天皇帝，國號大燕，改元為順天元年，大赦境內。以范陽為燕京，洛陽為周京，長安為秦京，諸州為郡。立妻辛氏為皇后，封史朝義為懷王。置左相、尚書令等官。以周贄為丞相，李歸仁為大將軍。以安祿山、安慶緒為前燕，令偽史官撰祿山、慶緒墓誌。將安祿山與妻康氏，招魂禮葬。謚祿山曰光烈皇帝，降慶緒為晉剌王。先是，范陽有童謠云：「燕燕飛上天，天上女兒鋪白氈，氈上有千錢。」至此果應其讖。燕者，祿山國

號。重言燕者，思明亦稱天子。天上女，安字也。鋪白氍，祿山入洛陽之日，大雪盈尺。氍上有千錢，言祿山祇得一千日。

卻說京師多盜賊，至有通衢殺人置溝中者。李輔國請選羽林騎士五百，以備巡檢。李揆上疏曰：「昔西漢以南北軍相攝，故周勃因南軍入北軍，遂安劉氏。皇朝置南北衙，文武區分，以相伺察。今以羽林代金吾警夜，忽有非常之變，將何以制之？」少帝乃止。

是時天下諸道節度使、觀察使多率稅商賈，以資軍用，又於津濟要路，及市肆之間、交易之處，閱商人財貨，計錢一貫以上者即稅之。自是商旅無利，失業者極多。少帝憂勤成疾，臥牀不起。遍求良醫治療，不能痊可。眾官皆憂。巫覡云：「祟在山川。」王璵乃奏遣女巫，盛服乘傳，分行天下，遍禱山川。朝廷命中官監之，因緣為奸，所至干託長吏，以邀賂遺。有一女巫美而豔，以惡少十數輩自隨，路經黃州，宿於傳舍。黃州刺史左震知之，率人吏到傳舍，怒斬女巫，盡誅惡少。籍其緡錢鉅萬，金寶堆積。具表申奏少帝，曰：「臣已斬女巫，請以所積資貨，以貸貧民輸稅。其中官送上，臣當萬死！」黃州之民為之歌曰：「吾鄉有鬼巫，惑人人不知；天子正尊信，左公能殺之。」少帝下詔褒美，拜為商州刺史。

卻說鳳翔七馬坊押官有為盜者，被天興尉謝夷甫誅殺。李輔國暗教押官妻進狀，為夫訟冤。監察御史孫鎣鞫之，以為無冤。押官妻再訴，又令御史中丞崔伯陽、大理卿權獻、刑部侍郎李曄鞫之，伯陽等奏與孫鎣同。押官妻上訴不已。又令侍御史毛若虛覆之。若虛希李輔國意，乃歸罪謝夷甫，又誣崔伯陽等有情，不能質定刑獄。伯陽聞之大怒，使人召若虛詰之。若虛大驚，慌來見少帝告急。少帝曰：「朕已知，卿可出。」若虛曰：「臣出即死。」少帝乃留若虛於簾內。少頃，伯陽至，奏稱若虛附會中人，鞫獄不當。少帝怒，叱退伯陽。黜崔伯陽為端州高要縣尉，權獻為連州桂陽縣尉，李曄與鳳翔尹嚴向亦貶嶺南一尉，流孫鎣於播州。

李峴聞知，即入內劾奏曰：「若虛希旨用刑，不守國法，陛下若信之重輕，是無御史臺。」李輔國誣李峴專權，與崔伯陽等結為朋黨。少帝大怒，黜李峴為蜀州刺史。尋徵梁州都督、山南西道觀察使李棲筠入朝，授太子中允。擢若虛為御史中丞。毛若虛與敬羽，威震中外。

卻說少帝溺信佛道，深敬鬼神，宰相呂諲、李揆爭權不睦，李輔國驕橫愈甚，中貴人不敢呼其官，但呼「五郎」。少帝又為李輔國做媒，娶故吏部侍郎元希聲侄元擢之女為妻。元擢弟元挹，時並引入臺省，擢為梁州長史。右散騎常侍韓擇木入對，少帝謂之曰：「李峴欲專權耶？何乃云：『任毛若虛是無御史臺』也？今貶蜀州，朕自覺用法太寬！」擇木對曰：「李峴言直，非專權。陛下寬之，祇益聖德爾！」

卻說少帝聞史思明自立大燕皇帝，加李光弼幽州長史，領河北節度等使，命光弼收復河北及幽、燕。以許叔冀兼河南節度使，領滑濮汴曹宋衛等州節度觀察使；令汝州刺史劉展為滑州刺史，為之副。平盧董秦大破賊兵於滎陽之地，奪得糧船二百餘艘以資汴軍。少帝加董秦濮州刺史，令秦移屯杏園渡。

以太子賓客薛景仙為鳳翔尹、本府防禦使。邠州刺史房琯在州有美政，少帝聞，下詔褒美之，徵為太子賓客。常州刺史崔渙，亦徵拜秘書監。以裴冕為成都尹、兼御史大夫，持節充劍南西川節度觀察使，嚴武充東川節度節度使；右羽林大將軍彭元曜為鄭州刺史，充陳鄭申光壽等州節度觀察使；禮部尚書韋陟兼御史大夫、充東京留守，判尚書省事，兼東京畿觀察處置等使。

罷郭子儀領單于大都護，分朔方邠寧慶涇原鄜坊丹延九州，置邠寧節度使，以備党項。相州觀軍容使魚朝恩回朝，因子儀引軍先走，致有鄴城之敗，媒孽其短。少帝即下詔，遣使召子儀還朝。士卒垂淚，當路遮留。子儀紿曰：「我餞中使耳，未行也。」縱馬而去，徑到中京，入見少帝，三辭元帥。少帝許之。詔以李光弼為朔方節度使，以代子儀之職。

光弼上疏，請以親王遙領。少帝遂下詔，以趙王李傜為天下兵馬元帥，光弼為副元帥、知諸道節度行營事：王不出閤。

光弼受了職，上表謝恩畢，帶太原心腹軍五百餘騎赴東京，星夜至朔方行營中。朔方左廂兵馬使張用濟在河陽，聞知此事，怒曰：「朔方軍，非叛人也，乘夜而入，何見疑之甚也！」遂與眾將商議，欲率精騎突入東京，逐李光弼，請郭子儀。都知兵馬使僕固懷恩曰：「鄴城之潰，郭公先去，朝廷責帥，故罷其兵柄。今逐李公而強請之，違拒朝命。是反也，其可乎！」右武鋒使康元寶曰：「君以兵請郭公，朝廷必疑郭公諷君為之，是破其家也。郭公百口何負於君乎！」用濟乃止。有人報知光弼。

光弼引數千軍馬出東京，徑往武牢關進發。軍馬到汜水縣，下寨已定。光弼使人召用濟，用濟單騎而至。光弼大怒，責以失期之罪，即命推出斬之，懸首於轅門外。於是軍心震慴。光弼以辛京杲代統張用濟之眾。又使人召懷恩。懷恩心慌，遂喚本部下五百精銳馬兵分付如此如此。上馬急行，曉夜奔走無停；直至汜水縣，來到營門外下馬。光弼接入帳禮畢，坐下。正說話間，小校報來：「懷恩部下五百蕃騎到。」光弼變色，目視懷恩。懷恩慌忙出帳，喚部下責罵曰：「語汝勿來，何得固違！」光弼見懷恩如此，乃曰：「士卒隨將，亦復何罪！」便教引入帳中，令左右賜以酒食。

朔方將士承郭子儀之寬，憚李光弼之嚴。光弼號令一施，士卒、壁壘、旌旗、精采皆變。朝廷又以僕固懷恩常從子儀征討，累立奇功。授懷恩朔方行營節度使，兼御史大夫，加太常卿，進爵大寧王。

卻說回紇葛勒可汗死，其長子葉護太子先被殺，回紇乃立其次子移地健為可汗，是為牟羽可汗。少帝命左金吾將軍李通試鴻臚卿、攝御史中丞，持節充弔祭回紇使。先是，葛勒可汗初死，其衙官、都督等，欲以寧國公主殉葬。寧國公主曰：「我中國法，婿死，即持喪，朝夕哭臨，三年行服。今回紇娶婦，須慕中國禮。若今依本國法，何須萬里結婚！」回紇乃止。然寧國公主亦依回紇法，剺面大哭。至此乃以無子得歸。

襄州大將康楚元引本部兵造反，刺史王政懼而遁走，楚元遂據襄州。少帝遣中官將軍曹日昇慰諭，黜王政為饒州長史，以司農少卿張光奇為襄州刺史、襄鄧等州防禦使。楚元不從，差裨將張嘉延南攻荊州，杜鴻漸棄城而走。澧、朗、復、郢、硤、歸等州官吏，聞鴻漸出奔，皆惶駭，潛竄山谷。楚元自稱「南楚霸王」，聚眾萬餘。

正是九月三日天平地成節，少帝宴百僚於宣政殿，班賜各有差。時河北陷賊，漢、沔漕運有阻，國中倉稟空虛，錢糧盡絕。第五琦請於絳州更鑄乾元重寶大錢，加以重輪，一當五十，與乾元重寶錢、開元通寶錢三品並行。少帝又以崔光遠兼御史大夫，持節充荊襄招討使，領山南東道都知兵馬使，右羽林大將軍王仲昇兼御史大夫，持節充申光壽安沔五州節度使，領淮南西道行營兵馬使，令起兵征討楚元。

第七十五回　李光弼大戰河陽　白孝德力擒蕃將

卻說史思明留少子史朝英守把幽州，自統大軍南征，兵分四路：令賊將令狐彰自黎陽濟河，直抵滑州；思明自濮陽濟河，使田承嗣、張阿勞為先鋒，取濮州；史朝義自白皐，周贄自胡梁濟河，取衛州。四路軍馬，於路劫掠將來。

董秦聞思明兵至，引本部軍出城迎敵。兩陣對圓，秦出馬喚彼將荅話。思明命李歸仁出陣，與秦交鋒。二馬相交，約戰十數合，歸仁料敵不過，撥馬回陣。秦縱馬追趕，兩翼軍射住。秦獨力難當，引兵連夜投汴州去了。

時李光弼正在河南行營中，整點河上之兵。忽流星馬報到，說思明自統軍來。光弼聽知，星夜馳入汴州，謂許叔冀曰：「大夫能守汴州浹旬，我必將兵來救。」叔冀應諾。於是光弼自回行營去了。

卻說史思明、令狐彰、史朝義、周贄分四路取兩河，會於汴州。許叔冀、董秦與思明戰不利，遂於城上豎起降旗，大開城門，齎捧印綬出城，竟投賊軍大寨納降。思明封許叔冀為右相，撫董秦背曰：「吾比祇有左手，今得公，兼有右手矣！」遂留叔冀與張獻誠同守汴州；命令狐彰為靈昌太守，引數千兵屯於滑臺；自己卻帶董秦提兵望鄭州進發；又令董秦部將田神功，與賊將南德信等數十人，隨劉從諫將兵徇江淮，謂曰：「收得其地，每人貢兩船玉帛。」

卻說李光弼趣河而東，方到滑州，聞史思明大軍至汴州，許叔冀已降，今賊兵已渡河，又星夜兼道取鄭州，彭元曜棄城而走，光弼大驚，即率兵直至東京，集眾官商議禦守之策。光弼謂東京留守韋陟曰：「賊乘鄴下之勝，再犯王畿，利在按甲，不利速戰。洛城非禦備之所，公計若何？」陟曰：「加兵陝州，退守潼關，據險以待之，足挫其銳矣！」光弼曰：「此蓋兵家常勢，非用奇之策也。夫兩軍相寇，貴進尺寸之間耳。今委五百里而不顧，是張賊勢也。不若移軍河陽，北連澤潞，據三城以抗之，勝則擒之，敗則自守，表裡相應，使賊不敢西侵，此則猿臂之勢也。夫辨朝廷之禮，我不如公；論軍旅之事，公不如我。」陟無以應。判官韋損曰：「東京帝宅，司空奈何不守？」光弼曰：「若守洛城，汜水、崿嶺、龍門皆須人守，子為兵馬判官，能守之乎？」損不能荅。河南尹李若幽曰：「河洛正當天下衝要之處，且無車賦，比屋安堵，思明豈甘心耶？不若虛其邑居，挈以西去，贏糧善地，可俟師期。」於是韋陟率東京官屬入關，李若幽教坊市居人出城，光弼令軍士運油、鐵等物赴河陽，以為準備。若幽因薦河南令李棲筠之才，光弼以棲筠為行軍司馬。

光弼盡率大兵，望河陽進發。黃昏左側，來到石橋邊，祇見後面塵頭驟起，諸將請曰：「此必賊兵追至也。自洛城而北乎？當石橋而進乎？」光弼曰：「當石橋而進。」諸將領命，引軍秉炬徐行。光弼悉遣輜重居前，選五百騎殿後。賊人服光弼威名，望之不敢逼。到孟津時，已是二更時分。當夜，光弼引兵入河陽三城，計點人馬，止有二萬餘人。光弼按閱守備，號令分明，與士卒同甘苦，誓與賊決一死戰。

思明領兵至東京，衹見四門大開。賊兵突入，並無阻擋，城中亦不見一人，竟是一座空城了。思明憚光弼威略，頓兵白馬寺，南不出百里，西不敢犯河、潼，於河陽南築月城，掘壕以拒官軍。

是日，少帝設朝，文武官僚拜畢，列為兩班。少帝降詔，欲於冬十月十七日駕幸東京，以李輔國為行營兵馬使，興兵御駕親征。令御史大夫賀蘭進明留守中京。多官力諫不可，少帝乃止。元帥、趙王請行，少帝不許。詔李光弼壁河陽，韋陟、李若幽寓陝州。以衛伯玉為神策軍兵馬使，與來瑱同守陝州。又以王思禮兼太原尹、充北京留守，領河東節度使。

卻說李光弼在河陽，百事未備，三城壁壘不完，糧草不支旬日。人報城南思明兵到，光弼登城望之。見思明立於城下，兩下列著有百十大小將校，一個個全裝披掛，介胄整齊，威風凜凜，殺氣騰騰。思明挺槍勒馬，大叫：「請李司空荅話。」光弼在城上問之。思明在馬上以鞭指曰：「吾本領所管兵來歸國家，誰想少帝聽信公讒言，反欲害我。今已自立為大燕皇帝。公若早降，為吾先鋒，成事之後，同享富貴。公意若何？」光弼正色而言曰：「我三代無葬地，一身必以死國家之患。爾為逆虜，我為王臣，義不兩全。我若不死於汝手，汝必死於我手！」諸將無不感激。

賊將劉龍仙領五千軍馬，在城下搖旗擂鼓，辱罵搦戰。光弼在城上望見龍仙舉右足加馬鬣上，手運兩矢，嫚罵不已。便回顧諸將曰：「若殪此胡，則彼軍奪氣，誰人可出城，立斬這廝？」僕固懷恩請行，光弼曰：「此非大將所為。」歷選其次，荔非元禮曰：「裨將白孝德可。」原來那白孝德乃安西胡人，龜茲王白孝節之弟也。驍悍有膽略，現為鎮西、北庭軍先鋒使。光弼乃喚孝德前，問曰：「可乎？」孝德曰：「可。」光弼曰：「所加幾何人而可？」孝德曰：「獨往則可，加人多不可。」光弼曰：「壯哉！」終問所須，對曰：「願備五十騎於軍門，候入而繼進，兼請大軍鼓譟以增氣勢，他無所用也。」光弼大喜，撫其背以遣之。孝德挾二矛，策馬截流而渡。半濟，懷恩賀曰：「克矣。」光弼曰：「未及，何知其克？」懷恩曰：「觀孝德攬轡便辟，知其萬全。」

劉龍仙始見白孝德獨來，甚輕之，足不降鬣。孝德稍近，龍仙欲動，孝德搖手示之，若非來為敵者。龍仙不測而止。去之十步，孝德呼曰：「司空使余致辭，非他也。」龍仙褻罵如初。孝德息馬已畢，因瞋目曰：「賊識我乎？」龍仙曰：「誰耶？」曰：「國之大將白孝德！」龍仙曰：「是豬狗乎？」孝德大呼，持矛躍馬而搏之。城上鼓譟，五十騎亦繼進。龍仙矢不暇發，撥馬繞本陣便走。孝德緊緊趕去，追及龍仙，斬其首級，攜之而歸，賊徒大駭。

史思明有良馬千餘匹，大半皆是牡馬，每日於河南渚浴之，循環不休。李光弼聞知，即於諸營檢獲牝馬，得五百匹，縶其駒於城中。待思明馬至水際，盡驅出之，群牝嘶鳴，無復間斷。那思明千餘匹良馬，悉浮渡河，迸星也似跑上岸來，望那群牝馬去了。光弼盡驅群馬入城。

思明大怒，安排戰船數百艘，於上流放火船在前，欲燒浮橋。光弼乃備百尺長竿百餘枚，皆以巨木承其根，氈裹鐵叉置其首，火船將至，即出巨木以叉之，引竿向岸。火船不得及橋，須臾燒盡。光弼復以鐵叉拒戰船，於橋上發礮石擊之。橋上礮石如雨般打將下來，中者皆沉沒，賊兵死者無數，思明大敗而去。

思明收兵退屯於河清，謂諸將曰：「我且渡河，絕彼餉道，三城食盡，不攻自下。」光弼引兵至野水渡以備之。既夕，光弼還軍，留其卒一千人，使牙將雍顥守其柵。光弼謂雍顥曰：「賊將高庭暉、李日越，皆萬人敵也。思明必使一人劫我。我且去之，汝領卒待賊於此。若賊至，勿與之戰，降，則與之俱來。」諸將不知其意，皆竊笑之。

是夜，思明召李日越曰：「李光弼長於憑城，今出在野，此成擒也。汝以鐵騎宵濟，為我取之。必獲光弼，不然無歸！」日越引精騎五百，晨至柵下。雍顥阻濠休卒，吟嘯相視。日越怪之，問曰：「李司空在乎？」曰：「夜去矣。」日越又問：「兵幾何？」曰：「千人。」又問：「將為誰？」曰：「雍顥也。」日越沉吟久之，謂其下曰：「我受命必得李光弼，今獲雍顥，不塞此望，必見害，不如降之。」遂請降。雍顥與之俱見光弼。光弼厚待之，任以心腹。高庭暉聞之，尋思：「李日越尚且重用，何況我乎？」亦降。

或問光弼：「公降二將何易也？」光弼曰：「此人情耳。思明再敗，常恨不得野戰，聞我在外，以為必可取。日越不獲我，勢不敢歸；庭暉材力過於日越，但為代州五臺府果毅，聞日越被寵任，必思奪之矣。」表奏朝廷，擢李日越為特進、兼右金吾大將軍；高庭暉為特進、兼右武衛大將軍。

思明復整金鼓旗幡，來攻河陽。光弼謂蕃將李抱玉曰：「將軍能為我守南城二日乎？」抱玉曰：「過期若何？」光弼曰：「過期而救不至，任棄城也。」抱玉應諾，勒兵守南城。那李抱玉乃西州胡人，右武候大將軍、涼州刺史安興貴之後。本名安重璋，後改名抱玉，因自陳恥與祿山同姓，故賜姓李。沉毅有智謀，現為鄭陳節度使。周贄、安太清統眾將至城下，奮力急攻。城東南角將陷。抱玉在城中設下一計，乃遣人謂周贄曰：「吾糧盡矣，明日當降！」贄深信之，收了軍馬，遂不攻城。原來抱玉用緩兵之計，哄退賊兵，遂拆城中房屋，於破城處修補完備。

次日，抱玉登城大罵曰：「吾城中尚有半年之糧，豈肯降燕狗耶！盡戰無妨！」周贄大怒，催兵打城。抱玉出奇兵，表裡夾攻，殺傷甚眾。周贄領軍而退。

比及半夜，董秦引部下五百軍，就周贄寨中殺起，贄軍大亂。董秦乘勢突出重圍，徑投中潬城來降光弼。光弼表奏朝廷，少帝加董秦為開府、殿中監。

劉從諫至宋州，欲襲御史中丞、淮西節度副使李銑。田神功斬南德信，走劉從諫，遂並其眾來降。朝廷以神功為特進、鴻臚卿，領平盧軍都知兵馬使。

周贄捨南城，並力攻中潬城。李光弼自守中潬城，城外樹柵，柵外掘塹，廣深二丈。又聽得報有鐵騎萬餘在於城下，光弼引眾將上城觀看。祇見史思明陣中猛將，搖旗吶喊，耀武揚威，搦戰廝殺。光弼見了，命荔非元禮出勁卒於羊馬城以拒賊。自於城東北角樹小朱旗，下望賊軍。

賊恃其眾，直逼其城，以車二乘載木鵝、蒙衝、鬭樓、橦車隨其後，督兵填塹，三面各八道過其兵，又當塹開柵，各置一門。光弼遙望賊逼城，使人問元禮曰：「中丞看賊填塹開柵過兵，晏然不動，何也？」元禮報曰：「司空欲守乎，欲戰乎？」光弼曰：「欲戰。」元禮曰：「若戰，則賊為吾填塹，何為禁之？」光弼曰：「善，吾智不及公，公其勉之！」元禮俟柵開，率其敢死士出戰，一逼賊軍，退走數百步。元禮見賊陣甚堅，未易摧陷，乃收軍暫退。光弼在城上，望見元禮收軍，大怒，使人喚元禮，欲按軍令。元禮曰：「戰正急，喚作何物？」乃退入柵中。賊亦不敢逼。良久，元禮見賊兵懈怠，令軍中鼓譟出柵門，徒搏齊進，賊兵大潰。

卻說史思明、周贄分兵兩路：贄悉河北之眾，萃於北城之北；思明領河南之眾，頓於南城之南。光弼遽率眾入北城，登城望賊曰：「賊兵雖眾，囂而不整，不足懼也。不過午時，當為公等破之。」乃令康歿野波、康英俊兄弟出戰。英俊舉槍向賊中亂搠，賊將中槍落馬者二十餘人。英俊卻被安太清一槍刺中面頰，槍尖貫喉而出。英俊急用手拔出面上槍尖，血流不住，仍復挺槍縱馬，直取太清。太清抵敵不住，回馬而走。英俊又殺二人，縱馬便回。太清回馬復來，歿野波救護其弟而走。

戰到日中，不分勝敗。光弼召諸將問曰：「向來戰，賊黨何面最堅？」或對曰：「西北角賊將安太清，最為勍敵。」光弼召郝庭玉謂之曰：「兇渠攻西北者難抗，爾為我決勝而還。」庭玉曰：「庭玉所領，皆步卒也，願得騎兵五百。」光弼與之三百。又問：「其次何面最堅？」曰：「東南角。」光弼令論惟貞往擊之。惟貞曰：「惟貞，蕃將也，不知步戰，願得鐵騎三百。」光弼與之二百。又出賜馬四十匹分給諸將，且令之曰：「爾等望吾旗而戰，若麾旗緩，任爾觀望便宜；若急麾旗三至地，則萬眾齊入，死生以之，少退者斬！」又納短刀於靴中，謂左右曰：「夫戰，危事也，勝負難料。光弼位為三公，不可死於賊手，苟事之不捷，公等前死於敵，吾當自刭於此，不令公等獨死也！」

有一將援槍刺賊，洞馬腹，連刺數人；一人逢賊，不戰而退。光弼召不戰者斬，賞援槍者絹五百匹。郝庭玉縱馬殺入太清軍陣，流矢雨集。庭玉馬中毒箭，被傷至重，不能前進，祇得奔歸。光弼登堞望之，驚曰：「庭玉奔還，吾事危矣！」命左右取庭玉首級來。庭玉見使者曰：「馬中毒箭，非敢退也。」使者馳報光弼。光弼以自己所乘一匹青馬與庭玉。庭玉策馬挺槍，復殺入賊軍之中，往來衝突，生擒賊將徐璜玉歸城。僕固懷恩、僕固瑒父子戰小卻，光弼又命取其首。懷恩父子顧見使者提刀馳來，更前決戰。光弼連麾令旗，三軍俱進，呼聲震動天地，賊兵大潰，斬首萬餘級，生擒八千餘，獲軍資器械，不可勝數。

周贄以數騎遁去，安太清走保懷州。李光弼乃於城上西向拜舞，因欷歔不自勝，三軍感動，無不泣下。

此時思明不知北城兵敗，正攻南城。光弼盡驅所獲俘囚到河邊，斬數十人以示威，賊軍大懼，皆奔過河南逃生。思明軍威折挫，銳氣衰殘，煙火不舉者三日。光弼軍威大振。

再說董秦入朝，少帝大喜，賜姓李氏，名忠臣，封隴西公，賜良馬、莊宅、銀器、綵物。使茘非元禮領鎮西、北庭之兵，往助來瑱、衛伯玉同守陜州，以備思明。

第七十六回　衛伯玉大破虜騎　李輔國逼徙聖皇

卻說李歸仁領鐵騎三千，星夜投陝州界上來。來瑱聽得歸仁引兵到，乃分衛伯玉引一軍伏山左，荔非元禮引一軍伏山右，鳴金為號，齊出接應。歸仁催兵行至姜子阪，前面刺斜裡一彪軍殺出，為首大將，乃是來瑱。歸仁大驚，急欲退時。祇見四下裡金鼓齊鳴，喊聲震地，一望都是火把。伯玉軍在左，元禮軍在右，衝殺將來。歸仁引軍奪路而走。伯玉領數百騎，從後追來。殺死賊軍一千餘人，奪得戰馬六百餘匹。伯玉遣人赴中京報捷。少帝加伯玉為右羽林大將軍。

平盧王玄志病亡，少帝遣使宣慰將吏。就察軍中所欲立者，授以旌節。侯希逸內弟李懷玉，恐朝廷命玄志之子為節度，遂殺之，與軍人共推侯希逸為帥。朝廷不違問罪，因授侯希逸節度使。節度使由軍士廢立，自此而始。

卻說商州刺史、兼荊襄等道租庸使韋倫，起軍往鄧州駐紮，招降納順，徐圖征進。不數日，見康楚元之眾懈怠，不復提防，遂進兵攻打襄州。楚元被官兵生擒活捉，餘眾奔潰。韋倫收得租庸錢物二百萬貫，將楚元解赴中京斬首。自是荊、襄皆平，詔封御史大夫史翽為襄鄧節度使。徵倫赴闕，授衛尉卿。

是時關輔亂離，盜鑄爭起，穀價騰貴，米斗至七千，餓死者相枕於道，百姓怨聲不絕。朝野皆歸罪於第五琦變法之弊，李輔國奏少帝，黜第五琦為忠州長史。賀蘭進明坐琦黨，貶溱州司馬而死。詔以兵部侍郎同平章事、知門下省事呂諲兼領度支使。劉展自許叔冀降賊之後，徙宋州刺史。浙西節度使顏真卿疑劉展有變，調練軍馬，整頓器械，以備不虞。江淮都統使李峘知此事，乃上表說：「劉展未有反意，顏真卿在昇州，繕修水陸戰備，誠恐劉展有疑。」少帝即下詔，遣使徵真卿入朝。

乾元三年春正月癸亥朔，少帝御含元殿受朝，郭子儀以中書令攝太尉，上壽稱賀。朝退，百僚於宣政殿起居聖皇。後日，常服於崇明門通賀皇太子。次日，內外命婦朝皇后於光順門內殿。旬日內，李光弼入朝，少帝加光弼太尉、兼中書令，敕光祿寺大設御宴。酒至半酣，少帝賜光弼御詩一首，百官和之，李揆、呂諲又奏道：「河陽橋頃因河陵衝突，連艦偏斜。昨夜間橋下鬧，一軍吏見有神人云：『我是毗沙門天王，為國家正此橋柱！』比及平明，其橋忽正。又勝州以北，百姓數千人，見兵馬極眾，喚百姓索食。其中有人云：『我是張仁亶及王忠嗣，領此兵馬為國討賊，不日當太平。』百姓陳祭訖，須臾不見。」眾官盡皆稱賀。

光弼久在閫外，十年間三入朝。母李氏，乃左玉鈐大將軍李楷固之女，有鬚髯數十莖，長五六寸，以子貴，封韓國太夫人。弟李光進，位開府儀同三司，任掌禁兵，委以心膂。光進奉母兄以孝悌稱，雙旌在門，鼎味就養，甲第並開，往來追歡，極一時之榮。

是時党項寇擾，逼迫京畿，朝廷深以為慮，乃以郭子儀遙領邠寧、鄜坊節度使，仍留京師。假其威名，以鎮兩道。以邠州刺史桑如珪領邠寧節度副使，鄜州刺史杜冕領鄜坊節度副使，分路討之。其在涇、隴州界者，以崔光遠為鳳翔尹，兼御史大夫，充鳳翔秦隴等州節度觀察使，起兵討之。以于闐尉遲曜為太僕員外卿、同四鎮節度副使，權知本國事，與伊西北庭都護楊預據守安西、北庭，以防吐蕃。

一面使李光弼打懷州，攻安太清。思明聽知懷州被圍，急來救時，被光弼大破於沁水之上，斬首三千餘級。思明引敗兵，退於河清下寨。

再說第五琦既黜，在路已經十數日，或告第五琦受人黃金二百兩，朝廷遣御史劉期光追按之。第五琦對曰：「二百兩金十三斤重，忝為宰相，不可自持。若其付受有憑，即請準法科罪。」期光回奏朝廷，說第五琦伏罪。第五琦坐除名，配流夷州。

李光弼還兵復攻懷州，安太清引馬步軍四千出城，大戰良久，又敗入城去。光弼作圍塹，決丹水灌城。太清死守城池，不能下。史思明、周贄領大軍欲進河陽，令李歸仁領三千精兵，從西渚渡河來取北城，就襲官兵之後。歸仁領命，帶了三千軍馬，渡過黃河北岸，祇聽得前面喊聲大震。歸仁急叫回軍時，岸上左邊早撞出一彪兵來，當先大將乃是郝庭玉。歸仁急分兵迎敵時，右手下又一彪軍閃出，為首大將乃論惟貞也。兩下夾攻，混殺一陣，賊兵大敗，歸仁望水邊逃命。前後斬首一千五百餘級，生擒將校極多。思明因軍中糧盡，引兵回東京暫住。光弼攻懷州不下，亦引兵回至河陽就食。因此二處權且罷兵。

朝廷加韋陟吏部尚書，留守如故，令止於蒲州永樂縣，不許擅自入京。待李光弼收復河洛，令韋陟依前居守。出李若幽為成都尹、兼御史大夫，持節充劍南西川節度使，裴冕復入為右僕射。又用房琯為禮部尚書，崔渙為秘書監，張鎬為左散騎常侍，崔圓為濟王傅。

李輔國秉權用事，節將除拜，皆出其門。襄州軍將張維瑾、曹玠殺了史翽，率眾造反。朝廷降詔，授衛尉卿兼隴州刺史、招討處置等使韋倫襄州刺史、兼御史大夫、襄鄧等十州節度使。倫既為朝廷公用，不肯私謁輔國。受命未行，改為秦州刺史、兼防禦使，以來瑱兼御史大夫，為襄州刺史，領山南東道襄鄧等十州節度觀察等使。以羽林大將軍郭英乂為陝州刺史，充陝西節度、潼關防禦等使，李忠臣為兵馬使。來瑱至襄州，維瑾等畏懼請降。

是時天下州府一百六十九，戶一百九十三萬三千一百三十四。自祿山構逆，中原兵起，損戶五百九十八萬二千五百八十四，損口三千五百九十二萬八千七百二十三。思明再陷河洛，京師震恐，又值妖星屢見，群臣皆請親王授鉞分符，藩屏社稷。詔彭王充河西節度大使，兗王充北庭節度大使，涇王充隴右節度大使，杞王充陝西節度大使，邵王改封蜀王，充邠寧鄜坊節度大使，興王充鳳翔節度大使，趙王改封越王：諸王並不出閤。

王思禮鎮太原，軍儲豐實，別積好米百萬斛，奏請割其半送京師。少帝下詔褒美，加思禮司空。

卻說北京都知兵馬使、代州都督辛雲京被將校所譖，思禮怒之。雲京惶懼，不知所出。帳下張光晟從容進曰：「光晟素有德於王司空，比不言者，恥以舊恩受賞爾。今使君憂迫，光晟請奉命一見司空，則使君之難可解。」光晟具說曾救思禮之事。原來張光晟乃舊日在潼關下，奉馬救思禮之小卒也。思禮陰記其形貌，時常使人尋問。雲京大喜，即時遣行。光晟至太原，見了思禮。思禮認得是恩人，問曰：「子非吾故人耶？何相見之晚也！」光晟具以實告。思禮大喜，執光晟之手而泣曰：「吾有今日，子之力也。求子頗久，終此相遇，何慰如之？」請光晟同榻而坐，結為兄弟。光晟具言來意。思禮曰：「雲京比涉謗言，過亦不細，今為故人特赦之矣。」即日擢光晟為兵馬使，賜田宅、金帛甚厚。

是年大霧大雨，連月不止，少帝以星文變異，御丹鳳門，大赦天下，改元上元元年。追封周太公望為武成王，依文宣王例置廟。選古今名將漢留侯張良等十人，為亞聖及十哲。少帝思感舊德，乃復拜苗晉卿為侍中。晉卿達練事體，百司文簿，經目必曉，時人方之漢相胡廣。有宦官馬上言受了賄賂囑託，為人求官於黃門侍郎同中書門下三品、判度支、兼勾當、轉運使呂諲，呂諲補之為藍田尉。事洩，敕將馬上言杖殺，以呂諲為太子賓客，罷知政事。

長安城中，競為盜鑄，寺觀鐘及銅象，多壞為錢。奸人豪族，犯禁者不絕。京兆尹鄭叔清捕私鑄錢者，數月之內，搒死者八百餘人，猶不能禁。百姓益無聊矣。詔京畿其乾元重寶大錢，減作一當三十行用；開元通寶錢，與乾元重寶錢，皆一當十文。天下諸州，並皆準此。以河南尹劉晏善治財用，入為京兆尹，加戶部侍郎、兼御史中丞、判度支，領勾當、鑄錢、鹽鐵等使，李輔國亦加京畿鑄錢使。

卻說史思明將東洛佛事盡送往范陽，改其舊宅為龍興寺；又崇儒術，重用王伷、邵說等。孫逖外甥元正，與弟攜父匿於山澤之間，思明使人召之，正謂弟曰：「賊祿不可養親，彼利吾名，難免矣。然不汙身而死，吾猶生也！」同弟辭父，往見思明。思明見正大喜，授以偽官，元正瞋目叱之，思明大怒。於是元正兄弟皆遇害。元正父聞子死，曰：「何忍獨生？」亦飲藥死。裴寬子裴諝遁逃於山谷間，為賊捕騎所獲。思明曾為裴寬將校，見了裴諝大喜，呼為「郎君」，命為御史中丞。時故廣平王妻沈氏等皆陷賊庭，思明又命裴諝捕殺皇枝，裴諝故意俄延，全活宗親數百人。又與從父裴珣探知思明軍中虛實，暗遣使赴中京上書於少帝。事洩，思明怒罵裴諝不忠，欲殺之，思顧舊恩，方免其死。

卻說史思明在東京，鑄「得壹元寶」錢，徑一寸四分，一當「開元通寶」錢百文。既而惡「得壹」非長祚之兆，改其文為「順天元寶」。賊中物價尤貴。思明本不識文字，忽好作詩，每寫一首，宣示驛亭。正值御苑櫻桃正熟，思明遣使齎往河北，賜與史朝義及周贄，遂作《櫻桃詩》一首，教左右寫於彩箋上。詩曰：「櫻桃一籠子，半赤半已黃。一半與懷王，一半與周贄。」詩成，左右稱讚不已。小吏龍譚告思明曰：「陛下此詩大佳，若能改為『一半與周贄，一半與懷王』，則與『黃』字聲韻相協。」思明大怒曰：「韻是何物？豈可居我兒在周贄之下！」

且說桂管經略使楊譚大破西原黃峒蠻二十萬眾於嶺南，斬黃乾曜等賊帥七人。鳳翔節度使崔光遠又招安涇、隴州界党項之眾十餘萬來降，境內稍安。

卻說少帝在寢殿中，夜作一夢：夢見興王墮淚，拜辭而去。次日，喚張皇后至，以夢告之。張后曰：「妾四更時分，也做了一夢，夢見十二郎灑淚拜辭了妾，哭著去了。」正言間，忽報興王李佋病亡。少帝聞之，痛哭不已。敕贈恭懿太子，命葬於高陽原。

時遇殘雨初晴，日色明朗。持盈公主入宮探視上皇。高力士、陳玄禮等，侍上皇登長慶樓。京城父老過者，皆喜且泫然曰：「不期今日再得見太平天子。」傳呼萬歲，聲動天地。有劍南奏事官從樓下過，揚塵舞蹈，上皇令持盈公主款待，賜以酒食。

再說高力士因李輔國素賤，見輔國不為禮。李輔國因此痛恨高力士，心生一計，遂領禁軍諸將見少帝，拜伏於龍榻之下。李輔國奏曰：「太上皇居興慶宮，日與外人交通。今陳玄禮、高力士共謀，欲不利於陛下；今六軍將士盡靈武勳臣，皆反仄不安，臣曉諭不能解，不敢不以聞。」少帝驚曰：「聖皇慈仁，豈容有此！」輔國對曰：「上皇固無此意，其如群小何！陛下為天下主，當為社稷大計，消亂於未萌，豈得徇匹夫之孝！且興慶宮與閭閻相參，垣墉淺露，非至尊所宜居。西內深嚴，奉迎居之，與彼何異；又得杜絕小人熒惑聖聽。如此，上皇享萬歲之安，陛下有三朝之樂，庸何傷乎！」言訖，令六軍將士，號哭叩頭，請迎上皇居西內。少帝礙於孝道，沉吟不語。

李輔國揣知少帝意，退與張后商議，矯詔以軍國之用為名，索南內廄馬盡取之。高力士固爭不得，奏陳上皇。上皇歎曰：「此必輔國離間之計也。吾兒常用其謀，不得終孝道！」

及曉，上皇至東內，欲見少帝。少帝託疾不出，竟不與上皇相見。上皇怏怏而回。行至中途，忽聞戛戛聲。上皇驚回顧，但見李輔國引禁軍鐵騎數百人，攢刃耀日，遮道而來。輔國在馬上，奏曰：「皇帝以興慶宮湫隘，迎上皇遷居西內。」言訖，便教武士持御馬。驚得上皇幾乎墜馬。高力士急下馬，扶持上皇而上，與輔國爭持曰：「縱有他變，須存禮儀，何得驚太上皇？」輔國厲聲叱曰：「老翁大不解事，且去！」即斬力士從者一人。力士怒，瞋目大叱曰：「五十年太平天子，李輔國汝是舊臣，何得無禮！李輔國下馬！」諕得輔國喫了一驚，不覺失轡下馬。力士因宣上皇誥曰：「諸將士各得好生。」輔國令禁軍兵士皆納刃於鞘中，齊聲大呼：「太上皇萬福。」一時拜舞。

高力士又曰：「李輔國攏馬！」輔國遂著靴，出行攏馬，與兵士等護侍上皇，直至西內安置。輔國領眾既退，守西宮者不過老弱殘兵數十人。陳玄禮、高力士及王承恩、魏悅等一班舊宮人，皆不得留西內。上皇左右莫不欷歔掩涕。上皇慰之曰：「興慶宮是吾王地，吾頻讓與皇帝，皇帝仁孝，不受。今雖為輔國所制，正愜我本懷。」

是日，李輔國與禁軍諸將素服見少帝，請罪。少帝暗喜，勞之曰：「南宮、西內，亦復何殊！卿等恐小人熒惑，防微杜漸，以安社稷，何所懼也！」中外聞李輔國遷上皇居西宮，莫不切齒以怒。刑部侍郎顏真卿首率百僚上表請問起居。少帝怒，黜顏真卿為蓬州長史。於是百官震悚。

旬日後，李輔國奏遷持盈公主於玉真觀安置。令陳玄禮致仕，流高力士於巫州，王承恩、魏悅，皆坐流竄。臨行，力士曰：「臣合死已久，聖恩含忍，容至今日。願得親辭聖顏，死亦無恨。」輔國弗許。力士被催，求與上皇別亦不得。時人皆為之歎息。

且說上皇自高力士去後，終日悶悶不樂。每每獨吟《傀儡詩》曰：「刻木牽絲作老翁，雞皮鶴髮與真同。須臾弄罷寂無事，還似人生一夢中！」左右皆感傷。少帝親選百餘個宮娥綵女，置於西宮，以備灑掃，又令萬安、咸宜二公主侍養上皇。至於服御饌食，窮極珍奇，視膳問安，加於常日；異方進獻，先到西宮；國之大事，諮之可否。

再說御史大夫崔器腳腫，瞑目即見達奚珣。崔器拜在地下，口稱道：「大尹，我不自由。」左右問之，崔器荅曰：「達奚大尹嘗訴冤於我，我不之許。」如此三日，崔器腳痛不止而死。毛若虛、敬羽之流，皆深酷割剝，驟求權柄，殺人以逞刑，厚斂以資國。六七年間，大獄相繼。憲臺之中，因繫不絕；州縣之內，多是貶降之人。苗晉卿奏知少帝，言三司多濫。少帝大悔曰：「朕為三司所誤，深恨之！」

卻說李輔國權勢愈盛，公卿不為輔國所譏者幾希。毛若虛尋以罪黜，貶涪州賓化縣尉而死。

少帝又昇衛伯玉為神策軍節度使，令李忠臣兼神策軍兵馬使；命魚朝恩為陝州觀軍容使，監其軍。

舊相呂諲亦以太子賓客出為荊州長史，兼御史大夫，領澧朗硤忠等州節度觀察使。以秘書監崔渙為太子賓客，徙晉州刺史房琯為漢州。琯至漢州，董庭蘭來見，琯無慍色，待之如舊。世傳房琯往世為禪客，與婁師德相善，慕其為人，故今生有婁之遺風也。

卻說呂諲自荊州上表，請置南都。少帝從之，詔停南京，置南都，昇荊州為江陵府。置團練兵三千人，以扼吳、蜀之衝。觀察、制置，一準二京。以呂諲為江陵尹，領荊南節度使，兼御史大夫，增領夔、歸、萬三州。

第七十七回　田神功平定三吳　李光弼大戰邙山

再說党項及奴剌、突厥結連岐、隴土賊郭愔等為內應，共謀造反。敗韋倫於秦、隴，寇黃戍。李輔國奏知少帝，即遣人星夜宣崔光遠入朝，以右羽林大將軍李鼎為鳳翔尹、兼御史大夫、充鳳翔及秦隴興鳳成等州節度觀察使代之，黜韋倫為巴州長史。時河中尹、兼御史中丞、河中同晉絳等州節度觀察使蕭華上疏，以為：「司徒兼中書令、朔方、鄜坊、邠寧等節度使郭子儀，有社稷大功，今殘孽未除，不宜置之散地。」少帝深然之。命子儀出鎮邠州，党項遁去。

詔以郭子儀為都統諸道兵馬使，管崇嗣為副，率英武、威遠等禁軍，及朔方、鄜坊、邠寧、涇原諸鎮蕃漢兵馬七萬，取邠慶、朔方、大同、橫野路而行，與回紇兵馬犄角相應，先取燕京，隨後進討河北殘寇。詔下旬日，復為魚朝恩所間，事竟不行。

李光弼領兵攻打懷州，城上擂木礮石，如雨般打將下來。如此晝夜相攻，四十餘日，無計可破。恰好河朔人唐希俊為賊板卒，被李抱玉所獲。光弼怒欲斬之，僕固懷恩告免。光弼即問破城之策，希俊曰：「突門內土厚，可掘地道而入。」光弼便命希俊引李抱玉、郝庭玉及三百壯士，夤夜掘地道而入。時約初更，月光未上。衹聽得東門上吹贏殼聲，喊聲忽起，光弼大喜，便令懷恩攻打東門。軍士攀緣上城，各執利刃，砍殺守城士卒，開城門，放弔橋。官兵一擁而入。安太清引賊突出西門，正迎光弼，無心戀戰，衹待奔逃。忠武將軍侯仲莊向前，生擒了太清。

光弼入城，昇坐帥府。先出榜安撫百姓。仲莊將太清解來。光弼曰：「汝降否？」太清曰：「我既被捉，如何不降？」光弼大喜，親解其縛。一面賞勞三軍將佐，一面寫表中奏朝廷，得了懷州，並請舊相崔圓出牧懷州。人報僕固瑒見安太清妻生得十分美麗，將其擄到帳中取樂。光弼聽說，命僕固瑒將安太清妻送還。僕固瑒不從，令心腹將卒數十人守護。光弼便令辛京杲領三十餘騎往取之。京杲領命，直到僕固瑒帳，射死朔方軍士七人，奪得安太清妻覆命。僕固瑒見僕固懷恩，哭告其事。懷恩聞之，怒曰：「契丹乃為賊將殺我兵耶！」自此僕固懷恩與李光弼結怨。

卻說淮西節度使王仲昇，兼領河南，惡李銑貪縱不法，劉展驕愎自用。仲昇先奏李銑罪而誅之，然後圖劉展。命淮西監軍邢延恩齎表進赴長安，言劉展原係叔冀手下副使，今其故主在燕，職居右相，早晚必反矣。延恩因奏曰：「展在河南，不受仲昇節制。又讖云：手執金刀起東方。展姓劉，『劉』之為字，卯、金、刀也，正應其讖。今若不除，必為後患。然展方握強兵，當以奇計去之。請授劉展江淮都統使，以代李峘，俟其釋兵赴鎮，於中途擒之，此一夫之力耳。」少帝從之，遂暗發密敕與江淮都統使李峘、揚州長史鄧景山，令李峘就鄧景山謀共襲劉展。一面就遣延恩齎詔到宋州，授劉展為江淮都統使。

劉展得了詔書，已知是王仲昇譖己，曰：「展自陳留參軍，數年至刺史，可謂暴貴矣。江、淮租賦所出，今之重任，展無勳勞，又非親賢，一旦恩命寵擢如此，得非有讒人間之乎？」言訖，欷歔流涕。延恩曰：「公素有才望，主上以江、淮為憂，故不次用公。公反以為疑，何哉？」劉展曰：「事苟不欺，印節可先得乎？」延恩曰：「可。」遂連夜到揚州，入見李峘，取了印綬，又到宋州，將印綬付與劉展。劉展受了職，上表謝恩畢，遂起部下兵七千人，星夜趨揚州來。延恩以為劉展中計，連夜回揚州，報知李峘、鄧景山。

於是李峘移檄諸州，言劉展造反。劉展亦移檄諸州，言李峘造反。江淮州縣莫知所從。李峘提兵渡江，屯於京口；鄧景山引兵一萬，屯於徐城。望見塵頭起處，劉展軍馬早到。展勒住馬，使人問景山曰：「吾奉詔赴鎮，此何兵也？」景山不荅。展大怒，曰：「匹夫安敢如此！」乃引兵擊之，景山軍兵大敗，眾皆四紛五落。景山引敗軍奔壽州。

劉展引兵入揚州，遣部將屈突孝標引兵三千取淮南，王晅引兵四千取淮西。李峘引軍屯北固山，插大木以塞江口。劉展進兵屯白沙鎮，設疑兵於瓜步洲。劉展將許嶧於瓜步洲燃火，播鼓搖旗，虛張聲勢，若進兵向北固山去。如此者數日，李峘盡撥軍守把京口去了。劉展從上流渡江來襲下蜀，邀李峘之後。李峘兵聞之，不戰自潰。劉展驅大軍，殺得屍橫遍野。

李峘引眾渡江，奔回潤州，與江淮都統副使李藏用商議，欲棄城而走。藏用謂李峘曰：「處人尊位，食人重祿，臨難而逃之，非忠也；以數十州之兵食，三江、五湖之險固，不發一矢而棄之，非勇也。失忠與勇，何以事君！藏用請收餘兵，竭力以拒。」李峘乃留藏用守浙西，自投宣歙觀察使鄭炅之去了。浙西觀察使侯令儀聞劉展兵到，連夜逃遁去了。劉展遂得昇州，令部將傅子昂攻打宣州，李峘、鄭炅之棄城而走。子昂進兵攻江州，思欲南取江西。藏用收聚敗軍，且戰且走，東至蘇州，招得精壯二千餘人，並所部兵一千，閉城堅守。劉展令部將張景超引一軍取常州，孫待封引一軍取湖州。藏用與景超、待封相拒月餘，見救兵不至，情知蘇州守不住，夜走杭州。

劉展遂分遣諸將徇泗州、楚州、濠州、舒州、和州、滁州、廬州，皆下之。當此之時，三分全吳，展有其二。

卻說史思明在東京，聽知劉展反，即傳令賊將四員，提四路兵接應：第一路田承嗣，西取申州；第二路王同芝，南取陳、潁；第三路敬釭，東取山東兗、鄆諸州；第四路薛嶵，取曹州。每路各帶數千人馬，殺奔江淮來。時淮西王仲昇引本部軍守申州，敵田承嗣；陳鄭李抱玉引本部軍守陳州，敵王同芝；兗鄆能元皓引本部軍守兗州，敵敬釭；淮西軍將常休明守曹州，敵薛嶵。田神功引平盧兵五千，往鄆州擊敬釭。朝廷加田神功御史中丞，令屯任城。

卻說鄧景山與邢延恩計議曰：「此必求救於田神功，方可解危。」於是景山修書一封，遣延恩至任城，許以淮南七州金帛子女，使起兵討劉展。神功大喜，引本部軍向揚州進兵。當日劉展聞神功兵至，起兵八千拒之。先發精兵二千渡過淮河，擊平盧軍於都梁山。劉展戰不利，退入天長。平盧兵隨後趕來，劉展引五百騎兵，就橋邊與神功交鋒，戰不到十餘合，劉展抵當不住，敗陣而走。神功乘勢追趕。劉展盡棄衣甲、頭盔，匹馬渡江望潤州而走。神功引兵入揚州，擄掠百姓商人財物，比屋鞭笞發掘略遍，大食、波斯胡商被殺者數千人。

至次年正月內，田神功遣部將陽惠元，領前部兵一千五百，先取淮南之地；又兵分數路，星夜渡江：令范知新，引兵四千，從白沙渡江，西取下蜀；令鄧景山，引兵一千，從海陵渡江，東取常州；神功自引兵三千，從瓜州渡江，徑取潤州。劉展引軍萬餘，出潤州城外，於蒜山佈陣。

神功準備戰船五隻，欲載兵馬夜襲金山。

忽一夜，狂風驟起，那五隻戰船飄入江中，直至金山之下。劉展屠其二舟，沉其三舟。人報平盧兵自白沙順流而下，勢不可當。劉展大驚，與弟劉殷揮兵抵敵。劉展軍大潰，劉殷謂劉展曰：「平盧兵剽輕，難與爭鋒。何不領眾遁入海，可延歲月？」展垂泣曰：「若事不濟，何用多殺人父子乎！死，早晚等耳！」挺槍縱馬，率賊軍奮力死戰。平盧小將賈隱林掛住鋼槍，拈弓射之，一箭正中劉展左目，翻筋斗攧下馬來。劉展兵四散敗走。劉殷獨奮力搏戰，死於亂軍之中。賊將王暅、屈突孝標、許嶧、傅子昂、張景超、孫待封等，得知劉展已被擒獲，一半逃散，一半自行投首。

田神功縱平盧兵，大掠江淮十餘日。至德以來，安、史之亂，亂兵不及江、淮，至此，其民始罹荼毒矣！

卻說党項、奴剌寇寶雞，入大散關，攻陷鳳州，殺死刺史蕭愧，大掠而去。鳳翔李鼎追擊破之。江陵呂諲請割黔中之涪，湖南之岳、潭、衡、郴、邵、永、道、連八州，隸江陵府，團練兵增置萬人軍，號為「永平軍」。詔許之。以崔光遠為成都尹、劍南西川節度觀察使、兼御史大夫，汾州刺史崔圓為揚州長史、淮南節度觀察使、兼御史大夫。

時有衡州酋帥陳希昂，昔為荊州長史張惟一司馬。收家兵千人在部下，以為護衛。張惟一心腹將牟遂金，與希昂不和。希昂率兵入衙，問惟一索遂金之首，惟一畏懼，不敢不從，即叱武士推出遂金斬之，將首級付與希昂。希昂既害了遂金，遂盡奪惟一之權。呂諲聞知此事，遂奏徵陳希昂入朝，拜侍御史，出為常州刺史、兼防禦使。希昂帶同數十個家兵，前往常州赴任，路經江陵，入府見呂諲。被呂諲伏刀斧手殺之，盡誅其黨。屍横血染，一府中皆慴伏。呂諲具表數陳希昂之罪，使人申奏長安。

道士申太芝以使鬼物、卻老方見少帝，少帝尊之，擢為諫議大夫。李輔國奏於道州界首置軍，令太芝為軍校，使往湖南招群蠻歸降。太芝至湖南，誘引群蠻，納其金帛，賞以緋紫，出囊中敕書賜衣以示之，復以妖言惑眾。軍人剽劫溪洞，州吏不能制。太芝入京，路過潭州，潭州刺史、兼湖南都防禦使龐承鼎獲其奸贓鉅萬，具表申奏。輔國奏知少帝，徵太芝赴闕。太芝至京，反譖承鼎曲加誣陷。遂收承鼎下獄，命江陵府按治。呂諲令判官嚴郢鞫獄，具狀以聞。少帝不信，乃令中使與呂諲同驗。呂諲抗表言太芝無狀，少帝不納。御史中丞敬羽希旨奏承鼎誣陷太芝，坐當死。少帝大怒，敕將龐承鼎杖殺。流嚴郢於建州，連累者百餘家。呂諲乃令判官元結覆按得實，即具表申奏少帝。承鼎得雪，太芝流嶺南而死。

呂諲在臺司無異績，及鎮江陵，號令明具，賦歛均一。政有威信，人樂用命。境內無盜，百姓歌之。自至德以來，分閫寄、處方面者數十輩，諲最知名。

卻說史思明潛遣間諜反說官軍曰：「洛中將士，皆幽、朔人也。久戍思歸，士多不睦。擊之，可破也。」陝州觀軍容使魚朝恩聽知此信，即入朝，言於少帝，曰：「可速出軍，盡掃殘寇。」少帝然之，令李光弼與衛伯玉率兩道齊進速收東京。光弼知是計，乃表稱：「賊鋒尚銳，不可輕進。請固守河陽而不出，待時而動。」僕固懷恩既與光弼不睦，潛附朝恩，言賊軍可滅，東京可取。少帝亦以為然。由是中官相繼到河陽，催督光弼進戰。

李光弼不得已，乃留李抱玉守河陽，自與僕固懷恩領大軍，往邙山進發。約會魚朝恩、衛伯玉，一齊進兵，攻取東京。

光弼、懷恩兵到邙山，朝恩督伯玉引兵亦到，看了地勢，光弼曰：「彼眾我寡，不可平地置陣。邙山乃天賜之險也：可就山上屯軍。」懷恩曰：「吾用步騎，若屯兵於險要，非是便地，請佈陣於平原。」光弼曰：「吾依險阻屯兵，則可以進，可以退；若佈陣於平原，萬一不利，則隻輪無反矣。思明不可忽也。」正說間，忽然哨馬飛奔而來，報說賊兵已到。光弼急命懷恩移軍屯於山上。懷恩弗從，又復止之。

早有賊軍飛報史思明，說：「唐軍一半屯於山上，一半尚在平原。」思明引眾將上高阜處望之，遙望光弼、懷恩佈陣未完。思明謂李歸仁曰：「彼陣未成，便可擊之。」遂令歸仁領鐵騎千餘皆執大刀在後，驅精銳軍七百人在前，盡使長槍，徑衝唐陣。懷恩見賊軍來衝陣，不等光弼號令，盡率朔方之眾，忿怒衝殺過去。戰不多時，將賊軍七百精銳之兵殺盡。歸仁見朔方兵勢猛，急奔土阜。懷恩驅兵掩殺，賊兵馬匹軍器，丟滿道上。懷恩軍爭往取之，隊伍盡失。思明見懷恩兵懈怠，不復提防，卻令軍將一齊下土阜擊之。懷恩軍大亂。光弼看見懷恩被圍，急與伯玉引軍來救。

時近黃昏，風雨暴至，兩軍混戰，官兵大敗。光弼、懷恩等渡河退保聞喜，朝恩、伯玉乃奔還陝州。李抱玉糧絕眾寡，亦棄河陽而走。荔非元禮移軍翼城，懷州亦陷。光弼計點敗軍，折兵萬餘人，失去輜重無數。抱玉、懷恩俱各被傷。朝廷憂之，以左神武大將軍李懷讓為華州刺史、兼同華節度使，並潼關、鎮國軍使。添兵陝州，與衛伯玉守禦。

是時苗晉卿年已衰暮，又患足疾。李揆決事獻替，雖甚博辨，然躁於名利，妒賢嫉能。揆山東冠族，位居宰相，見李輔國執子弟之禮，謂之「五父」。

工部侍郎、禮儀使于休烈與李揆同居史職，李揆忌其名望，奏休烈為國子祭酒，權留史館修撰以下之。論者非之。呂諲理江陵二年，號為良守。李揆恐呂諲復又入相，言置軍湖南不便，又密使人往荊、湖，求諲過失。呂諲上疏自陳，細奏其事。少帝大怒，黜李揆為袁州長史。擢蕭華為中書侍郎、同平章事，以代李揆之職。

卻說李光弼照郭子儀鄴城舊例，乃上表請自貶元帥之職。少帝遣使齎詔到河中，宣光弼入朝。因僕固懷恩違令致敗，乃赦之。光弼堅請自貶太尉、中書令之職。少帝遂下詔，黜李光弼為開府儀同三司、侍中，兼領河中尹、晉絳等州觀察處置使。忽報王思禮病亡。少帝聞之，哀痛不已，敕贈太尉，謚曰武烈。

卻說史思明令史朝義為前部，周贄、許叔冀為合後，思明自為中軍，進兵陝州，欲乘勝西入潼關。祇聽得飛馬報道：「令狐彰移軍屯於杏園渡，不知何意。」原來令狐彰字伯陽，京兆富平人也。父令狐濞，曾為范陽尉，通幽州人女，生彰。彰少倜儻，涉獵書傳。及長，有幹略。乃從軍范陽，志立功名。先事祿山，後歸思明。彰素有忠義之心，為思明戍滑臺。使勇士善水者，星夜涉河，因滑州監軍楊萬定申奏朝廷，請以本部兵馬及所管滑、鄭、汴數州歸國。少帝覽表大悅，即降書勞問。

令狐彰既潛謀歸款，遂移屯於杏園渡。史思明大驚，遣賊將薛岌圍令狐彰。令史朝義為先鋒，從北道取陜州；自己統領大軍，從南路隨後進征。

朝義引兵至姜子阪，忽聽得背後火礮齊響。朝義喫了一驚，勒住戰馬看時，祇見後面旗幡對刺，戰鼓亂鳴。左邊撞出衛伯玉，右邊撞出李忠臣，各引一枝人馬，兩邊殺來。朝義知中計，火速回軍。前面又撞出郭英乂，引著一支馬軍，大殺一陣。殺得朝義金盔倒納，衣甲飄零，退守永寧，不敢交戰。祇教軍士來偷營劫寨，皆被陜州兵殺敗。

第七十八回　柳泉驛思明見誅　逍遙樓朝英受縛

卻說史思明性猜忍，好殺戮，群下小不如意，動至族誅，人不自保。而史朝義性寬和，愛士卒，將士多依附之，而無寵於思明。思明偽皇后辛氏，生子史朝英，思明甚愛之，欲立為嗣。思明牙將曹閔之知其謀，告於朝義。比及思明領軍到永寧時，知朝義屢敗，怒欲斬之，曹閔之勸免。思明怒未息，指朝義而罵曰：「這廝如此膽怯，終不足成吾事！」遂令朝義築三角城，以貯軍糧，限一日內築完。

朝義築畢，未泥，見軍士疲乏，便教軍士少歇。思明忽至，大罵朝義。朝義告曰：「緣軍士力困，暫歇耳！」思明大怒，曰：「汝惜部下兵，違我處分。」即令左右立馬看泥，斯須而畢。思明在馬上，以鞭指朝義曰：「待收陝州，斬卻此賊。」言訖，縱馬而去。朝義大懼。

回到逆旅，朝義心腹將駱悅、蔡文景謂朝義曰：「王於姜子阪失律，今主上日害王，悅等與王，死無日矣。廢興之事，古來有之，王何不自謀，喚取曹將軍同舉大事？」朝義低頭不答。悅曰：「王若不應，悅等即歸李家，王亦不全矣！」朝義祇得從之，乃曰：「勿驚動聖人，善為之計！」時思明居鹿橋驛，令曹閔之總中軍兵護衛。駱悅即暗使許叔冀之子許季常，以朝義之命，召曹閔之至，密告其事。曹閔之欣然從之。

當夜三更時分，駱悅領部下三百軍到鹿橋驛，思明護衛之兵怪之，懼曹閔之，皆不敢動。思明方從睡夢中驚醒，據牀惆悵。思明好優人，寢食必置左右，優人以其殘忍，皆深恨之。見思明如此，問曰：「陛下何故長歎？」思明曰：「吾向夢見水中沙上群鹿，吾逐鹿及水，卻見鹿死水乾。」言畢，起身如廁。優人見思明去了，相謂曰：「鹿者，祿也；水者，命也。祿與命俱盡矣。」少頃，駱悅領兵入，問曰：「燕帝何在？」優人未及回荅，駱悅拔短刀立殺數人。餘眾急以手指廁。

思明在廁中聞鼓譟之聲，知是驛中有變，連忙跳牆而出，徑奔廄中取馬。駱悅忽至，大喝：「老賊休走！」思明急上馬，悅張弓一箭，正中思明左臂，翻身落馬。軍士向前，用索綁縛住了。思明問曰：「是何人作亂？」悅曰：「奉懷王命。」思明曰：「我朝來語失，致有此事。然爾殺我太早，何不待我收長安，終歸爾事。今若殺我，事不成矣。祿山尚得二京，而爾何亟也！」乃急呼朝義小名者三，曰：「莫殺我！莫殺我！我不惜死，恐爾有殺父之名！」又大罵曹閔之：「此胡誤我，此胡誤我！我負汝何事，而行此逆乎！」駱悅押思明至柳泉驛囚了，回見朝義曰：「事已成矣！」朝義問曰：「莫驚聖人否？莫損聖人否？」悅荅曰：「無。」

時周贄、許叔冀軍領後軍，屯於福昌。朝義遣許季常往報二人。周贄聞之，驚倒於地。朝義引兵回至福昌，周贄與許叔冀出寨迎接。駱悅等勸朝義將周贄捉下，殺之。軍至柳泉驛，駱悅等恐眾心未服，遂矯朝義之命，將思明縊殺，用氈罽裹其屍，槖駝馱到東京。可笑史思明世之梟雄，到此反作了南柯一夢。

朝義既殺思明，秘不發喪，遣宦者二人到范陽，傳思明偽詔。云：「收兵陜、虢，以朝英為周京留守，仍勒馳驛速發，並皇后辛氏以下續行。」遂僭位，改元顯聖。密令偽左散騎常侍張通儒、戶部尚書康孝忠與朝英牙將高鞠仁、高如震等，誅殺辛氏及史朝英並親信數十人。

朝英本是個牧羊胡雛，嗜酒貪色，暴戾比思明，而婬亂過之。在范陽二年，擅作威福。聚集幽、薊惡少與己年齒相近者百餘人，令在左右。朝英每與其黨在宮中飲宴，酒至半酣，或以炭火燎其鬚髮，或以銅丸擊其頤頦。姬妾皆賊所掠良家子，稍有不如意，即殺之，至有投湯鑊死者。當時鼎鑊內熱油正沸，朝英叱武士將姬妾抱起來摜將下去。姬妾卻才嚎哭不已，霎時間骨碎肉爛。左右盡皆毛豎股慄，朝英嬉笑自若。

卻說史朝英養城旁少年三千人，皆勇而輕死。廄中又養駿馬百餘匹，日與其黨出入馳驟，其馬枯渴，即於桑乾河飲之。張通儒密喚康孝忠分付，引數十人去桑乾河收馬。孝忠受命，引兵徑到桑乾河，盡收朝義駿馬，閉於城南毗沙門天王院內。

通儒自率步軍數百人攻日華門。朝英與幽、薊惡少正在宮中，飲宴歡樂。忽聽得宮外喊聲大起，問有何事。左右報曰：「張通儒引兵造反！」朝英大驚，擐甲執兵，引心腹將卒數十人奔入廄中取馬乘坐，其馬已盡。忽聽背後喊聲大起，通儒引軍殺至，朝英親自迎敵。通儒於道旁立白旗一面，下令曰：「奉詔討史朝英，願降者可立於白旗下。」於是朝英之眾，多半奔到白旗之下。朝英與餘眾殺條血路，走入宮中。通儒領兵入宮，盡收朝英家小黨羽，皆斬之。辛氏亦被殺。朝英藏於逍遙樓中，為軍士所獲，擒見通儒。通儒命武士絞殺之。

偽左相向潤客惶恐無限，走入私第，坐立不安，來宮中見張通儒請罪。通儒乃遣潤客馳驛赴東京，聽候發落。並以木匣盛朝英首級，獻與朝義。朝義乃赦潤客，以張通儒為燕京留守。始宣思明遺誥，群臣發喪。謚思明日昭武皇帝，葬於幽州良鄉縣東北崗。

不想高鞠仁、高如震驟然作亂，害了張通儒；共推偽右相阿史那承慶為燕京留守，用木匣盛貯通儒首級，使人送到東京，誣其欲以燕京歸順朝廷。承慶既為留守，日夜不安。一日，承慶帶數十騎突出宮門，正遇高如震，承慶拔劍斬之，徑到營中，與康孝忠招集胡兵。高鞠仁聞如震死，大驚，急引本部銳兵，來戰承慶。承慶大敗，奪路殺出東門而走。

高鞠仁下令城中，殺胡者盡皆重賞。於是胡羯盡殪，小兒擲於空中，以戈承之，高鼻多鬚而濫死者極多。承慶收得敗殘軍馬歸東京，細奏前事。朝義授高鞠仁燕京都知兵馬使。以偽太常卿李懷仙為范陽尹、兼御史大夫，領范陽節度使。懷仙引數千騎，徑至燕京，與鞠仁約為兄弟，待之甚厚。鞠仁喜而不疑。懷仙又將金帛散給燕京將士，以買其心。

旬日後，李懷仙大犒軍士，設宴於宅院，高鞠仁恐懷仙設謀相害，逃席而去。懷仙尋思無計，喚牙將朱希彩至院中，責以驚軍之罪，命且囚於獄中。是夜鞠仁欲襲懷仙，猶豫不定。比及天明，鞠仁乃止。單人獨馬，到使院見懷仙。懷仙乃暗伏武士於壁衣中，使鞠仁入。相見禮畢，命坐。語良久，懷仙忽然變色曰：「爾何故夜集眾軍，欲謀造反？」鞠仁慌急，欲尋出路，衙門已閉，伏甲齊出，將鞠仁砍為兩段。懷仙叫放出希彩來。遂平范陽。朝義加懷仙燕京留守。

卻說張忠志等皆安祿山舊將，自謂與史思明等夷，朝義使人召之，多不至。

卻說少帝在長安，聞思明已死，心中稍安，病乃漸可。金吾將軍邢濟奏稱：「嗣岐王李珍，交通內謁者監王道成、右武衛將軍竇如玢、蔚州長塞鎮將朱融、駙馬楊洄等十餘人，欲謀造反。詔廢岐王為庶人，徙於溱州安置。岐王行至藍田驛，賜死。竇如玢等皆伏誅。舊相張鎬坐買岐王宅，黜為辰州司戶。加邢濟兼桂州都督、侍御史，充桂管經略使。

卻說蕭華與吏部侍郎裴遵慶相善。遵慶清儉謹密，蕭華每奏見，輒稱美之。少帝乃授裴遵慶為黃門侍郎、同平章事，與郭子儀、蕭華、苗晉卿同知政事。

劍南東川兵馬使段子璋反，以兵攻綿州。劍南東川節度使李奐為子璋所敗，奔成都。子璋遂得綿州，自稱梁王，改元黃龍，以綿州為龍安府，署置百官，又攻陷劍州。少帝大驚，星夜草詔，差人齎往成都，命崔光遠與彭州刺史高適一同破賊。

一日，五月蕤賓佳節，少帝召山人李唐，於便殿相見。少帝抱著小公主，顧謂李唐曰：「朕念之，卿勿怪！」唐曰：「太上皇亦應思陛下，如陛下之念公主也。」少帝聽言，眼中淚下。人報上皇染病，少帝欲往西內望上皇，被張后所沮，竟不往詣。

再說薛岌圍令狐彰於杏園渡，令狐彰激厲三軍，喻之逆順，眾皆願從。於是令狐彰引兵奮力衝殺，得出重圍，率其麾下數百人，隨楊萬定入朝。少帝下詔褒美，賜令狐彰甲第一區、名馬數匹，並金銀器皿極多，使持節滑州諸軍事、兼滑州刺史、攝御史大夫，加銀青光祿大夫、鴻臚卿，充滑亳相魏德貝六州節度使，鎮守滑州。

時李奐以兵敗投成都，入見崔光遠，告以前事。光遠大驚，遂與李奐合兵一處，趲程赴綿州討子璋。高適亦從光遠起兵。不數日，報捷。

卻說田神功自平劉展後，除徐州刺史，神功逗留於揚州；太子賓客尚衡、羽林大將軍殷仲卿，皆有新除官，而未肯入朝，相攻於兗、鄆。少帝患之。蕭華奏請，授李光弼河南副元帥，加太尉、臨淮王，總河南、淮南、淮西、山南東、荊南、江西、浙東、浙西諸道行營兵馬，移鎮泗州。少帝從之，又拜菅崇嗣為太原尹、兼御史大夫，充北京留守，領河東節度副大使。

卻說李峘懼失守之罪，歸咎於侯令儀。詔流令儀於康州，徵李峘、鄧景山入朝。是年七月，京師大霖雨，自七月至八月盡，壞卻宮寺廬舍無數。

卻說李輔國恃勳自伐，無所忌憚。少帝加輔國兵部尚書。輔國猶未饜足，求為宰相。少帝謂之曰：「卿勳業則可，公卿大臣不欲，如之何？」輔國既退，遂諷舊相裴冕等速表薦己。工部尚書兼宗正卿李遵入見少帝，密奏其事。少帝憂之，密召蕭華入臥內，謂曰：「李輔國求為宰相，若公卿表來，不得不與。卿與裴冕早為之所。」蕭華喏喏而退，出問裴冕。裴冕曰：「初無此事，吾臂可截，而表不為也。」蕭華回奏。少帝大悅，曰：「裴冕固堪大用！」由此，李輔國深惡蕭華、裴冕。

再說張皇后初因興王之故，數危太子。太子深自晦匿，事張后甚謹。其時興王早夭，定王尚幼。李輔國見儲位獲安，遂去張后，而附太子，以圖悠久。由此，輔國與張后不睦。

李遵既素附於張后，李輔國不悅，乃密使人誣告李遵坐贓，少帝命敬羽按之。敬羽遂請李遵至，各危坐於小牀。敬羽身材瘦小，自然無事；李遵體貌肥大，頃刻便倒。李遵欲跂坐，請垂足。敬羽曰：「尚書下獄是囚，羽禮延坐，何得慢耶！」李遵絕倒者數四。敬羽視若無覩。李遵再三請問，敬羽方才應之，命授紙筆，寫下辭證，上書受贓數千貫，奏知少帝。少帝以其勳德之舊，讓而赦之。遂停李遵兼宗正卿，尚書如故。

李輔國威勢日甚，權傾朝廷，家藏珍翫，皆非人世所識。夏則於窗間設迎涼草，其色類碧，幹似苦竹，而涼氣自至。冬則於堂中置常春木，木高一尺，刻如鳳形，而和煦之氣如春。上皇所寶玉龍子，夜中光彩輝燭一室。輔國亦覬覦，密使小黃門竊之，藏於櫃中。少帝又賜香玉辟邪二枚，各高一尺五寸，香可聞數百步，奇巧絕倫。或以衣裾誤拂，芬馥經年，縱澣濯數四，亦不消歇。輔國置之坐側。一日，輔國坐於堂上，那兩枚香玉辟邪忽然一則大笑，一則悲號。輔國大驚失色。而大笑者囅然不已，悲號者涕泗橫流。輔國惡其怪異，叱左右碎之為粉，棄於廁中。自此廁中常聞埋冤叫苦之聲。

卻說李光弼辭赴行營，少帝又拜殿中監李若幽為戶部尚書、兼御史大夫，持節充朔方、鎮西、北庭、興平、陳鄭諸道行營兵馬、河中節度都統使，出鎮絳州。賜名國貞。時值天成地平節，少帝於大明宮置道場，以宮人為佛、菩薩像，寶裝飾之；北門武士為金剛神王，結綵被堅持銳。令文武各官膜拜圍繞，極歡而罷。

少帝自稱德薄，詔去尊號，但稱皇帝。改上元二年十一月為元年建子月，大赦天下。停四京、南都之號。其北庭、澤潞諸行營，移鎮絳州。是年冬至，少帝御含元殿受朝賀畢，朝上皇於西內，百官進名起居。時崔光遠既定東川，牙將花驚定所領西川之兵，剽劫良民，殺數千人。婦人有金銀臂釧者，西川兵以刀斫斷其腕，爭取之，光遠不能禁止。少帝聞之大怒，令監軍按光遠罪。光遠憂恚發病，卒。

卻說內射生使程元振，嘗以私事干來瑱，來瑱不之許，元振銜之。少帝遣使，召來瑱赴京師。來瑱樂在襄州，將士亦慕來瑱之政。來瑱乃諷將吏、州牧、縣宰上表留己，身赴詔命，行及鄧州，復令歸鎮。中官自襄州使還者告於元振，元振報知少帝。少帝聞而惡之。荊南呂諲、淮西王仲昇及程元振，皆言：「瑱在襄州佈恩惠，甚得軍民之心。」少帝然之，即降詔割均房金商四州別置觀察使，令來瑱止領襄鄧唐復郢隨六州。

先是，劉展既平，諸將爭功，酬賞未及李藏用。崔圓為淮南節度，表藏用為楚州刺史。會支度租庸使以劉展之亂，諸州用倉庫物無準，奏請徵驗。是時倉猝募兵，物多散亡，徵之不足，諸將往往賣產以償之。藏用知之，後悔無及。牙將高幹挾舊怨，使人到揚州，言藏用反，先以輕兵襲藏用。藏用走，幹追斬之。崔圓簿責李藏用將吏驗之，將吏畏懼，附成其狀。獨孫待封言其不反。崔圓大怒，命推出斬之。或問待封曰：「子何不從眾以求生？」待封曰：「吾始從劉大夫，奉詔書來赴鎮，人謂吾反；李公起兵滅劉大夫，今又以李公為反。如此，誰則非反者，庸有極乎！吾寧就死，不能誣人以非罪。」遂斬之。

再說京兆尹、戶部侍郎兼御史中丞、勾當度支鑄錢鹽鐵等使劉晏，自代第五琦領鹽務，法益精密，每歲入錢六十萬貫。既以京尹判度支，委府事於司錄張群、杜亞，政總大體，號為稱職。時安南都護、試鴻臚卿康謙善賈，資產億萬計，為人所嫉，誣其陰通史朝義，事連司農卿嚴莊。於是嚴莊、康謙皆下獄，少帝命敬羽按治之。劉晏令吏卒圍守其宅。不數日，少帝降旨，釋嚴莊之因，召嚴莊入見。嚴莊怨劉晏，因譖曰：「劉晏矜功怨上，常與臣道禁中語。」少帝聞之大怒，黜劉晏為通州刺史，嚴莊為集州難江縣尉，康謙伏誅，籍沒其家。

擢度支郎中、御史中丞元載兼戶部侍郎，領勾當、度支、鑄錢、鹽鐵並江淮五道租庸、轉運使，代劉晏掌財利。載字公輔，乃鳳翔岐山人也。少孤，其母攜載適員外官元昇。昇本姓景氏，不治產業，因為曹王妃元氏之田官，故冒姓元。載性敏悟，善敷奏，博覽群書，尤善《南華真經》。少帝愛其才，委以江、淮漕挽之重。

第七十九回　張皇后謀誅宦豎　李輔國援立儲皇

是歲江、淮大饑，人民相食。元載卻以江、淮雖經兵荒，其民比諸道猶有貲產，乃按籍舉八年租調之違負及逋逃者，計其大數而徵錢；擇豪吏為縣令而督之，不問負之有無，貲之高下，察民有粟帛者發徒圍之，籍其所有而中分之，甚者十取八九，謂之「白著」。有不服者，官吏嚴刑以威之。百姓有蓄穀十斛者，則重足以待命，或嘯聚山林為群盜，州縣不能止。時人歌曰：「上元官吏務剝削，江淮之人皆白著。」

衛伯玉統神策軍攻永寧，拔之，乘勝至莎柵，復拔之。進軍澠池、福昌、長水，並拔之。賊眾大敗，擒二千餘人，斬首三千級，獲其器械數萬計。

先是，王思禮鎮太原，立法嚴整，眾不敢犯，由此糧草豐足，器械精銳。及管崇嗣代之，為政寬緩，委任左右，數月之間，散費殆盡，唯存陳爛米萬餘石。少帝聞之大驚，遣使齎詔，召回崇嗣，命尚書左丞鄧景山代之。李國貞至鎮，加領河中尹、晉絳等州觀察處置使，權知絳州刺史。國貞清白守法，急於操下。朔方將士不悅，皆思郭子儀。少帝見僕固懷恩數有大功，特宣入朝加為工部尚書。敕李輔國引多官送於尚書省上任，以寵異之。

河西軍鎮，多被吐蕃所陷。其安西、北庭二鎮，賴楊預、尉遲曜堅守城池，與沙陀、回紇相依，蕃兵連年攻打不下。至是年建寅月內，遣使請和。少帝方有事山東，以隴右為憂，乃差郭子儀、蕭華、苗晉卿、裴遵慶於鴻臚寺與吐蕃講和，情願每年輸納歲賦絹繒綵帛五萬匹，兩相罷兵，再休侵犯。李光弼打破許州，活擒偽穎川太守李春。賊將史參率眾救李春，光弼又大破之。平盧侯希逸，與幽州連年相攻不息，又為奚虜所侵，獨力難當，乃盡引本部軍二萬餘人，且戰且走，望南迤邐而行。將次近海，正遇李懷仙截往。被希逸奮力衝殺，懷仙敗走。希逸遂泛海，到於青州。田神功新除淄節度使，將淄青讓於希逸。詔加希逸淄青節度使。自此淄青節度皆帶平盧之名也。

郤說鄧景山在太原，檢覆軍吏隱沒軍儲者。有裨將抵罪當死，諸將請免其死，景山弗許；其弟請代兄死，又弗許；又請納馬一匹以贖兄罪，景山乃許。諸將皆怒，相顧曰：「我等人命輕如一馬乎？」遂殺景山。少帝以景山撫御失和，因此致亂，不復推究，遣使諭之。諸將請以辛雲京為帥，詔許之。以辛雲京兼太原尹、北都留守，領河東節度使。朝廷以雲京勳望俱重，故委以北門。

李國貞在絳州，以軍中乏糧，將士少食，屢以狀聞。朝廷未報，軍中諮怨。突將王元振引眾鼓譟作亂，夜攻衙城。左右勸李國貞棄城遁去，國貞曰：「吾銜命為將，不能靖難，安可棄城乎！」躲避不脫，為眾所擒。軍士將殺國貞，國貞曰：「軍中乏糧，已有陳請，人不堪賦，予無負於將士耳。」士卒聞之，欲各自散去。元振獨曰：「今日之事，豈須問耶？都統若不死，則我輩死矣！」遂抽刀殺之。鎮西北庭行營兵屯於翼城，亦殺荔非元禮，共推白孝德為帥，朝廷因授白孝德節度使。

淮西王仲昇為賊將謝欽讓圍於申州，因江陵呂諲臥病，襄鄧來瑱與仲昇不和，坐視不救，仲昇與欽讓戰於城下，竟為欽讓所擒，淮西震駭。侯希逸引兵到兗州界，與能元皓相見，合兵一處，進討張獻誠。朝義聞知，恐汴州有失，遣使急召欽讓，退兵去救汴州。

絳州諸軍剽劫不已，朝廷恐其與太原亂軍合從連賊，後輩帥臣未能彈壓，少帝憂之。蕭華奏請，授郭子儀為河北副元帥，進封汾陽王，總朔方、河中、鎮西、北庭、澤潞、興平、定國諸道行營兵馬，出鎮絳州。並賜御馬、銀器、雜綵，別賜絹四萬匹、布五萬端、米六萬石以賞軍。

卻說上皇怒少帝不孝，張皇后、李輔國亂政，因此得病，病漸沉重。少帝以內不能安君親，外不能清寇孽，憂憤所積，病勢轉加。

至元年建辰月內，少帝寢疾，李輔國常在左右，而百官希得進見。郭子儀辭赴行營，請曰：「老臣受命，將死於外，不見陛下，目不瞑矣。」少帝臥病不起，乃引子儀至臥內，子儀偷目看時，見少帝睡在龍牀上，面黃肌瘦，形脫神衰。少帝呻吟而歎，謂子儀曰：「朕病已入膏肓，死在旦夕矣。河東之事，一以委卿。」子儀嗚咽流涕，受命而去。時史朝義提兵圍澤州，李抱玉告子儀求救。子儀急分定國軍救之，朝義遁走。

惟有襄鄧節度行軍司馬裴茙，謀奪來瑱之位，乃密表稱：「來瑱善謀而勇，倔強難制，今不早圖，後必為患。請以兵襲之，可一戰而擒也。」少帝下詔，以來瑱檢校戶部尚書、兼御史大夫、安州刺史，領淮西申安蘄黃光沔、河南陳豫許鄭汴曹宋潁泗十五州節度觀察等使。外示尊崇，實奪其權也。以裴茙代來瑱，兼御史中丞，領襄州刺史、襄鄧等七州防禦使，密令圖瑱。來瑱大懼，日夜不安，乃上表說：「淮西無糧饋軍，臣去秋種得麥，請待收麥畢，赴上」，復諷將吏上表留己。裴茙乃於商州招募，觀來瑱去就。

卻說梁州都督、山南西道觀察使李勉，令其故吏王晬攝南鄭令，尋有詔，決殺王晬。李勉問王晬，知是權倖誣譖。李勉謂將吏曰：「天子方藉牧宰為人父母，豈以譖言而殺不辜乎！」遂釋王晬，具狀表聞。少帝覽表，乃赦王晬。李勉卻被權倖所非，奏徵為大理少卿。李勉至長安，入見少帝，面奏王晬無罪，良吏也。少帝嘉其抗直，拜勉太常少卿。以邠州刺史臧希讓為梁州都督、山南西道觀察使。王晬後以清平勤幹，擢大理評事，有能名，論者稱李勉有知人之鑒。少帝素重李勉，將大用之，李輔國意欲李勉降禮於己。李勉不為之屈，竟為所抑，出為汾州刺史。

卻說蕭華請少帝降詔，天下流降人等一切放還。李輔國誣奏蕭華專權，請黜之。少帝弗許，輔國固請不已。少帝不獲已，乃罷蕭華知政事，授禮部尚書。戶部侍郎兼御史中丞、判度支、江淮轉運等使元載，與李輔國妻元氏宗親，因是相昵。輔國遂稱其美才，少帝乃加元載兼京兆尹。元載意屬宰相，詣輔國懇辭京尹，輔國已知元載之意，許之。次日，輔國奏少帝，加元載同平章事，度支、轉運等使如故。

那時楚州安宜縣，有一寺尼真如，本姓李氏，家於河南。幼亡父母，嫁與賀若氏。夫亡之後，出家修行。行能高潔，遠近稱之。因遭世亂，避地江左。

時值孟夏，夜靜三更，萬籟無聲，冰輪明顯。真如正在庵中默坐，忽見兩個皂衣人自外而入，對真如作禮道：「奉梵天法旨，請尼師一行。」真如聽說大喜，即隨皂衣人出了草庵，一同縱起雲頭，昇在空霄之上。皂衣人前引，真如隨後，向西南上走，走了五七里遠近，早望見金光豔豔，皂衣人即回向真如道：「金光處便是化城也。」真如喜，就同皂衣人按下雲頭，徑至城門前，衹見兩邊守門軍士，列戟森肅。那皂衣人引定真如，直至城門裡看處，果然是貝闕仙宮，看不盡瑤池瓊閣。

皂衣人領著真如，到於梵王宮外。早有金剛報入宮中，說真如到了。梵天即傳金旨，召真如進。真如隨皂衣人走入宮裡，衹見那正當中高坐著一個天神，乃是梵天——頭戴寶冠，身穿紫衣，四面四臂，威儀端肅：右邊一手持蓮花，一手持數珠，左邊一手執軍持，一手作唵字印。又見左邊四禪諸天，右邊五淨諸天，衣冠儼然，分班侍坐。

皂衣人引真如到殿前，對梵天倒身下拜。拜罷，又向左右再拜。各各三帀已遍，復向梵天長跪。梵天對真如言曰：「我乃大梵王也，奉上帝敕，特賜上界十三寶與下界大唐天子李某，天下不日當太平！」遂令左右取了十三寶，賜與真如。又將某寶是某名字並用寶之法，一一說了。命真如往報刺史崔侁，進獻天子。真如拜謝，梵天復命皂衣相送。

次日，真如到安宜縣衙。縣令王滔之接著，真如細說上天賜寶之事。滔之聽說，差人齎文報知刺史崔侁。崔侁聞報，即遣從事盧恒到安宜見真如。真如出五枚寶玉示之：第一枚喚做「玄黃天符」，其形如笏，長八寸，闊三寸，上圓下方，近圓有孔，黃玉也，色比蒸栗，澤若凝脂，王者得之，可辟人間兵疫邪癘；第二枚喚做「玉雞」，毛文悉備，白玉也，王者以孝理天下則見；第三枚喚做「穀璧」，白玉也，徑可五六寸，其文粟粒自生，無有彫鐫之跡，王者得之，即五穀豐稔；又有「王母白環」二枚，亦白玉也，徑六七寸，好倍於肉，王者得之，能令蕃邦歸復。盧恒與王滔之見了，誇愛不盡。

次日，崔侁亦至。將五寶仔細檢看，果然是實；回到州衙，便差人報知揚州長史崔圓。崔圓甚奇之，召真如至府衙相見。真如獻上五寶，又盡出其餘八寶。第一枚喚做「碧色寶」，圓而有光；第二枚喚做「如意寶珠」，其形正圓，大如雞卵，晝如月魄，夜若日輪；第三枚喚做「紅靺鞨」，大如巨栗，赤如櫻桃；第四枚喚做「琅玕珠」，長一寸二分；第五枚喚做「玉玦」，其形如環，四分闕一，徑約五六寸；第六枚喚做「玉印」，大如半手，斜長，理如鹿形，陷入印中，以印物則鹿形著；第七枚喚做「皇后採桑鉤」，長五六寸，其細如箸，屈其末，似真金，又似銀，又類熟銅；第八枚喚做「雷公石斧」，長四寸，闊二寸，無孔，膩如青玉。真如將十三枚寶玉的事情，一一說與他知。崔圓卻十分歡喜，要作表遣人往長安獻諸寶。真如曰：「天命崔侁，事為若何！」崔圓乃止。崔侁即遣盧恒隨真如赴京師進獻不題。

卻說上皇困於興慶宮中，一日晚夕，偶在寢殿內吹紫玉笛銷憂，忽聽得宮門外有鶴唳之聲，祇見張果、葉法善、羅公遠三位仙師自外飄然進來。上皇躬身施禮，問道：「三位仙師何來？」三仙回禮。葉仙師道：「陛下前世原是西方元載孔昇天帝君，頃以小罪，謫在人間。今謫期已滿，我等奉昊天北極紫微上帝聖旨，請陛下重登紫府，拜受仙籙。」上皇大喜，道：「多謝三位仙師降臨。」卻就解屍，出了元神，把屍首留在殿內，隨張、葉、羅三仙駕雲上天去了。

次早，少帝親信宦官見上皇氣絕駕崩，大驚，急報李輔國。輔國報與少帝知道，上皇已崩於神龍殿。時元年建巳月五日也，壽七十八歲。

少帝聞知，放聲大哭。自以病勢沉困，詔苗晉卿攝塚宰。晉卿上表謙辭，少帝弗許。發哀於寢殿，百官舉哀戴孝，奉梓宮殯於太極殿。文武官僚，無不痛哭，舉國上下，哀聲震地。更有蕃官四百餘人，仰天慟哭，或翦髮，或割鼻，或剺面，或截耳，流血灑地。少帝自知病轉沉重，又哭上皇，其病愈深：兩目昏花。乃喚太子至榻前，囑以國事。

忽報楚州刺史崔侁上表，進獻定國寶玉十三枚，表略云：「楚州寺尼真如者，恍惚上天，入見天帝。天帝以十三寶賜真如，云：『中國有災，宜以此十三寶鎮之。』」少帝視之，乃是：「玄黃天符」一枚，「玉雞」一枚，「穀璧」一枚，「王母玉環」二枚，「碧色寶」一枚，「如意寶珠」一枚，「紅靺鞨」一枚，「琅玕珠」一枚，「玉玦」一枚，「玉印」一枚，「皇后採桑鉤」一枚，「雷公石斧」一枚。少帝大喜，謂太子曰：「皇天眷佑有德者，汝以楚王入為太子，今上天賜寶，獲於楚州。天將以祚汝也，宜保愛之。」即將十三枚定國寶玉授與太子，詔太子監國。太子流涕，再拜受賜：改元寶應元年，大赦天下。昇楚州為上州，縣為望縣，改安宜縣為寶應縣。楚州刺史崔侁、寶應縣令王滔之及進寶官，並皆擢用。賜真如號為「寶和大師」，厚加寵賜。

卻說上皇、少帝疾患經時，太子往來侍疾，親嘗藥膳，不解衣帶連月。張皇后知少帝寢疾彌留，遂使人以少帝命召太子入宮商議曰：「賊臣輔國，久典禁軍，四方詔令，皆出其口。頃矯制命，逼徙聖皇，今聖體彌留，心懷怏怏，常忌吾與汝。又聞射生內侍程元振結託黃門，將圖不軌，若不誅之，禍在頃刻！」太子懼張后勢大難制，陰欲借李輔國之勢翦除之。遂弗許，泣而對曰：「此二人是陛下勳舊內臣，今聖躬不康，重以此事驚撓聖慮，情所難任。若決行此命，當出外徐圖之！」

張后見太子弗從其議，曰：「汝言有理，吾徐思之。」太子出。張后乃密召元帥、越王入，商議能事。張后曰：「太子仁弱，不足以謀誅賊臣，圖平禍難，汝能之乎？」越王問是誰，張后曰：「李輔國也。」越王曰：「能。」張后大喜。於是二人密議，令內侍監馬英俊，聚集殿中宦官有勇力者二百餘人，伏於少帝寢殿之內。然後詐稱少帝不豫，呼太子入宮，挾太子，令越王監國，誅李輔國，兗王預其謀。

卻說程元振知其事，徑來告李輔國。輔國聞之大驚，即與元振領禁衛武士進至淩霄門，正遇太子急入。輔國攔住，進啟曰：「張后勾結越王，謀為不軌。老奴與眾將克期誅翦，伏願殿下往飛龍廄暫避！」太子曰：「必無此事。聖恙危篤，吾豈懼死不赴召乎？」輔國曰：「殿下為社稷計，切不可行；若行，則禍及矣！」即叱左右劫太子至飛龍廄，以禁兵守護；又令心腹將數人拒住宮門，以防外兵。

當夜，李輔國自披甲執銳，與程元振領禁軍，直入後宮。宦者大驚，或走或格，格者輒死，死者數十人。張后聞變，急召左右，左右皆惶擾不鬥。張后見勢危，慌奔入少帝寢宮。少帝見張后甚是慌張，問有何事。張后泣告曰：「李輔國欲殺妾！」少帝大驚失色。正說間，輔國引三百甲兵直入。禁兵見了少帝，皆不敢動。輔國大怒，親自動手揪張后頭髻拖出。張后大呼曰：「大家救我性命！」少帝未及回荅。甲士已將張后推擁而出，遷於別殿幽禁。去訖，輔國勒兵出宮，收捕越王、兗王黨羽數百人，禁錮之。

比及天明，內亂已定。李輔國入宮，直至少帝榻前問安。連問數次，少帝不荅。輔國近前視之，原來少帝不知多咱時分，嗚呼哀哉，斷氣身亡！時寶應元年夏四月十八日也，壽五十二歲。輔國見少帝死了，遂帶武士十人往別殿，取白練勒死張后，以鴆酒灌殺越王。輔國又取兗王、定王殺之，領眾到飛龍廄來見太子。備言張后伏誅、少帝晏駕之事，太子聽聞，放聲大哭。左右苦勸乃止。輔國教左右與太子脫了紫袍，換上素服。然後引太子出九仙門，與百僚相見。苗晉卿、裴遵慶、元載等接著。李輔國把少帝晏駕、張后作亂上項事，從頭至尾，一五一十都向百僚說了。百僚大哭而拜。是日始行監國之禮。

於是發喪殯殮，停梓宮於兩儀殿。百僚掛孝，相聚痛哭於殿上。舉哀行禮畢，李輔國曰：「國不可一日無君，請立嗣君，以承唐統。」乃宣遺詔，令太子李豫即皇帝位。改豫州為蔡州。命苗晉卿攝塚宰。追廢張后、越王、兗王為庶人，誅馬英俊，流朱光輝、啖庭瑤、陳仙甫等於黔中。追尊母吳氏為章敬太后，以長子奉節王李适為天下兵馬元帥。尊李輔國為尚父，以程元振為飛龍、閒廄副使、右監門將軍、知內侍省事。

第八十回　郭子儀絳州平亂　李光弼彭城威揚

卻說李輔國恃功恣橫，奏曰：「大家但內裡坐，外事聽老奴處置。」帝怒其不遜，又恐內變，乃拜輔國為司空、兼中書令，政無巨細，皆委參決。群臣出入皆先詣輔國，然後奏帝。朝廷官員，並由輔國昇降。苗晉卿固辭塚宰之攝，請帝遵遺詔聽政，三請，帝乃許之。元載希李輔國旨，黜蕭華為硤州司馬。輔國數稱元載之材，帝擢元載為中書侍郎、同平章事。

是日，帝御丹鳳樓，昇賞群臣，大赦天下。進封李适為魯王，益昌王李邈為鄭王，延慶王李迴為韓王；文武官應在淩霄門內謁見者，並飛龍射生等，各有封賞，號為「寶應功臣」。諸道節度使，並加實封；諸州刺史，與一子官。故庶人皇后王氏、太子李瑛、鄂王、光王，並復封號；棣王、永王，並與昭雪；追封建寧王為齊王；免天下百姓逋租懸調，停諸州防禦使，改乾元大小錢皆一當一，百姓安之。

卻說郭子儀自到絳州，撫循士眾，潛問罪人，得害李國貞者王元振等四十人。元振自以為功，子儀叱曰：「汝臨賊境，輒害主將，若賊乘其釁，無絳州矣。吾為宰相，豈受一卒之私邪！」遂斬元振，盡誅與元振同謀者。河東辛雲京、鎮西北庭白孝德聞郭子儀誅王元振，亦誅害鄧景山、荔非元禮者，由是河東諸鎮率皆奉法。

再說李光弼將赴泗州，在道舁疾而行。時史朝義圍逼申、光等一十三州，自領精騎，圍李岑於宋州，兵威甚盛。諸將皆懼，請南保揚州。光弼曰：「朝廷寄安危於我，我復退縮，朝廷何望！兵法云：『攻其無備，出其不意。』今賊雖強，未測吾眾寡，泗州城池卑陋，不堪鎮遏，不如徑赴徐州，俟其東寇，躡而追之，賊可擒矣！」遂徑趨徐州。田神功、尚衡、殷仲卿等諸將聞李光弼至，懼其威名。於是田神功遽歸河南，尚衡、殷仲卿皆相繼入朝。

卻說宋州刺史李岑在城中糧盡，無計可施。易州遂城府果毅劉昌謂李岑曰：「今河陽有李太尉制勝，且江、淮足兵，此廩中有數千斤麴，可以屑食。計救兵不過二十日當至。城東南隅之敵，眾以為危，昌請守之。」岑從其言，遂遣劉昌上城緊守。

李光弼召田神功到徐州，將朝義圍宋州攻李岑之事告神功。神功曰：「某願往救之。」光弼就令郝庭玉、論惟貞為副將同去。朝義遂大敗而走。

李光弼既鎮徐州，征討之務，皆自處置。倉儲府庫，軍州差補，一切並委判官袁傪。袁傪明練庶務，應接如流。將校欲見光弼論事，光弼輒令與袁傪商議。將校見袁傪，禮數如見光弼。由是上下清肅，東方晏然。田神功自平盧裨將，累功除御史大夫，加開府，充兗鄆節度使。舊官皆偏裨時部曲，神功皆平受其拜；因此前使判官劉位等數人並留在院內，神功待之亦無降禮。後因見光弼，正說話間，適袁傪至，光弼與之拜荅。神功大驚，歸問劉位。位曰：「判官幕客，使主無受拜之禮。」神功曰：「公何不早說？」乃召諸判官謝曰：「神功武將，起自行伍，不知朝廷禮數，誤受判官等拜。判官又不言，成神功之過，今還諸公拜。」遂一一拜之。

卻說朝廷復授來瑱襄鄧節度、觀察等使，密令裴茙圖來瑱。裴茙奉詔，率本部兵，浮漢江而下，徑望襄陽來。

早有軍士報知來瑱。來瑱急聚眾將商議。副使薛南陽曰：「尚書奉詔留鎮，裴茙以兵代，是無名也。且茙之智勇，非尚書敵也，眾心歸尚書，不歸於茙。彼若乘我之不虞，今夕而至，直燒城市，我眾必懼而亂，彼乘亂而擊，則可憂也。若及明而至，尚書破之必矣！」

次日平明，裴茙引領五千人馬，分佈於谷水之北。來瑱乃率兵於谷水之南以迎之。來瑱出馬於旗門下，大呼曰：「爾何事來？」裴茙曰：「尚書不受朝命，茙奉密詔伐罪人。若尚書受替，茙當釋兵。」來瑱曰：「恩制復除瑱此州，何受替之有！」遂出告身敕書以示之。茙曰：「偽也。承命討君，豈千里空歸，富貴在於今日！」令軍士一齊放箭。來瑱奔馬回陣。薛南陽曰：「事急矣，請以三百騎為奇兵，旁萬山而出，尚書勿與之戰。」裴茙渡谷水來攻來瑱，薛南陽引兵出萬山擊其背，兩下夾攻，茙兵大敗，落水死者，不知其數。裴茙兵敗而奔，走回谷城舊營不題。

卻說帝欲除李輔國，無計可施。恰好程元振與輔國爭權不睦，請削其權。帝即降詔，罷輔國兵部尚書、判元帥府行軍事及閒廄、群牧等使。以左武衛大將軍彭體盈為閒廄、群牧等使，右武衛大將軍藥子昂判元帥府行軍司馬。賜輔國甲第一區，移居於外。

朝野聞李輔國失勢，道路相賀。輔國茫然失據，表乞解官。帝許之，封輔國為博陸王，又罷其中書令之職。輔國欲入中書省作謝表，閽吏擋住，不肯放進，曰：「尚父罷相，不可復入此門。」輔國受了閽吏之氣，不勝憤懣，遂入謝於帝，曰：「老奴死罪，事郎君不了，請歸地下事先帝。」帝慰勉而遣之。

元載力辭度支、轉運使之職，薦劉晏以自代。帝復授劉晏京兆尹、戶部侍郎兼御史中丞，充度支、勾當、轉運、鹽鐵、鑄錢等使，委以關東漕運。

藥子昂固辭判元帥府行軍司馬，改為殿中監。以程元振判元帥行軍司馬，加鎮軍、右監門大將軍，封保定侯，充寶應軍使，專掌禁兵。

來瑱生擒裴茙，解送京師。朝廷務安漢南，歸咎於裴茙。詔流裴茙於費州，俄而賜死。徵李忠臣入朝，拜太常卿同正，遷陳蔡許蘄黃光壽沔隨亳唐等十一州節度使、兼御史中丞。加安州刺史，仍鎮蔡州。一面遣使齎詔，徵潤州刺史李峴為江陵尹，兼御史大夫，充荊南節度觀察使。第五琦亦起為朗州刺史。敬羽尋以罪黜，貶道州司馬而死。

成都少尹兼侍御史、劍南西川兵馬使徐知道反，偽稱成都尹兼御史中丞、劍南西川節度使，西取邛南，北斷劍閣，拒節度使嚴武，嚴武不能進。高適專軍進討，大破賊眾。徐知道被部將李忠厚所殺，劍南皆平。帝以高適代嚴武為成都尹、劍南西川節度使。

卻說高力士在巫州，聞二聖晏駕，北望長號，悲不自勝。行至朗州，遂染病不起，漸漸沉重，憩於龍興寺。臨終，謂左右曰：「吾年逾七十，可謂壽矣。官至開府，可謂貴矣。既貴且壽，死何恨焉？所恨者：二聖昇遐，不得親奉陵寢，而使永隔幽明耳！」言訖，淚下沾襟，嘔血而亡。時年七十三。遠近聞之，皆為涕泣。

輿櫬至京師，帝以高力士耆宿，保護先朝有功，敕贈開府儀同三司、揚州大都督，喪事官給，陪葬上皇陵。

卻說李輔國在府中，聽知帝降此敕，茶飯不喫，動止不寧。是夜，李輔國睡臥不安，舉步出門小解，祇見月色昏黑，牆上忽的一聲響，一個刺客跳將下來。慌得李府僮僕婢妾，俱躲個乾淨。輔國大驚，撲的跪在地上，望刺客插燭也似磕頭，祇叫：「好漢饒命，好漢饒命！」那刺客手起一劍，剁下輔國的頭來，將輔國屍首，擲於糞溷之中，左手血淋淋提一個人頭，右手明晃晃拿著一口利劍，把身一縱，就跳出牆外走了。那李府僮僕見刺客走了，方才出頭。及看時，祇見李輔國屍首沒了頭，血淋津的倒在地下。可笑李輔國猖狂一時，到頭來卻落得身首異處。

當夜更深，帝在寢殿中，忽聞宮外鑼響震地，喊殺連天。帝急登樓視之，見高力士領數百鐵騎，以戟刺李輔國首，流血灑地，前後大呼，自北而去。帝遣謁者問其故，回報曰：「上皇之令也。」猛的醒來，乃是南柯一夢。忽近臣奏曰：「有盜夤夜入尚父第，刺殺之，攜其首，棄之溷中而去。」帝暗奇之，以夢中事話於左右。敕有司捕盜，遣中官存問其家，為刻木首葬之，密教人斷其右臂，馳祭上皇。詔贈太傅，謚曰醜。

卻說來瑱入朝，流涕謝罪，帝以其宿將舊臣，加來瑱兵部尚書、同平章事。授程元振驃騎大將軍兼內侍監，進爵邠國公，贈其父程元貞司空，母趙國夫人。

是時程元振之權，甚於李輔國，軍中呼為「十郎」。左僕射兼御史大夫裴冕為少帝山陵使，議事有與元振相違者。元振使人發裴冕小吏贓私，黜裴冕為施州刺史。郭子儀自河中來朝，元振忌嫉宿將，請罷郭子儀副元帥，充少帝山陵使。子儀上表謝恩，並進少帝所賜前後詔敕，因陳忠款。手詔報曰：「朕不德不明，俾大臣憂疑，朕之過也。朕甚自愧，公勿以為慮。」帝遂不疑子儀。元振奏帝，以來瑱代裴冕充少帝山陵使。

卻說回紇有功於國，自乾元以後，頻遣使以馬和市繒帛，每歲來市，以馬一匹易絹四十匹，動至數萬匹馬。帝遣中官劉清潭入回紇修好，令起兵征討史朝義。

是時史朝義使者到回紇見牟羽可汗，告曰：「唐家天子繼有大喪，今國亂無主，可汗宜速發兵來，共收府庫。」牟羽大喜，乃點起麾下十一部軍馬，一同進發，殺奔大唐而來。直至朔方受降城北，回紇一路見城郭皆為丘墟，遂有輕唐之意，即發兵收單于都護府軍馬倉糧。

忽報天子遣中官劉清潭齎敕至。牟羽曰：「我聞唐家已無主，何為更有敕書？」清潭曰：「我唐家天子雖棄萬國，嗣天子天生英武，往年與回紇葉護兵馬同收二京，破安慶緒廣平王也。」牟羽祇不聽，遂將清潭侮辱。至太原，辛雲京堅閉城門，嚴兵提備。牟羽引眾蕃將到城下看時，見城頭旗幟鮮明，槍刀森佈，兵強馬壯，嚴整有威。牟羽不得入，乃謂左右曰：「太原人馬，如此雄壯！」遂不敢逼城下寨，離城五十里屯兵。

早有流星馬報入長安，說：「回紇牟羽可汗舉國兵馬十萬徑抵太原，未知何意。」帝大驚，即命藥子昂往太原勞軍，兼探虛實。子昂領命，徑到太原城北，託名勞軍，密數回紇人馬，祇有丁壯四千人，老弱殘兵並婦人萬餘人，戰馬四萬匹，牛羊不計其數。牟羽可汗可敦，即僕固懷恩之女，時與牟羽同來，遂表請與父相見。帝即令懷恩自汾州往回紇行營衙帳，與可敦相見。懷恩恐被讒人所譖，不敢前往，帝特賜鐵券，手詔以遣之。

懷恩率麾下數十騎，晝夜兼程，徑奔太原邊界，遠遠望見蕃兵蓋地而來，黑洞洞地遮天蔽日，都是皂旗。懷恩認得是回紇，勒馬向前，叱曰：「僕固懷恩在此，汝等見否？」言未絕，祇見對陣皂旗開處，回紇之兵分左右而出，各持兵器，立於兩傍。次後蕃將一對對列在門旗影裡，中間擁出一將，黑臉紅鬚，蓬頭跣足，乃回紇牟羽可汗也。執弓貫矢，立馬陣前，望見對陣僕固懷恩，滾鞍下馬，去盔釋甲投槍而進。諸酋長皆羅拜於地。

懷恩亦自下馬，奔向前執牟羽之手而責之曰：「汝回紇有大功於國家，國家報汝亦不為薄：每年與可汗繒絹數萬匹，可汗豈忘之耶？奈何盡棄前功，背義結怨，何其愚也？」牟羽聞言，半晌耳紅面赤，慚愧無地，曰：「皆因史朝義欺我，以至於此。請為國家盡力擊賊以謝罪。」懷恩大喜，乃命軍士取酒以進，遂與牟羽共飲盡歡，定約而還。

於是牟羽可汗遣使奉表，請助王師討平殘寇，欲自蒲關入，取沙苑路由潼關東向討賊。藥子昂曰：「關中頻遭寇逆，州縣蕭條，難為供擬，恐可汗失望。不如取土門路入，直取邢、洺、衛、懷。賊中兵馬盡在東京，可汗收其財帛，束裝南向，乃為上策。」牟羽不從。子昂又曰：「取懷州太行路，南據河陰之險，直扼賊之咽喉，如何？」牟羽又不從。子昂又曰：「取陝州太陽津路渡河，食太原倉粟而東，與澤潞、河南、懷鄭節度俱進，如何？」牟羽乃從之。子昂自回京覆命。

牟羽統領精兵五千，自太原出汾、晉，過絳州到陝州，屯兵於黃河之北。帝遂遣御史大夫尚衡為使，直往回紇行營宣慰；一面大會禁軍眾將，商議進兵之策。老將管崇嗣曰：「元帥親征，回紇助我，保有萬勝，願陛下勿以為憂！」帝曰：「是何言哉！卿固未足以論。」右金吾大將軍薛景先曰：「臣素無略，儻或退衄，願募勇士一二萬人，摧鋒先死耳！」帝曰：「忠壯之言也！

卿昔鳳翔之功，何嘗一日忘之。」左金吾大將軍長孫全緒曰：「賊若出城交戰，破之必矣；若入河陽城，不得與戰。回紇利於野戰，不曉攻城，相持旬月，則恐離貳。我軍且休養士卒，張勢以守之，或以交鋒，賊自然退，陳留援絕，河北氣沮，乃分命光弼等軍南取陳留，抱玉等軍往收河北，先斷其手足，然後縱間，城中元惡之與脅從，必相疑貳，則殄滅之勢，固可知也！」帝曰：「卿言最善！」即出昇殿，命元帥、雍王李适，出屯陝州，節制朔方河東澤潞鎮西北庭河南行營諸路人馬，與回紇牟羽可汗相見，會合日期，進討史朝義。

帝御丹鳳門，大閱六軍。欲以郭子儀副雍王，竟為程元振、魚朝恩所沮，罷河北副元帥，遂留京師不行。以僕固懷恩為雍王副，加同平章事、兼絳州刺史，領朔方、河東行營及鎮西、回紇兵馬同赴陝州，與澤潞李抱玉、河南李光弼等，三處一齊進軍，共起大兵十餘萬，克日興師。又命劉晏監督糧草。

雍王領命起程，與元帥府左廂兵馬使藥子昂、右廂兵馬使魏琚、行軍司馬李進、判官兼掌書記韋少華等，徑到陝州，聞知牟羽可汗屯軍河北。雍王即引數十騎跟隨，先自往見可汗。牟羽見雍王禮倨，責其不於帳前拜舞。少華曰：「雍王，天子長子，兩宮在殯，不合拜舞。」回紇宰相及車鼻將軍曰：「唐天子與可汗約為兄弟，今可汗即雍王叔父，叔侄有禮數，何得不拜舞？」子昂曰：「雍王今為元帥，他日不失太子之位。太子，即儲君也。豈有中國儲君向外國可汗拜舞乎！」於是車鼻將軍要雍王拜舞，少華等四人要雍王不拜，互相爭論。車鼻將軍大怒，遂引少華等四人各鞭一百，打得四人皮開肉綻，鮮血淋漓。會中萬餘回紇之眾見了，盡皆失色。雍王憤怒不屈，正色叱之。

不覺的羅唓，驚動了牟羽可汗之母，急拄一條過頭拄杖，從外面走將進來，喝道：「你們鬧甚麼？」牟羽見是母親入來，慌忙迎接，道：「啟母親，我等在此宴會。雍王引眾而至，見了兒子，不肯拜舞，宰相及車鼻將軍和藥子昂等爭執不得。故高聲驚冒母親，望乞恕罪。」牟羽母見少華等身受重傷，已知是牟羽欺淩，遂怒喝道：「唐，大國也，每年與我繒絹數萬匹，無負於我。且汝父英武可汗為少帝子婿，汝兄葉護太子又為廣平王兄弟。雍王乃廣平王之子，即汝之侄也。你卻如何欺他年幼，如此無禮？」牟羽滿面羞慚。

牟羽母遂叱退車鼻將軍，直至雍王面前，將自己貂裘衣之，送出帳外。雍王回到本營，人報韋少華、魏琚昏絕。雍王急令醫士調治，當晚身死。比及軍馬雲集，諸將聽知牟羽如此無禮，皆請提兵問罪於回紇，以雪國恥！忽報牟羽弟左殺，引本部三千精兵來助戰。雍王念回紇助國討逆之故，止之。

第八十一回　史朝義縊死醫無閭　十功臣圖形淩煙閣

卻說元帥、雍王李适下令，調三路軍馬一齊進兵，共取東京：第一路，工部尚書同平章事、朔方行營節度使僕固懷恩與回紇左殺為中軍先鋒，陝州觀軍容使魚朝恩督神策軍為後殿，出澠池；第二路，澤潞節度使李抱玉為左軍，出河陽；第三路，河南副元帥李光弼為右軍，出陳留。雍王自留陝州，隨後接應。

卻說史朝義聞官兵至，急聚眾將商議。阿史那承慶曰：「李家若獨與漢兵來，宜悉眾與戰；若與回紇俱來，其鋒不可當，宜退守河陽以避之。」許叔冀、王伷、邵說三人，力言不可，朝義因此不行。懷恩領兵至洛陽北郊，分遣鎮西、北庭行營節度使白孝德去取懷州，自引大軍前進。

朝義在東京，聞懷恩大軍至北郊，便差人星夜齎書反間左殺，潛攻僕固懷恩。左殺執其使，並書獻之。

懷恩兵至橫水，正與賊軍相遇。懷恩令就西原排開軍陣，遣朔方右廂兵馬使僕固瑒領驍騎及回紇之眾傍南山出柵東北，兩軍舉旗內應，表裡夾攻，賊兵大敗而走。

懷恩引兵追至昭覺寺，光弼、抱玉兩軍又到，合兵一處而行，朝義、承慶引領十萬人馬到來。兩軍相迎，旗鼓相望，各把強弓硬弩，射住陣腳。兩軍中吹動畫角，發起擂鼓。官軍奮力衝殺，賊兵皆殊死戰，短兵既接，相殺甚眾。賊陣不亂。魚朝恩令射生手五百人下馬，排下硬弩百張，箭如飛蝗，祇望朝義陣中射來。賊兵雖多死於亂箭之下者，陣亦如初。懷恩、光弼相顧愕眙，而不敢擊。祇見一將挺矛躍馬，大呼曰：「事急矣！」言訖，獨率所部，援旗而進，乃鎮西北庭行營兵馬使馬璘也。馬璘大吼一聲，猶如巨雷，奮武揚威，殺入賊軍之中，左衝右突，所向披靡。官軍齊聲吶喊。馬璘奪賊兩牌，橫貫而出，回戈奮擊，出入數四，賊陣竟為所破。光弼見而壯之，歎曰：「吾用兵三十年，未見以少擊眾，雄捷若馬將軍者。」遂與懷恩麾軍齊進，賊兵大潰。斬首一萬六千級，生擒四千六百人，降者三萬二千人，奪得旗幟器械不計其數。

朝義引敗軍奔石榴園，懷恩大兵追至石榴園，朝義回兵交戰，賊兵又敗，再奔老君廟。懷恩進兵，追至老君廟。朝義抵當不住，眾將各自逃命而走，軍馬自相踐踏，死者無數。朝義急渡河，盡棄衣甲什物等件，止引隨行數百騎而去。

於是僕固懷恩進收東京，許叔冀、王伷率偽燕百官出城投降。懷恩聽天子詔敕，皆釋之。監內放出王仲昇，遣歸長安。出榜安民，盡封府庫倉廩。吏人皆安堵。元帥、雍王聞東京已克，令懷恩進取河陽，自還靈寶。

是時洛陽再經賊亂，牟羽可汗又縱兵大掠，洛陽士庶皆帶隨身財寶，投聖善、白馬二寺暫避。牟羽大怒，竟下令放起火來。須臾間，煙火迸起，赤焰飛騰。將那些珍樓、寶座、高閣、講堂，俱盡燒為灰燼。寺中百姓欲走無門，被火燒死者不計其數。那場火燒了數旬，方才滅息。把一座洛陽城，燒得處處通紅。宮室焚毀，十不存一。朔方、神策軍不能禁暴，以洛陽嘗為賊境，與回紇一同劫掠，延及鄭、汝等州。

洛陽自遭安、史之亂，數被擄掠，四面數百里，州縣盡為丘墟。正值隆冬嚴寒之時，比屋蕩盡，人悉以紙為衣，其苦何可勝言！

懷恩乃遣回紇屯兵河陽，自引大軍，令僕固瑒為先鋒，追殺賊兵。僕固瑒引精騎萬餘，迤邐追襲，趕至鄭州，屢戰屢勝。朝義引敗兵奔到汴州城下，偽陳留節度使張獻誠閉門不開。朝義祇得望滑州而走。僕固瑒軍至汴州，獻誠率眾降。朝廷加張獻誠為特進、太常卿，領汴宋節度使。僕固瑒進至滑州，朝義從濮州北渡河而走。僕固瑒攻滑州，下之。時謝欽讓屯陳州，李光弼遣諭惟貞攻拔之。斬欽讓，又擒賊將史忠勇。侯希逸討偽彭城太守劉如伶，如伶降；田神功討敬釭，釭降。河南盡平。

朝義奔衛州，僕固瑒追破之。朝義引殘兵奔至魏州，與偽睢陽節度使田承嗣合兵一處，共是四萬人馬。僕固瑒長驅至昌樂縣東。朝義率魏州兵馬來戰，又敗走。

是時河北賊黨震駭，望風歸順。李抱玉引兵渡黃河，徑取相州。偽鄴郡節度使薛嵩，以相、衛、洺、邢四州及所領軍兵降。辛雲京引兵出井陘，將至恒州。偽恒陽節度使張忠志，以趙、深、恒、定、易五州及所領軍兵降。抱玉、雲京等進軍入其營，按其部伍，薛、張惶惑，皆受代。雍王遂平數州，上表獻捷。

帝在延英殿朝見文武。苗晉卿、裴遵慶、元載等拜舞山呼畢，將雍王捷表奏聞，說：「雍王等征討史朝義，前後共克復東京、河陽及懷、鄭、汴、滑、魏等十餘州地，所得馬匹、車仗、軍資、器械，不計其數，降兵數萬餘人。今差人齎捧捷表上聞。」帝龍顏欣悅。百僚畢賀。帝乃降詔，封開府儀同三司、戶部尚書、陝西、神策兩軍節度使、兼御史大夫郭英乂權知東京留守事。

元正等十一家死難，英乂奏其節義。追贈正秘書少監，擢其子元義方為華州參軍而用之。裴諝亦以有功，除太子中允。以宗正少卿李涵為左庶子、兼御史中丞，使往河北宣慰。

浙東草賊袁晁起亂台州，佔據州縣，改年建號，聚眾數萬，盡有浙江之地，浙東節度觀察使王璵不能禦。朝廷命李光弼即以河南之師討之。從事王奐薦友人柏造子柏良器見光弼，光弼與語大悅。良器時年一十八歲，博覽兵書，多習武藝，官拜汝州龍興縣尉。王奐嘗謂良器曰：「汝額文似李臨淮，面黑子似顏平原，必能立功！」光弼便令良器為先鋒，試太常卿張伯儀為副將，自總中軍，袁傪為行軍司馬，一同征進。又令薛兼訓、郝庭玉引軍前去河北。會合田神功軍馬，約日進兵。

卻說回紇軍屯於河陽，剽劫汝、鄭。諸節度皆下之，俱懷不平。淄青裨將李懷玉與回紇大首領角逐，約云：「後者批之。」眾軍多聚觀者。回紇大首領輸了，懷玉拿回紇大首領提起來，劈臉一掌打去，回紇大首領尿液俱下。兩邊官兵見者，無不恥笑。回紇大慚，因此不敢為暴。

牟羽可汗即將所得金銀寶貝，盡積河陽。遣使入朝，奉表稱賀。並將所獲朝義部下妻子老幼四百八十餘口，都解入長安。帝因眾人雖為賊家口，皆是良家子女，為賊所逼略，心甚憐之，遂令萬年令引眾人，去勝業寺安置。其眾有親屬者，遣歸故里；無親族者，任其所適。百姓感悅之。帝命郭英乂於東京尋訪雍王母沈氏，卻不知去向。

懷恩大軍至河北，薛嵩等於路迎接懷恩，俱拜於馬前，乞以討賊自效，懷恩釋之，令薛嵩等各依舊職。抱玉、雲京疑懷恩有二心，表奏朝廷，懷恩上表自理，帝以好言慰之。詔東京及河南、河北受賊偽官者，一切不問。加劉晏兼河南水陸轉運都使。郭子儀以懷恩有河朔之功，請讓位於懷恩。帝加懷恩河北副元帥、尚書左僕射、兼中書令，領朔方節度使，增邑四百戶。

朝義走奔貝州，會集偽河東節度使薛忠義等兩路人馬，約有三萬餘人，回馬復戰。僕固瑒至臨清縣，朝義引兵來攻。僕固瑒伏兵於岸側，候其兵半渡而擊之。朝義又敗，落荒而走。僕固瑒引兵追趕。朝義衹得望冀州而奔。朝義同薛忠義領敗殘兵，望北奔馳。僕固瑒同高彥崇、渾日進、李光逸引兵萬餘，隨後緊緊追趕。朝義來到衡水，沿著漳岸尋渡，一望漳水彌漫，並無船隻。諸將皆勸朝義降，田承嗣獨勸朝義逆而擊之。遂喚諸將以車五十乘為三個大營，車內伏兵待之，隨軍姬妾羅於帳中，各營輜重分列左右。僕固瑒兵到，承嗣出營接戰。僕固瑒忿怒衝殺過去，承嗣退走，僕固瑒驅兵掩殺，見珍寶玉帛，充滿車乘，瑒兵爭取，無心戀戰。忽然一聲礮響，朝義縱奇兵出。僕固瑒大驚，車內伏兵盡起。瑒軍大敗，退走三四十里。背後喊聲震起，卻是薛兼訓、郝庭玉、田神功三將，引軍來救。殺散賊軍，趕到下博縣東南。朝義背水而陣，僕固瑒引兵奮力衝殺。賊兵大潰，積屍擁流而下。

回紇兵又至，僕固瑒軍威大振，遂進兵瀛莫。朝義北投莫州，僕固瑒追至城下。

是年江東大疫，死者過半。幸得劉晏掌國計，復江淮轉運之制，轉運江南租米數十萬石，以濟關中。晏再遷吏部尚書同平章事，加金紫光祿大夫。

程元振素與來瑱有隙，譖來瑱言涉不順；王仲昇從賊中來歸，誣來瑱與賊相通。帝下詔，削除來瑱官爵，黜為播州播川縣尉員外置。俄而賜死，籍沒其家。來瑱既誅，故人門客莫敢收葬。獨有校書郎殷亮至，哭於屍側。賣所乘之驢以備棺木，葬於鄠縣。

卻說僕固瑒令兵四面圍住莫州，晝夜攻打。旬月之間，朝義連敗數陣。偽尚書敬榮被僕固瑒殺於陣中。侯希逸等皆引兵繼至，賊勢危急，承嗣謂朝義曰：「陛下何不親將驍銳突圍，北投燕京，因李懷仙悉眾五萬，還救莫州。老臣請堅守，雖瑒之強，急切攻打不下。」朝義執承嗣之手而泣曰：「吾一門老小百餘口，盡託付在公身上矣！」承嗣頓首流涕。朝義遂留承嗣守城，自與薛忠義引精騎五千自北門星夜犯圍而出。

朝義去訖，田承嗣乃聚諸將曰：「吾與公等事燕，攻河北取一百五十餘城，壞人塚墓，發人室廬，掠人金帛，令壯者死鋒刃，弱者填溝壑，高門華胄，為我廝隸，齊姜、宋子，為我掃除。今上玄降鑒，天下安所歸命？自古禍福無門，唯人所召。吾等若能反邪歸正，改過自新，則去危就安、轉禍為福矣！明早出降，公等以為何如？」眾皆稱善。

次日天明，田承嗣遂執史朝義老母妻子，使侄田悅押到僕固瑒寨投降，自己卻託疾不出。僕固瑒欲親入城去擒之，承嗣陳兵準備，再用金寶賂其左右，因此得免。僕固瑒隨即率眾往北追趕，至歸義縣，與戰，賊兵又敗。朝義顧不得人馬困乏，祇顧奔走。從騎漸漸皆散。步兵走不上者，多被擒去。止剩得三百餘騎，捱到幽州。

時偽燕京留守、范陽尹李懷仙已降了唐，命兵馬使李抱忠領軍三千守范陽縣。朝義到城下，抱忠閉門不開。朝義親見抱忠，具言莫州田承嗣被圍求救之事。抱忠在城上謂之曰：「天不祚燕，唐室復興，今既歸唐矣，豈可更為反覆，獨不愧三軍邪！大丈夫恥以詭計相圖，願早擇去就以謀自全。且田承嗣必已叛矣，不然，官軍何以得至此！」朝義大驚曰：「老奴誤我！」沉吟良久，又問口：「吾朝來未食，將軍獨不能念君臣之義，以一飯相餉乎！」抱忠滅不過舊恩，即令於城門外安排飯食。

飯後，忠義等各自辭去。朝義流淚不止。背後追軍將至，朝義立腳不住，祇得與兄弟數人上馬，前赴幽州良鄉縣東北崗，親往思明墓下設祭，再拜而哭甚哀。僕固瑒追至幽州，李懷仙出城迎謁。僕固瑒頓兵於其境，遣懷仙分兵追躡。朝義東奔廣陽城，廣陽城不受；取道北走，欲投兩蕃。至平州石城縣溫泉柵，懷仙遣兵追及之。朝義窮蹙，奔入林中，被懷仙軍所獲，解赴幽州。懷仙令將朝義並諸弟，牽出幽州城東阿婆門外，於醫無閭神廟中縊死，然後梟首。

懷仙遣使以木匣盛朝義首級，星夜馳往長安獻功。朝廷聞河北已平，君臣皆賀。帝朝享太廟，將朝義首級祭獻。祭畢，設宴大會文武慶功。牟羽可汗辭回本蕃，帝命僕固懷恩相送。牟羽提本國兵自河陽而出，懷恩統大軍會於潞州，同至太原，送回紇出境。

先是，來瑱入朝，令諸將分守諸州。來瑱既死，戍者皆奔歸襄州。行軍司馬龐充統兵二千赴福昌，至汝州，聞來瑱死，回軍攻襄州，左兵馬使李釗、副使薛南陽並力拒之，充敗，奔房州。右兵馬使梁崇義時在鄧州，引軍回襄州，與李釗、薛南陽相讓為長，不決。諸將請曰：「兵非梁卿主之不可。」遂推梁崇義為主。梁崇義殺李釗、薛南陽，據城自固，朝廷授崇義襄州刺史、山南東道節度使、兼御史中丞，以代來瑱之職。

梁崇義以來瑱本帥，有大勳庸，表請改葬，優詔許之。崇義為來瑱立祠堂，四時祭享，不居來瑱廳事及正堂，於東廂下構一小室居止。

朝廷復以李懷仙為檢校兵部尚書、幽州、盧龍節度使，賜爵武威王；張忠志為檢校禮部尚書、成德軍節度使，賜爵清河王，賜姓李氏，並賜名寶臣；薛嵩為檢校刑部尚書、相衛節度使，賜爵高平王；田承嗣為檢校戶部尚書、魏博節度使，賜爵雁門王。

李光弼克定江左，生擒袁晁等寇，解赴長安，浙東州縣盡平。郭子儀上言：「吐蕃、党項不可忽也，宜早為計。」帝遣左散騎常侍李之芳、左庶子崔倫使於吐蕃，歲賦遂絕。魚朝恩入朝，帝御通化門，大會文武，同覩軍容。同華節度使李懷讓因與程元振不睦，被元振所譖，懷讓大懼，竟自殺。

是歲秋七月壬寅朔，帝御含元殿，受尊號曰「寶應元聖文武孝皇帝」，大赦天下，改元廣德元年。安祿山、史思明親族應在諸道，一切原免不問。民戶三丁免一丁庸，河北百姓給復三年。以元帥、雍王李适兼尚書令，增邑二千戶；河北副元帥、尚書左僕射、中書令、朔方節度使、太子少師僕固懷恩兼太保，與二子官，增邑五百戶；河南副元帥李光弼，與一子官，增邑三百戶；郭英乂、李抱玉、辛雲京、白孝德、侯希逸、田神功、李忠臣、令狐彰等，各加封賞；皆賜鐵券，以名藏太廟，圖形於淩煙閣。李懷仙與一子三品官，增邑二百戶；李寶臣、薛嵩、田承嗣、張獻誠各與一子五品官，增邑二百戶。前河北副元帥郭子儀，亦與一子官，增邑二百戶。宰相元載、苗晉卿、裴遵慶、劉晏，及程元振、魚朝恩，亦有封賞。

又遣使赴回紇，冊封牟羽可汗為頡咄登密施合俱錄英義建功毗伽可汗，可敦為娑墨光親麗華毗伽可敦，以左殺為雄朔王，右殺為寧朔王，胡祿都督為金河王，拔覽將軍為靜漠王，諸都督十一人並封國公。英義可汗與可敦及左右殺、諸都督、內外宰相以下，共增邑二萬戶。

百官上上皇尊謚曰「至道大聖大明孝皇帝」，廟號玄宗。元獻太后楊氏，祔葬泰陵。少帝尊謚曰「文明武德大聖大宣孝皇帝」，廟號肅宗。章敬太后吳氏，祔葬建陵。

至此，安、史父子四兇羯胡，相繼僭逆，共擾中原，首尾凡八年，幽、燕始平。

跋

昔年執教於江浙學府，曾收留數子悉心培養，造就碩士博士若干。雲淼雖未入吾彀，卻別有一番文史才智，在指導其完成學士論文期間，示吾以《詩品》等雅作，一時驚奇，後囑之合編入《詩海拾貝》，得以出版成書。

數年後，再示吾以四十萬言之《開元神武皇帝演義》，文韜武略，似有《三國》遺風；氣奪曹劉，頗顯文化品味。於是命之以《盛唐演義》為名改善，期望提昇思想性以利傳世流佈。

如今稿成，閱之怡然，雖開元、天寶一盛一衰，盛唐文化躍然其間，理當為之序詩題跋。

《盛唐演義》之特點優勢，聚焦兩點：一日文史貫通，在《舊唐書》、《新唐書》之外，萃集《通誌》、《通典》等記錄，以文學表現歷史，兼取可觀史料，相得益彰；二日唐詩文化推陳出新，雅俗同賞，既有帝王將相之謀猷，更有文人雅士之詩興，值得閱覽。

《盛唐演義》之不同於《唐史演義》等歷史小說者，尤在於關注詩歌文化。眾所周知，盛唐乃文化興邦之典範，李太白詩仙名青史，王摩詰詩佛冠古今，帝王將相俱往矣，唯有詩畫傳後世，正因文化英才薈萃，方彰顯盛唐氣象。正是：盛唐送春去，中唐迎秋來；霓裳舞畢人曲散，文化傳千秋。

相比於《三國演義》等文學名著，《盛唐演義》也有獨特文史成就，讀者可觀其中詩人軼事，即知作者創作用心良苦。
以此觀感，是為之跋。

盛唐演義

作　　者：陳雲淼
發 行 人：黃振庭
出 版 者：崧燁文化事業有限公司
發 行 者：崧燁文化事業有限公司
E-mail：sonbookservice@gmail.com
粉 絲 頁：https://www.facebook.com/sonbookss/
網　　址：https://sonbook.net/
地　　址：台北市中正區重慶南路一段六十一號八樓 815 室
Rm. 815, 8F., No.61, Sec. 1, Chongqing S. Rd., Zhongzheng Dist., Taipei City 100, Taiwan
電　　話：(02)2370-3310
傳　　真：(02)2388-1990
印　　刷：京峯彩色印刷有限公司（京峰數位）
律師顧問：廣華律師事務所 張珮琦律師

定　　價：850 元
發行日期：2022 年 11 月第一版
◎本書以 POD 印製

國家圖書館出版品預行編目資料

盛唐演義 / 陳雲淼著 . -- 第一版 . --
臺北市：崧燁文化事業有限公司，
2022.11
面；　公分
POD 版
ISBN 978-626-332-883-9(平裝)
1.CST: 唐史 2.CST: 通俗史話
624.1　　111017800

電子書購買

臉書